EM BUSCA DE
PAULO

COLEÇÃO BÍBLIA E ARQUEOLOGIA
• *Em busca de Jesus* – John Dominic Crossan e Jonathan L. Reed
• *Em busca de Paulo* – John Dominic Crossan e Jonathan L. Reed
• *Realidades hasmoneias subjacentes aos livros de Esdras, Neemias e Crônicas* – Israel Finkelstein

JOHN DOMINIC CROSSAN
JONATHAN L. REED

EM BUSCA DE
PAULO

Como o apóstolo de Jesus opôs o
Reino de Deus ao Império Romano

Paulinas

Dados Internacionais de Catalogação na Publicação (CIP)
(Câmara Brasileira do Livro, SP, Brasil)

Crossan, John Dominic
Em busca de Paulo: como o apóstolo de Jesus opôs o Reino de Deus ao Império Romano / John Dominic Crossan e Jonathan L. Reed; [tradução Jaci Maraschin]. — São Paulo : Paulinas, 2007.
— (Coleção Bíblia e arqueologia)

Título original: In Search of Paul: How Jesus's Apostle Opposed Rome's Empire with God's Kingdom
Bibliografia.
ISBN 978-85-356-1977-5
ISBN 0-06-051457-4 (ed. original)

1. Igreja - História - Igreja primitiva 2. Paulo, Apóstolo, Santo 3. Reino de Deus 4. Roma - História - Império, 30 a.C. -476 I. Reed, Jonathan L. II. Título. III. Série. I. Título. II. Série.

07-1198   CDD-225.92

Índice para catálogo sistemático:
1. Paulo, Apóstolo : Biografia e obra   225.92

3ª edição – 2015
2ª reimpressão – 2024

Título original: *In Search of Paul*: How Jesus's Apostle Opposed Rome's Empire with God's Kingdom

© 2004 by John Dominic Crossan and Jonathan L. Reed
Publicado por acordo com HarperSanFrancisco, uma divisão da HarperCollins Publishers.

Citações bíblicas: *Bíblia de Jerusalém*. São Paulo, Paulus, 2002.

Direção-geral:	Flávia Reginatto
Conselho Editorial:	Dr. Afonso Maria Ligorio Soares
	Dr. Antonio Francisco Lelo
	Dr Francisco Camil Catão
	Luzia Maria de Oliveira Sena
	Dra. Maria Alexandre de Oliveira
	Dr. Matthias Grenzer
	Dra. Vera Ivanise Bombonatto
Editores responsáveis:	Matthias Grenzer e
	Vera Ivanise Bombonatto
Tradução:	Jaci Maraschin
Copidesque:	Anoar Jarbas Provenzi
Coordenação de revisão:	Marina Mendonça
Revisão:	Ana Cecilia Mari
Direção de arte:	Irma Cipriani
Gerente de produção:	Felício Calegaro Neto
Editoração eletrônica:	Sandra Regina Santana
Capa:	Wilson Teodoro Garcia

Nenhuma parte desta obra poderá ser reproduzida ou transmitida por qualquer forma e/ou qualquer meios (eletrônico ou mecânico, incluindo fotocópia e gravação) ou arquivada em qualquer sistema ou banco de dados sem permissão escrita da Editora. Direitos reservados.

Cadastre-se e receba nossas informações
paulinas.com.br
Telemarketing e SAC: 0800-7010081

Paulinas
Rua Dona Inácia Uchoa, 62
04110-020 – São Paulo – SP (Brasil)
📞 (11) 2125-3500
✉ editora@paulinas.com.br
© Pia Sociedade Filhas de São Paulo – São Paulo, 2007

A
Kris Ashley
e
John Loudon

Prefácio

PAULO PARA O NOVO MILÊNIO

O nome de Paulo tem sido qualificado de diversas maneiras, quase sempre depreciativas: apóstata traidor do judaísmo, ou apóstolo traidor de Jesus. Não foi teólogo abertamente convicto. Por que perder tempo lendo-o ainda hoje? Alguns se congratulam afirmando que teria sido o fundador do cristianismo, enquanto outros o abominam precisamente por isso (muito embora sem fundamento). Por outro lado, treze dos vinte e sete livros do Novo Testamento são atribuídos a ele, e sua história domina o livro de Atos dos Apóstolos. Além disso, os livros escritos sobre Paulo poderiam encher uma biblioteca. Por que, então, mais este livro sobre tema tão exaustivamente tratado? Que temos de *novo*?

Em primeiro lugar, este livro é *novo* tanto na forma como no conteúdo. A forma demonstra o estudo coerente e integrado de um arqueólogo de campo e de um exegeta de textos sobre o mundo e as palavras do apóstolo Paulo. São pesquisas que até agora ainda não tinham sido feitas. Pelo menos um de nós já esteve em todas as regiões citadas, e nós dois visitamos diversas vezes alguns locais. Não queremos, entretanto, apenas falar de nossa presença neste ou naquele lugar, mas convidar os leitores a também se imaginarem conosco nessas áreas. É por isso que abrimos cada seção como se os leitores estivessem lá. Gustav Adolf Deissmann, professor de exegese do Novo Testamento na Universidade de Berlim, conhecia o valor deste método há mais de cem anos. Chamou seu livro pioneiro de *Light from the Ancient East* [Luz do antigo Oriente], compreendendo "luz" não apenas como metáfora destinada à informação, conhecimento ou sabedoria. Empregou o termo de maneira literal:

> Observe nas encasteladas elevações de Pérgamo a maravilhosa luz banhando o mármore dos templos helênicos ao meio-dia... Se você deseja decifrar textos antigos, os raios do sol farão com que as pedras e as cerâmicas comecem a falar. Se quiser pesquisar esculturas do mundo mediterrâneo, o sol dará vida a elas para você — homens, cavalos, gigantes e tudo mais. E se você se achar digno de estudar as Escrituras Sagradas, a luz do sol reanimará os apóstolos e evangelistas, e mostrará com nitidez a augusta figura do Redentor, dos lados do Oriente, aquele a quem a Igreja tem a missão de reverenciar e obedecer. Se você, então, estiver falando do Oriente, não poderá deixar de se sentir feliz por causa de suas maravilhas, e agradecido por suas dádivas terá de falar a respeito da luz do Oriente. (xv)

Estamos convencidos de que algo muito especial acontece quando você no alto do Priene, iluminado pelo sol mediterrâneo, lê as inscrições daquela enorme coluna caída de um templo dedicado no passado ao "Imperador César, o filho de Deus, o Deus

Augusto". Aí e em outros lugares, em locais paulinos e não paulinos, convidamos-lhe a permanecer conosco, de fato ou, mais provavelmente, por meio da imaginação.

Em segundo lugar, esta nova maneira que integra arqueologia e exegese oferece perspectivas até agora desconhecidas que nos ajudam a relacionar o apóstolo Paulo com o mundo imperial romano ao seu redor com a religião judaica da aliança que o formara e com a fé cristã que o fascinava.

PAULO E O IMPÉRIO ROMANO. Embora pretendamos viajar, naturalmente, pelas cidades visitadas por Paulo, estudaremos lugares onde ele nunca esteve porque nos ensinam muito a respeito do mundo onde viveu. Nossa *nova* questão é a seguinte: onde a arqueologia revela mais claramente a teologia imperial de Roma, que foi confrontada pela teologia cristã de Paulo de forma pacífica, porém persistente? No tempo de Paulo os imperadores romanos eram considerados divinos. Entre todos e acima deles, Augusto era chamado Filho de Deus, Deus e Deus de Deus. Era Senhor, Redentor e Salvador do mundo. As pessoas sabiam disso, verbalmente, pelos escritos de autores latinos como Virgílio, Horácio e Ovídio, e, visualmente, por meio de moedas, vasos, estátuas, altares, templos e fóruns; em pórticos, estradas, pontes e aquedutos; nas paisagens e nas cidades estabelecidas. Essas coisas estavam por toda parte, ao redor das pessoas, da mesma maneira como somos cercados hoje pela publicidade e pela propaganda. Sem examinar a arqueologia da teologia imperial romana, jamais entenderemos a exegese da teologia cristã paulina.

Alguns estudiosos de Paulo já deram ênfase criativa e acurada ao confronto entre o cristianismo paulino e o imperialismo romano. Esse conflito acha-se no centro de nosso livro, mas o vemos encarnando-se cada vez com mais profundidade e com maior importância fundamental sob a superfície da história humana. O que há de *mais novo* neste livro é a nossa insistência em afirmar que Paulo opunha-se a Roma ao lado de Cristo contra César, não porque o império fosse particularmente injusto ou opressor, mas porque o apóstolo questionava a *própria normalidade da civilização*, uma vez que esta sempre fora imperial, isto é, injusta e opressora.

O desafio essencial de Paulo consistiu em procurar concretizar na comunidade a visão radical da *nova criação* muito além de nossas melhores esperanças atuais relacionadas com liberdade, democracia e direitos humanos. O Império Romano baseava-se no princípio comum de *paz por meio de vitória* ou, mais plenamente, na fé expressa na seqüência de *piedade, guerra, vitória e paz*. Paulo era um judeu visionário seguidor dos passos de Jesus, com quem afirmava que o Reino de Deus já estava presente e em ação no mundo. Opunha-se aos mantras da normalidade romana com a visão da *paz por meio da justiça* ou, mais claramente, na fé expressa na seqüência de *aliança, não-violência, justiça e paz*. Poderíamos dizer que este livro nos leva a perguntar: até que ponto a América é cristã? Nós somos agora a maior civilização pós-industrial do mundo, como Roma tinha sido a mais notável civilização pré-industrial de sua época. É precisamente por essa razão que o desafio de Paulo vale com a mesma intensidade tanto para eles como para nós, aqui e lá, para o *Senatus Populusque Romanus* bem como para o *Senatus Populusque Americanus*.

PAULO E A ALIANÇA JUDAICA. No antigo mundo dividido entre judeus e gentios, conviviam também pagãos simpáticos ao judaísmo. O livro de Atos dos Apóstolos, do Novo Testamento, chama-os de "tementes a Deus" ou de "adoradores de Deus". Consideravam-se pagãos, mas admiravam a cultura judaica, participando nos ofícios religiosos da sinagoga no dia do Sábado, e representavam importante resistência contra movimentos anti-semitas localizados aqui e ali. O que é também *novo* neste livro é a nossa convicção de que esses pagãos simpatizantes são absolutamente cruciais para a compreensão da missão e da mensagem de Paulo.

Acreditamos que Paulo costumava ir às sinagogas judaicas não para converter os judeus (apesar das histórias contadas em Atos dos Apóstolos), mas para "desconverter" os simpatizantes pagãos. Tratava-se de ação altamente provocadora. Quando tinha êxito, conseguia afastar da sinagoga local alguns (às vezes todos) dos mais importantes defensores religiosos, políticos, sociais e financeiros, que continuavam a operar plenamente no mundo cívico urbano. Esse foco central explica muitas das grandes questões de Paulo.

Em primeiro lugar, seus convertidos gentios eram capazes de entender prontamente sua teologia, porque já estavam familiarizados com as práticas, tradições e escrituras judaicas. Em segundo lugar, conversões desse tipo geravam forte oposição não apenas entre outros judeus locais, mas também da parte dos simpatizantes leais ao judaísmo. Em terceiro lugar, essas atitudes explicam as descrições polêmicas sobre o judaísmo em suas cartas. Na luta para defender seus adoradores de Deus, Paulo ousada mas injustamente — serão justas as polêmicas? — ataca o judaísmo bastante normal de seus oponentes. Em quarto lugar, explica-se assim por que Paulo viaja tão rapidamente de uma a outra das principais capitais e considera sua missão no Mediterrâneo oriental terminada quando escreve sua Carta aos Romanos na metade dos anos 50. Começava a formar pequenas células com os novos cristãos adoradores de Deus instando-os a buscar novos convertidos entre os completamente pagãos. O expresso paulino corria velozmente sobre os trilhos dos adoradores de Deus, e Paulo andava depressa porque não podia perder tempo.

PAULO E A COMUNIDADE CRISTÃ. Descobriu-se em 1906 uma pequena caverna recortada na rocha ao norte da elevação de Bülbül Dag, muito acima das ruínas da antiga Éfeso, perto da costa do médio Egeu, na Turquia. No lado direito da entrada, sob o estuque, Karl Herold, do Instituto Arqueológico da Áustria, descobriu duas imagens do século sexto, de santa Tecla e de são Paulo (Figura 1).

As duas figuras são da mesma altura, indicando iconograficamente que eram da mesma importância. Ambas têm também as mãos direitas elevadas representando o gesto de ensinar, demonstrando iconograficamente que possuíam a mesma autoridade. Os olhos e a mão levantada de Paulo estavam intactos. Alguém, mais tarde, apagou os olhos e a mão levantada de Tecla (Figura 2). Se os olhos das duas imagens tivessem sido desfigurados, seria apenas mais um exemplo de antagonismo iconoclasta, baseado na crença que negava o poder espiritual dos ícones mesmo sem os destruir completamente. Mas neste caso só foram destruídos os olhos e a mão direita de Tecla (Figura 3). Imagens originais apagadas retratam conflitos teológicos fundamentais. A imagem original na qual Tecla e Paulo representam em pé de igualdade figuras com autoridade apostólica foi substituída por outra que mostra a autoridade apostólica masculina em contraste com a figura feminina agora cega e silenciada. Até mesmo o nome atual da caverna, Gruta de São Paulo, continua a negar a igualdade dos dois sexos que, na origem, estava representada em suas paredes.

Figura 1: Interior da Gruta de São Paulo em Éfeso.

Tomamos a afirmação original da igualdade e a asserção contrária a ela representada visualmente como a proposta central deste livro para o cristianismo. O Paulo autêntico e histórico, autor de sete cartas do Novo Testamento (Romanos, 1 e 2 Coríntios, Gálatas, Filipenses, 1 Tessalonicenses e Filemon), afirmava que *nas comunidades cristãs* não se fazia diferença entre judeu-cristãos e pagão-cristãos, entre homens e mulheres cristãs, e entre cristãos livres e escravos. Todos eram considerados absolutamente iguais. Mas na Primeira Carta a Timóteo, atribuída mais tarde a Paulo, embora sem ter sido escrita por ele, ordena-se que as mulheres fiquem em silêncio na igreja e preservem a função de mães (2,8-15). Algum seguidor posterior de Paulo inseriu na Primeira Carta aos Coríntios a idéia de que é vergonhoso para as mulheres falarem na igreja, sugerindo que devam pedir em casa aos maridos as explicações de que precisam (14,33-36).

Essas obliterações pseudopaulinas, pós-paulinas e antipaulinas da autoridade feminina são equivalentes verbais das obliterações iconográficas visuais dos olhos e da mão de Tecla na gruta que visitamos. Essas duas deformações dão testemunho do que teria existido antes delas. A igualdade paulina foi negada pela desigualdade pós-paulina. Este livro trata do Paulo real e histórico, do apóstolo radical que existiu antes do surgimento da reação, da revisão e das substituições. Não pensava em termos de democracia política nem de direitos humanos universais. Apenas proclamava o

Figura 2: Afresco bizantino de Paulo (*Paulos*) e Tecla (*Theokli*[a]) dentro da gruta.

que o cristianismo nunca teve capacidade de seguir; que *nele* todos são iguais e que esse fato deveria ser testemunho e desafio para o mundo lá fora.

Na capa deste livro reproduzimos a restauração do afresco que mostra na caverna as figuras de santa Tecla e são Paulo. Paulo está no centro em plena evidência, precisamente como a tradição pós-paulina sempre o colocou. Tecla é do mesmo tamanho de Paulo com seus olhos abertos intactos e sua mão direita levantada intocada, mas está na margem extrema da capa. Ela situa-se parcialmente dentro e parcialmente fora da capa. E surgem, então, nossas perguntas. Estará Tecla indo embora ou começando a retornar? A pesquisa sobre Paulo apagará a liderança, a autoridade e a apostolicidade femininas, jogando para fora da capa a figura de Tecla, ou, ao contrário, trará de volta Tecla, as mulheres e a igualdade firme e inevitavelmente à luz, até que mulheres e homens se encontrem lado a lado na plenitude da vida do centro?

Mas voltemos ao Império Romano. Na tremenda parábola de Mateus, a esposa de Pilatos mandou-lhe esta mensagem na ocasião do julgamento de Jesus: "Não te envolvas com este justo, porque muito sofri hoje em sonho por causa dele" (27,19). É só isso que Mateus nos conta. Mas imaginemos o que teria acontecido mais tarde. Quando Pilatos retorna a seus aposentos no palácio, diz à mulher que recebera sua mensagem, mas que de qualquer maneira havia condenado Jesus à morte. "Mas — disse-lhe — é isso que não entendo. Por que essa gente se opõe a nós? Trouxemos ao povo lei e ordem. Demos-lhe paz e prosperidade. Oferecemos-lhe cultura e civilização. Proporcionamos a todos o livre mercado e o comércio internacional. Por que nos odeiam?"

Figura 3: Afresco de Tecla, com os olhos raspados e a mão em gesto de ensino apagada.

PRÓLOGO

ESPERANÇA DE PAZ NA TERRA

O interesse de Roma está em seu imperialismo. Foi um dos estados conquistadores de maior sucesso na história e o que teve maior êxito em *conservar* as conquistas. Roma institucionalizou as regras de suas legiões de maneira mais estável e por muito tempo, bem mais do que qualquer outra sociedade antes ou depois... O império de dominação acabou transformando-se em verdadeiro império *territorial* ou, pelo menos, exerceu o mais alto nível de controle territorial capaz de ser alcançado nos limites logísticos das sociedades agrárias... O que Roma tomava, conservava... e dessa maneira produziu o mais alto nível coletivo de poder ideológico, econômico, político e militar jamais visto no mundo... Roma foi, assim, o primeiro império territorial, a primeira sociedade predominantemente não segmentaria extensiva, pelo menos nos seus mais altos escopos.

Michael Mann. *The Sources of Social Power* [As fontes do poder social] (1986).

A civilização romana conseqüentemente apareceu em todos os lugares, compacta, pelo menos enquanto durou. O grau de realização, embora imperfeito, continua nos assombrando e é conhecido de todos... Contudo, nunca houve progresso maior para a criação de um único modo de vida que, com justiça, se poderia chamar de "civilização romana do Império" do que no tempo de Augusto... Ensinava-se aos conquistados mesmo quando não explicitamente que seria melhor se se adaptassem à raça-mestra reformando-se a si mesmos — no jeito de falar, no vestuário e na aparência para que em tudo se parecessem com os romanos. Aceitavam esse modo de vida movidos pela ambição. Assumiram a civilização romana trazendo-a para suas casas, suas famílias e seu mundo.

Ramsay MacMullen. *Romanization in the Time of Augustus* [Romanização no tempo de Augusto] (2003).

Na acrópole de Filipos

Você se encontra nos altos de Filipos e vê a cidade morta lá embaixo. Pode também contemplar as ruínas dos lados da moderna estrada ao longo da Macedônia grega, ao norte, entre Kavala e Drama que, contornando as montanhas de Falacro e Meníqueo, vão para o norte pelo vale Strymon até a fronteira da Bulgária. A antiga cidade é cortada por outra estrada entre o leste e o oeste atravessando a península dos Bálcãs, enquanto Filipos protege os desfiladeiros onde se situa entre o Adriático e o Egeu a Via Egnatia, importante rota romana entre pântanos ao sul e montanhas ao norte. Você percebe agora uma torre medieval e o espigão do monte Lekanis. Não se preocupa com isso nem com as ruínas lá embaixo. Sua atenção é despertada pelo dourado monte Pangaio (Figura 4), ao sudoeste, e deixa sua imaginação substituir os pântanos drenados, que foram recuperados na década de 30 do século passado, pelo que ocorreu naquele fim outonal de outubro do ano 42 a.C., quando Brutus e Cássio, assassinos de Júlio César, lá estavam entre os charcos e os sopés das montanhas, para atacar os vingadores de Júlio César, Antônio e Otaviano.

Já era evidente a letal fraqueza estrutural do poder governamental romano. O sistema de dois cônsules anuais, dois reis por ano, evitava o perigo da tirania real, mas fomentava o perigo da anarquia social se e quando aristocratas, cônsules ou generais, transformados em guerreiros, lutassem entre si. A guerra civil romana, entre legiões bem treinadas, devastava fazendas, arruinava cidades, destruía famílias, pilhava, proscrevia, exilava ou matava inimigos. Atenas aprendera que se poderia optar por democracia ou império, mas nunca pelos dois. Roma aprendeu naquele dia de outono em Filipos que se poderia escolher entre república ou império, mas jamais os dois. A lição seria comprovada em Áccio no outro lado da Grécia, num outro dia de outono dez anos depois.

As posições republicanas da batalha eram excelentes e, como em Filipos, espalhavam-se pelas estradas. As forças de Cássio situavam-se atrás dos pântanos ao sul; as de Brutus, ao norte, à frente das montanhas. O rio Gangitis corre na frente delas através dos estreitos na retaguarda de suas posições. Os republicanos tomaram a cidade bem como a rota usada para transportar suprimentos, no lado oriental, para a sua frota na costa de Neápolis, a moderna Kavala. As legiões de César não possuíam esses recursos, mas tinham em Antônio o melhor dos generais e em Otávio, um *divi filius*, o filho divino do deificado Júlio César. O resultado não era inevitável, embora você provavelmente alegue, com percepção inequívoca, que os republicanos lutavam por um passado já superado e os cesarianos por um futuro já presente.

Você contempla, na imaginação, aquelas duas batalhas separadas em Filipos e, no fim, a morte de Cássio, um suicídio demasiadamente cedo; a morte de Brutus, outro suicídio desta vez demasiadamente tarde; e Antônio e Otaviano vitoriosos apesar da sangrenta confusão entre generais. Pouco depois de uma década, Antônio e Otaviano finalmente se encontraram não mais como aliados mas como inimigos. Os esquadrões de Antônio no dia 2 de setembro do ano 31 a.C. deixaram o golfo

Ambraciano na costa noroeste da Grécia em fuga, se possível, para a batalha, se necessária, ou para a vitória, se imaginável. Enfileiraram-se passando pelos estreitos do Cabo Áccio com a armada de Cleópatra na retaguarda da linha de batalha de Antônio. Otaviano e seu general-almirante, Agripa, esperavam por eles no mar Jônio e os dois lados manobraram para atacar os flancos do inimigo com a ajuda dos habitantes da região noroeste. Tudo terminou mesmo antes de começar e, no fim do dia, a derrota, a deserção e o desespero levaram Antônio à embarcação de Cleópatra para, desta vez em Alexandria, outro duplo suicídio. Nunca no campo dos conflitos humanos tanta coisa foi mudada por tanta gente e por causa tão pequena.

Figura 4: Filipos, ao sudoeste, mostrando o vale onde Antônio e Otaviano derrotaram as forças republicanas.

Otaviano agora estava sozinho como *princeps*, "cidadão líder" ou "primeiro entre os iguais", porém estando mortos todos esses "iguais". As longas guerras civis haviam terminado e restaurava-se a paz interna. Aproximava-se a Idade Áurea. E Otaviano, depois chamado de Augusto, realizara esse feito. Ele era Senhor, Salvador, Redentor e Libertador. Era também Divino, Filho de Deus, Deus e Deus de Deus. Essas coisas não resultavam simplesmente de propaganda de cima para baixo, unilateralmente. Tratava-se de ideologia de mão dupla aceita multilateralmente. Essa era a teologia imperial romana, argamassa ideológica capaz de manter dinamicamente unido o império.

No caminho de Damasco

Permanecendo ainda na acrópole de Filipos, olhe agora na direção oposta e imagine, quase cem anos depois, não mais Otaviano marchando para o Oriente, mas Paulo andando na direção contrária. Segundo o livro de Atos dos Apóstolos, do Novo Testamento, a primeira queda européia de Paulo teria acontecido perto de Neápolis, aprazível lugar agora de veraneio à beira-mar em Kavala, na costa do Egeu ao nordeste da Grécia. Mas tudo teria começado vinte anos antes e além da parte oriental de Damasco.

JUDEU FERVOROSO. As cartas de Paulo e Atos dos Apóstolos de Lucas afirmam que Paulo era um judeu fervoroso. Paulo afirma ter sido "circuncidado ao oitavo dia, da raça de Israel, da tribo de Benjamim, hebreu, filho de hebreus; quanto à Lei, fariseu... quanto à justiça que há na Lei, irrepreensível" (Fl 3,5-6). Além disso, "progredia no judaísmo mais do que muitos compatriotas da minha idade, distinguindo-me no zelo pelas tradições paternas" (Gl 1,14). Pergunta polemicamente acerca de alguns opositores judeus: "São hebreus? Também eu. São israelitas? Também eu. São descendentes de Abraão? Também eu" (2Cor 11,22). Conclui, "Pois eu também sou israelita, da descendência de Abraão, da tribo de Benjamim" (Rm 11,1). Quando menciona seus oponentes, não diz "judeus" e "gentios", mas escreve "perigos por parte dos meus irmãos de estirpe (*genous*), perigos por parte dos falsos irmãos" (2Cor 11,26). Paulo nasceu e cresceu judeu, entendia hebraico, era fariseu, e se orgulhava disso. Identificava-se como judeu no interior do judaísmo.

Lucas concorda com essa descrição em Atos dos Apóstolos, mas acrescenta certos detalhes mais por entusiasmo do que por fidelidade histórica. Põe na boca de Paulo: "Eu sou judeu" (21,39); "Sou judeu. Nasci em Tarso, na Cilícia; fui, contudo, criado nesta cidade [Jerusalém], e aos pés de Gamaliel educado na acurada observância da Lei de nossos pais: estava cheio de zelo por Deus, como vós todos hoje estais" (22,3); "Eu sou fariseu, filho de fariseus" (23,6); e, finalmente, "vivi segundo o partido mais estrito de nossa religião, como fariseu" (26,5). É provavelmente mais seguro deixar entre parênteses a origem farisaica de Paulo e especialmente sua educação em Jerusalém, porque fazem parte do esforço de Lucas de elevar o *status* de Paulo fazendo com que tudo tivesse início em Jerusalém. Faz parte também dessa elevação lucana do *status* de Paulo sua cidadania em Tarso (At 9,11; 21,39; 22,3 [impossível?]) bem como sua cidadania romana (At 16,37; 22,27-28; 23,27 [improvável?]). De qualquer forma, Paulo nunca mencionou ser romano, e se os açoites romanos servem de indicação, nunca teria realmente sido cidadão romano. Estas são minhas primeiras advertências sobre as diferenças entre o Paulo paulino e o lucano por meio de separação e discriminação mais do que por combinação e fusão. Retornaremos a este tema no capítulo 1 e seguintes.

PERSEGUIDOR ZELOSO. Paulo e Lucas concordam que ele perseguiu a Igreja primitiva mas, novamente, algumas citações de Lucas precisam ser postas entre parênteses. Paulo menciona o fato duas vezes ligando a perseguição violenta com o zelo

PRÓLOGO

religioso. "Perseguia sobremaneira e devastava a Igreja de Deus... distinguindo-me no zelo pelas tradições paternas" (Gl 1,13-14). E mais, "quanto ao zelo, perseguidor da Igreja" (Fl 3,6). Também observa: "Pois sou o menor dos apóstolos, nem sou digno de ser chamado apóstolo, porque persegui a Igreja de Deus" (1Cor 15,9). A palavra "zelo" indicava vigilância religiosa baseada em responsabilidade pessoal e individual, segundo o modelo e a tradição de Finéias, que, em Números 25,6-8, mata um israelita e a mulher midianita com quem se casara. É assim, por exemplo, que o tratado *As leis especiais*, de Fílon, filósofo judeu contemporâneo, entende o "zelo" religioso. Permite que *qualquer* pessoa ofendida "faça justiça imediatamente com as próprias mãos sem levar o ofensor ao júri, ao conselho ou a qualquer magistrado" (1,55).

Lucas reconhece em Paulo um perseguidor e acrescenta que ele teria ido aos sumos sacerdotes em Jerusalém com autoridade para punir os cristãos de Damasco (At 9,1-2). Ainda, sem levar em consideração a veracidade histórica dessa autoridade judaica exercida na Damasco nabatéia, Atos demonstra a mesma combinação de zelo e violência (ou zelo em forma de violência) encontrada em Paulo. Segundo Lucas, Paulo teria dito: "Estava cheio de zelo por Deus... Persegui até a morte este Caminho, carregado de cadeias e jogando na prisão homens e mulheres" (22,3-4).

Nem Paulo nem Lucas nos dizem exatamente que aspecto particular do cristianismo teria levado Paulo a querer "destruí-lo". Que teria sido? A melhor suposição que podemos fazer, e não mais que isso, é que Paulo perseguia precisamente aquilo para o qual seria mais tarde chamado. Reagia violentamente aos companheiros judeus quando afirmavam que os pagãos poderiam agora ser plenos membros do povo de Deus ao lado dos judeus, iguais a eles — sem necessidade alguma de circuncisão nem de outras regras de purificação. Em outras palavras, sua conversão foi uma reviravolta de 180 graus em relação ao que era antes. Poderia ter sido apenas um judeu fervoroso, deixando os judeu-cristãos de lado, ou poderia se ter convertido do judaísmo farisaico para o judaísmo cristão (como, por exemplo, Tiago e os membros da igreja de Jerusalém) ou, ainda, proclamar Jesus como o messias de seus companheiros judeus. Em vez disso, converteu-se *não do judaísmo ao cristianismo*, naturalmente, mas *de ser violento opositor e perseguidor da inclusão pagã na proposta não-violenta e persuasiva dessa inclusão*. O que perseguia *por* Deus era exatamente aquilo para o qual estava sendo chamado pelo mesmo Deus.

APÓSTOLO ESCOLHIDO. Tanto a Carta aos Gálatas (1,17) como o livro de Atos dos Apóstolos de Lucas (9,3; 22,6; 26,12) concordam que Damasco representou o momento inaugural do aparecimento, revelação, conversão e vocação de Paulo. Mas, depois desse acordo inicial, procedemos com muito cuidado, relembrando a advertência geral sobre o Paulo paulino e o Paulo lucano, deixando entre parênteses aquele momento específico que se refere à autoridade de Paulo, como sumo sacerdote de Jerusalém contra Damasco.

Para dar ênfase nesse caso, Lucas repete diversas vezes a narrativa. Por exemplo, a revelação de Deus a Pedro de que todos os alimentos eram igualmente puros é contada completamente duas vezes em At 10,1-11,18. Mas a revelação de Deus a

17

Paulo a respeito de seu apostolado gentio é contada inteiramente não apenas duas vezes, mas três. A narração de Lucas da conversão e do chamado de Paulo na estrada de Damasco é bem conhecida tanto pelo texto bíblico como por imagens artísticas e é esplêndido exemplo da imaginação literária de Lucas em Atos. Dá ênfase na composição com criatividade quando trata do tema crucial e se lê ou ouve, em primeiro lugar uma narrativa na terceira pessoa (9,3-16), depois a versão na primeira pessoa de Paulo no Templo de Jerusalém (22,6-15) e, finalmente, outra narração de Paulo na primeira pessoa no palácio de Cesaréia (26,12-18). Observemos a maneira como Lucas repete essa história sem aborrecer a audiência.

Jesus a Ananias (9,15)	Ananias a Paulo (22,14-15)	Jesus a Paulo (26,16-18)
Mas o Senhor lhe disse: "Vai, porque este homem é para mim um vaso escolhido para levar o meu nome diante dos gentios, dos reis e dos filhos de Israel".	Ele [Ananias] disse então: "O Deus de nossos pais te predestinou para conheceres a sua vontade, veres o Justo e ouvires a voz saída de sua boca; pois deves ser sua testemunha diante de todos os homens do que viste e ouviste".	"Eis por que eu [Jesus] te apareci: para te constituir servo e testemunha da visão em que acabas de me ver e daquelas nas quais ainda te aparecerei. Eu te livrarei do povo e das nações pagãs, para as quais te envio, a fim de lhes abrires os olhos, e assim voltarem das trevas à luz e do império de Satanás a Deus, e alcançarem, pela fé em mim, a remissão dos pecados e participarem da herança entre os santificados."

No elegante clímax literário de Lucas, o mandato vocacional de Paulo é contado primeiramente por Jesus a Ananias, depois por Ananias a Paulo (um pouco mais longo) e, finalmente (mais longo ainda), por Jesus a Paulo.

O próprio Paulo, contudo, conta uma história menos dramática e pouco fotogênica, mas concorda com os pontos essenciais do relato de Lucas, a saber, que a aparição e a revelação provocaram conversão e vocação.

Com efeito, eu vos faço saber, irmãos, que o evangelho por mim anunciado não é segundo o homem, pois eu não o recebi nem aprendi de algum homem, mas por revelação de Jesus Cristo... Quando, porém, aquele que me separou desde o seio materno e me chamou por sua graça, houve por bem revelar em mim o seu Filho, para que eu o evangelizasse entre os gentios. (Gl 1,11-12.15-16)

PRÓLOGO

No conhecido cenário de Atos, Lucas dá ênfase à luz de Deus, à voz de Cristo e à cegueira de Paulo (9,8; 22,11). Paulo não menciona a cegueira, acentuando, ao contrário, a visão. Pergunta retoricamente, "Não vi Jesus, nosso Senhor?" (1Cor 9,1) e responde, "Cristo... apareceu [literalmente, foi visto] também a mim" (1Cor 15,8). Entendemos, naturalmente, o esforço de Lucas para acentuar aos *convertidos posteriores* essa seqüência simbólica de descrença e cegueira, voz e fé, e visão e batismo. Paulo também conta aos *convertidos tardios* que "a fé vem da pregação e a pregação é pela palavra de Cristo" (Rm 10,17). Mas permanece esta pergunta: que, na verdade, teria Paulo *visto* no episódio de Damasco? Teria sido, como diz Lucas, a luz celestial que o cegara? Ou uma figura celestial que reconhecera como Jesus? Mas como Paulo reconheceria Jesus, mesmo numa visão, se nunca o encontrara antes?

Só podemos imaginar uma resposta. Paulo já sabia muito sobre a vida, morte e ressurreição de Jesus para perseguir seus seguidores que o proclamavam a seus companheiros judeus em Damasco. Segundo o evangelho cristão, a arte e o misticismo, o Cristo ressurgido conservava as chagas da crucifixão histórica especialmente em seu corpo glorificado e transcendental. Essas feridas não desapareciam nem eram curadas. Permaneciam nele para sempre. Se quisermos levar a sério a afirmação de Paulo de ter *visto* o Jesus ressuscitado, sugerimos que sua primeira visão teria sido simultaneamente do corpo de Jesus ferido *e* glorificado. Tal extraordinária visão vocacional já conteria a mensagem da fé e da teologia de Paulo, bem como o sentido de sua vida e morte. Propomos, então, que ao lermos as narrativas de Lucas sobre a experiência de conversão e de vocação de Paulo, deixemos de lado a seqüência sobre cegueira e luz e imaginemos, em vez disso, a visão na qual Paulo *vê* e ouve Jesus, o Cristo ressuscitado, o Senhor vivo. Não nos parece necessário acrescentar que, naqueles tempos como hoje, sonhos e visões eram possibilidades do cérebro humano. Mas, naturalmente e sempre, seu valor dependeria dos conteúdos e dos resultados, dos propósitos e das intenções bem como dos meios e dos fins.

Nota de rodapé. Milênios de arte cristã têm dependido afetuosamente do cenário de Lucas, gravando-o de maneira indelével na imaginação ocidental. E, como sabemos, essa arte acrescentou um cavalo à história de Paulo. Nada mais apropriado num mundo onde o orgulho ferido era mais bem simbolizado pelo herói caído olhando a garupa de seu cavalo. Não devemos apenas ler os textos de Lucas mas também, por exemplo, dar uma olhada nos quadros de Caravaggio (Figuras 5 e 6). Por volta de 1600 o pintor produziu duas versões dessa cena, relembrando-nos de que o artista visual pode variar os pormenores como também o faz o literário. Num deles, Paulo é concebido ainda jovem, imberbe, vestido, e seu cabelo é normal. No outro, é mais velho, usa barba, mostra o peito nu, e já está ficando calvo. Qual é a diferença fundamental? No primeiro, a luz celestial brilha sobre seus olhos cegos através do lado de seu cavalo malhado. No outro não há luz, mas se vê o Cristo apoiado num anjo estendendo a mão a Paulo cego (mas ele não está ferido). Perguntamos de novo. Paulo viu a *luz*, segundo o relato de Lucas e a primeira pintura de Caravaggio, ou o *Senhor*, segundo sua própria narrativa e segundo o quadro do artista?

Figura 5: *Conversão de São Paulo*, de Caravaggio, na igreja de Santa Maria del Popolo, em Roma.

Figura 6: *Conversão de São Paulo*, de Caravaggio, na coleção romana Odescalchi Balbi di Piovera.

Olhe mais uma vez para baixo, da alta acrópole de Filipos. A vista ao sudeste não é tão ampla como a do sudoeste, e você pode reunir, como num único momento do tempo, Otaviano e Paulo na Via Egnatia ao ocidente e ao oriente da cidade. Qualquer comparação parecerá absolutamente ridícula. Mas com o tão viajado Paulo, no meio da poeira, cansado, vem seu mais perigoso opositor — não legiões, mas idéias, não a força alternativa, mas a fé alternativa. Paulo também proclamava um Senhor, Salvador, Redentor e Libertador. Anunciava um outro que era Divino, Filho de Deus, Deus, e Deus de Deus. Essa nova divindade anunciada por Paulo era Cristo, não César. Tratava-se de uma teologia divergente embora igualmente global.

Dois filhos de dois deuses

É engano profundo, embora geral, considerar a teologia imperial romana como retórica vazia, hipérbole poética ou bajulação pragmática. Era, de fato, o centro ideológico do poder imperial romano, seu coração teológico. Em 1906 e 1909 Gustav Adolf Deissmann, então professor da Universidade de Heidelberg e, mais tarde, da de Berlim, pesquisou museus ocidentais e regiões orientais a fim de mostrar a importância de memoriais *não literários* do Império Romano no primeiro século de nossa era para a compreensão adequada do cristianismo mais antigo. Por *não literários* entendia textos gravados em pedras, metal, cera, papiro, pergaminho, madeira ou cerâmica recentemente descobertos em escavações arqueológicas.

PRÓLOGO

Essa busca começou, segundo sua obra clássica *Light from the Ancient East* [Luz do antigo Oriente], depois de ter lido o título "Filho de Deus", atribuído ao imperador Augusto:

Foi o *theou yios* [Filho de Deus] no n. 174 do *Berliner Griechische Urkunden* que me estimulou, de repente, a dedicar-lhe parte de meu trabalho que acabou ocupando minha vida de pesquisador. Há cerca de trinta anos vi a brochura nas mãos de Wilhelm Schulze na biblioteca da [universidade] de Marburg. Olhando por cima de seu ombro, chamou-me a atenção o fato de ser um manuscrito. Fiquei fascinado pelo *theou yios* e me encontrei como que paralisado ao folhear o livro, imerso no mundo do Novo Testamento e a seu redor. (346)

Ele estava lendo a linguagem da teologia imperial de Augusto e ouvindo, digamos, a contralinguagem da teologia cristã paulina:

Lembro-me de discutir com um amigo bibliotecário o fato de que, em diversas inscrições e papiros escritos em grego oriental, o nome de Augusto (com o de seu divino pai), bem como de seus sucessores, é sempre caracterizado como "filho de deus". Meu amigo, pesquisador clássico, sorriu caridosamente e disse que não tinha importância, "porque" era tradução do latim *divi filius*. Eu não acho que qualquer cristão de uma das igrejas de Paulo teria achado graça da expressão considerando-a sem importância. (346)

Observemos, de passagem, que o latim distingue entre *deus*, deus eterno como Júpiter, e *divus*, humano deificado como Júlio César. Mas o grego traduz os dois termos pela mesma palavra, *theos*. Os títulos latinos como *dei filius* ("Filho de Deus") e *divi filius* ("Filho de um Divino") aparecem, portanto, como o grego *theou yios* ou *theou hyios* ("Filho de Deus").

Os cristãos devem ter entendido, pois, que proclamar Jesus como Filho de Deus significava negar deliberadamente a César seu mais alto título e que anunciar Jesus como Senhor e Salvador era traição calculada. Talvez possamos traduzir agora esses termos de forma diferente, mas seu antigo desafio continua o mesmo. Qual divindade e que encarnação divina governa este mundo? Será de força e violência ou de justiça e amor? Se na década de 1930 cristãos alemães tivessem chamado Jesus de *der Führer* saberíamos por que teriam morrido em Dachau. Mas se cristãos americanos contemporâneos falarem de uma ordem *divina* do mundo, entenderíamos que se estariam opondo à *nova* ordem mundial?

No início do século passado Deissmann foi bem explícito a respeito do choque entre Cristo e César:

O culto de Cristo espalha-se pelo mundo mediterrâneo e logo reserva para Cristo palavras que já estavam em uso no culto deste mundo, atribuídas aos imperadores deificados (ou talvez tivessem sido inventadas para esse culto). Surge então polêmico paralelismo entre o culto do imperador e o de Cristo, sentido onde as antigas palavras derivadas pelo cristianismo do tesouro da Septuaginta e dos evangelhos coincidiam com os solenes conceitos do culto imperial, iguais ou semelhantes. Em muitos casos esse polêmico paralelismo, profetizando claramente os séculos de martírio, pode ser afirmado por testemunhos muito antigos. (342)

Dos altos de Filipos, então, você pensa a respeito de duas contendas. A primeira é o choque de exércitos entre republicanos e cesarianos; a segunda, entre cesarianos e cristãos. E, à medida que você desce ao pé do monte Lekanis, reflete sobre essas questões. Quais eram as diferenças estruturais e sistêmicas entre o Deus encarnado em Augusto e o Deus encarnado em Cristo? Quais eram as diferenças religiosas e políticas entre César Augusto, Filho de Deus, e Jesus Cristo, Filho de Deus? Quais eram as diferenças éticas e econômicas entre o mundo fundamentado em César e o mundo baseado em Cristo?

No início deste século o choque e o desafio ainda são os mesmos, mas devemos agora fazer essa pergunta com claridade bem mais terrível: qual é o caráter sistêmico e estrutural de Cristo em face do caráter sistêmico e estrutural de César? De que maneira o evangelho do divino César difere do evangelho do divino Cristo? Como difere, não apenas no nome, mas no conteúdo; não só na teoria, mas na prática? E acima de tudo: quem é César agora e onde está Cristo agora?

CAPÍTULO 1

FÉ JUDAICA E SOCIEDADE PAGÃ

A influência do judaísmo sobre os não-judeus no Império Romano foi profunda e duradoura. É coisa paradoxal. Pois a exclusividade do culto judaico e o rigor de suas leis sobre alimentação constituíam-se em barreira entre judeus e gentios. Além disso, os judeus não parecem, como regra, ter propagado ativamente sua religião. Assim, evidentemente, havia algo na natureza da religião e da comunidade judaicas que satisfazia certas necessidades sentidas por muitos dentro das fronteiras do Império e além delas.

Wolf Liebeschuetz. "The influence of Judaism Among Non-Jews in the Imperial Period" [A influência do judaísmo entre não-judeus no período imperial] (2001).

O judaísmo, nos períodos helênico e romano e até mesmo depois do triunfo do cristianismo, mostrou tremendo vigor não apenas ao se fortalecer internamente com o desenvolvimento de seu notável documento, o Talmude, mas também ao alcançar pagãos e, depois, cristãos, ganhando grande número de prosélitos e "simpatizantes"... Mesmo depois das três grandes revoltas de 66-74, 115-117 e 132-135, os judeus não chegaram a se enfraquecer e, na verdade, continuaram a atrair prosélitos e "simpatizantes". Em resumo, a teoria lacrimosa da história judaica, acentuando a fraqueza e o sofrimento dos judeus, não parece aplicar-se, em geral, ao período antigo.

Louis H. Feldman. *Jew and Gentile in the Ancient World* [Judeu e gentio no mundo antigo] (1993).

O judaísmo, por volta do começo do terceiro século, talvez mais do que imaginamos, foi a religião mais popular entre os pagãos e, portanto, poderoso rival do cristianismo na corrida pela conquista das almas do mundo romano. Esse fato nos ajuda a entender as tensões entre a Igreja e a Sinagoga nos primeiros séculos A.D.

Robert F. Tannenbaum. "Jews and God-Fearers in the Holy City of Afrodite" [Judeus e tementes a Deus na cidade santa de Afrodite] (1986).

Na cidade de Afrodite

Proposta

Você chega a Afrodisia para uma visita de um dia procedente de Denizli, na Turquia sul-ocidental. Ao deixar essa cidade percebe que as inúmeras fábricas modernas de produtos têxteis dão continuidade à importância que teve no passado a manufatura de roupas de algodão, linho e lã. É o que também indicam os rebanhos de ovelhas e cabras nas estreitas estradas dos atalhos que você percorre no meio das montanhas entre Denizli e Antalya. Estamos num belo dia da metade de setembro de 2002, fresco e nublado, com chuviscos agradáveis de manhã e ao entardecer.

Há dois mil anos Otaviano, que ainda não era Augusto, disse: "A cidade de Afrodisia é a única cidade dentre todas da Ásia que escolhi para mim", coisa que os cidadãos do lugar gravaram na parede de seu teatro. Alegava-se que a deusa grega Afrodite, a romana Vênus, dera origem à linhagem de Juliano. Nada mais adequado do que dar seu nome à cidade para comemorar esse momento histórico. Milênios depois, em *Aphrodisias: City of Venus Aphrodite* [Afrodisia: cidade de Vênus Afrodite], o poema de L. B. Harvey, no frontispício do livro, canta:

> quando todas as palavras nos papéis
> se transformarem em cinzas
> permanecerá
> uma colina marcada
> suficientemente bela para durar
> sempre.

Kenan Erim, da Universidade de Nova York, escavador dessa cidade, nascido na Turquia e autor desse livro, passou sua vida profissional aí e está sepultado merecidamente ao lado do portão restaurado do Templo de Afrodite. Ele disse que "de todos os lugares greco-romanos da Anatólia, Afrodisia é o mais deslumbrantemente belo" (1). Concordamos.

A aldeia de Geyre situava-se no alto desse lugar antigo, mas foi removida e reconstruída nas cercanias depois do terremoto da década de 1960. Com isso, o lugar foi aberto aos arqueólogos, mas a antiga praça da pequena cidade ainda ressalta a nova entrada da praça cercada de banheiros (muito elegantes), de restaurante (bastante limitado), e de um museu (muito bonito). Você chega por volta das 11h30 da manhã e o lugar está à sua disposição. Os ônibus da manhã que vieram para o oeste partindo de Hierápolis e das fontes quentes de Pamukkale estão de partida e só voltarão bem mais tarde. Você se acomoda lá em cima num dos trinta mil assentos do que fora no passado um teatro, saboreia o seu lanche calmamente, admira os elegantes álamos entre as ruínas de mármore (Figura 7) e olha para o leste onde o cume de 7.000 pés do Baba Dag emerge de vez em quando de dentro das nuvens. Ao pé da montanha distribuem-se as jazidas de mármore que forneceram à cidade

FÉ JUDAICA E SOCIEDADE PAGÃ

Figura 7: Teatro em Afrodisia e vista aérea das escavações arqueológicas realizadas pela Universidade de Nova York.

material adequado para as esculturas e inscrições e possibilitaram a confecção de produtos famosos além de suas fronteiras. O tributário Dandalaz, alimentado pelas neves dessa cadeia oriental de montanhas, circundava o lado sul da cidade e servia para o transporte de esculturas do norte para o antigo Meander, hoje Büyük Menderes, levando-as para o lado ocidental à costa e ao mundo.

Resumo

Que texto você leria para conhecer melhor a vida de Paulo e que lugar visitaria para ver com maior clareza seu mundo — mesmo ou, especialmente, se o próprio Paulo nunca tivesse sido o autor desse texto nem houvesse visitado o local escolhido? Neste capítulo selecionamos dois lugares, a cidade de Afrodisia, agora no sudoeste da Turquia, e a ilha de Delos, no centro do Egeu grego (Figura 8). Esses lugares emolduram dois aspectos contraditórios do texto escolhido, Atos dos Apóstolos, de Lucas, considerado agora prelúdio às suas cartas do Novo Testamento.

Começamos este capítulo em Afrodisia porque ela ilustra de maneira contundente os dois temas principais deste livro, a relação de Paulo com a teologia imperial romana e sua tradição religiosa judaica. O primeiro tema concentra-se no Sebasteion, ou Augustano, cujo elegante portão, o pórtico de três andares, e o templo imperial com sua escadaria celebravam as divindades júlio-claudianas, inserindo-as entre as antigas tradições da Grécia e seus deuses, mas acima delas. O segundo tema centraliza-se numa inscrição judaica que explicitamente distingue entre judeus convertidos e uma terceira categoria de "adoradores de Deus", com surpreendente número de seguidores em cada categoria.

25

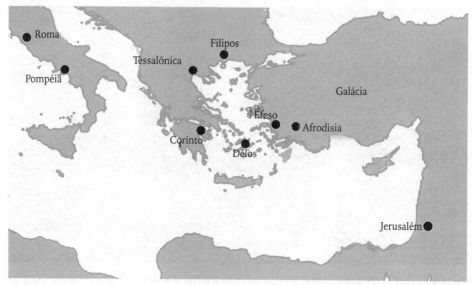

Figura 8: Centros arqueológicos mais importantes para a busca de Paulo.

A seguir, convém dizer que o livro de Atos dos Apóstolos do Novo Testamento é fonte extremamente ambígua para se entender a vida, obra, missão e mensagem de Paulo. Pressupomos, de passagem, que o mesmo autor escreveu a obra em dois volumes, agora separados: o Evangelho Segundo Lucas e o livro de Atos dos Apóstolos, mas não consideramos que o autor seja "Lucas, o médico amado" de Colossenses 4,14 (usamos o nome "Lucas" apenas por conveniência). De um lado, Lucas ressalta certos elementos sobre os cristãos, pagãos, judeus e autoridades romanas que refletem sua visão muito posterior às experiências anteriores de Paulo. De outro, dá ênfase à presença de "tementes a Deus" ou "adoradores de Deus" nas sinagogas judaicas e acentua o questionado sucesso de Paulo entre eles. Esses pagãos simpatizantes, não plenamente judeus nem mais pagãos puros, serão cruciais para a compreensão demonstrada neste livro das polêmicas de Paulo com seus companheiros judeus nesse domínio em que era considerado controvertidamente um "pescador de peixes pescados". Lucas, em resumo, conhece bastante acerca do tempo e do lugar de Paulo, mas o interpreta segundo seu tempo e lugar. Esses dois elementos precisam ser estudados com cuidado e criticamente na leitura de Paulo pelos olhos de Lucas.

Finalizaremos este capítulo falando de outro lugar que Paulo nunca visitou, Delos, entre as Ilhas Cicládicas do Egeu. Escolhemos esse local por duas razões. Em primeiro lugar, porque era um microcosmo do mundo de Paulo, miniatura crucial e fermento desse contexto político, econômico, social e religioso. Em segundo lugar, essa ilha tem sido preservada para estudos arqueológicos. Nos seus muitos templos, santuários e sinagogas percebemos a teologia romana espalhando-se de Roma para o leste, e de lá as religiões orientais dirigindo-se para Roma. Reconhecemos nos dois casos a conjunção absoluta entre religião e política. Vislumbramos a existência de organizações voluntárias que ordenavam a religião e a economia no âmbito da vida comercial greco-romana. Acima de tudo, observamos a antiga tradição do judaísmo movimentando-se com vitalidade entre gregos e romanos. O sucesso das operações de Paulo só foi possível por causa dessa mobilidade e de suas possibilidades e segurança.

As esculturas do Sebasteion imperial

Imagine o que Paulo teria visto se *tivesse* visitado Afrodisia. Imagine-se caminhando numa rua movimentada no centro da cidade passando debaixo dos arcos de um belo monumento de mármore. Você anda mais devagar sob sua sombra mas logo volta sob o sol e se encontra numa luminosa praça no eixo leste-oeste, de 46 pés de largura, ladeada por galerias de 40 pés de altura e com 300 pés de comprimento (Figura 9). É como entrar num funil sem teto do tamanho de um campo de futebol. As galerias paralelas, à esquerda e à direita, têm três andares alinhados com colunas dóricas embaixo, seguidas de colunas jônicas no meio e, no terceiro nível, com colunas corintianas. Você vê as telhas, no alto, contrastando com o céu profundamente azul. Esse complexo alonga-se até o templo na sua extremidade. Situa-se numa elevação, alcançado por um lance de escadas que vão até a frente, marcada

Figura 9: Reconstrução do Sebasteion em Afrodisia, lugar do culto imperial.

por seis colunas corintianas mais altas, mais largas e mais imponentes do que as do terceiro andar do corredor à direita e à esquerda. Caminhando na direção do templo por onde passaram no passado oficiais civis, sacerdotes ministrantes e gente de todas as condições, você percebe nas galerias do terceiro andar, nos dois lados, algo único no mundo greco-romano. Entre as colunas desse nível, de ambos os lados, mostram-se 180 painéis esculpidos em alto-relevo, medindo 5 por 5 pés cada um.

À esquerda, na galeria norte, aparecem alegorias helênicas universalizantes como, por exemplo, as que representam o dia e a noite, ou a terra e o mar, sinalizando o programa escultural no ambiente mais abrangente do tempo e do espaço segundo a mitologia grega. No nível médio, essa moldura mítica é absorvida pela história, retratando os povos conquistados, personificados como elegantes damas bem vestidas ostentando inscrições nos pedestais, representando todo o Império Romano e dando ênfase nas vitórias militares de Augusto. À direita, nos dois andares superiores da galeria sul, a mesma celebração da guerra e da conquista, a absorção da história pelo mito e a mesma criação da teologia imperial romana. Mas agora a justaposição é invertida. No terceiro andar figuram importantes membros da dinastia divina de Júlio e Cláudio, de Augusto e Lívia e de Nero e Agripina. No andar do meio aparecem diversas cenas e divindades da mitologia grega como Zeus, Afrodite, Posêidon e Asclépio. Entre eles também se vê a fuga de Enéias de Tróia e a loba amamentando Rômulo e Remo, duas lendas histórico-míticas das origens de Roma e de Augusto.

Essa inscrição dedica o complexo à "Afrodite, aos *Theoi Sebastoi*, e ao povo". Os *Theoi Sebastoi* são os deuses augustanos (*Sebastos* é a palavra grega para o latim *Augustus*), as divindades da família de Júlio e Cláudio (menos Calígula!). Não há painéis no nível inferior. Você é forçado constantemente a se virar de um lado para o outro e de cima para baixo, até que o pescoço comece a doer. Seu corpo recebe a mensagem muito antes da mente. Esse panorama da teologia imperial romana vai controlando suavemente os dois.

O Sebasteion começou a ser erguido sob Tibério e foi concluído por Nero. Sofreu danos causados por um terremoto quando ainda estava sendo construído e, mais tarde, foi destruído por outro. A galeria norte foi saqueada por causa de seu material de construção, mas a galeria sul sobreviveu a essa indignidade. O programa escultural completo, porém, pode ser reconstruído a partir de inúmeros painéis que sobreviveram, descobertos por Kenan Erim a partir de 1979. Há dois exemplos que contêm extraordinários sumários da teologia imperial romana.

O primeiro deles é um painel iconograficamente simples e de certa forma histórico (Figura 10). Mostra, no centro, o idealizado imperador Júlio-Cláudio conquistador do mundo, sem armadura e nu com apenas uma capa. A seu lado vê-se um troféu de batalha sobre um prisioneiro bárbaro ajoelhado e chorando, com as mãos amarradas atrás do corpo. À esquerda, salienta-se uma figura feminina representando o povo ou o senado, coroando-o com uma grinalda de carvalho. O outro painel é iconograficamente mais complexo e cósmico (Figura 11). Cláudio, nu como as figuras anteriores e todas as demais figuras masculinas no Sebasteion (com exceção

FÉ JUDAICA E SOCIEDADE PAGÃ

Figura 10: Relevo escultural de um idealizado imperador Júlio-Cláudio e de um prisioneiro bárbaro, no Sebasteion de Afrodisia.

Figura 11: Relevo no Sebasteion em Afrodisia representando cosmicamente o imperador romano Cláudio, controlando a Terra e o Mar.

29

de um Nero com armadura), anda para a frente com a capa flutuante sob um amplo semicírculo. À sua direita, a figura feminina da terra lhe entrega uma cornucópia, símbolo do controle da fertilidade do solo — não mais guerras. Do lado esquerdo, a figura feminina do mar lhe oferece um remo ou timão, símbolo de controle sobre o oceano e sua segurança — não mais piratas. Mostra o controle divino sobre a terra e o mar. A nudez, naturalmente, era o modo grego e helênico de indicar iconograficamente a divindade; a nudez imperial significava a sua divindade.

Mais interessante é a maneira como o Sebasteion fundiu elementos e estilos gregos e romanos, embora essas esculturas não fossem nem uma coisa nem outra, mas únicas. A localização do templo não permitia entradas de todos os lados segundo a maneira igualitária grega, mas uma só usada para procissões, acentuando a autoridade segundo o estilo hierárquico romano. Os retratos dos imperadores eram de Augusto, Cláudio e Nero, copiados dos modelos imperiais distribuídos por Roma. Seus corpos e cenas não seguiam modelos romanos. Eram criações locais exibindo interpretações gregas do governo imperial. As galerias representam, no todo, a idéia de que o mito grego e a história estavam destinados a desembocar no governo romano sob seus imperadores divinos.

A cidade de Afrodisia, deixada livre e independente por Roma, não fora obrigada a construir esse tão magnífico edifício. Mas, uma vez que a relação entre Roma e Afrodisia era mutuamente benéfica, não nos surpreende que o conselho civil tenha endossado a construção do Sebasteion, financiado por duas famílias ricas da cidade. Os irmãos Menander e Eusébio arcaram com as despesas do portão monumental e da galeria norte, que foram restaurados pela esposa de Eusébio, Afias, e sua filha Tata depois do terremoto. O templo e a galeria sul foram construídos por outros dois irmãos, Diógenes e Atalus. Diógenes morreu durante o planejamento, e sua mulher, Atalis Afion, o completou. Depois do terremoto essas edificações foram restauradas por seu filho Tibério Cláudio Diógenes, que tinha nome romano e, presumivelmente, cidadania também romana. Esses cidadãos eram, certamente, atraídos pelos favores imperiais que inevitavelmente exigiam honras imperiais, incluindo, sem dúvida, a cidadania romana. Entendiam as bênçãos materiais que acompanhavam o governo de Augusto e Júlio-Cláudio para os que se posicionassem adequadamente.

Essas bênçãos estendiam-se para além das elites, como as figuras do Sebasteion demonstram. O número de carpinteiros, artífices e escultores necessários para a enorme empresa era substancial. Muitas oficinas da cidade recebiam encomendas. A repentina demanda por mão-de-obra especializada transformou rapidamente cortadores de mármore em escultores. Diversos novos aprendizes tiveram de usar o malho e o cinzel, coisa que, naturalmente, acabou afetando a qualidade das esculturas. Desenhistas e capatazes disfarçavam esse fato dos espectadores deixando para os noviços a confecção dos painéis inferiores, menos visíveis da praça, e para os especialistas as esculturas mais visíveis, especialmente os retratos dos imperadores. O governo romano imperial incentivava as oficinas de escultura de Afrodisia, ajudando a desenvolver a economia local. Qualquer crítica potencial à atração mostrada pela elite com relação à família imperial romana era, certamente, calada pela prosperidade das muitas oficinas e do aumento da renda.

A construção de um Sebasteion com um templo dedicado ao culto imperial romano era proposta sedutora para qualquer cidade, e essa atração pode ser facilmente explicada. "A vitória e a conquista eram consideradas justificação importante do governo imperial", como R. R. R. Smith, o atual escavador da cidade, nota em seu artigo "The Imperial Reliefs from the Sebasteion at Aphrodisias" [Os relevos imperiais do Sebasteion em Afrodisia], "mas sempre se trata de vitória sobre os bárbaros de vários tipos: bretãos, armênios e semelhantes. As conquistas dos gregos já estavam esquecidas. Essas tinham se dado antes dos imperadores. Agora os gregos eram novos parceiros e não mais subjugados recalcitrantes" (98). Conclui:

> O Sebasteion de Afrodisia dá evidência material do culto imperial diferente em estilo e maior em quantidade do que qualquer coisa conhecida antes... Os painéis em relevo, como um todo, apresentam uma visão detalhada e fisicamente expressa da posição afortunada do mundo grego sob o governo imperial romano, não existente em nenhum outro lugar. As atitudes do imperador romano encontradas aqui eram conhecidas de outras cidades da Ásia Menor no primeiro século de nossa era, mas a maneira grandiosa e elaborada por meio da qual são expressas em mármore no Sebasteion é de longe singular. (137-138)

Não há dúvida de que os habitantes de Afrodisia tornavam-se entusiastas do Império Romano à medida que os imperadores romanos transformavam-se em deuses gregos na cidade do Sebasteion.

O *theosebeis* da sinagoga judaica

ADORADORES DE DEUS. Imagine agora a entrada de um edifício judaico em Afrodisia um século depois, por volta do ano 200 d.C. Há duas colunas de mármore, uma de cada lado da porta. Concentre-se na que está à sua direita. Três de seus lados conservam-se polidos e são facilmente visíveis (faces *a*, *b*, *c*), mas o quarto é áspero e está contra a parede da entrada (face *d*). Ironicamente, essa coluna foi descoberta quando as fundações do museu de Afrodisia estavam sendo escavadas em 1976 (Figura 12). Pressupondo-se que haveria outra formando um par, essa estaria ainda perdida e poderia estar em qualquer lugar, ainda soterrada ou talvez reutilizada na casa de algum lavrador. Ao entrar no edifício você pode ler a face *b* da coluna da direita (na sua frente) e, depois, a face *a* (à direita quando você passa para dentro). Essas duas faces contêm 126 nomes de indivíduos que organizaram ou financiaram a construção do edifício. O edifício mesmo ainda não foi descoberto, e sua função não é totalmente clara, mas nem mesmo um quarto da cidade foi até agora escavado. Poderia ser, talvez, um lugar onde se serviam refeições para os pobres ou, mais provavelmente, a própria sinagoga judaica de Afrodisia. Estamos preocupados, de qualquer forma, com esses 126 nomes de doadores e patrocinadores gravados nas faces *a* e *b* dessa coluna honorífica de mais de 6 pés de altura, agora recuperada.

Figura 12: Coluna de mármore com inscrições pertencente à entrada da sinagoga judaica em Afrodisia.

Aqui estão as estatísticas. A face *a* enumera 19 nomes de membros do "decanato", ou liderança do projeto. Desses, 14 são nomes judaicos, 3 de prosélitos e 2 dos que se chamavam "adoradores de Deus" (*theosebeis*). Estes últimos 5 estão intercalados entre os primeiros 14, estando junto com eles os adoradores de Deus. Os prosélitos estão em outro lugar. A face *b* exibe uma lista de 55 nomes separados espacialmente e com clareza de uma lista de 52 nomes embaixo (Figura 13). Os primeiros são judeus e os outros, pagãos. Estes últimos estão curiosamente prefaciados com a frase: "e tais são os adoradores de Deus" (*kai hosoi theosebeis*). Essa é a mais longa inscrição judaica da antiguidade e indica a existência de estreita cooperação entre judeus (prosélitos inclusive) e pagãos simpatizantes. Aqui, com mais clareza e certeza do que em qualquer outro lugar, aparecem esses enigmáticos "adoradores de Deus" do livro de Atos de Lucas, gravados em pedra.

Pense nessas estatísticas por um momento. Até 1966 não sabíamos da existência de nenhum judeu ou de edifícios judaicos em Afrodisia. Agora tomamos conhecimento de 126 doadores de um desses edifícios nas seguintes proporções: 69 indivíduos judeus, ou 55 por cento; 3 indivíduos prosélitos, ou 2 por cento; e 54 indivíduos adoradores de Deus, ou 43 por cento. São proporções realmente extraordinárias mesmo quando generalizamos a partir dessa descoberta ocasional

FÉ JUDAICA E SOCIEDADE PAGÃ

Figura 13: Face *b* da inscrição na sinagoga com nomes de judeus, na parte superior, e de "adoradores de Deus", na inferior.

e, certamente, precária. Teria sido Afrodisia uma exceção absoluta ou exemplo-padrão das proporções numéricas da presença de judeus e de tementes a Deus em todas as cidades do Império Romano ou em parte delas?

Algumas notas de rodapé. Essa coluna é a evidência arqueológica e a escrita mais clara que temos da existência desses adoradores de Deus que eram pagãos simpatizantes, mas nunca judeus nem convertidos. Essa informação data do começo do terceiro século. Examinaremos, mais tarde, no capítulo 4, outras evidências arqueológicas que comprovam sua presença já no ano 16 de nossa era e nos séculos primeiro e segundo.

Somente uma mulher é mencionada entre esses 126 nomes, mas é a primeira da lista da face *a*, linhas 9-10. Chama-se Jael, mesmo nome da heroína de Juízes 4,17-22 e 5,24-27. É descrita como *prostatēs*, significando protetora ou patrona sempre quando aparece em inscrições judaicas. Era, segundo a conclusão de Paul Trebilco em seu livro *Jewish Communities in Asia Minor* [Comunidades judaicas na Ásia Menor], "líder proeminente da comunidade judaica em Afrodisia. Ela era ou patrona da comunidade e representava seus interesses junto à sociedade em geral, ou presidente ou líder encarregada de dirigir afazeres comunitários" (110). Na verdade, como ele nota, são funções que estão de acordo com outras evidências a respeito de atividades femininas na área geral. As mulheres, sacerdotisas pagãs, líderes judaicas ou adoradoras de Deus, eram importantes líderes religiosas na Ásia Menor, como também foram importantes apóstolas mais tarde, segundo Paulo. Os primeiros 9 nomes da lista *b* de 52 adoradores de Deus eram notáveis membros do *boulē*, conselho ou corpo governamental da cidade. Dezessete por cento é uma proporção muito alta de pessoas importantes em relação ao povo comum nesse grupo.

Os nomes são geralmente seguidos de sobrenomes familiares e/ou da atividade comercial correspondente. Vinte e sete indivíduos exercem atividades comerciais e, desses, 10 eram judeus e 17, adoradores de Deus. Em geral, as ocupações dos tementes a Deus eram melhores do que as dos judeus quase sempre comuns, com exceção dos conselheiros da cidade. As principais categorias incluíam produção e venda de bens: alimento, têxteis, couro, madeira, pedra e construção entre outros. Os judeus vendiam roupas de segunda mão e tinham mercearias e ferrarias. Entre os tementes a Deus havia um atleta, um escultor e um tintureiro.

33

Pergunta final. Por que alguns pagãos eram de tal maneira atraídos pelo judaísmo a ponto de se tornarem "tementes a Deus" ou "adoradores de Deus" — semijudeus ou qualquer outra designação que lhes queiramos dar? Além de razões sociais, políticas, econômicas ou sociais, havia um fator religioso muito especial. Pensadores gregos e romanos apreciavam e admiravam o *monoteísmo não icônico*, isto é, a crença de que só havia uma divindade transcendente e in-imagi(em)-nável.

Marcos Terêncio Varro é descrito na obra *Greek and Latin Authors on Jews and Judaism* [Autores gregos e latinos sobre judeus e judaísmo], de Menahem Stern, como "o maior especialista da Roma republicana e precursor da restauração religiosa augustana" (1.207). O livro de Varro *Res Divinae* foi escrito entre 63 e 47 a.C., mas esta citação foi preservada apenas na *Cidade de Deus* de santo Agostinho:

> [Varro] também diz que por mais do que cento e setenta anos os antigos romanos adoravam deuses sem imagem. "Se esse costume tivesse continuado até hoje", diz, "nosso culto dos deuses teria sido mais devoto." E em apoio a essa opinião ele acrescenta, entre outras coisas, o testemunho da raça judaica. E termina com a declaração direta de que todos os que estabeleceram imagens dos deuses para o povo diminuíram a reverência em suas cidades ao mesmo tempo que incorriam em erro, pois ele [Varro] sabiamente julgava que os deuses na forma de imagens sem sentidos poderiam facilmente inspirar desprezo. (4.31)

Idéia semelhante aparece em Estrabão de Amasia no Ponto, que viveu entre 64 a.C. e 21 d.C. Em sua *Geografia*, escrita sob os imperadores Augusto e Tibério, diz:

> Moisés... um dos sacerdotes egípcios... foi para a Judéia, porque estava aborrecido com o estado de coisas aí, acompanhado de muitas pessoas que adoravam o Ser Divino. Pois dizia e ensinava que os egípcios enganavam-se ao representar o Ser Divino por meio de imagens de animais selvagens e bois, bem como os líbios; e que os gregos também estavam errados ao modelar os deuses em formas humanas; pois, segundo pensava, Deus é o único ser que abrange sozinho a nós e todas as coisas na terra e no mar — que chamamos de céu, universo ou natureza de tudo o que existe. Que homem, então, que tiver senso, seria suficientemente ousado para fabricar imagens de Deus semelhante às criaturas? As pessoas deveriam abandonar todas as imagens esculpidas e separar um recinto sagrado para ser o santuário digno para a adoração de Deus sem imagens. (16.2.35)

Havia, sem dúvida, muitas outras razões — desde apoio social até idéias morais — que atraíam pagãos aos costumes e tradições judaicas. Mas o monoteísmo não icônico deve ser considerado o elemento principal que mais seduzia alguns, embora, naturalmente, afastasse outros.

QUESTÕES. No início deste livro examinamos as inscrições naquelas duas colunas que demonstraram a integração harmoniosa entre judeus e adoradores de Deus e fizemos duas perguntas. Não são questões hipotéticas sobre o que poderia vir a transpirar no futuro, mas questões reais sobre o que não havia transpirado no passado. Cada uma questionava no condicional. Esse exercício em história virtual não pretende ser mero jogo acadêmico, mas terapia mental. Uma vez que sabemos que teria acontecido no passado, é fácil pensar que seriam fatos necessários, destinados,

FÉ JUDAICA E SOCIEDADE PAGÃ

providenciais e inevitáveis. Mas que teria acontecido se, por exemplo, Cleópatra e Antônio tivessem derrotado Otaviano e Agripa na batalha de Áccio? Que, então? Aí? Essas perguntas que contrariam os fatos e a história virtual derivada delas nos lembram das contingências, decisões e acidentes sempre envolvidos no que realmente acontece. As coisas sempre poderiam ter sido de outra maneira.

Nossa primeira pergunta (ao revés) é esta: *Que aconteceria se o judaísmo tivesse se tornado a religião de Roma em lugar do cristianismo? Se o Império Romano tivesse se tornado judeu e não cristão?* A primeira resposta imediata seria esta exclamação: que coisa absolutamente ridícula! Como poderia alguém supor um Império Romano judaico em face de tanta crítica e desprezo antijudaico, de acusações e rejeições, de libelos e difamação na vida e na literatura greco-romana? Mas é precisamente por isso que fazemos a pergunta. Acrescentamos-lhe outra questão. *Indicariam tais repetidos ataques que o judaísmo era uma piada ou ameaça, uma total impossibilidade rejeitada ou grande possibilidade atraente? Será que o anti-semitismo greco-romano demonstrava a falha demasiadamente óbvia do judaísmo ou, talvez, seu demasiado sucesso?*

Observe, por exemplo, a oscilação entre aprovação e desaprovação quando gregos e romanos discutiam a respeito dos judeus e do judaísmo. Há algumas décadas, Menahem Stern publicou em três volumes todos os textos existentes sobre o assunto com traduções e comentários com o título *Greek and Latin Authors on Jews and Judaism* [Autores gregos e latinos sobre judeus e judaísmo]. Trata-se de um texto extremamente fascinante e instrutivo, do começo ao fim, especialmente à luz de nossas duas questões. Louis Feldman, em seu livro do qual tomamos uma das epígrafes no começo deste capítulo, dá-nos a seguinte estatística geral da coleção de Stern: "No primeiro volume, de Heródoto no quinto século a.C. a Plutarco no primeiro século de nossa era, 47 notas são favoráveis (16 por cento), 60, contrárias (24 por cento) e 165, neutras (60 por cento). No segundo volume, cobrindo o período que vai do segundo ao sexto séculos, 54 são favoráveis (20 por cento), 61, contrárias (21 por cento) e 174, neutras (59 por cento)" (498, n. 4). O terceiro volume consiste de apêndices e índices. Em outras palavras, cumulativamente, "segundo minhas contas, 101 (18 por cento) comentários dos pagãos na coleção de Stern são substancialmente favoráveis, 339 (59 por cento) mais ou menos neutros, e somente 130 (23 por cento) são substancialmente desfavoráveis" (124).

Essas duas estatísticas relativamente equilibradas permitem-nos levantar duas questões. *Teria havido séria chance para a existência de um Império Romano judaico? Será que a possibilidade dessa chance acabou provocando tanto a aprovação como a desaprovação do judaísmo entre os pagãos?* É preciso, portanto, conservar constantemente na mente a seção de abertura deste capítulo até voltarmos ao tema no final deste livro. Ao pensarmos a respeito de Paulo entre os judeus, com os gregos e sob os romanos, naquele primeiro século de globalização imperial, não pretendemos dar respostas positivas ou negativas às duas questões controvertidas. Em vez disso, vamos utilizá-las como referências silenciosas mas permanentes ao longo deste livro para monitorar nossas respostas, observando os pressupostos que elas revelam e acessando os princípios que presumem.

Um conto de dois Paulos

Pelo que sabemos, Paulo nunca esteve em Afrodisia, mas começamos aí porque queremos dar ênfase a dois elementos fundamentais estudados neste livro para a compreensão de sua visão e programa, a saber, a teologia imperial romana nas cidades gregas e os pagãos adoradores de Deus nas sinagogas judaicas. Afrodisia dá-nos um bom exemplo disso. Passamos agora da arqueologia para a exegese, mas não ainda para as cartas de Paulo. Vamos começar no Novo Testamento com o livro de Atos dos Apóstolos para ver de que maneira seu autor relaciona Paulo com as autoridades romanas urbanas e com os pagãos adoradores de Deus da sinagoga.

O problema não é que Lucas não tivesse acesso às fontes paulinas e se tivesse dedicado a escrever um romance apostólico. Muitos lugares mencionados nas cartas paulinas coincidem com os citados por Lucas em Atos. Mesmo uma pesquisa superficial mostra que Paulo escreveu aos gálatas, filipenses, coríntios, tessalonicenses e romanos e que o livro de Atos o localiza na Galácia (13,14-14,24; 16,1-6), em Filipos (16,12-40), Tessalônica (17,1-9), Corinto (18,1-17) e Roma (28,15-31). E mesmo se ele não tivesse escrito aos efésios, Lucas refere-se à presença dele em Éfeso (19,1-20). Observe, contudo, que Lucas nunca menciona as cartas de Paulo. Mas, de qualquer maneira, o terreno geográfico e mesmo a seqüência de lugares são basicamente os mesmos para o Paulo paulino e o lucano.

O problema de Lucas não é a falta de fontes sobre Paulo. Ele usa excelentes fontes, mas embora conheça muitos pormenores corretos, localizações adequadas e seqüências de viagens, parece não se preocupar com os propósitos, as intenções e os significados enfatizados por Paulo em suas cartas. Essa é a parte negativa do problema. A positiva é esta: o livro de Atos foi escrito nos anos 80 ou 90, diversas décadas depois do tempo de Paulo. Lucas o interpreta a partir de sua situação geográfica, de sua compreensão da história e de sua visão teológica. No livro de Atos dos Apóstolos Paulo se transforma num cristão do tempo e lugar de Lucas e não de seu tempo e lugar. Veremos a seguir quatro exemplos que se ramificarão pelo livro todo. Referem-se a cristãos, pagãos, judeus e romanos, isto é, a respeito de todos os que viveram no mundo de Lucas.

Subordinação paulina

Lucas expressa consistente e harmoniosa concordância entre Paulo e figuras autorizadas como Tiago ou Pedro. Todos eles, por exemplo, estão de perfeito acordo com a missão pagã de Paulo em suas reuniões em Jerusalém e Antioquia (At 15), apesar de muito mais discórdia do que concordância como Paulo conta em Gálatas 1-2. Lucas descreve Paulo como um missionário enviado de Jerusalém a Antioquia, sem imaginar que Paulo poderia entrar seriamente em atrito com seus superiores. Ao contrário, em todas as suas cartas, Paulo se vê como apóstolo enviado por Deus por meio de Cristo. A séria vocação pela qual ele vive e morre é negada por Lucas. Ele

FÉ JUDAICA E SOCIEDADE PAGÃ

era, certamente, importante missionário enviado por Jerusalém e vivia em completo acordo com isso. Mas não era apóstolo como os Doze.

Lucas insiste em Atos 1 que, depois da ressurreição de Jesus, sempre houve apenas "doze apóstolos". Além disso, eram todos do sexo masculino, uma vez que a escolha do substituto de Judas tinha de ser feita entre "*homens* que nos acompanharam durante todo o tempo em que o Senhor Jesus viveu no meio de nós, a começar pelo batismo de João até o dia em que nos foi arrebatado", e assim Matias "foi colocado no número dos doze apóstolos" (1,21-22.26). Para Lucas, Paulo simplesmente não era um apóstolo. Se não fosse a explícita escolha de Matias, poder-se-ia imaginar que o Paulo de Lucas, pelo menos implicitamente, teria sido o sucessor de Judas e um dos doze. Mas, depois disso, Lucas entende que Paulo não era e nunca poderia ser um apóstolo. Além disso, nunca estivera com Jesus, durante sua vida terrena, nem fora escolhido por Deus pelo sorteio da comunidade. Poderia ser e acabou sendo, para Lucas, importante e vital missionário por meio do qual o Espírito Santo chegou a mudar o centro administrativo de Jerusalém para Roma, mas jamais seria o que tanto reivindicava, a saber, apóstolo enviado por Deus por meio da revelação do Senhor ressuscitado. Poderia ser o missionário enviado por Jerusalém à Antioquia, mas não o apóstolo enviado por Deus por meio de Jesus. Estava em jogo não apenas a nomenclatura mas também o *status*, não só o título mas também a autoridade.

Observe como Paulo, ao contrário de Lucas, identifica-se na abertura formal das cartas nas quais sua autoridade poderia ser questionada, especialmente na Carta aos Gálatas, posto que entre eles sofria ataques frontais:

- Paulo, apóstolo — não da parte dos homens nem por intermédio de um homem, mas por Jesus Cristo e Deus Pai, que o ressuscitou dentre os mortos (Gl 1,1).

- Paulo, chamado a ser apóstolo de Cristo Jesus por vontade de Deus (1Cor 1,1).

- Paulo, apóstolo de Cristo Jesus pela vontade de Deus (2Cor 1,1).

- Paulo, servo de Cristo Jesus, chamado para ser apóstolo, escolhido para o evangelho de Deus (Rm 1,1).

Ênfase ainda mais explícita aparece em 1 Coríntios 15,5.7, quando Paulo faz distinção entre Pedro e "os Doze", e Tiago e "todos os apóstolos". Insiste, então, em 1 Coríntios 15,8-10 que é um deles, uma vez que o Senhor ressurgido apareceu não apenas a eles, mas, "em último lugar, apareceu também a mim, o abortivo. Pois sou o menor dos apóstolos, nem sou digno de ser chamado apóstolo, porque persegui a igreja de Deus. Mas pela graça de Deus sou o que sou: e sua graça a mim dispensada não foi estéril. Ao contrário, trabalhei mais do que todos eles; não eu, mas a graça de Deus que está comigo".

Em outras palavras, Paulo não achava que "os doze *apóstolos*" constituíam um grupo fechado. Em vez disso, reconhecia a existência do grupo fechado e altamente simbólico, "os doze", mas igualmente esse outro, "todos os apóstolos", onde ele se incluía, entre outros e, como veremos mais adiante, admitindo até mesmo mulheres.

A apostolicidade deriva-se da revelação e da vocação do Senhor redivivo, e não da convivência com o Jesus terreno. A interpretação de Lucas retirou de Paulo o que lhe era mais precioso e vital para a sua independência e, acima de tudo, autoridade. Lucas apagou dessa forma as profundas divergências existentes entre Paulo e outros líderes cristãos.

Ganância pagã

Segundo o livro de Atos, tudo é pacífico e harmonioso entre as comunidades cristãs e seus líderes. Quaisquer problemas, disputas e até mesmo brigas eram falhas não dos cristãos mas de pagãos e judeus. E essas falhas alimentam o segundo e o terceiro temas que atravessam o livro de Lucas.

As desavenças sobre o cristianismo eram causadas pela ganância pagã julgada nociva para o comércio normal. Em Filipos havia "uma jovem escrava que tinha um espírito de adivinhação; ela obtinha para seus amos muito lucro, por meio de oráculos". Paulo a exorcizou, e "os amos, vendo escaparem-se-lhes as esperanças de ganho, agarraram Paulo e Silas, arrastaram-nos à ágora, diante dos magistrados". O tumulto se espalhou e "a multidão se amotinou contra eles" (16,16-22). Mais tarde, em Éfeso, houve tumulto ainda maior por causa dos ourives que fabricavam imagens de Artêmis/Diana, porque isto poderia "lançar o descrédito sobre nossa profissão" (19,23-29) e porque os seguidores de Paulo ignoravam ou desprezavam o famoso templo da cidade.

Em outras palavras, tanto Paulo como o cristianismo causavam danos ao comércio pagão. Coisa que, certamente, não era falsa. Esse fato foi também mencionado como problema sociorreligioso por volta do ano 112 de nossa era quando Plínio, o Jovem, governador de emergência de Bitínia-Ponto na costa sul do mar Negro, relatou o que acontecia ao Imperador Trajano. Em suas *Cartas* explica que foi contra o cristianismo, "posto que essa superstição contagiosa não se confina somente às cidades mas está espalhada pelas vilas e distritos rurais". Acreditava, porém, que estava resolvendo o problema, pois os templos já começavam a ser novamente freqüentados, os festivais, celebrados, e havia "demanda geral por animais sacrificiais, que no passado eram comprados por poucas pessoas" (10.96).

Ciúme judaico

O terceiro tema lucano é que distúrbios envolvendo cristãos eram causados por judeus. Lucas achava que os judeus se opunham às conversões dos gentios levados por "ciúme". Na verdade, os pagãos aceitavam o cristianismo enquanto os judeus o recusavam. Essa era a ênfase dominante de Lucas em Atos. Falemos primeiramente a respeito "dos judeus" em geral. Temos aqui bom exemplo de como a ficção lucana deve ser distinguida do fato paulino em si na narrativa do mesmo incidente. Paulo e Lucas registram a partida ignominiosa de Paulo de Damasco.

Versão de Paulo (2Cor 11,32-33)	Versão de Lucas (At 9,23-25)
Em Damasco, o etnarca do rei Aretas guardava a cidade dos damascenos no intuito de me prender. Mas por uma janela fizeram-me descer em um cesto ao longo da muralha, e escapei às suas mãos.	No fim de certo tempo os judeus decidiram de comum acordo matá-lo. E Saulo teve conhecimento dessa trama. Vigiavam até as portas da cidade, dia e noite, a fim de o matarem. Os discípulos, então, tomaram-no de noite e o desceram ao longo da muralha, dentro duma cesta.

A extraordinária semelhança entre os dois relatos demonstra que Lucas conhecia pormenores preciosos a respeito de Paulo, mas se nota a seguinte diferença significativa. Na versão de Paulo o perigo surgira quando o governador naboteano, Aretas IV, tomou a cidade entre 37 e 39 d.C., fornecendo a única data para a biografia de Paulo, derivada de sua vida. Em Lucas o incidente surge entre os judeus, sem menção alguma de data. O cenário é, de fato, impossível numa cidade árabe controlada. Além disso, se Lucas conhecia o fato mas modificava ou criava o inimigo, precisamos tomar cuidado com o que ele vai dizer em outros lugares sobre "os judeus" em oposição a Paulo. Por exemplo, haveria oposição mortal ou não mortal de outros judeus a Paulo, e em qualquer dos casos qual teria sido a razão para isso? Lucas pode, por exemplo, explicar a recusa dos judeus de aceitar o cristianismo como simples "inveja" humana em face da aceitação dos pagãos. Em Atos 13,45, lemos: "À vista dessa multidão, os judeus se encheram de inveja e replicavam com blasfêmias às palavras de Paulo". Em Atos 17,5, temos: "Mas os judeus invejosos reuniram logo alguns péssimos vagabundos, provocaram aglomerações e espalharam o tumulto na cidade". Além disso, Lucas remonta ao Antigo Testamento para utilizar um modelo profético: "Os patriarcas, invejosos de José, venderam-no para ser levado ao Egito. Deus, porém, estava com ele" (At 7,9).

Nota de rodapé em preparação para a próxima seção. Observe a falta de clareza no centro da afirmação de Lucas de que Paulo sempre vai pregar, em primeiro lugar, a seus companheiros judeus na sinagoga no dia de Sábado. Será que se voltava para os pagãos porque os judeus o rejeitavam ou estes o rejeitavam porque ele se voltava para os pagãos? Teria sido a rejeição judaica causa ou efeito da conversão dos pagãos? Nada disso é claro em Lucas, porque, como mostraremos mais adiante, Paulo não pregou em primeiro lugar aos especificamente judeus ou pagãos, mas a membros de um grupo intermediário formado de semijudeus, semipagãos relacionados com a sinagoga, simpatizantes e os chamados tementes a Deus ou adoradores de Deus. Em resumo, tomando o caso de Damasco como advertência paradigmática, faça cuidadosa distinção entre a *informação* dada por Lucas e sua *interpretação* de Paulo, e procure discernir com atenção em que momentos essa *interpretação* transforma-se em *informação*.

Reação romana

O último tema importante em Atos é a reação romana a Paulo. Todas as autoridades romanas ou romanizantes encontradas por Paulo declaram-no formal e explicitamente inocente. No teatro de Éfeso, o escriba concluiu que os companheiros de Paulo não eram "culpados nem de sacrilégio nem de blasfêmia contra nossa deusa" Diana e, assim, "dissolveu a assembléia" (19,37.41). Cláudio Lísias, tribuno em Jerusalém, escreveu ao governador Felix, em Cesaréia: "Verifiquei que a acusação se referia a pontos contestados de sua Lei, mas que não havia inculpação que merecesse a morte ou as cadeias" (23,29). Dois anos depois, o novo governador, Festo, menciona o caso de Paulo ao rei judaico, Agripa II, e à sua irmã, Berenice, comentando que, "em sua presença, os acusadores não levantaram nenhum agravo sobre crimes de que eu suspeitara", reconhecendo "que nada fez que mereça a morte" (25,18.25). Depois do discurso de Paulo, os três concordam: "Este homem nada fez que mereça a morte ou as cadeias" (26,31).

Finalmente, Lucas não termina sua história com o julgamento ou execução de Paulo, mas com esta sentença: "Paulo ficou dois anos inteiros na moradia que havia alugado. Recebia todos aqueles que vinham procurá-lo, anunciando o Reino de Deus e ensinando o que se refere ao Senhor Jesus Cristo com firmeza e sem impedimento" (28,30-31). É isso, conclui Lucas tendo em mente a audiência romana: nós, cristãos, somos completamente inocentes. Todos os problemas vieram da ganância pagã ou do ciúme judaico. A primeira guerra judaica contra Roma em 66-70 d.C. não foi contra os cristãos. Permitir que o cristianismo atuasse "sem impedimento" deveria ser parte da política romana. Jesus, Paulo e o cristianismo foram revestidos por Lucas de roupas apologéticas. É bem provável, contudo, como bem sabiam as autoridades romanas, que o cristianismo representava certo perigo ideológico, embora não chegasse a ser considerado ameaça violenta.

Como acabamos de ver, os oficias romanos declararam muitas vezes a inocência de Paulo quando acusado de crimes contra Roma, mas Paulo só era declarado inocente porque também era repetidamente acusado diante desses mesmos oficiais. Em outras palavras, Lucas ao mesmo tempo revela e oculta, admite e nega, que havia constantes dificuldades entre Paulo e Roma. Tome, por exemplo e para resumir o que estamos querendo dizer, o caso de Paulo perante o procônsul Galião em Corinto, descrito em Atos 18,12-17, não importando se tenha sido fato literal ou ficção metafórica. Trata-se de exemplo perfeito da defesa que Lucas fazia do cristianismo, em geral, e de Paulo, em particular. Dê uma olhada, portanto, naquele *bēma* jurídico, ou tribunal, em Corinto (Figura 14) e procure vê-lo como o coração simbólico da aproximação lucana entre Cristo e César: entre a igreja cristã e o Império Romano.

Não há dúvida de que Paulo esteve em Corinto até mesmo mais de uma vez. Também é certo que Galião esteve aí no verão e no começo do outono de 51 ou 52 d.C. Mas que dizer das afirmações de Lucas de que Paulo também esteve nessa mesma cidade e data, que teria sido acusado no tribunal (*bēma*) da cidade pelos

Figura 14: *Bēma*, ou plataforma jurídica, em Corinto, onde, segundo Atos dos Apóstolos, Paulo foi submetido a julgamento pelo procônsul romano Galião.

"judeus" e que o procônsul declarara que "a acusação se referia a pontos contestados de sua Lei, e que não queria imiscuir-se nesses assuntos, tendo, por fim, dissolvido a assembléia; e que "todos se apoderaram de Sóstenes, o chefe da sinagoga, e diante do tribunal puseram-se a espancá-lo. E a tudo isto Galião não deu atenção". Essas coisas parecem-se mais com parábola lucana do que com história paulina. É, de fato, a primeira e mais paradigmática combinação lucana de acusação judaica, inocência paulina e de não-envolvimento romano. Você percebe, então, na figura do tribunal (*bēma*) de Corinto a metáfora lucana para descrever a atitude de Roma para com o cristianismo em geral e da resposta de Roma a Paulo, em particular. Não há nada, todavia, no livro de Atos que pressuponha a realidade histórica daquele encontro com Galião em Corinto ou que indique dados biográficos cronológicos a respeito de Paulo.

A importância dos simpatizantes pagãos

Quando falamos a respeito daqueles *pelos quais* Paulo era enviado, Lucas e Paulo discordam profundamente, como já vimos. Lucas conta que teria sido enviado por Jerusalém para Antioquia. Paulo retruca dizendo que fora enviado por Deus por meio de Cristo. Mas quando se fala a respeito daqueles *a quem* fora enviado, Lucas oculta e ao mesmo tempo revela o que de fato teria acontecido.

EM BUSCA DE PAULO

Lucas obscurece os *destinatários* da missão de Paulo por causa de seu princípio teológico, "primeiro os judeus, depois os pagãos", e o transforma em modelo histórico da atividade de Paulo. Anuncia esse princípio no livro de Atos: "Era primeiro a vós [judeus] que devíamos anunciar a Palavra de Deus. Como a rejeitais e não vos julgais dignos da vida eterna, nós nos voltamos para os gentios" (13,46). Então, de cidade em cidade Lucas faz Paulo andar de sinagoga em sinagoga para pregar Jesus no Sábado aos judeus seus companheiros. É o que acontece em Antioquia da Pisídia em 13,14, Icônio em 14,1, Tessalônica em 17,1, Beréia em 17,10, Atenas em 17,17, Corinto em 18,4 e Éfeso em 18,19 e 19,8. Mas enfrentamos com isso dois problemas difíceis.

Em primeiro lugar, Paulo sempre insistiu em dizer que era chamado por Deus como apóstolo aos *pagãos*: "Aquele que me chamou... houve por bem revelar em mim o seu Filho, para que eu o evangelizasse entre os gentios" (Gl 1,15-16). Por que, então, Lucas afirma que ele pregava aos seus conterrâneos judeus contra essa divina vocação? Em segundo lugar, em Jerusalém, Paulo aceitou a separação da tarefa missionária: Deus, "que estava operando em Pedro para a missão dos circuncisos operou também em mim em favor dos gentios". E concordaram: "Nós pregamos aos gentios e eles para a circuncisão" (Gl 2,8-9). Por que, afinal, Lucas dizia que Paulo pregava aos judeus na sinagoga contrariando esse acordo formal?

A resposta deve ser esta: Paulo não estava agindo dessa maneira. Não aceitamos que Paulo estivesse indo primeiramente à sinagoga para tentar converter judeus ao Messias Jesus. Mas aceitamos alguma coisa que Lucas nos conta nesse mesmo contexto, porque não se deriva nem é congruente com a dicotomia que em geral usava entre judeus e gentios. À medida que você for lendo os textos seguintes, de Fílon, Josefo e Lucas, conserve constantemente na mente aqueles adoradores de Deus de Afrodisia cujos nomes já vimos gravados na pedra.

Situações na sinagoga

Nas cidades pagãs da diáspora, a sinagoga era lugar público que centralizava a religião, a política, a lei, a sociedade e a economia da vida judaica. Falando a respeito dos benefícios dessa interação, o filósofo judeu do primeiro século, Fílon, observou em *As leis especiais*:

> No sétimo dia espalham-se diante do povo em todas as cidades inúmeras lições de prudência, temperança, coragem, justiça e todas as demais virtudes... Podemos dizer que há dois importantes princípios de todas essas inumeráveis lições e doutrinas particulares; a regulamentação da conduta individual para com Deus por meio de regras de piedade e santidade, e para com os homens, por regras de humanidade e justiça; cada qual subdivide-se em muitas outras idéias subordinadas, todas dignas de louvor. (2.15.62-63)

O historiador judeu do primeiro século, Josefo, falando dos benefícios econômicos, na obra *Antiguidades judaicas* diz: "Ninguém precisa se admirar da grande riqueza

FÉ JUDAICA E SOCIEDADE PAGÃ

existente em nosso templo, pois todos os judeus do mundo habitado e adoradores de Deus, mesmo os da Ásia e da Europa, têm contribuído para isso por muito tempo" (14.110). No outro livro seu, *Guerra judaica*, exemplifica essa interação na Antioquia Síria mencionando como os judeus "atraíam constantemente multidões de gregos para suas cerimônias religiosas, incorporando-os, de certa forma, a seu grupo" (7.45). Transpomos para a próxima seção dois itens a partir dessas citações de Josefo. O primeiro é o uso do termo "adoradores" grafado em grego como *sebomai*, e o segundo, "incorporando-os, de certa forma," dando a entender algo entre não-conversão e plena conversão.

Gregos devotos

Ao longo do livro de Atos, Lucas fala não apenas de "judeus" e "gentios pagãos" mas também de um terceiro grupo, intermediário, inclusivo ou nem tanto. Chama esses indivíduos ou grupos ambíguos de "aqueles que temem a Deus" ou "tementes a Deus" quatro vezes (At 10,2.22.35; 13,16; empregando o verbo grego *phobeō*). Também os chama de "aqueles que adoram" ou "adoradores" quatro vezes (At 13,43.50; 17,4.17) e, de modo mais completo, "aqueles que adoram a Deus" ou "adoradores de Deus" duas vezes (At 16,14; 18,17; com o verbo grego *sebomai*). São claramente distinguidos dos judeus, por exemplo, nestas frases: "Homens de Israel, e vós que temeis a Deus" (13,16), "judeus e prosélitos" (13,43), "mas os judeus instigaram algumas senhoras... devotas" (13,50), "judeus... gregos devotos" (17,1.4) ou "judeus e os adoradores de Deus" (17,17). Da mesma maneira como Lucas consistentemente descreve Paulo nas sinagogas falando a seus companheiros judeus, também inclui na audiência "tementes a Deus" e "adoradores de Deus". Mesmo se Lucas não tivesse empregado esses termos, considerava a existência dessa categoria intermediária, como se lê neste relato: "E eis que um etíope eunuco e alto funcionário de Candace, rainha da Etiópia, e seu tesoureiro-mor, viera para adorar em Jerusalém (At 8,27, com o verbo grego *proskuneō*). Que nome era dado a esses pagãos simpatizantes dos judeus?

Esses vários termos designam aquela terceira alternativa entre judaísmo e paganismo vista em Afrodisia, na qual as pessoas retinham a cultura do paganismo mas aceitavam a fé do judaísmo. Era a opção existente para os que acreditavam no monoteísmo e na lei moral do judaísmo, mas não se sentiam preparados para se submeter à totalidade de suas leis rituais nem de suas marcas sociorreligiosas. Não são, de maneira alguma, "convertidos", mesmo se Atos 13,43 use a combinação "prosélitos" que nas nossas traduções vem junto com "judeus".

Se você imagina a comunidade judaica da diáspora como uma ilha de judaísmo no mar do paganismo às vezes hostil, pode entender como era importante essa zona intermediária de simpatizantes. Ofereciam não apenas assistência econômica mas também proteção política. Pense agora, em outras palavras, em três círculos concêntricos: o interno, constituído de judeus, de nascimento ou convertidos; o intermediário,

43

dos pagãos simpatizantes, pobres ou ricos; e o último, dos pagãos, simpatizantes ou não. A menção de simpatizantes ricos levanta o terceiro e último ponto.

Mulheres líderes

Lucas observa diversas vezes em Atos que os simpatizantes eram homens e mulheres pertencentes a classes altas em suas comunidades. Em Antioquia da Pisídia, hoje próxima de Yalvaç entre montanhas e lagos na Turquia médio-ocidental, "os judeus instigaram algumas senhoras nobres e devotas, assim como os principais da cidade; suscitaram desse modo uma perseguição contra Paulo e Barnabé e expulsaram-nos de seu território" (13,50). Em Filipos, no nordeste da Grécia, tendo cruzado o norte do mar Egeu para a Europa pela primeira vez, Paulo encontrou uma mulher "chamada Lídia, negociante de púrpura, da cidade de Tiatira, adoradora de Deus... o Senhor lhe abriu o coração, de sorte que ela aderiu às palavras de Paulo" (16,14). Ao sudoeste de Filipos, em Tessalônica, hoje Tessaloníki, a segunda maior cidade da Grécia, na cabeceira do golfo Termaico, "alguns dentre eles se convenceram e Paulo e Silas os ganharam, assim como uma multidão de adoradores de Deus e gregos e bom número de damas de distinção" (17,4). Finalmente, novamente no sudoeste, em Beréia, hoje Veroia nos limites da planície tessalônica, "muitos dentre eles abraçaram deste modo a fé, assim como, dentre os gregos, damas de distinção e muitos homens" (17,12).

O termo "devoto" literalmente quer dizer "adoradores", do verbo grego *sebomai*, e se refere ao grupo intermediário dos tementes a Deus ou adoradores de Deus, ou ainda, simpatizantes judeus, que não eram nem plenos judeus ou puros pagãos. A relutância masculina em face da circuncisão por causa de dor física, infecção médica e discriminação social não se aplicava às mulheres, coisa que talvez explique o número maior de mulheres entre os simpatizantes. Os simpatizantes ricos davam proteção política e assistência econômica para a minoria judaica quando ameaçada nessas cidades pagãs.

Vejamos a seguir dois exemplos dessas mulheres pagãs simpatizantes a partir da evidência de inscrições. Em primeiro lugar, nos anos 50 e 60 d.C., Júlia Severa, membro de importante família aristocrática, tendo um filho no Senado de Roma, era uma sacerdotisa pagã do culto imperial em Acmônia, importante cidade frígia da antiga estrada leste-oeste que cruzava a Ásia Menor. Essa inscrição de uma sinagoga dos anos 80 ou 90 proclamava: "Este edifício foi erguido por Júlia Severa". Não se diz se era "adoradora de Deus". Ela poderia ter sido considerada ou não membro da comunidade judaica. Mas sua dádiva tornava-a poderosa patrocinadora. Em segundo lugar, uma inscrição do terceiro século d.C., de uma sinagoga em Trales, Cária, hoje Aydin, ao norte do vale Meander, ao leste de Éfeso, anuncia: "Eu, Capitolina, digna e adoradora de Deus (*theosebēs*), fiz toda a plataforma e o revestimento da escadaria em pagamento de uma promessa, minha, de meus filhos e netos. Bênçãos". Cláudia Capitolina era de uma importante família aristocrática pagã, talvez mais importante do que a de Júlia Severa. Ela se chama explicitamente de "adoradora de Deus". De todas as práticas judaicas adotadas pelos simpatizantes pagãos, o apoio e a freqüência eram provavelmente as mais aceitáveis teologicamente, que mais auxiliavam economicamente, importantes do ponto de vista político, bem como do social.

Paulo, portanto, ia a essas sinagogas da diáspora não para converter judeus como ele, mas para buscar convertidos entre os semijudeus em volta. Concentrava-se nos simpatizantes pagãos e, naturalmente, sabia como identificá-los facilmente nas sinagogas. Não que estivesse falhando com os plenamente judeus: estava tendo sucesso com os meio-judeus. Havia, certamente, plenos judeus e puros pagãos nas comunidades paulinas, mas o centro de sua atenção eram os simpatizantes.

Paulo, Lucas e os adoradores de Deus

Deve-se ressaltar que Paulo nunca menciona os tementes a Deus nem os adoradores de Deus. Diferindo de Lucas, considerava-os piores do que os pagãos porque estavam perdidos entre diversos mundos. Para ele os adoradores de Deus não eram superiores aos pagãos, mas inferiores. Não podia aceitar nenhuma forma de semijudaísmo nem de semipaganismo. Entendia o que era tanto fé como descrença, mas nunca soube o que poderia ser semifé. Como disse aos romanos: "Tudo o que não procede da boa fé é pecado" (14,23).

Hipótese principal

Propomos, então, duas hipóteses de trabalho para este livro que explicarão basicamente Paulo e Lucas, bem como Lucas sobre Paulo. A primeira e principal hipótese é que a missão de Paulo aos pagãos ou gentios não se concentrava primeiramente nos plenos judeus nem nos puros pagãos, mas nesses intermediários tementes a Deus ou adoradores de Deus ou, para dizer mais simplesmente, nos simpatizantes (os inimigos talvez os descrevam maledicentemente como "em cima do muro" ou como simples andarilhos). Procuraremos, assim, explicar três aspectos básicos da vida de Paulo.

CARTAS DE PAULO. Pegue qualquer carta de Paulo e leia uma passagem ao acaso. Como poderia um pagão ou uma comunidade de pagãos entender o que Paulo estava querendo dizer? Mesmo admitindo que tivessem alguma instrução oral e houvessem se convertido a Cristo, como poderiam entender os argumentos e preocupações intensamente relacionados com os judeus? Mas os simpatizantes, por sua vez, conheciam bastante a respeito da fé tradicional da religião judaica, suas bases escriturais e as exigências rituais. Com um núcleo de simpatizantes em suas comunidades, Paulo tinha com ele seguidores que não eram judeus nem gregos, ou melhor, eram judeus e gregos ao mesmo tempo.

O que Peter Lampe escreve em "The Roman Christians of Romans 16" [Os cristãos romanos de Romanos 16] sobre os cristãos romanos a quem Paulo escreveu a mais longa de suas cartas aplica-se não somente a eles mas a todos os destinatários de suas outras cartas:

> Diversas vezes em Romanos Paulo presume que a grande maioria da igreja romana era constituída de gentios. As afirmações claras e diretas parecem contradizer a impressão de que a maior parte do conteúdo de Romanos só poderia ser entendida pelos que haviam sido treinados na cultura judaica. A solução para esse paradoxo começa a ser achada quando nos damos conta de que a maioria dos membros da igreja em Roma era de origem gentia mas tinha vivido como simpatizante nas margens das sinagogas antes de se tornar cristã. (1991: 225)

Consideramos que são igualmente verdadeiras suas afirmações a respeito do cristianismo em outro livro de sua autoria:

> Os cristãos gentílicos teriam sido recrutados das fileiras dos *sebomenoi* (adoradores de Deus), que nas margens das sinagogas reverenciavam o Deus de Israel como pagãos simpatizantes do monoteísmo judaico. Essas pessoas eram o alvo principal da primitiva missão cristã aos gentios... O fato de que em todas as partes do Império Romano pagãos incircuncisos — que observavam a lei judaica, alguns mais, outros menos — adoravam o Deus judeu em coexistência com as sinagogas cumpridoras da lei provavelmente incentiva de modo significativo a missão cristã aos gentios livres da lei. (2003: 69-70)

OPOSITORES DE PAULO. Novamente, se Paulo estivesse simplesmente convertendo puros pagãos ao cristianismo, até mesmo ao cristianismo judaico, por que os judeus haveriam de se preocupar? Poderiam ignorá-lo e até mesmo zombar dele. Imagine Paulo pregando exclusivamente ou principalmente em Corinto aos estivadores que trabalhavam nos navios e levavam suas cargas atravessando o istmo da baía noroeste de Lechaion no golfo Coritiano à baía sudeste de Cencréia no golfo Sarônico. Se esse fosse o seu foco, por que, de um lado, os puros pagãos se preocupariam com sua "liberdade" da lei judaica ou, de outro, por que os plenamente judeus ligariam para as atividades de Paulo nas docas? Mas se seu interesse era converter os simpatizantes das sinagogas ao cristianismo, retirando dos judeus esse espaço intermediário de apoio e proteção, isso seria socialmente explosivo.

A concentração nos simpatizantes não apenas provocaria os plenamente judeus contra ele; também incomodaria os plenamente pagãos. Os pagãos talvez não gostassem da idéia de simpatizantes pagãos do judaísmo, mas detestariam muito mais a idéia de pagãos convertidos ao cristianismo. Já era suficientemente ruim considerar o judaísmo "supersticiosa misantropia ateísta" de um país antigo, mas o cristianismo seria considerado certamente pior do que isso, sem país nenhum e igualmente "misantropia ateísta supersticiosa". Não nos admiramos, portanto, de ver Paulo atacado de *ambos* os lados, pelos pagãos e pelos judeus, e, como admite, ser oficialmente punido por autoridades de um lado e de outro: "Dos judeus recebi cinco vezes os quarenta golpes menos um. Três vezes fui flagelado [pelos romanos]...

perigos por parte dos meus irmãos de estirpe, perigos por parte dos gentios" (2Cor 11,24-26).

CONVERTIDOS DE PAULO. A ênfase nos adoradores de Deus como seus principais convertidos torna desnecessário considerar os oponentes que seguiam Paulo da Galácia para a Macedônia como contramovimento cristão judaico. Em qualquer cidade, adoradores de Deus convertidos ao cristianismo teriam sido instruídos por outros tementes a Deus e amigos judaicos que seria teologicamente mais sábio e socialmente mais seguro converter-se completamente, se assim o desejassem, ao judaísmo e não ao cristianismo. Era melhor, ouviam os adoradores de Deus masculinos, ser plenamente judeus do que cristãos. Como judeus, seriam reconhecidos, aceitos e protegidos por Roma, enquanto optando pelo cristianismo estariam seguindo um líder que fora executado pelos romanos. Não é preciso imaginar Paulo seguido de uma contramissão. Seus convertidos adoradores de Deus teriam sido inevitavelmente expulsos pelas mais novas comunidades paulinas, de um lado, e por seus antigos contatos sinagogais, de outro.

Hipótese menor

A segunda, e menor, hipótese de trabalho relaciona-se com Lucas e com a maneira de ler Atos sobre Paulo. A ênfase de Lucas na classe dos simpatizantes pode bem explicar por que se mostrava ao mesmo tempo tão familiar com o judaísmo e se opunha a ele, e tão ligado ao romanismo com o qual se reconciliava. Tudo indica que originalmente ele também fora um adorador de Deus. É por isso que gasta tempo quase igual insistindo que o cristianismo é, de um lado, o único herdeiro válido e continuação do judaísmo e, de outro, que não representava ameaça à lei e à ordem romanas. Lucas e sua família eram típicos simpatizantes ricos prontos para a conversão do semijudaísmo para o pleno cristianismo.

Existe, realmente, certa pista da identidade de Lucas, como simpatizante, no primeiro livro de seu evangelho de dois volumes. A história do oficial de Cafarnaum, cujo filho ou servo é curado por Jesus a distância, é contada em João 4,46-53, em Mateus 8,5-13 e em Lucas 7,1-10. O oficial vem pessoalmente para pedir diretamente tanto em João como em Mateus, mas Lucas, e somente ele, narra o pedido indiretamente: "Tendo ouvido falar de Jesus, enviou-lhe alguns dos anciãos dos judeus, para pedir-lhe que fosse salvar aquele servo. Estes, chegando a Jesus, rogavam-lhe insistentemente: 'Ele é digno de que lhe concedas isto, pois ama nossa nação, e até nos construiu a sinagoga'" (7,3-5). Esse modo de intervenção, estranho para o fluxo da história, leva Lucas a anunciar explicitamente que o centurião era pagão (em geral, fato implícito nas outras narrativas) e que apoiava o judaísmo (informação ausente nas outras versões).

O tema do piedoso centurião continua em Atos 10–11, em que a história de Cornélio estabelece a teoria e começa o programa da missão aos gentios. "Vivia em Cesaréia um homem chamado Cornélio, centurião da corte itálica. Era piedoso e temente a Deus, com toda a sua casa; dava muitas esmolas ao povo e orava a Deus assiduamente" (10,1-2). Mais adiante, é descrito como "Cornélio, homem justo e temente a Deus, a quem toda a nação judaica presta bom testemunho" (10,22). Esses centuriões, um em cada volume do evangelho de Lucas, são para ele perfeitos exemplos dos "tementes a Deus" ou "adoradores de Deus". E, naturalmente, Cornélio é mais um exemplo de oficiais romanos que consideravam o cristianismo não apenas inocente de qualquer crime mas também aceitável à conversão. São os simpatizantes ideais ou típicos. Eles são, diria Lucas, "semelhantes a mim".

O centro do mundo egeu

Começamos em Afrodisia porque, mesmo nunca visitada por Paulo, seu Sebasteion imperial romano e as inscrições encontradas na sinagoga são cruciais para a compreensão de seu mundo teológico. Continuamos com outro lugar antigo, desta vez grego em vez de turco. Também este nunca foi visitado por Paulo. Mas nele se pode apreciar um microcosmo de seu mundo social. Trata-se da Ilha de Delos no coração de Cícladas, no meio do mar Egeu (Figura 15). Paulo navegou pelo Mediterrâneo oriental e ao redor do Egeu, mas nunca ancorou em Delos da mesma forma como nunca caminhou em Afrodisia. Vamos nos concentrar nessa pequena ilha porque mais de um século de escavações revelou riquíssima coleção de achados arqueológicos e de material epigráfico que iluminam o tempo e o lugar de Paulo. Começamos aí porque Delos ilustra claramente as complexidades daquele antigo

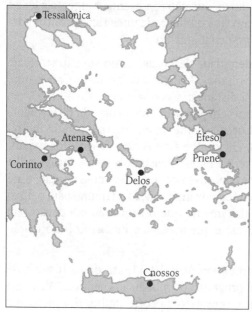

Figura 15: Mapa do mar Egeu mostrando a localização de Delos nas Ilhas Cicládicas.

mundo mediterrâneo onde se entrelaçavam política, religião e economia e onde oficiais romanos governavam gregos pagãos entre judeus da diáspora. Também porque por seu porto fluíam constantemente pessoas, materiais, idéias e religiões do leste para o oeste e vice-versa.

Você chega a Delos, como sempre, pelo mar em meio a muitas ilhas (Figura 16). No começo de junho de 2003 sopra forte o vento que vem de Naxos, ao noroeste de Delos, mas logo amaina quando você entra nas águas azuis-turquesas da estreita passagem entre Delos e a pequena ilha de Rínia. Você sai nessa manhã de Naxos, a maior ilha de Cícladas, onde Teseu abandonou Ariadne sem gratidão alguma e Dionísio se casou com ela, agradecido. Está no caminho de Delos, onde nasceu Apolo, e a viagem dura pouco mais de uma hora rumo ao norte.

Você está num pequeno barco de turismo cheio de estudantes com mochilas nas costas e casais jovens elegantemente vestidos, de passagem por Delos mas cujo destino são as praias mais além de Mikonos. No andar superior do barco alguns turistas franceses de meia-idade consultam seus *Guias azuis* entre duas ou três famílias suecas cujos filhos se encantam acompanhando os sulcos deixados nas águas e as espumas espraiadas. Os membros da tripulação sentam-se na cabine, flertam com as solteiras, ou dormem do lado de fora nos bancos. Como o vento clareou o ar e removeu a bruma, você aproveita para conferir os bem delineados horizontes em todas as direções. Você vê diversas ilhas: ao sudoeste, Paros; ao oeste, Siros; ao norte, Tinos e ao nordeste, Mikonos, a ilha dos encontros da alta sociedade que é o ponto final para a maioria de seus companheiros de viagem. Você contempla as Cícladas ao redor.

Figura 16: Chegada à antiga baía de Delos.

Quando você retorna ao entardecer, queimado do sol, cansado e com sede depois de passar o dia nessa ilha desolada, habitada apenas por arqueólogos e lagartixas, o vento pára completamente, o mar se mostra sereno e calmo, passam grupos de medusas, enquanto golfinhos em alta velocidade fazem piruetas e, ao longe, em torvelinho, as gaivotas competem com os pescadores em seus caíques. Provavelmente, Paulo nunca viu Naxos nem Delos, mas conheceu pequenos barcos costeiros nos bons dias, grandes navios de transporte nos maus dias, e sempre aquele mesmo mar azul-escuro sob o brilhante céu azul.

Delos, de apenas 2 milhas quadradas, de norte a sul, quase sem água, poderia ser completamente ignorada, a não ser por ter sido o lugar do nascimento lendário do deus Apolo e de sua irmã gêmea Ártemis. Celebrada num hino de Homero, Delos chegou a hospedar um importante santuário, cujo oráculo era o segundo em importância superado apenas pelo de Delfos, nos tempos clássicos. Durante quase toda a sua história, a cidade foi controlada alternadamente por naturais do lugar e colonizadores de Atenas, mas ao longo do período clássico o santuário de Apolo e o festival e os jogos quadrienais atraíam peregrinos das outras ilhas gregas bem como do continente. A ilha sagrada e seus muitos templos receberam presentes e ofertas de fora e, especialmente, depois de Alexandre Magno no quarto século a.C., Delos também atraía banqueiros e comerciantes do Egito, Fenícia, Síria, Ásia Menor e cada vez mais do sul italiano.

Depois que Roma marcou sua presença no Mediterrâneo oriental, no segundo século a.C., entregou a ilha a Atenas que, melhor do que isso, a transformou num porto livre aumentando as transações comercias entre banqueiros da Itália, os chamados *negotiatores*. Ao apoiar Delos, Roma minava o domínio comercial de sua rival, a bem maior ilha de Rodes. Quando Roma saqueou a Corinto grega em 146 a.C., muitos dos *negotiatores* que residiam aí fugiram para Delos, onde podiam fazer seus negócios com mercadores do Oriente. Protegida pelos romanos e governada pelos atenienses, Delos tornou-se o centro comercial do Egeu.

A ilha era um microcosmo do mundo mediterrâneo. A política romana expansionista combinada com um grande santuário pagão transformaram Delos numa espécie de feira internacional de comércio. Era não apenas o centro das ilhas Cicládicas no Egeu mas também ponto privilegiado de parada das linhas marítimas entre a Ásia Menor e a Grécia, entre a Trácia ao norte e Creta ao sul, e entre a terra dos judeus e a Itália. Os bens que circulavam por aí incluíam ânforas de vinho de Cnidian para famílias urbanas da elite, blocos de mármore extraídos da vizinha ilha de Paros destinados a projetos de construção em Roma, preciosas estátuas de mármore de templos orientais não mais em funcionamento e grãos do Egito para alimentar os plebeus ligados à rede protetora romana de distribuição de alimento (protetora, naturalmente, para os que estavam no poder).

Também eram trazidos escravos para ser vendidos no mercado de Delos, adquiridos nas guerras civis romanas e nas campanhas expansionistas imperiais. O antigo geógrafo, Estrabão, dizia que Delos "podia receber e despachar dez mil escravos num mesmo dia" (14,5.2). Sua importância comercial e considerável riqueza tornou-a notável. Mitrídates VI, rei do Ponto e inimigo de Roma, saqueou a ilha no ano 88 a.C. enquanto Roma estava preocupada com guerras sociais em casa. Segundo fontes escritas, foram mortos na ocasião vinte mil habitantes da ilha. O general romano, Sula, retornou do Oriente com cinco legiões, derrotou Mitrídates, pacificou a área e restaurou a ilha de Delos. Não muito tempo depois foi atacada por piratas em 69 a.C., mas foi novamente restaurada pelos romanos que, desta vez, muraram quase toda a cidade. Delos nunca mais conseguiu recuperar o fulgor antigo, nem mesmo depois de Augusto ter acabado com os piratas do mar. O declínio gradual da ilha e seu eventual abandono transformaram-na não apenas em mais um sítio arqueológico, mas também numa ilha totalmente arqueológica e protegida.

Apolo e o centro cívico

Desde 1873, a École Française d'Archéologie de Atenas tem conduzido escavações na ilha, desenterrando fileiras de ruínas e coletando tesouros de inscrições capazes de fornecer quadros completos e expressivos da vida desta ilha tão cosmopolita no passado. Ao longo da praia plana ao oeste da ilha, abaixo do sopé, ao norte, do monte Kynthos, os arqueólogos descobriram inúmeros templos religiosos, edifícios cívicos e centros mercantis (Figura 17).

O santuário dedicado a Apolo, perto da baía no coração da cidade, ocupava boa parte do centro cívico e absorveu muita energia arqueológica no século passado. À medida que sobe da baía, você entra no santuário por uma escada desgastada por séculos de peregrinação, e vê três templos com seus altares, dedicados a Apolo: o primeiro, do sexto século a.C., o segundo, do final do século quinto a.C., e o outro, maior, construído ao longo de dois séculos, completado no século terceiro a.C. A popularidade do então deus do sol, Apolo, conhecido mais tarde por seu poder de cura, de profecia e de destreza musical, atraía a atenção dos reis helênicos e das embaixadas da cidade, que disputavam entre si o privilégio de renovar, melhorar e elaborar a arquitetura e a ornamentação dos santuários. Os pormenores e a precisão dos inventários escritos documentam as diversas oferendas votivas feitas e sublinham a coincidência entre as operações cívicas e religiosas em Delos.

O contexto arqueológico dos templos da ilha nos lembra que, diferindo da religião no mundo moderno ocidental, com sua tendência ao monoteísmo e ênfase na crença pessoal, o paganismo dominante no tempo de Paulo era politeísta e preocupado principalmente com os cultos cívicos. Os deuses e deusas não eram considerados tão poderosos e controladores a ponto de não permitir que os humanos participassem em seus destinos e os moldassem. Por meio da consulta aos oráculos, manipulando as artes do augúrio, ou pela interpretação dos sinais no céu, no vôo das aves ou nos fígados dos animais, os sacerdotes e outros especialistas sabiam dizer se a cidade ou o Estado estavam ou não do lado das divindades. Participavam, então, determi-

Figura 17: Vista da baía e das escavações em Delos, do alto do monte Kynthos.

nando o destino das pessoas, ao solidificarem a harmonia (*concordia*) com os deuses ou fomentando a paz com eles (*pax deorum*), acalmando-os por meio de oferendas, promessas e sacrifícios de animais. Os calendários locais regulamentavam os festivais programados que incluíam oferendas e sacrifícios. Eventos imprevisíveis ou crises repentinas, porém, exigiam mais atenção e respostas imediatas.

    Posto que o destino da cidade ou do Estado estava em jogo, a atividade principal dos sacerdotes constituía-se em sacrificar animais: tonteando-os com um bastão, cortando a garganta para derramar o sangue, despedaçando-os, queimando parte deles para os deuses e borrifando-os com vinho, enquanto outros pedaços eram separados para si mesmos, para distribuição ou para comercialização na comunidade local. Os sacrifícios eram, de certa maneira, representações cívicas com procissão, pompa e cânticos, mas também festa cívica, churrascos ao ar livre, coisa que para muitos significava a única chance de comer carne. Não apenas aproximava a comunidade da divindade, mas também promovia a reunião das pessoas, articulando claramente a hierarquia social. Na grande maioria dos casos, o sacerdócio dos templos cívicos era exercido apenas por proprietários de terra, aristocratas, que compravam os ofícios sacerdotais ou eram eleitos com base em suas contribuições a projetos cívicos.

    O santuário de Apolo integrava-se plenamente na vida cívica. A religião e a política estavam intimamente ligadas por preocupações mútuas a respeito das cerimônias dos templos, seus tesouros e sacerdócio. Não é de admirar que os arqueólogos tenham descoberto estruturas políticas dentro do complexo sagrado de Apolo: o *prytaneion*, que abrigava a fornalha da chama eterna da cidade servindo também como salão de recepção e de jantares oferecidos a dignatários visitantes; o *bouleuterion*, em forma de teatro, com assentos semicirculares, onde o *boulē*, ou conselho de líderes cívicos, se congregava; e o *ekklēsiasterion*, onde a cidadania adulta masculina reunia-se em assembléia (*ekklēsia*). Essa palavra, *ekklēsia*, para designar o conselho deliberativo das cidades gregas, de certa forma democrático, é, diga-se de passagem, a mesma palavra que Paulo usa em suas cartas e que traduzimos por "igreja". Teria Paulo modelado suas comunidades segundo as linhas dessa *ekklēsia* cívica e urbana? Ou deveríamos procurar o modelo em outro lugar de Delos?

Associações de voluntários e deuses estrangeiros

Entre as milhares de inscrições descobertas pelos arqueólogos franceses em Delos, muitas documentam o que os estudiosos chamam de cultos congregacionais ou associações de voluntários. No mundo mediterrâneo, cosmopolitano e ágil, essas associações de voluntários (*collegia* em latim e *thiasoi* ou *koina* em grego) constituíam fenômeno comum nos centros urbanos, atraindo especialmente mercadores e alforriados. As migrações e deslocamentos de gente, depois de Alexandre Magno, destituíram muitas pessoas de suas terras, cidades, tribos e famílias. Os cultos congregacionais reforçavam o senso de identidade em novos lugares ou organizavam associações para proteger e promover interesses econômicos particulares. No aspecto cúltico, proviam o contexto para o culto de algum deus ou deuses particulares e oferendas de sacrifícios para assegurar o continuado amparo divino. No aspecto congregacional, facilitavam contatos sociais e benefícios comerciais. Permitiam ainda certa mobilidade social numa sociedade onde as distinções de classe seriam, de outra forma, rígidas e impermeáveis. Seus membros tinham a possibilidade de ascensão por meio da hierarquia da associação, recebendo títulos que soavam importantes, ao mesmo tempo que alcançavam certa medida de auto-estima, sentindo-se importantes.

As inscrições de Delos mencionam mais de vinte cultos congregacionais, e inúmeros de seus edifícios têm sido escavados. No centro cívico, altares e inscrições dão testemunho de um "Hermaistai", *collegium* de mercadores italianos que reunia seus associados sob o patronato do deus romano Mercúrio (que os gregos chamavam de Hermes), a quem ofereciam sacrifícios. Outra inscrição menciona a associação chamada "Heraclesiastai de Tiro, Mercadores e Navegadores", constituída de um grupo da cidade litorânea de Tiro na Fenícia, que adorava o antigo deus semita Melkart, agora chamado de Héracles, em grego. Ainda outra associação fenícia, a "Poseidoniastai de Béritos, Mercadores, Navegadores e Almoxarifes", reunia-se sob a égide do deus marítimo, Posêidon, oferecendo-lhe sacrifícios para obter proteção nas viagens.

Ao caminhar do porto para o monte Kynthos, vê-se um complexo que os escavadores chamam de Terraço dos Deuses Estrangeiros, com templos aos deuses sírios, e três *Sarapeia*, estruturas dedicadas ao deus egípcio Sarápis e sua esposa, a deusa Ísis. O primeiro Sarapeion dá boas indicações dos tipos de atividades que aconteciam nessas associações de voluntários. O Sarapeion A (Figura 18), cercado por muros e salas ao redor de um pátio onde se situava o templo (A), era protegido mas não totalmente oculto da vista do público. Esse templo abrigava imagens da divindade e foi construído em cima de uma cripta subterrânea e de uma fonte. Fora do templo, no pátio, havia uma caixa para recebimento de doações (J) e três altares (B, F, H), onde eram sacrificados bois, porcos ou pássaros. Atrás havia uma sala de jantar em forma trapezóide com bancos de mármore junto às quatro paredes (E; Figura 19). A longa inscrição achada aí proclama que "os assentos e as cadeiras foram instaladas na sala de jantar para a festa à qual o deus nos convida". Relevos danificados retratam ainda hoje a deusa Ísis servindo Sarápis durante o banquete. Os membros não só sacrificavam animais mas também conviviam socialmente no Sarapeion A, comendo a carne em refeições sagradas para honrar Sarápis e Ísis. Poderíamos imaginar que teria sido nesse tipo de lugar, onde podem sentar uma ou duas dúzias de pessoas, que Paulo celebrava a Ceia do Senhor? Ou seria aí que os recém-chegados esperavam que Paulo os convidasse para a refeição comunitária? Ou, talvez, tivessem antecipado um modelo judaico em lugar deste, pagão?

Edifício da sinagoga e inscrições na sinagoga

Durante o período de 1912-1913, o então diretor André Plassart descobriu o que veio a identificar como uma sinagoga — não no lado cívico e ocidental da ilha, mas no lado doméstico e oriental, entre residências particulares perto de um ginásio. Existia aí já no tempo de Paulo, mas sua construção havia passado por duas fases.

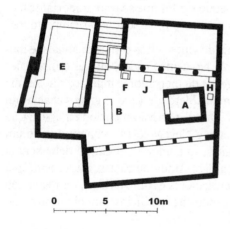

Figura 18: Planta do Sarapeion A em Delos (A, templo; B, F, e H, altares; E, sala de refeições e de reuniões; J, caixa para coleta de dinheiro).

Figura 19: Bancos na sala de refeições e de reuniões (E) do Sarapeion A.

A fase original data do segundo século a.C., quando talvez não fosse ainda uma sinagoga. A fase de renovação data da primeira metade do primeiro século a.C., ocasião em que pedaços do ginásio vizinho destruído em 88 a.C. foram integrados a ela como novas paredes.

A sinagoga voltava-se para Mikonos onde nascia o sol, e por causa da proximidade do mar sempre esteve exposta ao desgaste provocado pelas ondas até nossos dias (Figura 20). Uma fonte de pedra, na entrada, ao lado da cisterna localizada num labirinto de salas menores (D) usadas, provavelmente, para lavagens rituais, relembram essa prática comum na pátria dos judeus. Degraus acrescentados durante a renovação levavam do lado leste do mar para o pórtico aberto (C) e à área coberta para assembléias, originalmente, um único saguão, agora dividido em duas salas (A e B). A sala A era dedicada às assembléias e tinha bancos de mármore junto às paredes laterais com capacidade para acolher confortavelmente vinte e cinco pessoas. Outras vinte e cinco ou cinqüenta podiam ainda se assentar no chão ou em cadeiras portáteis. Uma cadeira parecendo trono ficava de frente para a entrada leste e era decorada com figuras de palmeiras no alto do encosto e com outras decorações dos lados (Figura 21). Tratava-se, possivelmente, da Cátedra de Moisés, de onde as escrituras eram lidas. Mateus 23,2 comenta que "os escribas e fariseus estão sentados na cátedra de Moisés", e Atos provavelmente imagina Paulo pregando a seus companheiros judeus desse lugar. Podemos bem imaginar aqueles vinte e cinco, cinqüenta ou setenta e cinco judeus e adoradores de Deus reunidos aí no dia de Sábado.

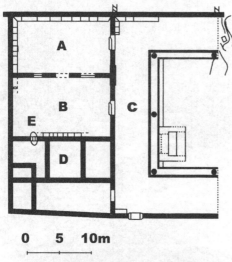

Figura 20: Planta da sinagoga de Delos (A, sala principal de reuniões com a Cátedra de Moisés; B, sala de reuniões; C, pórtico aberto para o mar; D, salas com propósitos desconhecidos; E, abertura para a cisterna).

Figura 21: A chamada Cátedra de Moisés no interior da sinagoga de Delos, de onde eram lidas as escrituras judaicas no dia de Sábado.

O desenho do edifício não difere muito de outros dedicados aos mesmos propósitos. A razão principal para relacioná-lo com a sinagoga não é arquitetônica mas epigráfica. Nos pedestais de quatro colunas das salas A e B lemos a seguinte inscrição, *Theos Hupsistos*, designação grega para "Deus mais alto" ou "Deus altíssimo", títulos empregados pelos judeus para distinguir seu Deus uno e único de outros deuses no contexto politeísta. A tradução grega, Septuaginta, traduz *El Elyon*, nos Salmos, por *Theos Hupsistos*. Em Atos, Estêvão diz: "O Altíssimo não habita em moradas feitas por mão de homem" (7,48), e uma profetiza pagã declara que Paulo e Silas "são servos do Deus Altíssimo, que vos anunciam o caminho da salvação" (16,17). Voltaremos a esse termo novamente quando examinarmos no capítulo 4 as sinagogas judaicas do reino de Bósforo, perto do norte do mar Negro.

As quatro inscrições votivas eram dedicadas por indivíduos, alguns deles com nomes judeus bem conhecidos:

> Lisímacos, em seu próprio favor, agradece ao *Theos Hypsistos*
>
> Laodicéia ao *Theos Hypsistos*, salva por sua ajuda, uma promessa solene
>
> Zozas de Paras ao *Theos Hypsistos*
>
> Ao *Hypsistos*, uma promessa, Márcia

Em favor da idéia de que havia aí uma sinagoga temos esta outra inscrição. Encontrada numa casa vizinha, anuncia generosa doação de "Agatocles e Lisímacos ao *proseuchē*". Essa palavra grega é sinônimo de "sinagoga"; embora signifique literalmente "oração", os judeus usavam-na para "casa de oração". Ao lado da leitura das escrituras, as orações faziam parte essencial das atividades da sinagoga. Lisímacos, que contribuíra para a *proseuchē*/sinagoga, bem poderia ser o mesmo da inscrição mencionada antes.

Duas inscrições gravadas em mármore, descobertas em 1979-1980 um pouco mais ao norte do edifício, ajudam a identificá-lo como sinagoga, mas levantam séria questão a respeito de seus benfeitores. Teriam sido judeus ou samaritanos?

> Os israelitas em Delos, que trouxeram oferendas no *Argarizein* sagrado, coroaram Sarapião, filho de Jasão, de Cnossos, com uma coroa de ouro, por causa dos benefícios que receberam dele.
>
> Os israelitas [em Delos], que fizeram oferendas no *Argarizein* sagrado e consagrado, honraram Menipos, filho de Artemidoro, de Herákleion, ele e seus descendentes, construindo e dedicando às suas custas o *proseuchē* de Deus, o [...] e o [...] [coroaram] com uma coroa de ouro e [...].

A primeira inscrição testemunha a presença de uma comunidade samaritana em Delos cujos membros se chamavam "israelitas" e que adoravam (isto é, sacrificavam) no antigo sítio israelita do monte Gerizim (*Argarizein*). A segunda inscrição deixa clara a existência de um *proseuchē* samaritano em Delos, "construído e dedicado" por Menipos, filho de Artemidoro. Mas esse Menipos é de Herákleion, na ilha de Creta, seu nome é pagão, e teria fundado uma sinagoga samaritana, não judaica. A primeira inscrição honra alguém de Cnossos, também em Creta; seu nome, Sarapião, também é pagão. Tem o mesmo nome da divindade egípcia, adorada no outro lado da ilha. Em vez de samaritanos que teriam adotado nomes pagãos, é provável que fossem pagãos de Creta vivendo, então, em Delos, atraídos ao monoteísmo samaritano e à sua moral, ou até mesmo relacionados com eles por interesses comerciais e sociais. Poderiam ser, ainda, adoradores de Deus, pagãos, que apoiavam a sinagoga samaritana em Delos, da mesma forma como outros pagãos adoradores de Deus ajudavam a sinagoga judaica em Afrodisia.

Temos, então, um edifício e dois tipos de inscrição, a primeira no edifício que estamos examinando. A outra, um pouco distante dele. Indicarão a existência de uma única sinagoga samaritana? Ou teriam existido duas sinagogas diferentes, uma judaica, já descoberta, com suas inscrições, e outra samaritana, ainda para ser encontrada, da qual só teríamos as inscrições?

Aceitamos que o edifício escavado teria sido uma sinagoga judaica, e suspeitamos que a samaritana ainda estaria soterrada ao norte, ou em qualquer outro lugar, desgastada pela erosão provocada pelo mar. Seja como for, acentuamos o que muitas vezes se perde no debate especializado sobre a ambigüidade dos achados arqueológicos: a estrutura deste edifício não é alheia a seu contexto nem claramente identificada como judaica. Até certo ponto, os judeus costumavam assimilar a arquitetura dos lugares onde viviam. Os de Delos adotaram estruturas mais ou menos comuns às das associações de voluntários. Como os membros desses outros grupos, sentavam-se nos bancos e faziam banquetes; suas inscrições eram em grego e não em hebraico como faziam seus ancestrais. Mas, diferindo dos vizinhos, não tinham altares nem sacrifícios, pois para os judeus os sacrifícios só eram válidos em Jerusalém, como, para os samaritanos, no monte Gerizim. De acordo com o segundo mandamento de Moisés, não construíam santuários com estátuas, nem imagens da divindade, embora se tenha encontrado no interior do edifício lamparinas com imagens pagãs. Como diversas sinagogas posteriores, ficavam de frente para o sol nascente. Mas assim também eram situados os templos pagãos.

De qualquer forma, para as pessoas comuns que por ali passassem, a fachada do prédio parecia um desses lugares pertencentes a associações de voluntários ou ao culto congregacional. Os habitantes da localidade achavam que se tratava de uma sinagoga judaica, identificando-a pela roupa que os freqüentadores usavam e pela aparência que tinham. Também porque conheciam pessoalmente muitos judeus que moravam na ilha. Qualquer viajante judeu, mercador ou oficial que desembarcasse na baía de Delos, como Paulo faria em diversas outras cidades, localizaria facilmente a comunidade judaica perguntando onde ficava a sinagoga.

Judeus entre gregos e sob romanos

Como teriam os judeus chegado a Delos? De que maneira teriam vivido aí? Como preservavam suas antigas tradições? Os judeus que viviam na diáspora, como Paulo e os que residiam em Delos, eram mais numerosos do que os habitantes da Judéia e da Galiléia. Foram expatriados por diversas razões depois que Alexandre Magno redesenhou o mapa político do Mediterrâneo e do Oriente Próximo, e depois que o irresistível poder romano acabou com qualquer tipo de oposição grega, semita

FÉ JUDAICA E SOCIEDADE PAGÃ

e egípcia. Alguns judeus foram para a diáspora levados pela guerra: alguns como soldados escravizados, ou mercenários que debandavam para o lado vitorioso nas batalhas helênicas ou hasmoneanas. Alguns teriam sido vendidos como escravos no reinado greco-egípcio e depois greco-sírio, e, finalmente, sob generais romanos como Pompeu, Crasso e Varo. De vez em quando, escravos judeus ou seus filhos eram alforriados ou libertados, mas não retornavam para a Judéia. Mercadores, banqueiros ou comerciantes judeus sentiam-se atraídos pelas oportunidades econômicas existentes em Delos e, eventualmente, chegavam mesmo a se tornar cidadãos romanos.

De que maneira relacionavam-se com sua terra e com o Templo de Jerusalém? Duas escrituras judaicas aparecidas pouco depois da deportação babilônica do sexto século a.C. mostram as alternativas. A primeira possibilidade seria voltar a Jerusalém como se lê no Salmo 137,1.4: "À beira dos canais da Babilônia nos sentamos, e choramos com saudades de Sião... Como poderíamos cantar um canto de Iahweh numa terra estrangeira?". A segunda opção seria se estabelecer na diáspora e aí permanecer, como aconselha o profeta Jeremias aos mesmos exilados em 29,5-7: "Construí casas e instalai-vos; plantai pomares e comei seus frutos... Procurai a paz da cidade, para onde eu vos deportei; rogai por ela a Iahweh, porque a sua paz será a vossa paz".

Não importando a escolha feita por esses judeus deportados, a maioria vivendo na diáspora sob o poder romano, como os de Delos, inclinava-se para a opção de Jeremias e "trabalhava pelo bem" das cidades onde agora habitava. Sabe-se que havia certa diversidade de reações à diáspora entre os extremos da franca resistência à completa assimilação. Mas preferências individuais e exigências de condições locais particulares não deveriam ocultar o modelo universal da diáspora em geral, e de Delos em particular. De um lado, os judeus preservavam as tradições e identidade. De outro, acomodavam-se às realidades e aceitavam ao mesmo tempo os benefícios da vida fora de Jerusalém e da terra natal.

A sinagoga de Delos harmonizava-se com seu contexto, como faziam centenas de judeus na diáspora. Os judeus, contudo, não eram só observados, mas pareciam diferentes dos vizinhos gentios. Segundo comentários de autores pagãos, distinguiam-se dos outros porque guardavam o Sábado e, assim, escapavam do serviço militar; abstinham-se de comer carne de porco, coisa que os impedia de participar em certas festas religiosas; e praticavam a circuncisão masculina, que os identificava claramente na nudez dos banhos públicos. Mas mesmo se não tivéssemos encontrado nenhuma sinagoga ou inscrições em Delos, ou se o que encontramos se referisse aos samaritanos e não aos judeus, ainda assim teríamos sabido que eles estiveram na ilha segundo o testemunho de alguns textos. Os seguintes documentos indicam a existência de vida judaica entre os gregos e sob o domínio romano.

1 Macabeus 15,17-23 menciona uma comunidade judaica em Delos por volta de 139 a.C., porque era um dos lugares ao qual Roma enviou uma carta-circular considerando os judeus "nossos amigos e aliados" no contexto de "primitiva amizade e aliança". A carta inclui longa lista de cidades, entre as quais Delos, em 15,23, e diz

59

EM BUSCA DE PAULO

o seguinte sobre os judeus: "Aprouve-nos escrever aos reis e aos países, para que não lhes causem dano algum nem lhes façam guerra, nem ataquem suas cidades ou o seu território, nem se aliem com os que contra eles combatam" (15,19).

Como inúmeras outras cidades, Estados e povos que disputavam esse relacionamento especial com Roma, os judeus de Delos apelaram, pelo menos duas vezes, a essa proclamada amizade. Comunidades e grupos locais ao longo das províncias preservavam quaisquer correspondências com oficiais romanos relevantes para a manutenção de seu *status* e providenciavam rapidamente cópias delas quando se sentiam ameaçados. Josefo, nas suas *Antiguidades judaicas*, preserva longa lista de cartas oficiais encontradas em diversas comunidades judaicas da diáspora que documentam a tolerância e o apoio de Roma em relação a suas práticas e tradições. Entre elas, cita duas que pertenceram a judeus de Delos. Na primeira, escrita em maio ou junho de 43 a.C., os delianos comprometem-se — aparentemente com relutância — a prestar obediência ao núncio romano, Marcos Piso, por ter dispensado os cidadãos romanos de Delos do serviço militar:

> Decreto dos delianos: "No governo de Boeotus, no dia vinte do mês de Thargelion (maio/junho), resposta aos magistrados. O núncio Marcos Piso, quando residente em nossa cidade, encarregado de recrutar soldados, chamou-nos, bem como a inúmeros outros cidadãos, e ordenou que, se houvesse judeus que fossem cidadãos romanos, não deveriam ser molestados com o serviço militar, posto que o cônsul Lúcio Cornélio Lentulo os tinha dispensado desse serviço em consideração a seus escrúpulos religiosos. Devemos, portanto, obedecer ao magistrado". (14.231-232)

Dois pontos merecem atenção. O primeiro é que tais "escrúpulos religiosos" deveriam incluir o Sábado, dia destinado ao descanso, incompatível com o serviço militar. O outro é que "sendo os judeus cidadãos romanos" eram já, pela lei, dispensados dessa obrigação. Pelo menos, alguns judeus haviam alcançado esse valioso *status* e gozavam de suas vantagens.

A segunda carta, preservada por Josefo, data de 46 a.C., e é do próprio Júlio César. Responde aos judeus de Delos que se haviam queixado de tratamento injusto recebido dos oficiais cívicos:

> Júlio Gaio, pretor, cônsul dos romanos, aos magistrados, conselho e povo de Parium (seria a vizinha ilha de Paros?), saudações. Judeus de Delos e alguns dos arredores, estando presentes enviados de vocês, apelaram a mim e disseram que vocês estão impedindo-os por estatuto de observar seus costumes nacionais e ritos sagrados. Desagrada-me saber que tais estatutos sejam usados contra nossos amigos e aliados, proibindo-os de viver de acordo com seus costumes e que sejam impedidos de contribuir financeiramente para seus ritos sagrados e refeições comunitárias, pois tais coisas não lhes são proibidas nem mesmo em Roma. Por exemplo, Gaio César, nosso cônsul pretor, proibiu por edito assembléias religiosas na cidade, mas não proibiu esse povo de se reunir nem de coletar ofertas para suas refeições comunitárias. Semelhantemente, também proíbo outras sociedades religiosas, mas permito que somente esse povo se reúna e festeje segundo seus costumes nacionais e ordenanças. E se você tiver promulgado quaisquer estatutos

contra nossos amigos e aliados, deverá anulá-los por causa de suas obras dignas em nosso favor e por sua boa vontade para conosco. (14.213-216)

Duas observações gerais e duas específicas. Em geral, as violações dos direitos dos judeus incentivavam-nos a apelar, com êxito, aos níveis mais altos do poder. A carta que lemos antes ilustra a atitude tolerante de Roma para com religiões estrangeiras e suas tradições ancestrais. Especificamente, a carta indica que, como parte de suas práticas, os judeus reuniam-se, provavelmente, em bancos, como os do Sarapeion A, escavados em sua própria sinagoga. Além disso, a referência a "contribuir financeiramente para seus ritos sagrados", que nos faz lembrar a caixa de coleta e as inscrições comemorativas de benfeitores, bem poderia ser relacionada com a taxa que os judeus deviam pagar anualmente para a manutenção do Templo de Jerusalém. Podem-se bem imaginar as suspeitas dos pagãos a respeito da lealdade dos judeus para com seus deveres cívico-religiosos locais em face dessas contribuições enviadas para o exterior.

Embora não nos surpreendamos que Delos procurasse restringir os costumes judeus, de vez em quando, não se tem notícia de persistente anti-semitismo na diáspora. Havia, talvez, certo desagrado porque os judeus não participavam no culto cívico-religioso, e aqui e ali se faziam comentários pejorativos sobre eles em textos gregos e romanos, mas a mesma situação também se podia observar em relação aos egípcios, alemães e a uma longa lista de bárbaros. Os judeus nunca foram submetidos a perseguições crônicas nem a confinamentos. Erich Gruen, em sua obra *Diaspora: Jews Amidst Greeks and Romans* [Diáspora: judeus entre gregos e romanos], acentua o notável sucesso dos judeus na diáspora e, embora não sofressem perseguição crônica, capta a atitude comum dos pagãos a seu respeito: "Como se pode levar a sério esse povo que adere a tolas superstições e que se recusa a manter relações sexuais ou sociais com os gentios... que desperdiça todos os sétimos dias em ócio... que não come pernil nem costela de porco e que mutila seus genitais?" (52). As animosidades porventura existentes relacionavam-se com pequenas restrições legais impostas pela população local, mas quase todas as comunidades judaicas, como a de Delos, apelavam rapidamente a Roma, que intervinha em seu favor. De fato, é provável que o sucesso desses apelos, bem como do judaísmo da diáspora sob o poder romano, provocasse ressentimentos entre as populações locais que também buscavam os favores de Roma. O êxito dos judeus atraía muitos pagãos, como já vimos, mas também lhes despertava ressentimentos.

Religiões em trânsito e religiões globais

Havia, certamente, na teologia imperial romana certas feições tanto militares como evangélicas. Quando Roma ia para a guerra, primeiramente invocava seus deuses; por onde passava, levava os deuses; qualquer povo que conquistasse, também os assimilava e os incluía em seu panteão. Desde tempos antigos, comerciantes e mercadores italianos, como os *negotiatores* em Delos, traziam com eles seus deuses familiares. Mais tarde, sob a República, os generais romanos em suas campanhas ao longo do Mediterrâneo assentavam os veteranos em terras estrangeiras permitindo-lhes a celebração de seus ritos religiosos. Eventualmente, no tempo de Augusto e depois, a teologia imperial romana espalhou-se, de um lado, por meio do culto imperial, que venerava os imperadores deificados em templos desde a Tessalônica até Éfeso e, de outro, pelo culto do luxo, responsável por amenidades urbanas como aquedutos, banhos públicos e entretenimento nas cidades da Ásia e da Síria.

De Roma às províncias

VITÓRIA POR MEIO DA PIEDADE. Os arqueólogos são capazes de revelar o trânsito da religião romana, do centro para a periferia, por meio de artefatos, inscrições e arquitetura, ao longo do Mediterrâneo, tão facilmente como os literatos retratam a consciência que os romanos tinham de sua grandeza, em seus textos latinos. Em 56 a.C., por exemplo, o tratado de Cícero *Respostas sobre os adivinhadores* (a perguntas que lhes fizera o Senado) afirma com orgulhosa arrogância que o sucesso de Roma no exterior devia-se à sua moralidade e à prática da religião em casa. "Ultrapassamos todos os povos e nações em *pietas* e *religio* e com esta única sabedoria, isto é, a consciência que temos de que todas as coisas são dirigidas e governadas pelo poder dos deuses." Mais adiante: "Se quisermos comparar nossos feitos com os dos demais povos, a respeito de outras coisas, seremos iguais ou inferiores a eles, mas superiores no que diz respeito à religião, isto é, o culto dos deuses" (19). Os romanos atribuíam à aprovação divina suas conquistas. Os deuses estavam de seu lado. Seu sucesso provava, logicamente, o que afirmavam.

A teologia imperial romana não era crasso fundamentalismo acompanhado de fundamentalismo beligerante. Inúmeros povos conquistados acreditavam nas *euaggelia*, ou "boas-novas" romanas, e as aceitavam. Evidências arqueológicas, epigráficas e textuais referem-se até mesmo ao entusiasmo desse sentimento. Deixando de lado nosso espanto em face da violência dos legionários romanos, reconhecemos a importância pacificadora de Roma bem como sua habilidade administradora e sua infra-estrutura cívica. Esses fatos não podem ser minimizados. Muitos gregos admiravam nos romanos, especialmente, a devoção religiosa. Acreditava-se, em geral, que suas vitórias decorriam de sua piedade. Na obra *Antiguidades romanas*, escrita na virada de nossa era, Dionísio de Halicarnasso, apologista grego fascinado por todas as coisas romanas, observava que o fundador mítico da cidade eterna, Rômulo, "entendeu que o bom governo das cidades dependia... em primeiro lugar do favor dos deuses, e que nosso prazer de estar com eles garante o sucesso de nossos empreendimentos" (2.18.1). Afirmava sobre as origens de Roma: "Ninguém será capaz de nomear nenhuma outra cidade recentemente fundada que tenha instalado, desde o começo, tão grande número de sacerdotes e ministros dos deuses" (2.21.2).

Mesmo certos escritores judeus adotavam esse ponto de vista por causa, talvez, de revoltas fracassadas, ou apesar delas. Josefo em sua *Guerra judaica* descreve a destruição do Templo judaico pelos legionários, como castigo purificador de Deus: "É Deus, o próprio Deus, que com os romanos está trazendo o fogo para purgar seu templo e exterminar as horrendas poluições da cidade" (6.110). Mais tarde, numa passagem do tratado babilônico sobre o Talmude, *'Aboda Zara*, um rabi declara a seus companheiros, uma geração depois da guerra: "Vocês não se dão conta de que os céus deram a esta nação [Roma] o poder de governar? Pois mesmo depois de ter devastado lares, queimado o templo, sacrificado os santos e perseguido os servos, seu império continua inabalável" (18a).

Até mesmo, às vezes, escritores cristãos sentiram a mesma coisa, de tal maneira que no quarto século o poeta e teólogo latino Prudêncio proclamou, em sua *Réplica ao discurso de Símaco*: "Deus ensinou às nações por toda a parte a curvar as cabeças sob as mesmas leis e a se tornarem romanas" (2.602). Foi, de fato, essa atitude de Roma, penetrante perante terras e povos conquistados, que lhe possibilitou governar com tanto sucesso por tanto tempo. Clifford Ando, em *Imperial Ideology and Provincial Loyalty in the Roman Empire* [Ideologia imperial e lealdade provincial no Império Romano], observou como entre os conquistados "a crença de que Deus aprovava as conquistas romanas levava inevitavelmente à adoção do ideal da eternidade do império" (66). A paz romana nos territórios conquistados era possível, em grande parte, porque os vencidos passavam a reconhecer o direito divino de Roma de governá-los.

A DEUSA ROMA. A crença no direito divino romano para governar outros povos expressa-se em ampla evidência arqueológica encontrada nas províncias já no segundo século a.C. Não havia nenhuma fórmula prescrita para o reconhecimento desse direito divino nem para o culto do poder imperial. Em vez disso, sem replicar nenhum precedente ou prática exata na cidade de Roma, diversas comunidades ao longo do Mediterrâneo oriental adotaram o culto do poder romano como parte de suas tradições locais, embora de maneiras diferentes. Algumas cidades instituíram festivais regulares chamados *Romaia* em seus calendários e celebravam-nos com jogos e sacrifícios; outras comunidades erigiam estátuas e altares aos cidadãos romanos que lhes patrocinavam ou governavam; ainda outras, estabeleciam cultos dedicados ao povo romano. Mas, talvez, o ato mais comum de reverência tenha sido o culto público à personificação de Roma, *Dea Roma*, a deusa Roma.

Inúmeras cidades rendidas ao poder romano acrescentaram a deusa Roma a seus deuses nos panteões locais. Era retratada, em geral, como a figura da Amazona grega, com um dos seios exposto. O capacete, as armas e o globo amazônicos demonstravam o caráter militarista e imperialista romano, enquanto o seio exposto oferecia alimento, misericórdia e até mesmo certo aspecto eroticamente sedutor. Uma inscrição encontrada na cidade de Mileto, na Ásia Menor ocidental, relata com pormenores de que maneira se combinava o sacerdócio do povo romano com a deusa Roma, como as elites locais compravam esse sacerdócio por muito dinheiro, além

EM BUSCA DE PAULO

de dar diretrizes para a *performance* dos jogos e dos sacrifícios oferecidos a ela. Essa inscrição data de 130 a.C. e conta, em parte, o seguinte:

> Votos de boa sorte. Quem compra o sacerdócio do povo romano e de Roma deverá informar imediatamente aos tesoureiros e aos reis a indicação para o sacerdócio de um homem que tenha pelo menos vinte anos de idade. Esse homem nomeado... servirá por três anos e oito meses... e deverá sacrificar uma vítima plenamente crescida no primeiro dia do mês de Taureon ao povo romano e a Roma. (Da tradução para o inglês feita por Beard, North e Price, vol. 2, 246-247).

Havia forte competição entre as elites, uma vez que as despesas aí envolvidas resultavam em honrarias públicas. A mera diversidade de formas e a multiplicidade de eventos indicam que o fenômeno não era imposto de cima, por Roma, mas que acontecia, como vimos em Afrodisia, pela vontade do povo. As comunidades que honravam o poder de Roma esperavam, certamente, por seus favores, na forma de obras em mármore, aquedutos para alimentar chafarizes, banhos e redes de esgoto, e muitos itens de luxo que o comércio em tempos de paz possibilitava. Mas, talvez igualmente importante, tudo isso, como vimos nas galerias do Sebasteion de Afrodisia, ajudava o povo a teologizar e racionalizar a subordinação a Roma.

Voltemos a Delos. A evidência epigráfica recolhida pela escola francesa ou espalhada pelos sítios preserva muitas das reações positivas ao poder romano. O festival *Romaia* era celebrado, segundo uma inscrição de 167/166 a.C., na ocasião em que se escolhiam inúmeros "administradores dos ritos sagrados". Outra inscrição, de 140/139 a.C., descreve como os administradores dessa ilha de Atenas ornamentaram com uma coroa de prata a estátua da deusa Roma, no santuário de Apolo. Pode-se ver ainda numa grande mesa de mármore, agora quebrada, a dedicatória a Atenas Nikē e ao povo de Roma. Os atenienses, aos quais os romanos tinham entregado o poder em Delos, prestavam-lhes diversas homenagens. A admiração por Roma, entretanto, manifestava-se não apenas entre os membros da hierarquia social, mas de todas as diferentes etnias presentes em Delos.

Além desses notórios louvores cívicos, Roma também era venerada por grupos menos públicos. Os responsáveis pelo culto congregacional que se reunia no Sarapeion A, por exemplo, edificaram um altar de mármore dedicado à deusa. O pedestal dessa estátua, encontrado na praça do mercado, ostenta a dedicação da estátua a Roma por iniciativa privada. Outra inscrição votiva testifica a respeito de uma estátua de Roma situada num santuário ao lado da estátua de *Fides*, personificação da fé, isto é, da lealdade e fidelidade aos súditos conquistados e obedientes. Essa estátua encontrada pelos escavadores vem da casa dos Poseidoniastas. A seguinte inscrição acompanha a deusa elegantemente vestida:

> Dedicada à deusa Roma, nossa benfeitora, pela irmandade (*koinon*) dos Poseidoniastai de Béritos, mercadores, navegadores e estivadores em reconhecimento de sua boa vontade para com a irmandade (*koinon*) e para com nossa terra. Erguida quando Mnaseas, filho de Dionísio, benfeitor, era líder da associação (*thiasos*) pela segunda vez. [Menandros], filho de Melas, o ateniense, fez (esta escultura).

A interação religiosa, contudo, não pode ser vista apenas em termos das reações provinciais a Roma. As pessoas não eram atraídas somente pelos negócios romanos; os romanos, por sua vez, também eram atraídos por outras culturas. A movimentação religiosa não era processo de uma só mão, de Roma para as províncias. Tinha duas mãos. Procedia também de Delos, do Egito e, naturalmente, de Jerusalém em direção a Roma.

Das províncias a Roma

Trata-se, certamente, do mais extraordinário museu do mundo: o *Museo Centrale Termoellettrica Montemartini*, em Roma. Depois de ter sido abandonado, é agora uma casa de força junto à pirâmide tumular do oficial do final do primeiro século a.C., Gaius Cestinus, na Porta de São Paulo. Aí, enfiado entre motores de ferro a diesel e enormes turbinas a vapor do século passado, acha-se essa magnífica coleção de estátuas gregas originais ao lado de reproduções romanas.

ATENAS DE DELOS. Entre as estátuas do museu vê-se a gigantesca Atenas que, no passado, adornava o frontão do Templo de Apolo Medicus Sosianus, escavado no sopé do monte Capitolino. Apolo, nascido em Delos, o mais grego de todos os deuses, foi levado para Roma já no sétimo século a.C. Depois da praga de 433 a.C., os romanos dedicaram um templo a Apolo Medicus, Apolo "curador". Esse templo foi restaurado e quase todo reconstruído nos fins do primeiro século a.C., por iniciativa do então rival de Augusto, Gaius Sosius, que lhe deu também seu nome. Mas foi concluído pelo próprio Augusto, cuja devoção a Apolo levou-o também a construir outro templo ao deus no monte Palatino. Chegou mesmo a mudar a data do aniversário de Apolo para a do festival de seu nascimento, 23 de setembro. Como parte da restauração do templo, a estátua da deusa grega Atenas, originalmente do quinto século, foi inserida no frontão, ao lado de algumas amazonas e de outras figuras tomadas de santuários da Grécia oriental.

Durante a expansão de Roma para o Oriente nos séculos segundo e primeiro a.C., seus generais trouxeram muitas estátuas gregas, como as dos escultores clássicos Políclito e Fídias, fruto de pilhagem. Esses artefatos despertaram a apreciação e o desejo da alta sociedade romana. A deusa Atenas, erguida na fachada do Templo de Apolo Sosianus, foi esculpida em mármore extraído da ilha de Paros e imitava algumas feições da grande deusa cultuada em Atenas, mas, provavelmente, teria sido destinada ao interior do santuário de Apolo em Delos. Essa pequena ilha, por onde passavam tantos escravos, mercadores e soldados em busca de lugares para viver ao longo do Mediterrâneo, era também importante porto por onde entravam e saíam idéias, artefatos e estátuas religiosas. A estátua da deusa Atenas teria sido levada do santuário de Delos para o templo romano de Apolo. Originalmente, era para ser vista de todos os lados, com ombros bem delineados e postura triunfal sobre o pedestal, como se fosse propaganda romana imperial.

Essa estátua, vinda da ilha de Delos, serve de ponto de partida para avaliar o trânsito e a complexa interação entre Roma e as províncias, entre o centro e a periferia, fato que poderia ser visto, na superfície, como a conquista evangélica levada a cabo pelos deuses romanos, e o aprisionamento dos deuses estrangeiros, como espólio romano de guerra. Mas o olhar mais atento percebe, além disso, muita troca e diálogo religioso em vez de monólogo.

A deusa Atenas exemplifica o modo como a *romanitas*, o que significa ser romano, era redefinida por artefatos, idéias e comunidades nas novas províncias distantes de Roma. No que concerne à religião, o intercâmbio aumentou a partir do segundo século a.c. até o tempo de Paulo, quando religiões estrangeiras começavam a florescer em Roma. De um lado, a movimentação religiosa parecia mero fenômeno cívico, como mostra o conjunto de oito inscrições, quase todas gregas, escavadas no monte Capitolino em Roma. Governantes individuais, como o rei do Ponto na Ásia Menor, cidades orientais incluindo Éfeso e Laodicéia, e regiões inteiras como Lícia, demonstravam a submissão a Roma por meio de proclamações públicas que incluíam a dedicação de estátuas ao Júpiter romano do Capitolino, bem como a prestação de homenagens ao povo de Roma, como se lê nesta linha: "Em reconhecimento de sua bondade, benevolência e favor" (*ILLRP* 181).

De outro lado, além e acima dessas proclamações públicas e oficiais, a conquista romana das províncias e a pacificação dos mares, com a decorrente mobilização de soldados, mercadores e escravos, aumentava o intercâmbio de idéias e a movimentação de comunidades religiosas nunca antes vistos. Novamente, a pequenina ilha de Delos exemplifica esse fenômeno, e podemos seguir a passagem de uma religião do Oriente para o Ocidente, das províncias para Roma, e dos lares privados por meio de associações de voluntários para os templos públicos amarrados a preocupações imperiais. Considere, sem buscar nenhum paralelo particularmente paulino, a trasladação da deusa egípcia Ísis do Egito para a Itália através de Delos.

ÍSIS EM DELOS. Ísis veio do Egito para Delos com outras divindades egípcias no início da era helênica, como demonstram reveladoras inscrições já mencionadas no Sarapeion A. Uma delas, comissionada por um sacerdote chamado Apolônio, nascido em Delos mas de etnia egípcia, conta como seu avô, também sacerdote, veio para Delos no terceiro século a.C. e "trouxe com ele seu deus [literalmente, a estátua de seu deus] do Egito, e continuou a adorá-lo segundo a tradição". O pai de Apolônio, com outros devotos, manteve o culto de Sarápis e Ísis numa casa particular, talvez a Sala E do Sarapeion A. Depois de sua morte, o filho "herdou as imagens sagradas", e a divindade pediu, num sonho, que lhe fosse construído um templo. Depois de seis meses o complexo desse santuário, que já examinamos antes, foi concluído, mas sua expansão além do simples apartamento teve de enfrentar certas resistências. Segundo a inscrição, alguns "homens maus, possuídos de inveja e de delirante loucura", entraram em juízo para fechar o templo. O processo não foi adiante por causa de uma intervenção milagrosa:

Nessa época, vós [Sarápis] e vossa esposa [Ísis] despertastes grande deslumbramento entre o povo. Paralisastes esses homens maus... e suas línguas não puderam proferir palavra alguma... e a comunidade toda se maravilhou com temor em face desse milagre e houve grande reconhecimento de vossos servos em Delos, a ilha estabelecida pelos deuses.

Não obstante essa intervenção divina, a oposição legal continuou e o pequeno Sarapeion enfrentou novas ações de descontentes surpreendentes e inesperados — os sacerdotes oficiais do Sarapeion C! Como qualquer outro grupo ameaçado por oposição local, os sacerdotes do Sarapeion A apelaram a Roma e pediram um *senatus consultum* (decreto senatorial oficial). O Senado atendeu o pedido por meio de seu governador em Atenas, que o passou ao governador local de Delos. Baseava-se simplesmente em precedente e na tradição local, a saber, que a expansão do templo já havia ocorrido. Roma não estava disposta a infringir o *status quo* religioso.

A decisão, sem dúvida, aborreceu os sacerdotes do Sarapeion C, que haviam construído sua estrutura de maneira mais monumental e pública depois que os atenienses apoiados por Roma tomaram o controle da ilha. O Sarapeion C (Figura 22) sempre fora a estrutura mais dominante no Terraço dos Deuses Estrangeiros e, embora algumas associações de voluntários se reunissem aí, continuava a ser o lugar oficial do culto cívico das divindades egípcias, administrado de comum acordo com os atenienses no poder. Seu longo complexo trapezóide tem a aparência e a atmosfera de um santuário cívico, com duas fileiras de colunas ladeando um caminho com altares que se alternam com pequenas esfinges até o templo. Não se sabe ao certo a qual divindade era dedicado. Na extremidade norte do complexo, diversos templos e santuários dedicados a Sarápis, Ísis, e à combinação de Sarápis, Ísis e Anúbis circundavam o pátio. Encontra-se com freqüência nesse edifício a inscrição "Ísis Salvadora" ou a dedicatória votiva "Ísis que nos escuta".

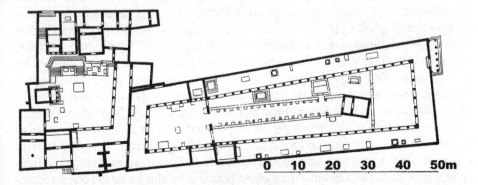

Figura 22: Sarapeion C em Delos, com arquitetura mais parecida com um santuário cívico do que com o pequeno Sarapeion A, de tipo residencial.

Como quase tudo em Delos, o Sarapeion C foi destruído por Mitrídates em 88 ou pelos piratas em 69 a.C. A reconstrução concentrou-se no Templo de Ísis, com pedras dos restos do Sarapeion e mesmo de santuários de deuses sírios, próximos do local. O culto e os sacrifícios a Ísis foram retomados e continuaram sem problemas até o segundo século de nossa era, aparentemente por causa do declínio de Sarápis e de outros deuses egípcios. Ao longo do mundo Mediterrâneo, Ísis excedia em popularidade a seu marido. Embora fosse originalmente "a senhora da casa da vida" e deusa da maternidade e da infância, mostrando muitas vezes o seio para alimentar Hórus em seu colo, adquiriu mais tarde caráter universal quando se mudou para Roma. Ísis absorveu inúmeros atributos, tornando-se dispensadora da vida, protetora das famílias, guardiã dos campos e curadora e libertadora dos que a buscavam. Foi considerada senhora do universo a oferecer salvação transformando o destino. Sua multiplicidade inspirou o epíteto "Ísis invocada por inúmeros nomes". Saiu rapidamente do Egito para outras localidades, através de Delos. Depois da destruição da ilha no primeiro século a.C., no tempo de Paulo, seu culto estava firmemente estabelecido na maioria das principais cidades visitadas por ele. Existe evidência arqueológica da existência de seu culto em Tessalônica, Filipos, Éfeso e Corinto. Seus santuários e altares eram especialmente comuns nas rotas marítimas, seja nos portos do Mediterrâneo ou junto aos rios como o Reno e o Danúbio. Localizavam-se perto das docas onde os navios atracavam, como, por exemplo, no porto de Corinto em Cencréia. Chegou finalmente na Itália em Putéolos e Cumas, passou por Óstia e finalmente se estabeleceu em Roma, a capital do mundo.

ÍSIS EM POMPÉIA. Pompéia, a cidade sepultada pela erupção do Vesúvio em 79 d.C., é agora um grande laboratório para os arqueólogos e atração turística. Vemos aí a mesma Ísis passando da esfera privada para a pública, como em Delos. Inúmeros elementos ornamentais de residências particulares ressaltam a imagística de Ísis em afrescos e, devocionalmente, em santuários familiares. Esses motivos do culto egípcio, especialmente de Ísis, incluíam jarros de metal com bicos longos, urnas também de metal ornamentadas com folhagens moldadas, e a serpente sagrada egípcia.

Pompéia também abrigava um dos primeiros santuários italianos de Ísis, do segundo século a.C. Não se situava perto do fórum como os grandes templos cívicos de Apolo, do Júpiter Capitolino, da Concórdia Augusta, da Pietas ou dos últimos imperadores deificados. Foi construído no distrito teatral, lugar apropriado que mostrava influência grega e de outras culturas. O santuário era meio escondido, atrás de um pórtico, longe dos olhares dos que passavam na rua, provavelmente para uso apenas dos devotos da deusa. Mas, no século seguinte, Ísis e seu santuário, um *Iseum*, adquiriram grande importância cívica. O templo era, seguido do anfiteatro, o primeiro edifício reconstruído depois do terremoto de 62 d.C. — coisa que não aconteceu com os templos no fórum nem mesmo no Capitolino. A restauração do *Iseum* é atestada numa inscrição do rico alforriado N. Popidius Ampliatus, cujo filho de seis anos de idade, Celsinus, fora eleito para o conselho da cidade como recompensa. Por volta do ano 60 d.C., Ísis já se havia transformado num culto aceitável à municipalidade romana local (Figura 23).

FÉ JUDAICA E SOCIEDADE PAGÃ

Figura 23: Estátua de Ísis, "senhora da casa da vida", feita de mármore com chapeamento de ouro; de seu templo em Pompéia.

ÍSIS EM ROMA. Durante a vida de Paulo, fazia tempo que Ísis já havia deixado para trás tanto seu lar egípcio como a sombra de seu marido, Sarápis, e chegava a Roma apoiada por muitos adeptos. Construiu-se, então, um grande *Iseum* na primeira metade do primeiro século de nossa era, renovado em grande escala pelo imperador Domiciano no final desse século. Mesmo depois de Augusto ter determinado que as divindades estrangeiras não teriam templos como os dos deuses romanos dentro do *pomerium*, que era a área delimitada religiosamente na cidade de Roma, o Templo de Ísis, todavia, ocupava uma área proeminente e venerável no *Campus Martius*, próxima à Saepta Julia, onde se realizavam os jogos dos gladiadores e não muito distante do Mausoléu de Augusto e de seu Altar da Paz, a *Ara Pacis Augustae*. O *Iseum* era tão grande como qualquer outro importante templo cívico de Roma. Mas, diferente deles, tinha dois arcos ao leste e ao oeste, conduzindo a um pátio de 230 pés aberto para os transeuntes, mas protegido ao norte e ao sul por áreas acessíveis por portões estreitos, provavelmente reservadas aos devotos. Nesse santuário ao sul, a colossal estátua de Ísis aparecia num nicho central semicircular, com nichos menores, de cada lado, dedicados a Anúbis e Sarápis, divindades nacionais egípcias agora eclipsadas pela universalidade de Ísis.

69

EM BUSCA DE PAULO

Essa arquitetura podia ter acessos dificultados, mas a caracterização dos sacerdotes de Ísis tornava-os reconhecidos em qualquer lugar e era eficiente modo de propagar suas devoções. Eles raspavam as cabeças, vestiam-se com togas brancas e se distinguiam dos outros evitando carne de porco, peixes e vinho. Embora os rituais fossem celebrados em lugares fechados, os devotos de Ísis carregavam estátuas da deusa pelas ruas de Roma e liam em voz alta seus livros escritos em hieróglifos nos dias de festa; os iniciados jogavam-se no rio Tibre, coisa incompreensível para os não-iniciados. Suas atividades promoviam certo tipo de falso segredo, seduziam os interessados e provocavam os curiosos a considerar a possibilidade de sua iniciação nos "mistérios" de Ísis. A arquitetura e a decoração — obeliscos, árvores, ornamentos de papiro, macacos e crocodilos — ressaltavam o caráter exótico do templo e criavam autêntico ambiente egípcio bem no coração de Roma. Embora com certa relutância inicial e até mesmo resistência da parte dos senadores e dos primeiros imperadores, o culto de Ísis entrou no calendário cívico-religioso na metade do primeiro século, e seu festival passou a ser celebrado anualmente de 28 de outubro a 1º de novembro. O próprio Augusto empregou artistas alexandrinos para decorar sua residência com temas vegetais, mitológicos e ornamentais egípcios semelhantes aos que adornavam os santuários de Ísis. No final do primeiro século ela acabou associada ao culto do imperador, e Domiciano restaurou o *Iseum* em 80 d.C. após um incêndio.

O lugar de Ísis no calendário cívico, a localização de seu templo em lugar privilegiado, seu sacerdócio oficial predominantemente egípcio e até mesmo a adoção de suas feições no culto do imperador não eram as causas de sua popularidade. Eram apenas respostas provocadas pela atração que exercia na sociedade romana ordinária. A aceitação imperial e senatorial procurava consolidar suas posições pegando carona no sucesso de Ísis.

Foram também encontrados grafites relacionados com Ísis retratando um pequeno grupo de escravos, na maioria, encontrados numa modesta casa no monte Aventino em Roma. Há evidência epigráfica de devotos, provavelmente soldados e veteranos, alforriados e oficiais municipais, como vimos em Pompéia. Sabemos que até mesmo membros da família imperial freqüentavam seu culto, como, por exemplo, Poppaeus Habitus, parente de Nero, que possuía representações de Ísis em seu santuário familiar. Os iniciados incluíam homens, mulheres e crianças, romanos e egípcios, e estrangeiros de todas as províncias que consideravam os pedidos a Ísis mais bem atendidos do que se esperava nos cultos cívicos tradicionais. É provável que a emoção de participar em encontros e rituais estrangeiros com pessoas de todas as classes e condições fosse irresistível para muitos. A intensa devoção pessoal a Ísis, mística e até mesmo extática, pode ser observada no discurso de iniciação de um devoto, escrito no segundo século pelo romancista Apuleio em sua *Metamorphoses*:

> Meu talento é demasiadamente pobre para falar de teus louvores e minha herança miserável para te oferecer sacrifícios. A plenitude de minha voz não é adequada para expressar o que eu sinto sobre a tua majestade; mil bocas e línguas não seriam suficientes, nem mesmo o fluxo infinito de falas inexauríveis. Tomarei, pois, cuidado de fazer apenas a

coisa que um homem pobre e devoto é capaz; guardarei o teu semblante divino e a tua sagrada divindade nos lugares secretos do meu coração para sempre, e assim os representarei para mim. (11.25)

A deusa Ísis bem à frente do contexto competitivo politeísta de Roma por meio da fé em seu poder chegou perto do monoteísmo, a saber, do henoteísmo, ou crença no único Deus supremo sem negar a existência de outras divindades. Atraía o povo porque absorvia os traços de diversos deuses, situando-se acima do Destino. Mas ela nunca chegou a desafiar diretamente o politeísmo pagão. A devoção a Ísis jamais foi exclusivista, e seus devotos podiam participar na religião cívica e até mesmo prestar culto a outras divindades. Encontramos, por exemplo, esta inscrição feita por "Apronianus, tesoureiro cívico", que registra a dedicatória de um relevo a Mitras, de um lado, e a Ísis, de outro. A deusa captava o espírito de *oikoumenē*, termo grego para designar o mundo habitado, sem ameaçar diretamente a teologia imperial romana, cuja *paz por meio da vitória* constituía a elogiada *Pax Romana*. Não é, pois, surpreendente que, não muito depois da morte de Paulo, Ísis e o imperador uniram-se em casamento realizado no céu.

Escolhemos, então, começar em Afrodisia, microcosmo particular do mundo romano de Paulo, e Delos, macrocosmo geral desse mesmo mundo. No primeiro caso, temos uma cidade da Ásia Menor por onde transitava muita gente, onde se podia apreciar na estatuária do Sebasteion preciosas informações sobre a teologia imperial romana. As inscrições na sinagoga judaica, por sua vez, contendo nomes de judeus e de adoradores de Deus, também nos ajudam a entender a figura de Paulo com os judeus, entre os gregos e sob os romanos. No segundo caso percorremos essa pequena ilha que teve no passado seus dias de glória. Mas podemos ainda apreciar nas pedras o relacionamento que existiu entre deuses e deusas, mulheres e homens, gregos e romanos, e entre judeus, samaritanos e egípcios. Permanecem aí os traços deixados por um mundo onde interagiam, de maneira mais ou menos pacífica, a vida privada e a pública, a religião e a sociedade, a política e a economia, bem como a universalidade e a particularidade. Além disso, percebemos os sinais da exportação da deusa guerreira italiana, Roma, para o Oriente, como força aceitável, bem como a recepção da deusa-mãe egípcia, Ísis, na direção contrária, como graça também aceitável. Ela não era, contudo, a única divindade oriental recebida em Roma.

CAPÍTULO 2

PAULO, ATRAENTE OU DESPREZÍVEL?

Criou-se nova mitologia de Roma e novo ritual de poder para o imperador, por meio de imagens visuais. Construído sobre fundamentos simples, o mito se perpetuou e transcendeu as realidades da vida cotidiana para projetar às gerações futuras a impressão de que se tinha vivido no melhor de todos os mundos e tempos possíveis... Ao mesmo tempo como parte da sua "restauração da República" e da criação de novo estilo político, Augusto pôs em funcionamento seu programa para "curar" a sociedade romana. Os temas principais foram renovação da religião e dos costumes (*virtus*) e a honra do povo romano. Nunca antes nenhum novo governador havia implementado tão ambicioso programa cultural, concretizado efetivamente no imaginário visual; dificilmente isso poderia acontecer depois.

Paul Zanker. *The Power of Images in the Age of Augustus* [O poder das imagens na era de Augusto] (1990).

Estamos acostumados a ouvir como se fosse realmente de Paulo a voz que apóia a vontade dos proprietários de escravos ou legitima a violência contra mulheres, judeus, homossexuais e pacifistas... quando, na verdade, ela pertence ao *status quo* consagrado. Por causa disso somos forçados a reivindicar a necessidade de procurar escutar a sua voz genuína. Por séculos a herança do apóstolo tem sido sistematicamente manipulada por estruturas humanas de dominação e opressão e pelos intérpretes conservadores de Paulo que chegaram mesmo a se introduzir no próprio Novo Testamento a ponto de legitimar a "nova ordem mundial" e até mesmo as barulhentas ondas antifeministas em nossa época... (*Liberating Paul* [Para libertar Paulo]) foi escrito, em primeiro lugar, para os que esbarram em Paulo nas suas tentativas de seguir Jesus nos caminhos da justiça e da paz.

Neil Elliot. *Liberating Paul* [Para libertar Paulo] (1994)

EM BUSCA DE PAULO

Duas visões da paz mundial

Proposta

PAZ AUGUSTANA. A restauração do altar deveria ter ficado pronta para as celebrações do jubileu de Roma no ano 2000. Mas você está aí, alguns anos depois, e as obras estão ainda escondidas atrás de telas e estruturas metálicas. Grandes máquinas provocam ruídos, e guindastes movimentam-se ao redor de andaimes na zona de construção. Do lado de fora, mulheres italianas elegantemente vestidas fazem da Via di Ripetta refinado desfile de moda enquanto jovens italianos vão e vêm montados em suas Vespas nas ruas e nas calçadas na direção da Ponte Cavour para atravessar o Tibre. Você vê poucos turistas ao redor, indiferentes aos acidentes normais em volta, distraídos sob o calor do verão, conferindo desajeitadamente seus mapas abertos com chapéus nas cabeças curvadas. Logo se vê que não estamos na área mais visitada de Roma, cheia de insípidos edifícios de concreto da era fascista dos anos 30. Ao leste da zona de construção situa-se o parque ao redor das ruínas do Mausoléu de Augusto, cercadas por ciprestes que, destituído de seus mármores, tornou-se refúgio de moradores de rua e de cães sem dono. Todavia, espera-se que a nova construção modifique esse decadente cenário. O grande cartaz instalado pela Prefeitura de Roma anuncia o nome do arquiteto escolhido para dirigir a tarefa, dos patrocinadores políticos e de outros benfeitores. Você vê também o desenho do novo museu da *Ara Pacis Augustae*, "o Altar da Paz Augustana", e a projeção do magnífico espaço dedicado à história antiga agora escondido atrás dos painéis protetores.

O grande cartaz que você acabou de ver não explica as controvérsias responsáveis pelo atraso da conclusão da obra. O arquiteto encarregado da renovação foi o americano Richard Meier, cujas obras pós-modernas já apareceram em diversos lugares do mundo, incluindo o novo museu J. Paul Getty no sul da Califórnia. Muitos romanos sentiram-se ultrajados quando viram o plano que incluía um grande museu de aço e vidro para abrigar a *Ara Pacis Augustae*, com chafarizes de um lado da praça e um auditório, do outro, como se fosse longa caixa de jóias nos bancos do Tibre. Alguns críticos ridicularizaram o projeto chamando-o de "losangelização" de sua cidade. O brilhante ministro italiano da cultura, Vittorio Sgarbi, classificou a obra de afronta à herança cultural de Roma. Segundo seus detratores, o projeto de Meier carece de continuidade com relação ao estilo romano clássico e, assim, compromete a ilustre herança da cidade, com um tipo de globalismo arquitetural. Muitos romanos preferiam um museu romano para um monumento romano, mas o Altar da Paz romana antiga tornara-se um altar de contenda romana moderna.

Você percorre, ao oeste, o caminho coberto, até o altar, pelo Lungotevere di Augusto, sob frondosas árvores. Contempla as lentas águas barrentas do Tibre e, lá embaixo, os aterros recordando-nos de que esse *Campus Martius* ("Campo de Marte"), onde as legiões da República marcharam ao norte do antigo centro de Roma, estivera,

74

no passado, submergido. Foi nesse campo do deus Marte da guerra que o Senado decretou em 13 a.C. a construção do Altar da Paz Augustana. Segundo inúmeros historiadores da arte, era o pináculo da escultura monumental de Roma, copiando e adaptando diversos elementos estrangeiros tomados de esculturas helênicas e gregas. Nas esculturas desse magnífico altar, podemos apreciar claramente as imagens da ordem imperial de *Vitória e Paz*, ou, nos dois painéis masculinos bem como nos outros dois, femininos, na frente e atrás do altar, a plena seqüência augustana de *Piedade* (Enéias), *Guerra* (Marte), *Vitória* (Roma) e *Paz* (Fertilidade).

O arquiteto fascistaVittorio Morpurgo desenhou o projeto original do museu para abrigar a *Ara Pacis Augustae* num recinto de vidro e mármore travertino. Essa primeira restauração deu-se em 1938. Morpurgo havia sido comissionado por Benito Mussolini, que queria um lugar de destaque para marcar o retorno à antiga grandeza de Roma. O texto latino completo da autobiografia política de Augusto, *Res Gestae Divi Augusti* (*res gestae* significa "coisas feitas", realizações, conquistas — por isso *Atos do divino Augusto*), foi inserido no revestimento ao leste. É isso o que sobrou da estrutura de Morpurgo. O tema do altar e o próprio Augusto eram centrais à retórica nacionalista e imperialista do *Duce*. Pode-se ver ainda hoje a fotografia de Mussolini e de seus auxiliares militares ao lado do altar (Figura 24). A fotografia mostra-os passando pelo lado direito do lugar onde Augusto aparece no friso acima deles. Todos, com exceção de um oficial, olham noutra direção. Nada mais apropriado. Augusto não era Mussolini, e Mussolini nunca seria Augusto.

Figura 24: Benito Mussolini inspeciona o novo Altar da Paz Augustana após a restauração.

PAZ PAULINA. As cartas modernas quase sempre utilizam fórmulas tanto no início ("Espero que você esteja bem") como no fim ("com os melhores votos"). As antigas, também. No final deste capítulo separaremos as sete cartas paulinas escritas certamente por ele das outras seis pós-paulinas, escritas em seu nome. Eis, a seguir, alguns exemplos de frases iniciais ("graça e paz") e finais ("paz") das sete cartas autênticas de Paulo (embora Filemon só use a saudação inicial): "A vós graça e paz... O Deus da paz vos conceda santidade perfeita" (1Ts 1,1; 5,23); "A vós graça e paz... o Deus da paz estará convosco" (Fl 1,2; 4,9); "Graça e paz a vós" (Fm 1,3); "Graça e paz a vós... dai-lhe os meios de voltar em paz" (1Cor 1,3; 16,11); "A vós graça e paz... vivei em paz, e o Deus de amor e de paz estará convosco" (2Cor 1,2; 13,11); "Graça e paz a vós... paz e misericórdia sobre eles" (Gl 1,3; 6,16); "A vós... graça e paz... Pois o Deus da paz não tardará em esmagar Satanás debaixo de vossos pés. Que a graça de nosso Senhor Jesus Cristo esteja convosco" (Rm 1,7; 16,20).

Em primeiro lugar, a saudação "graça e paz" resume o centro da mensagem e da missão de Paulo, sua fé e teologia. Em geral, a saudação empregada nas cartas gregas era *chaire*, "saudações". Mas, valendo-se de ardiloso, profundo e novo jogo de palavras, Paulo muda esse termo por outro semelhante mas teologicamente mais significativo, *charis*, "graça" ou "dom gratuito". Pense, por exemplo, no ar ao nosso redor. Está aí de graça, *charis*. Não o merecemos nem nada fizemos para recebê-lo. Não depende de nosso esforço. Só nos resta aceitá-lo e cooperar com ele, respirando. Somos livres, naturalmente, para recusá-lo e morrer sufocados. Paulo acrescenta ao termo a saudação também tradicional judaica, "paz", *shalom* em hebraico, *irenē* em grego, também de conteúdo altamente teológico. A seqüência é importante. Deus oferece a paz a todos e em toda parte como dom gratuito. A Carta aos Romanos resume-se nessas duas palavras. O apóstolo escreve na língua grega comum dos judeus da diáspora e do mundo mediterrâneo.

Além disso, a seqüência das palavras "graça e paz" era abertura tão óbvia de suas cartas que os escritores pós-paulinos não tiveram nenhuma dificuldade de usá-las para copiar seu estilo. É assim que as outras cartas começam: "A vós graça e paz" (2Ts 1,2); "A vós graça e paz" (Cl 1,2); "Graça e paz a vós" (Ef 1,2); "Graça, misericórdia e paz" (1Tm 1,2); "Graça, misericórdia e paz" (2Tm 1,2); "Graça e paz" (Tt 1,4).

A "graça e a paz" é, em geral, "de Deus nosso Pai e do Senhor Jesus Cristo". E, finalmente, a tríade de Deus, Senhor Jesus e paz também aparece outras vezes. Por exemplo, Paulo espera que "a paz de Deus, que excede toda a compreensão, guardará os vossos corações e pensamentos, em Cristo Jesus" (Fl 4,7), e declara que "tendo sido, pois, justificados pela fé, estamos em paz com Deus por nosso Senhor Jesus Cristo" (Rm 5,1).

Não pretendo, entretanto, neste capítulo nem no livro todo, confrontar a "vitória e paz" de Roma com a "graça e paz" de Paulo como se isso pudesse resolver alguma coisa. De um lado, Paulo também falava de vitória (embora só uma vez), substituindo a tríade da paz pela da vitória: "Graças se rendam a Deus, que nos dá a vitória por nosso Senhor Jesus Cristo!" (1Cor 15,57). De outro, qualquer teólogo imperial romano poderia ter dito a Paulo que "vitória" *era* "graça", dom gratuito dos deuses, especialmente de Júpiter, Marte ou Vênus. E mais, se Paulo mencionasse a aceitação da "fé de Jesus Cristo", como em Gálatas 2,16 ou Filipenses 3,9, seus opositores romanos o relembrariam de que nos *Atos do divino Augusto* fala-se da "fé do povo romano" (32.3). Palavras adequadas, melhores termos e expressões podiam servir da mesma forma aos dois lados.

As questões básicas, portanto, referiam-se aos meios e não apenas aos fins, sobre métodos e não *slogans*, bem como a conteúdos específicos de visões e conteúdos precisos de programa. Qual era a diferença de conteúdo entre o dom gratuito da graça divina proclamada pelo imperador dos romanos e a anunciada pelo apóstolo aos gentios? Em que sentido a paz de Roma contrastava com a paz de Deus? Exatamente em que ponto a paz do Senhor César Augusto, divino e Filho de Deus, não era a mesma paz do Senhor Jesus Cristo, também divino e igualmente Filho de Deus?

Resumo

Este livro trata do choque entre essas visões alternativas da paz mundial. A visão augustana alinha-se à normatividade da civilização representada na *paz por meio da vitória*. A de Paulo, seguindo o radicalismo de Jesus, busca a *paz por meio da justiça*. Começamos em Roma com os dois maiores monumentos da revolução augustana. Representam a imagem mais clara, plena e excelente da teologia imperial romana. Primeiramente, o Fórum de Augusto com o Templo de Marte *Ultor*, que celebra o deus da guerra como "vingador" do assassinado Júlio César. O segundo, o Altar da Paz Augustana, que celebra a *Pax Romana* com o nome de *Pax Augustae*, cercado de quatro painéis principais, mostrando a plena seqüência da narrativa teológica: *Piedade* com Enéias, *Guerra* com Marte, *Vitória* com Roma, e *Paz* com Fertilidade.

Nas duas estruturas vemos figuras masculinas e femininas representando deuses e deusas, mas as femininas desaparecem depois nos pórticos do fórum e nos relevos do altar. As imagens representam apenas a aristocracia. O canto solene do império era *SPQR — Senatus Populusque Romanus* ("O Senado e o Povo de Roma") —, embora o *populus* nunca aparecesse no imaginário imperial ou no santuário desses monumentos. Havia, naturalmente, muito espaço para o *populus* visitar e contemplar, admirar e aprender, deixar-se educar, entreter-se e ser doutrinado.

Voltamos agora da teologia imperial romana para a teologia cristã paulina. Somos confrontados imediatamente com a acusação de que Paulo era tão chauvinista, misógino, patriarcal e hierárquico como Augusto, apenas em menor escala porque era apóstolo e não imperador e não tinha à disposição edifícios mas apenas textos. Em defesa dele, distinguimos as primeiras cartas autenticamente paulinas das posteriores, pseudopaulinas e, portanto, inautênticas (talvez até mesmo antipaulinas) — embora sejam todas igualmente atribuídas a ele no nosso Novo Testamento.

Concentramo-nos em dois exemplos do pensamento de Paulo: escravidão e patriarcado em relação com iguais exemplos tirados do fórum e do altar de Augusto.

Acreditamos que Paulo insistia na igualdade *entre cristãos* em contraposição à normatividade hierárquica da sociedade romana. Em primeiro lugar, senhoras e senhores *cristãos* não podiam ter escravos *cristãos*. Em segundo lugar, as mulheres e os homens *cristãos* eram *em si* iguais no casamento, na assembléia e no apostolado. Como alguém poderia ser igual e desigual ao mesmo tempo, uma vez que *em Cristo* eram iguais perante Deus?

A seguir, analisaremos as inserções pseudopaulinos tardias ou textos asseverando a desigualdade das mulheres no casamento, na assembléia e no apostolado. Essas mudanças deliberadamente enfraqueceram o radicalismo da igualdade do cristianismo Paulino e voltaram à desigualdade das mulheres no casamento, na assembléia e no apostolado. Finalmente, queremos explicar por que líderes como Tecla, mulher, celibatária e asceta, suscitou forte oposição liderada por homens, casados e férteis. Tudo isso era feito em nome de Paulo, não obstante contrariar seu exemplo e desafios.

Monumentos de mármore como metáforas imperiais

Nada sabemos acerca da arqueologia das comunidades de Paulo nem de sua arquitetura, arte, símbolos, inscrições ou mesmo grafites. Nada disso sobreviveu ou, talvez mais fascinante, provavelmente nunca tivesse existido, mas sabemos a respeito de suas atividades e das comunidades cristãs primitivas por meio de suas cartas. A era augustana sobrevive até hoje em textos literários e em peças arqueológicas. De fato, mesmo se não tivéssemos tido acesso a tantos autores augustanos ou historiadores romanos, ainda assim teríamos esboços que retratariam seu governo nas imagens que sobreviveram. No mundo antigo, pouquíssimas pessoas sabiam ler e mesmo assim não eram muitas as que sabendo ler conheciam a poesia de Virgílio, Horácio ou Ovídio. A comunicação visual era, por isso, absolutamente importante para o consumo popular. As imagens da teologia imperial romana podiam ser vistas desde as menores superfícies até as maiores, em moedas, camafeus, taças, estátuas, altares e fóruns. Pode-se até falar do que chamaríamos versão antiga de vídeo. Na sua versão moderna, você fica parado e as imagens desfilam na sua frente. Na versão antiga, equivalente, as figuras não se movem e você passa por elas. Imagine, mais uma vez, seu percurso pelo Sebasteion de Afrodisia, já examinado no primeiro capítulo, e pense no movimento dessas mensagens enquanto você examina de baixo para cima o Fórum de Augusto com seu Templo de Marte e, depois, o Altar da Paz Augustana. Essas mensagens vêm das imagens reunidas e formam uma espécie de unidade interativa.

Considere o que segue, sondagens no panorama romano da era augustana à medida que examinarmos essas mensagens em dois importantes lugares: o fórum de um templo, tão amplo como qualquer quarteirão de cidade, e um altar num pequeno recinto. O Fórum de Augusto e o Altar da Paz Augustana ilustram as características da revolução que se espalhou de Roma para o império e desde o tempo de Augusto até o primeiro século. Paulo nasceu duas gerações depois de Augusto; passou a maior parte de sua vida em cidades orientais como Damasco, Jerusalém e Antioquia; pregou sua mensagem em cidades da Grécia e da Ásia Menor, como Tessalônica, Corinto e Éfeso; só foi a Roma como prisioneiro, onde afinal acabou executado. Estamos visitando a Roma de Augusto não apenas para conhecer a cidade como Paulo a teria visto, mas para entender não só o cenário essencial mas também o contexto em que se deu o confronto da mensagem e da missão de Paulo com a teologia imperial romana. Roma patrocinava imensa transformação de incalculável alcance político, cultural e religioso visível na arte, na arquitetura e na literatura do mundo mediterrâneo. Contra tudo isso, Paulo advogava uma transformação alternativa orientada mais para Jerusalém do que para Roma, mais na direção do Deus e do Messias judaicos do que dos deuses e do Augusto romanos. Eram duas visões da paz mundial, dois programas de um reino global, e duas crenças em dois deuses diferentes, profundamente conflitantes naquele primeiro século — e, todavia, ainda contraditórias no começo deste século vinte e um.

O Fórum de Augusto, cujo Templo de Marte, o Vingador, foi consagrado por Otaviano em Filipos em 42 mas só completado no ano 2 a.C., e o Altar da Paz Augustana, decretado pelo Senado no ano 13 e dedicado em 9 a.C., abrigam três temas que ressoam nos antigos textos augustanos que os descrevem. Caracterizam o governo de Augusto e sua revolução. Ele bem poderia tê-los declarado com as ênfases de seu pai adotivo, Júlio César: *eu restaurei, eu expandi, eu consolidei*. Augusto restaurou a República, em primeiro lugar, depois a *pax deorum*, ou paz com os deuses, e trouxe de volta a piedade tradicional romana. Em segundo lugar, Augusto expandiu o fórum, a cidade e o império. Finalmente, consolidou num único império mundial tanto os romanos vencidos nas guerras civis como nações e povos conquistados nas guerras imperiais. Expandiu o governo romano pelo mundo inteiro, ao longo do *orbem terrarum* latino, e transformou Roma na capital do mundo civilizado, a *oikoumenē* grega.

Um templo à guerra no Fórum de Augusto

Construí o Templo de Marte, o Vingador, e o fórum sobre terreno particular com o produto das conquistas... Superei a todos em autoridade, embora não possuísse mais poder oficial do que os outros. *Atos do divino Augusto* (21.1; 34.3)

O moderno *boulevard* entre a Piazza Venezia de Roma e o Coliseu, a Via dei Fori Imperiali, ou "Rua dos Fóruns Imperiais" — rebatizada a partir da originalmente fascista Via dell'Impero, ou "Rua do Império" —, vai em ângulo reto sobre o antigo Fórum de Augusto (Figura 25). Essa rua de tráfego intenso e agressivo dá lugar, aos domingos, a passeios de pedestres, carruagens puxadas por cavalos, carrinhos de criança e bicicletas. Mas mesmo os mais vagarosos pedestres não conseguem captar a grandeza antiga do Fórum de Augusto nem a majestade do Templo de Marte *Ultor*, Marte, o Vingador. Na extremidade, resiste ainda uma parede de tufo calcário, cinzenta, de 115 pés de altura, construída pelos arquitetos de Augusto no sopé do monte Viminal, para proteger o fórum e o templo de moradias populares altamente inflamáveis, do outro lado. Vê-se ainda no alto desse muro sinais quase apagados do frontal do templo e os telhados dos pórticos laterais que, ao longo de três colunas coríntias de 60 pés de altura, ainda erguidas, dão a idéia de sua magnitude passada e de seu perdido esplendor.

Para avaliar a dignidade desse antigo complexo, você precisa se demorar olhando as dilapidadas ruínas infestadas de ervas daninhas, os parafusos enferrujados de ferro tentando ainda segurar antigas colunas, bem como os degraus modernos, com seus corrimões, cruzando o espaço. Você precisa pesquisar em Roma inscrições em peças de mármore e fragmentos de esculturas preservados através de séculos, como aquelas duas colunas em forma de corpos femininos e o escudo com a figura de uma divindade com barba agora nos escritórios dos Cavaleiros de São João de Jerusalém, atrás do Fórum Imperial (Figura 32). Você precisa tomar conhecimento, acima de tudo, dos trabalhos arqueológicos e das análises arquitetônicas de mais de um século destinadas a reconstruir o Fórum de Augusto e o Templo de Marte, o Vingador, que ele abriga.

Figura 25: Ruínas do Fórum de Augusto; os degraus no centro conduziam no passado ao agora destruído Templo de Marte *Ultor*.

Esses dois edifícios eram ao mesmo tempo tradicionais e inovadores no desenho e nos pormenores, porque Augusto investia no novo apelando para o passado. A planta seguia o esquema italiano convencional dos espaços cívicos, comum em Roma desde a última República, onde uma longa praça retangular — o fórum em si — conduzia ao templo mais acima, alcançado por escadarias (Figuras 26 e 27). A praça do fórum, mais abaixo, era, em certo sentido, palco dos aspectos mais importantes da vida cívica. Nesse lugar os generais vitoriosos ofereciam sacrifícios, eram comissionados os governadores provinciais, e o Senado reunia-se para considerar a guerra. Essas cerimônias eram como representações teatrais encenadas na frente do templo, que, com sua divindade, as consagrava e aprovava.

Queremos dizer com muita ênfase que os templos na antiguidade não eram museus de elite isolados das massas. Eram lugares públicos vibrantes onde sacerdotes queimavam incenso, sacrificavam animais e cozinhavam suas entranhas sobre carvões acesos; onde corais podiam cantar em procissão em alguns dias e até mesmo dançar; e onde na maior parte do tempo oficiais de tribunais se reuniam à sombra das colunas para escolher jurados e dispensar justiça. Podemos imaginar, então, além dos gritos dos animais, dos cânticos dos adoradores e dos apelos dos condenados, o murmúrio das multidões curiosas e até mesmo alguns protestos de grupos desordenados. Na obra, *O deificado Cláudio*, o historiador romano do segundo século Suetônio fala-nos dessa realidade multifacetada, com uma anedota sobre o imperador que "gostava muito de comer e beber sempre e em todos os lugares". Conta, então, que, numa ocasião em que Cláudio estava "presidindo o tribunal no Fórum de Augusto, sentiu o cheiro da refeição que estava sendo preparada para os Salii no Templo de Marte, ao lado. O imperador saiu do tribunal e foi até onde estavam os sacerdotes e se sentou com eles para comer" (33.1). No Fórum de Augusto misturavam-se os deuses e as leis, a divindade e a justiça, sob os olhares vigilantes do deus Marte, de seu templo construído pelo divino César Augusto.

Figura 26: Reconstrução do Fórum de Augusto, voltado para a direção do Templo de Marte *Ultor*.

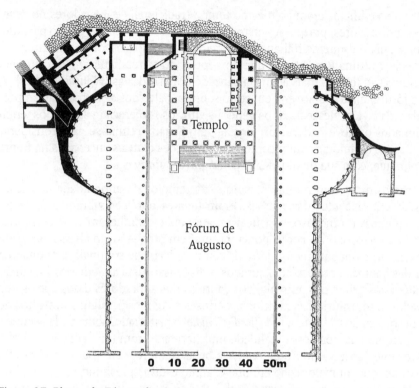

Figura 27: Planta do Fórum de Augusto.

Embora o Fórum de Augusto tivesse função cívica e planta axial semelhantes ao antigo Fórum de Júlio César, com seus ângulos retos, diferia dele ao incorporar harmoniosamente no edifício inúmeras inovações de inspiração grega, sem precedentes. O frontal do templo era mais baixo, como nos templos gregos; Augusto empregava colunas e capitéis coríntios que relembravam modelos gregos. Além disso, e mais desconcertante, os materiais usados afastavam-se muito do que se costumava usar na Itália, como pedras calcárias vulcânicas, forros com vigas de madeira, e telhados e decorações de terracota. Em vez disso, o fórum e o templo foram revestidos de mármore brilhante e colorido. E a decoração incluía abundante número de elementos esculpidos e estátuas.

Vamos considerar, em primeiro lugar, a totalidade do edifício para, depois, examinar as partes, os elementos e os pormenores. Imagine que você seja um grego aristocrata de Hierápolis em sua primeira visita a Roma na metade do primeiro século e se encontra na entrada do Fórum de Augusto. O guia, não oficial mas persistente, espera que você o escute enquanto recita de cor trechos de *Fasti* de Ovídio descrevendo o que vai ver a seguir. Os conhecimentos literários do guia não são suficientes para captar o ritmo poético, mas nem você mesmo se sente em dia com a língua latina. Mas você ouve pacientemente, aproveitando a sombra passageira:

Marte *Ultor* desce do céu para receber suas honras em seu templo no Fórum de Augusto. Tanto o deus como a obra são maciços. Marte não mereceria nenhuma outra habitação na cidade de seu filho. ["O filho é Rômulo", diz o guia como se você fosse um idiota completo.] Este templo merece os troféus conquistados dos Gigantes. Aqui Gradivus ["Era o comandante de Marte", diz o informante.] começou com eficiência guerras ferozes, quando inimigos ímpios provocaram-nos do Oriente, e quando os do Ocidente precisaram ser calados. O senhor dos exércitos viu os picos da obra altaneira, com a deusa invencível lá em cima. Viu armas de diferentes formas nas portas e os exércitos da terra derrotados por suas tropas. Aqui ele contempla Enéias carregando seu fardo de amor com diversos ancestrais julianos nobres. Ali, percebe Ilíada ["Isto é, Tróia", diz o guia, como se você nunca tivesse lido Homero.] conduzindo os exércitos do general e seus gloriosos feitos sob fileiras de homens. Ele fixa os olhos no templo bordado com o nome de Augusto e pensa que a obra é maior quando lê que é *de César*. (5.551-568)

Termina com um meneio, aceita a gorjeta, e agradecido desaparece em busca de outro freguês.

Você está diante de uma enorme praça retangular ladeada de pórticos com colunas que levam, na outra extremidade, a duas êxedras semicirculares (pequenos recintos para descanso). Entre elas, eleva-se o Templo de Marte, no alto da escadaria. Enquanto você caminha ao longo da praça, vê que os pórticos estão cheios de estátuas com inscrições em memória dos famosos líderes de Roma e alusivas aos povos conquistados, oferecendo-lhe um breve curso sobre a história romana. Bem no centro dessa praça, Augusto, de pé numa quadriga (carro de duas rodas puxado por quatro cavalos), foi proclamado *Pater Patriae*, ou "Pai da Pátria".

Você anda até a êxedra do lado esquerdo. Acha-se aí a narrativa visual de um dos dois grandes mitos das origens romanas e julianas, a história de como Enéias, filho da deusa do amor, Vênus, e do troiano Anquises, escapou daquela cidade condenada e estabeleceu uma nova raça no solo italiano. Essa história é completada na outra êxedra, do lado oposto, por outro mito dessas origens: a história de como Rômulo (esqueça o assassinado Remo), filho do deus da guerra, Marte, e de Réia Sílvia (descendente de Enéias), salvou-se amamentando-se numa loba. Mitos, lendas e história fluem mais ou menos juntos sem dificuldade sob esses pórticos e dentro das êxedras. Você agora sobe os degraus do templo e admira, lá em cima, o frontão. Da esquerda para a direita, dentro da moldura triangular aparecem Rômulo, Vênus, Marte, Fortuna e Roma. Você fica sabendo que dentro do templo alinham-se da esquerda para a direita as estátuas de Vênus, Marte e do *Divus* Júlio César. Os desenhistas, arquitetos e escultores de Augusto dizem agora a você: "Parabéns, viajante, você acaba de completar um curso sobre a teologia imperial romana".

Mesmo que o fórum e o templo tivessem, provavelmente, apenas uma escultura de Augusto, seria a sua figura de pé naquele carro puxado por quatro cavalos bem no meio da praça. Essa posição permitia que fosse o foco visual de todos os heróis e generais, dos deuses e das deusas em volta. Deixava claro que fora ele quem *restaurara* a República, *expandira* o território de Roma ao máximo, e *consolidara* o mundo inteiro num só império debaixo de seu poder. Ele era o centro desse mundo.

RESTAURAÇÃO. Augusto prometeu um templo a Marte antes da batalha de Filipos em 42, e quando finalmente o dedicou no ano 2 a.C., deu ao deus da guerra o novo título de *Ultor*, "o Vingador", o deus que lhe ajudara a vingar o assassinato de seu pai adotivo, Júlio César. Mas Augusto nunca viu Filipos como ato de vingança pessoal. Para evitar nova onde de guerras civis, descreveu essa batalha contra os opositores de seu pai como punição legal de criminosos. Ele abriu a obra *Atos do divino Augusto* com esta frase: "Com dezenove anos de idade, sob minha única responsabilidade e à minha custa, criei um exército, com o qual me tornei, com êxito, campeão da liberdade da República, estando ela oprimida pela tirania de uma facção" (1.1). E mais: "Levei ao exílio os assassinos de meu pai, vingando seu crime nos tribunais estabelecidos pela lei; e, depois, quando entraram em guerra contra a República, eu os derrotei duas vezes na batalha" (2). Seu alvo era a restauração da República.

A punição dos assassinos adquire um tom jurídico-político em *Atos do divino Augusto*. Por outro lado, o plano das esculturas do Fórum de Augusto e do Templo de Marte confere à punição caráter religioso-moral. Augusto vingou César em Filipos exemplificando a virtude sociorreligiosa da *pietas*, "piedade", particularmente a piedade filial, por meio da qual ligava-se a Enéias, que salvara seu pai do incêndio de Tróia. Essa piedade filial do herói registrava-se em cenas gravadas nas lamparinas, pedras tumulares e afrescos por toda a Itália (Figuras 28 e 29). Enéias aparece quase sempre com seu pai idoso, Anquises, sobre seu ombro e segurando a mão do filho, Júlio. Anquises carrega na mão a caixa contendo os deuses familares (os penates), como diz a *Eneida* de Virgílio, até que "ele possa construir uma cidade e trazer seus deuses para o Lácio" (1.5-6). Uma moeda gravada aproximadamente um século depois mostra esquematicamente a configuração do Templo de Marte *Ultor*: Augusto está abaixo no centro do fórum com seu carro, acima do frontão à direita Enéias carrega o pai nos ombros, e à esquerda Rômulo segura um troféu.

Essa iconografia faz de Augusto o herdeiro da história romana e até mesmo seu (re)formador. Representa a verdadeira *romanitas*. As imagens no Fórum de Augusto e o Templo de Marte são um microcosmo do programa maior de Augusto de restaurar a *pietas* e a religião romana. Há outros exemplos que, no entanto, foram dilapidados e descuidados nos tempos finais da República. Tal condição física pode ser vista como

Figura 28: Moeda de Júlio César promovendo a piedade filial; no reverso Enéias carrega seu pai, Anquises, de Tróia, e no outro lado vê-se Vênus, a progenitora de César (47-46 a.C.).

Figura 29: Pedra tumular com Enéias carregando seu pai, Anquises, e conduzindo o filho, Júlio, de Tróia.

sintoma da decadência da piedade e do ritual religioso que, por sua vez, pode ser causa da guerra civil romana e do colapso da República. Horácio, em suas *Odes*, reprova os romanos por sua apostasia: "Ó romano, os pecados de teus pais serão expiados, embora tu não tenhas culpa, até que restaures os templos desmoronados e os santuários dos deuses com suas estátuas manchadas pela fumaça suja" (3.6.1-4).

Augusto reativou a piedade tradicional, reavivou os antigos ritos romanos, e recuperou ofícios sacerdotais vacantes, com a finalidade de restaurar a *pax deorum*, ou "paz com os deuses", tomando ele mesmo a iniciativa desse reavivamento religioso. Segundo seus *Atos*, "restaurou oitenta e dois templos dos deuses na cidade... não deixando nenhum fora de seu programa nessa época" (20.4). Participou de vários colégios religiosos, elegeu-se para diversas importantes posições sacerdotais e se tornou *pontifex maximus*, "sumo sacerdote", no ano 12 a.C. As marmorarias recentemente abertas em Carrara permitiram que Augusto revestisse os templos romanos com sua produção, renovando as colunas coríntias e acrescentando grande riqueza de detalhes às esculturas.

Nessas atividades, como no Fórum de Augusto, a restauração da tradição tinha, em geral, aparência de inovação. Os generais vencedores retornavam a Roma e tradicionalmente erguiam templos como os inúmeros dedicados a vitórias republicanas que foram escavados e estão agora expostos no atual Largo Argentino em Roma. Mas, depois do ano 33 a.C., somente Augusto e a família imperial podiam construir templos em Roma. Augusto passou a cultivar e a monopolizar o relacionamento especial entre os deuses e os júlio-claudianos, naturalmente, com implicações políticas.

Além dos já mencionados oitenta e dois templos, Augusto e sua família construíram ou restauraram completamente pelo menos catorze outros, cada qual com conexões imperiais explícitas. Um deles foi consagrado ao *divus Julius* e outro ao *divus Augustus*. Dois deles foram dedicados às virtudes imperiais da *Concordia* (Harmonia) e da *Iustitia* (Justiça). Júpiter *Tonans* (Trovejador) também ganhou um templo depois que um raio por pouco não fulminou Augusto na Espanha em 26 a.C. Mais três foram programados por causa das vitórias militares de Augusto: a seu favorito Apolo em Áccio, ao deus do mar, Netuno, perto de Nicópolis e, naturalmente, ao deus Marte *Ultor* em Filipos. Ovídio, em *Fasti*, conta-nos que alguns desses templos já tinham "desmoronado... com o passar do tempo", e que

> todos os outros teriam sofrido deterioração e ruína, se não fosse o cuidado vigilante de seu chefe sagrado, que não deixava que os santuários sentissem o toque da decadência; não satisfeito de fazer favores à humanidade, prestava-os também aos deuses. Ó alma santa, que constróis e reconstróis os templos. Rogo aos poderes acima que cuidem de ti como tu cuidas deles! Que os celestiais te concedam os mesmos anos de vida que concedeste a eles e que guardem tua casa (2.58-66).

EXPANSÃO. O Templo de Marte, o Vingador, ilustra o primeiro tema da revolução augustana, ao restaurar a *pietas* e a *pax deorum* como base da República. Mas o segundo tema, intimamente relacionado com o primeiro, é simbolizado pelo que Augusto introduziu no templo, nas estátuas de seus progenitores, Marte, Vênus e o deificado Júlio César. Junto às imagens pôs os estandartes legionários que haviam sido levados pelos partos e foram recuperados quando Augusto expandiu o controle territorial romano para a Armênia no Oriente. Esses estandartes, tomados de Crasso em 53 a.C. durante uma das mais vergonhosas derrotas militares de Roma, haviam se tornado uma obsessão romana por décadas. O plano de Júlio César de retomá-los falhou por causa de seu assassinato. Marco Antônio sofreu embaraçosas perdas mais adiante. Mas, no ano 20 a.C., Augusto conseguiu — embora por canais diplomáticos mais do que pela força militar — chegar a um acordo e recuperar os estandartes. Segundo seu *Atos*, "obriguei os partos a me devolver os estandartes e os espólios de três exércitos romanos... depositei-os no interior do santuário do Templo de Marte, o Vingador" (29.2).

A restauração desses estandartes representou importante papel no programa pictórico de Augusto, posto que simbolizava a maneira como a *piedade* resultava em *vitória* e como esta levava à vasta expansão do império, crescimento que não só confirmava a estatura de Augusto como *princeps*, "cidadão líder", mas também justificava seu programa de reavivamento religioso. O tópico pode ser visto nos denários romanos em 19 a.C.: um parto ajoelhado devolve o estandarte (Figura 30). Em uma de suas *Epístolas*, o poeta Horácio descreve como o monarca parto, "Frates, humildemente ajoelhado aceitou o domínio de César" (1.12.27). É o que também se vê curiosamente representado na couraça da estátua de Augusto encontrada na vila de sua esposa Lívia, na Prima Porta (Figura 31). Essa peça mostra a restauração do estandarte, na qual o rei parto devolve a insígnia de batalha, com a figura de uma águia, ao personificado Marte *Ultor*, como um legionário romano com um lobo nos seus calcanhares.

Figura 30: Denário de prata de Augusto com um humilhado parto ajoelhado ao devolver os estandartes legionários; no outro lado *Honos*, a personificação da honra.

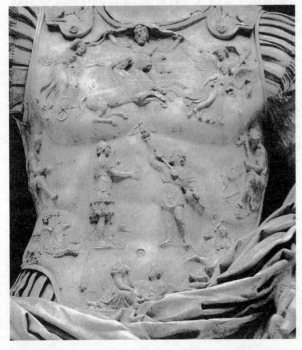

Figura 31: Detalhe da couraça esculpida na estátua de Augusto na Prima Porta, mostrando o rei parto devolvendo os estandartes a Marte *Ultor*.

Como diz Paul Zanker, em seu livro *The Power of Images in the Age of Augustus* [O poder das imagens na era de Augusto],

o evento histórico perfeitamente direto é, contudo, apenas a peça central de uma imagem que abrange o céu e a terra... a vitória sobre os partos celebra o clímax da ordem mundial perfeita... pré-requisito e conseqüência do *saeculum aureum* [idade áurea]. Esse evento histórico único transforma-se em paradigma da salvação, na qual os deuses e os céus agem como garantia, embora sem precisar intervir diretamente. (189, 192)

Em cima e embaixo podemos ver o Céu protetor e a Terra em paz. Logo abaixo do Céu, a Lua com sua tocha desaparece diante da Aurora com um vaso de orvalho, movendo-se com seu carro adiante do Sol. Acima da Terra, Apolo com seu grifo e Diana com sua corça. O tempo e o espaço giram ao redor desse evento vitorioso, cósmico e central. A história factual é teologia utópica.

Essa cena ecoa no Fórum de Augusto, onde um grupo de estátuas na êxedra oriental é dedicado ao herói do outro mito romano das origens, Rômulo, filho de Marte, alimentado pela loba. Sabemos, a partir do frontão do Templo de Marte e de figuras gravadas tanto em moedas como em outras representações de Rômulo, que seu emblema iconográfico era um troféu na ponta de um mastro. Tratava-se dos *spolia opima*, espólios ganhos por quem matava um inimigo líder no combate como, segundo a lenda, Rômulo vencera num duelo. Augusto não poderia estar mais ligado a Rômulo do que nisso, posto que ambos derrotaram adversários e levaram consigo para Roma os espólios. Mas, enquanto Rômulo levou o troféu de um inimigo, César Augusto expôs no Fórum de Augusto "armas de diferentes tipos" e "os exércitos da terra vencidos por suas tropas", para repetir a passagem já citada de Ovídio, de *Fasti* (5.561-562).

Augusto multiplicou vitórias e acrescentou novos territórios ao império, ampliando o processo de extensão começado por Rômulo. Esmagou os ilirianos, anexou o Egito ao *imperium*, subjugou os cântabros no noroeste da Espanha e os recianos nos Alpes. Avançou pelo Nórico, Panônia, Germânia e Mésia, ao mesmo tempo que colonizava a Galácia e trazia a Judéia para a sua órbita com seu rei-cliente, Herodes, o Grande. O clímax da expansão de Roma sob Augusto é representado por todos esses famosos romanos nas colunas que vão até a êxedra de Rômulo. Como dizia Suetônio, em *O deificado Augusto*, "junto aos deuses imortais honrava a memória dos líderes que elevara as propriedades do povo romano da obscuridade à grandeza" (31.5).

A expansão do Império Romano era o tema visualmente menos sutil no fórum. As estátuas dos líderes vitoriosos e dos povos conquistados eram completadas diariamente pelas muitas cerimônias militares e pelos debates da política estrangeira desenvolvidos no Fórum de Augusto. Como um todo, reforçavam o império e situavam Augusto no topo da *oikoumenē*, ou "mundo habitado". O caráter internacional ou cosmopolitano do *imperium* era também alcançado no Fórum de Augusto pelas muitas alusões ao primeiro conquistador do mundo, divinizado, Alexandre Magno. Ele vencera os persas orientais no afã de dominar o mundo. Augusto havia subjugado os partos orientais (mais ou menos) e marchava para a ainda maior dominação mundial. O fórum, portanto, sugeria a divindade de Augusto por meio de referências a Alexandre.

Segundo a lenda popular, Zeus Amon havia reconhecido a paternidade divina de Alexandre pelo oráculo egípcio no oásis de Siwa. O andar superior dos pórticos do fórum era adornado com grandes escudos com a face dessa mesma divindade em forma romana, Júpiter Amon (Figura 32). A ligação de Augusto com Alexandre realizava-se substancialmente, segundo certas fontes, pela dedicação do fórum no dia primeiro de agosto, aniversário da captura de Alexandria e da conquista de Cleópatra por Augusto no começo desse mês agora denominado "agosto". Havia ainda no fórum uma estátua colossal de Alexandre e, segundo Plínio, duas pinturas de Alexandre em tela penduradas em uma das arcadas, copiadas daquelas feitas pelo renomado artista grego Apeles. Cláudio, décadas depois, fez a conexão com Alexandre rudemente óbvia, segundo Plínio, o Velho, em *História natural*: "Achou aconselhável retirar a face de Alexandre das duas obras e substituir por retratos de Augusto" (35.94). Mas a conexão já era óbvia desde o começo — Augusto era o novo governador divino da nova ordem mundial.

CONSOLIDAÇÃO. Augusto restaurou e expandiu o império, mas o elemento de sua revolução que mais do que qualquer outro transcendeu sua própria vida foi ter consolidado num só império tanto os inimigos derrotados em casa como os povos conquistados no exterior, aspectos visíveis na arquitetura do Fórum de Augusto e no Templo de Marte.

Figura 32: Duas cariátides preservadas do Fórum de Augusto, ao lado do escudo com a figura de Júpiter Amon.

EM BUSCA DE PAULO

Tratemos primeiramente dos inimigos políticos internos. Otaviano vingou sem piedade os assassinos de seu pai, e levou Antônio e Cleópatra ao suicídio. Executou Cesárion, filho de Cleópatra com Júlio César, por ser um *divi filius* rival. Também acentuou repetidamente a virtude romana da *clementia*, "clemência", ao tratar os inimigos derrotados nas guerras civis. Não devemos confundi-la com perdão de uma só via, posto que pressupunha certa reciprocidade que obrigava os poderosos à bondade e os fracos à lealdade. Explica-se assim por que na galeria dos grandes romanos, no fórum, Augusto incluiu não apenas sua família e aliados mas também alguns dos opositores de seu pai na guerra civil. Pompéia, que havia sido no passado a maior ameaça a Júlio César, estava lá, mas honrada por suas campanhas orientais na Anatólia e Síria, que o levou ao Templo Judaico de Jerusalém na Judéia. Augusto, como *Pater Patriae*, "Pai da Pátria", procurou integrar as grandes casas romanas numa só família, especialmente ao mudar a animosidade dirigida internamente em inimizade dirigida para fora. O Templo de Marte tinha sido imaginado primeiramente para vingar o assassinato de Júlio César, mas ao tempo de sua dedicação quarenta anos depois a ênfase nos estandartes recuperados transferiu as hostilidades remanescentes das guerras civis de Roma para seus inimigos externos. Os símbolos do templo gerenciavam, continham e consolidavam a competição interna transformando-a em oposição extra-romana.

Examinemos agora os inimigos imperiais externos. O fórum sugeria que Augusto estendia a mesma *clementia* aos povos conquistados por Roma. Os estilos arquitetônicos e os materiais trazidos do mundo conquistado eram combinados com estilos e materiais romanos com a finalidade de criar uma única estrutura capaz de expressar a *oikoumenē*, o "mundo habitado". Os detalhes do novo fórum relembram a declaração de Ovídio sobre a arquitetura e a cultura augustana em sua obra *A arte de amar*: "Havia a rude simplicidade antiga, mas agora a dourada Roma processava a vasta riqueza do mundo conquistado" (3.113-114). O fórum e o templo eram basicamente romanos na concepção, função e desenho, mas incluíam elementos gregos antigos e detalhes helênicos mais recentes. Tinham sido construídos com mármore trazido de todos os cantos do império.

Vejamos alguns exemplos específicos. As colunas em forma de corpos femininos, ou cariátides (Figura 32), na parte superior dos pórticos que cercavam o fórum, baseavam-se nas tradições clássicas da Acrópole de Atenas. O lado sul do famoso Partenon de Atenas alinhava-se com as cariátides originais copiadas fielmente pelos arquitetos de Augusto. E por falar nisso, a Acrópole simbolizava a negociada reciprocidade de estilos e religiões que vimos em Delos no primeiro capítulo. De um lado, o original ateniense do quinto século a.C., vastamente admirado, foi copiado e posto no Fórum Romano de Augusto. Mas, de outro, e na mesma época, os atenienses construíram em frente ao Partenon um novo templo para a deusa Roma e o divino Augusto. Mas a consolidação das várias partes imperiais num todo integrado não é mais visível do que no uso de mármore no fórum e no templo. Essa combinação pode parecer demasiadamente extravagante para a sensibilidade moderna, mas a mensagem antiga não poderia ser mais clara. Tratava-se de mármore multicolorido procedente de um império multipovoado.

O pavimento do Templo de Marte tinha forma retangular de mármore cor de púrpura vindo da Frígia (*pavonazzetto*, trazido dos platôs turcos para o mar, distantes cerca de 300 milhas), mesclado com mármore rosa-púrpura de Teos, na Ásia Menor (*africano*, às vezes chamado de vermelho luculiano por causa do general que o trouxe pela primeira vez para Roma em 74 a.C.), e amarelo (*giallo antico*) da Numídia que hoje se chama Tunísia. A essas cores, o resto do fórum acrescentava, em formatos diferentes, mármore verde-cinza (*cipollino*) da ilha grega de Eubéia, e alabastro ocre-marrom de jazidas ao longo do Nilo. Embora os pisos e os andares inferiores do Fórum de Augusto e do Templo de Marte usassem cores vibrantes procedentes do mundo conquistado, os andares de cima e as paredes laterais eram feitas de materiais tradicionais italianos. Usavam pedra vulcânica calcária dos montes Albanos e dos arredores de Gábios; pedra calcária travertino, bastante comum na última República, de jazidas entre Roma e Tívoli; e, finalmente, o mármore comum, branco e cinza de Carrara, trazido para Roma de Luna perto de Pisa. O templo, as êxedras e os pórticos receberam telhados de terracota rústica. Nesse sentido, os materiais italianos e romanos eram o amálgama que mantinha o complexo reunido; os materiais romanos duráveis e funcionais abrigavam e protegiam as decorações ornamentais gregas. Esse conjunto de materiais altamente diversos, todos consolidados num só complexo, foram julgados por Plínio, o Velho, na sua *História natural*, como um dos mais belos do mundo (36.24.2).

Nota final de rodapé. Vitrúvio dedicou seu manual, *Da arquitetura*, a Augusto, ensinando engenheiros e arquitetos, através dos séculos, que o alvo da arquitetura pública era promover o império. Ao se dirigir a Augusto, elogia-o: "O Estado não apenas se tornou maior por vosso intermédio com as novas províncias, mas a majestade do império expressou-se por meio da eminente dignidade de seus edifícios públicos". O império alcançou sua maior extensão territorial sob Augusto e, como esperava Vitrúvio, também o clímax arquitetônico no Fórum de Augusto e no Templo de Marte. Conclui sua dedicação a Augusto afirmando: "No que diz respeito aos edifícios públicos e privados, espero que correspondam à grandeza de nossa história e sejam memoriais às futuras gerações" (1.2). Certamente, foram.

O Altar da Paz no campo de guerra

Quando voltei da Espanha e da Gália durante o consulado de Tibério Nero e de Públio Quintílio [13 a.C.] depois de ter arranjado nossos negócios com êxito nessas províncias, o Senado resolveu consagrar um altar à Paz Augustana próximo ao *Campus Martius* em honra de meu retorno, e ordenou que os magistrados, os sacerdotes e as virgens vestais realizem aí um sacrifício anual... Por meio de novas leis aprovadas sob minha proposta, trouxe comigo diversas práticas exemplares de nossos antepassados, para uso, que estavam desaparecendo em nossos dias, e, de diversas maneiras, eu mesmo as transmiti para serem imitadas na posteridade. *Atos do divino Augusto* (2.2; 8.5)

Se o Fórum de Augusto é o ponto mais alto da arquitetura romana do primeiro século, a *Ara Pacis Augustae*, ou Altar da Paz Augustana, representa o clímax de sua escultura. O altar de 20 por 24 pés media 10 pés de altura e era cercado por uma parede um pouco maior. Hoje em dia o complexo foi restaurado a partir de fragmentos e moldes, e posto a cerca de 500 jardas ao norte do Mausoléu de Augusto, removido do seu antigo eixo leste-oeste a seu presente eixo norte-sul. Os dez primeiros fragmentos de mármore de Carrara foram descobertos por acaso em 1568. Outros dezessete, em 1859. A primeira escavação científica, de 1903, identificou a localização original do altar no *Campus Martius* e coletou mais cinqüenta e três fragmentos. Mas a completa restauração do altar só foi possível depois de longo trabalho arqueológico nos anos 1937-1938. Todos os fragmentos disponíveis foram combinados e remontados. Mas até hoje o modelo de um dos painéis ainda se encontra no Museu do Louvre em Paris.

O altar original foi formalmente consagrado no final do mês de Janus, mês dedicado a esse deus porteiro. As portas de seu templo ficavam fechadas sempre que Roma estava em paz. Como Augusto recorda em *Atos*, essas portas permaneceram fechadas três vezes durante o tempo em que foi *princeps* de Roma (13). Esse novo monumento também dava ênfase à deusa Pax (paz), importante para Augusto, coisa que se comprova examinando duas séries de belos denários de prata, que ele mandou cunhar em duas séries de três tipos para pagar as tropas vitoriosas depois de Áccio no ano 31 a.C. Uma das séries retrata sua cabeça, num lado, e a figura de uma deusa, no outro (Figura 33); as outras séries invertem as figuras (Figura 34). E em todas as moedas lê-se a inscrição DIVI F, proclamando-o como *divi filius*, Filho do Divino [Júlio César].

Figura 33: Uma de duas séries de denários de prata cunhados por Otaviano sobre a batalha de Áccio; o da esquerda mostra a deusa Pax segurando um ramo de oliveira e a cornucópia; o do meio tem Vênus segurando um elmo, o cetro e o escudo de Marte; da direita mostra a vitória alada sobre um globo segurando uma grinalda.

Figura 34: A terceira moeda da série cunhada por Otaviano para a batalha de Áccio com a Vitória de um lado e o divino Otaviano nu, do outro, pisando sobre o globo.

A seqüência correta dessas três figuras de deusas é muito clara numa das séries, mas só mostramos aqui o último tipo das moedas (Figura 34). Em primeiro lugar, Augusto dirige-se a suas tropas antes da batalha num dos lados, mostrando a deusa Paz como seu alvo e propósito na outra face da moeda (guerra para paz, novamente). Em seguida, ordena o ataque tendo a deusa Vênus como auxiliadora e protetora. Finalmente, celebra a vitória com a deusa Vitória como dádiva e recompensa. Observe a maneira como ela voa na direção dele sobre a terra em forma de globo, e ele, do outro lado, subjuga-a sob seu pé direito (Figura 34). A paz, afinal, chegou, e o termo *Pax Romana* torna-se a abreviação tanto para a extensão como para a segurança do Império Romano.

O monumento restaurado situa-se numa plataforma mais alta, acessível por nove degraus de mármore que desembocam no interior, onde o altar em forma de U é alcançado por outro lance de degraus (Figura 35). Canaletas e fendas chamam a atenção embaixo da parede em volta, destinadas ao escoamento do sangue dos animais, lembrando-nos de que esse recinto dentro de tão disputado museu fora no passado movimentado santuário sacrificial. Os sacerdotes tonteavam bois, ovelhas e porcos com bastões e depois cortavam suas gargantas como oferendas à deusa Paz, escoltados a Roma por Augusto. Centenas de lavagens com ácido e inúmeras restaurações neoclássicas conseguiram erradicar todo resquício daquele sangue, bem como apagar as cores antigamente brilhantes que davam vida aos magníficos relevos esculturais. Mas, embora a palheta original se tenha perdido para sempre, a antiga mensagem gravada nas imagens sobre as paredes do lado de fora ainda hoje são claras. Essa mensagem ressoa nos textos de Virgílio, Horácio e Ovídio, resumida nos mesmos três temas que acabamos de ver no Fórum de Augusto e no Templo de Marte: *restauração*, *expansão* e *consolidação*.

Restauração

Entre 19 e 17 a.C., a revolução restauradora de Augusto alcançou, finalmente, seu *grand finale* — não que tudo tivesse sido realizado, mas, pelo menos, as coisas estavam no lugar. Esse clímax que durou três anos começou com a consagração do altar em 19, continuou com a promulgação das leis augustanas sobre (re)casamento e adultério em 18, e se consumou com os Jogos do Século em 17.

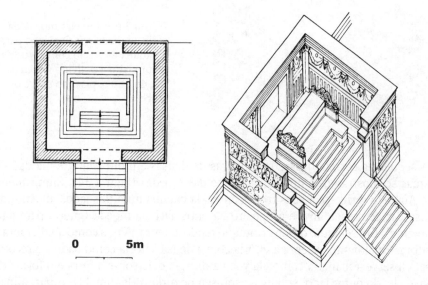

Figura 35: Planta e vista axonométrica (três dimensões) da *Ara Pacis Augustae*, o Altar da Paz Augustana.

O ALTAR DA PAZ. Sem dúvida, as partes mais visíveis e impressionantes do Altar da Paz Augustana eram as representações de procissões na parte superior externa das paredes que o abrigavam. Mostravam, em figuras de tamanho natural, procissões religiosas com cerca de quarenta a cinqüenta pessoas de cada lado e, talvez, retratem a procissão sacrificial do dia da consagração do altar. Não se trata, no entanto, de uma parada idealizada de heróis e deuses em estilo grego. O painel reveste-se de traços vivamente realistas, mostrando pessoas à vontade, sem tensão alguma como, naturalmente, resultado da Paz.

No atual lado oriental (que era originalmente ao sul), mensageiros e servos (agora, quase perdidos) precedem Augusto, com as cabeças cobertas. Ao lado do imperador vêem-se as figuras de um sacerdote conhecido como o *rex sacrorum*, as quatro flâmines, sacerdotes com chapéus ponteagudos representando o principal culto estatal de Marte, Quirino, o deificado Júlio César e Júpiter (Figura 36). Segue esse cortejo Agripa, general de Augusto e seu genro, após o casamento com Júlia, filha do imperador, no ano 21 a.C., aparentemente seu herdeiro. Tem a cabeça coberta para a cerimônia sacrificial. A procissão é encerrada com o resto da família imperial, incluindo-se as crianças. Os homens vestem togas e botas de cano alto amarradas com cordões, e as mulheres cobrem-se da cabeça aos pés com as tradicionais *stolae* (Figura 37).

Do outro lado dessa mesma parede um friso semelhante mostra em tamanho natural a procissão de senadores e aristocratas. Augusto, primeiro entre os iguais, não está desse lado. Está do outro lado, entre os sacerdotes e a família dinástica. Ele era o responsável principal pela *pax* no império. Entendia que ela se baseava na

Figura 36: Friso ao sul da *Ara Pacis Augustae*, com Augusto (com o corpo cortado em dois) guiando a procissão dos sacerdotes.

Figura 37: Friso ao sul da *Ara Pacis Augustae* continuando a procissão da família imperial.

manutenção dos deveres religiosos rituais e na restauração dos valores tradicionais da família. Eram esses os temas dominantes no espaço escultural do altar.

Augusto queria reavivar o *mos maiorum*, o "modo dos nossos ancestrais", com seus hábitos e costumes. Era uma volta aos princípios e à moral dos antigos habitantes de Roma, agora idealizados e romantizados. Mostrava-se particularmente interessado nas qualidades que transcendiam a lei e representavam a *romanitas*, representadas nas virtudes apropriadas para cada gênero, nas responsabilidades perante o casamento e a família, e na piedade tradicional a ser vivida na sociedade e na religião.

Pense agora, por um momento, em preparação, embora remota, para entender a relação de Paulo com a lei. Horácio perguntava nas *Odes*, com seu latim lapidar, *Quid leges sine moribus*, "Para que servem as leis se faltam os princípios?" (3.24.35). Em outras palavras, a moral interior deve preceder e gerar a lei externa. Augusto queria tentar o inverso e usar a legislação para produzir a moral. Paulo teria concordado com Horácio. Mas poderiam, a lei e a moral, ser forças interativas e dialéticas? Poderia, por exemplo, a lei recusada pela moral de determinada geração ser aceita pela moral da geração seguinte?

De qualquer modo, Augusto tomou a si a tarefa de estabelecer a lei e a moral na sociedade romana. Da mesma maneira como os sacerdotes se preparavam para os ritos sacrificiais romanos, Augusto aparece também, nas estátuas, com a toga e a cabeça coberta (Figura 38). Na procissão do Altar da Paz, ele assume o papel de oficial presidente. A cabeça coberta de Augusto, sua coroa de láureas e sua postura assemelham-se à de Enéias um pouco adiante no atual painel ao sudeste do altar. Enéias, com a cabeça coberta, sacrifica aos *penates*, mencionados anteriormente, que são os deuses dos lares trazidos piedosamente de Tróia e agora conservados como relíquias no seu novo templo italiano em Lavínio. Ao seu lado, naturalmente, aparece seu filho Júlio, ancestral do clã juliano.

Parece até que, visualmente, a procissão de Augusto vai marchar para o outro lado a fim de se juntar a Enéias no sacrifício. Não se vê aí, de fato, nenhum outro sacrifício em preparação. O passado e o presente, a teologia e a história, bem como a piedade e o império, desdobram-se lentamente diante de seus olhos enquanto você caminha muitas vezes ao redor desse altar. Comece em qualquer lugar a partir de qualquer coisa e sempre chegará a algum lugar e a todas as coisas.

LEIS MATRIMONIAIS. Os frisos do altar com as imagens processionais exemplificam o empenho de Augusto em favor da família e da moral. Como vimos, a procissão incluía a família imperial completa com as crianças. As expressões, gestos e posturas tanto das crianças como dos velhos apresentam um quadro realista de comportamento transgressor. Mas, apesar disso, refletem a profunda apreciação que Roma demonstrava pela posteridade. No friso agora oriental, elas se contorcem e se sacodem; uma delas se agarra na toga de seu pai (Agripa!), enquanto outra é silenciada por um ancião; uma criança se prende a dois dos dedos de sua paciente mãe, enquanto alguém da família dá gentilmente um tapinha na cabeça de outra.

Figura 38: Estátua do solene Augusto como sacerdote com a cabeça coberta.

Elas se entreolham ou pedem a atenção das mães. Mas estão lá, na frente, quase como se fossem troféus em exibição.

As mulheres casadas vestem-se com *stola*, espécie de manto sem mangas cobrindo o corpo, que se tornou a veste apropriada matronal da era de Augusto, substituindo os elegantes vestidos transparentes das gregas. Essa vestimenta caía até os pés. Os ombros também eram cobertos para proteger as mulheres "de atenções indesejáveis", como mais tarde lamentava o poeta erótico Ovídio. Cantava na sua *A arte de amar*: "Fora, *stola*, caindo aos pés. Eu canto o amor livre, a gatunagem legal" (1.31-34). Esse tipo de poesia e de atitude, talvez até mesmo essa indiscrição, provocaram o exílio de Ovídio em lugares os mais distantes do império de Augusto, no ano 8 a.C. A poesia erótica de Ovídio entrava em conflito com o programa visual do altar. Augusto usou sua plena autoridade moral e legal, apoiado pela virtude romana, para promulgar dois textos legais: a Lei Juliana sobre o Matrimônio, e a Lei Juliana sobre o Adultério.

As duas leis aproveitaram muito do que já era consenso no domínio da vida privada sob a jurisdição do *paterfamilias*, a cabeça masculina do lar, e foram submetidas à lei pública ou civil, sob o *Pater Patriae*, o "Pai da Pátria". Entre as provisões dessas leis, por exemplo, estipulava-se que os aristocratas solteiros não tinham direito de

EM BUSCA DE PAULO

deixar seus bens a herdeiros. Os homens com idade entre os vinte e seis anos e os sessenta tinham de casar-se ou casar-se novamente, se fosse o caso. As mulheres divorciadas ou viúvas entre vinte e cinqüenta anos tinham o prazo de seis meses para encontrar novos maridos. Havia incentivos para os que se casassem cedo e recompensas para os que tinham muitos filhos dentro do matrimônio, tais como isenção de impostos, facilidade para subir na carreira política e até mesmo melhores lugares nos teatros. O adultério era considerado crime pelo Estado. A família tornava-se legítima preocupação do Estado, posto que o sucesso do império e a presença da *pax* dependiam da aderência do povo à moral pessoal e à decência sexual.

Entretanto, essas leis morais acabaram sendo o maior dos desastres políticos de Augusto. Eram combatidas ferozmente, ignoradas e até mesmo anuladas ou modificadas em juízo. Certamente, a única filha de Augusto, Júlia, transformara-se em embaraçosa propaganda para a campanha moralizante do imperador. Augusto baniu-a de Roma no ano 2 a.C., por causa de seus muitos alegados casos. Tito Lívio, contemporâneo de Augusto, afirma com perspicácia, no prefácio de sua *História de Roma*, que "no tempo presente não podemos agüentar nem nossos vícios nem sua cura" (9).

Augusto instava constantemente as duas ordens da nobreza romana a restaurar os valores da família. Na obra *Vida dos Césares*, Suetônio, na parte dedicada ao "deificado Augusto", recorda que o imperador "até mesmo lia inteiros volumes para o Senado e chamava a atenção do povo por meio de proclamações; por exemplo, os discursos de Quintus Metellus, "Do aumento da família" (89.2). Díon Cássio, em *História romana*, conta como Augusto "reunia num recanto do fórum os homens solteiros [dentre os eqüestres], e noutro lugar, os casados, incluindo os que tinham filhos. E, percebendo que estes eram em número menor do que os outros, enchia-se de pesar". Esses poucos casados e férteis são louvados em primeiro lugar porque "somos poucos, como se sabe, mas ao casar e ter filhos, sobrepujamos a humanidade toda por causa não apenas de nossa masculinidade mas também do tamanho de nossa população" (56.2.2). Os solteiros, em número maior, são acusados de

> cometer assassinatos por não procriar em primeiro lugar seus descendentes; por cometer sacrilégio deixando de lado o nome e a honra de seus ancestrais; e tornam-se culpados de impiedade ao abolir suas famílias... Além disso, vocês estão destruindo o Estado ao desobedecerem às suas leis, e traindo a pátria tornando-a estéril e sem filhos... O que vocês querem é a plena liberdade para levar uma vida indisciplinada e promíscua... Pois são os seres humanos os que constituem a cidade, nos disseram, e não casas ou pórticos nem mercados sem homens. (56.5.1-3)

Tenhamos em mente esses discursos quando, mais adiante, tratarmos do Paulo histórico. Ele também seria contrário à promiscuidade, discordaria a respeito do celibato mas sua tradição não se alinharia à *romanitas* idealizada. Que dizer, então?

Essas leis e decretos, poemas e discursos, arte e arquitetura a serviço da restauração augustana da virtude matrimonial não convenciam ninguém de que os romanos, de fato, obedeciam a esses padrões augustanos, como veremos com pormenores até mesmo embaraçosos no capítulo 5. Mas não duvidamos da sinceridade de seus esforços, e levamos a sério seu papel na teologia romana relacionada com o império e a paz. Augusto pedia que as classes governantes de Roma pautassem-se pelos mais altos padrões da moral — sexual, matrimonial, social e religiosa — para que a deusa Roma pudesse continuar a expandir seu império e, assim, continuar a gozar a presença da deusa Pax. A crença no fundamento moral da *Pax Romana* manteve-se na dinastia júlio-claudiana até os dias de Paulo. O último imperador dessa dinastia, Nero, sob cujo poder Paulo teria provavelmente sido executado, cunhou nas moedas o Altar da Paz Augustana durante os anos 64 a 66 simbolizando a paz imperial (Figura 39).

Figura 39: Moeda de Nero com seu busto de um lado e o Altar da Paz Augustana, do outro, e a inscrição ARA PACIS (64-66 d.C.).

OS JOGOS DO SÉCULO. Na *Eneida* de Virgílio, o falecido Anquises, esposo de Vênus, pai de Enéias e avô de Júlio, profetiza o futuro de seu filho em visita ao Hades:

> Neste lado, volta agora teus dois olhos; contempla este povo, teus romanos. Ali está César e toda a semente de Júlio, destinada a passar debaixo do poderoso arco do céu. Este aqui, este é ele, que tantas vezes ouviste prometido a ti, Augusto César, filho de um deus, que haverá de estabelecer novamente a Idade Áurea [*aurea saecula*] entre os campos onde reinava Saturno. (6.788-794)

No final do triênio (19-17 a.C.) Augusto tinha conseguido conduzir Roma para o futuro retornando-a à Idade Áurea. Havia restaurado o *mos maiorum* e entrado nessa época dourada, ocasião em que celebrou com extraordinário espetáculo o seu reino, com os Jogos Saeculum, no *Campus Martius* no ano 17. Essa grande celebração durou três dias e três noites com ritos religiosos e jogos teatrais, seguida por mais uma semana de entretenimento. Essas festas marcavam a passagem de uma era, ou *saeculum*, para outra. Os jogos costumavam ser chamados de "Jogos Seculares". É difícil imaginar expressão menos apropriada aos nossos ouvidos. Preferimos chamá-los de Jogos do Século posto que não era um festival apenas religioso-político para celebrar o novo *saeculum*, mas o retorno do *Saeculum* áureo, a Idade do Ouro sendo mais uma vez recuperada.

Augusto encarregou Horácio de compor um hino para o festival que anunciava a chegada da nova era. Deveria ser cantado por vinte e sete rapazes e vinte e sete moças para exemplificar o resultado visível da celebração da fertilidade do casamento:

Cultiva a tua juventude, ó deusa [da fertilidade], e abençoa os editos do Pai sobre a lei da união conjugal do matrimônio, destinada, rogamos, à procriação de filhos... E que o glorioso descendente [Augusto] de Anquises e Vênus, com o sacrifício de novilhos, implore a vós [deuses] a dádiva do triunfo sobre os inimigos e a generosidade aos vencidos... Agora a Fé, a Honra, a antiga Majestade e a negligenciada Virtude animam-se a voltar, e já se vê a abençoada Abundância com sua cornucópia. (17-20, 49-52, 57-60)

Essas linhas específicas, o resto do hino, as inscrições de Augusto e a literatura em geral não consideravam a inauguração da nova era data inevitável no calendário. O advento dessa era dourada tinha de ser buscado e mantido por meio de esforço moral e militar. Os futuros "ciclos sempre novos e as eras cada vez melhores" (66-67) tinham de ser garantidos pelo exercício da vigilância e não pela indolência. A nova Idade Áurea era um processo permanente que exigia a ativa participação romana. O antigo *mos maiorum* era a base da plenitude pacífica, e sua pedra fundamental, a obrigação do casamento e a responsabilidade da família. Observe cuidadosamente a seqüência de eventos entre 19 e 17 a.C. Augusto não celebrou os jogos do século antes de ter promulgado as leis julianas que favoreciam o casamento e a fertilidade, e proibido o adultério e a promiscuidade. E Horácio percebe que esses decretos matrimoniais representam a primeira coisa necessária para que, ao redor do mundo, o "Sol vivificante" não veja "nenhuma outra cidade maior do que Roma" (9-12). Na verdade, nenhuma maior, mas sempre dependendo de vigilância militar e marital.

Expansão

Augusto escreveu em seus *Atos* que "as vitórias asseguravam a paz" (13). Bem-aventurados os que fazem a guerra para obter a paz. A *pax* romana não era mera qualidade estática ou simplesmente a ausência de guerra, mas busca dinâmica exigindo vigilância constante e desejo permanente de batalhar contra o inimigo. *Pax* não era algo que existia por si, mas algo que se devia construir. E aqui, novamente, levantamos nossa pergunta anterior. Quando, na tradição judaica, Paulo menciona *shalom*, ou paz, qual era precisamente a diferença entre a divina graça da paz augustana e a divina graça da paz paulina?

A conexão entre guerra e paz é clara nas esculturas do Altar da Paz e em seu contexto. Ao leste e ao oeste dele, os longos frisos são constituídos de dois painéis horizontais. Já apreciamos as representações das procissões sacrificiais nos painéis superiores. Mas podemos *ver também* no andar de baixo painéis igualmente importantes e marcantes com decorações florais e vegetais. Os dois andares celebram a paz, o superior que já examinamos, ao acentuar os fundamentos da paz na moral e na virtude, e este, agora, indicando os efeitos da paz na prosperidade e na fertilidade.

A ligação mais explícita entre a guerra e a paz situa-se do lado de fora da parede em volta do altar, num díptico mostrando duas mulheres sentadas, uma à esquerda e outra à direita. A da direita é a deusa Roma, que já vimos antes na ilha de Delos. Aqui ela está sentada sobre uma pilha de armas conquistadas e segura, na mais plausível reconstrução, a espada numa das mãos e o cetro na outra. À sua direita, faz-lhe companhia *Virtus* (Virtude), personificação de bravura e sucesso na batalha, e, à sua esquerda, *Honos* (Honra), personificação da recompensa e do reconhecimento posterior.

No outro lado, a figura pode ser identificada com Ceres, a deusa da agricultura; ou Vênus, a mãe da casa juliana; ou *Tellus*, a Terra Mãe; ou ainda a personificação da Itália ou do Império Romano. Mas, mais provavelmente, trata-se da própria Pax, para a qual os artistas haviam criado uma nova iconografia incorporando elementos de todas as outras deusas, cercando-a com o Céu e o Mar e movimentando o esvoaçante véu de um lado para o outro. Carrega no colo duas crianças e frutos, e a seus pés deitam-se um touro e uma ovelha, ao mesmo tempo que corre água borbulhante de uma ânfora caída. A cena capta a abundância idílica trazida pela paz (Figura 40). A Paz é representada por meio de fertilidade e prosperidade, mas somente enquanto Roma vigia do alto os exércitos conquistados.

A guerra e a paz ligavam-se intrínseca e intimamente nas esculturas do altar, no programa artístico de Augusto e na mente romana. Tudo isso é sublinhado pela posição do altar no *Campus Martius*, o "Campo de Marte". Essa área pantanosa e invadida pelas águas no passado transformou-se por causa das construções e das expansões do reino de Augusto. Antes de seu tempo, a planície continha diversos monumentos militares como o altar de Marte, diversos templos de vitória, celebrando os triunfos romanos, e tumbas de famosos generais caídos em batalha.

Figura 40: Quadro idílico da deusa Pax no Altar da Paz Augustana; observe os símbolos da fertilidade abundante, da fecundidade e da água corrente.

Sob Augusto construiu-se um gigantesco *horologium*, ou relógio de sol, no qual um obelisco de quase 100 pés de altura projetava sua sombra sobre a grande praça pavimentada de travertino com marcas das horas do dia, dos meses e das estações (Figura 41). No começo do século dezesseis, um barbeiro descobriu parte do obelisco enquanto escavava a terra para fazer uma latrina. Não foi difícil descobrir o resto. Esta inscrição ainda pode ser lida no obelisco restaurado e reerguido na Piazza di Montecitorio:

IMP. CAESAR. DIVI. F.	(*Imperator* César, Filho do Divino[Júlio])
AUGUSTUS	(Augusto)
PONTIFEX MAXIMUS	(Sumo Sacerdote)
IMP. XII COS XI TRIB. POT XIV	(Em 10 a.C.)
AEGUPTO IN POTESTATEM	(Egito sob o poder)
POPULI ROMANI REDACTA	(do povo romano tendo sido trazido)
SOLI DONUM DEDIT	(deu este presente ao Sol)

O obelisco tinha na ponta um globo de bronze, projetando a sombra sobre o pavimento para marcar o calendário religioso e cívico. Ele até podia indicar o dia 23 de setembro, equinócio do outono e aniversário de Augusto, diretamente na direção do Altar da Paz, que se situava originalmente a seu lado. O calendário e o globo apontavam Augusto como senhor do tempo e do mundo.

Nota de rodapé. Na tradução acima mantivemos o título *imperator* que em nossa língua se traduz por "imperador". Mas, quando os *Atos* de Augusto proclamam "eu fui saudado vinte e uma vezes como *imperator* (4.1), damo-nos conta de que essa palavra tem aí outro sentido. O general vitorioso era aclamado pelos soldados como *imperator*, significando vencedor, vitorioso e conquistador. Imagine as legiões vitoriosas clamando *im-pe-ra-tor* acompanhadas pelo brandir de suas espadas e escudos. A palavra passa a significar "conquistador do mundo", coisa que nosso termo "imperador" não conota. Novamente aqui, a vitória vem em primeiro lugar. O resto é secundário.

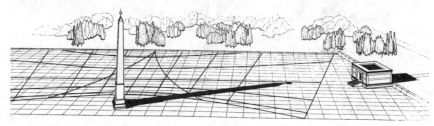

Figura 41: Reconstrução do relógio de sol, ou *horologium*; a sombra do obelisco indicava o Altar da Paz Augustana no dia do aniversário de Augusto.

Essas vinte e uma aclamações deixam claro que a paz augustana era alcançada não só por meio de coerção e violência, mas por aclamação e aceitação. Não incluía apenas os cidadãos da aristocracia romana que mais se beneficiavam da *Pax Romana*, cuja atitude foi resumida nas *Odes* de Horácio: "Não temerei a luta civil nem a morte por violência enquanto César segurar a terra" (3.14.14-16). Era também compartilhada pelo mundo mediterrâneo, como bem o ilustra esta passagem de Suetônio em *O deificado Augusto*. Enquanto Augusto navegava certa vez pelo golfo em Putéolos, perto de Nápoles, a tripulação de um barco vindo de Alexandria e passageiros vestidos de branco queimando incenso, "desejaram a ele felicidade e lhe prestaram os mais altos louvores, dizendo que era por causa dele que viviam, que viajavam pelo mar e que gozavam de sua liberdade e de sua boa sorte" (98.2).

Consolidação

A *Ara Pacis Augustae* e seu contexto no *Campus Martius* comemoram a maneira como as artes bélicas romanas expandiram os planos de Augusto para a consolidação da paz no mundo. Mas o monumento com todas as suas partes também mostra como essa mesma paz trouxe o mundo inteiro para Roma, amalgamando tudo num só império. A seguir, alguns exemplos do complexo em volta do altar, de sua forma e da decoração.

O altar situava-se perto do *horologium*, combinando elementos do Egito e da Grécia. O obelisco que funciona como ponteiro do relógio foi trazido do Egito por Augusto do Templo de Heliópolis e fora erguido no vigésimo aniversário de sua conquista desse país. Em 1979-1980, arqueólogos alemães encontraram fragmentos de uma inscrição ligando o zodíaco às estações. O escrito estava em grego, língua da antiga ciência, e indica quando "começa o verão" e quando "os etésios [ventos do norte] cessam" (Figura 42).

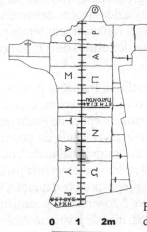

Figura 42: Fragmento do pavimento do gigantesco relógio de sol de Augusto; a linha do meridiano indicava os tempos e as estações.

103

O estilo e o artesanato do altar misturam tradições helênicas e italianas com técnicas gregas e romanas. O altar sobre degraus em forma de U parece-se mais com o estilo mais antigo helênico do que com o de tipo retangular, romano. Mostra até certa afinidade com o grande altar de Zeus em Pérgamo na Ásia Menor (agora em Berlim), mas paralelos estilísticos e geográficos mais próximos são os altares do santuário latino em Lavínio, do sexto século a.c., a cerca de 20 milhas ao sul de Roma. A importância de Lavínio começou a ser notada no tempo de Augusto por ter sido fundada por seu antecessor romano Enéias e seus lendários refugiados troianos. Arqueólogos descobriram perto de altares de santuários um túmulo do sétimo século a.c. reconstruído em forma de tumba monumental no quarto século a.C., *heroon* ou sepulcro de um herói. Essa sepultura foi identificada — no mito antigo e até mesmo na história — como o lugar de repouso de Enéias. A história dele e desse local em Lavínio justificavam aos romanos que vieram depois a aceitação (na verdade, seletiva) de feições culturais gregas em solo romano e a incorporação de características helenistas no que se tornou, eventualmente, o ideal da *romanitas* sob Augusto e os imperadores posteriores júlio-claudianos.

Quanto à decoração, a análise minuciosa de David Castriota feita nos frisos inferiores com motivos florais, em seu livro sobre o Altar da Paz, compara as figuras com ornamentos esculturais da Ásia Menor ocidental, das ilhas do Egeu, e do Egito ptolemaico. Demonstra como os artistas de Augusto não copiaram sem originalidade precedentes singulares, mas usurparam "séculos de esforço grego para formular o imaginário da abundância pacífica e divinamente sancionada", subsumindo esses elementos na ideologia augustana da *pax* (56).

Diane Conlin, no livro *The Artists of the Ara Pacis* [Os artistas da *Ara Pacis*], examina cuidadosamente o mecanismo dos escultores do altar, "as marcas técnicas deixadas por cinzéis, brocas e outros instrumentos" e mostra que os escultores eram na verdade pedreiros treinados localmente, acostumados a trabalhar com os métodos italianos tradicionais no manejo do tufo calcário e da pedra travertina. Teriam adotado e experimentado técnicas e inovações gregas desenvolvidas para o mármore. Seu trabalho, para talhar o mármore vindo das jazidas recém-descobertas em Carrara no norte da Itália, sintetizava diversas técnicas. Tratavam seus temas por meio da "combinação eclética da figuração, da tapeçaria e dos estilos de composição da Itália, da Grécia e do Egito" (106).

O Altar da Paz Augustana, então, fixava diversos estilos e tradições num todo harmônico, revitalizando-os nesse processo e criando o verdadeiro clímax da arte imperial romana. Era um microcosmo do Império Romano na época de Paulo que, começado com Augusto, se consolidava juntando grande diversidade de povos e tradições num todo homogêneo, formando a *oikoumenē*, ou "mundo habitado", num império global — isto é, em um só tipo e método, uma só visão e programa para a unificação do mundo. Havia também, no entanto, outra proposta de restauração, de expansão e de consolidação da terra, no primeiro século. Não vinha do paganismo mas do judaísmo, não de Augusto e dos júlio-claudianos, mas de Jesus, de Paulo e dos primeiros cristãos.

A concepção do apóstolo Paulo

Partimos agora dos dois procedimentos de investigação arqueológica que examinamos realizados em solo romano para outros dois, agora no campo da exegese de textos paulinos. Essas investigações vão se concentrar em dois temas: escravidão e patriarcado. O primeiro, sobre a desigualdade baseada em classe; o segundo, a partir do gênero. Que atitude Paulo assume diante desses dois exemplos de injustiça e violência? As possíveis divergentes respostas a essa pergunta determinam se Paulo foi um apóstolo absolutamente atraente ou totalmente desprezível.

Nosso argumento parte do problema mais geral acerca da concepção (nos dois sentidos) do apóstolo Paulo. No primeiro capítulo vimos que, na presente seqüência dos livros do Novo Testamento, encontramos primeiramente o Paulo de Lucas, retratado em Atos dos Apóstolos e, depois, o Paulo histórico de suas próprias cartas. Em outras palavras, as tintas usadas por Lucas para pintar Paulo às vezes parecem melhores e outras vezes, piores. Mas estamos apenas na primeira metade desse processo de concepção, começado no capítulo 1 que é, de fato, o mais ameno. O tema deste capítulo é o exame da segunda metade desse mesmo processo.

O Novo Testamento começa com os quatro evangelhos e continua com catorze outros livros abaixo discriminados (observe a numeração da seqüência exata).

(1) Atos dos Apóstolos	(2) Romanos	(6) Efésios
	(3) 1 Coríntios	(8) Colossenses
	(4) 2 Coríntios	(10) 2 Tessalonicenses
	(5) Gálatas	(11) 1 Timóteo
	(7) Filipenses	(12) 2 Timóteo
	(9) 1 Tessalonicenses	(13) Tito
	(14) Filemon	

Nossa tese é que as colunas não paulinas da esquerda e da direita "determinam" a coluna paulina do meio.

Em primeiro lugar, como vimos no capítulo 1, é preciso decidir com muito cuidado até que ponto as informações lucanas podem ser ou não usadas para compreender o pensamento de Paulo. Não se pode agir movidos apenas pelo que gostamos ou deixamos de gostar, mas buscando perceber onde Lucas discorda de Paulo (deixe isso de lado), se acrescenta sua própria teologia à de Paulo (ponha isso entre parênteses), ou se faz Paulo pensar a sua própria teologia (guarde isso). Examinaremos muitos outros casos ao longo deste livro.

EM BUSCA DE PAULO

Em segundo lugar, os estudiosos em geral concordam que, embora certas cartas imputadas ao apóstolo sejam autenticamente paulinas, outras seriam pós-paulinas e até mesmo pseudopaulinas, isto é, não teriam sido escritas por ele mas atribuídas a ele por escritores posteriores. O termo técnico para esse tipo de atribuição fictícia a determinado autor histórico é *pseudoepigrafia*, mas não significa o mesmo que *falsificação* (a distinção faz-se a partir da intenção autoral). As sete cartas aceitas como autênticas aparecem na coluna do meio, e as seis disputadas e consideradas inautênticas, na da direita.

Existe consenso entre os especialistas sobre a autenticidade das sete cartas da coluna do meio. As cartas da outra coluna diferem muito das autênticas em estilo, tom, vocabulário e conteúdo. Somadas as diferenças, são tantas que não poderiam ser justificadas por mudança de secretários, métodos de ditar ou porque o autor ficara velho, cansado, conservador ou medroso. Neste livro aceitamos o consenso geral dos estudiosos de que estas seis cartas são inautênticas e pós-paulinas: 1 e 2 Timóteo e Tito (consenso muito forte), Efésios (consenso forte), Colossenses (consenso menor), e 2 Tessalonicenses (consenso fraco).

O problema não se resume ao escrito pseudoepigráfico, processo aceitável na antiga tradição judaica pelo qual textos eram conferidos a veneráveis figuras do passado. Novas revelações, oráculos, testamentos e livros eram atribuídos, por exemplo, a Adão, Sem, Enoque, Abraão, os doze patriarcas, Moisés, Elias, Ezequiel, Sofonias, Esdras, Baruque e Jó, para mencionar apenas algumas invenções criativas. O problema é se essa história pseudopaulina com sua teologia mantém-se na linha do pensamento de Paulo ou se é, como tentaremos mostrar, a tentativa de tornar inofensivo um subversivo social, domesticar um apóstolo dissidente e fazer o cristianismo palatável para Roma e vice-versa. Em outras palavras, perguntamos se essas cartas inautênticas ou pseudopaulinas ou mesmo parapaulinas não seriam na verdade, deliberadamente, antipaulinas? Perguntamos, então, quem era Paulo? Somente depois de sabermos a resposta *a partir de suas cartas indubitavelmente autênticas* estaremos aptos a dizer se ele é confiável ou não, agradável ou desagradável e, especialmente, qual é a precisa diferença entre a teologia imperial romana e a sua teologia cristã.

Nosso argumento básico é que o conteúdo e a seqüência do Novo Testamento literal e figuradamente *conceberam* Paulo ao situar as sete cartas autênticas logo depois de Atos dos Apóstolos, com a finalidade de corrigir a história de Paulo *antes mesmo* de lê-la, e entre ou antes das cartas inautênticas encarregadas de corrigir sua teologia *depois* de as ter lido. Vamos nos concentrar nas sete cartas autênticas, e não nas outras, para fazer esta pergunta: qual era a posição do Paulo *histórico* a respeito da escravidão e do patriarcado?

Paulo e a escravidão

O argumento desta seção sobre a escravidão confronta a *posição* paulina do Paulo autêntico ou histórico com a *tradição inautêntica* ou pós-paulina do Paulo canônico. O

106

PAULO, ATRAENTE OU DESPREZÍVEL?

texto principal de nosso estudo é a carta a respeito de um único e específico escravo e seu foco na alforria, que era o processo formal da libertação dos escravos segundo a lei e o costume romanos.

"Meu filho Onésimo, meu próprio coração"

Apenas uma das cartas autênticas de Paulo foi enviada a um indivíduo e não a uma assembléia. A Carta a Filemon relaciona-se com o nosso tema. Diz respeito ao escravo de Filemon, Onésimo, que fugiu pedindo acolhida a Paulo, e contém seu conselho a Filemon relativamente ao que deveria fazer nessa situação. Não se trata, portanto, de um tratado teórico sobre a escravidão em geral, mas de resposta prática no tocante a um escravo particular. O próprio Paulo acha-se preso, mas, mesmo assim, consegue escrever a seu convertido Filemon sobre Onésimo. Aqui e depois, mostra-se absolutamente importante o princípio cristão pressuposto por Paulo que o leva a pedir e até mesmo exigir a liberdade do escravo.

ONÉSIMO. Qual era exatamente o *status* de Onésimo? Seria mero *fugitivo* buscando liberdade ou um *suplicante* pedindo asilo? Se fosse escravo fugitivo sem intenção de voltar, seria terrivelmente castigado quando encontrado — chicotadas ou marcas de fogo, trabalhos forçados em minas ou nos porões de navios, a arena ou a cruz. Se tivesse sido fugitivo, seria um suicídio viajar para perto das autoridades oficiais romanas, e pior ainda procurar um prisioneiro romano como Paulo. Esse ato poria em perigo tanto ele como o apóstolo. É mais provável que fosse um suplicante procurando asilo temporário. Havia duas opções aceitáveis nessa história, e em ambos os casos a *intenção* do escravo era decisiva sob a lei romana.

A primeira opção seria *fugir para o templo de algum deus*. Sêneca, o Jovem, escrevendo *Da misericórdia*, na metade dos anos 50 d.C., ao novo imperador Nero, na mesma época em que Paulo escrevia a Filemon, observava que "os escravos tinham o direito de se refugiar sob a estátua de um deus". Poderiam buscar um período temporário de alívio longe de seu irascível proprietário ou a troca de dono por outro menos injusto. É nesse contexto que Sêneca menciona o conhecido Vedius Pollio, "que engordava suas lampreias com sangue humano e condenava os que o ofendiam para que fossem jogados no seu tanque de peixes — ou quem sabe na sua cova de serpentes?" (1.18.2).

Outra opção seria *fugir para um amigo do proprietário*. O exemplo clássico é a história sobre Augusto e seu amigo, esse recém-mencionado Vedius Pollio. Trata-se de um caso extremo de misericórdia contra crueldade, de autoridade moral contra poder físico, poder e direito contra poder e erro. Quem a contou foi o mesmo Sêneca, o Jovem, no final dos anos 40, repetida mais tarde pelo historiador Díon Cássio, no começo dos anos 200. Aqui está o incidente contado por Sêneca em *Da ira*, ensaio dedicado a seu irmão mais velho, Novatus, mais conhecido como o Galião de Atos 18,12-17, quando Lucas afirma que Paulo fora julgado diante dele. Mais tarde, naturalmente, Sêneca, Galião e Paulo morreriam sob as ordens de Nero. A história relaciona-se com o que teria feito "Augusto quando jantou com Vedius Pollio".

> Um dos servos havia quebrado uma taça de cristal. Vedius ordenou que ele fosse aprisionado e executado de maneira incomum — deveria ser jogado para ser devorado por uma gigantesca lampreia que vivia num tanque (não para a auto-indulgência de seu proprietário, como se poderia pensar, mas para saciar sua selvageria). O rapaz lutou para se livrar e correu aos pés de César, suplicando-lhe que lhe desse outro tipo de morte. Não queria ser comido vivo. Chocado em face da crueldade sem precedentes, César mandou que o libertassem e ordenou que todas as taças de cristal fossem quebradas na sua frente e jogadas dentro do tanque. César achava correto reprovar o amigo desse jeito. E fez bom uso de seu poder. (3.40.2-4)

Observe, como Sêneca, que o escravo fugiu para cima, isto é, para alguém que era amigo de seu proprietário e que podia agir "a partir de sua posição de superioridade".

Foi mais ou menos isso que fez Onésimo ao fugir, também "para cima", para o homem que convertera seu senhor a Cristo. Havia, de um modo ou de outro, irado profundamente seu dono, e, temendo severa punição, fugiu, como permitia a lei romana, para o amigo de seu senhor (*amicus domini*) pedindo ajuda. Segundo o jurista Próclo, do início do primeiro século d.C., citado em Peter Lampe, não é fugitivo "o escravo que, temendo o castigo físico de seu senhor, procura um amigo (*ad amicum*) a quem suplica que interceda em seu favor" (1985: 135).

FILEMON. O pobre proprietário do escravo não tem chances. Paulo emprega toda a sua capacidade retórica para persuadi-lo sobre o futuro de Onésimo. Como poderia recusar os apelos de Paulo? Eis alguns exemplos. Paulo acentua sua condição de prisioneiro agrilhoado ao evangelho por Jesus Cristo. É também "velho" (9). Poderia, diz a Filemon, "te ordenar o que convém", mas prefere "pedir por amor" (8-9). Pede não por si mesmo mas por "meu filho Onésimo"... "meu próprio coração", convertido a Cristo por Paulo na prisão (10.12). Avisa que logo irá visitar Filemon: "Prepara-me também um alojamento" (22). Sugere que a fuga de Onésimo bem poderia ter acontecido "a fim de que o recuperasses para sempre, não mais como escravo, mas, bem melhor do que como escravo, como um irmão amado, muitíssimo para mim e tanto mais para ti, *segundo a carne e segundo o Senhor*" (15-16, itálicos nossos). Oferece-se para indenizar Filemon por qualquer prejuízo causado por Onésimo (19a). E diz, francamente: "Para não dizer que tu és também devedor de ti mesmo a mim!" (19b). Finalmente, tudo isso é conduzido publicamente, não em caráter privado. No começo da carta, Paulo escreve não apenas a Filemon, "nosso muito amado colaborador, à nossa irmã Ápia, ao nosso companheiro de armas Arquipo, e à Igreja que se reúne na tua casa" (1-2). No final, envia saudações não apenas de sua parte, mas de "Epafras, meu companheiro de prisão em Cristo Jesus, de Marcos, Aristarco, Demos e Lucas meus colaboradores" (23-24). Todos, sugere Paulo, estão vendo o que tu fazes, Filemon.

Paulo nessa carta nada diz sobre a obediência devida por Onésimo, como escravo, a Filemon, seu senhor, mas fornece inúmeras indicações sobre a obediência que Onésimo lhe deve como um convertido por ele. Delicada e cuidadosamente, mas insistente e implacavelmente, ressalta esse ponto. Filemon deveria libertar Onésimo voluntariamente (14). Eles já são irmãos no Senhor. Teriam de ser irmãos também na carne. Não existe outra maneira de entender esta expressão: "Segundo a carne e segundo o Senhor". Paulo tenta de todas as maneiras possíveis, beirando a manipulação, conseguir a liberdade de Onésimo levando Filemon a essa atitude por sua própria vontade. Chegamos a duas importantes conclusões a respeito da teologia paulina, visíveis nessa comunicação curta, indireta e oblíqua.

Percebemos em primeiro lugar um vislumbre de algo absolutamente fundamental para Paulo. Não é suficiente o que se faz por exigência externa ou mandamento legal, nunca será bastante nem jamais o seria. Os decretos que se impõem sobre a consciência vêm de fora para dentro e nunca ao contrário, mesmo se cumpridos em vez de resistidos. Seu cumprimento é sempre relutante, inadequado e retardado, mesmo se acatado. Se Paulo ordenasse e Filemon obedecesse, esse relacionamento não o transformaria definitivamente para o futuro. Mas se, ao contrário, Filemon internalizasse a atitude de Paulo em face desta contradição, "proprietário cristão de um escravo cristão", ele saberia como administrar não só a presente situação, mas todas as que viriam depois. E o faria com tanta liberdade de tal modo que, segundo Paulo, "a boa ação não fosse como que forçada, mas espontânea" (14). Permanece ainda sobre esse tema uma questão para o futuro. Será que Paulo considerava necessariamente recíprocas, dialéticas e interativas as ações internas e externas, a lei e a aliança, bem como a exigência e os relacionamentos? Em caso contrário, deveria ter pensado dessa maneira?

Em segundo lugar, é evidente que Filemon devia libertar Onésimo porque Paulo assim o desejava. Mas por que Paulo decidira desse modo? Ele poderia ter pedido que Onésimo ficasse a seu serviço permanentemente. Poderia ter exigido perdão em lugar de liberdade, ou exoneração em vez de alforria. Poderia ter dito: "Filemon, trata teu escravo com justiça e bondade, deixa de ameaçá-lo, pois tu também tens um Senhor nos céus e diante dele não existe parcialidade" (cf. Cl 4,1 e Fl 6,9). Por que intercede por sua liberdade? Paulo não aceita a oposição entre um senhor *cristão* e um escravo igualmente *cristão* por lhe parecer impossível e intolerável. De que maneira poderiam ser iguais em Cristo mas desiguais na sociedade? Como ser iguais e ao mesmo tempo desiguais em Cristo? Não poderia jamais aceitar a idéia de que pudessem ser iguais espiritual e internamente na assembléia, e desiguais física e externamente no mundo. Ambos são cristãos e devem, portanto, ser iguais "tanto na carne como no Senhor" (16).

Paulo refere-se aqui a apenas um caso, mas o princípio que o guia estende-se a todos os níveis do cristianismo. Sob Deus e em Cristo, o primogênito do Pai, todos os cristãos são iguais como filhos da família divina. Mas nossa moderna sensibilidade tende a sentir que tal princípio aplica-se apenas aos cristãos, excluindo os pagãos,

EM BUSCA DE PAULO

o mundo lá fora e os princípios universais e abstratos de liberdade e democracia. Certo. Exatamente.

Paulo nada afirma sobre a igualdade da criação ou dos direitos humanos inalienáveis. Mas imagine este diálogo: Você pensa, Paulo, que todas as pessoas deveriam ser cristãs? *Sim, por certo.* Você acha, então, que todos os cristãos deveriam ser iguais entre si? *Sim, naturalmente.* Nesse caso, Paulo, será da vontade de Deus que todas as pessoas também sejam iguais entre si? *Bem, deixe-me pensar um pouco e, enquanto isso, pense a respeito do que significa igualdade em Cristo.*

Paulo e o patriarcado

O princípio básico de Paulo a respeito da igualdade aplica-se não apenas à escravidão mas também ao patriarcado. A desigualdade cristã de gênero não pode mais existir nem tampouco a diferença cristã de classes. As mulheres e os homens são, portanto, iguais na família, na assembléia e no apostolado cristãos. Examinaremos agora a posição das cartas autênticas de Paulo sobre esse assunto e, em seguida, a posição das inautênticas. Na verdade, o Paulo histórico opõe-se a *qualquer* tipo de superioridade, inferioridade ou desigualdade no cristianismo. Essa questão será tratada mais amplamente no capítulo 6.

Iguais na família

Quando Paulo esteve em Éfeso na metade dos anos 50, havia recebido inúmeras perguntas da comunidade cristã que fundara em Corinto. Resultavam não de mera curiosidade mas de controvérsias que dividiam seriamente a assembléia. Por exemplo, queriam saber se os cristãos eram obrigados à total abstenção sexual ascética tendo de viver separados, ou se o celibato deveria ser a forma normal da vida cristã. Perguntavam se não seria melhor se o homem nem mesmo tocasse numa mulher.

Em 1 Coríntios 7 Paulo enfrenta a questão e insiste que, sim, o casamento e a relação sexual são *permissíveis,* mas seria *preferível* a abstenção ascética. "Quisera que todos os homens fossem como sou" — dizia —, "mas cada um recebe de Deus o seu dom particular; um, deste modo; outro, daquele modo" (7,7). Casados ou não, "viva cada um segundo a condição que o Senhor lhe assinalou... quando Deus o chamou" (7,17). Tudo isso porque acreditava no retorno iminente de Cristo: "O tempo se fez curto... Pois passa a figura deste mundo" (7,29.31). Não havia dúvida sobre essa afirmação. Paulo distingue entre o casamento permissível (os cristãos *poderiam se casar*) e o celibato preferível (mas *deveriam* ficar solteiros), aceita, porém, a primeira opção e não considera as duas possibilidades estados possíveis de vida cristã igualmente bons, santos e viáveis. Acentuamos a preferência de Paulo pelo celibato, mas isso não estabelece desigualdade acima da igualdade tanto para mulheres e homens no estado civil escolhido.

110

A discussão de Paulo em 1 Coríntios 7 mostra-se consistente ao afirmar a igualdade entre homens e mulheres. A afirmação é de tal maneira explícita e até mesmo exagerada ao ponto de se tornar obviamente intencional. O que diz da esposa, diz também do marido; se a esposa faz isto, o marido também faz a mesma coisa; quando o marido age de determinada maneira, a esposa faz o mesmo. Observe a persistência dessa reciprocidade em forma de igualdade nestes quatro subtópicos: relações sexuais (7,3-5), divórcio (7,10-16), virgindade (7,25-28) e preocupações e ansiedades (7,33-34).

Em resumo, portanto, e em todos os temas relacionados com celibato e casamento, Paulo expressa-se deliberada e abertamente em termos não só de mutualidade mas também de igualdade. Estava escrevendo não um tratado teológico teórico mas sim uma carta prática e pastoral. O assunto central não era igualdade ou desigualdade mas casamento ou celibato. Você pode julgar o ponto de vista de Paulo prestando atenção nos seus conselhos. Tanto quanto nos é possível observar em 1 Coríntios 7, com muita ênfase e deliberadamente, Paulo trata da mesma maneira mulheres e homens; o que diz a respeito das mulheres também se aplica aos homens e vice-versa; o que é certo para um sexo também o é para o outro. Às vezes, no que concerne à discriminação e à opressão, a prática pode ser mais importante do que a teoria uma vez que, embora se possa ter prática sem teoria, certamente não existe teoria sem prática.

Iguais na assembléia

Existe, entretanto, uma passagem em 1 Coríntios que parece silenciar as mulheres na assembléia cristã, exaltando os homens acima delas em relação ao *status* eclesiástico. Essa é, naturalmente, uma estranha dicotomia, se levarmos em conta o que o mesmo Paulo afirma em Gálatas 3,28, que em Cristo não há homem nem mulher. Como, portanto, entender 1 Coríntios 11,3-16?

Quero, porém, que saibas que a cabeça de todo homem é Cristo; a cabeça da mulher é o homem, e a cabeça de Cristo é Deus. Todo homem que ore ou profetize com a cabeça coberta, desonra a sua cabeça. Mas toda mulher que ore ou profetize com a cabeça descoberta, desonra sua cabeça; é o mesmo que ter a cabeça raspada. Se a mulher não se cobre com véu, mande cortar os cabelos! Mas, se é vergonhoso para uma mulher ter os cabelos cortados ou raspados, cubra a cabeça! Quanto ao homem, não deve cobrir a cabeça, porque é a imagem e a glória de Deus; mas a mulher é a glória do homem. Pois o homem não foi tirado da mulher, mas a mulher, do homem. E o homem não foi criado para a mulher, mas a mulher para o homem. Sendo assim, a mulher deve trazer sobre a cabeça o sinal da sua dependência, por causa dos anjos. Por conseguinte, a mulher é inseparável do homem e o homem da mulher, diante do Senhor. Pois, se a mulher foi tirada do homem, o homem nasce da mulher, e tudo vem de Deus. Julgai por vós mesmos: será conveniente que uma mulher ore a Deus sem estar coberta de véu? A natureza mesma não vos ensina que é desonroso para o homem trazer cabelos compridos, ao passo que, para a mulher, é glória ter longa cabeleira, porque a cabeleira lhe foi dada como véu? Se, no entanto, alguém quiser contestar, não temos este costume, nem tampouco as igrejas de Deus.

Percebemos imediatamente que a argumentação é tão tortuosa que não há consenso entre os estudiosos se se trata de problema submetido a Paulo *pelos* coríntios ou se é a solução que Paulo *lhes dá*. Esse 1 Coríntios 11 mostra-se, assim, muito diferente de 1 Coríntios 7 sobre o tema.

De um lado, se nos concentrarmos apenas nas mulheres, é plausível argumentar que Paulo as está subordinando aos homens (com base nas Escrituras, na roupa e no costume da igreja). De outro, se focalizarmos a atenção nos homens apenas, e nos lembrarmos de que normalmente, em Roma, eles cobriam a cabeça para o culto, como vimos na estátua de Augusto como sacerdote na oferenda do sacrifício (Figuras 43 e 44; relembrando também Enéias, Augusto e Agripa na *Ara Pacis Augustae*), é plausível argumentar que Paulo estava se opondo a essa prática religiosa pagã. Se, contudo, levarmos em consideração que o texto oscila constantemente entre mulheres e homens, homens e mulheres, será preciso considerar os dois sexos em qualquer explanação correta.

Paulo pressupõe que mulheres e homens oram e profetizam na assembléia litúrgica. Esse não é o problema do texto. O problema em questão é sobre o véu. Por que essa prática seria assim tão importante? Em Corinto, provavelmente para desafiar a desigualdade e afirmar de forma dramática a igualdade, os homens e as mulheres haviam *invertido* o modo de cobrir a cabeça na oração, de maneira que os homens teriam a cabeça descoberta mas não as mulheres. Em outras palavras, *Paulo enfrentava não só a negação hierárquica de gênero, mas sua diferença, e como que gagueja quase incoerentemente tentando argumentar contra ela*. Naturalmente, homens e mulheres eram iguais "no Senhor" e "a partir de Deus", mas não se deveriam abandonar os códigos do vestuário nem os padrões sobre o uso de véus na cabeça. As *diferenças* entre mulheres e homens, significadas socialmente pelos costumes, teriam que ser mantidas, enquanto se negava a *hierarquia* ou a subordinação. A passagem de

Figura 43: Augusto como sacerdote com a cabeça coberta.

Figura 44: Sacerdotisa romana com o cabelo preso acima da cabeça e com um véu.

PAULO, ATRAENTE OU DESPREZÍVEL?

1 Coríntios 11,13-16 representa o melhor que Paulo poderia ter feito na situação. O texto enfaticamente não é sobre desigualdade hierárquica, mas sobre igualdade diferenciada. Paulo pressupõe igualdade entre mulheres e homens na assembléia, embora exija que todos se conformem aos códigos de vestuário socialmente aceitos naquele tempo e lugar. Diferença, sim. Hierarquia, não. A interpretação que acabamos de fazer dessa tão difícil passagem será confirmada na próxima seção: se as mulheres fossem silenciadas na assembléia, como poderiam exercer com proeminência o apostolado?

Iguais (e mais) no apostolado

Na metade dos anos 50, Paulo escreveu a diversos grupos de cristãos, alguns que ele conhecera pessoalmente e outros por relatos, que viviam numa cidade que esperava visitar pela primeira vez. Sua Carta aos Romanos termina em 16,1-15 mencionando nomes de vinte e nove indivíduos. Dois deles pertencem a famílias pagãs; *alguns* que ofereceram ou libertaram escravos são cristãos saudados como "colaboradores em Cristo Jesus" (Rm 16,3)... "os da casa de Aristóbulo... os da casa de Narciso, no Senhor" (16,10-11). Restam outros vinte e sete nomes de cristãos. A seguir, observe estatísticas, detalhes e nomes, especialmente os de mulheres em comparação com os de homens.

Em primeiro lugar, e acima de tudo, é uma mulher que leva a carta de Paulo do porto oriental de Corinto aos grupos cristãos em Roma. "Recomendo-vos Febe, nossa irmã, diaconisa da igreja de Cencréia, para que a recebais no Senhor de modo digno, como convém a santos, e a assistais em tudo o que ela de vós precisar, porque ela também ajudou (*prostatēs*) a muitos, a mim inclusive" (16,1-2). E, por falar nisso, lembre-se de que Jael, a única mulher líder temente a Deus na inscrição de Afrodisia, no capítulo 1, era também chamada de protetora, patrona ou benfeitora (*prostatēs*). A pessoa que levava a carta de Paulo tinha que circulá-la, lê-la e explicá-la às comunidades cristãs de Roma.

Em segundo lugar, destacam-se dois possíveis casais, reconhecidos na carta de maneira especial: "Saudai Prisca e Áquila, meus colaboradores em Cristo Jesus, que para salvar minha vida expuseram sua cabeça. Não somente eu lhes devo gratidão, mas também todas as igrejas da gentilidade" (16,3-4); e "Saudai Andrônico e Júnia, meus parentes e companheiros de prisão, apóstolos exímios que me precederam na fé em Cristo" (16,7). Tome nota de que Pris(cil)a é mencionada pela primeira vez dessa forma.

Em terceiro lugar, na lista total desses vinte e sete cristãos, dez são mulheres (Febe, Prisc[il]a, Maria, Júnia, Trifena, Trifosa, Pérside, certa mãe não nomeada, Júlia e uma irmã também não nomeada). Os outros dezessete são homens: Áquila, Epêneto, Andrônico, Ampliato, Urbano, Estáquis, Apeles, Herodião, Rufo, Asíncrito, Flegonte, Hermes, Pátrobras, Hermas, Filólogo, Nereu e Olimpas. Por sua vez, cinco mulheres destacam-se por menção especial (Maria, Trifena, Trifosa, Pérside e a mãe não nomeada) ao lado de seis homens (Epêneto, Ampliato, Urbano, Estáquis, Apeles e Rufo).

113

EM BUSCA DE PAULO

Em quarto lugar, não é justo estabelecer que gênero recebe maiores louvores nessas saudações ou epítetos, mas podemos observar o seguinte. A expressão grega usada por Paulo para designar atividades apostólicas especiais é *kopiaō*, significando "realização de trabalho difícil". Emprega o termo duas vezes para si mesmo em Gálatas 4,11 e 1 Coríntios 15,10, mas quatro vezes em Romanos exclusivamente para mulheres: Maria, Trifena, Trifosa e Pérside.

Em quinto lugar, de uma ou de outra forma, os conhecidos de Paulo sempre são comentados. Herodião, por exemplo, é chamado de "meu parente" (isto é, conterrâneo judeu). Mas vale a pena comparar em termos de gênero os primeiros dezessete indivíduos que ele teria conhecido pessoalmente, com os últimos dez, dos quais apenas ouvira falar. Desses, somente dois são mulheres. Na primeira lista de dezessete nomes, nove são homens; oito, mulheres. Em outras palavras, as pessoas que ele conhecera pessoalmente se dividem quase de maneira uniforme entre homens e mulheres.

Finalmente, temos o caso de Júnia, que se não fosse trágico oscilaria entre o engraçado e o ridículo. Nos primeiros mil e duzentos anos de cristianismo, os comentaristas não tiveram nenhum problema para identificá-la pelo nome, como mulher, provavelmente a esposa de Andrônico (16,7), como Prisca era de Áquila (16,3-4). Seu nome é grafado em grego no acusativo, *Junian*. Por causa disso, o nome passou a ser identificado como masculino — argumentava-se que *Junian* era o caso acusativo do nome masculino Junia(nu)s. Entretanto, para tristeza dos que defendem essa tese, há mais de 250 casos na antiguidade do emprego do nome Júnia para mulheres e nunca o uso da mesma forma (Júnia) como abreviação para o nome masculino Junianus. O problema, naturalmente, surgiu por causa da saudação calorosa de Paulo para os dois membros desse casal e, especialmente, para a mulher, Júnia. Tem sido até mesmo sugerido, para apoiar a tese contrária, que se Júnia fosse mulher, o cumprimento de Paulo deveria ser "manifesto *para* os apóstolos e não "*entre* os apóstolos". Percebe-se com clareza que a única razão para sugerir o significado masculino desse nome seria evitar o reconhecimento de *uma apóstola* importante.

Desiguais na família

Depois de ter examinado três textos paulinos autênticos que mostram a igualdade entre mulheres e homens na família, na assembléia e no apostolado, passamos a outros três escritos inautênticos pós-paulinos que se movem em direção exatamente oposta.

O pensamento moral greco-romano desenvolveu códigos de conduta para o bom gerenciamento dos lares, que eram, como ainda são, o coração da saúde social. Esses códigos tratavam das relações morais aceitáveis entre os membros da família: maridos e esposas, pais e filhos e escravos e senhores. Tomaremos, a seguir, dois exemplos pós-paulinos dessas instruções morais, primeiramente em Colossenses 3,18–4,1 e em Efésios 5,22–6,9, sendo este último conseqüência do primeiro.

Observe a hierarquia tanto vertical (casais, pais, proprietários) quanto horizontal (marido/esposa, pais/filhos, senhores/escravos) nesses textos.

COLOSSENSES 3,18–4,1. As mulheres devem, em primeiro lugar, estar submissas "aos maridos como convém ao Senhor", e os maridos devem amar as mulheres e não as tratar "com mau humor". Os filhos devem obedecer aos pais "em tudo, pois isso é agradável ao Senhor", e os pais (não as mães) não devem irritar os filhos "para que eles não desanimem". Finalmente, os escravos são insistentemente admoestados a "obedecer em tudo aos senhores desta vida, não quando vigiados, para agradar a homens, mas em simplicidade de coração para agradar ao Senhor". O autor da carta aconselha: "Em tudo o que fizerdes, ponde a vossa alma, como para o Senhor, e não para homens, sabendo que o Senhor vos recompensará como a seus herdeiros: é Cristo, o Senhor, a quem servis. Quem faz injustiça receberá de volta a injustiça, e nisso não há acepção de pessoas". E, da mesma forma, os senhores (não as senhoras) devem dar aos escravos "o justo e eqüitável, sabendo" que têm "um Senhor no céu".

EFÉSIOS 5,22–6,9. Em primeiro lugar, falando de maridos e esposas, o texto parece menos preocupado com a obediência das mulheres aos maridos do que a respeito do amor dos maridos por suas mulheres. Esse tema é o que ocupa mais espaço:

> As *mulheres* estejam sujeitas aos seus maridos, como ao Senhor, porque o homem é cabeça da mulher, como Cristo é cabeça da Igreja e o salvador do Corpo. Como a Igreja está sujeita a Cristo, estejam as mulheres em tudo sujeitas aos seus maridos.
>
> E vós, *maridos*, amai as vossas mulheres, como Cristo amou a Igreja e se entregou por ela, a fim de purificá-la com o banho da água e santificá-la pela Palavra, para apresentar a si mesmo a Igreja, gloriosa, sem mancha nem ruga, ou coisa semelhante, mas santa e irrepreensível. Assim também os maridos devem amar as suas próprias mulheres, como a seus próprios corpos. Quem ama a sua mulher ama-se a si mesmo, pois ninguém jamais quis mal à sua própria carne, antes alimenta-a e dela cuida, como também faz Cristo com a Igreja, porque somos membros do seu Corpo. "Por isso deixará o homem o seu pai e a sua mãe e se ligará à sua mulher, e serão ambos uma só carne." É grande este mistério: refiro-me à relação entre Cristo e sua Igreja. Em resumo, cada um de vós ame a sua mulher como a si mesmo e a mulher respeite o seu marido.

Apesar da falta de igualdade entre mulheres e maridos, parece mais fácil que a mulher se "submeta" ao marido como a Igreja a Cristo, do que o marido "ame" a esposa como Cristo ama a Igreja. Pede-se auto-sacrifício ao marido, não à mulher. É verdadeiramente terrível e tristemente irônico que a tradição cristã tenha exigido a submissão das esposas e, então, em vez de exigir auto-sacrifício dos maridos, transfira essa exigência também às mulheres.

Em seguida, os filhos devem obedecer aos pais "no Senhor, pois isso é justo. *Honra o teu pai e a tua mãe* — é o primeiro mandamento com promessa — *para seres feliz e teres uma longa vida sobre a terra*". E, novamente, somente os pais são admoestados:

EM BUSCA DE PAULO

"E vós pais, não deis a vossos filhos motivo de revolta, mas criai-os na disciplina e correção do Senhor".

Finalmente, sem expandir sua fonte de Colossenses, os escravos devem obedecer "com temor e tremor, em simplicidade de coração, a vossos senhores nesta vida, como a Cristo, servindo-os, não quando vigiados, para agradar a homens, mas como servos de Cristo, que põem a alma em atender à vontade de Deus. Tende boa vontade em servi-los, como ao Senhor e não a homens, sabendo que todo aquele que fizer o bem, receberá o bem do Senhor, seja ele servo ou livre". Por outro lado, os senhores devem fazer "o mesmo para com eles, sem ameaças, sabendo que o Senhor deles e vosso está nos céus e que ele não faz acepção de pessoas".

O que mais chama a atenção nesses textos, no entanto, é que se pusermos entre parênteses as motivações cristãs explícitas, elas acentuam valores familiares gerais normalmente aceitáveis na teoria e na prática da sociedade romana da época. Se Augusto estivesse vivo, teria gostado muito disso. Tudo indica, portanto, que esses textos tinham o propósito de mostrar que as famílias cristãs nada tinham de subversivo e que eram tão boas ou até mesmo melhores do que as demais famílias ao redor. Com isso, queremos dizer que esses textos representam o primeiro esforço para comparar a ética familiar cristã com a romana.

Desiguais na assembléia

As cartas autênticas de Paulo foram escritas não para indivíduos mas para comunidades, com exceção da Carta a Filemon. As Cartas a Timóteo e a Carta a Tito são três cartas inautênticas, pós-paulinas, enviadas a indivíduos: a Timóteo, supostamente encarregado por Paulo da comunidade de Éfeso, e a Tito, como se tivesse sido instalado na comunidade de Creta pelo apóstolo. Entretanto, não se encontra indicação alguma nas sete cartas autênticas de que Paulo tivesse alguma vez deixado alguém responsável pelas comunidades que ia fundando — é por isso que ele sempre se dirige aos tessalonicenses, aos coríntos, aos gálatas, aos filipenses e aos romanos, mas nunca a anciãos presidentes ou a supervisores que representassem essas igrejas. Observe, por exemplo, a seguinte seqüência: "Paulo e Timóteo, servos de Cristo Jesus, a todos os santos de Cristo Jesus que estão em Filipos, com os seus épiscopos e diáconos" (Fl 1,1). O tema da liderança feminina na assembléia cristã surge na pós-paulina 1 Timóteo, bem como numa inserção na carta paulina 1 Coríntios.

1 TIMÓTEO 2,8-15. A liderança feminina é absolutamente proibida neste texto de um autor pseudopaulino. As mulheres não podem ensinar nem instruir os homens. Elas devem permanecer em silêncio:

> Quero, portanto, que os homens orem em todo lugar, erguendo mãos santas, sem ira e sem animosidade. Quanto às mulheres, que elas tenham roupas decentes, se enfeitem com pudor e modéstia; nem tranças, nem objetos de ouro, pérolas ou vestuário suntuoso; mas que se ornem, ao contrário, com boas obras, como convém a mulheres que se pro-

116

fessam piedosas. Durante a instrução a mulher conserve o silêncio, com toda submissão. Eu não permito que a mulher ensine, ou domine o homem. Que ela conserve, pois, o silêncio. Porque primeiro foi formado Adão, depois Eva. E não foi Adão que foi seduzido, mas a mulher que, seduzida, caiu em transgressão. Entretanto, ela será salva pela sua maternidade, desde que, com modéstia, permaneça na fé, no amor e na santidade.

É óbvio que o pseudo-Paulo não perderia tempo proibindo o que não estivesse já acontecendo. Esse fato nos mostra, portanto, que as mulheres costumavam orar e ensinar no contexto da prática catequética da comunidade e no culto litúrgico. Mas este texto dispensa as mulheres dessas funções e as relega ao lar, ao silêncio e ao cuidado dos filhos. Augusto, você deve recordar, também teria ficado muito feliz com essas injunções.

1 CORÍNTIOS 14,33b-36. Estamos aqui não diante de uma carta inautêntica como 1 e 2 Timóteo e Tito, mas em face de uma interpolação tomada de tradição posterior. Na versão inglesa da Bíblia, conhecida como *New Revised Standard Version* [Nova versão-padrão revisada], esta unidade encontra-se entre parênteses.

(Como acontece em todas as Igrejas dos santos, estejam caladas as mulheres nas assembléias, pois não lhes é permitido tomar a palavra. Devem ficar submissas, como diz também a Lei. Se desejam instruir-se sobre algum ponto, interroguem os maridos em casa; não é conveniente que uma mulher fale na assembléia. Porventura, a Palavra de Deus tem seu ponto de partida em vós? Ou fostes vós os únicos que a recebestes?)

Os parênteses inseridos na versão inglesa, referida antes, ressaltam problemas nos manuscritos no período da transmissão textual primitiva. Em primeiro lugar, essa passagem não se encontra no lugar em que está agora em nossas bíblias, mas no final do capítulo, em alguns manuscritos. Em terceiro lugar, essa seção já havia sido considerada problemática na antiguidade, e é esse o principal argumento a respeito de sua inserção bem posterior no texto original paulino.

Desiguais no apostolado

Vimos em 1 Timóteo 2,8-15, carta pós-paulina, e em 1 Coríntios 14,33b-36, inserção pós-paulina, que a liderança feminina foi cruelmente denegrida com a finalidade de instituir o controle exclusivamente masculino das assembléias cristãs. Não nos surpreende, pois, constatar o estabelecimento da masculinidade como condição absoluta para a liderança cristã. Mas essa é apenas uma das três condições mencionadas. Os líderes tinham de ser homens, isto é, excluíam-se as mulheres; casados, não celibatários; e férteis, isto é, não ascéticos. Por que essas duas outras condições?

Em 1 Timóteo 3,1-13 e Tito 1,5-9 as exigências para os presbíteros ou bispos e diáconos, que eram as duas posições masculinas de liderança, são as mesmas que qualquer moralista greco-romano adotaria para o preenchimento dos ofícios públicos. Mas dois itens parecem incomuns ou surpreendentes — supõem-se o casamento e a fertilidade.

1 Timóteo 3,2.4	1 Timóteo 3,12	Tito 1,6
É preciso, porém, que o epíscopo seja irrepreensível, esposo de uma única mulher... que saiba governar bem a sua própria casa, mantendo os seus filhos na submissão, com toda dignidade.	Que os diáconos sejam esposos de uma única mulher, governando bem os seus filhos e a sua própria casa.	Presbítero... homem irrepreensível, esposo de uma única mulher, cujos filhos tenham fé e não possam ser acusados de dissolução nem de insubordinação.

Nessa exigência tríplice de masculinidade, casamento e filhos, o primeiro elemento é padrão de patriarcado, mas por que tanta ênfase nos outros dois?

Encontramos duas indicações mais adiante. A primeira, em 1 Timóteo 4,3-5, faz a seguinte solene advertência: "Alguns... proibirão o casamento, exigirão a abstinência de certos alimentos, quando Deus os criou para serem recebidos, com ação de graças, pelos que têm fé e conhecem a verdade". A outra, também em 1 Timóteo 5,23, na qual o pseudo-Paulo diz a Timóteo: "Não continues a beber somente água; toma um pouco de vinho por causa do teu estômago e de tuas freqüentes fraquezas". A posição ultraconservadora do pseudo-Paulo sobre as mulheres deve-se, em outras palavras, não apenas ao patriarcalismo generalizado, embora se baseie nele, mas também a algo mais. Podemos perceber esse algo mais com clareza nos vários *Atos* dos apóstolos extracanônicos e mais especialmente nos *Atos de Tecla* dentro dos *Atos de Paulo*. Você, naturalmente, lembra-se de Tecla quando falamos a respeito da capa deste livro no Prefácio.

Feminismo na arena

No livro da metade do segundo século *Atos de Paulo*, o apóstolo prega um sermão composto de treze beatitudes nas quais acentua que os únicos bem-aventurados são "os puros de coração que conservaram a carne pura, renunciaram o mundo e têm esposas como se não as tivessem, firmes no batismo, e que abandonaram a forma deste mundo". A beatitude superior é esta: "Bem-aventurados os corpos das virgens". Com muita razão os pagãos acusavam Paulo de "privar os jovens de ter esposas, e igualmente as jovens de ter maridos, dizendo-lhes: "Se não procederdes assim, não haverá ressurreição para vós, a não ser que permaneçais castos sem manchar a carne, mantendo-se puros" (11). Estava certo de que a ressurreição do corpo era apenas para os celibatários (de preferência para as virgens). Mas, novamente, no âmbito do patriarcado, esse ideal criava problemas diferentes para o masculino Paulo e para a feminina Tecla.

O pretendente de Tecla, Tamires, persuade o governador a açoitar Paulo e expulsá-lo, mas pede que Tecla seja condenada à fogueira. Ela é salva na arena por uma tempestade e consegue alcançar Paulo na estrada. "E Tecla disse a Paulo, 'cortarei o meu cabelo e te seguirei para onde fores'. Mas ele disse: 'A estação não é favorável, e tu és agradável. Que nenhuma outra tentação venha sobre ti, pior do que a primeira, para que a suportes e não sejas covarde'" (25). Não precisamos fazer nenhum comentário a respeito dessa passagem. Mas as coisas pioram. "Paulo rejeita Alexandre, outro pretendente de Tecla, com palavras que lembram a traição de Pedro. Paulo diz: 'Não conheço a mulher de quem falas, nem tampouco ela é minha'" (26). Tecla rejeita Alexandre e o humilha por causa de seu assédio público, rasgando sua capa e jogando ao chão a coroa que ele usava na cabeça. Ela é condenada às feras na arena. Mas desta vez o milagre foi bem maior do que a intervenção da tempestade.

Em primeiro lugar, a divisão não é entre cristãos e pagãos, mas entre mulheres e homens ou, melhor, entre o gênero masculino e o feminino. Eis aqui os passos. "As mulheres entravam facilmente em pânico e choravam antes do julgamento: 'Que julgamento mau! Que julgamento ímpio!'" (27). Em seguida, Tecla, que havia sido abandonada por sua mãe legítima, Teoclaia, fora adotada por Trifena, que era suficientemente forte para proteger sua pureza na prisão (27.31). Quando, então, levaram Tecla para ser entregue a uma feroz leoa, "o animal lambeu seus pés". De novo, "as mulheres e seus filhos clamaram em alta voz, dizendo: 'Ó Deus, está acontecendo nesta cidade um julgamento ímpio'" (28). A cena continua com "o clamor do povo e com as mulheres que estavam sentadas juntas, dizendo: 'Tragam o sacrílego!', enquanto outros diziam: 'Que esta cidade pereça por causa desta transgressão! Mate-nos, todos, procônsul. Que visão horrível, este julgamento mau'" (32). O clímax deste tema é a descrição extraordinária de um conflito das mulheres contra os homens, e não apenas entre humanos, mas mesmo entre animais:

> Soltaram contra ela leões e ursos, e uma feroz leoa correu até ela e se deitou a seus pés. E a multidão das mulheres lançou um grande grito. Correu um urso até ela, mas a leoa o enfrentou e o estraçalhou. Novamente, outro leão treinado para atacar pessoas, pertencente a Alexandre, veio sobre ela, e a leoa lutou contra ele e ambos morreram. E as mulheres lamentaram muito, porque a leoa que a ajudara havia morrido. (33)

Em segundo lugar, Tecla descobre na arena um poço cheio de água e, não tendo sido batizada antes pelo apóstolo, batiza-se a si mesma. Raios a protegem dos animais na água. Quando novos animais são enviados contra Tecla, "as mulheres gritaram muito" e jogaram tanta quantidade de seus perfumes na arena que os animais "desfaleceram como para dormir" (34). Em terceiro lugar, depois que Trifena desmaia, o governador liberta Tecla, "as mulheres elevam grande clamor e dão louvores a Deus com uma só voz", e "os servos de Trifena passam também a crer" (38-39). Finalmente, Tecla veste-se com roupas masculinas e vai ao encontro de Paulo, que desta vez, bastante atrasado, diz-lhe: "Vai e ensina a Palavra de Deus" (41).

Os especialistas sugerem que histórias como essas sobre Tecla foram criadas por mulheres para mulheres e circulavam oralmente entre elas antes de ser escritas e inseridas nos *Atos de Paulo*. É possível, mas nada podemos provar nem desaprovar. Não se pode, porém, afirmar que seria anacronismo considerá-las feminismo cristão primitivo, por causa da divisão não apenas entre mulheres e homens mas entre os gêneros, entre masculino e feminino. Outros estudiosos acreditam que cartas como as de Timóteo e Tito teriam sido escritas especificamente contra essas histórias a respeito de Tecla. É, também, possível, embora nada se possa provar a favor nem contra.

Examinaremos ainda muito mais a respeito do Paulo histórico no decurso deste livro. Mas já percebemos que duas tradições absolutamente divergentes entre si reivindicam o nome desse apóstolo depois de sua morte. Uma delas o apresenta como ultraconservador ao defender a superioridade dos homens sobre as mulheres; a outra, ultra-radical, prega a necessidade de celibato tanto para homens como para mulheres. A posição ultraconservadora não se limita apenas à misogenia patriarcal. Exige liderança masculina, certamente, mas sem celibato e sem ascese. Seus líderes devem ser homens, casados e férteis — em resumo, socialmente convencionais. Exatamente como o que se esperava de qualquer *paterfamilias* romano. A opção ultra-radical defende lideranças tanto masculinas como femininas, mas Tecla supera Paulo em todos os modos possíveis. Sua liderança é feminina, celibatária e virginal. As duas posições se dizem paulinas e verdadeiramente cristãs. Se, todavia, as autoridades romanas tivessem pensado que a posição ultra-radical era a verdadeiramente cristã, é bem possível que tivessem declarado ilícita essa forma de religião. A opção ultraconservadora abriu o caminho de Cristo para Constantino. É triste, contudo, que a tradição cristã não tenha adotado as duas coisas em vez de excluí-las mutuamente, isto é, que a vida e a liderança cristãs fossem ao mesmo tempo femininas e masculinas, de pessoas casadas e celibatárias, convencionais e ascéticas. Essa, certamente, não obstante suas escolhas pessoais, era a autêntica posição paulina para os cristãos convertidos e para as assembléias.

CAPÍTULO 3

IDADE ÁUREA, OU TÃO DOURADA QUANTO POSSÍVEL

A era de Augusto é freqüentemente chamada de áurea, *aurea aetas* ou *saeculum aureum*... Estamos uma vez mais em face de uma noção que evoluiu nesse período. Baseava-se, como sempre, em tradições anteriores que desembocavam em novas adaptações e pontos de partida... Uma das mais importantes mudanças no conceito augustano de Idade Áurea foi a conotação de ordem social em vez de estado paradisíaco de indolência... Os Jogos Seculares [isto é, *Saeculum*] de 17 a.C. ... não celebravam o advento de novo milênio nem de certa bem-aventurança passiva, mas aconteciam somente depois do lançamento de uma das pedras angulares do programa de Augusto no ano 18 a.C.: a legislação sobre o matrimônio e a moral... A noção de Idade ou *saeculum* Áurea no tempo de Augusto era específica e inconfundível no sentido de envolver constante trabalho e esforço moral em vez de mera celebração de realizações fáceis... A tranqüilidade só seria possível por meio da guerra, da vitória e da dominação... Não se acha nenhum resquício iconográfico que possa sugerir uma "Idade Áurea" de felicidade fácil. A razão é simples: não havia intenção alguma de dar essa impressão.

Karl Galinsky. *Augustan Culture: An Interpretive Introduction* [Cultura augustana; introdução interpretativa] (1966).

O ensaio de Sêneca, *Da clemência*... é a primeira obra a articular sistematicamente como um todo a ideologia da Idade Áurea. Foi escrita no início do reinado de Nero (meados dos anos 50 d.C.), quando renascia o interesse pelo tema... Considerando que Sêneca era mentor do imperador, pode-se admitir que expressava a "linha oficial"... Partia da admissão da pecaminosidade dos seres humanos, seu *scelus*... Em segundo lugar, afirmava que a presença do imperador era a única esperança de escape... Em terceiro lugar, dizia que o imperador devia praticar clemência para cumprir seu ofício salvador... Em quarto lugar, Nero já havia demonstrado sua predisposição

121

EM BUSCA DE PAULO

para a misericórdia recusando-se a executar criminosos; o cumprimento dessas precondições possibilitava o retorno da Idade Áurea... No cristianismo paulino... é Cristo, e não o imperador, que age como mediador entre o céu e a humanidade pecadora. É Cristo, e não o imperador, quem tem o poder de desfazer o pecado, *scelus*, por sua graça ou *clementia*, perdão. A fé, a lealdade e a submissão voluntária a Cristo trarão de volta ou prepararão o Paraíso, a inocência original.

Andrew Wallace-Hadrill. "The Golden Age and Sin in Augustan Ideology" [A Idade Áurea e o pecado na ideologia augustana] (1982).

❦   ❦   ❦

A divindade do conquistador do mundo

Proposta

Lá está Tessalônica, hoje Tessaloníki, capital da província romana da Macedônia, agora a segunda maior cidade da Grécia, assim chamada por causa da irmã de Alexandre Magno, elevando-se ao nordeste do canto do golfo Termaico para as encostas do monte Khortiatis.

Você participa de uma visita turística paulina de duas semanas em volta do Egeu. Hoje é o primeiro dia depois de um vôo transatlântico passando por Munique, e não tem idéia de quanto está cansado ou de quanto mais ainda ficará exausto. O plano da visita segue a rotina de sempre: levantar cedo e correr por uma hora antes do café da manhã. Você cumpre o horário neste primeiro dia. Não terá tempo para outras corridas. Seu hotel situa-se um pouco ao oeste da cidade velha e a mais ou menos um bloco da baía. Você atravessa o tráfego calmo desta manhã de sábado até o principal porto comercial e avança para o leste à beira do mar. O calendário marca a primeira semana de maio de 2000, faz um pouco de frio e o ar está parado. Alguns cargueiros quebram a superfície das águas da baía à sua direita.

Mas é o pensamento que precisa exercitar-se, e esse é o problema. Onde nesta metrópole de um milhão de habitantes se pode vislumbrar qualquer traço do primeiro século, do mundo que Paulo conheceu, da cidade que ele visitou no ano 50 d.C.? O porto romano não existe mais, os restos do fórum datam mais ou menos do ano 200 e o arco do triunfo de Galério foi construído por volta do ano 300 d.C. Mas que sobrou do ano 50? Você passa em frente à Torre Branca do século quinze onde, agora, operários instalam plataformas debaixo das copas das árvores para o festival popular que vai acontecer amanhã. As antiguidades cristãs expostas no Museu Bizantino da torre são de alguns séculos depois do tempo de Paulo. Não resta nada do primeiro século.

A esplanada é agora mais ampla, e um pouco além arbustos e árvores cercam o monumento de mármore e bronze dedicado a Alexandre. Sobre uma plataforma elevada um grande pedestal revestido de mármore sustenta a estátua do general com mais ou menos vinte anos montando seu Bucéfalo rumo ao leste. Alexandre monta no lombo do cavalo em pêlos (os estribos ainda não tinham sido inventados). As rédeas, na mão esquerda, orientavam a cabeça do animal enquanto segurava, na mão direita, uma espada pequena. Duas linhas escritas em letras gregas inflexivas identificavam-no como *Alexandros/o Megas,* ou Alexandre Magno (*megas* é a raiz grega da primeira parte da palavra "megalomania").

À esquerda da frente da plataforma, como uma fileira seguindo Alexandre, vê-se o núcleo tecnológico de sua maquinaria mortífera. Erguem-se cinco lanças sobre pedestais de mármore com cinco escudos redondos a um terço do chão. Os soldados da infantaria grega costumavam atacar ombro a ombro, protegidos por grandes escudos e espadas curtas. Alexandre aperfeiçoou a invenção de seu pai, de falanges, usando lanças de 18 pés que se estendiam até 12 pés na frente de cada soldado. Essas *sarissai,* por causa do peso, tinham de ser seguradas com as duas mãos horizontalmente, de tal maneira que, com os escudos pendendo dos pescoços, os que marchavam nas cinco primeiras fileiras da falange podiam mais livremente avançar com as mortíferas armas pontiagudas.

Um pouco atrás e mais para o lado direito dessas cinco lanças simbólicas um friso de bronze apóia-se numa base de mármore, também emoldurada por esse tipo de pedra. Trata-se da versão estilizada do mosaico da batalha de Isso da Casa do Fauno em Pompéia, agora no Museu Nacional de Arqueologia em Nápoles (Figura 45). A primeira metade mostra Alexandre atacando; a outra, Dario fugindo. Uma dessas metades representa o Ocidente e o futuro. A outra, o Oriente e o passado. Em maio de 2000 você ainda não ouvia as palavras, mas já conhecia os conceitos. Não se tratava de choque *e* espanto, mas choque *contra* o espanto e *sobre* ele. Choque em face do número imensamente menor de macedônios falangistas (a bigorna), sua cavalaria aristocrática de apoio (o martelo), e o decidido líder protegido enquanto os companheiros se mostrassem resistentes. Espanto em face do número tremendamente maior de tropas persas em debandada, com seus carros e elefantes de guerra, e o líder bem protegido por guardas de elite na retaguarda. O choque destrói o espanto, como sempre, na maneira ocidental de guerrear, quando o inimigo sucumbe em morte e destruição do modo esperado e próprio.

Alexandre era um militar bravo, brilhante e genial. Era também selvagem, brutal e alcoólatra paranóico. Na teoria, teria marchado para o leste a fim de libertar os gregos jônicos, vingar-se das invasões persas anteriores e civilizar o mundo unificado. Na verdade, percorreu um caminho de massacres entre Granico e Indo, morreu jovem e deixou para os generais que lhe sobreviveram terrível arma de guerra que levantou uns contra os outros. Mas mesmo quando as penetrantes espadas de aço de dois gumes das legiões romanas tornaram obsoletas as longas lanças das falanges helênicas, o grego tornou-se língua comum. Sem essa *lingua franca* Paulo não poderia ter alcançado seus convertidos nem escrito suas cartas. Pagou-se, porém, por essa graça, um preço terrível, sussurravam os fantasmas de Tiro e de Gaza. Você se afasta

Figura 45: Mosaico de Pompéia mostrando o rei persa Dario fugindo de Alexandre Magno na batalha de Isso.

da beira do mar, passa ao norte pelo Museu Arqueológico e pelos terrenos da Feira de Comércio Internacional na direção do *campus* da Universidade de Aristóteles e segue para o *Egnatia Odos*, que lembra o nome de outra via em Roma. Você termina a corrida na rua Monastiriou e no Hotel Capsis.

Victor Davis Hanson, no livro *The Wars of the Ancient Greeks and Their Invention of Western Military Culture* [As guerras dos antigos gregos e sua invenção da cultura militar ocidental], escreve: "Foi só no reino de Augusto que Alexandre — as potencialidades propagandistas do culto do herói eram óbvias para qualquer pretendente a conquistador do mundo — começou a ser visto em seu papel familiar de Alexandre Magno" (174). Relembre, por exemplo, do capítulo 2, que Alexandre era retratado no Fórum de Augusto como o protótipo do humano que se torna divino por meio da conquista do mundo. A globalização macedônica no quarto século a.C. foi o protótipo da globalização romana no primeiro século da era cristã. Augusto seguiu Alexandre na idéia da divindade por meio da conquista do mundo.

Resumo

De Alexandre a Augusto, os conquistadores do mundo estabelecem a paz por meio da vitória global. Para tanto é necessário o nascimento de mãe humana e de pai divino, bem como a confirmação do fato. Tais origens e triunfos prometem não apenas a paz universal mas a paz utópica ou escatológica num mundo transfigurado por agricultura que não falha, animais que não atacam e humanos que não matam.

IDADE ÁUREA, OU TÃO DOURADA QUANTO POSSÍVEL

Este capítulo começa com a criação do caos mediterrâneo e as ameaças à sobrevivência do império por causa das guerras civis romanas. Contraponteamos a sugestão poética de Virgílio da utopia iminente para uma Roma rejuvenescida, com a proposta igualmente poética de Horácio, da fuga iminente de uma Roma abandonada. Contrastamos acentuadamente as visões de *utopia* (grego, "além deste lugar") ou *eschaton* (grego, "além deste tempo") na ênfase da tradição romana na paz e na prosperidade física com a tradição judaica de justiça e ressurreição do corpo.

A Idade Áurea de Roma havia trazido à Tessalônica "paz e segurança". Mas Paulo diz em 1 Tessalonicenses 5,3 que isso não passava de ilusão. O que começava era a Idade Áurea de Deus, cujo clímax seria a chegada *imediata* (em grego, *parousia*) não de um divino Cláudio, mas sim do divino Cristo. Mas que aconteceria, perguntavam os novos convertidos, aos que haviam morrido sob a perseguição romana? Assim como os mortos honrados em suas tumbas oficiais eram os primeiros a saudar o imperador que chegava pela longa estrada, antes mesmo que os dignatários vivos o recebessem nos portões da cidade, assim também os mortos martirizados seriam os primeiros a saudar o Cristo vindouro. Sua morte seria vantajosa na *parousia*.

O advento de Cristo ocorreria de repente e inesperadamente, como um ladrão que chega de noite. Além disso, os cristãos não precisavam preocupar-se, porque viviam não mais de noite mas na futura luz do dia por causa do amor que os fazia repartir o que tinham na comunidade, mesmo quando pouco, em apoio mútuo e reciprocidade. Paulo escreve aos tessalonicenses: "Vós, porém, meus irmãos, não andais em trevas... pois que todos vós sois filhos da luz, filhos do dia" (1Ts 5,4-8).

Temos ainda algumas questões finais a Paulo. A *parousia* de Cristo não aconteceu como se esperava. Já passaram dois mil anos e Cristo ainda não voltou. Estaria ele enganado não somente a respeito do tempo mas também do fato? Poderíamos dizer que a volta "iminente" não queria dizer "primeiro século" mas "vigésimo primeiro", ou que o sentido bíblico de "imediato" era "qualquer tempo"? Quem sabe, significaria que a vinda de Cristo era apenas uma, e que era mais do que suficiente para que os crentes a aceitassem, e que a insistência numa segunda vinda era apenas a face positiva da recusa de aceitar tal fato?

Esperança de um mundo ideal

Quando se perde a esperança no mundo atual, aqui e agora, podemos escapar, pelo menos na imaginação, a lugares extaticamente ideais ou a um tempo maravilhosamente perfeito. As opções verbais são *utopia* ("sem lugar"), ressaltando o fim do lugar presente, ou *eschaton* ("últimas coisas"), dando ênfase ao final do tempo atual. Naturalmente, pode-se misturá-los de acordo com os desejos dos corações ou dos limites da mente. Quando alguém recebe determinada revelação divina acerca

EM BUSCA DE PAULO

do lugar preciso ou do advento iminente da Idade Áurea, sua mensagem se chama utopia ou *eschaton* apocalípticos (grego, "revelatórios").

Paulo situa-se entre o judaísmo e o paganismo, a escatologia convencional judaica e a imperial romana, e as visões utópicas cristãs e augustanas, que anunciam não apenas o advento da Idade Áurea, mas também que ela já começou. Não tem sentido e não é justo exaltar o utopismo judaico na sua forma mais ideal contra o romano na sua prática mais brutal. De um lado, cada tradição pode imaginar a brutalidade humana ou divina no estabelecimento dessa Idade Áurea. De outro, embora concordem intimamente ao imaginar que o mundo *físico* e o *animal* alcançarão a perfeição final, discordam profundamente quando imaginam o mundo *social* na consumação escatológica. Não se trata de diferença entre os maus romanos e os bons judeus, mas entre os conquistadores romanos e os conquistados judeus. É justo dizer que, como vimos no capítulo 2, o *eschaton* romano significava paz por meio da vitória, enquanto a utopia judaica, paz por meio da justiça. O *shalom* do coração da tradição judaica se opunha à *pax* do âmago do Império Romano. Eis a seguir dois exemplos dessas tradições não para forçar opções mas para acentuar alternativas.

Paraíso alcançado ou paraíso perdido

NASCIMENTO ESCATOLÓGICO. A *Écloga* 4 de Virgílio é a voz da experiência extática escrita durante o esplendor de outubro do ano 40 a.C., quando Antônio se casava com Otávia, irmã de Otaviano, no momento em que parecia possível a paz permanente. Imaginava o futuro filho (varão, certamente) vivendo, como adulto, quando a roda do tempo traria de volta a Idade Áurea à Itália e ao mundo:

> No tempo de vosso consulado, Pólio, sim, no vosso, começará essa era gloriosa, quando os maravilhosos meses iniciarão sua marcha; sob vosso controle desaparecerão todos os traços de nossas culpas, e a terra ficará livre de seu constante temor. [Essa criança] receberá o dom da vida divina, verá a mistura dos heróis com os deuses, e será vista por eles e governará o mundo ao qual a bravura de seu pai trouxe a paz. (11-17)

Virgílio passa, então, a se dirigir a esse menino singular, diretamente:

Na vossa infância não faltará fertilidade nos campos nem nas granjas, os animais serão mansos e desaparecerá o perigo dos venenos letais. "Espontaneamente, as cabras trarão seus úberes cheios de leite, e o gado não temerá os grandes leões. As serpentes também perecerão, bem como as plantas que guardam seu veneno; os temperos da Assíria brotarão por toda parte" (21-25).

> Na vossa juventude "persistirão ainda alguns traços do pecado dos tempos antigos", de tal maneira que ainda serão necessários trabalhos árduos e guerras. Mas, quando adulto, a fertilidade sem esforço algum será total, posto que "toda terra dará abundantes frutos... Não será mais necessário colorir a lã, pois os carneiros nos prados mudarão naturalmente suas cores, oscilando entre a suave púrpura e o amarelo do açafrão; as ovelhas das pas-

tagens também se vestirão de escarlate" (42-45). Não se tratava apenas de uma visão italiana ou romana, mas da ordem cósmica global: "Contemplai como o mundo se curva com sua enorme abóbada" à medida que a "terra, a imensidão do mar e as profundezas do céu" com "todas as coisas se regozijam na era que está por vir". (50-52)

Observe a ênfase fundamental na profecia rapsódica. Trata-se da prosperidade da terra sem o esforço humano, da fertilidade gratuita do mundo. Mencionam-se, certamente de passagem, guerras entre humanos e lutas entre animais, mas o que se acentua é a riqueza da terra sem esforço humano. Temos aí, sem dúvida, a visão magnífica de mudanças divinas, mas não se fala em nenhum programa de participação humana nessa nova criação, seja social, seja político. Anuncia-se tudo isso para muito breve nos domínios romanos. Mas não era assim que Horácio entendia as coisas nessa mesma época. A afirmação de Virgílio provocou o contraponto de Horácio.

FUGA UTÓPICA. Quando chegamos ao ano 30 a.C., o primeiro momento da guerra civil romana deixou Pompéia derrotada e César vitorioso; o segundo acabou com César assassinado; e o terceiro terminou com Brutus e Cássio, seus assassinos, derrotados em Filipos pelos vingadores de César, Antônio e Otaviano, antes de Augusto. Na ocasião, muitos romanos anteciparam o quarto episódio e contavam: um senhor da guerra era igual a uma tirania real; dois, a uma guerra civil; e três, à anarquia social. Essas equações eram igualmente desesperantes.

Horácio, no *Epodo* 7, pergunta: "Estaremos sendo guiados por um delírio cego, ou por algum poder superior, ou culpa?" (13-14). Indicará a guerra civil que "amargo destino persegue os romanos e que o crime do assassinato de um irmão, do sangue inocente de Remo, espalha-se pelo chão, como maldição à posteridade?" (17-20). Teria o fratricídio inaugural de Remo por Rômulo (pense no paralelo bíblico de Abel e Caim) marcado o destino romano das guerras civis?

No *Epodo* 16, como se replicasse a terrível questão levantada no *Epodo* 7, Horácio oferece uma resposta igualmente terrível, posto que "a segunda geração está sendo aniquilada pelas guerras civis, e Roma começa a cambalear atingida por seu próprio poder" (1-2). Essa cidade que nenhum poder era capaz de conquistar "está sendo destruída por nós mesmos, nós, geração ímpia e amaldiçoada" (1-2), enquanto, por sua vez, animais selvagens e bárbaros ainda piores logo estarão pisando sobre "as nossas cinzas" (9-12). Qual seria a solução? Abandonar Roma imediatamente, navegando para o Ocidente para nunca mais voltar. Essa decisão deverá ser absoluta, sem retorno, *per impossibile*, até que as rochas comecem a flutuar, os Apeninos se transformem em península, e "as crédulas hordas não mais temam os fulvos leões":

Tendo jurado tais solenes compromissos e tudo o que possa impedir nosso doce retorno, andemos, todo o Estado, ou pelo menos a melhor porção acima da horda ignorante!... O oceano imenso nos espera. Busquemos os campos, as pastagens felizes, e as ilhas dos bem-aventurados... Júpiter separou essas praias para um povo de retidão, desde os tempos antigos escondendo com bronze a luz da Idade Áurea. (35-37, 41-42, 63-64)

Horácio descreve essa época nas ilhas míticas como Virgílio em sua obra *Écloga* 4 ou Isaías nas citações que veremos mais abaixo. Trata-se do sonho comum da harmonia entre os animais e da fertilidade gratuita: "As cabras virão espontaneamente para a ordenha; e o rebanho oferecerá seus pródigos úberes; os ursos não uivarão ao redor do aprisco ao anoitecer, nem sairão víboras do solo" (49-52).

Segundo Horácio, nesse estágio, a Idade Áurea não era acontecimento iminente histórico, aqui e agora, mas apenas tempo mítico e lugar distante para os que se animassem a abandonar Roma. No início dos anos 30 a.C., o paraíso de Virgílio ganhava, enquanto o de Homero perdia.

Questão de justiça divina

TRANSFORMAÇÃO CÓSMICA. Por volta do ano 730 a.C., em Jerusalém, o profeta-sacerdote Isaías já havia imaginado um mundo perfeito onde os animais e os humanos viveriam juntos em harmonia, paz e não-violência:

> Então o lobo morará com o cordeiro, e o leopardo se deitará com o cabrito. O bezerro, o leãozinho e o gordo novilho andarão juntos e um menino mesmo os guiará. A vaca e o urso pastarão juntos, juntas se deitarão as suas crias. O leão se alimentará de forragem como o boi. A criança de peito poderá brincar junto à cova da áspide, a criança pequena porá a mão na cova da víbora. Ninguém fará o mal nem destruição nenhuma em todo o meu santo monte, porque a terra ficará cheia do conhecimento de Iahweh, como as águas enchem o mar. (11,6-9)

Esses versículos não apenas foram escritos muito antes da *Ecloge* 4, mas podem bem ter sido sua fonte indireta. Mas a serenidade entre animais e destes com o homem é prefaciada pela paz entre os humanos. Os versos anteriores pertencem à segunda parte de uma profecia de esperança em 11,1-5 que imagina um governador perfeito antes mesmo da existência de um mundo perfeito segundo 11,6-9. Esse rei será governador ideal e herdeiro davídico, porque "com eqüidade pronunciará uma sentença em favor dos pobres da terra" (11,4). O mundo ideal exige um governante também ideal.

O sonho utópico de uma terra perfeita tinha três componentes normativos inter-relacionados: mundo *físico* ou pastoril com fertilidade natural, mundo animal com harmonia vegetal e mundo humano ou social com paz sem guerras. Somente os dois últimos elementos aparecem em Isaías 11,1-9, mas os três estão presentes, por exemplo, nos *Oráculos sibilinos* 3, do judaísmo egípcio entre 163 e 145 a.C. Em primeiro lugar, "a terra fértil produzirá frutos excelentes e ilimitados aos mortais, grãos, vinho e azeite" (744-745). Em seguida, baseados na visão de Isaías, "os lobos e os cordeiros pastarão juntos nas montanhas", porque Deus "fará com que as bestas da terra sejam mansas" e "as serpentes e as víboras dormirão com os recém-nascidos e não lhes causarão mal, pois a mão do Senhor estará com elas" (788, 793-795). Finalmente,

IDADE ÁUREA, OU TÃO DOURADA QUANTO POSSÍVEL

não haverá espada na terra nem rumor de batalhas, e a terra não será mais sacudida com gemidos profundos. Não haverá mais guerras... mas a paz se estenderá pela terra inteira... Os profetas do grande Deus acabarão com as espadas, pois eles serão os juízes dos homens e reis idôneos. Haverá ainda entre os homens riquezas justas, pois é esse o julgamento e o domínio do grande Deus. (751-755, 781-784)

Além disso, a ideologia utópica de Israel podia se articular com ou sem o apocalipse, ou revelação, escolhendo entre seu conteúdo permanente no céu ou seu iminente advento na terra, com ou sem um protagonista messiânico, figura transcendental por meio da qual se chegaria à Idade Áurea. Nesse ponto, as alternativas, no entanto, começavam a se multiplicar. Deus tinha poder para realizar tudo isso sem ajuda de ninguém e fazê-lo direta e imediatamente. Mas se houvesse Messias, poderia ser anjo ou ser humano; nesse caso, seria rei, sacerdote ou profeta. Ou a combinação dessas três opções. Havia até mesmo judeus, nas longas e inúmeras tradições do judaísmo, que estavam prontos para proclamar governadores pagãos como messias de Deus, como, por exemplo, o monarca persa Ciro, segundo Isaías (44,28a; 45,1.13) entre os anos 539 e 530 a.C.; o faraó egípcio Neos Filométor, nas previsões dos *Oráculos sibilinos* (3,652-656) entre os anos 163 e 145 a.C.; ou até mesmo o imperador romano Vespasiano, sugerido por Josefo na obra *Guerra judaica* (6,312-313), nos anos 70 d.C.

RESSURREIÇÃO DO CORPO. Não há dúvida de que os conquistadores romanos e judeus nunca concordaram nos pormenores da utopia, mas, pelo menos, imaginavam, mesmo de maneiras diferentes, a transformação do mundo e o aparecimento de um líder idealizado. Mas havia, contudo, um tema especial na escatologia apocalíptica judaica que chocava o paganismo greco-romano por lhe parecer totalmente estranho e completamente absurdo, a saber, a ressurreição geral dos corpos. De onde vinha essa idéia e por quê? Vinha de um contexto geral e de precedentes muito específicos.

Vejamos, em primeiro lugar, o contexto geral. A fé judaica da aliança acreditava que o mundo fora criado bom por um Deus justo. Deveria, portanto, ser administrado com justiça e eqüidade com seus animais e humanos. Mas o mundo mostrou-se normalmente injusto (digamos, conquistado) de tal maneira que Deus, num belo dia, vai torná-lo novamente justo. Essa justiça divina teria de ser efetivada aqui embaixo, em nossa terra, entre humanos concretos e não no céu, entre espíritos desencarnados. Em outras palavras, o mundo transformado, seja com os leões vegetarianos de Isaías, seja com os cordeiros multicoloridos de Virgílio, entre animais e humanos em coexistência pacífica, teria de exigir corpos também transformados. Se, portanto, imaginarmos a utopia e o *eschaton* terrenos, teremos também de pensar em corpos transfigurados e não apenas em espíritos desencarnados ou almas imortais. Mas essas coisas focalizavam apenas de maneira geral o mundo, a terra e o corpo.

Em segundo lugar, os precedentes específicos. Durante 160 a.C., o monarca sírio Antíoco IV Epifânio desencadeou uma perseguição religiosa contra os judeus que resistiam a seus esforços de helenização e urbanização da terra judaica. Diversos escritores judeus perguntavam onde estava a justiça de Deus quando os mártires eram

129

brutalizados, torturados e assassinados. Alguns deles ponderavam que deveria haver uma resposta global, um tribunal de justiça cósmica, uma ressurreição geral dos corpos dos que tinham sofrido na carne para que pudessem aberta, pública e oficialmente ser justiçados pelo Deus pelo qual haviam morrido. Em outras palavras, a ressurreição geral dos corpos não significava a sobrevivência individual, mas tinha a ver com a justiça de Deus. O cântico era este: Deus vencerá algum dia. E esse dia não demorará!

O *eschaton* envolvia para os fariseus (não para os saduceus) a transformação *física* do mundo e a vindicação do martírio. O texto clássico é Daniel 12,2-3: "E muitos dos que dormem no solo poeirento acordarão, uns para a vida eterna e outros para o opróbrio, para o horror eterno. Os que são esclarecidos resplandecerão, como o resplendor do firmamento; e os que ensinam a muitos a justiça hão de ser como as estrelas, por toda a eternidade".

Há textos ainda mais claros em 2 Macabeus em que os mártires insistem que seus corpos torturados lhes serão devolvidos pela futura justiça de Deus:

Chegado já ao último alento, disse: "Tu, celerado, nos tiras desta vida presente. Mas o Rei do mundo nos fará ressurgir para uma vida eterna, a nós que morremos por suas leis!" Depois deste, começaram a torturar o terceiro. Intimado a pôr fora a língua, ele a apresentou sem demora e estendeu suas mãos com intrepidez, dizendo nobremente: "Do céu recebi estes membros, e é por causa de suas leis que os desprezo, pois espero dele recebê-los novamente". (7,9-11)

Finalmente, "Certo Razias, um dos anciãos de Jerusalém", conseguiu superar Catão, o nobre e romano Catão, com seu suicídio, depois de tentar jogar-se sobre a própria espada, "já completamente exangue, arrancou as próprias entranhas e, tomando-as com as duas mãos, arremessou-as contra a multidão. Invocando ao mesmo tempo Aquele que é o Senhor da vida e do espírito, para que lhas restituísse um dia" (14,37.46). Biologicamente inverossímel, mas teologicamente claro.

Para o judaísmo farisaico do primeiro século, qualquer mundo futuro de justiça e de retidão divinas exigia, de começo, a ressurreição geral dos corpos, quando os justos, especialmente os mártires, seriam vindicados e os injustos, especialmente os perseguidores, punidos. Transformação cósmica, por certo, mas também ressurreição dos corpos. Tratava-se de justiça divina.

Eschaton augustano como Idade Áurea

SALVADOR CÓSMICO. Depois da batalha de Áccio e no final dos anos 30, tudo mudara completamente em Roma. Mas também a própria idéia de Idade Áurea. Acreditava-se que havia sido alcançada e era agora acompanhada por um divino salvador aqui na terra. Esse fato era até mais importante do que a Idade Áurea ou, melhor, equivalia a essa instituição. Nesse contexto, era assim que acreditava a vasta maioria da população do Mediterrâneo.

IDADE ÁUREA, OU TÃO DOURADA QUANTO POSSÍVEL

Nos anos 20, depois que Otaviano tornou-se Augusto, Horácio em uma de suas *Odes* (1.2) lamentava que, nas matanças anteriores durante as guerras civis de Roma, "nossos filhos" tinham-se "reduzido por causa dos pecados dos pais" e perguntava: "quem receberá de Júpiter a tarefa de expiar nossas culpas?" (21,29-30). Sugeria diversos candidatos divinos, mas concluiu com a atual presença de Augusto, deus encarnado:

Tu, filho alado [Hermes-Mercúrio] do benigno Maia, mudando a forma, assumes na terra a figura humana, pronto para ser chamado de vingador de [Júlio] César; poderás retornar depois aos céus, mas por muito tempo terás prazer em habitar entre o povo de Quirino [os romanos]; que nenhuma tempestade inoportuna te afaste de nós, agastado com nossos pecados. Que, em vez disso, te agrades com os gloriosos triunfos, tendo o nome de "Pai" (*Pater*) e "Chefe" (*Princeps*); não permitirás que os medos ataquem sem punição; enquanto és nosso líder, Ó César. (41-52)

Augusto, divindade encarnada, é ao mesmo tempo expiação dos pecados passados de Roma e protetor de suas atuais fronteiras.

Em outro poema do mesmo período, Horácio sugere que talvez um deus na terra, conhecido por suas vitórias, seja melhor do que um deus no céu conhecido por seu trovão (*Ode* 3,5). "Acreditamos que Júpiter é rei no céu porque ouvimos o ruído de seu trovão; Augusto será considerado deus na terra (*praesens divus*) porque anexou os bretões ao nosso império e atemorizou os partos" (1-4). Se esse ambíguo "porque" significar "se", "quando" ou "desde que", ainda assim afirmará a encarnação divina na terra com seus benefícios práticos imediatos acima de qualquer poder divino, ausente no céu.

Na carta aberta a Augusto, *Epístola* 2.1, escrita na década seguinte, possivelmente sua última obra, Horácio observava que os antigos heróis gregos e romanos, como Rômulo, Líber, Hércules ou Castor e Pólux, só haviam recebido a divindade *depois* de mortos, não obstante os grandes benefícios que tinham trazido à humanidade. Parecia-lhe que "a inveja só é superada na morte que vem por último", especialmente porque "as críticas duras daqueles que brilham menos do que os outros, diminuirão quando aqueles se apagarem". Mas Augusto difere desses que se tornaram divinos depois de morrer, porque "a ti, contudo, enquanto estás entre nós, já rendemos honras, construímos altares para jurar em teu nome e confessar que ninguém surgiu até agora igual a ti nem nunca haverá outro como tu" (12-17). Divindades mortas são comuns, mas a divindade viva é única tanto no passado como no presente e no futuro. Augusto controlava o tempo e o espaço.

Esses textos de Horácio articulam claramente o âmago da teologia imperial, pessoal e dinástica de Augusto. Poucas pessoas, porém, ao longo do Império Romano, sabiam ler, ouvir ou entender o latim lírico desse poeta magnífico. Como essa teologia era popularizada entre o povo comum? Não pense em textos, mas em imagens, imagens, imagens.

A ESTRELA DE SEU PAI. O jovem Otaviano percebeu muito cedo em sua vida um fenômeno astrológico e acentuou seu significado cósmico a partir de então.

131

EM BUSCA DE PAULO

Imediatamente após o assassinato de Júlio César nos idos de março em 44 a.C., Otaviano, com dezoito anos de idade, passou por cima da oposição senatorial e celebrou, no mês de julho, os jogos honrando a vitória sobre os assassinos de César. A regulamentação do tempo se deu de maneira impecável. Quando um cometa apareceu no céu, Otaviano rapidamente anunciou que era a apoteose de Júlio César, e o povo aceitou a sugestão de boa vontade: Júlio César era agora divino e tomava seu lugar no céu entre os deuses. Essa interpretação da estrela com cauda que riscava o céu, era endossada por certo *haruspex* (harúspice) chamado Vulcano, um desses intérpretes etruscos arcaicos que liam relâmpagos, entranhas de animais e portentos celestiais, cujo papel em Roma ainda durou por certo tempo. Explicava que o cometa sinalizava a nova era. Um poema atribuído ao profeta de Cumas, perto de Nápoles, combinava doutrinas escatológicas gregas com etruscas para interpretar o sinal como o final da nova era e o começo da décima, que seria a última, a era do deus Sol, cujo emblema metálico era o ouro.

Otaviano exibia essa estrela em toda parte, como parte da disputa pelo poder com Antônio. Era gravada nas pedras dos anéis, nos selos e em contas de vidro, mas especialmente em moedas cujas legendas levavam as pessoas à conclusão lógica de que se Júlio César era agora divino, seu filho adotivo, Otaviano, deveria ser, portanto, "filho de um divino" ou "filho de deus". Abreviava-se o título de diversas maneiras: DIVI FILIUS como DI FI, DIVI F, ou DIVI FI. Não importando o que os senadores da oposição pensassem, Otaviano proclamava-se "filho divino" e era assim também aclamado pelo povo. Quando a lei romana sagrada deificou Júlio César em 42 a.C., o *status* de Augusto adquiriu sanção legal.

ESCRITO NO CÉU. A imagem de Augusto como filho divino não se limitava a pequenos artefatos como moedas. Relembre aquele grande relógio de sol augustano no *Campus Martius* mencionado no capítulo 2, e agora pense mais detidamente nas suas implicações cósmicas. Considere o que os desenhistas pretendiam com aquela praça e a gama de impressões deixadas nos antigos pedestres que passeavam envoltos na sua atmosfera de parque. Enquanto alguns pouco percebiam, outros, certamente, reconheciam as detalhadas articulações da posição cósmica de Augusto: terra e sol, monumento e sombra alinhada para indicar sua imensa importância. Tudo óbvio no uso que então se fazia do sol e do calendário, do obelisco e do globo. Tudo programado nos mínimos detalhes do projeto, segundo o arqueólogo alemão Edmund Buchner. Ele argumenta criativamente, e até de forma convincente, que no equinócio de outono do dia 23 de setembro, aniversário de Augusto, a sombra do ponteiro do relógio incidia na *Ara Pacis Augustae* e, mais, que no solstício de inverno do hemisfério norte em dezembro indicava o dia da concepção de Augusto quando o zodíaco entrava em Capricórnio. Era outro sinal bastante utilizado na iconografia de Augusto. Em outras palavras, o destino de Augusto estava escrito nas estrelas.

Suetônio, em *Vida dos Césares*, narra no episódio, *O deificado Augusto*, como o astrólogo Teógenes de Apolônia predisse na Via Egnatia "uma incrível carreira" para Augusto. Quando o imperador lhe revelou a data de seu nascimento e o astró-

132

logo calculou a configuração dos céus naquele tempo, "deu um pulo e se jogou a seus pés... A partir de então Augusto passou a acreditar em seu destino, tornando público o seu horóscopo, gravando em moedas de prata o signo da constelação de Capricórnio, sob o qual nascera" (94.12).

Diversos fenômenos astrológicos começaram a ser representados com freqüência nas cunhagens de Roma. Uma moeda, em ouro, lançada por Otaviano em 36 a.C., mostra o Templo do Divino Júlio com a figura do cometa da sua apoteose sobre a cabeça, proporcionalmente menor do que Augusto (Figura 46). Essas moedas propagavam as boas-novas por todas as partes do império. No Ocidente, uma série de denários espanhóis entre os anos 17 e 15 a.C. trazia a figura do signo do zodíaco de Augusto, Capricórnio, com o globo a seus pés e a cornucópia nas costas. No Oriente, um denário e um cistóforo efésios traziam a figura de Capricórnio e da cornucópia com a legenda AUGUSTO, rodeada pela coroa de louros de Apolo (Figura 47).

Figura 46: Denário de Augusto cunhado em Roma, com Augusto impondo a estrela sobre Júlio César.

Figura 47: Denário e cistóforo de Augusto, com o signo do zodíaco, Capricórnio, e a cornucópia.

133

FILHO DE APOLO. A coroa de louros do cistóforo indica outro componente do significado cósmico de Augusto. Otaviano adotara o deus solar Apolo, bem como seu laurel e lira, profecia e disciplina, em clara oposição ao deus do vinho, Dionísio, preferido de seu rival Antônio, com a hera, a vinha, o êxtase e a luxúria. Opunha o imaginário da nova aurora à da noite densa. Depois que Otaviano tornou-se oficialmente Augusto, esse contraste desapareceu e o imperador integrou elementos dionisíacos na iconografia posterior da *Ara Pacis Augustae*. Mas o antigo deus solar grego nascido na ilha de Delos serviu a outra mais importante função na propaganda augustana.

Apolo emprestou significado cósmico a Augusto na arte, na arquitetura e na teologia. Vejamos alguns exemplos. Em primeiro lugar, como já ilustramos no capítulo 2, Apolo e seu grifo iconográfico figuram no centro-direito da couraça da importante estátua de Augusto na Prima Porta (Figura 31). Em segundo lugar, a imagem de Apolo tocando lira aparece no fragmento de uma pintura mural no palácio Palatino de Augusto. Em terceiro lugar, ao lado desse palácio e ligado a ele, Augusto construiu um novo templo a Apolo em lugar bem visível no monte Palatino. Mais tarde, o imperador transferiu os *Oráculos sibilinos* do templo Capitolino de Júpiter para o novo templo Palatino de Apolo. A antiguidade e a ambigüidade dessas profecias gregas secretas acomodavam-se favoravelmente às interpretações de Augusto e incluíam predições a respeito de sua Idade Áurea. Mas, antes dessa mudança, ele as expurgou do que não lhe interessava e as editou para que deixassem clara a relação com ele e sua era. Finalmente, e acima de tudo, Suetônio conta na obra *Vida dos Césares*, em *O deificado Augusto*, como o imperador havia sido concebido pela mãe humana, Átia, e pelo pai divino, Apolo (94.4). Apolo era o deus da medicina e da música, mas também da profecia nos seus grandes santuários oraculares em Delfos, na Grécia, em Dídima, na Turquia, e em Delos, nas Cícladas. A concepção pelo deus da profecia garantia-lhe o futuro, deixando claro que ele *era* o futuro, mais do que se poderia esperar de qualquer oráculo oral ou texto escrito.

NOVA IDADE ÁUREA. Tenha na memória novamente aquele Hino do Século patrocinado por Augusto, composto por Horácio, cantado em coro por vinte e sete moças e vinte e sete rapazes nas grandes celebrações da nova Idade Áurea no ano 17 a.C., no *Campus Martius* e ao redor. Os jogos foram abertos com a invocação do hino e com apelos diretos e indiretos a Apolo: "Ó Sol revigorante, que com teu carro brilhante anuncias o dia e depois o ocultas, renascendo como se fosses outro, mas sempre o mesmo, que jamais possas ver nenhuma cidade maior do que Roma... Gracioso e benigno Apolo, deixa de lado as tuas armas e ouve os teus filhos suplicantes" (9-12.33-34).

Quase dois milênios depois dessa celebração e quase no dia do aniversário de Augusto, descobriram-se acidentalmente no dia 20 de setembro de 1890, na extremidade ocidental do *Campus Martius*, extraordinárias informações sobre esses jogos escatológicos que celebravam o advento da Idade Áurea. Alguns trabalhadores estavam construindo encanamentos de esgoto ao longo do Tibre na altura da Piazza P. Paoli, pouco antes do cruzamento do Corso Vittorio Emanuele com a ponte do

IDADE ÁUREA, OU TÃO DOURADA QUANTO POSSÍVEL

mesmo nome. Descobriram um muro medieval construído ao acaso com restos de antigos materiais de ruínas ao redor. Ao final do dia, os operários entregaram aos oficiais cerca de cem fragmentos dessa parede com inscrições; sete dos quais, com um oitavo acrescentado depois, continham escritos minúsculos do período de Augusto. Descobriu-se que haviam pertencido a uma placa de 10 pés de altura, aplicada num pilar quadrado, erguido para gravar os procedimentos rituais dos Jogos do Século.

As inscrições preservam o registro conciso e metódico dos três dias de celebração complementando a narrativa coral e poética de Horácio, e revelam o papel pessoal e pronunciado de Augusto nos rituais dos jogos. A preparação para as celebrações incluía banho ritual e purificação do povo. Depois de começados, as mulheres de luto tinham de deixar de lado sua dor, e as cortes de justiça suspendiam seus trabalhos. O próprio Augusto claramente orquestrava e presidia os ritos, como se lê neste parágrafo que descreve o sacrifício às Parcas:

> Na noite seguinte, no *Campus Martius*, perto do Tibre, [o imperador César Augusto sacrificou] segundo o ritual grego [nove cordeiras às Parcas divinas] como ofertas queimadas; e pelo mesmo [rito sacrificou nove cabras como oferendas queimadas e disse a seguinte oração:] "Parcas. Como está prescrito para vós nestes livros... [eu vos peço e rogo que] aumenteis [o poder e a majestade do povo romano]... na guerra e na paz; [... e que concedeis eterna segurança,] vitória e saúde [ao povo romano e às suas legiões]; [e que guardeis salvos e expandidos] o estado do povo romano, [... e que possais ser] favoráveis e propícias [ao povo romano], ... [a mim, à minha casa e à minha família]..."
> (*CIL* 6.32323, da tradução para o inglês de Beard, North e Price, vol. 2, 140-144)

"Nestes livros", é claro, refere-se aos *Oráculos sibilinos* gregos. Essa mesma oração e sacrifícios parecidos eram, dia e noite, dedicados à maioria das divindades romanas em toda a cidade, inclusive para Apolo. Com o profeta-deus Apolo, Augusto controlava o futuro, e com os *Oráculos sibilinos* ocultos ele também controlava os vaticínios passados sobre o presente. A Idade Áurea foi firmemente manipulada.

ESCHATON INTERATIVO. A Idade Áurea construía-se, como o próprio divino salvador acentuava, com atividade, envolvimento e participação em vez de pasmaceira, fertilidade sem comprometimento e indolência passiva. Exigia segurança no exterior e piedade em casa, vigor e fidelidade marciais, rearmamento militar e moral, bem como a reconstrução de templos e a restauração das famílias. Ouça uma vez mais as vozes corais do hino de Homero para os Jogos do Século celebrados em 17 a.C. Não há nada no cântico público sobre indolência áurea. Idade Áurea, certamente. Preguiça áurea, jamais.

A moral vem em primeiro lugar, naturalmente, como vimos no capítulo 2. "Educa os nossos jovens, ó deusa, e abençoa os editos dos Pais sobre o casamento e sua lei, destinados, rogamos, à procriação de filhos" (17-20). Vem, em seguida, a fertilidade, que é a abundância normal permitida pela paz. "Abundante nas colheitas e no gado, possa a Mãe Terra ornamentar Ceres com a coroa de milho; e que as fecundas chuvas e brisas de Júpiter aumentem nossa colheita" (29-32). Então, Augusto aparece como

135

novo Enéias com um *pedigree* divino de mil anos, descendente do troiano Anquises e da deusa Vênus. "E que o glorioso descendente de Anquises e Vênus, com sacrifícios de novilhos de leite, suplique o triunfo sobre o inimigo de guerra e generosidade aos vencidos!" (49-52). Com a vitória sobre os partos, os indos e os citas, retornavam a Fé, a Paz, a Honra, a Modéstia, a Virtude e a Abundância. Finalmente, que Apolo "prolongue o poder romano e a prosperidade do Lácio em ciclos sempre novos e em tempos sempre melhores" (66-68).

O programa de Augusto consistia numa utopia ativa e num *eschaton* interativo. Não era apenas esperança para o futuro, mas promessa para o presente. Quem quisesse se contrapor a esse plano teria de oferecer não apenas esperança para o possível futuro, mas promessa para o visível presente. Entra em cena, então, Paulo, uma geração depois, vindo do contexto da escatologia apocalíptica judaica, para enfrentar no coração de Roma a escatologia imperial tão insistentemente acentuada por Augusto e seus sucessores. Tratava-se de um choque cósmico de deuses, senhores e salvadores, em luta global não apenas entre possibilidades futuras, mas entre realidades presentes, envolvendo o debate a respeito das diferenças absolutas de sentido que possuíam as mesmas palavras.

Divina dinastia para a Idade Áurea

O entusiasmo difundido pelo Oriente para com o imperador excedia até mesmo o do povo romano e certamente do Senado. Poder-se-ia dizer, cinicamente, que o culto divino tinha a função principal de angariar benefícios de Roma. Relembramos, no entanto, que a estabilidade e a segurança decorrentes do governo imperial tinham já levado a essas bênçãos e que a graça ou a paz cósmicas vinham, certamente, de um deus. Era assim que se pensava. Mas, em vez dessa atitude cínica e secularizada, em relação com as festas, rituais e honrarias imperiais, tomemos o ponto de vista religioso-político que pressupõe considerável grau de sinceridade da parte das províncias. Assim, a penetração e aceitação do culto do imperador presente na teologia imperial através do Mediterrâneo era uma das feições principais do mundo de Paulo. Essa teologia consolidava as várias partes do império num todo harmonioso e era a argamassa que mantinha unida a *oikoumenē*, ou "mundo civilizado". Os fatores mais importantes para a manutenção da unidade do povo sujeito a Roma, até mesmo dos que com o tempo acabariam se considerando plenamente romanos, eram os festivais cíclicos, os rituais comunitários, a persistência das imagens talhadas em mármore e pedras, as orações e os sacerdócios dos templos imperiais.

Não entendemos que "*o culto do imperador*" e "*o culto imperial*" tivessem sempre existido como entidades monolíticas, uma vez que as evidências arqueológicas, epigráficas e literárias revelam tremenda diversidade de formas para honrar e adorar o supremo governante divino romano. O fenômeno não era regulamentado pela hierarquia sacerdotal romana nem unificado por certo conjunto de doutrinas latinas.

IDADE ÁUREA, OU TÃO DOURADA QUANTO POSSÍVEL

Pelo contrário, as iniciativas locais para honrar os imperadores júlio-claudianos, baseadas em condições políticas e religiosas locais, criavam vasta gama de "cultos imperiais", e as cidades e até mesmo as províncias procuravam ultrapassar umas às outras com tributos criativos e exuberantes ao imperador. As cidades mais ricas, ao longo do império, competiam com as demais no que concerne a serviços caros ao imperador e aos ofícios sacerdotais do culto, construindo edifícios, promovendo jogos e até mesmo loterias.

O culto poderia significar coisas diferentes para participantes diferentes e para espectadores, mas era o aspecto mais identificador do império, reconhecido por viajantes, como Paulo, pelas inúmeras cidades que proliferavam pelo Mediterrâneo. Para os citadinos pobres, a participação nos sedutores festivais do culto era quase irresistível. Qualquer sinal de reticência pareceria irracional, posto que o culto imperial sempre levava em consideração os deuses e as tradições regionais. Havia para os escravos libertados, para os artesãos urbanos, em nome de Augusto, Tibério, Calígula ou Cláudio, benefícios filantrópicos como *shows* teatrais e jogos de gladiadores de graça, bem como festas públicas onde se distribuía carne sacrificial e até mesmo bebidas para lubrificar as graças sociais. O culto imperial oferecia à elite, nas palavras de Stephen Mitchell, em *Anatólia*, "o contexto, mesmo a linguagem, para a expressão de suas ambições, impressionando as comunidades e ajudando essa mesma elite a alcançar posições de poder e autoridade" (117). Em resumo, o culto imperial alimentava a vida civil urbana, de um lado, exigindo lealdade ao imperador e estabilidade do império e, de outro, facilitava a distribuição de benefícios econômicos e políticos, mas, talvez mais importante ainda, promovia o reconhecimento social e a honra comunitária em nível local.

Não nos surpreende, pois, que a lembrança do Império Romano do passado esteja cheia de faces de imperadores mortos gravadas em moedas, de espaços ornamentados com suas estátuas, e de seus nomes inscritos em pedras. Artefatos diversos, desde pequenas moedas até enormes templos e grandes cidades, mostram com absoluta clareza a centralidade da figura arqueológica de César para os habitantes do império. Nas cidades visitadas por Paulo, a evidência do culto do imperador reaparece nas atuais escavações. Em geral, os arqueólogos encontram inscrições sobre esse culto. Descobrem estátuas da família imperial e sempre identificam figuras dos imperadores nas moedas.

A dinastia dos júlio-claudianos incluía os descendentes julianos da irmã de Augusto, Otávia, ou da filha, Júlia, ao lado dos descendentes de sua segunda esposa, Lívia. Calígula e Nero vêm da primeira linhagem; Tibério e Cláudio, da posterior. Os claudianos, certamente, produziram melhor descendência imperial do que os outros, mas, assim mesmo, o carisma divino de Augusto fluía por todos os seus sucessores até ser renovado uma vez mais na dinastia flaviana. Não era, porém, mais pessoal nem dinástica, mas imperial. Eis, a seguir, alguns exemplos de membros da dinastia júlio-claudiana. Leia esses exemplos, no contexto de nossas epígrafes de abertura sobre a Idade Áurea com Augusto e Nero.

Augusto

Michael Pfanner examinou as antigas técnicas existentes de produção de massa e comparou os números da França napoleônica com os de Roma para calcular a existência de vinte e cinco a cinqüenta mil retratos de Augusto espalhados pelo império, sem incluir os de seus sucessores e da família imperial. Os traços faciais e a forma do cabelo reproduzem-se nessas cópias, certamente programadas, tornando-o a pessoa mais facilmente reconhecível no mundo. Suas estátuas assemelhavam-se às dos deuses nos templos, seu busto representava a justiça imperial nos tribunais, e suas imagens eram carregadas em procissões pelas cidades nas diversas festas de aniversário, tradição mantida pelos imperadores posteriores.

A teologia e a cosmologia, cuidadosamente programadas, sempre incluíam sua imagem. Ethelbert Stauffer cita em *Christ and the Caesars* [Cristo e os Césares] uma inscrição encontrada no Egito que qualifica o imperador Augusto e suas conquistas libertadoras como brilhante estrela celeste. Descreve o imperador em termos cosmológicos como "governador dos oceanos e dos continentes, pai divino entre os homens, com o mesmo nome de seu pai celestial — Libertador, estrela maravilhosa do mundo grego, brilhando com o mesmo fulgor do grande Salvador celeste" (99). Uma inscrição datada de 17 de março de 24 a.C., encontrada em Socnoipaei Nesus no Fayyum egípcio e citada em *Light from the Ancient East* [Luz do antigo Oriente], de Deissmann, mostra quão maleável e adaptável era, na verdade, a teologia imperial romana. Augusto é chamado de "deus de deus", e a ele se aplica o antigo título do divino Hórus, filho da deusa Ísis e do deus Osíris (345).

Tibério

Augusto só teve uma filha, Júlia, e a deu em casamento diversas vezes na esperança de ganhar um herdeiro legítimo, mas nenhum de seus filhos viveu até a maturidade. Com relutância, aceitou seu enteado Tibério como herdeiro, filho de Lívia de seu casamento anterior com Cláudio. Com a morte de Augusto e sua divinização senatorial, Tibério se tornou nas duas décadas seguintes *divi filius*, Filho de Deus, e imperador. Procurou depender não apenas do carisma divino de seu predecessor mas, inicialmente, também de sua bem-sucedida carreira militar. A conjunção de vitória e divindade, descendendo de Augusto para Tibério, é formosamente ilustrada em camafeus de sardônio, um de 7 por 9 polegadas, agora no Museu Kuntsthistorisches, em Viena, e o outro medindo 10 por 12 polegadas, presentemente na Bibliotèque Nationale de France, em Paris.

O primeiro camafeu, conhecido como *Gemma Augustea*, contém dois registros quase iguais (Figura 48). Na seção inferior, à esquerda, quatro soldados romanos erguem um troféu auxiliados por dois bárbaros cativos, uma mulher e um homem, prontos para ser acorrentados. À direita, dois aliados romanos puxam pelos cabelos outros dois cativos, novamente, um homem e uma mulher. Na parte superior, à esquerda, Tibério, vestindo a toga, desce de seu carro ao lado da deusa Vitória. Seu sobrinho, Germânico, com vestes militares, posta-se entre ele e Roma. No centro, a deusa Roma e o divinizado Augusto na forma de Júpiter reclinam-se em um trono duplo tendo as armas conquistadas a seus pés. Ela olha para Augusto, como todas as figuras desse painel. Mas ele volta-se para Tibério. Observe que ela senta-se à sua direita e não vice-versa. Abaixo do seminu Augusto vê-se a águia, símbolo de Júpiter, também olhando para ele. Acima de Augusto está Capricórnio, seu signo do zodíaco. Segura com a mão direita o pequeno áugure, e com a esquerda o longo cetro imperial. À direita, *oikoumenē*, ou "mundo habitado", coroa-o com uma grinalda de carvalho. Abaixo, o Oceano (masculino), de pé, e a Terra (feminina), sentada, com crianças e a cornucópia da segurança e da fertilidade. A ocasião imaginada é o triunfo da vitória de Tibério no dia 23 de outubro de 12 d.C. A mensagem é clara: a divindade de Augusto situa-se acima da vitória romana e, deles, a paz fértil estende-se sobre o mar, a terra e todo o mundo habitado.

Figura 48: A *Gemma Augustea*, com Augusto sentado como Júpiter com sua corte, no registro superior, e soldados romanos com bárbaros vencidos, no registro inferior.

O outro camafeu, conhecido como o *Grande Camée de France*, tem três registros (Figura 49). A parte inferior mostra os vencidos: homens, mulheres e crianças. Na seção maior do centro, bem à esquerda, Cléia segura o rolo, pronta para registrar a história. Em sua frente, Calígula ainda jovem. À direita deles, Germânico com a esposa Agripina, um pouco atrás. Tibério senta-se num trono no centro, numa duplicação quase exata de Augusto que vimos no camafeu anterior. Seminu, com uma grinalda, segura na mão direita o áugure, e na esquerda um báculo em forma de lança. À direita dele, senta-se Lívia, sua mãe e viúva de Augusto, num trono mais baixo. A Armênia conquistada senta-se na frente dela com a cabeça curvada. À sua direita, o jovem filho de Germânico, Druso, indica o céu. E, finalmente, na extrema direita, sua esposa, Êmia Lepida, olha na direção indicada por Germânico.

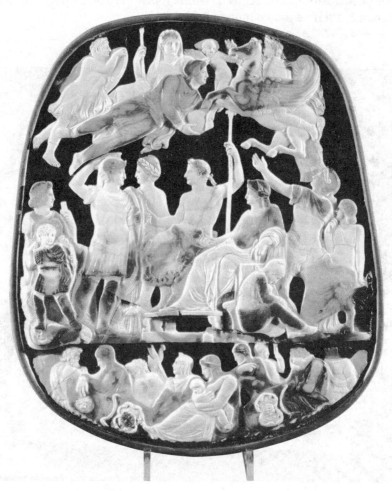

Figura 49: A *Grande Camée de France*, com o divino Augusto olhando para sua esposa, Lívia, e seu sucessor, Tibério.

A parte de cima, da esquerda para a direita, mostra importantes membros já mortos da dinastia júlio-claudiana, agora no céu. À esquerda, o irmão de Tibério, Druso, o velho; no centro, Augusto com a grinalda, a égide e o cetro; à direita, Marcelo cavalgando. Um pequeno Eros, filho de Marte e Vênus, conduz Marcelo a Augusto. Na frente de Augusto, Enéias, o divino ancestral troiano da linhagem júlio-claudiana, carrega um grande globo. A ocasião imaginada retrata o retorno de Germânico do norte e sua partida para o Oriente (e para a morte) em 17 d.C. Também aqui a mensagem é clara: o divino Augusto protege sua dinastia lá do céu e agora a paz domina completamente e não há mais guerra.

Existe ainda, proveniente da cidade de Gytheum, perto de Esparta, no Peloponeso, detalhada narrativa de celebrações da família imperial no reino de Tibério em 15 d.C. Observe, ao ler este documento, que não se trata de mero relato encontrado num muro, mas de prescrições para um grande festival que se repetia nas cidades:

> O *agoranomos* (supervisor do mercado) celebrará no primeiro dia o deus César Augusto, filho de Deus, nosso Salvador e Libertador; no segundo dia, o imperador [Ti]bério César Augusto, pai da pátria; no terceiro dia, Júlia Augusta [Lívia], Fortuna de nossa nação e cidade; no quarto dia (da Vitória), Germânico César; no quinto dia (de Afrodite), Druso César; e no sexto dia, Tito Quinto Flamínio; quando o *agoranomos* estiver liderando os jogos timélicos (isto é, musicais e teatrais), também conduzirá uma procissão ao Templo de Asclépio e da Saúde, incluindo os... rapazes e outros cidadãos, usando guirlandas de louro e vestes brancas. Participarão também da procissão moças sagradas e mulheres com roupas sagradas. Quando a procissão chegar ao Cesareion, [todos] sacrificarão um touro em favor de nossos governadores e deuses e da continuação eterna de seu governo. Depois do sacrifício, os festeiros comuns e os magistrados serão convidados a oferecer sacrifícios na ágora. [E o] sacerdote do deus Augusto César e de Júlia Augusta levará três imagens pintadas, deles e de Tibério César Augusto, também para o teatro... E erguerão uma coluna de pedra com a inscrição desta lei sagrada e depositarão uma cópia dela nos arquivos públicos, de tal forma que esta lei, mostrada a todos em lugar público e ao ar livre, prove a gratidão do povo de Gytheum para com seus governantes... (*SEG* 11.923; a partir da tradução para o inglês de Beard, North e Price, vol. 2, 254-255)

Em outra inscrição encontrada nessa mesma cidade, Tibério demonstra estar satisfeito com as honras divinas prestadas a seu pai Augusto, mas diz que se contenta em receber "honras adequadas aos homens mortais" (*SEG* 11.922). Mas, gostando ou não, os festivais e os ritos decorriam sempre da mesma forma, e Tibério era honrado como se fosse um deus, posto que o povo lhe oferecia em sacrifício um touro "em favor da segurança de nossos governantes e deuses". Como inúmeros outros festivais ao redor do Mediterrâneo, o de Gytheum dava aos muito ricos oportunidades de se associarem ao imperador, aos jovens da cidade, a familiaridade com a família imperial, e, depois da vistosa procissão, banquetes para o povo em honra do imperador.

Calígula

Gaio Júlio César Germânico era afetuosamente chamado de Calígula, ou "Botinha", pelos soldados estacionados no Reno sob as ordens de seu pai, Germânico.

Ele conseguiu sobreviver a acidentes, assassinatos e envenenamentos sob Tibério e seu consultor, ávido de poder, Sejano, até se tornar imperador em 37 d.C. Quase todos conhecem seu apetite pela patologia sexual e pela divinização imediata, por meio de narrativas às vezes exageradas. Acabou sendo assassinado no quarto ano de seu reinado.

Mesmo em tão curto tempo, Calígula foi capaz de estabelecer certo significado cósmico e honra divina no exterior. Uma estátua dele foi colocada no Templo de Apolo na ilha de Calymnus, e a inscrição que a acompanha sugere que o templo era dedicado a ambos (*IGR* 6.1022). Na cidade de Assos, na Turquia, sobrevive a inscrição de um juramento de lealdade a ele, por romanos e gregos, embora o imaginário aí presente seja totalmente cósmico ou, melhor, apocalíptico e até mesmo messiânico:

> Desde o anúncio da coroação de Gaio César Germânico Augusto, por quem a humanidade rezou e esperou, o mundo não mede sua alegria, e todas as cidades e povos apressam-se a ver o deus como se estivesse começando agora a mais feliz das eras para a humanidade: pareceu bem ao conselho e aos negociantes romanos entre nós, e ao povo de Assos, indicar uma delegação composta dos mais nobres e eminentes romanos e gregos, para visitá-lo e oferecer-lhe os melhores votos implorando-o a que se lembre de nossa cidade e cuide dela, da mesma forma como prometeu à nossa cidade na sua primeira visita à província na companhia de seu pai Germânico. (*SIG* 3.797)

Diferentemente de Tibério, Calígula herdou o sangue quente de Augusto e sem demora proclamou-se divino. No início de seu reino foi cunhada uma moeda (*sistertius*) com a representação velada de *Pietas*, isto é, da piedade religiosa mas também, e especialmente, da piedade filial, que relembra seu bisavô Augusto. A figura está cercada pela legenda abreviada: "Gaio César, bisneto do Divino Augusto, Augusto, *pontifex maximus*, com poder de tribuno pela terceira vez, pai da pátria". O reverso mostra Calígula, com a toga e o véu de sacerdote, sacrificando um touro no Templo do Divino Augusto, cuja estrutura foi começada por Tibério e quase completada por ele, mas dedicada por Calígula no seu primeiro ano de reinado (Figura 50).

Figura 50: Moeda de Calígula com o véu de sacerdote sacrificando um touro no Templo do Divino Augusto.

Outra moeda, cunhada um pouco depois, com a imagem de Calígula, mostra mais obviamente sua dependência da divindade de Augusto como progenitor mais do que de si mesmo como *imperator* no campo de batalha. Num dos lados, exibe o divino Augusto coroado com os raios do deus Sol ou, talvez, Apolo; no outro lado, Calígula ostenta a coroa de louros de Apolo, revelando traços faciais e penteado muito semelhantes aos de seu bisavô (Figura 51). A legenda apenas informa que Gaio César era *pontifex maximus*, título que Augusto tanto desejou e pelo qual esperou pacientemente e que agora era adotado apressadamente por Calígula. No sacerdócio não mostrou piedade e como salvador não se fez notar por ter dispensado benefícios. Depois de apenas quatro anos, recebendo sem nada retribuir, as legiões se encarregaram de sua remoção.

Figura 51: Moeda de ouro de Calígula com a cabeça radiante de Augusto, de um lado, e a mesma imagem, do outro, com a láurea.

Cláudio

Depois do assassinato de Calígula e de muitos outros possíveis herdeiros, Cláudio gago e com o pé torto escondeu-se atrás de uma cortina e, achado, foi coroado imperador pelo exército. Esse fato tinha a intenção de evitar, em primeiro lugar, a volta da República com suas sangrentas guerras civis entre as legiões. Cláudio conseguiu restaurar certa dignidade à linhagem imperial e, como Augusto antes dele, introduziu novas práticas disfarçadas de antigas. Observava meticulosamente os rituais e recitava cuidadosamente as orações. Gostava dos aspectos antiquados da história romana. Por exemplo, para citar um costume antigo (certamente esquecido) de que todos os que expandiam o império também aumentavam os limites sagrados da cidade, ele fez as duas coisas depois de conquistar a Bretanha. Reavivou, também, a arte etrusca dos harúspices, provavelmente para diminuir as superstições estrangeiras em Roma trazidas pelos druidas celtas ou pelos astrólogos orientais. Mas, talvez mais importante do que isso, e também como Augusto, celebrou os Jogos do Século no *Campus Martius* em 47 d.C. Um grupo de especialistas e de astrônomos calculou criativamente a data da realização dos próximos jogos usando um ciclo de 100 anos em vez de 110 e, depois de determinar favoravelmente que os jogos deveriam ser celebrados nos oitocentos anos do aniversário da fundação de Roma, descobriu, felizmente, que o advento da nova era caía exatamente num período de seis anos do reinado de Cláudio.

Conseguiu, também, que o Senado votasse sua deificação póstuma, com certa oposição inicial e ridicularização posterior. A paródia do primeiro século, provavelmente escrita por Sêneca, tutor e conselheiro do sucessor de Cláudio, Nero, conta que os deuses no Olimpo opunham-se veementemente a essa pretensão e que o próprio Augusto também se mostrava contrário à deificação de Cláudio. Nero, mais tarde, forçou Sêneca a cometer suicídio, provavelmente, por não ter levado suficientemente a sério o processo de deificação imperial. E Cláudio continuou sendo deus. O árido deserto sírio em Dura-Europos, a 1.000 milhas de distância e dois séculos depois, ainda preservava um calendário militar padrão cujo texto em papiro indicava a data de 1º de agosto como do nascimento de Cláudio (*divus Claudius*), considerada festa maior, na qual se devia sacrificar um boi a ele, a Júpiter e a Augusto.

No ano 41 d.C. Cláudio mandou cunhar uma moeda com a personificação feminina de *Spes* (Esperança), caminhando com uma flor na mão, acompanhada da legenda *Spes Augusta*, "Esperança de Augusto" (Figura 52). Talvez quisesse anunciar assim suas esperanças dinásticas em favor de seu recém-nascido filho, Britânico ou, mais provavelmente, buscasse apenas confirmar a *continuidade* escatológica da Idade Áurea de Augusto a Cláudio. Na verdade, nascera no dia 1º de agosto, festa da *Spes*, e queria explorar o sentido cósmico do evento. Voltaremos mais adiante a Cláudio sobre moedas e estátuas quando tratarmos de Tessalônica.

Figura 52: Moeda de Cláudio anunciando a "Esperança de Augusto".

Nero

Nero tornou-se César depois da morte de Cláudio, e foi o último membro da dinastia júlio-claudiana. Um monumento encontrado em escavações no início da década de 1990 nas encostas ao nordeste do monte Palatino revela como Augusto,

IDADE ÁUREA, OU TÃO DOURADA QUANTO POSSÍVEL

que fora *princeps*, havia de fato começado um governo dinástico empenhado em trazer o culto imperial a Roma. Um templo até então desconhecido a serviço desse culto imperial foi descoberto com um monumento à dinastia divina júlio-claudiana. Dois grupos de inscrições foram encontrados aí, o primeiro sobre a placa de bronze que cobre a base de madeira e concreto de uma estátua; o outro, num conjunto de placas de mármore com 15 pés de cumprimento, presas a bases de estátuas imperiais, talvez de bronze, cuja identificação ainda está para ser feita.

O monumento era dedicado por um conjunto de músicos chamados *aenatores*, que tocavam instrumentos de metal como trompetes, trombetas e trompas em eventos militares e cerimônias sagradas. A primeira inscrição dirigia-se ao futuro imperador Tibério antes de sua adoção por Augusto no ano 4 d.C. A estátua de Tibério e a inscrição localizavam-se no lugar ao redor do qual Cláudio, mais tarde, construiu o munumento dinástico e restaurou o templo acrescentando estátuas de Augusto, dele mesmo, e de sua esposa, Agripina, mãe de Nero. Essas inscrições foram preservadas até hoje nos pedestais de mármore. Imortalizavam o imperador Augusto, filho do divino César e sumo sacerdote (IMP CAESARI DIVI F AUGUSTO PONTIFICI MAXIMO...), identificavam Cláudio como sumo sacerdote (PONTIFICI MAXIMO) e descreviam Júlia Agripina, a apaixonada mãe de Nero e a esposa do deus Cláudio (DIVI CLAUDI). Calígula nunca aparece, por ter sido relegado à *damnatio memoriae*, com o nome apagado de todas as inscrições e estátuas. Mais tarde a estátua de Nero foi acrescentada com a mais longa das inscrições, identificando-o de diversas maneiras, como sumo sacerdote, filho do divino Cláudio e tataraneto do divino Augusto.

Roma havia assumido a dinastia fundada por Augusto que passava adiante sua divindade e o ofício do sumo sacerdote, incluindo o título de *pontifex maximus*, supremo construtor da ponte entre o céu e a terra. Essa dinastia continuou até Nero. O templo dinástico foi destruído no grande incêndio de Roma em 64, suas inscrições se fragmentaram, e a área foi coberta para acomodar a nova e extravagante Casa de Ouro de Nero. Mas o monumento logo se tornou desnecessário porque a dinastia terminou em 68 d.C., quando ele foi forçado a cometer suicídio.

A Via Egnatia entre os Bálcãs

Para Tessaloníki de hoje

Você roda agora numa estrada de quatro faixas pela Grécia num pequeno carro Citroen vermelho alugado, na velocidade legal entre 120 e 170 quilômetros por hora. Não há absolutamente ninguém além de você na estrada, pelo menos nessa hora. Você começou a viagem, de manhã, em Dodoni, o lugar oracular mais antigo de Zeus, visitado pelo Odisseu de Homero e, talvez, por muitos outros desde então, e vai agora para o canto noroeste da Grécia ao sul da fronteira da Albânia e da ilha de Kerkira, ou Corfu. Você dirige agora nas estradas marcadas no mapa em amarelo,

145

indicando vias de uma só mão, encontrando no caminho, se tiver sorte, tratores, e no pior dos casos, rebanhos de cabras, para atrasar a viagem. Ocasionalmente, essas linhas amarelas transformam-se em brancas, indicando subidas, mas em estradas sujas e esburacadas. Inesperadamente você chega a uma rampa indicada no mapa com pontos em rosa e preto para dizer que ela está em construção. Mas você está na metade de junho de 2003 e a construção já terminou. Você se dirige na direção do Adriático para a cidade moderna de Igoumenítsa, primeiro porto com balsas para o transporte de carros até Brindisi, na Itália. Daí você vai ao sul ao longo da costa para o sítio da vitória de Otaviano e Agripa sobre Antônio e Cleópatra no Cabo Áccio na parte sul do promontório do golfo Ambraciano.

A estrada termina tão depressa como começou, na frente de um sinal diante da construção de uma ponte sobre um rio e um túnel perfurado na montanha (Figura 53). Mas antes de retornar às pequenas estradas marcadas em amarelo e branco no mapa, você se depara com uma grande placa azul e dourada com informações escritas em grego e inglês, posta ali pela União Européia, anunciando a nova Egnatia Odos, isto é, a nova Via Egnatia. As mensagens escritas na placa acentuam que metade do custo dos guindastes, escavadoras e caminhões para misturar cimento está sendo financiado pela Companhia de Apoio Estrutural da União Européia e boa parte do resto pelo Banco Europeu de Investimento. Você descobre, depois, que o custo total dessa obra está orçado em 1,15 trilhão de dracmas gregas, moeda tornada obsoleta pelo Euro mas calculada em 2003 na proporção de 300 por dólar americano. Você fica sabendo mais tarde que depois da inauguração dessa estrada, suas 425 milhas incluirão 1.650 pontes com extensão de 25 milhas e 76 túneis medindo, no total, 30 milhas.

Figura 53: Construção da nova Via Egnatia, através da Grécia.

Os operários que trabalhavam nessa construção ao longo de 1.100 jardas de largura cortando terras descobriram 270 sítios históricos e arqueológicos, retardando a realização do projeto, e requerendo dos construtores o pagamento de 2,5 bilhões de dracmas para financiar as escavações em mais de 40 lugares. Trata-se de mais um lembrete da antiga geopolítica, ao longo da Via Egnatia original, que tinha o mesmo propósito que tem hoje, a saber, ligar Roma e a Itália à Ásia Menor e ao Oriente. Mas o antigo projeto, construído pelo procônsul romano Gnaeus Egnatius entre 146 e 120 a.C., era mais urgente, porque na época não havia aviões, e as viagens por mar só podiam ser feitas seis meses por ano. A única maneira de enviar legiões para o Oriente e trazer de volta espólios era construir, em escala sem precedentes, uma estrada que servisse para todas as estações do ano, com pavimentação sólida, pontes, diferentes níveis, estações de água e marcos miliários.

A nova Odos reduzirá o tempo de viagem de Igoumenítsa, no Adriático, a Tessalônica, no Egeu, de cinco para duas horas e meia, e de Igoumenítsa para a fronteira da Turquia de doze para seis horas. A Grécia ligará, de fato, o Ocidente com o Oriente, a Itália com a Turquia e a Europa com a Ásia. Quando você termina sua pequena viagem pela nova Via Egnatia nessa manhã de verão, pondera a respeito dos óbvios paralelos com a estrada original. Servirá esta nova estrada, da mesma forma que a anterior, aos interesses do império, beneficiando alguns privilegiados, ou trará justiça para todos? Eis aqui um simples teste. Quando a nova Via Egnatia for completada, será a Turquia membro pleno da União Européia? Será o primeiro país não europeu e não cristão a se juntar à aliança? Caso contrário, se seus 65 milhões de habitantes forem excluídos, saberemos então que a nova estrada, como a antiga, estará novamente a serviço do império, sempre do império. Mas acima de tudo, quando você deixa a estrada no lado ocidental no começo do século vinte e um, pense sobre Paulo na saída da estrada perto de Filipos na metade do primeiro século (Figura 54).

Figura 54: Via Egnatia em Filipos, com problemas na pavimentação.

Para Tessalônica de então

As águas de quatro rios correm para o golfo Termaico entre as montanhas ao redor e dão a Tessalônica um solo rico. Como tão freqüentemente acontece em volta do mar Egeu, terremotos e depósitos de aluviões aumentam o terreno, embora muita lama escorregue para a baía. Ao noroeste, por exemplo, Pela, lugar do nascimento de Alexandre Magno e primeira capital da Macedônia, era antigamente navegável pelo mar, mas agora as águas recuaram cerca de 12 milhas, deixando em seu lugar a terra firme. As glórias da Macedônia ecoam no nome de Tessalônica. Quando Paulo chegou a essa cidade para formar uma comunidade cristã de fiéis por volta do ano 50 d.C., sob Cláudio, os tessalonicenses já formavam uma comunidade leal a Roma havia duzentos anos e gozavam de prosperidade e diversidade sem precedentes. Macedônia se tornou província romana em 146 a.C., e Tessalônica foi sua capital, situada junto a uma pequena baía e à estrada de todas as estações, pavimentada, entre o Adriático e o Egeu. A cidade e os cidadãos estavam preparados para um grande futuro, isto é, para importante futuro *romano*.

No tempo de Paulo, Tessalônica possuía uma população de cerca de quarenta mil habitantes vindos de todas as partes do Mediterrâneo. Era uma das menores capitais provinciais, menor até do que a Corinto aquéia, a Éfeso asiática, a Antioquia síria ou a Alexandria egípcia. Mas o que contava era a sua localização, não o tamanho. Na Via Egnatia e no Egeu, como acesso aos tributários do Danúbio, tornou-se a sede natural do poder romano, mas também lugar atraente até a história posterior, de tal maneira que sempre fora habitada desde os tempos de Paulo através das eras otomanas e bizantinas, até o presente, deixando pouca oportunidade para escavações de valor. Mas, mesmo assim, observa-se contínua escavação no antigo fórum romano, que ocupa cerca de uma quadra na área central. Muitas de suas estruturas datam do segundo e do terceiro século da era cristã. A maior parte dos artefatos do primeiro século vem de modernos projetos de construção. São peças pequenas ou fragmentadas.

GREGOS. Ficamos sabendo muita coisa a respeito do caráter comercial e cosmopolita da antiga cidade por meio de pedaços e peças acidentalmente desenterradas, datadas do terceiro século a.C. Por ocasião da reconstrução de projetos em 1920 e 1939, descobriu-se um inteiro complexo sagrado dedicado aos deuses egípcios Sarápis e Ísis, mas foi coberto, selado e se construiu sobre ele. Estabelecido já no terceiro século a.C., provavelmente por comerciantes egípcios, a área sagrada manteve-se em boas condições até o primeiro século d.C., quando foram aí levantados um templo para Osíris, um tanque de estilo batismal e diversos altares para Ísis *Lochia*, ou Ísis maternal. Uma inscrição bilíngüe em latim e grego do período augustano presta honras ao doador por ter construído o novo pórtico (*pronaos*) e reparado o Templo de Ísis, mostrando que nessa época havia outras pessoas que apoiavam esses deuses estrangeiros e aderiam a eles. Ao lado dos egípcios que viviam entre a população grega, macedônia, e de descendentes tracianos, havia também evidência da presença de comerciantes italianos desde períodos anteriores. Eram os *negotiatores* que já vimos na ilha de Delos no capítulo 1, atraídos a Tessalônica pelas oportunidades comerciais existentes ao longo da Via Egnatia.

ROMANOS. Havia também na cidade, naturalmente, romanos de nascimento, que administravam a província. Organizavam-se em sua própria associação, a "união dos romanos" (*IG* X 2,1 n. 32,33), mas se misturavam com os outros na cidade cosmopolitana e politeísta. O romano Publius Salarius Pamphilos, por exemplo, é nomeado sacerdote de Ísis e Sarápis, segundo uma antiga inscrição (*IG* X 2,1 n. 83). Há também, gravada numa estela de mármore, uma lista de nomes de membros que se encontravam e faziam refeições em honra do deus egípcio Anúbis, com sua cabeça de cão; nove dos catorze nomes são romanos. Essa estela foi erguida em honra do romano que estabelecera a casa (*oikos*) do grupo onde se reuniam e comiam (Edson 181 f, Inventório # 1254). Apesar do número de romanos na cidade e de seu importante papel político, a vasta maioria das inscrições encontradas em Tessalônica foi escrita em grego, porque os romanos permaneciam mestres políticos mas preferiam fazer parte do mundo cultural do Oriente helênico.

Outra inscrição quase totalmente destruída, por exemplo, talvez se referisse a Antônio e Otaviano como "benfeitores e salvadores". Tessalônica, aliada de Antônio e Otaviano, foi prometida por Brutus e Cássio às suas legiões, para ser violada, pilhada e roubada. Depois das vitórias das forças de César em Filipos, Tessalônica foi salva dessa ameaça e ganhou certa medida de independência por sua lealdade. Os cidadãos começaram até a contar o tempo pelos "anos de Antônio", embora essa era não tenha durado muito. Além disso, a deusa Roma foi ressaltada como elo de ligação entre as antigas divindades gregas e os novos patrocinadores romanos.

Depois da batalha de Áccio, no início dos anos 20, a cidade mandou cunhar moedas com a imagem da cabeça de Júlio César, num lado, e de Otaviano, no outro. Júlio era chamado de "deus" (*theos*), embora Augusto não fosse chamado de "filho de Deus" (*theou hyios*), como em outros lugares. A justaposição das duas cabeças, entretanto, afirmava o que as imagens sugeriam. Eventualmente, na primeira metade do primeiro século, como inúmeras inscrições atestam, erguia-se um "Templo de [Juliu]s Cesar" e se instituía "um sacerdote e *agonothete* do Imperador César, filho de deus". Essa pessoa, daí para a frente sempre mencionada em primeiro lugar nas listas sacerdotais, encarregava-se do culto sacrificial e dos arranjos do templo, como *sacerdote*, bem como das competições atléticas e de outros jogos sagrados como *agonothete*. Essa combinação do templo para Júlio e do sacerdote e *agonothete* para Augusto era provavelmente a maneira como Tessalônica honrava "César", considerado nome comum para a dinastia júlio-claudiana. Percebe-se, em geral, tremenda transformação nos registros epigráficos no começo do período imperial. Nos tempos antigos, as assembléias da cidade ou os sacerdócios locais proclamavam anúncios cívicos escritos, mas, depois de Augusto, essas instituições locais, sacerdócios e divindades começaram a desaparecer e as inscrições apelavam agora para Roma, para os benfeitores romanos e especialmente para a família imperial.

JUDEUS. Presumimos que bom número de judeus tenha ido viver em Tessalônica, apesar da escassa evidência arqueológica. A obra de Fílon *Da embaixada a Gaio* menciona judeus na "Macedônia" (36 ou 281) e, naturalmente, Atos de Lucas fala a respeito deles em Filipos e em Tessalônica, embora sua narrativa, como veremos adiante, deva ser lida com muito cuidado não tanto por atestar sua presença mas por descrever suas atividades e motivos. Evidências arqueológicas sobre o judaísmo em Tessalônica no tempo de Paulo precisam ser ainda descobertas, embora haja alguns nomes judaicos e menorás em túmulos e sarcófagos de períodos posteriores; uma inscrição do quarto século em hebraico e grego de uma comunidade samaritana, mas não judia; um sarcófago do terceiro século de Marcus Aurelius Jacob, judeu que se tornara cidadão romano, e de sua esposa, Anna Asyncritus, que menciona sinagogas, bem como dedicações aqui e ali "ao Altíssimo Deus" (*theos hypsistos*), epíteto divino usado por judeus, embora não só por eles.

CRISTÃOS. Não foi fácil para Paulo e sua comunidade evitar a teologia imperial romana em Tessalônica durante o reinado de Cláudio. Moedas eram cunhadas em Tessalônica para toda a província e aceitava-se aí a divindade da dinastia dos imperadores Augusto e Cláudio. Numa das faces, Augusto era aclamado com a legenda *theos sebastos*, "o deus Augusto". Do outro lado, a figura de Cláudio. A mensagem era clara. A divindade de Augusto continuava por meio de sua dinastia até Cláudio.

O índice mais revelador da passagem da divindade de Augusto para Cláudio, no tempo, e de Roma para Tessalônica, no espaço, encontra-se no Museu Arqueológico de Tessaloníki, pelo qual você passou naquela manhã, como vimos no início deste capítulo. O museu abriga duas estátuas quase iguais. Esse "quase" vem da diferença entre elas devido à condição da segunda, agora sem cabeça. A primeira estátua, inteira, é de Augusto, quase sem roupas, como convinha aos deuses, em pose de quem discursa (Figura 55). A volumosa veste cai um pouco abaixo da cintura até o joelho; o excesso de pano é segurado pelo seu antebraço esquerdo. O pé direito posta-se à frente, deixando o esquerdo um pouco atrás. Levanta o braço direito com a mão fechada e o dedo indicador apontando para cima. A segunda estátua, agora quebrada, é idêntica à primeira, mas estão faltando a cabeça e o braço direito. Pensa-se, em geral, que ela representasse Cláudio (Figura 56).

Ambas assemelham-se à famosa estátua de Augusto que mencionamos no capítulo 2 (Figura 57). Trata-se de uma cópia em mármore da original em bronze encontrada em 1863 na Prima Porta da Via Flamínia, na vila de sua esposa Lívia. Pode ser vista agora na Nova Ala do Museu Chiaramonti, no Vaticano. Se compararmos o Augusto romano com o tessalonicense, notaremos imediatamente uma diferença óbvia, muito embora predominem as semelhanças. Em Roma, ele veste uniforme militar, provavelmente para mostrar em sua couraça as implicações cósmicas da "vitória" sobre os partos. Mas, nas duas versões, são iguais o braço direito elevado, o dedo indicador para cima, a perna direita reta, a esquerda um pouco para trás, e o amplo manto ao redor da parte inferior do corpo e sobre o antebraço. Em Roma, mesmo com a couraça e a espada, tem os pés divinamente descalços e um pequeno Cupido, filho de

Figura 55: Estátua de Augusto em pose divina, encontrada em Tessaloníki.

Figura 56: Estátua sem cabeça de Cláudio em pose divina imitando Augusto, encontrada em Tessaloníki.

Vênus, monta num golfinho apoiando-se em sua perna direita. Talvez, mais do que qualquer outra coisa, é o estilo do penteado que estabelece iconograficamente tanto a identidade como a continuidade. O cabelo cai na testa com mechas dos lados.

Infelizmente não se pode agora comparar os traços faciais e o estilo do penteado dessas duas estátuas em Tessaloníki. Mas a mesma seminudez e a pose do corpo acentuam algo muito importante. Augusto era, como se sabe, quatro vezes divino: pela descendência de Vênus e Anquises, pela concepção milagrosa de Apolo e Átia, pela adoção paternal pelo divino Júlio César e por decreto oficial do Senado Romano. Mas a divindade não resultava apenas de carisma pessoal e individual. Decorria de Augusto e continuava depois dele, em primeiro lugar como privilégio dinástico e, em seguida, prerrogativa imperial. Na linhagem júlio-claudiana, sobreviveu até Calígula e Nero. Mais tarde, depois de renovadas guerras civis, continuou até a dinastia flaviana de Vespasiano e Tito, sobrevivendo até mesmo na desastrosa dinastia domiciana. A revolução augustana manteve-se firme. A semelhança daquelas duas estátuas tessalonicenses dão ênfase a essa continuidade no tempo até a vida de Paulo

Figura 57: Estátua de Augusto na Prima Porta; observe os pés descalços com Cupido, filho de Vênus, indicando seu *status* divino.

e, naturalmente, depois dela. A divindade imperial era simplesmente a ideologia que mantinha unido o Império Romano e a teologia que levava o orgulho e a tradição gregos a aceitar sem problemas a lei e a ordem romanas. De qualquer forma, esse carisma divino estava ainda relativamente vivo quando Paulo chegou a Tessalônica sob o imperador Cláudio.

"Apesar de grande oposição"

Paulo viajou da Ásia para a Europa atravessando o norte do Egeu, mar da cor de vinho-escuro, segundo Homero, e cortado por golfinhos... e atormentado por estrondos, para Yeats. De Filipos para Tessalônica, Paulo passou por Anfípolis e Apolônia, segundo Atos 17,1. (Nota de rodapé: Encontra-se no Museu de Anfípolis uma inscrição dedicada ao "Imperador César, Deus, Filho de Deus, Augusto, Salvador e Construtor da cidade".) Esses dois lugares eram paradas obrigatórias noturnas para

IDADE ÁUREA, OU TÃO DOURADA QUANTO POSSÍVEL

os viajantes que percorriam cerca de 30 milhas por dia na Via Egnatia. Na época, essa era a velocidade média numa grande estrada adaptada a todas as estações. O cenário, muito bonito, estendia-se entre o monte Pangaion até o rio Strymon em Anfípolis e debruçava-se pelas margens dos lagos do norte da península de Chalkidike em Apolônia. Mas os textos da Primeira Carta aos Tessalonicenses indicam que Paulo não estava interessado nessas vistas panorâmicas, mas na violência dos três dias de viagem. Como ele mesmo lembra mais tarde aos tessalonicenses: "Sabeis que sofremos e fomos insultados em Filipos. Decidimos, contudo, confiados em nosso Deus, anunciar-vos o evangelho de Deus no meio de grandes lutas" (1Ts 2,2).

O que aconteceu em Filipos foi repetido em Tessalônica. Paulo e seus colegas foram finalmente forçados a fugir da Macedônia e se refugiar no sul, na vizinha província romana de Acaia. Observe que essa fuga através de fronteiras provinciais sugere, em primeiro lugar, a existência de oposição da parte de autoridades romanas. Daí, enviou Timóteo de volta à comunidade de Tessalônica para dar notícias de sua situação e, como diria a eles mais tarde, elas eram muito boas:

> Por isso, não podendo mais suportar, resolvemos ficar sozinhos em Atenas, e enviamos a Timóteo, nosso irmão e ministro de Deus na pregação do evangelho de Cristo, com o fim de vos fortificar e exortar na fé, para que ninguém desfalecesse nestas tribulações. Pois bem sabeis que para isso é que fomos destinados. Quando estávamos convosco já dizíamos que haveríamos de passar tribulações; foi o que aconteceu, como sabeis. Agora, porém, Timóteo voltou para perto de nós, da visita que vos fez, trazendo-nos boas notícias a respeito da vossa fé e caridade, afirmando que guardais sempre afetuosa lembrança nossa e que desejais ver-nos; assim como nós também a vós. Meus irmãos, a vossa fé nos consolou, em meio a muita angústia e tribulação. (1Ts 3,1-4.6-7)

Eis aí um bom exemplo da maneira como Paulo agia no centro de uma rede de colaboradores. Timóteo é "irmão e ministro de Deus", não apenas *de Paulo*, e é enviado para "vos fortificar e exortar na fé" e não apenas para ver o que se passa e trazer um relatório de volta.

Sua fidelidade continuava e Paulo regozija-se na sua fé constante, mesmo sob perseguição e, agora, como novo modelo paras *as duas* províncias:

> Vós vos tornastes imitadores nossos e do Senhor, acolhendo a Palavra com a alegria do Espírito Santo, apesar das numerosas tribulações; de sorte que vos tornastes modelo para todos os fiéis da Macedônia e da Acaia. Porque, partindo de vós, se divulgou a Palavra do Senhor, não apenas pela Macedônia e Acaia, mas propagou-se por toda parte a fé que tendes em Deus. Não é necessário falarmos disso. (1Ts 1,6-8)

As primeiras preocupações com sua perseverança davam lugar ao posterior entusiasmo pela sua força. Relembre, por falar nisso, que o programa de Paulo concentrava-se especialmente nas capitais provinciais romanas como bases a partir das quais ele e seus colaboradores podiam operar mais amplamente, viajar mais facilmente, e influenciar os arredores mais eficazmente. Filipos e depois Tessalônica, e Atenas seguida de Corinto.

EM BUSCA DE PAULO

Perseguição por quem?

Voltamos novamente ao problema básico do Paulo lucano *versus* o Paulo paulino discutido no capítulo 1. Como vimos, então, Paulo explicava a sua fuga para Damasco para escapar do poder civil naboteano, enquanto para Lucas ele fugia do poder religioso judaico. Nosso método consiste em aceitar Lucas quando ele concorda com Paulo, e omiti-lo em caso contrário, pondo Lucas entre parênteses quando acrescenta dados independentes, teológica e tendenciosamente, mas aceitá-lo com cautela e cuidado quando essas tendências não se evidenciam. Temos a seguir um exemplo clássico em que Atos, de Lucas, mostra-se ao mesmo tempo profundamente correto e errado. É assim que ele fala do apóstolo em Tessalônica:

> Depois de terem atravessado Anfípolis e Apolônia, chegaram a Tessalônica, onde os judeus tinham uma sinagoga. Segundo seu costume, Paulo foi procurá-los. Por três sábados consecutivos, discutiu com eles, baseado nas Escrituras. Explicava-as, demonstrando que Cristo devia sofrer e ressuscitar dos mortos, "Cristo, dizia ele, é este Jesus que eu vos anuncio". Alguns dentre eles se convenceram e Paulo e Silas os ganharam, assim como uma multidão de adoradores de Deus e gregos e bom número de damas de distinção. Mas os judeus, invejosos, reuniram logo alguns péssimos vagabundos, provocaram aglomerações e espalharam o tumulto na cidade. (At 17,1-5)

Concentremo-nos primeiramente nos "judeus" mencionados nessa narrativa e deixemos de lado por enquanto a "multidão dos adoradores de Deus e gregos e bom número de damas de distinção".

JUDEUS. O tema teológico de Lucas desenvolve-se de acordo com o seguinte modelo histórico: Paulo sempre se dirige primeiramente aos judeus; alguns o aceitam e outros não; mas, quando os não-judeus o aceitam, os judeus ficam com inveja e causam tumultos. Esse esquema, entretanto, não tem sentido teológico e muito menos histórico. Que acontece com os judeus que o aceitam? Por que os judeus que o rejeitam preocupam-se com a aceitação dos pagãos? Lucas insiste nesse tema. Paulo foge de Tessalônica para Beréia, hoje Veroia, no extremo sudoeste da planície tessalonicense. "Mas ao saberem os judeus de Tessalônica que Paulo havia anunciado a Palavra de Deus também em Beréia, foram lá ainda semear a agitação e o tumulto na multidão" (At 17,13). Finalmente, Paulo foge de novo, desta vez "em direção ao mar... até Atenas" (17,14-15). Mas, como observamos antes, a fuga de Macedônia para Acaia (como anteriormente, de Damasco para Jerusalém) tinha a finalidade principal de evitar a autoridade civil romana e não de escapar das autoridades religiosas judaicas.

Encontramos, contudo, outra passagem em 1 Tessalonicenses que, à medida que confirma o perigo principal proveniente das autoridades romanas, demonstra também a tendência antijudaica de Lucas. Com isso, retornamos a outro tópico do capítulo 1, a saber, a existência de interpolações nas próprias cartas paulinas autênticas. Paulo diz aos perseguidos tessalonicenses:

154

> Irmãos, vós sois imitadores das Igrejas de Deus que estão na Judéia, em Cristo Jesus; pois que da parte dos vossos conterrâneos tivestes de sofrer o mesmo que aquelas Igrejas sofreram da parte dos judeus. Eles mataram o Senhor Jesus e os profetas, e nos têm perseguido a nós. Desagradam a Deus e são inimigos de toda gente. Querem impedir-nos de pregar aos gentios para que se salvem; e com isto enchem a medida de seus pecados, até que a ira acabe por cair sobre eles. (2,14-16)

Concordamos com Birger Pearson, estudioso do Novo Testamento, que esta passagem é, provavelmente, inserção pós-paulina que assume a destruição do Templo de Jerusalém em 70 d.C. e a ruptura definitiva entre a assembléia cristã e a sinagoga judaica em Tessalônica e na Judéia. Note como "os judeus" são malevolamente culpados pela execução de Cristo e dos profetas, pela expulsão dos apóstolos, e pela oposição à salvação dos gentios. Quem fez essas afirmações esqueceu-se de que Jesus, Paulo e os apóstolos também eram judeus. Depois do ano 70 d.C., a palavra "judeus" passou a significar "os outros" em oposição aos cristãos tornando-se conceito mais teológico do que histórico. A expressão "até que a ira acabe por cair sobre eles" referia-se à destruição de Jerusalém e de seu Templo no ano 70 d.C. como punição de Deus. Mas mesmo essa interpolação admite que em Tessalônica foram "os conterrâneos" e não os judeus da cidade que causaram seu sofrimento.

SIMPATIZANTES. Retomamos agora aquela frase fundamental de Atos 17,4: "Uma multidão de... gregos e bom número de damas de distinção". É neste ponto que Lucas acerta, porque nos dá a informação de forma alguma exigida por seu esquema de judeus em primeiro lugar e depois gentios. Pode ser que a expressão "de distinção" seja exagero de Lucas, mas a menção de "damas" é, provavelmente, correta. Os "gregos" que ele menciona são, na verdade, os "tementes a Deus" ou "adoradores de Deus". Nossa tese é de que Paulo ia às sinagogas não por causa dos judeus, mas por esses pagãos simpatizantes, e o que obviamente enfurecia os judeus membros da sinagoga era precisamente seu interesse por esses benfeitores, protetores e patronos semipagãos ou semijudeus. Para falar sem rodeios, Paulo estava invadindo território perigoso não só no campo da teologia abstrata mas em ação política concreta. Esse fato poderia causar sérias dificuldades entre Paulo e os judeus leais à sinagoga ou mesmo entre os adoradores de Deus pró-paulinos e antipaulinos.

Mesmo nunca tendo empregado a expressão "tementes a Deus" ou "adoradores de Deus", deixou claro em 1 Tessalonicenses que esses convertidos voltavam-se "dos ídolos a Deus" para servir "ao Deus vivo e verdadeiro" (1,9) ou, em outras palavras, que haviam sido originalmente pagãos. Poderiam ter "temido" ou "adorado" o Deus judaico, mas ainda não o tinham aceitado nem seguido completamente. Paulo teria lhes dito: "Vocês não são judeus nem gregos, e a única salvação para vocês é Deus em Cristo. Não se pode ter deuses pagãos nas refeições, nos banhos e nos festivais durante seis dias da semana, e o único Deus verdadeiro na sinagoga aos Sábados. A Torá é tudo ou nada".

ROMANOS/ROMANIZANTES. Embora Paulo tivesse, certamente, provocado a oposição dos judeus por converter simpatizantes, foram as autoridades provinciais

EM BUSCA DE PAULO

romanas, nomeadas por Roma, que lhe forçaram a fuga de Macedônia para Acaia. Paulo não era acusado apenas por ter causado ou provocado tumultos entre judeus e simpatizantes. Vejamos como Lucas continua seu relato a respeito do que teria acontecido, em seguida, em Tessalônica:

> Apresentaram-se então à casa de Jasão, procurando Paulo e Silas para fazê-los comparecer diante da assembléia do povo. Não os tendo encontrado, arrastaram Jasão e alguns irmãos perante os politarcas, clamando: "Eis aqui os homens que revolucionaram o mundo inteiro, e Jasão os recebe em sua casa. Todos eles agem contra os editos de César, afirmando que há outro rei, Jesus". Por estes clamores, agitaram a multidão e os politarcas, que exigiram uma caução da parte de Jasão e dos outros antes de soltá-los. (At 17,5-7)

Como vimos no capítulo 1, Lucas prefere explicar o antagonismo judaico contra os cristãos em termos de ciúme, e o pagão, como ganância. As confusões reduzem-se a isso, acredita, e minimaliza a existência de qualquer sentimento anti-romano no cristianismo. Mas em Filipos, segundo Atos 16,21, a acusação é sobre "usos que não nos é permitido a nós, romanos, nem admitir nem seguir", e em Tessalônica, a acusação é de que "todos eles agem contra os editos de César, afirmando que há outro rei, Jesus" (At 17,7). Em outras palavras, Lucas afirma que os opositores de Paulo acusam os cristãos de anti-romanismo, coisa que ele jamais refuta. Mas, para nós, a acusação é muito séria, especialmente porque aparece como verdadeira no escrito Paulino de 1 Tessalonicenses.

Perseguidos por quê?

Relembre o que já foi dito a respeito da teologia imperial romana, do culto do imperador e especialmente de Tessalônica sob o reinado de Cláudio, quando Paulo a visitou pela primeira vez. A Piedade engendrara a Vitória, e esta, a Paz, tanto na teologia romana como na história de Tessalônica. Nesse contexto, o uso freqüente de termos político-religiosos é um dos aspectos mais extraordinários de 1 Tessalonicenses num mundo onde essas expressões de poder sempre estiveram profundamente inter-relacionadas. Essas palavras soam hoje, em nossa língua, como se fossem exclusivamente cristãs, mas aos ouvidos do primeiro século significavam coisa bem diferente no original grego. Chamavam logo a atenção dos romanos e despertavam suspeitas. Quando as ouviam queriam saber que sentido tinham nos discursos de Paulo.

Esta saudação inicial, "Paulo, Silvano e Timóteo à igreja (*ekklēsia*) de Tessalônica, em Deus Pai, e no Senhor Jesus Cristo. Graça e paz!", era mais subversiva do que se imagina. O termo que Paulo regularmente empregava para definir a comunidade cristã era *ekklēsia*, palavra grega traduzida hoje por "igreja". Mas, originalmente, aplicava-se aos cidadãos de qualquer cidade livre na Grécia, reunida em assembléia para tomar decisões sobre seu autogoverno. Talvez o uso fosse perfeitamente inócuo; talvez, não. Além disso, qualquer judeu consciente de sua religião ouviria na palavra "paz" o conteúdo judaico do *shalom* de justiça e não o da *pax* latina, de vitória.

156

Além disso, Paulo acreditava firmemente que "Jesus", ou "Messias/Cristo" e "Senhor" referiam-se à mesma pessoa. Paulo falava do Senhor Jesus Cristo, do Senhor Jesus, ou simplesmente do Senhor. De um lado, a palavra "senhor" era termo polido empregado pelo escravo para seu proprietário ou pelo discípulo para o mestre. Mas, do outro, "o Senhor" era sempre o imperador. Estamos, então, diante do que Gustav Adolf Deissmann descreveu há quase cem anos, ou seja, "o estabelecimento de polêmico paralelo entre o culto de Cristo e o de César no uso do termo *kyrios*, 'senhor'" (1965: 349). Ou, se preferirem, paralelismo polêmico considerado alta traição.

E mais, Paulo fala sobre "Deus, que vos chama ao seu Reino e à sua glória" (2,12). As elites, entretanto, diriam que o reino, o poder e a glória aos quais somos chamados pertencem a Roma. Paulo também menciona "o evangelho de Deus" (2,2.8.9) ou "o evangelho de Cristo" (3,2), ou ainda, mais simplesmente, "o evangelho" (1,5; 2,4). "Que você quer dizer com isso" — poderiam ter perguntado os líderes políticos — "quando fala de um único evangelho (*euaggelion*) em vez do plural 'boas-novas' (*euaggelia*) sobre as sucessões dinásticas e as vitórias imperiais de Roma?". Finalmente, temos esta frase incendiária. Paulo escreve: "Quando as pessoas disserem: paz e segurança! Então, lhes sobrevirá repentina destruição, como as dores sobre a mulher grávida; e não poderão escapar" (5,3). Mas o *slogan* mântrico "paz e segurança" visto, por exemplo, num altar na Preneste italiana (Figura 58) era precisamente o que Roma prometia e dava às províncias conquistadas. Paulo previa a ameaça de catástrofe iminente à serenidade júlio-claudiana, e abertamente zombava da complacência imperial. Temos ainda mais um exemplo, talvez o mais importante desta carta.

Figura 58: Frente e verso de um altar em Preneste, honrando as sagradas *pax* e *securitas* ("paz e segurança") augustanas.

"Estaremos para sempre com o Senhor"

A palavra grega *parousia* significa comumente "chegada" ou "retorno". Paulo, por exemplo, alegrava-se com a *parousia* dos amigos e colaboradores ausentes como Estéfanas, Fortunato e Acaico em 1 Coríntios 16,17 ou Tito em 2 Coríntios 7,6-7. Falava também a respeito de sua própria *parousia* a uma de suas comunidades cristãs, por exemplo, em 2 Coríntios 10,10 ou em Filipenses 1,26 e 2,12. Nesses últimos casos pode haver certa indicação deliberada do sentido quase técnico que a palavra adquiriria.

Em seu contexto antigo, *parousia* significava a chegada à cidade de generais conquistadores, oficiais importantes, emissários imperiais ou, acima de tudo, do imperador. As notícias seriam boas ou ruins dependendo da relação que a cidade mantivesse com os visitantes. Nesses casos, talvez fosse melhor traduzir a palavra não só por "visita" mas "visitação". Eis, a seguir, um exemplo clássico de como o resultado de uma visitação (*parousia*) dependia absolutamente da natureza de sua recepção (*apantēsis*).

Em novembro de 333 a.C., Alexandre Magno venceu e humilhou Dario da Pérsia em Isso, no noroeste da Síria, segundo as imagens que vimos no início deste capítulo naquele monumento de bronze em Tessaloníki, em frente ao mar. Depois disso marchou inexoravelmente para o Egito, ao sul. O sumo sacerdote judeu Jaddus permaneceu inadvertidamente leal a Dario e recusou inicialmente a exigência de rendição feita por Alexandre, segundo *Antiguidades judaicas* de Josefo (11.327-328). Depois de devastar resistências em Tiro e Gaza, Alexandre seguiu para Jerusalém. Jabbus, com medo, "sem saber como encontrar (*apantēsai*) os macedônios", ofereceu sacrifícios em favor da libertação e "Deus lhe falou oracularmente em sonhos, instando-o a ter coragem e adornar a cidade com guirlandas, abrir os portões e ir até lá para receber (literalmente, fazer a *hypantēsin*) os que chegavam, devendo a população estar vestida com roupas brancas... E, depois de ter feito tudo o que lhe ordenara, que esperasse a vinda (*parousian*) do rei". Era, certamente, um momento de temor e, possivelmente, de celebração. (Observe, mais uma vez, os termos técnicos gregos para "vinda" e "recepção".)

A visitação do imperador sempre era ocasião muito especial para qualquer cidade e talvez evento único na vida de uma pessoa. Em tempos de guerra, tratava-se de advento ameaçador, e na história anterior, sob a *Pax Romana*, teria sido ocasião festiva. Exigia tremenda preparação para o sacrifício cívico, festividades aristocráticas e celebrações populares, mas especialmente a saudação das elites e do povo às portas submissamente abertas da cidade. Observe como Paulo emprega os termos técnicos para visitação e recepção. Usa *parousia* para "Senhor Jesus Cristo no dia de sua *vinda*" em 1 Tessalonicenses 2,19, "*Vinda* de nosso Senhor Jesus Cristo com todos os santos" em 3,13, "*Vinda* do Senhor" em 4,15, e "*Vinda* de nosso Senhor Jesus Cristo" em 5,23. Utiliza a palavra *apantēsis* para falar a respeito da ocasião em que os cristãos tessalonicenses forem "*arrebatados* com ele nas nuvens" em sua *parousia* em 4,17. Essa metáfora controla toda a discussão.

"Os mortos em Cristo ressuscitarão primeiro"

A questão em Tessalônica girava em torno do *status* relativo dos mortos e dos vivos na *parousia* do Senhor, quando ele descesse do céu para a terra. Os tessalonicenses estavam preocupados com os que tinham morrido antes desse evento, temendo que ficassem em desvantagem na *parousia*. Havia os que teriam morrido de causa natural e os martirizados durante as perseguições por causa de Paulo. Qual seria a diferença? Parecia que os martirizados teriam preferência, isso porque Paulo sempre se defendeu em suas cartas, como, por exemplo, "Vós sois testemunhas e Deus também o é, de quão puro, justo e irrepreensível tem sido o nosso modo de proceder para convosco, os fiéis" (1Ts 2,10). Compreender-se-ia esse tom se ele tivesse fugido de Tessalônica enquanto outros permanecendo aí fossem martirizados. Por outro lado, poderia se entender que o martírio lhes tivesse feito "modelos para todos os fiéis da Macedônia e da Acaia", de tal maneira que "se divulgou a Palavra do Senhor, não apenas pela Macedônia e Acaia, mas propagou-se por toda parte a fé que tendes em Deus" e assim "não é necessário falarmos disso" (1,7-8).

De qualquer modo, essa mesma questão seria levantada cinqüenta anos depois, num apocalipse judaico escrito depois da destruição de Jerusalém e de seu Templo, atribuído, na sua forma de ficção, a Esdras. Ele pergunta: "'Contudo, ó Senhor, tu te encarregaste dos que estão vivos no fim, mas que acontecerá com os que foram antes de mim, ou a nós, e aos que vierem depois?' E o Senhor responde: 'Meu julgamento será como um círculo; não demorarei para com os que estiverem atrás e não terei pressa com os que ficarem na frente'" (4 Esdras 5,41-42). Não se sabe ao certo se a resposta ajudou Esdras, mas ela é óbvia: Todos ressuscitarão ao mesmo tempo e, como num círculo, todos estarão lá simultaneamente. Mas essa não foi a resposta de Paulo:

> Pois isto vos declaramos, segundo a Palavra do Senhor: que os vivos, os que ainda estiverem lá para a Vinda do Senhor, não passaremos à frente dos que morreram. Quando o Senhor, ao sinal dado, à voz do arcanjo e ao som da trombeta divina, descer do céu, então os mortos em Cristo ressuscitarão primeiro; em seguida nós, os vivos que estivermos lá, seremos arrebatados com eles nas nuvens para o encontro com o Senhor, nos ares. E, assim, estaremos para sempre com o Senhor. (4,15-17)

Observe dois detalhes ao contrastar a resposta de Paulo com a de Deus em 4 Esdras. O autor desse livro não acredita que sua geração estará ainda viva quando o grande momento chegar e sua resposta afirma simultaneidade em vez de precedência. Mas Paulo presume que ele e sua geração estarão ainda vivos ("nós") na *parousia* do Senhor, e afirma que os mortos ressuscitarão primeiro e os vivos, em seguida, irão "com eles" para saudar o Cristo. Em que Paulo se baseou para fazer essa afirmação? Não se trata, pois, de fé nem de esperança, não se baseia em tradição conhecida nem em teologia alguma, mas é um ato absolutamente magnífico de consolo firmado no uso brilhante de metáfora.

A parousia *do Senhor*

Em primeiro lugar, a metáfora da visitação urbana formal dá a Paulo uma poderosa resposta visual à pergunta dos tessalonicenses. Os visitantes importantes, chegando pela estrada principal a uma cidade antiga, visitariam os mortos em primeiro lugar antes de ser saudados pelos vivos. Tomemos como exemplo a cidade de Hierápolis acima das vertentes do Pamukkale, com seu travertino branco, na extremidade oriental do grande vale Meander. Se for pela estrada ao norte, por exemplo, você logo se deparará com enorme mistura de sarcófagos quebrados, sepulcros danificados e mausoléus malcuidados (Figura 59). Mas, se você conseguisse ver essa necrópole de pedra, agora destruída, na sua forma original, facilmente imaginaria o visitante imperial prestando homenagem aos mortos em primeiro lugar antes de se encontrar com a elite ainda viva. E, naturalmente, Paulo afirma, dançando e fantasiando com seus pés teológicos, que é assim que as coisas se darão na *parousia* de Cristo. Não subiremos todos juntos, mas os mortos em primeiro lugar, depois os vivos.

Em segundo lugar, a metáfora da *parousia* significa que os cristãos ascendem ao céu não para ficar com Cristo lá em cima, mas para retornar com ele ao mundo transformado. Paulo não fala a respeito de um mundo escatológico ou de uma terra utópica aqui embaixo, mas apenas que todos os crentes serão "arrebatados... nas nuvens... para o encontro com o Senhor, nos ares. E assim estaremos para sempre com o Senhor". A metáfora da *parousia* como visita estatal dá a entender que os que correm para aplaudir o governador que está chegando voltarão com ele para as alegrias

Figura 59: Mausoléus e sarcófagos na estrada que vai para Hierápolis, Turquia.

da festa na cidade. Assim, também com Cristo. Provavelmente, Paulo subentendia que todos desceriam para habitar na terra purificada. A *parousia* do Senhor não tinha nada a ver com a destruição da terra e a conseqüente transferência para o céu, mas com um mundo no qual a violência e a injustiça seriam transformadas em pureza e santidade. E, naturalmente, como já mencionamos, um *mundo* transformado não exigiria apenas almas espirituais justas, mas *corpos* renovados.

Em terceiro lugar, traduzimos *parousia* por "retorno" ou "segunda vinda" de Cristo. É perfeitamente claro que Paulo não está falando apenas a respeito de mais uma visitação de Cristo entre muitas outras. Trata-se da grande visitação final escatológica. Na verdade, ninguém pensava que o imperador só se fazia presente durante a visitação. Estava sempre presente em moedas, estátuas, altares, templos e fóruns. Assim, também com Cristo. É melhor não traduzir a palavra *parousia* por termos que impliquem ausência anterior.

Finalmente, quando esses termos são aplicados a Cristo, quererão dizer que sua visitação é como a do imperador, maior do que ela ou a sua substituição? Significarão esses termos, em outras palavras, uma *antiparousia* calculada? Será a escolha dessa metáfora consolação e confronto?

"Como ladrão noturno"

Paulo é também bastante sábio para amenizar o medo sem promover fantasias. Não oferece detalhes nem especificações. Não fala do que virá depois nem do que já passou. Nada diz a respeito de sinais, insinuações e indicações sobre a iminência da *parousia*. Ela virá sem aviso, "como ladrão noturno" (1Ts 5,2.4), pois quando se ouvirem a ordem de comando, a voz do arcanjo e o som da trombeta de Deus (4,16) já será tarde demais. Serão eventos concomitantes, e não indicadores do que vai acontecer. A metáfora do ladrão noturno anula qualquer computação de passos precedentes ou de sinais de advertência. Esse tipo de interpretação presente em 2 Tessalonicenses indica a autoria pós-paulina dessa carta. No texto, o pseudo-Paulo nega que a *parousia* ou "dia do Senhor" já esteja aqui" porque

> deve vir primeiro a apostasia, e aparecer o homem ímpio, o filho da perdição, o adversário, a levantar-se contra tudo que se chama Deus, ou recebe um culto, chegando a sentar-se pessoalmente no Templo de Deus, e querendo passar por Deus. Não vos lembrais de que vos dizia isto quando estava convosco? Agora também sabeis o que é que ainda o retém, para aparecer só a seu tempo... aquele que o Senhor destruirá com o sopro de sua boca e o suprimirá pela manifestação de sua Vinda (*parousia*). Ora, a vinda (*parousia*) do ímpio será assinalada pela atividade de Satanás, com toda a sorte de portentos, milagres, prodígios mentirosos, e por todas as seduções da injustiça... porque não acolheram o amor da verdade, a fim de serem salvos. (2Ts 2,3-10)

De um lado, seria como dizer que o ladrão noturno não virá sem o barulho do arrombamento das janelas e das portas. Estaremos salvos até que isso aconteça, e

EM BUSCA DE PAULO

assim a metáfora do imprevisível cai por terra. De outro, esses eventos absolutamente enigmáticos parecem indicar a continuação, a intensificação e a especificação das perseguições mencionadas em 1 Tessalonicenses. Nas duas cartas, o principal opositor é Satanás. Mas agora ele age por meio dos "sem lei" que dizem ser o Deus uno e verdadeiro. Deixando de lado os detalhes, trata-se provavelmente da teologia do imperialismo romano e do culto do imperador. Quem ou o que no contexto tessalonicense do primeiro século "opõe-se e exalta-se a si mesmo acima de qualquer deus ou objeto de culto, a ponto de ter seu lugar no Templo de Deus, declarando-se a si mesmo Deus?". Mas isso, como admite o pseudo-Paulo, já acontecia no tempo presente sem precisar de nenhum advento no futuro. De qualquer modo, a metáfora paulina da *parousia* qualifica-se profundamente por meio da metáfora do ladrão noturno. São, de fato, duas imagens quase contraditórias, porque o acontecimento e o tempo da *parousia* de um governante são sempre conhecidos antecipadamente, mas ninguém sabe quando virá o ladrão noturno. Essa imagem subverte a expectativa de Paulo de que a *parousia* de Cristo haveria de se dar nos seus dias ou, pelo menos, durante sua geração. Nega, também, qualquer tentativa do estabelecimento de sinais de advertência apesar de nosso desejo de segurança e certeza. Se não a hora, pelo menos o dia; se não soubermos o dia, pelo menos o ano; na falta do ano, pelo menos o século, o milênio, seja o que for...

"Somos do dia"

A ênfase paulina na pendente *parousia* do Senhor em 1 Tessalonicenses reflete-se paralelamente em outro texto vitalmente importante. Depois da imagem do ladrão noturno sobre o advento de Cristo em 5,2, Paulo escreve,

> Vós, porém, meus irmãos, não andais em trevas, de modo que esse dia vos surpreenda como um ladrão; pois que todos vós sois filhos da luz, filhos do dia. Não somos da noite, nem das trevas. Portanto, não durmamos, a exemplo dos outros; mas vigiemos e sejamos sóbrios. Quem dorme, dorme de noite; quem se embriaga, embriaga-se de noite. Nós, pelo contrário, que somos do dia, sejamos sóbrios, revestidos da couraça da fé e da caridade, e do capacete da esperança da salvação. (5,4-8)

Paulo insiste em que os cristãos não permaneçam acordados apenas durante a noite mantendo-se em estado de alerta nas trevas à espreita do ladrão noturno do advento de Cristo. Afirma que os cristãos já são filhos da luz e do dia e que pertencem ao amanhecer e à sua claridade.

Paulo toca nesse texto, embora de passagem, em algo absolutamente básico em sua teologia, enfaticamente acentuado em suas cartas e, portanto, no restante deste livro e explicitamente em 1 Coríntios 15. Trata-se do que é descrito claramente em 2 Coríntios 3,17-18: "Pois o Senhor é o Espírito, e, onde se acha o Espírito do Senhor, aí está a liberdade. E nós todos que, com a face descoberta, refletimos como num espelho a glória do Senhor, somos transfigurados nessa mesma imagem, cada vez

IDADE ÁUREA, OU TÃO DOURADA QUANTO POSSÍVEL

mais resplandecente, pela ação do Senhor, que é Espírito". Não diz que os cristãos *têm sido* transformados nem que *serão* transformados, mas que *estão sendo* transformados. A transformação é um processo iniciado no passado, que passa pelo presente na direção da futura consumação.

Entre a ressurreição corporal de Jesus no passado e a dos cristãos de Tessalônica no futuro observa-se claramente causalidade e continuidade: "Pois sabemos que aquele que ressuscitou o Senhor Jesus ressuscitará também a nós com Jesus e nos colocará ao lado dele, juntamente convosco" (4,14). Além disso, entre esses momentos do passado e do futuro, os cristãos tessalonicenses não esperam apenas pelo "dia do Senhor" (5,12) nem simplesmente "pelo dia" (5,4), mas já estão vivendo nele, com ele, pertencendo à sua luz (5,5.8). Em outras palavras, a transformação efetuada pela ressurreição é um processo, não mero instante, período ou momento. Esse ensino representava *algo absolutamente novo e criativo no contexto da teologia farisaica judaica sobre a ressurreição geral dos corpos.*

Sempre há momentos em qualquer credo ou religião, Estado ou império, de profundo desvio, mudança, alteração, transmutação, metamorfose, que jamais poderiam ser previstos mas que parecem inevitáveis quando vistos em retrospectiva. Havia inúmeros desses magníficos desvios no Mediterrâneo naquele primeiro século d.C. Lembremos, por exemplo, a transmutação da divinização heróica grega, bem como das divindades regionais, para a teologia imperial romana, manifesta na transformação de divindades locais no divino salvador do mundo. Observemos também a transmutação do judaísmo do Templo para o judaísmo farisaico e, depois, para o rabínico, incluindo a metamorfose da expectativa messiânica expressa na figura da expectativa de dois messias: o primeiro no judaísmo essênio e o segundo na vinda dupla do único messias no judaísmo cristão. *Mas a principal e inesperada transmutação do judaísmo farisaico para o judaísmo cristão foi a proclamação de que a ressurreição geral já começara quando Deus ressuscitou Jesus de Nazaré dentre os mortos.*

Relembre o que dissemos sobre a ressurreição dos corpos e o julgamento final como último ato ou *grand finale* por meio do qual Deus finalmene justificaria (isto é, tornaria justa) a terra injusta. Imagine se alguém ironicamente zombasse de um fariseu perguntando-lhe quanto tempo levaria tudo isso — meses ou anos até que Deus ressuscitasse todos, restaurasse seus corpos, recompensasse os bons e punisse os maus num julgamento público. A resposta, certamente, seria mais ou menos esta: Deus criou o mundo bom em seis dias e vai restaurá-lo à bondade original em três. Ninguém, porém, havia pensado que seria um período e não simples instante, mero processo em vez de definido momento. Nesse desvio da fé, era preciso repensar, reimaginar e renovar todas as coisas. Talvez fosse mais fácil para Paulo que pensara a ressurreição escatológica mais como período e a transformação tópica como processo mais demorado que terminaria nos seus dias ou durante sua geração. Não obstante, o ponto crucial é que sua proclamação não se limitava apenas ao futuro próximo ou distante, mas dava ênfase ao *continuum* entre passado, presente e futuro. Com um resultado muito importante. O passado era história; o futuro, profecia; mas o presente, experiência. *A convicção de que Deus já começou a transformar o mundo em um lugar de justiça e paz divinas exige a possibilidade de demonstrar os primeiros frutos dessa atividade transformadora aqui e agora. Para confirmar o que estava dizendo, Paulo diria sem constrangimento: Para ver a transformação de Deus em processo, venha e veja como nós vivemos.*

O significado de amor

Paulo escreve aos tessalonicenses: "Ainda vos lembrais, meus irmãos, dos nossos trabalhos e fadigas. Trabalhamos dia e noite, para não sermos pesados a nenhum de vós. Foi assim que pregamos o evangelho de Deus" (1Ts 2,9). Mais tarde, escrevendo aos filipenses, menciona: "Já em Tessalônica mais uma vez vós me enviastes com que suprir às minhas necessidades (Fl 4,16). Tessalônica não havia assumido as despesas de Paulo. Essa tarefa coube a Filipos. Em seguida admoesta os tessalonicenses a "trabalhar com vossas mãos, conforme as nossas diretrizes" (1Ts 4,11), e adverte "os indisciplinados" (5,14). Finalmente, escrevendo depois aos coríntos relembra: "Irmãos, nós vos damos a conhecer a graça que Deus concedeu às igrejas da Macedônia. Em meio às múltiplas tribulações que as puseram à prova, a sua copiosa alegria e a sua pobreza extrema transbordaram em tesouros de liberalidade. Dou testemunho de que segundo os seus meios e para além dos seus meios... nos rogaram a graça de tomar parte nesse serviço" (2Cor 8,1-4). Que tipo de *status* social deveriam ter esses tessalonicenses?

No começo de sua carta Paulo recorda "sem cessar, aos olhos de Deus, nosso Pai, a atividade da vossa fé, o esforço da vossa caridade e a perseverança da vossa esperança em nosso Senhor Jesus Cristo" (1Ts 1,3). Novamente, no final, incentiva-os a se revestir da "couraça da fé e da caridade, e do capacete da esperança da salvação" (5,8). Que quer Paulo dizer com "caridade" ou "amor"? Essas palavras significam *compartilhar*. A assembléia amorosa é a que compartilha. Qualquer refeição de amor é sempre compartilhada com os outros. Este sentido é claro na carta: "Tanto bem vos queiramos, que desejávamos dar-vos não somente o evangelho de Deus, mas até a própria vida, de tanto amor que vos tínhamos" (2,8).

Relacione, então, o *status* social da assembléia tessalonicense com esse amor que quer compartilhar; tratava-se de dar da pobreza para a pobreza e não da abundância para a abundância. Não pense que se limitava à caridade humanamente extensiva, da dádiva das *nossas* coisas, mas à distribuição da justiça divina, do repartir necessário das coisas de *Deus*. Segundo Paulo, a assembléia cristã de irmãs e irmãos comprometia-se a ter tudo em comum, como nas famílias humanas, porque era, na verdade, família divina, família de Deus. Tal "comunalidade" era básica no cristianismo paulino, coisa que explica a ênfase no trabalho, dada em sua carta. A figura do preguiçoso que come e bebe sem pagar obscurece a teologia da criação no que concerne à partilha cristã. Essa atitude é ainda atestada na carta pós-paulina que chamamos de 2 Tessalonicenses:

Nós vos ordenamos, irmãos, em nome do Senhor Jesus Cristo, que vos afasteis de todo irmão que leva vida desordenada e contrária à tradição que de nós receberam. Bem sabeis como deveis imitar-nos. Não vivemos de maneira desordenada em vosso meio nem recebemos de graça o pão que comemos; antes, no esforço e na fadiga, de noite e de dia, trabalhamos para não sermos pesados a nenhum de vós. Não porque não tivéssemos direito para isto; mas foi para vos dar exemplo para ser imitado. Quando estávamos entre vós, já vos demos esta ordem: quem não quer trabalhar, também não há de comer. Ora, ouvimos dizer que alguns dentre vós levam vida à toa, muito atarefados sem nada fazer. A estas pessoas, ordenamos e exortamos, no Senhor Jesus Cristo, que trabalhem na tranqüilidade, para ganhar o pão com o próprio esforço. (2Ts 3,6-12)

O amor enquanto partilha justa e eqüitativa do mundo que pertence ao Deus justo dá conteúdo à asserção de Paulo aos Gálatas de que o que importa é "a nova criatura" (Gl 6,15) e à afirmação aos coríntios de que "se alguém está em Cristo, é nova criatura. Passaram-se as coisas antigas, eis que se fez uma realidade nova" (2Cor 5,17). *Que outra coisa melhor mereceria o título de nova criação a não ser a anormalidade de um mundo pronto para a partilha em contraposição à normalidade de um mundo baseado na ganância?*

Dois mil anos e mais

Quando Paulo escreveu aos tessalonicenses esperava a vinda de Cristo ainda em seus dias. Dizia, "Os vivos que estiverem lá" serão arrebatados... "nas nuvens para o encontro com o Senhor, nos ares" (1Ts 4,17). Mais tarde, provavelmente por causa de sua próxima execução em Éfeso, escreveu aos filipenses, "o meu desejo é partir e ir estar com Cristo" (Fl 1,23). Imaginava, então, morrer antes da *parousia* de Cristo, mas assim mesmo ainda acreditava que sua morte ocorreria ainda no seu tempo ou, pelo menos, breve, muito breve. Antes desse comentário aos filipenses, havia escrito em 1 Coríntios a respeito "das angústias presentes", reconhecendo que "o tempo se fez curto" e que "passa a figura deste mundo" (1Cor 7,26-31). Ainda escreveria aos romanos, "nossa salvação está mais próxima agora do que quando abraçamos a fé. A noite avançou e o dia se aproxima" (Rm 13,11-12).

Paulo estava completamente errado sobre sua contagem do tempo — errado por dois mil anos e mais. É falso dizer que por "breve" ele não se referia a ele no primeiro século, mas a nós no século vinte e um ou aos cristãos de qualquer outra época. Paulo se enganou, da mesma forma como todos os que anunciaram e anunciam esperanças, expectativas, proclamações ou profecias de consumação apocalíptica iminente ao longo da história humana — pelo menos até agora. Por outro lado, Paulo e Jesus, antes dele, não apenas proclamaram o fim iminente do mal, da injustiça e da violência aqui na terra. Proclamaram que essa era já havia começado (primeira surpresa!) e que os fiéis estavam sendo chamados a participar cooperativamente com Deus (segunda surpresa!!) e mais, nesse processo no tempo humano, e não como se tudo não passasse de um clarão repentino da luz divina (terceira surpresa!!!). Qualquer coisa que Jesus e Paulo disseram sobre a duração desse processo estava completamente errada e os detalhes sobre a sua consumação, também. Mas o primeiro desafio fundamental que ofereceram à fé cristã é este: vocês acreditam que já começou o processo da transformação do mundo em lugar de justiça e, nesse caso, que estão fazendo para participar nesse programa? Concluímos este capítulo com a seguinte conversa imaginária com Paulo.

Pergunta a Paulo: "Você esperava que a visitação de Cristo ocorresse durante o tempo de sua vida. Sabemos agora que você se enganou. Já se passaram dois mil anos e mais. Esse erro lhe aborrece?".

Resposta de Paulo: "Não, de maneira alguma. Mas, por favor, permita-me citar o que eu disse certa vez: 'Pois estou convencido de que nem a morte nem a vida, nem os anjos nem os principados, nem o presente nem o futuro, nem os poderes, nem a altura, nem a profundeza, nem nenhuma outra criatura poderá nos separar do amor de Deus manifestado em Cristo Jesus, nosso Senhor (Rm 8,38-39). Eu sempre soube a diferença entre fé, compromisso de vida, e teologia, especulação racional. Nunca pensei que acreditar no que Deus faz significa saber como ou quando isso acontece. Além disso, sei por experiência própria que quaisquer detalhes dados sobre o futuro humano são *em geral* errados, mas tudo o que dissermos sobre o futuro de Deus acaba sendo *totalmente* errado. Perceberam?".

CAPÍTULO 4

BÊNÇÃOS PARA TODA A TERRA

Roma não dependeu da inércia ou da admiração de seus súditos para mantê-los tranqüilos; seus guardiões, em vez disso, definiram, distribuíram e decoraram basicamente o cenário de seu *imperium* com estátuas em todas as praças, seus nomes em todas as estradas, e suas moedas tilintando em todos os mercados do império.

Clifford Ando. *Imperial Ideology and Provincial Loyalty in the Roman Empire* [Ideologia imperial e lealdade provincial no Império Romano] (2000).

Da mesma forma como os romanos estabeleciam ao redor do mundo colônias com soldados aposentados, como se fossem pequenos pedaços de Roma em solo estrangeiro, também as colônias judaicas nas grandes cidades podiam ser comparadas a fragmentos de Jerusalém em outros países.

Henry Vollem Morton. *In the Steps of Saint Paul* [Nos passos de são Paulo] (1936).

Somente três cidades romanas na Anatólia central, fora da província da Ásia, foram até agora escavadas em grande escala: Ancira, Péssino e Antioquia da Pisídia. Nesses três casos o objetivo central das escavações foram os templos dedicados ao culto imperial, construídos no tempo de Augusto ou Tibério... O culto do imperador não era mero subterfúgio político, destinado a ofuscar a lealdade de províncias fora da influência de Roma, mas representava a maneira como os romanos e as províncias conquistadas definiam suas relações com o novo fenômeno político, a saber, a presença de um imperador cujos poderes e carisma possuíam tal transcendência que lhes parecia ao mesmo tempo humano e divino... O terceiro templo principal júlio-claudiano encontrado na Galácia [depois de Ancira e Péssino] foi o pódio do templo coríntio em Antioquia da Pisídia... Uma reprodução das *Res Gestae* [*Atos do divino Augusto*] adornava a área ao redor do propileu.

Stephen Mitchell. *Anatolia: Land, Men, and Gods in Asia Minor* [Anatólia: terra, homens e deuses na Ásia Menor] (1993).

Duas cartas aos Gálatas

Proposta

Os turistas invadem atualmente lugares de lazer na costa da Turquia, freqüentando praias banhadas por águas azuis-turquesa, bazares cobertos em Istambul, lugares históricos e magníficas mesquitas. Embora cinqüenta ônibus de turismo aguardem a hora de deixar Éfeso, não se vê quase nenhum nos portões de Antioquia da Pisídia. Se, por acaso, algum rodar pela cidade de Yalvaç, é porque está de passagem.

Você segue o percurso de três horas das cidades da costa norte de Antália, a Atalia de Paulo, e sua antiga adjacente, Pérgia, ao longo da Via Sebaste, dos tempos de Augusto, através das montanhas ocidentais de Taurus, pelo inóspito terreno de Esparta, cidade lacustre de Eğirdir, até as ruínas de Antioquia da Pisídia, meia milha acima das encostas da moderna Yalvaç. O grande especialista em estudos paulinos sir William Ramsay disse, em 1905, depois de visitar essa cidade que fora romana na antiguidade: "A situação de Antioquia é muito boa, mas o local está agora deserto, abandonado e sem ruínas valiosas ou belas". Atualmente, a situação não mudou muito em relação ao passado, embora a cidade não se tenha transformado totalmente num deserto, e suas ruínas não tenham realmente muita beleza. O que nos interessa agora é de outra natureza.

Apesar de intermitentes escavações realizadas antes e depois da Primeira Guerra Mundial — a última com a ajuda de Francis W. Kelsey da Universidade de Michigan sob a direção de David M. Robinson da Universidade Johns Hopkins —, parece que quase nada mudou a não ser alguns sinais enferrujados aqui e ali escritos em alemão e turco. Algumas pedras protuberantes, tisnadas de carvão, quase engolidas por ervas daninhas amarronzadas, cercam as poucas áreas escavadas, mas neste dia ensolarado de agosto de 2002 você tem a sorte de ser guiado pelo jovem atento, Ünal Demirer, recém-nomeado diretor do Museu de Yalvaç. Você atravessa o portão do sítio, passa por guardas e pelo inevitável quiosque onde se podem comprar livros e refrigerantes. Cuidadosamente, afasta-se de um guindaste com o qual operários tentam cortar um bloco de pedra para reconstruir o portão romano da cidade e, espera-se, atrair mais turistas ao local. Ünal conduz-lhe ao lado de uma cerca de arame a uma igreja e depois, mais acima, a outra. Pode-se ver claramente a planta da primeira. Trata-se de uma grande basílica do quarto século que conserva alguns mosaicos perto do que teria sido uma fonte com a inscrição "são Paulo". A segunda igreja é menor, mas não mostra evidência alguma de que tenha sido construída em cima da sinagoga onde Paulo pregou, segundo Atos 13 e algumas especulações. Ünal, dando de ombros, diz: "Pode ser que a sinagoga de Paulo estivesse debaixo dessa igreja. Quem sabe?". Seja como for, você não está aí para saber o que o cristianismo posterior fez com Paulo, mas pelo que Augusto, muito antes, fizera na Galácia, em cidades como Antioquia da Pisídia, e pelo que Paulo enfrentou naquele mundo por amor ao evangelho de Cristo.

Para a surpresa de Ünal você se afasta das igrejas e sobe a colina na praça chamada de Tibério, no passado, na direção de um templo que fora dedicado a Augusto (Figura 60). É difícil imaginar o antigo templo ao contemplar agora suas ruínas. Parecem piores do que se vê nas fotografias das escavações feitas por Ramsay em 1912-1914 e Robinson em 1924. Sobrevivem na frente alguns desgastados fragmentos de pedra, enquanto o penhasco bastante erodido serve de cenário, atrás. Impressiona-nos a cavernosa marca deixada na grande abside da praça recortada no solo e nos flancos da colina. Embora elegantes colunas, blocos decorados, mármores coloridos e telhas de terracota que cobriam o pórtico do templo de dois andares tenham desaparecido, em geral, o que permanece ainda é bastante impressionante. Esse complexo fora construído no ponto mais alto da cidade.

Mais tarde, você toma um pequeno táxi amarelo, da Fiat, e percorre cerca de meia milha até o Museu de Ünal, em Yalvaç. Essa curta viagem cobre dois mil anos em poucos minutos. Você deixa para trás a quietude das antigas ruínas acima da movimentada cidade moderna, o antigo santuário da deusa-mãe Men e o templo do deus imperial, Augusto, construído depois. Atravessa uma região pontilhada por apartamentos de diversos andares e multicoloridos, de estilo europeu em forma de cubos. Passa, depois, pelo moderno estádio de futebol coberto de grama muito verde com arquibancadas plásticas de cor turquesa. Dá mais uma volta e entra na estrada principal tomada de pedestres indo às compras no mercado. Seu carro é o único a rodar. O motorista consegue dirigir habilmente entre a multidão sem buzinar. Mulheres vestidas com trajes tradicionais estão a postos vendendo rolos de fazenda e roupas de algodão; prateleiras exibem cântaros, panelas e nozes de pistache; agricultores passam com carroças puxadas por cavalos cheias de cebolas e alho. Há frutas por toda parte. Agora, como no passado, Antioquia e Yalvaç são cidades

Figura 60: Platéia Tibéria em Antioquia da Psídia, fotografada por membros da equipe de arqueólogos da Universidade de Michigan em 1924; os degraus levavam às colunas e ao Templo de Augusto.

férteis, abundantemente irrigadas, próximas do Oriente e separadas do Ocidente por montanhas. Nelas há fartura de cereais e frutas. O rio Anthios serpenteia desde o maciço de Sultan Daglari até a placidez do lago Eğirdir, cercado de montanhas. Geografia é a mesma coisa que continuidade.

Dentro do museu de cor creme, os mostruários são agradáveis, elegantes e bem iluminados. Do lado de fora, Ünal caminha ao norte do jardim murado que cerca o edifício. À direita, você examina dúzias de pequenos fragmentos escritos em latim de *Atos do divino Augusto* fixados em cimento com molduras de metal, presos à parede lateral. Encanta-se, depois, com dois fragmentos bem maiores da versão grega desses mesmos *Atos* fixados no chão. Os textos latinos vieram de Antioquia da Pisídia, e os gregos, de Apolônia, agora Uluborlu, perto do sudoeste do lago Eğirdir, mas do outro lado. "Estão muito mal-conservados", comenta Ünal. "Não poderemos reconstituí-los adequadamente", conclui.

O competente guia mostra-lhe, à esquerda na extremidade da alameda do jardim, o documento que você está esperando ver. É a inscrição de Sérgio Paulo (Figura 61). Segundo inúmeros estudiosos, essa inscrição bastante danificada atesta a autenticidade histórica de Atos de Lucas. Na ilha de Chipre, o procônsul "Sérgio Paulo, varão prudente... mandou... chamar a Barnabé e Saulo e desejava ouvir a Palavra de Deus" (At 13,7). Apesar da competição de um mágico judeu chamado Elimas, o governador "abraçou a fé muito impressionado pela doutrina do Senhor" (At 13,12).

Figura 61: Inscrição fragmentária encontrada em Antioquia da Psídia com o nome Sérgio Paulo, mencionado em Atos 13.

BÊNÇÃOS PARA TODA A TERRA

Ficamos sabendo, por meio de outras inscrições, que a carreira de Sérgio Paulo teve como cume a premiação com um consulado em Roma no ano 70 d.C. e que sua família tinha boas relações com outros colonizados romanos em sua terra natal, Antioquia da Pisídia. Teria, perguntam alguns, Sérgio Paulo recomendado Paulo a seus amigos e familiares em Antioquia da Pisídia, que seria sua próxima parada no itinerário começado em Chipre? "De Pafos, onde embarcaram, Paulo e seus companheiros alcançaram Perge, na Panfília", segundo Atos 13,13-14, "penetrando além de Perge, chegaram a Antioquia da Pisídia". Alguns estudiosos indagam se Paulo teria mudado seu nome hebreu, Saulo, para o latino Paulus depois do encontro em Pafos. A inscrição encontrada em Antioquia evidencia claramente a existência dessa figura histórica mencionada em Atos. Teria sido, por acaso, um dos primeiros gentios convertidos por Paulo ou a história apenas comprova a familiaridade de Lucas com indivíduos históricos de importância política no tempo de Paulo?

Parece-nos que vale a pena debater, em particular, a historicidade de Sérgio Paulo, como um dos primeiros aristocratas pagãos convertidos ao cristianismo e, além disso, a historicidade de Atos de Lucas a respeito desses defensores romanos de Paulo. Mas existe outra questão ainda mais importante para ser discutida, e o Museu de Yalvaç é um bom lugar para pensar nisso. Encontram-se ao lado da inscrição do nome de Sérgio Paulo os fragmentos latinos e gregos da autobiografia política de Augusto, *Atos do divino Augusto*, cuja versão relativamente completa, com a paráfrase em grego, acha-se no templo em Ancara, que veremos no epílogo. Pense, então, na proximidade coincidente desses fragmentos, de Sérgio Paulo e Augusto, no pequeno museu dessa mesma cidade. O texto posterior informa: "Recebi por decreto do Senado o título de Augusto... e foi posto na Cúria Júlia o escudo dourado... em reconhecimento pelo meu valor, clemência, justiça e piedade" (34). De que maneira, inquirimos, o mesmo convertido de Paulo e discípulo de Cristo poderia ser um oficial de César? Quem seria capaz de servir a dois senhores? Essa pergunta de Jesus registrada no evangelho de Lucas parece que foi esquecida em Atos dos Apóstolos.

A autobiografia de Augusto com seus feitos religioso-políticos em *Atos* tem cerca de 700 palavras no original latino. Dirigia-se a Roma mas acabou sendo distribuída, naturalmente, em todas as províncias total ou parcialmente romanizadas. As cópias sobreviventes vêm da província da Galácia. Como vimos, há pouco, podem se apreciar no jardim do museu de Yalvaç dois grandes fragmentos, em grego, vindos de Apolônia da Pisídia e outros menores, em latim, de Antioquia da Pisídia. Mas as cópias completas das duas versões podem ser lidas nas paredes do Templo de Ancira, dedicado à deusa Roma e a Augusto, na antiga cidade de Ancara. Veremos mais a respeito desses documentos no epílogo. Tratar-se-á de mera coincidência acidental ou a distribuição desse material teria se concentrado apenas nessa província? Seja como for, lemos a *Res Gestae Divi Augusti* como se fosse a "carta" do imperador aos gálatas, enviada muito tempo antes da *Res Gestae Divi Christi*, carta alternativa de Paulo aos mesmos gálatas. Paulo, como sabemos, anunciava um salvador diferente para um mundo também diferente. Salvação diferente para uma terra diferente, e

171

um Deus e Filho de Deus diferente para uma criação diferente. Proclamava o *shalom* da aliança judaica contra a *pax* imperial romana.

Resumo

Concentrados na província da Galácia, reunimos neste capítulo o programa de Augusto para a romanização de todos os gálatas, baseado na paz alcançada pela vitória, da teologia imperial romana, e o plano de cristianização de alguns deles, pelo menos, a partir da teologia da aliança judaica, da paz resultante da justiça. As duas mensagens chegam a nós por meio de duas "cartas": a primeira inscrita em mármore triunfal; a segunda, em frágil papiro.

Começamos com generalizações a respeito do processo de romanização. Este fundamentava-se, primeiramente, na criação de cidades, especialmente a partir da formação de colônias de soldados dispensados do serviço militar (*coloniae*) e, em segundo lugar, na proliferação de boas obras (*euergetismo*) promovidas por aristocratas locais, legionários veteranos e imigrantes estrangeiros. A romanização obedecia a três estágios sucessivos de construção: estradas e portos, templos e estátuas, e aquedutos e balneários. São inúmeros os exemplos desses melhoramentos urbanos na Itália, na Grécia, na Síria e na Judéia. Esse processo tríplice também podia ser observado na Anatólia, nas cidades imperiais de Ancira (Ancara), Péssino e Antioquia da Pisídia.

Antes de examinarmos os primórdios do cristianismo, depois de estudar o processo total de romanização, faremos breve interlúdio sobre a sinagoga da diáspora judaica, utilizando um exemplo da costa norte do mar Negro. Com isso relembramos os adoradores de Deus, vistos pela primeira vez *concretamente* na inscrição do começo do terceiro século em Afrodisia, que mencionamos no capítulo 1. No caso presente, as inscrições judaicas do primeiro e do segundo séculos davam ênfase ao significado religioso-político e socioeconômico da sinagoga como interface urbana entre o paganismo e o judaísmo, mas também acentuavam as implicações efêmeras da "pescaria" que Paulo realizava entre os simpatizantes pagãos nas sinagogas por onde passava.

Finalmente, examinaremos o próprio Paulo e sua Carta aos Gálatas a respeito da controvérsia sobre sua visão do cristianismo e a oposição a ela levantada pelos judeus leais à sinagoga, especialmente dos adoradores de Deus agora divididos entre *duas* visões do mundo judaico igualmente fascinantes. Os judeus não eram os únicos a se opor às atividades intrusivas de Paulo. Os adoradores de Deus, pagãos, também dividiam a lealdade entre a sinagoga e seu evangelho. Recordaremos os argumentos básicos e extremamente fortes dos oponentes da posição de Paulo e os cinco argumentos usados por Paulo contra eles: histórico, experimental, exegético, batismal e emocional. Quem teria prevalecido na Galácia? Talvez não tenha sido Paulo, porque, ao prometer bênçãos para toda a terra, enfrentava opções rivais, como o romanismo imperial e o judaísmo tradicional.

Bênçãos do mundo romano

Os exércitos pacificaram os opositores de Roma; as cidades os integraram no império, e as amenidades urbanas seduziram-nos, tornando-os cúmplices. O êxito militar de Roma na expansão dos territórios só não foi excedido pelo sucesso que teve ao conservar as conquistas; lembremos, de passagem, que a palavra latina para "cidade" era *civitas*, raiz do que chamamos, psicologicamene, "civilização". Para eles predominava o significado ideológico.

Antes de concentrar nossa atenção particularmente na Galácia romana, estudaremos primeiramente o processo geral interativo de romanização entre a autoridade imperial e as cidades provinciais. Trataremos de dois esquemas, três etapas e quatro exemplos da transformação imperial. Examinaremos também o fluxo das bênçãos de Roma para o Oriente através das estradas dos legionários com a finalidade de consolidar o mundo num só império (*imperium*), bem como a vinda de Paulo para o Ocidente, pelas mesmas estradas, trazendo as bênçãos alternativas de Abraão para converter o mundo numa assembléia bem diferente (*ekklēsia*). Quais eram, então, as bênçãos? Para qual mundo?

Dois esquemas de romanização

COLONIAE (COLÔNIAS). Considera-se hoje "colônia" qualquer território estrangeiro conquistado e controlado por algum império. Mas para o Império Romano o termo aplicava-se a qualquer cidade com sua zona rural fundada ou refundada para abrigar legionários veteranos e soldados dispensados do serviço militar. É nesse sentido que usaremos a palavra no presente contexto. Júlio César fundou diversas colônias no exterior, e Augusto urbanizou-as rapidamente com intenções políticas. Tibério continuou o processo — embora Calígula no seu curto reinado não lhes tivesse dado atenção —, mas os sucessores, Cláudio e Nero, compensaram o lapso. Buscavam o que Michael Mann, na obra citada como epígrafe no prólogo deste livro, chamou de *império territorial*, destinado a unificar e integrar os territórios conquistados. Procuravam consolidar as províncias num todo coeso, por meio desse esquema, dando-lhes novas constituições e edifícios que eram rebatizados, quase sempre, em honra do imperador e da família imperial.

Em todas as áreas controladas por Roma, da Itália à Grécia e da Turquia à Síria e ao Egito, os antigos ideais políticos de autonomia definidos pela palavra grega *polis* (cidade-Estado, já degradadas no período helênico) eram agora substituídos pela *civitas* romana considerando-se dois alvos ao mesmo tempo funcionais e ideológicos. No primeiro caso, as cidades eram usadas como centros administrativos para supervisionar a produção e distribuição de recursos locais e regionais. Com isso, geravam-se impostos pagos a Roma. Em segundo lugar, estabeleciam-se nas comunidades urbanas formas comuns de vida cívica, com edifícios administrativos, e difundia-se a cultura romana. Essas iniciativas tinham a intenção de despertar a lealdade do povo para com o poder central. Apesar da mistura multicultural de povos e tradições, agora num só império, o processo romano de urbanização conseguia abranger tudo isso sob a monocultura unificadora de sua estética nos desenhos das cidades, na criação de expectativas universais no plano de seus componentes estruturais, e no desenvolvimento de um *ethos* de intensa competição entre as cidades na busca de realizações e de prestígio.

EUERGETISMO (BOAS OBRAS). Os aristocratas locais assumiam as principais responsabilidades pelas estruturas da vida cívica urbana, e em cada cidade competiam entre si para construí-las e renová-las, desenvolvê-las e ampliá-las por meio de *euergetismo* (literalmente "boas obras" em grego) e benfeitorias. Brigavam uns com os outros para patrocinar projetos cívicos e alguns dentre os mais ricos até mesmo gastavam os próprios recursos em obras públicas. Por outro lado, naturalmente, acabavam sendo os principais beneficiários das bênçãos da urbanização romana e recebiam os primeiros frutos da *Pax Romana*. Em cada cidade, ao lado desses aristocratas locais, expatriados romanos como, por exemplo, administradores políticos, soldados aposentados e comerciantes italianos recebiam recompensas por suas ações beneficentes. As cidades que conseguiam submeter seus humildes pedidos ao imperador, acompanhados de honrarias adequadas, como a impressão da face do César nas moedas, nomeação dos meses a partir da data de seu nascimento, e até mesmo mudando seu nome, podiam receber em troca diminuição de impostos, e até mesmo ajuda material e técnica para a construção de novos projetos. Os mais influentes patrocinadores eram chamados para ocupar postos importantes nos corpos legislativos, nos escritórios cívicos ou nos ofícios sacerdotais; tais posições geravam novos serviços de interesse do império; e, em troca, seus ocupantes obtinham terras, redução de impostos e alvarás comerciais. As estruturas urbanas eram construídas por meio da adulação dos imperadores e da bajulação dos aristocratas. Tal sistema de trocas, entretanto, baseava-se em verdadeira sinceridade, visível nas recompensas financeiras tangíveis, e nos ganhos sociais vivamente cobiçados entre os que podiam entrar no jogo.

As bênçãos da urbanização estendiam-se além dos poucos poderosos proprietários de terras e incluíam também as classes urbanas mais baixas. Elas recebiam sua parte das bênçãos na forma de amenidades públicas. Os aristocratas ofereciam-lhes entretenimento como jogos e *shows* em espaços que construíam para esse fim, distribuíam alimento, dinheiro ou loterias. Era até mesmo possível certa ascensão na vida social. Os alforriados, por exemplo, podiam fazer parte de associações e, juntando os recursos, patrocinar alguns benefícios com a finalidade de ganhar honrarias e *status*. O sistema baseava-se na cidade e se abria à criatividade regional, proporcionando coesão na vida urbana ao longo do império.

Três etapas na romanização

ESTRADAS E PORTOS. A primeira fase da construção de estradas e portos romanos servia a interesses práticos e ideológicos. A construção das estradas destinava-se

BÊNÇÃOS PARA TODA A TERRA

ao uso das legiões. Seus construtores eram, por sua vez, os próprios legionários. No começo nada mais eram do que rotas militares e, só mais tarde, serviram ao comércio e à comunicação entre as cidades do império e a capital. Os engenheiros construíram-nas adaptadas ao clima local e com materiais disponíveis em cada região. Para início da obra, os legionários mapeavam a terra e abriam duas valas em qualquer lugar entre 18 e 25 pés distantes entre si para preparar o terreno. Depois, com a ajuda de mão-de-obra local forçada, cavavam buracos para as fundações com a profundidade de 3 a 8 pés, enchendo-os de pedras de tamanhos descendentes, e acrescentavam pedregulho e areia. Capeavam a estrada, finalmente, com grandes paralelepípedos perfeitamente unidos. Esse sistema, que custava, segundo inscrições republicanas tardias, cerca de 100 mil sestércios por milha, era forte, seguro e espetacular. Para se ter uma idéia do valor, qualquer trabalhador comum ganhava por dia de 2 a 4 sestércios.

O impacto ideológico era enorme. As estradas romanas representavam a visão de mundo de Roma. Não seguiam os contornos naturais propostos pela geografia, preferindo ultrapassar obstáculos naturais por meio de cortes ou de pontes, o que expressava a capacidade do imperador de subjugar até mesmo a topografia e dominar a natureza, semelhante ao que ficara explícito com o *centuriation*, a rígida divisão octogonal distribuída entre os veteranos. Essas estradas eram expansionistas, desenhadas para facilitar a movimentação das tropas romanas para a periferia, sem nenhum temor de que os inimigos distantes ousassem um dia usá-las contra Roma (embora, ironicamente, Paulo o tenha feito). Como a maioria das estradas terminava em cidades, os legionários ao voltar das batalhas eram recebidos sob arcos triunfais construídos para comemorar vitórias imperiais. Inúmeros marcos miliares proclamavam, além de distâncias percorridas e de datas, o imperador, IMP. CAESAR DIVI F., "Imperador César, Filho de Deus". Representavam, também, pontos de referência para a imaginação espacial romana. No ano 20 a.C., Augusto mandou instalar no Fórum Romano ao lado do Templo de Saturno o marco áureo (*milliarium aureum*) como ponto de partida de todas as estradas imperiais, indicando a distância entre Roma e as grandes cidades do império. Essa pedra dourada fazia de Roma o centro do mundo, sem levar em consideração o que os gregos diziam de Delfos e os judeus, de Jerusalém.

O sistema rodoviário ligava-se aos portos, muitos deles construídos ou renovados com técnicas que começavam a utilizar concreto hidráulico inventado na época. Constituía-se de uma mistura de areia vulcânica capaz de escorrer com incrível velocidade por esquadrias divididas em seções e flutuar sobre o mar. Surgiram portos e cais, e Roma não precisava mais depender de baías naturais e das grandes cidades antigas da costa. Redesenhava-se o mapa do Mediterrâneo com centros nodais para servir a seus interesses, às legiões em suas excursões às periferias, à importação de produtos de luxo e de especiarias do Oriente e de trigo do Egito.

ESTÁTUAS E TEMPLOS. A segunda fase do processo de romanização não se limitava ao culto do imperador, mas investia na panóplia da teologia imperial romana.

175

Mais uma vez, o culto do imperador? Talvez você já esteja cansado desse tema. Mas ele aparece, de um ou de outro modo, em cada capítulo deste livro e será assim até o final. Se lhe cansamos de certa forma, conseguimos não mais do que o efeito cumulativo produzido por essas imagens e instituições sobre os habitantes das cidades daquele vasto império. Não é demais repetir que o termo "culto do imperador" seja demasiadamente estreito. Era, porém, o centro da teologia imperial romana. Em contraposição, por exemplo, dificilmente alguém diria que o centro da teologia cristã medieval era o "culto de Cristo". Na verdade era isso, mas somente como centro de um mundo muito maior de significados. Queremos acentuar neste livro a universalidade integrada da teologia imperial, evitando isolar a peculiaridade do culto do imperador.

No dia-a-dia, esses portos e estradas levavam viajantes a centros urbanos locais, regionais e imperiais, onde se localizavam templos e estátuas do imperador. Poderia ser um Sebasteion, um Augusteum, ou parte de cultos locais onde as elites patrocinavam festivais, jogos e sacrifícios a César. A onda de urbanização romana, talvez a mais abrangente até agora descoberta nos anais arqueológicos, expressava física e visivelmente a gratidão local pelas bênçãos da *Pax Romana* ou, alternativamente, a exigência de fidelidade ao imperador. Era repetitiva e redundante, mas, afinal, aceita por todos.

AQUEDUTOS E BANHOS. A terceira fase do processo de urbanização romana discernível nos relatórios arqueológicos incentivava a proliferação de meios de recreação e entretenimento, particularmente pela intensificação dos banhos públicos no Oriente helenizado e sua introdução até mesmo em lugares mais remotos. Os balneários luxuosos construídos em larga escala nem sempre dependiam explicitamente de Augusto, porque entrariam em conflito com seu programa austero de piedade e moralismo. Mas desenvolveram-se sob a dinastia júlio-claudiana e alcançaram seu clímax no começo do segundo século. A moda aproveitou a nova tecnologia romana no uso de argamassa e tetos abobadados. O uso da cerâmica de hipocausto permitia sistemas subterrâneos de aquecimento com circulação de água por meio de canos de argila instalados no interior das paredes. Há séculos, o mundo grego já havia ligado banheiras a ginásios, onde os rapazes saudáveis competiam em atividades atléticas como parte complementar da educação. Mas, em Roma, o aspecto atlético era apenas apêndice da centralidade dos banhos. De fato, em geral, o papel do atletismo na construção do caráter individual fora substituído pelos espetáculos e pelos esportes sangrentos na arena.

Os banhos eram baratos e serviam à higiene do povo. Com suas piscinas quentes, mornas e frias, bibliotecas, salas de leitura, quartos para massagem e exercícios, barbeiros e depiladores, logo se tornaram espaços atraentes e bem freqüentados nas áreas urbanas. Os homens reuniam-se diariamente, de tarde, e alguns permaneciam até o início da noite; as mulheres aguardavam ansiosamente seus horários, embora em alguns lugares fossem permitidos banhos mistos. As comunidades mantinham-se alertas contra possíveis ações da censura contra os balneários. O culto imperial era mais visível do que eles, mas os banhos tornaram mais sedutora a romanização por causa do culto do luxo.

A nova tecnologia possibilitava algumas construções, mas era a *Pax Romana* que levava a expansão da tecnologia da argamassa e dos arcos para fora das cidades fortificadas. Os aquedutos traziam de longas distâncias às comunidades urbanas água corrente para as residências (Figura 62). A paz e a conseqüente prosperidade eram suficientes para pagar os enormes custos da construção dos aquedutos e dos grandes balneários públicos luxuosamente decorados. Os banhos e os aquedutos, a água corrente e os serviços de esgoto tornaram-se as bênçãos mais gerais e apreciadas advindas do governo romano. Com o passar do tempo, os habitantes das províncias começaram a se sentir romanos, e, em grande medida, acabaram ajudando a moldar o seu significado.

Figura 62: Aqueduto romano em Cesaréia Marítima, construído primeiramente por Herodes, o Grande, e reconstruído depois pelas legiões romanas.

Quatro exemplos de romanização

Escolhemos quatro cidades para mostrar os efeitos da romanização: Pompéia na Itália, Nicópolis na Grécia, Antioquia na Síria e Cesaréia Marítima na Judéia (Figura 63). É nesse contexto que examinaremos as cidades da Galácia.

POMPÉIA NA COSTA DA CAMPÂNIA. Diversas alterações foram feitas sob Augusto pela iniciativa local e com dinheiro privado que transformaram o panorama urbano de Pompéia imitando a ênfase da revolução augustana no que concerne à piedade e à virtude. Quase todos os aristocratas de Pompéia que patrocinavam estruturas públicas também copiavam Augusto, e se interessavam pelo ofício sacerdotal. Não nos surpreende, pois, que os templos fossem os edifícios mais visíveis que construíram. Dois exemplos são suficientes.

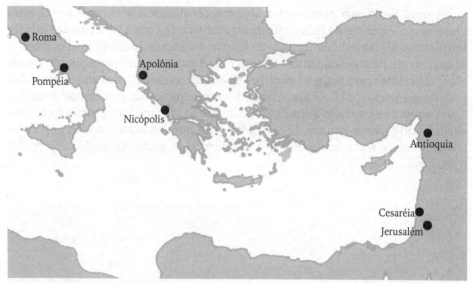

Figura 63: Mapa da romanização.

O primeiro é o templo da *Fortuna Augusta* (da Boa Sorte de Augusto) erigido em terreno particular e pago por M. Tullius com fundos privados. Imitava em menor escala os caríssimos templos de mármore de Roma, dedicados a Augusto, ocupando espaço menor do que os originais mas bastante visível por onde passava muita gente. As estátuas da família real são acompanhadas pela estátua de um sacerdote togado, muito parecido com M. Tullius que, ao promover Augusto também promovia a si mesmo, associando-se ao *princeps*.

O segundo exemplo é o enorme edifício comunitário inaugurado no reinado de Augusto pela viúva Eumáquia, que na qualidade de sacerdotisa cívica patrocinara a construção para apoiar em parte a eleição do filho a um ofício cívico. A grande estrutura situava-se no meio do lado oriental do fórum e era dedicada às *Concordia et Pietas Augusta* (Harmonia e Piedade de Augusto). Repete diversos temas e estilos do Fórum de Augusto e a *Ara Pacis Augustae,* na galeria de heróis de Roma e de Pompéia, no pórtico, nas inscrições a Enéias e Rômulo, e nas "exuberantes vinhas" que, no dizer de Paul Zanker, "parece que vieram da mesma oficina responsável pela *Ara Pacis*" em Roma (320; Figura 64). Para agradar à família imperial, Eumáquia mandou esculpir a estátua da deusa Concórdia com os traços de Lívia, esposa de Augusto; mas, para agradar a si mesma, fez com que sua própria estátua imitasse Lívia e Concórdia, com o véu na cabeça em sinal de piedade e como símbolo de seu *status* sacerdotal (Figura 65). Duas outras estruturas imperiais ao norte e o altar no centro do fórum mudaram o eixo norte-sul da área para leste-oeste (Figuras 66 e 67).

Mais importante do que isso, para os habitantes da cidade, foi a correnteza de água que agora fluía em abundância, vinda do governo júlio-claudiano. Antes, os

Figura 64: (*em cima*). Entrada do edifício de Eumáquia em Pompéia, com estilo semelhante ao *Ara Pacis Augustae*. Figura 65: (*à direita*). Estátua no edifício de Eumáquia com véu na cabeça em sinal de piedade e com traços semelhantes à Lívia e à Concórdia.

moradores de Pompéia dependiam de cisternas e poços fundos alimentados pela chuva. Ao final do governo de Augusto a cidade podia valer-se do aqueduto imperial com águas trazidas da baía de Nápoles. O novo sistema distribuía água corrente para as casas das famílias ricas, para as fontes públicas e para os balneários extremamente luxuosos. Essa água era paga pelos habitantes da cidade, embora fosse creditada a Augusto, que também permitia seu uso.

NICÓPOLIS NO GOLFO AMBRACIANO. Otaviano fundou Nicópolis, a "Cidade da Vitória" ao noroeste da Grécia, imediatamente depois de seu triunfo sobre Antônio e Cleópatra no Cabo Áccio. Comemorava essa vitória, oferecia lugar para os veteranos dos exércitos romanos e dava segurança à Grécia perto da extremidade da península italiana. Facilitava o comércio e as viagens pelo Mediterrâneo, revigorando a economia devastada da região, e integrava gregos e colonos romanos. Todos esses melhoramentos eram bem pagos pelos espólios das batalhas e por doações generosas (forçadas) de gente como Herodes, o Grande, que havia sido anteriormente amigo do derrotado Antônio. Acabou se tornando uma espécie de museu ainda nos dias de Augusto.

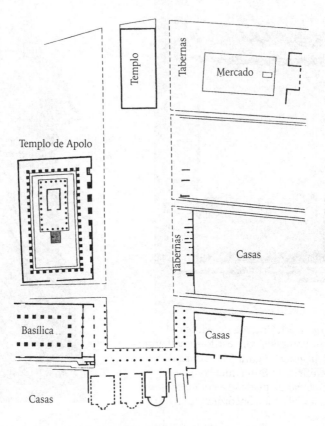

Figura 66: Planta do fórum de Pompéia antes de sua transformação sob Augusto.

Augusto fez de Nicópolis o principal centro da região transferindo para aí os jogos populares de Áccio e elevando-os ao mesmo nível de prestígio dos Jogos Olímpicos. A Cidade da Vitória adquiriu novo sentido: começou a atrair os melhores atletas do mundo no cenário da maior vitória de todos os tempos. Lembranças disso espalhavam-se por toda parte. As proas dos navios vencidos de Antônio transformavam-se em memoriais, como o Rostro no Fórum de Roma, tornando-se um santuário ao ar livre à divindade patronal de Augusto, Apolo. Construído na colina, de frente para a cidade e seus dois portos, exibia os troféus das batalhas dedicados ao deus do mar, Netuno, e ao da guerra, Marte. Na cidade, lá embaixo, Augusto e seus descendentes imperiais eram adorados como deuses.

O aqueduto, que representava um dos principais feitos da engenharia legionária, oferecia conforto à nova cidade de Augusto. Trazia água fresca em abundância das cabeceiras do rio Louros, por meio de encostas quase imperceptíveis, e descia 250 pés ao longo de 30 milhas em canais cortados pelas colinas e pontes de arcos

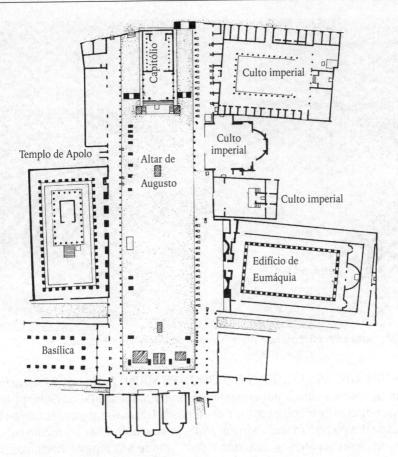

Figua 67: Planta do fórum de Pompéia depois de Augusto; observe as diversas estruturas relacionadas com ele e com o culto imperial.

sobre riachos e rios. Embora pouco se tenha escavado na cidade (promete-se muito mais) além do pequeno teatro (odeão; Figura 68), vêem-se alguns balneários em ruínas alimentados antigamente pelo aqueduto. Um deles situa-se num complexo originário da era augustana no bosque sagrado entre o santuário de Apolo e a cidade, onde os jogos de Áccio eram celebrados de quatro em quatro anos. Esse balneário gozava a fama de ser um estabelecimento de classe internacional com a abóbada trançada e telhados em forma de cúpula. Ainda se podem apreciar figuras nos painéis de mármore no piso e as lâminas que seguravam essas pedras nas paredes, com restos de revestimentos de mosaico. Nas piscinas e salas de banho de classe internacional os competidores banhavam-se a cada quatro anos, incluindo em 66 d.C. o próprio imperador Nero, que ganhou (ou deixaram que ele ganhasse) a coroa de louro numa corrida de carro. Nos anos entre os jogos, os principais cidadãos, seus hóspedes, e talvez até boa parte dos habitantes da cidade, banhavam-se aí regiamente.

Figura 68: Odeão em Nicópolis, a nova "Cidade da Vitória" de Augusto.

ANTIOQUIA ÀS MARGENS DO ORONTE SÍRIO. Antioquia às margens do rio Oronte, terceira cidade em tamanho do império, foi capital da Síria, província estratégica diretamente sob o controle de Augusto. Chama-se, agora, Antakya-Hatay, e depois de um plebiscito realizado em 1939, passou a situar-se no médio sul e não mais no noroeste da Síria. Já era uma cidade grande nos tempos helênicos ligada a importantes rotas de caravanas orientais com um porto no Oronte na costa da Selêucia. As moedas referem-se a ela como "metrópole" e têm freqüentemente a imagem de Apolo e a data da ascensão de Otaviano. Ele visitou a cidade duas vezes. Pela primeira, logo depois da batalha de Áccio e novamente no ano 20 a.C. Tudo indica que para essa segunda visita, considerada *adventus* ou *parousia* oficial (lembre-se desse termo usado no capítulo 3), Herodes, o Grande, pavimentou e encheu de colunas a rua principal, cujas marcas e restos podem ser ainda vistos na cidade moderna. Essa foi uma das primeiras ruas cercadas de colunas no império; antes disso, as colunas só eram usadas em templos e santuários. As construções de Herodes e a visita de Augusto emprestaram à cidade nítido tom cívico-religioso, acentuado nos anos seguintes quando o conselho local mandou erguer no cruzamento principal uma estátua de Tibério em gratidão pelos benefícios recebidos.

João Malalas (ou João Orador), cidadão de Antioquia, destacou as casas de banho em sua narrativa da expansão da cidade no sexto século sob os júlio-claudianos. Conta como Júlio César construiu um aqueduto para suprir as necessidades da nova casa de banho num altiplano, e como Augusto teria encarregado Agripa de construir dois balneários, tendo um deles seu nome, e como Tibério estabelecera outro numa nascente onde Alexandre Magno havia mandado construir, certa vez, um chafariz. O luxo excessivo e a licenciosidade nos banhos foi exatamente o que Juvenal criticou em sua obra *Sátiras*, no começo do segundo século d.C., quando lamentou que o esgoto moral "do rio Oronte da Síria era derramado no Tibre" (3.63-65). Não deixa de ser irônico que Roma tenha primeiramente promovido os banhos e o culto do luxo com a finalidade de incluir cidades como Antioquia em sua monocultura urbana, para depois condenar certos aspectos, como esse, como se fossem decadência oriental.

Na moderna Antakya-Hatay uma estátua de Atatürk ergue-se no meio do caminho ao oeste da ponte principal sobre o barrento Oronte. Ao sul dessa estátua situa-se o Museu Arqueológico cuja entrada você pode não perceber se não estiver atento. É nesse museu que a glória passada de Antioquia ainda brilha em magníficos mosaicos de luxuosas vilas dos subúrbios ao sul de Dafne, onde bosques e cascatas ainda permanecem belos, embora prejudicados por depósitos de lixo. Uma das mais fascinantes coleções de mosaicos do mundo encontra-se nesse pequeno e bem conservado museu. A maioria é pós-paulina, do segundo e terceiro séculos, mas talvez você possa imaginar, depois de vê-las, o luxo da Antioquia aristocrática dos tempos paulinos.

CESARÉIA NO MAR MEDITERRÂNEO. Herodes, o Grande, criou Cesaréia em honra de seu novo patrono e salvador político, Augusto (daí, *Caesarea*). Construiu-a do nada no meio da costa do Mediterrâneo (por isso a chamamos hoje de *Marítima* para distingui-la de outras cidades com o mesmo nome). Seu grande e moderno porto chama-se *Sebastos*, nome grego para o latino *Augustus*. A partir dessa baía, sempre ativa em todas as estações, Herodes, o Grande, orientou seu reino para Roma, e com todos esses nomes deixou claro aos romanos o que queria ouvir deles. Como as outras três cidades citadas, Cesaréia possuía um porto moderno para se ligar às linhas marítimas controladas por Roma, templos imperiais que facilitavam a lealdade, e fluxo de água para as amenidades urbanas.

Os melhoramentos na baía foram feitos com tecnologia romana, cimento italiano *pozzalana*, e um enorme cais que avançava sobre o mar cerca de 800 pés, na baía de quase 40 acres de extensão. Mas não se construíram estradas no estilo romano para se chegar ao interior da Palestina a não ser no segundo século d.C., depois de duas revoltas judaicas e com a permanência de legiões no país.

O grande templo local da deusa Roma e de Augusto havia sido quase todo destruído e sua reconstrução estendeu-se por séculos. Mas, com a ajuda de testemunhos oculares descritos por Josefo e de pedaços de colunas e capitéis, pode-se estimar a grandiosidade do antigo templo. Erguia-se à altura de aproximadamente 80 a 110 pés. Situava-se no centro da cidade, numa praça onde desembocavam duas vias, mas um pouco fora de esquadro, de modo que sua brilhante fachada saudava os marinheiros que desembarcavam no porto. Sobrevivem em tamanho natural a couraça do imperador Trajano (98-117 d.C.) e a figura de Adriano sentado mas sem cabeça (117-138 d.C.) para dar testemunho do contínuo culto do imperador no templo. Mas Josefo nos conta que Herodes tinha originalmente instalado aí grandes estátuas da deusa Roma vestida como Hera Argos e de César Augusto como Zeus Olimpo. Importante inscrição encontrada numa pedra em 1962, de cabeça para baixo, reutilizada na renovação do teatro, refere-se a um *Tiberium* dedicado ao imperador do mesmo nome, erguido por Pôncio Pilatos para honrá-lo (Figura 69). Herodes, o Grande, obedecera à Torá em Jerusalém quando reconstruiu o Templo sem imagens nem ícones. Mas na vizinha Cesaréia Marítima foi um dos primeiros a prestar honras divinas a Augusto num templo, tradição difundida pelo Mediterrâneo, na época, e continuada em Cesaréia ainda por muito tempo.

Figura 69: Inscrição em Cesaréia Marítima, mencionando um edifício construído por Pôncio Pilatos em honra de Tibério.

Finalmente, depois do porto e do templo, veio a água. Como Cesaréia não tinha fonte natural de água fresca, construiu-se um aqueduto ainda parcialmente visível hoje ao norte das ruínas. Trazia água de fontes situadas a 10 milhas de distância (Figura 62).

Pacificação dos celtas na Galácia romana

Vamos agora da urbanização geral romana para o mesmo processo desenvolvido, em particular, na Galácia. No ano 25 a.C., Otaviano, que acabara de se transformar em Augusto, estabeleceu a nova província da Galácia a partir de povos e regiões geográficas desiguais. O que veio a ser a Galácia na Anatólia central fora uma região relativamente atrasada habitada ao oeste pelos frígios, caricaturizados em Roma pelo culto exótico e extático da deusa-mãe Cibele, ao sul pela Pisídia, com seu povo orgulhosamente independente e menos helenizado que os outros, e no centro principalmente pelas tribos guerreiras celtas que vagavam por aí, procedentes da Gália, já no século terceiro a.C. Tome nota das ligações lingüísticas entre os celtas e os gálatas: C-L-T transforma-se em G-L-T. Os guerreiros celtas são bem conhecidos por causa da famosa estátua *O gaulês moribundo* no Museu Capitolino de Roma (Figura 70). Trata-se, na verdade, de uma cópia romana da estátua original de bronze em Pérgamo, celebrando, não uma vitória romana do primeiro século d.C., mas a vitória grega do terceiro século a.C., sobre os invasores celtas. Esses povos, em geral, viviam em pequenas cidades, sob organização tribal, longe de influências helênicas, e preservavam a própria língua, costumes e religião.

A Galácia de Augusto estendia-se do nordeste ao sudoeste através do planalto central da Anatólia desde as montanhas do Ponto até as do Taurus. O imperador fundou colônias romanas no sul com legionários veteranos, como Derbe, Listra, Icônio na Licaônia, e Antioquia da Pisídia. Criou ao norte novas cidades para três tribos celtas que foram urbanizadas e romanizadas. Para a tribo Tolistobogii, no extremo ocidente, que vivia na margem leste do rio Sangarius, edificou a cidade de Péssino. Para a Trocmi, no extremo oriente, estabeleceu a cidade de Tavium, na margem oeste do rio Halys. No centro, entre esses rios, organizou Ancira para os Tectosages, e elevou-a à categoria de capital da província (Figura 71).

Figura 70: *O gaulês moribundo*, cópia romana em mármore do original grego retratando um celta derrotado na batalha da Anatólia.

185

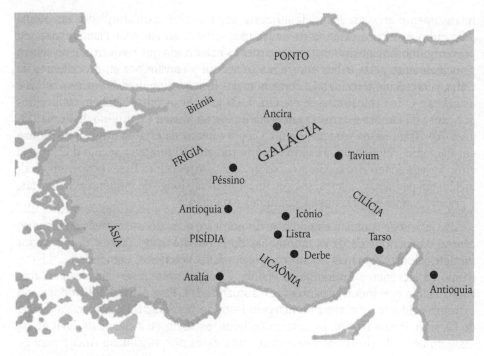

Figura 71: Mapa da Galácia.

Os pesquisadores têm debatido ao longo do tempo se Paulo escreveu sua carta aos habitantes do norte, chamados gálatas, mas de etnia celta (não mencionados em Atos de Lucas), *ou* aos gálatas do sul, que não eram celtas mas que vivam na mesma província (mencionados em Atos). Estaria Paulo usando um nome tribal para o norte *ou* um nome político para o sul? Estaria dirigindo-se às cidades do norte fundadas para as tribos célticas romanizadas *ou* para as cidades do sul refundadas como colônias romanas principalmente para acolher veteranos dispensados? Ou estaria escrevendo uma carta-circular cobrindo vasta área tanto do norte como do sul?

Lucas afirma em Atos 13-14 que Paulo, sob a orientação de Barnabé, e com ele, visitou as cidades do sul na sua segunda viagem missionária. Mas, depois, e como veremos mais detidamente adiante, os dois se separaram irrevogavelmente na Antioquia Síria no Oronte. Em conseqüência disso, duvidamos que Paulo tenha novamente visitado essas assembléias do sul, ou escrito para elas, posto que, de certa forma, "pertenciam" a Barnabé. Supomos, então, por inferência, que Paulo entendia por "gálatas" as comunidades das cidades do norte como Péssino, Ancira ou Tavium em vez de Antioquia da Pisídia, Icônio, Listra ou Derbe.

Seja como for, tanto as cidades do norte como as do sul passavam pelo firme processo de romanização e de urbanização da metade do primeiro século. Nos dois lugares, celtas e latinos, bem como autóctones e expatriados, estavam formando

BÊNÇÃOS PARA TODA A TERRA

a cultura que chamaremos de romana que Paulo teria de enfrentar. Nesse sentido, tanto o norte como o sul estavam se tornando romanos passando pelo processo das três etapas que examinamos antes em relação com Pompéia até a Judéia. Tratava-se sempre de estradas, templos e amenidades imperiais.

Estradas imperiais

A Via Egnatia construída por Roma terminava em Bósforo, mas no outro lado, na Anatólia, já havia um sistema rodoviário persa em atividade antes de Alexandre Magno. Compreendia duas artérias principais dirigidas para o Oriente que os romanos usavam e mais tarde melhoraram segundo seus padrões militares, para que fossem trafegadas em todas as estações. A rota do Ponto, ao norte, dirigia-se para o sul do mar Negro alcançando a Armênia e Adiabene, cujos príncipe e rainha haviam se convertido ao judaísmo no primeiro século d.C. Começava em Pérgamo a rota do sul na costa do Egeu, correndo através de Éfeso, cortando terras para evitar montanhas e cruzar a planície da Anatólia até os portões da Cilícia em Tarso, por onde entrava na Síria e nas fronteiras orientais. As duas estradas eram sumamente importantes para o trânsito das legiões romanas que protegiam a Síria contra o império dos partos no extremo oriente. Essas estradas, no século anterior de Augusto, eram vulneráveis a ataques de povos não helenizados nem urbanizados e bárbaros, desfechados contra o que seria depois a província da Galácia.

Para a segurança da estratégia global romana e para a defesa eficaz em face dos ataques dos partos, tornava-se essencial a pacificação da Anatólia. Augusto estabeleceu as colônias e cidades da Galácia, ligando-as entre si com eficiente rede rodoviária. A principal estrada, denominada Via Sebaste em sua homenagem, começava junto ao mar no porto de Perge, centro-sul da Anatólia, e subia pelos altiplanos da Pisídia até a colônia de Antioquia da Pisídia. Seguia daí para o leste ao lado da antiga estrada persa até as colônias de Icônio e Listra. Teria sido esse o caminho percorrido por Paulo segundo Atos, em sua jornada missionária. Seções escavadas mostram que sua largura era de 20 a 26 pés, construída para resistir ao pesado tráfego das máquinas de guerra que acompanhavam as legiões.

As estradas romanas da Galácia simbolizavam implicitamente e articulavam explicitamente o domínio de Roma e, em especial, de seu imperador. Por exemplo, um marco miliário na Galácia anunciava: "O Imperador César, Filho de Deus, Pontífex Maximus... construiu a Via Sebaste sob os cuidados de seu legado Cornuto Áquila..." (*CIL* 3.6974). Na Pisídia, perto da fronteira da Galácia com a Ásia Menor, entre os anos 5 e 4 a.C., havia um altar dedicado a Augusto, construído perto da Via Sebaste, pela família local dos Mylians, juntamente com imigrantes romanos e tracianos.

Mas as novas estradas eram muito mais do que símbolos da autoridade romana; levavam esse poder, rápida e violentamente, às mais remotas regiões. Marcos miliários informam que a Via Sebaste foi completada no ano 6 a.C., exatamente quando Augusto enviou P. Sulpicius Quirinius e a Sétima Legião para a realização da última

187

EM BUSCA DE PAULO

operação militar importante na região. Avançando nessa estrada contra a tribo rebelde dos Homonades que vivia em vales e montanhas remotas da Galácia, entre 6 a.C e 4 d.C., as forças romanas arrasaram sistematicamente fortalezas e vilarejos, venderam os homens sobreviventes e escravizaram as mulheres. As legiões romanas movimentavam-se eficientemente através dessas estradas usando violência e força, relembrando a todos permanentemente que podiam a qualquer momento atacar com rapidez. O êxito desse sistema rodoviário e da rede urbana pode ser bem ilustrado pelo fato de que a Sétima Legião estabelecida em Antioquia da Pisídia por Augusto só foi removida no ano 7 d.C. não precisando mais ser substituída. Quando Paulo percorreu as estradas da Galácia, eram poucos os sinais da presença militar, uma vez que nessa época os habitantes locais já haviam sido pacificados e faziam parte agora do povo romano, embora no passado estivessem entre os conquistados.

Templos imperiais

A terceira epígrafe no começo deste capítulo é tirada de um profundo estudo de Stephen Mitchell sobre a província da Galácia e das regiões vizinhas. "O culto do imperador era desde o começo uma instituição de grande importância para as comunidades provinciais", acentua, "literalmente, desempenhando papel central no desenvolvimento de novas cidades" (100). Embora não tenha havido grande atividade arqueológica na parte da Turquia que pertenceu no passado à Galácia, os sítios até certo ponto escavados, como em Ancira, Péssino e Antioquia da Pisídia, revelam a centralidade do culto imperial no processo romano de urbanização. A distância de Ancira (Ancara) a Péssino (Balhisar) e daí até Antioquia (Yalvaç) é quase igual a de uma estrada cheia de curvas para o sudoeste.

ANCIRA. O templo imperial de Ancira dedicado à deusa Roma e a Augusto, começado a ser construído no reinado de Augusto e concluído sob Tibério em 19/20 d.C., foi feito de mármore e, por causa de seu tamanho imponente, é o monumento mais visível da cidade. Voltaremos a ele em nosso epílogo. Seu desenho e estilo harmonizam diversas tradições. A fachada com oito colunas coríntias é precedida de inúmeros degraus, elementos tipicamente romanos, embora o plano geral siga a tradição grega com o peristilo, colunas externas e um caminho coberto ao seu redor (Figura 72). Assemelha-se ao grande templo helênico de Atenas em Priene na Ásia Menor, do qual parece imitar muitos elementos e que foi rededicado a Atenas e Augusto. Arquitetonicamente, expressa a nova monocultura romana com a reunião de elementos orientais, ocidentais, regionais e imperiais. Não nos surpreende, pois, que a paráfrase grega de *Atos do divino Augusto* tenha sido fixada no lado sul, que é o mais visível (Figura 73), enquanto o original em latim foi reservado para as paredes internas do átrio, visível apenas aos que entram no templo. Orientado no eixo leste-oeste, não se abre, como era costume, para o sol nascente, no Oriente, mas para Roma, no Ocidente. Essa mensagem sutil e sugestiva era complementada, naturalmente, pelos caríssimos materiais usados na construção e por sua proeminente posição, que, como o próprio imperador, dominava o panorama da cidade.

188

Figura 72: Reconstrução do Templo imperial de Roma e Augusto em Ancira, combinando tradições arquitetônicas locais e romanas.

Figura 73: Texto grego da inscrição das *Res Gestae* no Templo imperial de Roma e Augusto em Ancira.

A participação local dos gálatas no culto imperial é atestada por uma notável inscrição achada em Ancira, datada dos tempos do reino de Tibério, que menciona o sumo sacerdote do divino Augusto e da deusa Roma, bem como os benefícios que haviam dispensado à população. Predominam nessa lista nomes de gálatas celtas, embora alguns já tivessem adotado nomes gregos e até latinos. Além da óbvia inclusão de sacrifícios, outras ajudas vieram reforçar costumes regionais.

EM BUSCA DE PAULO

Segundo a tradição grega, os sacerdotes supriam azeite para o povo: "Castor, filho do rei Brigatus... azeite de oliveira para nossas bocas" em 20-21 d.C. Patrocinavam jogos na tradição romana, a saber, espetáculos de esportes sangrentos em vez de competições atléticas próprias da tradição grega: "Filemenes, filho do rei Amintas... espetáculos de gladiadores; ... lutas de bestas ferozes" em 30-31 d.C. Mas, também na tradição céltica, ofereciam banquetes públicos para delegados tribais e até mesmo para tribos inteiras: "Albiorix, filho de Ateporix... banquete público; ergueu estátuas de [Tibério] César e Júlia Augusta" em 23-24 d.C. As competições eram violentas; os sacerdotes procuravam superar seus predecessores. Honrarias e estátuas dependiam do nível da generosidade da aristocracia; levavam também a recompensas cada vez maiores para os cidadãos comuns, sempre associadas ao culto do imperador.

PÉSSINO. Logo depois da construção do Templo de Augusto em Ancira, outro foi construído em Péssino, capital da tribo celta Tolistobogii, no extremo oeste, num sítio sagrado dos antigos frígios. O Templo de Péssino com seis colunas coríntias na frente, em estilo romano, era cercado por colunas de estilo grego. A grande escadaria de cerca de trinta degraus no meio de uma arquibancada da era de Tibério ou, talvez, de Cláudio, dava-lhe aparência inusitada. Os assentos usados nos teatros da época, além do aspecto ornamental, permitiam que o povo se acomodasse confortavelmente para assistir a jogos ou espetáculos em honra do imperador no contexto geral do culto imperial. Relembre os esportes sangrentos e as estátuas imperiais mencionados nas inscrições de Ancira. Encontram-se ainda hoje fragmentos desse templo que mencionam "sacerdotes imperiais da Tolistobogii de Péssino".

ANTIOQUIA DA PISÍDIA. Segundo Atos dos Apóstolos, Paulo esteve em Antioquia da Pisídia duas vezes (13,14; 14,21). A colônia parecia, de diversas maneiras, bela miniatura de Roma e mostrava como seria a capital num microcosmo. Adotava e replicava aspectos das construções de Roma e de sua constituição. Como a cidade-mãe, possuía seu limite sagrado, ou *pomerium*. Os bairros adotavam nomes tribais romanos, e seus sacerdotes assemelhavam-se aos da capital. O templo imperial de Antioquia, situado no ponto mais alto da cidade, podia ser visto de longe. Seguia de perto a tradição arquitetônica romana mais do que os de Ancira e Péssino. Parecia-se com o Templo de Marte no Fórum de Augusto de Roma, tanto no desenho como nos detalhes, e na posição, localizado na extremidade leste de uma longa praça cercada por dois andares de colunas e um pórtico. Como os demais templos imperiais da Galácia, voltava-se para Roma e era alcançado do oeste pela Platéia Tibéria, semelhante a uma praça ligada ao principal Bulevar Tiberiano. O portão com três arcos chamava a atenção para a fachada do templo. Os que transitavam do portão monumental para a praça, por razões cívicas, negócios, disputas legais, celebrações imperiais ou banquetes oficiais, deparavam-se com enorme inscrição em letras de bronze. Do que restou pode-se decifrar o seguinte (Figura 74): IMP. CAES[ARI DI]VI F. AUGUSTO. PONTI[F]ICI M[AXIM]O, "Para o Imperador César Augusto, filho de Deus, *pontifex maximus*".

190

Figura 74: Inscrição circular na Platéia Tibéria que conduz ao Templo de Augusto; as letras de bronze foram retiradas mas o texto ainda é decifrável.

Além dessa inscrição, as escavações lideradas pela Universidade de Michigan descobriram fragmentos e peças da iconografia do portão e do esquema epigráfico. Incluíam-se aí cenas da derrota imposta por Augusto aos hostis pisidianos (semelhantes de diversos modos aos frisos de Afrodisia), o signo de seu nascimento, Capricórnio, e inúmeros pequenos fragmentos do texto latino de *Atos do divino Augusto* que já vimos no museu de Yalvaç. A colônia de Antioquia da Pisídia fora estabelecida inicialmente pelos romanos. Os nomes predominantemente latinos nas inscrições atestam o fato. Mas deveria ter havido casamentos mistos, bem como a presença de celtas e pisidianos, e de seus vizinhos isaurianos e licianos, que se aposentavam do serviço nas legiões e de outras tarefas e passavam a viver em Antioquia e em outras colônias da Galácia. Eram recebidos entre os romanos numa única cidade, que servia como ponto nodal para coletar impostos e dar informações, bem como para estabilizar e pacificar a região.

O culto imperial não se limitava a esses três centros urbanos nem se restringia ao tempo de Augusto. Espalhou-se pela Galácia e se intensificou nas décadas seguintes. Tomou conta dessa província com extraordinária rapidez. Ao norte, logo depois da anexação da Paflagônia à Galácia em 6/5 a.C., seus habitantes juraram lealdade ao divino Augusto, segundo uma inscrição encontrada em 1900 por Franz Cumont, do ano 3 a.C. A estela de aproximadamente 6 pés de altura, quebrada em duas partes na antiguidade mais recente, achava-se na antiga Fazimon ao lado da principal estrada que vai de Ancira para o mar Negro. Jurado por todo o povo da região, locais e romanos, nas cidades e no campo, "sob o comando de César Augusto, filho de Deus", o pacto expressa o seguinte:

> Juro por Zeus, pela Terra, pelo Sol, e por todos os deuses e deusas, incluindo o próprio Augusto, manter-me favorável a César Augusto, a seus filhos e a seus descendentes para sempre, em palavras, atos e pensamentos, considerando amigos todos os que ele chama

EM BUSCA DE PAULO

de amigos, e tendo como inimigos aqueles que ele assim define, e para defender seus interesses não pouparei o corpo nem a alma nem a vida nem meus filhos...

Mais adiante o texto especifica que a quebra das estipulações deste pacto acarretará para os culpados sofrimento em seus "corpos, almas e vidas". A traição ao imperador era crime capital. O texto diz ainda que o juramento podia ser feito por qualquer número de pessoas na Sebasteia local, nos altares de Augusto, ou na cidade vizinha denominada anteriormente de Fazimon mas renomeada como Neápolis e, depois, *Neoclaudiopolis*, a "nova cidade de Cláudio". Essa área encheu-se de lugares dedicados ao culto imperial apenas três anos depois de ter sido incorporada à província da Galácia.

O processo continuou depois de Augusto. No tempo de Paulo não havia indícios de que a fervorosa devoção imperial estivesse desaparecendo. Por toda a Galácia, era grande o número de cidades que adotavam o nome de Cláudio na metade do primeiro século para honrá-lo e receber seus benefícios. Além de Fazimon, que acabou sendo Neoclaudiópolis, ao norte, encontramos, no sul, Claudiópolis, Claudioderbe, Claudicônio, Claudiolaudicéia, Caudiocesaréia Mista e Claudiosselêucia. Os conselhos locais apressavam-se a renovar o pacto e seu ciclo de lealdade e benefícios.

Amenidades imperiais

Como sempre, grande parte dos benefícios vindos da lealdade a César adquiria a forma de amenidades urbanas. A vida da cidade, por assim dizer, era a bênção daquele pacto, incluindo entretenimento, espetáculos e, acima de tudo, abundância de água fluindo com segurança dos aquedutos para os banhos públicos. O templo-teatro de Péssino exibia combates entre gladiadores financiados pelos principais sacerdotes imperiais. Em 31-32 d.C., por exemplo, "M. Lollius [patrocinou um] banquete público em Péssino; 25 pares de gladiadores e, depois, mais 10 em Péssino; azeite de oliva para 2 tribos durante o ano todo; construção de uma estátua divina em Péssino" (Mitchell, 108). A leste do templo imperial de Ancira, do outro lado de um riacho, numa encosta, havia um teatro que certamente foi cenário de espetáculos sangrentos, pantomimas, e comédias de estilo italiano, no primeiro século. Embora date de dois séculos depois de Paulo, o gigantesco balneário a leste do templo imperial é a única outra estrutura romana que ainda sobrevive na urbanização do século vinte em Ancira sob Atatürk. Medindo entre 450 e 600 pés, era um dos maiores balneários do Império Romano e certamente o mais espetacular, sublinhando a trajetória da urbanização romana no primeiro século (Figura 75).

Conhecemos muita coisa a respeito de Antioquia da Pisídia, cujas ruínas espalham-se pelos arrabaldes da moderna Yalvaç. Além das escavações iniciais na década de 1920, o sítio tem sido alvo de buscas e pesquisas recentes. Um grande estádio em forma de ferradura, quase escondido pela vegetação, num subúrbio da cidade, ainda está para ser escavado; resta ainda um teatro cujos sinais perceptíveis dão a entender que se trata do lugar dos julgamentos de Tecla, segundo *Atos de Paulo e Tecla*,

192

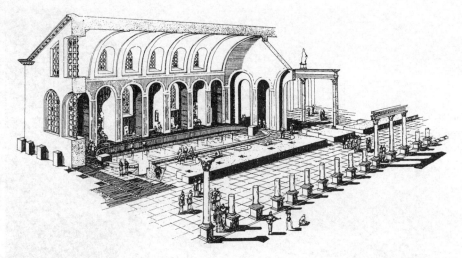

Figura 75: Reconstrução dos banhos romanos em Ancira; embora um século depois de Paulo e mais elaborado do que os de seu tempo, indicam a trajetória da romanização.

mencionado no capítulo 2. Resta ainda uma inscrição que se refere à construção de um teatro temporário para jogos de gladiadores.

O aqueduto de Antioquia da Pisídia foi construído na primeira parte do primeiro século e trazia água gelada de fontes distantes 7 milhas da cidade, numa altura de cerca de 1.000 pés (Figura 76). A rota seguida por ele contornava os acidentes do terreno, e para chegar à cidade tinha de atravessar colinas e vales, utilizando canais, no solo, e grandes pontes com arcos para interligar espaços. Os canais eram feitos de pedra bruta e argamassa, acessíveis por meio de bueiros providos de degraus permitindo que os trabalhadores pudessem descer para remover obstruções e reparar vazamentos. As pontes e as rotas elevadas do aqueduto espaçavam-se uniformemente e os arcos erguiam-se sobre pilares apropriados. Alguns deles ainda resistem até hoje com cerca de 30 pés de altura.

Quando a água chegava à cidade, destinava-se a vários usos. Embora nem tudo tenha sido escavado, podemos presumir que, como em Pompéia, as casas da elite recebiam água potável, e a cidade enchia-se de fontes e chafarizes, enquanto o excesso de água servia aos esgotos canalizados debaixo do solo. Um *nymphaeum* em forma de U, ou complexo de chafarizes dedicado às ninfas ou deusas dos rios, guardiãs das águas puras, pode ser visto ainda hoje na entrada das águas na cidade. Esteticamente, a estrutura parecia-se com um oásis na extremidade de uma grande avenida com um santuário de bronze, mármore colorido e inscrições de dedicatórias que proclamavam a riqueza e a abundância do lugar. No outro lado de Antioquia da Pisídia, já dentro do portão principal, a água desenhava cascatas decorativas sobre o cenário de um chafariz semicircular que saudava os visitantes com seu suave ruído, ao mesmo tempo que criava uma aura de abundância. Sua sombra e as paredes

Figura 76: Fotografia da cabeceira do aqueduto na direção de Antioquia da Psídia, tomada em 1924, com um dos escavadores originais da Universidade de Michigan em cima.

de mármore funcionavam como verdadeiro aparelho de ar-condicionado nos dias quentes do verão no planalto anatólio ocidental. O uso da água era controlado pelas elites urbanas, que gerenciavam a distribuição como melhor julgavam — vinha de fora da cidade e destinava-se primeiramente ao banho e ao embelezamento, à medida que as bênçãos de Roma se espalhavam pela Galácia.

Interlúdio: a sinagoga da diáspora

Antes de passar da romanização da Galácia por Augusto para a cristianização de partes dela por Paulo, faremos breve interlúdio para avaliar a importância da sinagoga judaica na diáspora. Defendemos a tese de que Paulo foi às sinagogas da diáspora para converter não os judeus mas sim os adoradores de Deus. Examinaremos nesta seção a importância religioso-política e socioeconômica dessas sinagogas relacionando o paganismo e o judaísmo por meio de um exemplo fascinante. Jamais teríamos imaginado essa possibilidade se não houvéssemos tido acesso a evidências de sua existência a partir da descoberta de inscrições da época.

Sinagogas e alforrias

Certas inscrições encontradas no reino de Bósforo, que negociava com Roma, hoje dividido entre a Ucrânia oriental e o sul da Rússia, indicam a existência de funções surpreendentes nas sinagogas. Fornecem, também, evidência arqueológica desde o início do primeiro século até o terceiro d.c. sobre a presença de pagãos simpatizantes ou adoradores de Deus que apareceram pela primeira vez no início do século terceiro em inscrições encontradas em Afrodisia, já mencionadas no capítulo 1. Em outras palavras, segundo esses documentos, a existência *inscricional* de simpatizantes pagãos remonta ao ano 16 d.C. numa área judaica nas fímbrias do mundo clássico. As citações que reproduziremos aqui foram traduzidas do original para o inglês por Irina Levinskaya, a partir das quais, naturalmente, fizemos a tradução para o português.

O reino de Bósforo incluía os dois lados do estreito que une o mar de Azov com o mar Negro no eixo norte-sul, separando o topo das montanhas do Cáucaso das saliências da Península da Criméia, no eixo leste-oeste. As principais cidades eram a capital, Panticapaeum, agora Kerch, no lado europeu, e Fanagoria e Gorgipia, agora Anapa, no lado oriental do estreito do mesmo nome tendo ao centro o golfo Taman. As inscrições relatam como as sinagogas intermediavam e garantiam a prática da alforria, isto é, da concessão de liberdade a escravos. Descrevem, também, com certos detalhes, as obrigações legais que deviam cumprir depois da libertação. O processo era comum nos templos pagãos — havia cerca de mil e trezentos deles começando com o grande templo de Apolo em Delfos na Grécia (incluindo três judaicos). Alforria significava liberdade. Ir ao templo não implicava ter de permanecer em seus recintos como prisioneiro. Segundo a prática vigente, os escravos agora livres pagavam certo preço ao templo que "comprava" a sua liberdade e a garantia perante o deus ou deusas. Eram, então, ficticiamente, "dedicados" ao templo.

Cerca de um terço das inscrições achadas em Delfos definem o dever dos escravos livres de "permanecer" (em grego, *paramenein*) ainda por um tempo com o senhor, a senhora ou com a família. Assim, por exemplo, enquanto Cleon deixa Histiaio "livre e inviolável por quem quer que seja para toda a vida, fazendo o que quiser" (*SGDI* 1738), Crato, por sua vez, obriga Sosicrates a "permanecer com Crato fazendo tudo o que lhe for solicitado enquanto Crato viver. E se não fizer exatamente o que está escrito, que a venda [fictícia] seja considerada inválida e incompleta" (*SGDI* 1721). Obrigações restritivas semelhantes também aparecem nos textos judaicos de Bósforo. Um dono de escravo, por exemplo, estipula que a alforria é dada "na condição de que eles (os escravos) permaneçam comigo até o fim de minha vida" (*CIRB* 73). Há também obrigações especiais para *honrar* e *participar* nas atividades da sinagoga depois da alforria. Não se sabe se tais deveres envolviam obrigações religiosas ou econômicas. Deveriam prestar serviços de tempo parcial, de natureza econômica, ou participar plenamente nos atos religiosos? Se a segunda hipótese fosse a verdadeira, e também condição para sua liberdade, seriam esses escravos livres equivalentes aos "adoradores de Deus", embora sem esse nome?

Foram descobertos em três áreas de Bósforo dezesseis textos relacionados com alforria em sinagogas, datados dos primeiros três séculos d.C. Mas vamos nos concentrar nos cinco primeiros exemplos datados explícita e precisamente de

EM BUSCA DE PAULO

16, 41, 51, 59 e 81 d.C. Nenhum deles foi encontrado no lugar original; o do meio está gravado num bloco de mármore amarelo, agora em Moscou; os outros quatro, em mármore branco, no Museu Ermitágio em São Petersburgo. Percebem-se duas fórmulas principais nos cinco exemplos. Sua leitura nos relembra de que o termo "casa de oração" (*proseuchē*) indica o lugar das reuniões, enquanto "sinagoga" (*syna gōgē*) refere-se ao grupo ou à reunião realizada no local.

"AO ALTÍSSIMO". Numa das fórmulas a invocação de abertura é especificamente judaica; seu conteúdo indica que as casas de oração dos judeus serviam aos mesmos propósitos para alforria dos templos pagãos. Eis um exemplo de Gorgipia em 41 d.C.:

> Ao Altíssimo Deus, Todo-poderoso, Bendito, no reinado do rei Mitrídates, amigo de ? e amigo da pátria, no ano 338, mês de Deios, Potos, filho de Estrabo, dedicou à casa de oração de acordo com sua promessa, sua escrava doméstica, com o nome de Crisa, sob a condição de que ela não venha a ser molestada nem maltratada por nenhum de seus herdeiros sob Zeus, Gê. Hélio. (*CIRB* 1123)

Exemplos semelhantes são datados imprecisamente entre 68 e 92 d.C. (*CIRB* 1126) ou 93 e 124 d.C. (*CIRB* 1125).

Em primeiro lugar, a fórmula de abertura que menciona Deus Altíssimo, Todo-poderoso e Bendito, especialmente o último epíteto, é caracteristicamente judaica. Em segundo lugar, "dedicou à casa de oração" não quer dizer que a escrava tenha sido vendida à sinagoga, mas que fora libertada por ter pagado a seu proprietário a taxa que ele ou ela tinham de dar à sinagoga. O importante nessa venda fictícia era o envolvimento da sinagoga como testemunha sagrada, garantia e meio para a consecução do processo. A sinagoga funcionava, em outras palavras, como lugar sagrado da mesma forma que (ou em seu lugar?) o templo pagão. Em terceiro lugar, a menção final aos deuses pagãos Zeus, Gê e Hélio não se refere à idolatria judaica, ao sincretismo ou à prática não judaica. Era a fórmula legal local que mencionava esses deuses como testemunhas, simplesmente aceita sem problemas.

HONRAR E PARTICIPAR. As inscrições oferecem ainda outra fórmula procedente de Panagoria em 16 d.C. (*CIRB* 985) e 51 d.C. (*SEG* 43.510) e de Panticapaeum em 81 d.C. (*CIRB* 70):

> No reinado de Aspurgo, amigo dos romanos, no ano 313, no 7º dia do mês de Daisios, Fodacos, filho de Poton, dedicou seu escravo Dionísio, que também é (chamado) Longion (?) na casa de oração (?) ... sob a condição de que honre [a casa de oração] e que participe nela conscientemente. (*CIRB* 985)

> No reinado de Cotis, no primeiro dia do mês de Xandicos, Psicarion e seus filhos Sogose Anos. Carsandanos e Caragos e Metroteimos são libertados para (na?) a casa de oração sem impedimento ou obstáculo para que participem conscientemente na casa de oração e a honrem sob a supervisão da comunidade judaica (*tēs synagōgēs tōn Ioudaiōn*). (*SEG* 43.510)

No reinado de Tibério Júlio Rescopóris, amigo do imperador e dos romanos, piedoso, no ano 377, no 12º dia do mês de Pereitios, eu, Creste, anteriormente esposa de Druso, libertei na casa de oração meu escravo Heraclas de uma vez para sempre para cumprir uma promessa sem impedimento ou obstáculo de nenhum dos meus herdeiros para fazer o que ele quiser, de acordo com minha promessa, sob a condição de honrar a casa de oração e de participar conscientemente nela, com a concordância de meus herdeiros Heráclides e Helicônias bem como com a supervisão da comunidade judaica (*tēs synagōgēs tōn Ioudaiōn*). (*CIRB 70*)

Os segundos exemplos também indicam a casa de oração judaica como meio para a obtenção de alforria. Mas da mesma forma como nos templos havia obrigações restritivas com relação a esses procedimentos, assim também nas "sinagogas dos judeus", que serviam de testemunhas. Os proprietários de escravos, judeus plenos ou adoradores de Deus, exigiam "honra" (*thōpeia*) e "participação" (*proskarterēsis*) na casa de oração judaica como condição para alforrias. Essas obrigações aparecem nos três processos, bem como em *CIRB 73*, datado em termos gerais da primeira metade do primeiro século. Observe essa dualidade em referências futuras. Mas repetimos, mais uma vez, as perguntas: seriam essas obrigações prestação de serviços econômicos ou participação nas atividades religiosas? Esses escravos livres passavam a ser adoradores de Deus? Seriam esses dois termos palavras usadas em Bósforo para designar o *status* dos simpatizantes pagãos?

Os estudiosos não alcançaram consenso a respeito dessas questões. Mas aceitamos a hipótese da obrigação de participar nos atos religiosos mais do que a da prestação de serviços econômicos. Para a obrigação religiosa, porém, um só termo seria suficiente, participar *ou* servir. Tomemos, por exemplo, o paralelo com as alforrias nos templos pagãos. Já observamos as obrigações familiares de "permanência" dos alforriados tanto nos templos pagãos como nas sinagogas judaicas. Mas isso poderia implicar certas obrigações sagradas. E. Leigh Gibson, em *The Jewish Manumission Inscriptions of the Bosphorus Kingdom* [Inscrições judaicas sobre alforria no reino de Bósforo], cita algumas do segundo século no templo da deusa Ma na Boréia macedônica, que combinam restrições de ordem sagrada com outras familiares. Popios Aelios Amatokos liberta Neikon "para servir depois de minha morte e da minha esposa em dias de festa durante cada celebração", e Agaton liberta Epagatos para "servir-me durante o tempo de minha vida permanecendo com a deusa nos dias festivos" (48). As obrigações religiosas judaicas, entretanto, exigem sinceridade e presença, e não apenas contribuições econômicas. O escravo judeu alforriado devia aceitar internamente a obrigação de *honrar* e externamente a de *participar*. Pensamos, em outras palavras, que esses dois termos nesse contexto equivaliam à expressão "adoradores de Deus" em outros. Mas, naturalmente, a participação nas atividades da sinagoga é aqui condição legal exigida e não associação livre como em Afrodisia.

ADORADORES DE DEUS? Encontramos outra inscrição que confirma o sentido de *honrar* e *participar* como obrigação religiosa (com ou sem conotação econômica) e indica que a fórmula equivale ao conceito de "adoradores de Deus" usado em outros lugares. O termo aparece apenas uma vez nos textos sobre alforria em Bósforo, numa

EM BUSCA DE PAULO

inscrição do primeiro século em Panticapaeum em 1928, publicado em 1935, mas desaparecido do Museu Kerch (*CIRB* 71, citado em Levinskaya, 74):

> Libertei na casa de oração Elpias, meu escravo doméstico, para que não venha a ser perturbado ou perseguido por nenhum de meus herdeiros, sob a condição de que participe (*proskarterein*) na casa de oração sob a proteção da comunidade judaica, e adore a Deus (*kai theon sebōn*).

O texto concorda em geral com a segunda fórmula examinada anteriormente de Panticapaeum e Fanagoria, mas o que agora nos interessa é sua última expressão. De um lado, parece sintaticamente estranha em nossa língua e em grego, porque, se modifica o escravo livre, esperaríamos que viesse antes de "participe na casa de oração". Por outro lado, *participar* e *adorar* podem querer dizer a mesma coisa que *honrar* e *participar*, numa formulação diferente.

Alguns estudiosos sugeriram pequena emenda no texto grego, reduzindo-o de três para duas palavras, omitindo o *n* e acoplando as duas últimas palavras numa só. Em lugar de *kai theon sebōn*, significando "e adore a Deus", teríamos *kai theo*[n] *sebōn*, significando "e de adoradores de Deus". Nesse caso, a sinagoga seria identificada como "dos judeus e dos adoradores de Deus". Essa modificação é certamente possível, mas, primeiramente, como vimos nos exemplos das três outras segundas fórmulas, sempre são mencionadas duas condições: *honrar* (que, certamente, não é o mesmo verbo para *adorar*) e *participar* na sinagoga. A emenda proposta perderia essa dualidade no texto. Em segundo lugar, nenhum outro texto encontrado em Bósforo faz menção a "adoradores de Deus".

Se não aceitarmos a emenda, o escravo libertado seria legalmente obrigado a permanecer ou se tornar um "adorador de Deus". Uma vez que esse texto não registra a obrigação dupla de *honrar* e *participar*, mas somente a última, a obrigação final de *adorar* teria parecido necessária. Em outras palavras, portanto, se a emenda puder se referir à "sinagoga dos judeus e dos adoradores de Deus" ou, sem emenda, apenas à obrigação religiosa do escravo libertado, teríamos evidência do uso do termo "adorador de Deus" num texto judaico sobre alforria, em Bósforo, no primeiro século. Confirmaríamos, assim, a dupla obrigação de *honrar* e *participar* na casa de oração significando localmente o mesmo que em outros lugares queria dizer "adorador de Deus".

Finalmente, temos uma inscrição muito fragmentada da primeira metade do segundo século encontrada em Gorgipia, mas depois perdida (*CIRB* 1127). Parecia-se mais com os textos da seção "Altíssimo Deus". São estas as sentenças: "cujo nome é... sob a condição de que não será molestado nem perseguido por mim nem por nenhum de meus herdeiros, permanecendo ligado (*prosmenousa*) à casa de oração".

A obrigação dupla de *honrar* e *participar* ou *participar* e *adorar* aparece aqui como uma única obrigação por meio da expressão clássica "permanecendo ligado".

BÊNÇÃOS PARA TODA A TERRA

Essas dificuldades e debates não deverão obscurecer a questão principal. Nas margens do mundo clássico no começo do primeiro século, as comunidades e edifícios judaicos integravam-se completamente à vida civil e religiosa. Se não fosse assim, essas inscrições sobre alforria seriam socialmente irrelevantes e até mesmo inválidas. Em muitos casos, nem mesmo podemos dizer se os proprietários de escravos eram judeus, prosélitos ou adoradores de Deus. Contudo, pelo menos, os escravos libertados eram ou tornavam-se adoradores de Deus, para honrar e participar nas sinagogas sem vir a ser plenamente judeus.

Quando pensamos, portanto, nos convertidos que Paulo "pescava" nas sinagogas da diáspora, não devemos minimizar a oposição advinda dos judeus e dos pagãos que ele teria experimentado. E não imaginemos que os adoradores de Deus, pagãos, tivessem estado sempre a seu lado.

A retórica das polêmicas religiosas

Voltamo-nos agora para a visão alternativa de Paulo para o futuro da Galácia ressaltando imediatamente a questão preliminar a respeito das polêmicas religiosas (e provavelmente de outros tipos de embates retóricos) nesta e em outras cartas. A polêmica não tem o propósito de conduzir um debate justo, acurado e objetivo, mas de demolir os oponentes impugnando seus motivos, ridicularizando seus argumentos e caricaturando seus pontos de vista. Essa é a natureza de qualquer polêmica, no passado, ontem e hoje, e assim será amanhã. "Quando Paulo faz denúncias", escreve Francis Watson em *The Romans Debate* [Debates romanos], "não emprega justiça escrupulosa; a idéia de que se deveria fazer justiça aos opositores não era comum na antiguidade" (212). Nem na modernidade, diríamos nós. Além disso, os oponentes de Paulo não tinham chance (provavelmente com igual polêmica) de responder a suas cartas. Sempre ouvimos os argumentos dele e, sem sabermos das respostas, ele sempre vence. Finalmente, temos de imaginar quais teriam sido as respostas dos opositores para saber se haviam sido persuadidos por Paulo ou pelos adversários. Acima de tudo, precisamos decidir em cada caso exatamente o que estava em jogo para ambos e se haveria alternativas melhores do que as apresentadas.

A carta de Paulo aos Gálatas é ao mesmo tempo apologética e polêmica dominada por um tom amargamente reprovador e emocionalmente suplicante. Trata-se de um texto tão frio como o pico do monte Taurus no inverno e tão quente como o planalto anatólio no verão. Até onde podemos entender a situação a partir da resposta de Paulo, seus oponentes haviam dito aos convertidos gálatas que seu evangelho estava errado, que os homens tinham de ser circuncidados, e que Paulo nada mais era do que mero missionário subordinado (nem mesmo apóstolo) e que, portanto, vivia e ensinava em desacordo com os superiores em Jerusalém e Antioquia. Esses ataques explicam a sentença de abertura de Paulo, mais manifesto do que identificação. O contra-ataque começa, por assim dizer, no lado de fora do envelope. "Paulo, apóstolo

199

EM BUSCA DE PAULO

— não da parte dos homens, nem por intermédio de um homem, mas por Jesus Cristo e Deus Pai que o ressuscitou dentre os mortos" (1,1). Em seguida nos conta sua história vocacional (1,11-17). Dizia que recebera o chamado divino em Damasco e não tarefas humanas em Jerusalém.

Depois desse desafio inicial, Paulo emprega cinco argumentos principais — histórico, experiencial, exegético, batismal e emocional —, alguns fracos, outros fortes, às vezes persuasivos quando juntos, para convencer os gálatas a permanecerem fiéis ao "evangelho de Cristo". Mas não sabemos o que aconteceu na Galácia depois dessa carta. O que segue, talvez, nos dê alguma pista. Ao final do primeiro século João de Patmos escreveu a sete cidades da província da Ásia, e Clemente de Roma, aos coríntios na Acaia. No começo do segundo século, Inácio de Antioquia escreveu também a seis cidades da Ásia e, algumas décadas depois, Policarpo de Esmirna mandou uma carta a Filipos da Macedônia. Todos eles mencionam apenas três das quatro principais províncias paulinas: Ásia, Macedônia e Acaia. Galácia ficava de fora. Que teria acontecido?

História: acordo e desacordo

O primeiro argumento de Paulo é histórico, e o contexto é dado em Gálatas 1-2 e Atos 15. É fácil perceber quão drasticamente Lucas refaz a história de Paulo. Atos 15 dá a idéia de que tudo andava bem entre Paulo e os outros apóstolos tanto em Jerusalém como em Antioquia. O apóstolo defendia duas teses contra seus opositores na primeira resposta. Afirmava a existência de importante acordo em Jerusalém (Gl 2,1-10), contra importante desacordo em Antioquia (2,11-14). Argumentava que não era um mensageiro enviado por Jerusalém através de Antioquia, mas apóstolo mandado por Deus através de Cristo.

Paulo em Jerusalém

Depois da missão realizada por Paulo e Barnabé em Chipre e ao sul da Anatólia, segundo Atos 13-14, os dois viajaram para Jerusalém "por causa dos intrusos... que se infiltraram para espiar a liberdade que temos em Cristo Jesus, a fim de nos reduzir à escravidão" (2,4). Alguns judeu-cristãos exigiam a circuncisão dos pagãos convertidos ao cristianismo. Mas Paulo relata que Tiago e Pedro concordavam com Barnabé e com ele, afirmando que a prática não era necessária. Resolveram estabelecer duas missões: a primeira liderada por Pedro para converter judeus, e a outra, por Barnabé e Paulo, dirigida aos pagãos. "Conhecendo a graça a mim concedida, Tiago, Cefas e João, tidos como colunas, estenderam-nos a mão, a mim e a Barnabé, em sinal de comunhão: nós pregaríamos aos gentios e eles para a circuncisão" (2,9). Observe que Barnabé é ainda mencionado antes de Paulo. Se Jerusalém tivesse decidido de outra maneira, os pagãos convertidos ao cristianismo seriam menos comuns do que os que preferiam o judaísmo. Para Paulo, a circuncisão dos pagãos convertidos não era questão a ser discutida, pois contradizia o mandato recebido de Deus em Damasco. Não importando o que pudessem dizer os opositores gálatas, os demais apóstolos concordavam com Paulo. Retornaremos no capítulo 7 a essa importante questão: "Nós só nos devíamos lembrar dos pobres, o que, aliás, tenho procurado fazer com solicitude" (2,10). Mas tudo isso levanta duas questões vitalmente importantes.

PRIMEIRA QUESTÃO. Como seria possível que um judeu-cristão fervoroso como Tiago de Jerusalém, Tiago, o Justo, Tiago irmão do Senhor Jesus, pudesse aceitar tal dispensação para convertidos pagãos?

Em primeiro lugar, a tradição judaica anunciara, fazia tempo, a vinda do dia em que Deus acabaria com o mal, a injustiça e a violência, que sem piedade destruía o mundo de Deus e oprimia seu povo. Então haveria de se instalar em nosso mundo aqui embaixo uma utopia (fim deste lugar) magnífica ou o mundo escatológico (fim deste tempo). Teríamos, então, acreditavam eles, um mundo restaurado, transformado e transfigurado. Assim esperavam. Deus, afinal, haveria de vencer. Já mencionamos essa fervorosa esperança no capítulo anterior.

Em segundo lugar, como ressalta Paula Fredriksen, essa tradição sagrada imaginava duas soluções divinas divergentes a respeito das nações, dos gentios e dos grandes impérios conquistadores, causadores de tanta destruição e matanças. A primeira solução era a *exterminação*, na grande Guerra Final no monte Meguido (Armagedon) quando, segundo Apocalipse 14,20, o sangue do lagar vai "chegar até os freios dos cavalos numa extensão de mil e seiscentos estádios". A outra, a *conversão*, expressava-se no grande banquete do monte Sião, segundo Isaías 25,6-8:

Iahweh dos Exércitos prepara para todos os povos, sobre esta montanha, um banquete de manjares suculentos, um banquete de vinhos finos, de manjares recheados de tutano, de vinhos depurados. Destruiu neste monte o véu que envolvia todos os povos e a cortina que se estendia sobre todas as nações; e destruiu a morte para sempre. O Senhor Iahweh enxugou a lágrima de todos os rostos; e ele há de remover o opróbrio do seu povo de sobre toda a terra.

Nada se diz sobre a circuncisão masculina antes do grande banquete final; nem se pede que o menu seja *kosher*. Esses silêncios, naturalmente, permitem argumentos em qualquer direção. Tais requisitos não são mencionados porque não funcionavam mais, ou porque funcionavam e estavam implícitos. *Relembre esse ponto e seu contraponto ao longo deste capítulo.*

A mesma magnífica visão é repetida *verbatim* em Miquéias 4,1-4 e Isaías 2,2-4.

E acontecerá, no fim dos dias, que a montanha da casa de Iahweh estará firme no cume das montanhas e se elevará acima das colinas. Então, povos afluirão para ela, virão numerosas nações e dirão: "Vinde, subamos a montanha de Iahweh, para a casa do Deus de Jacó. Ele nos ensinará os seus caminhos e caminharemos pelas suas vias. Porque de Sião sairá a Lei, e de Jerusalém a palavra de Iahweh". Ele julgará entre povos numerosos e

EM BUSCA DE PAULO

será o árbitro de nações poderosas. Eles forjarão de suas espadas arados, e de suas lanças podadeiras. Uma nação não levantará a espada contra outra nação e não se prepararão mais para a guerra. Cada qual se sentará debaixo de sua vinha e debaixo de sua figueira, e ninguém o inquietará, porque a boca de Iahweh dos Exércitos falou!

A conversão, devemos sublinhar, não é para o judaísmo (com circuncisão para os homens e comida *kosher* para todos) mas ao Deus do judaísmo. Haverá apenas um Deus de justiça, paz e não-violência.

Em terceiro lugar, muitos dos primeiros seguidores de Jesus mudaram-se da Galiléia para Jerusalém quase imediatamente após sua execução, principalmente por causa da iminente expectativa apocalíptica. Estava próximo o grande dia em que Deus finalmente acabaria com as injustiças do mundo e Jesus poderia voltar em triunfo a qualquer momento. Onde mais deveriam estar senão em Jerusalém para encontrá-lo?

Finalmente, pois, Tiago e os outros decidiram que, assumindo a opção da *conversão*, os pagãos convertidos não precisavam circuncidar-se naquele momento de clímax escatológico.

SEGUNDA QUESTÃO. Podiam-se aceitar todas as coisas que vimos antes sem precisar converter os gentios contentando-se com a esperança, a oração e a santidade na comunhão com Deus. De que maneira Paulo sabia que a humanidade e a divindade tinham de colaborar nessa instantânea era escatológica? É por isso que a vocação de Paulo era tão importante. Não se tratava apenas da conversão do judaísmo farisaico para o judaísmo cristão nem da transformação de perseguidor em apóstolo. Tampouco se tratava de determinado chamado vocacional para a realização de tarefas comuns e tradicionais. Em vez disso, impunha-se a relação extraordinária com a novidade do clímax escatológico agora estendido no tempo. Segundo Paulo, estabelecia-se o programa divino não apenas como expectativa passiva, mas interativa. Deus não queria fazer tudo diretamente, e chamara Paulo (especialmente) para liderar o processo.

Nunca será demais dar ênfase à novidade e profundidade desses dois passos criativos. Em primeiro lugar, o clímax escatológico passava a ser considerado processo no tempo e não apenas momento, ou fim do tempo. Em segundo lugar, na nova época o humano e o divino tinham de cooperar.

Paulo em Antioquia

Se tudo estava em ordem em Jerusalém, qual era, então, o problema em Antioquia? Procure entender, a propósito, as novas questões inevitavelmente surgidas a partir da mudança cristã judaica: o clímax escatológico deixava de ser considerado fantástico instante e se tornava processo que poderia durar toda uma vida (mesmo se esperado para breve) em vez de repentino clarão da luz divina. O acordo celebrado em Jerusalém tinha tudo para dar certo, permitindo a realização de duas missões, uma

BÊNÇÃOS PARA TODA A TERRA

dirigida por Pedro para converter judeus, e outra liderada por Barnabé e Paulo para converter pagãos. Mas os gentios não viviam geograficamente separados dos judeus e, além disso, esses primeiros apóstolos eram judeus. Como o esquema funcionaria na prática, além da teoria, em cidades da diáspora, tão diferentes de Jerusalém? O que aconteceu em Antioquia fora inevitável. Era apenas questão de tempo.

Examinemos o problema. Quando na mesma cidade judeu-cristãos e cristãos-gentios desejavam comer juntos durante a Ceia do Senhor, teriam de observar as restrições *kosher*? Aceitariam os gentios a dieta dos judeus ou abririam mão de seus costumes alimentares? Os cristãos de Antioquia haviam decidido em favor da segunda opção. Nas refeições conjuntas não se adotavam alimentos *kosher*. Mas Tiago havia lhes ordenado a seguir a primeira opção e a adotar comida *kosher* para todos nas refeições em conjunto. Eles concordaram com Tiago, menos Paulo que acusou Pedro de hipocrisia (usou a palavra duas vezes). "Eu disse a Pedro diante de todos: 'Se tu, sendo judeu, vives à maneira dos gentios e não dos judeus, por que forças os gentios a viverem como judeus?'" (2,14). O nome de Pedro era Simão; Pedro e Cefas eram apelidos, o primeiro em grego e latim; o outro, em hebraico e aramaico.

Como todos, Pedro havia concordado inicialmente que não se deveria comer *kosher* nas refeições conjuntas, mas depois achou que os gentios deviam se submeter a esse costume judaico. Não conhecemos o argumento de Pedro, mas, sem dúvida, seria o seguinte: "Não se trata de hipocrisia, Paulo, mas de cortesia". Paulo admite na sua Carta aos Gálatas que todos, até mesmo Barnabé, se opuseram a ele em Antioquia e, embora nada diga a respeito, rompeu com eles e foi para o oeste para nunca mais voltar, a não ser para uma visita fatal e final a Jerusalém. Resta a questão: teria sido essa posição a mais recomendável em Antioquia?

Tratava-se não de opção religiosa, teológica ou moral, mas sim de alternativas estratégicas, tácteis e retóricas. Não queremos julgar a decisão de Paulo depois de seu tempo e salvaguardados pela distância. Levantamos a questão porque, mais tarde, escrevendo em 1 Coríntios 8 sobre carnes sacrificiais e em Romanos 14–15 sobre o mesmo debate a respeito de *kosher* nas comunidades cristãs gentílicas e judias, Paulo dá uma solução diferente da anterior. Nos dois casos, como vemos nos capítulos 6 e 7, Paulo admite liberdade, mas aconselha uma restrição específica. Por que não se abster, nos dois lugares, de comer carne sacrificada aos ídolos ou de alimentos proibidos pelos judeus com a finalidade de evitar escândalo para os outros e manter comunhão com eles?

De qualquer forma, depois de citar o ataque a Pedro, Paulo continua com uma sentença na qual repete três vezes suas palavras-chave ("justifica[cão]", "obras da Lei", "fé" e "Jesus Cristo") acentuando-as para que ninguém as esqueça num ritmo insistente (2,16):

203

EM BUSCA DE PAULO

O homem não se justifica
pelas obras da Lei
mas pela fé em Jesus Cristo,
nós também cremos em Cristo Jesus
para sermos justificados pela fé de Cristo
e não pelas obras da Lei
porque pelas obras da Lei ninguém será justificado.

Essa passagem estabelece a absoluta disjunção entre dois modos de justificação, a saber, entre duas maneiras de se tornar justo, reto e santo em união com o Deus justo, reto e santo. Essa bifurcação poderia ou não ser aplicada aos convertidos gálatas, mas Paulo sabia que não servia para Tiago, Pedro ou Barnabé, nem para qualquer outro cristão em Antioquia. Tratava-se de retaliação polêmica e retórica. Discutiremos mais a respeito da posição de Paulo sobre a lei em geral e a Torá em particular até o capítulo 7, quando ele retorna ao tema ao escrever aos romanos.

Mas observemos o seguinte para referências posteriores. A frase em grego traduz-se literalmente em português por "obras da lei". Não existe conflito entre *fé* e *obras*, mas entre *obras da fé* e *obras da lei*. Em Gálatas 2,16, como acabamos de ver, Paulo fala negativamente a respeito das "*obras* da lei", mas em 5,6 torna-se positivo: "Pois em Cristo Jesus, nem a circuncisão tem valor, nem a incircuncisão, mas a fé *agindo* pela caridade". Diz aos tessalonicenses: "A Palavra de Deus... está *produzindo* efeito em vós" (1Ts 2,13), e admoesta os filipenses: "*Operai* a vossa salvação com temor e tremor, pois é Deus quem *opera* em vós o *querer* e o *operar*, segundo sua vontade" (Fl 2,12-13). Leia, por favor, esta última declaração sete vezes, porque é um desses textos onde aparece a teologia paulina resumida em dois versículos. O conflito final, portanto, não é entre *obras* e *fé*, mas entre *obras da lei* e *obras da fé*.

Mas por que Paulo se mostrava tão obstinado em Antioquia a respeito dessa questão? Por que não aceitava "*kosher* para todos", em sinal de cortesia dos judeu-cristãos aos gentios convertidos, nas refeições comuns, por causa da unidade do judaísmo cristão? Por que não chegava em Antioquia à mesma conclusão alcançada mais tarde em Corinto e Roma? Privilegiava, certamente, o valor da liberdade, mas, muito mais, o da unidade. Paulo deveria ter entrado em sério choque, em Jerusalém, contra os que advogavam a prática da circuncisão para os gentios convertidos. Se esse ponto de vista tivesse prevalecido, teria destruído sua mensagem, missão e mandato de Deus. Em Antioquia, portanto, reagiu fortemente contra essa prática da obrigatoriedade do *kosher*, e, em conseqüência disso, rompeu definitivamente com os outros apóstolos.

Experiência: "Enviou Deus o Espírito"

O segundo argumento de Paulo refere-se à experiência e é muito incisivo, posto que pressupõe costumes comuns nas assembléias paulinas. É exatamente o mesmo que Pedro empregou em Atos. Lucas conta a mesma história duas vezes — primeiramente, como se dera em Cesaréia e, depois, segundo o relato do próprio Pedro, em Jerusalém. Ensina que não se pode exigir o cumprimento da tradição da circuncisão ou da regra do *kosher* dos gentios convertidos que já tivessem recebido o Espírito Santo sem ter passado por isso.

Evento. Enquanto Pedro falava, o Espírito Santo caiu sobre todos os que ouviam a palavra. Admiraram-se os fiéis circuncisos, companheiros de Pedro, de que o dom do Espírito Santo fosse derramado também sobre os gentios. Pois ouviam-nos falar em línguas e glorificar a Deus. Então disse Pedro: "Pode-se, porventura, recusar a água do batismo a esses que, como nós, receberam o Espírito Santo?". E ordenou que fossem batizados em nome de Jesus Cristo. (At 10,44-48)

Relato. Ora, apenas eu começara a falar, o Espírito Santo caiu sobre eles, assim como sobre nós no princípio... Se Deus, portanto, lhes concedeu o mesmo dom que a nós, que acreditamos no Senhor Jesus Cristo, quem sou eu para opor-me a Deus? Ouvindo isto, tranqüilizaram-se eles e glorificaram a Deus dizendo: "Deus, portanto, concedeu também aos gentios a conversão que conduz à vida!". (At 11,15-18)

O advento do Espírito Santo manifestava-se de maneira clara, externa e visível por meio de sinais e maravilhas. Por isso, Paulo e os outros tinham certeza empírica de sua presença. Era essa também a experiência de Paulo e seus convertidos, coisa que discutiremos no capítulo 5. Mas, por enquanto, Paulo desafia seus indecisos gálatas com o seguinte argumento:

Só isto quero saber de vós: foi pelas obras da Lei que recebestes o Espírito ou pela adesão à fé? Sois tão insensatos que, tendo começado com o espírito, agora acabais na carne? Foi em vão que experimentastes tão grandes coisas? Se de fato foi em vão! Aquele que vos concede o Espírito e opera milagres entre vós o faz pelas obras da Lei ou pela adesão à fé?. (Gl 3,2-5)

Paulo retoma o mesmo argumento, mais tarde, quando menciona que agora eles são filhos adotivos de Deus "e porque sois filhos, enviou Deus aos nossos corações o Espírito do seu Filho, que clama *Abba*, Pai!" (4,6; observe a mudança de "vós" por "nossos"). Esse *Abba* é não apenas declaração de fé mas também clamor de êxtase. O argumento era eficaz, poderoso e proveniente da experiência. Os opositores somente poderiam derrubá-lo dizendo que tais experiências eram demoníacas e não divinas, vindas do inferno e não do céu.

Exegese: "sinal da aliança"

O terceiro argumento de Paulo era exegético. Se ao lê-lo e tentar seguir sua lógica, sua cabeça começar a rodar, saiba que esse é o efeito correto. Nada indicava que os convertidos por Paulo tivessem aceito a circuncisão — "se vos fizerdes circuncidar", escreve em 5,2. Provavelmente haviam escrito para ele perguntando sobre a necessidade dessa prática ao mesmo tempo que lhe informavam a respeito

EM BUSCA DE PAULO

dos argumentos dos opositores, aos quais Paulo responde atrevidamente: "Que se façam mutilar aqueles que vos inquietam" (5,12). Além de disputar a integridade e a autoridade de Paulo, que argumento *bíblico* preciso usavam para induzir seus convertidos à circuncisão? Teriam, certamente, apelado a Abraão, porque se não o tivessem feito, o contra-argumento de Paulo seria inexplicável. Escolheram atacar os ensinamentos de Paulo aos gálatas apelando à aliança de Deus com Abraão, segundo Gênesis 17, primeiro livro da Torá de Moisés. Gênesis dava-lhes duas bases sólidas para argumentar que a circuncisão era condição necessária para ser membro pleno do povo de Deus.

Argumento contra Paulo

Primeiramente, Deus fez a aliança com Abraão. Tratava-se de relação recíproca com deveres, obrigações e compromissos. Do lado de Deus envolvia a promessa da *descendência* e da *terra*. Leia Gênesis 17,1-8 e note a ênfase insistente na descendência ("serás pai... te multiplicarei extremamente... multidão de nações... nações... e reis... de geração em geração..."). Mas havia também obrigações do lado de Abraão. Ele devia, naturalmente, andar na presença de Deus e ser perfeito (17,1). E mais este dever específico :

> Deus disse a Abraão: "Quanto a ti, tu observarás a minha aliança, tu e tua raça depois de ti, de geração em geração. E eis a minha aliança, que será observada entre mim e vós, isto é, tua raça depois de ti: que todos os vossos machos sejam circuncidados. Fareis circuncidar a carne de vosso prepúcio, e este será o *sinal da minha aliança* entre mim e vós. Quando completarem oito dias, todos os vossos machos serão circuncidados, de geração em geração. Tanto o nascido em casa quanto o comprado por dinheiro a algum estrangeiro que não é de tua raça, deverá ser circuncidado o que for nascido em casa e o que for comprado por dinheiro. Minha aliança estará marcada na vossa carne como uma aliança perpétua. O incircunciso, o macho cuja carne do prepúcio não tiver sido cortada, esta vida será eliminada de sua parentela: ele violou minha aliança". (Gn 17,9-14, o grifo é do autor)

A circuncisão não é igual à aliança, mas "sinal" dela. Deus ordenou-a para Abraão, seus descendentes e escravos masculinos. Os opositores gálatas de Paulo apoiavam-se nesse mandamento e acusavam Paulo de infringi-lo. Mas era apenas a primeira metade de seus argumentos acusatórios.

Em segundo lugar, o mesmo Gênesis 17 termina mencionando Ismael, o filho nascido de Abraão e da escrava Agar, e Isaac, prometido à esposa Sara. Os dois filhos deveriam ser igualmente circuncidados, mas Deus declara: "Em favor de Ismael também, eu te ouvi: eu o abençôo, o tornarei fecundo, o farei crescer extremamente; gerará doze príncipes e dele farei uma grande nação. Mas minha aliança eu a estabelecerei com Isaac" (17,20-21). Os opositores de Paulo insistiam que *todos* os descendentes de Abraão do gênero masculino tinham de ser circuncidados, fossem da raiz de Agar e Ismael, nascidos escravos, ou de Sara e Isaac, nascidos livres.

BÊNÇÃOS PARA TODA A TERRA

Acrescentavam que mesmo a descendência de Abraão e a circuncisão não eram suficientes. A aliança abraâmica tornou-se específica e se realizou na de Moisés no monte Sinai. Seria, pois, preciso observar toda a Torá, diziam aos convertidos de Paulo na Galácia, para que pudessem ser considerados herdeiros de Abraão. Tinham de seguir, também, o calendário judaico, observando, por exemplo, "dias, meses, estações, anos!" como Paulo os acusa em Gálatas 4,10.

São, na verdade, dois argumentos irrefutáveis. Não se pode contrariá-los. A única resposta adequada é que a aliança abraâmica da circuncisão (bem como todas as demais que se sucederam, incluindo a de Moisés) é agora renovada e radicalmente transformada pela atual aliança escatológica, predita na Lei, nos Profetas e nos Salmos. No capítulo 7 Paulo usa este argumento igualmente irrefutável em Romanos 15. Mas aqui, aos gálatas, Paulo cai na armadilha. Tem de responder da melhor maneira possível partindo das premissas abraâmicas, porque esse fora o terreno escolhido pelos opositores. Não poderia usar textos bíblicos que anunciavam o *eschaton* quando Deus finalmente justificaria (isto é, tornaria justo) o mundo ao estabelecer a utopia divina na terra. Naquela época, os gentios teriam acorrido a Jerusalém para se converter não ao judaísmo mas a Deus, e não haveria mais necessidade alguma para a manutenção das tradições da circuncisão masculina nem das regras de pureza. Mas, seja como for, os oponentes haviam escolhido o campo de batalha textual de Abraão, do Gênesis, na Torá. Paulo tinha de enfrentá-los aí ou perder toda a credibilidade perante sua audiência.

O contra-argumento de Paulo

Em primeiro lugar, a resposta instintiva e básica de Paulo foi bastante astuta (se funcionou ou não é outra questão). Os estudos modernos fazem distinção entre a aliança abraâmica presente em diferentes fontes, agora combinadas numa só narrativa consecutiva em Gênesis 11–25. Os *opositores* utilizaram Gênesis 17,1-27, que os especialistas chamam de tradição sacerdotal tardia, que certamente dá ênfase na circuncisão e nunca menciona a fé. Paulo baseava-se em Gênesis 15,6, considerado agora tradição javista, que salienta a fé e jamais menciona a circuncisão. Trata-se de uma resposta brilhante. Imagine, agora, este diálogo. *Paulo*: A fé professada por Abraão foi a base da aceitação da aliança. Portanto, o que importa é a fé sem circuncisão. *Oponentes*: é claro que a fé vem em primeiro lugar. Quem disse outra coisa? Mas, depois, a circuncisão tornou-se o sinal externo da presença interior da aliança. O que conta, portanto, é a fé não *sem* a circuncisão, mas *com* ela.

Em segundo lugar, Paulo continua reunindo sete provas textuais em vez de uma sólida exegese de Gênesis 15. Cita, a propósito, a partir da tradução grega (Septuaginta) e não do texto hebraico — posto que em geral o argumento funciona a partir dessa fonte. Eis a seguir a seqüência dos textos:

(1) Gálatas 3,6 = Gênesis 15,6
"Foi assim que Abraão acreditou em Deus e lhe foi tido em conta de justiça."

EM BUSCA DE PAULO

(2) Gálatas 3,8 = Gênesis 12,3; 18,18
"Em ti serão abençoadas todas as gentes."

(3) Gálatas 3,10 = Deuteronômio 27,26
"E os que são pelas obras da Lei, esses estão debaixo de maldição."

(4) Gálatas 3,11 = Habacuc 2,4
"O justo viverá pela fé."

(5) Gálatas 3,12 = Levítico 18,5
"A Lei não é pela fé, mas quem pratica essas coisas, por elas viverá."

(6) Gálatas 3,13 = Deuteronômio 21,23
"Maldito todo aquele que é suspenso no madeiro."

(7) Gálatas 3,16 = Gênesis 13,15; 17,8
"E à sua descendência."

O argumento central é suficientemente claro. As bênçãos prometidas a Abraão estão agora disponíveis aos gentios por meio de Cristo. Eles "vivem" essas promessas pelas obras de fé e não da lei porque, saltando da "bênção" para a "maldição", a lei descobre o Cristo *crucificado* amaldiçoado e assim todos os que estão "em Cristo Jesus". Mas discutiremos a relação entre essas duas "obras" no capítulo 7. Voltemos a Paulo. Por que ele argumenta com essa série de citações interligadas em vez de partir da exegese de um só texto?

Em primeiro lugar, ele precisa fazer o melhor possível em face de uma posição quase imbatível. Em segundo lugar, a multiplicidade de textos poderia tornar sua posição mais persuasiva, demonstrando que conhecia a tradição bíblica mais plenamente do que seus opositores. Em terceiro lugar, talvez fosse esse o único método que lhe restava. Ele tinha de argumentar com as armas que possuía. Não tinha acesso a rolos bíblicos.

Imagine, por um momento, a diferença existente entre um pensador viajante tendo acesso apenas à memória do que aprendera, enfrentando um erudito escriba dentro de sua magnífica biblioteca de textos bíblicos entre outros. Paulo havia memorizado diversas seqüências de citações de temas decisivos, misturando-os e inter-relacionando-os oralmente quando as ocasiões o exigiam. A educação recebida na sinagoga em Tarso havia preparado esse inteligente jovem para ser apologista do judaísmo e polemista contra o paganismo entre os tarsianos mais educados com quem convivia. Essa educação básica havia lhe preparado para a argumentação itinerante posterior.

Finalmente, Paulo tinha de enfrentar a segunda metade da argumentação dos oponentes — que a aliança abraâmica completara-se para os judeus na aliança mosaica. Sua resposta vale-se da mesma metodologia anterior, porém numa versão mais curta baseada em apenas dois textos (novamente citados da Septuaginta):

(1) Gálatas 4,27 = Isaías 54,1
"Alegra-te, estéril, que não davas à luz, tu que não conheceste as dores do parto, porque mais numerosos são os filhos da abandonada do que os daquela que tem marido."

(2) Gálatas 4,30 = Gênesis 21,10
"Expulsa a serva e o filho dela, pois o filho da serva não herdará com o filho da livre."

O argumento de Paulo, desta vez, é mais radical do que o anterior. Os opositores deveriam ter dito que os verdadeiros filhos de Abraão vieram de Sara, mulher livre, por meio de Isaac, e não da escrava Agar com seu filho Ismael e que eles, e não os árabes ismaelitas juntamente com outros gentios, estiveram diante de Deus no monte Sinai. Somente eles participavam das alianças de Abraão e de Moisés. Paulo inverteu o argumento, dizendo: "A do monte Sinai, gerando para a escravidão, é Agar (porque o Sinai está na Arábia) e ela corresponde à Jerusalém de agora, que de fato é escrava com seus filhos" (4,25). Essa impertinência exegética nos faz perder o fôlego — o monte Sinai está na Arábia, e Arábia é o lar de Agar, de Ismael e de seus descendentes, portanto, todos os que como "a presente Jerusalém" permanecem no monte Sinai pertencem à tradição de escravidão e não de liberdade. Essa argumentação, sem dúvida, transtornou a cabeça dos gálatas e talvez até tenha mudado suas mentes. Talvez.

Duas notas de rodapé. Em primeiro lugar, é quase impossível imaginar que puros ex-pagãos tivessem lido ou ouvido esta carta ou conhecessem seu argumento. A assembléia de Paulo na Galácia reunia grande número de adoradores de Deus. E, naturalmente, os homens desse grupo deveriam ser sensíveis às exigências da circuncisão e da Torá. Em segundo lugar, não é preciso imaginar que Paulo fosse sempre seguido por contramissionários empenhados em pregar para os convertidos a circuncisão e as práticas *kosher*. São coisas possíveis mas não necessárias. Se a maioria dos membros de suas assembléias fosse de adoradores de Deus, seus antigos amigos, associados e colegas judeus teriam tentado trazê-los de volta à sinagoga. *Se* querem realmente passar de adoradores de Deus para membros *plenos* do povo de Deus, teriam dito com plausibilidade e sinceridade, vocês devem se converter não ao cristianismo, mas ao judaísmo. Seria teologicamente melhor e socialmente mais seguro — pelo menos, temos uma tradição, um país e uma história com os romanos. Por favor, teriam lhes advertido, tomem cuidado.

Batismo: "Todos vós sois um só"

O quarto argumento de Paulo é batismal. Na verdade, é tema secundário no contexto geral abraâmico, mas suficientemente importante para estudo específico. A ênfase dos opositores na circuncisão a partir de Gênesis 17,9-14 estabelecia tríplice distinção e tríplice hierarquia. A circuncisão distinguia entre judeus e gentios, homens e mulheres, e escravos e livres. Somente os primeiros mencionados nessas categorias tinham de ser circuncidados, posto que o mandamento referia-se apenas aos judeus livres (masculinos) e a seus escravos. Mas, na Carta aos Gálatas, Paulo escreve:

Pois todos vós, que fostes batizados em Cristo, vos vestistes de *Cristo*. Não há judeu nem grego, não há escravo nem livre, não há homem nem mulher; pois todos vós sois um só em *Cristo* Jesus. E se vós sois de *Cristo*, então sois descendência de Abraão, herdeiros segundo a promessa. (3,27-29; grifo do autor)

Anote, em primeiro lugar, a dupla menção de Cristo que emoldura a negação central das três hierarquias. Paulo não diz que todos são criados iguais ou que sejam iguais perante a lei ou Deus. Não está falando a respeito de democracia nem dos inalienáveis direitos humanos dados por Deus. Quer dizer que todos são iguais *em Cristo*, isto é, o que fomos antes do batismo é agora irrelevante depois dele. Concentra-se em hierarquia e superioridade, e não em diferença e distinção. No cristianismo, como dizemos institucionalmente, e Paulo, misticamente, o judeu não é superior ao gentio, nem o homem à mulher, nem o livre ao escravo. Como vimos a respeito de escravidão e patriarcado no capítulo 2, a igualdade estende-se à totalidade da vida para os cristãos, dentro e fora da assembléia.

É provável que parte da cerimônia batismal declarasse a igualdade em Cristo, embora nunca houvesse uma fórmula universalmente estabelecida. O próprio Paulo cita o batismo de maneira diferente em 1 Coríntios 12,13 (grifo do autor): "Pois fomos todos batizados *num só Espírito* para ser um só corpo, judeus e gregos, escravos e livres, e todos bebemos de *um só Espírito*". Observe, de novo, que a negação da desigualdade aplica-se aos que estão em "um só Espírito", que é simplesmente outra maneira de dizer "em Cristo".

Paulo relembra os gálatas de que, no batismo e depois dele, aceitaram essa igualdade em Cristo. O batismo era o mesmo para todos, enquanto, argumenta, a circuncisão estabelecia diferenças hierárquicas entre judeus e gregos, escravos e livres, e homens e mulheres. Ressaltamos, uma vez mais, a partir dos princípios estabelecidos no capítulo 2, que a igualdade em Cristo abrangia a vida total do cristão, interior e exterior, religiosa e social. *Não era do interesse dos de fora, mas interessava ao exterior dos de dentro.* A importância da igualdade em Cristo reaparecerá mais tarde quando Paulo escreve aos coríntios e aos romanos sobre hierarquia e superioridade nas assembléias cristãs.

Emoção: "Por causa de uma doença"

O argumento final de Paulo, como o primeiro, é autobiográfico. A ênfase agora recai nos contatos anteriores com os convertidos gálatas em vez de nas relações com as autoridades de Jerusalém. Deixa transparecer elevado tom emocional: "Meus filhos, por quem eu sofro de novo as dores do parto, até que Cristo seja formado em vós" (4,19). Posto que lhe haviam aceito em tais circunstâncias difíceis, como poderiam abandoná-lo agora?

Três missões segundo Paulo e Lucas

Pode-se organizar a vida adulta de Paulo a partir de suas cartas em relação com três grandes missões apostólicas, em geral, datadas dos anos 30, 40 e 50 d.C. Atos também relata três grandes viagens missionárias de Paulo, embora não sejam as mesmas descritas nas cartas. Além disso, ele conclui cada missão com uma visita a Jerusalém, embora Lucas acrescente-lhes outras duas. Eis a seguir o resumo comparativo, indicando as visitas a Jerusalém em itálico.

Missão	Nas cartas paulinas	Em Atos dos Apóstolos
I	Arábia Nabantina (Gl 1,17) *Visita 1* (Gl 1,18-20)	*Visita 1* (At 9,26-30)
II	Síria e Cilícia (Gl 1,21) Norte da Galácia (Gl 4,13?) *Visita 2* (Gl 2,1; 2Cor 12,2-4)	Chipre e sul da Galácia (At 13,1–14,28) *Visita 2* (At 9,26-29) = *Visita 3* (At 11,29-30) = *Visita 4* (At 15; 22,17-21)
III	Norte da Gália, Macedônia, Acaia, Ásia (Rm 15,19) *Visita 3* (Rm 15,22-27)	(1) Sul e norte da Gália, Macedônia, Acaia (At 15,36–18,17) *Visita 5* (At 18,18-22) (2) Ásia (At 18,23–21,16) *Visita 6* (At 21,17)

Lucas, por sua vez, omite a missão de Paulo à Arábia porque não cabe na sua trajetória programática entre Jerusalém e Roma. Aumenta também as visitas a Jerusalém de três para seis de acordo com a ênfase que queria dar. Entretanto não parece haver razões para Lucas ter inventado a viagem a Chipre e ao sul da Galácia em Atos 13–14. Mas, apesar do silêncio de Paulo a respeito, consideramo-la fato histórico. Finalmente, Lucas dividiu a terceira missão de Paulo e deixou duas explicações para isso. A primeira foi a sua viagem rápida a Jerusalém e Antioquia e sua volta, em Atos 18,22-23: "Subiu para saudar a Igreja [em Jerusalém] e em seguida desceu a Antioquia; depois de ter passado aí algum tempo, partiu de novo e percorreu sucessivamente o território gálata e a Frígia, confirmando todos os discípulos". A outra, é sua visita dupla a Éfeso, antes e depois, em Atos 18,19 e 19,1.

Paulo, por sua vez, omite a missão descrita em Lucas a Chipre e ao sul da Galácia por não se adequar à sua vocação programática independente. Quando Lucas conta essa história em Atos 13-14 emprega a seqüência "Barnabé e Paulo" ou "Paulo e Barnabé" quase na mesma proporção. Apesar da expressão "disseram", aqui e ali, em geral é Paulo quem fala, como, por exemplo, em Pafos, na ilha de Chipre (13,9-10) e em Antioquia da Pisídia (13,16-41). Quem curou o aleijado de nascença em Listra também foi Paulo (14,8-11). Mas o momento mais revelador acontece logo depois dessa cura. "À vista do que Paulo acabava de fazer, a multidão exclamou em língua licaônica: 'Deuses em forma humana vieram a nós!'. A Barnabé chamavam Júpiter e a Paulo Hermes, porque era ele que falava" (14,11-12). Mas, como todos sabiam, embora Hermes fosse o principal mensageiro, Zeus era o deus mais importante. Em outras palavras, e apesar das modificações editoriais de Lucas, era Barnabé, e não Paulo, quem estava encarregado dessa missão.

É possível detectar três estratégias divergentes na articulação das três grandes missões de Paulo. A primeira missão, nos anos 30 d.C. na Arábia, fora apoiada, de um lado, pelo fato de que judeus e árabes reconheciam igualmente Abraão como seu ancestral e circuncidavam seus filhos do gênero masculino. Mas teria, de outro lado, sido destruída pela guerra entre Herodes Antipas e seu padrasto "divorciado", Aretas IV, em 37 d.C. A segunda missão, nos anos 40, liderada por Barnabé, concentrou-se em viagens e não alcançou capitais, podendo ter-se desenvolvido exatamente como Lucas a descreve — tratando de converter judeus e tementes a Deus nas sinagogas. A terceira missão, nos anos 50, liderada por Paulo, alcançou capitais provinciais romanas buscando tementes a Deus, judeus e pagãos puros. Não procuramos neste livro estabelecer com precisão a cronologia paulina, porque só poderia ser feita a partir dos dados de Lucas, especialmente sobre Paulo antes de Galião em Corinto em 51-52, e isso não é histórico.

"Por causa de uma doença"

A permanência de Paulo nas cidades do norte da Galácia não fazia parte de nenhuma atividade missionária planejada. No argumento final, relembra os gálatas dessa "primeira" visita:

> Bem o sabeis, foi por causa de uma doença que eu vos evangelizei pela primeira vez. E vós não mostrastes desprezo nem desgosto, em face da vossa provação na minha carne; pelo contrário, me recebestes como um anjo de Deus, como Cristo Jesus. Onde estão agora as vossas felicitações? Pois eu vos testemunho que, se vos fosse possível, teríeis arrancado os olhos para dá-los a mim. (4,13-15)

Colhemos três elementos desse apelo. A visita de Paulo à Galácia foi mais acidental do que planejada. Deu-se por causa de uma doença que lhe teria afetado a visão. Considerou-a "primeira" visita porque, pelo menos, haveria outra. Onde, quando, de que maneira e por que teria encontrado essas pessoas que chama de "todos os irmãos que estão comigo" na Galácia tanto em Gálatas 1,2 como em 1 Coríntios 16,1? Não se sabe, a propósito, se esse plural significa mais do que uma cidade ou diversas comunidades no mesmo local. Paul menciona "assembléias" na Judéia (1Ts 2,14; Gl 2,14), na Ásia (1Cor 16,9) e na Macedônia (2Cor 8,1), mas somente neste último caso refere-se, certamente, a duas diferentes cidades, Filipos e Tessalônica.

Admitindo que os gálatas de Paulo estivessem nessas cidades do norte, teria de ter passado por elas para ir mais ao norte. Se estivesse apenas indo para o oeste, seriam mais fáceis as estradas do sul ao longo do Taurus e do vale Meander. Nessa direção, estaria distante das cidades celtas romanas. A melhor suposição, nada mais do que isso, é que ele estaria indo ao norte para a província romana de Bitínia-Ponto às margens do sul do mar Negro. A doença o obrigara a parar em Péssino, Germa ou Ancira e não em Tavium no leste. Trabalhamos com a hipótese, portanto, de que Paulo não voltou (sob o comando de Barnabé) do sul da Galácia, como presume Atos 14,21-28, e continuou para o norte até ficar doente na Galácia. Essa experiência independente teria sido importante mais tarde ao defender energicamente sua posição em Jerusalém e especialmente em Antioquia.

Terá sido a "doença" de Paulo em Gálatas 4,13 incidente isolado ou faria parte do "espinho na carne" mencionado em 2 Coríntios 12,7-10? Além disso, haverá relação entre a doença crônica e a experiência mística em sua vida? (Relação, sublinhamos, não é redução nem equação.) Ao contar aos coríntios a respeito de uma experiência mística em 2 Coríntios 12,1-7a, Paulo enfatiza duas vezes que somente Deus sabe se fora "no corpo ou fora do corpo". Imediatamente equilibra o caráter extraordinário desse tipo de revelação com esta correlação:

> Para eu não me encher de soberba, foi-me dado um aguilhão na carne — um anjo de Satanás para me espancar —, a fim de que eu não me encha de soberba. A esse respeito, três vezes pedi ao Senhor que o afastasse de mim. Respondeu-me, porém: "Basta-te a minha graça, pois é na fraqueza que a força manifesta todo o seu poder". Por conseguinte, com todo o ânimo prefiro gloriar-me das minhas fraquezas, para que pouse sobre mim a força de Cristo. Por isso, eu me comprazo nas fraquezas, nos opróbrios, nas necessidades, nas perseguições, nas angústias por causa de Cristo. Pois, quando sou fraco, então é que sou forte. (12,7b-10)

Esse texto menciona "na carne" uma vez e "fraqueza(s)", ou "fraco" quatro vezes. Embora não correspondam exatamente à tradução acima, as mesmas palavras reaparecem em Gálatas 4,13-14. A expressão "doença" equivale à "provação na minha carne", e quando fala na sua condição refere-se à "minha carne". Hipoteticamente, portanto, achamos que Paulo sofria de uma doença crônica que poderia ter provocado ou acompanhado suas revelações místicas. Mas que poderia ser?

Em seu livro merecidamente famoso, *St. Paul the Traveler and Roman Citizen* [São Paulo, viajante e cidadão romano] de 1894-1895, Sir William Ramsay sugere que a doença de Paulo era uma espécie de malária crônica. Analisa o clima de Perge, que Paulo e Barnabé haviam visitado durante sua missão segundo Atos 13–14. No livro

EM BUSCA DE PAULO

posterior, *The Cities of St. Paul* [As cidades de são Paulo], dá a entender que os habitantes de Tarso (situada numa depressão) seriam suscetíveis a essa enfermidade.

No que concerne à malária, o caso de Tarso assemelha-se ao de Perge, mas é pior... A umidade abundante e a fertilidade caracterizam a planície junto ao mar desses lugares extremamente quentes, propiciando febres num clima deprimente, enquanto insetos tornam a vida intolerável em boa parte do ano. Os efeitos nocivos aumentam por causa do descuido e da multiplicação de brejos; a malária é inevitável e pode ser curada apenas parcialmente. (96)

Achamos, de acordo com Ramsay, que Paulo havia contraído a doença na juventude em Tarso nesse clima que produzia calafrios e febres, tremores constantes e muito suor, fortes dores de cabeça, náusea e vômitos. É provável que tivesse tido uma recaída durante a missão realizada com Barnabé e preferisse ir para o norte, ao mar Negro, em vez de retornar, como Atos 14,25 relata, fazendo-o ir para Perge no Mediterrâneo. O "aguilhão na carne" era a marca mais permanente de Tarso em seu corpo.

Escatologia aqui e igualdade agora

Vimos no capítulo 2 que Paulo pressupunha igualdade ou reciprocidade em oposição à escravidão e ao patriarcado *para os que estavam em Cristo*. Tomamos conhecimento, também, dessa mesma convicção em Gálatas 3,28 no contexto das especificações do presente argumento abraâmico: "Não há judeu nem grego, não há escravo nem livre, não há homem nem mulher; pois todos vós sois um só em Cristo Jesus". Essa afirmação nunca quis dizer para Paulo que o interior era diferente do exterior, o espiritual distinto do físico, ou o eclesiástico separado das realidades sociais. As objeções também já devem ter-se tornado evidentes agora. Não projetamos no primeiro século, na melhor das hipóteses, os atuais ideais democráticos ou, pior do que isso, o que consideramos politicamente correto no século vinte e um? Ou, inversamente, imaginando que Paulo inventou tudo isso para poder afirmar a superioridade do cristianismo sobre o judaísmo?

Em resposta, citamos os *Oráculos sibilinos* judaicos 2,313-338, texto contemporâneo do primeiro século peculiarmente apropriado por três razões. Levemos em consideração que ele procede da era augustana um século antes de Paulo. Veio da Frígia, por cujas fronteiras orientais Paulo viajou para o norte pela Galácia. Pertencia ao gênero da escatologia apocalíptica e descrevia a perfeição utópica de uma terra transformada pela ação divina. Em primeiro lugar, "todos devem atravessar o rio resplandecente e o fogo inextinguível". Depois, "todos os preocupados com justiça e feitos nobres, piedade e pensamentos retos" serão elevados do "rio resplandecente" e levados a uma terra renovada para viver em igualdade radical:

BÊNÇÃOS PARA TODA A TERRA

A terra pertencerá igualmente a todos, sem muros ou cercas. Produzirá espontaneamente frutos abundantes. Todos viverão em comum e participarão na mesma riqueza. Não haverá pobres, nem ricos, nem tiranos, nem escravos. Além disso ninguém será jamais maior ou menor. Não haverá reis nem líderes. Todos viverão juntos.

Compare esse exemplo da teologia apocalíptica judaica com o que vimos a respeito da igualdade cristã paulina nos capítulos 2 e 3. A rapsódia apocalíptica citada antes nos ajuda a entender como Paulo concebeu seu programa de igualitarismo radical *em Cristo*. Tratava-se meramente da sua compreensão da vida na comunidade da consumação apocalíptica, da interpretação que fazia da era escatológica e da aplicação da utopia igualitária para ser começada imediatamente — pelo menos *em Cristo*. Não estamos, pois, projetando as esperanças democráticas globais nem os direitos humanos universais num apóstolo que jamais teria podido entendê-los. Quando Paulo enfrentou a sociedade pagã, não disse que não haveria senhores proprietários de escravos nem homens dominando mulheres. Disse apenas que não deveria mais haver pagãos, mas somente cristãos, e que estes são todos iguais perante Deus. Talvez seja necessário repetir e expandir um pouco aquele diálogo que imaginamos entre nós e Paulo no capítulo 2.

Você acha, Paulo, que todos os homens são criados iguais e dotados pelo Criador de certos direitos inalienáveis? *Não estou falando a respeito de todos os homens, mas dos cristãos.* Mas você não acha, Paulo, que todos deveriam ser cristãos? *Sim, naturalmente.* E que todos os cristãos deveriam ser iguais? *Sim, é claro.* Então, Paulo, você não pensa que é da vontade de Deus que todos sejam iguais? *Bem, deixe-me pensar um pouco e, enquanto isso, pense você sobre a igualdade em Cristo.*

CAPÍTULO 5

DEUSAS, DEUSES E EVANGELHOS

Em Éfeso, o Império Romano governava por meio da elite predominantemente grega. Era essa a estratégia geral de Roma no Oriente: proteger a elite local para transformá-la em força útil... Em Filipos, os romanos governavam sem a mediação dos gregos, e assim se mantiveram sem nenhum problema até o século terceiro... Os romanos possuíam quase toda a terra e tinham completo controle da cidade. Monopolizavam a riqueza e tinham *status* privilegiado... A experiência do império era sentida claramente pelos gregos de Filipos... quase sempre dependentes economicamente dos romanos... O contexto social dos gregos pobres ou dos que subsistiam depois de muita luta não era simplesmente do poder aliado à riqueza, como era o caso em Éfeso, mas aliado à riqueza dos romanos... Na minha estimativa, a proporção entre romanos e gregos em Filipos era de 40% de romanos e 60% de gregos — ou, de dois romanos para cada três gregos. Mesmo depois de fazer as contas para avaliar a composição da igreja, ainda chegamos a 36% de romanos para 64% de gregos — ou, de um romano para cada dois gregos. Nenhuma outra cidade em que Paulo tenha fundado igrejas teve número tão grande de romanos. Tampouco, em nenhuma delas a experiência da vida cotidiana esteve tão firmemente sob seu controle local e visível.

Peter Oakes. *Philippians: From People to Letter* [Filipenses: do povo à Carta] (2001).

O poder político e sua legitimação dependiam não apenas de impostos e exércitos, mas também das percepções e crenças humanas. As histórias contadas a respeito dos imperadores faziam parte da mistificação destinada a elevar os imperadores e a esfera do sistema político acima da vida cotidiana. Essas histórias circulavam. Funcionavam como a mais-valia do sistema político, como as moedas em relação ao sistema fiscal. Se verdadeiras ou não, era problema secundário... É notável o paralelismo entre o culto do imperador e o de Cristo: os seguintes termos eram empregados freqüentemente para ambos: deus (*theos*), Filho de deus, deus manifesto, senhor (*Kurios*), senhor

217

do mundo inteiro, dia do senhor (*Sebaste* — pagão, *Kuriake* — cristão), salvador do mundo, epifania, imperador, escritos sagrados... Fazia-se distinção em latim entre *deus* e *divos*... *Deus* era usado para denominar os deuses imortais, e *divos*, os deuses que haviam sido humanos... Em grego, os dois vocábulos traduziam-se por *theos*. O equivalente grego para *divi filius* era *theou huios*, filho de deus... A unidade do sistema político dependia não só de instituições aceitas por todos, impostos e defesas militares, mas também de símbolos compartilhados pelas mentes humanas. O culto do imperador com tudo o que envolvia... moldava o contexto no qual os habitantes das cidades, espalhados ao longo de centenas de milhas pelo império, celebravam sua pertença à mesma ordem política, bem como o lugar que ocupavam nela.

Keith Hopkins. *Conquerors and Slaves* [Conquistadores e escravos] (1978).

O evangelho de César Augusto Senhor

Proposta

Ao longo de campos verdes sujeitos a inundações claramente visíveis em imagens de satélites espaciais, os rios que fluem para o oeste drenando o planalto Anatólio da Turquia central preencheram antigas baías, criaram novos deltas e aterraram boa parte do mar Egeu nos dois últimos milênios — ajudados, naturalmente, por terremotos. (Será que essas ilhas gregas teriam sido no passado uma península da Turquia ocidental?) O antigo rio Cayster chama-se hoje Pequeno, ou Küçük, Menderes e vai até a costa perto das ruínas de Éfeso. A cerca de 15 milhas ao sul, o antigo rio Meander é conhecido como Grande, ou Büyük, Menderes e alcança a costa junto às ruínas de Priene. O Büyük Menderes, o mais largo de todos os sistemas fluviais que correm para o oeste, ainda serpenteia barrento entre campos de algodão e pomares até o ponto em que as montanhas da costa obrigam-no a se dirigir para o sul e para o mar. O tráfego é intenso e muito se constrói ao longo do que em setembro de 2002 era uma estrada de duas mãos transformada um ano depois em auto-estrada de quatro pistas no meio do vale Meander. Mas com essa terra fértil, preciosa demais para ser desperdiçada, tornou-se logo movimentada via expressa de seis pistas ao norte a partir de Aydin, sob a vista da antiga Trales. Tanto no passado como no presente, o solo do vale Meander sempre determinou os caminhos, fossem pelo rio, pela estrada de ferro ou por estradas.

Na antiguidade o Meander se dividia em dois braços perto da costa. O que corria na direção do oeste passava abaixo dos montes íngremes de Priene, enriquecendo seus campos férteis e seguindo finalmente para o canto noroeste da Baía de Latmikos. Hoje em dia você dirige pela estrada na costa da antiga Mileto, moderna Balat, até a antiga Priene, moderna Güllübahçe, e percebe um pequeno e inesperado monte ao lado da estrada. Nem valeria a pena parar para vê-lo a não ser pelo fato de nos

DEUSAS, DEUSES E EVANGELHOS

lembrar que estamos rodando sobre uma terra que já tinha sido parte do mar no passado, numa planície que era a entrada de uma baía, e que Mileto era uma cidade junto à baía do promontório ao sudoeste. Em nossos dias, os freqüentes terremotos da região e os aluviões depositados pelos rios preencheram de tal maneira a linha da praia que tanto Mileto como Priene acabaram longe do mar. O que sobrou da Baía de Latmikos é o lago de certa forma salgado de Bafa, enquanto a antiga ilha Lade não passa daquele pequeno monte que você acabou de ver ao lado da estrada. Em Atos 20,15 Lucas descreve Paulo navegando para Mileto. Hoje em dia ele enfrentaria muitas dificuldades se fosse fazer essa viagem. Mas, mesmo com todas as mudanças ecológicas, as montanhas ainda se erguem no noroeste e no sudeste, contemplando o grande vale, e o Egeu ainda está lá, mesmo se mais distante, para o lado ocidental.

Priene foi construída na parte baixa da costa montanhosa junto ao monte Mycale, agora Samsun Daglari. O plano da antiga cidade foi projetado sobre sólida plataforma. Podemos ainda apreciar as ruas principais do leste ao oeste formando ângulos retos com o cruzamento de ruelas de norte a sul. Os lugares clássicos da Turquia são classificados hoje em dia pelo número de ônibus de turismo que chegam na mesma hora. Éfeso, por exemplo, recebe pelo menos vinte e cinco ônibus ao mesmo tempo. Afrodisia, quando muito, cinco. Priene, no entanto, quase nunca é visitada por eles. Você pode chegar lá num ensolarado dia do final de setembro de 2002 por táxi procedente de Kusadasi e ter as ruínas quase inteiramente para você.

A elevada Masada, parecida com uma acrópole, ao norte de Priene, supera de longe a Acrocorinto e mesmo a Acrofilipos. Faz calor de tarde, mas já na entrada do sítio você sente a altura e com ela a brisa fresca que se intensifica à medida que você sobe até as ruínas do Templo de Atenas (Figura 77). Você fica em dúvida se vai se animar a subir ainda mais. A vista que se tem do vale Meander já é suficientemente espetacular. Nesse lugar íngreme, o propósito da visita poderá parecer já alcançado.

Você se demora examinando o local onde havia uma inscrição do século 9 a.C. descoberta por arqueólogos alemães no final do século dezenove. As suas duas partes estão agora guardadas no Museu Pergamon de Berlim, e o livro de Gustav Adolf Deissmann mostra as reproduções do original. Esse local situava-se logo ao norte da ágora, ou praça pública. Um pórtico coberto, ou o que se poderia chamar de *stoa* sagrada, tão extenso como um campo de futebol, oferecia um pouco de sombra para amenizar o ardente sol meridional do Mediterrâneo. No lado oriental situava-se o *prytaneion*, fornalha sagrada ou chama eterna do destino da cidade. Do lado ocidental erguia-se o *bouleuterion*, lugar de encontro e sala de jantar do conselho da cidade. Em outras palavras, estamos no seu coração religioso-político. E por falar nisso, não se esqueça desse complexo arquitetônico quando o compararmos, mais tarde, com o fórum sagrado em Éfeso, também chamado de ágora superior.

Continuando a caminhada em Priene para o oeste, o resto da *stoa* abre-se para quinze pequenos compartimentos, claramente visíveis, com paredes quase intactas. Você fica sabendo que a inscrição estava originalmente no nono compartimento a

Figura 77: Templo de Atenas em Priene, atualmente em reconstrução.

partir do oeste, o sétimo contado da direção contrária, e que a peça possuía uma entrada maior do que as outras e um assento no interior. É fácil chegar a essa sala que uma vez fora sagrada para Augusto — vemos hoje uma grande árvore que cresceu sobre o meio de sua parede à direita. A inscrição ausente é pleno exemplo de dois documentos conhecidos também em diversas outras cidades da província romana na Ásia. As inscrições contêm os exemplos mais notáveis do termo "evangelho" ou "boas-novas" (*euaggelia*) usados por Augusto na teologia romana imperial. E mostram com pormenores por que seu conteúdo é boas-novas para toda a criação. Os textos que apresentamos a seguir são reconstruções de especialistas que integram a versão de Priene com outros fragmentos descobertos em quatro outras cidades asiáticas, como, por exemplo, Apamea, onde as escavações num jardim descobriram um deles na metade da década de 1920.

A primeira parte relata como Paulus Fabius Maximus, governador romano da Ásia, propôs à Liga das Cidades Asiáticas a mudança do calendário para comemorar o aniversário de Augusto como o dia do Ano-Novo (Figura 78). Eis, a seguir, algumas linhas básicas dessa carta:

> [Pergunta-se se] o aniversário do diviníssimo César não seria mais agradável ou mais vantajoso se pudesse ser comemorado num dia que pudéssemos justamente separar para ser o começo de todas as coisas pelo menos em termos práticos, uma vez que ele

Figura 78: Parte superior da inscrição em Priene anunciando que o dia do nascimento de Augusto seria daí para a frente o começo do Ano-Novo.

restaurou a ordem quando tudo se estava desintegrando e sucumbindo no caos e deu nova expressão ao mundo todo, mundo no qual teríamos experimentado destruição para a satisfação de alguns se César não tivesse nascido para ser uma bênção comum a todos nós. Por causa disso, poder-se-ia considerar o seu nascimento o começo da vida e dos viventes, o fim das lamentações pelo dia do nosso nascimento. Penso que todas as comunidades deveriam celebrar o mesmo dia do Ano-Novo, como o dia do nascimento do diviníssimo César, e que nesse dia, 23 de setembro, todos deveriam iniciar o seu período anual de trabalho.

A segunda parte narra a resposta entusiástica a esse pedido e o decreto oficial estabelecendo essa mudança do calendário para todos, mas especialmente para o início dos trabalhos de todas as magistraturas civis (Figura 79). É fácil imaginar as celebrações públicas competitivas provocadas por todos esses começos simultâneos. Eis aqui mais algumas linhas importantes:

Figura 79: Parte inferior da inscrição em Priene, descrevendo os *euaggelia* ("boas-novas") de Augusto.

Posto que a providência que divinamente determinou a nossa existência dedicou sua energia e zelo para trazer à vida o mais perfeito bem em Augusto, a quem plenificou com virtudes para o benefício da humanidade, estabelecendo-o sobre nós e nossos descendentes como salvador — ele que terminou com a guerra e trouxe a paz, César, que por sua epifania excedeu as esperanças dos que profetizaram boas-novas (*euaggelia*), não apenas superando os benfeitores do passado, mas não permitindo nenhuma esperança de melhores benfeitores no futuro; e uma vez que o nascimento do deus trouxe ao mundo as boas-novas (*euaggelia*), em sua pessoa... Por essa razão, com felicidade e segurança, os gregos da Ásia decidiram que o Ano-Novo seja comemorado em todas as cidades no dia 23 de setembro, dia do nascimento de Augusto... e que a carta do procônsul e o decreto da Ásia sejam inscritos em um pilar de mármore branco, a ser erigido nos preceitos sagrados de Roma e de Augusto. [*SEG* 4,490; da tradução de Braund, 122]

Aparentemente, já no ano 29 a.C., isto é, imediatamente depois da vitória de Augusto na batalha de Áccio, criou-se por decreto uma coroa de ouro na província romana da Ásia a ser concedida a quem melhor honrasse o "nosso deus" Augusto. Vinte anos depois, esse diadema foi dado ao governador Paulus Fabius Maximus, por ter "descoberto um modo de honrar Augusto até agora desconhecido entre os gregos, a saber, a contagem do tempo a partir da data de seu nascimento".

Na província romana da Ásia, levando em consideração essas duas inscrições encontradas em Priene, o divino Augusto não era apenas senhor do império e da

DEUSAS, DEUSES E EVANGELHOS

terra, mas também do calendário e do tempo. Senhor da história, portanto, uma vez que nunca houve nem haveria de novo boas-novas ou evangelho (plural, *euaggelia*) que pudessem ser mais do que o anúncio de seu nascimento. Em todas as cidades da próspera Ásia romana decretava-se, tanto para o passado como para o presente e o futuro, esse único evangelho poderoso: as boas-novas do advento de Augusto, de sua epifania e presença, de ser ele o Senhor global, filho divino e salvador cósmico.

Acrescentamos esta nota explicativa. Ao noroeste daquele recinto sagrado permanecem ainda as ruínas do que fora, no passado, o mais antigo, maior, mais esplêndido e importante dos diversos templos da cidade. Erguia-se sobre o eixo leste-oeste em cima de altos muros ao longo de rochas e era visível de qualquer lugar na planície lá embaixo. Em cima do portal de entrada agora quebrado e caído no chão ainda se lê esta proclamação escrita em grego com letras maiúsculas: "O povo [dedica o templo] a Atenas Polias e ao César conquistador do mundo, filho de Deus, Deus Augusto" (Figura 77).

Resumo

Este capítulo trata do contraste entre controle divino e descontrole divino, entre a normatividade da divindade *imperial*, ou de sua autoglorificação, e o desafio da divindade *quenótica*, ou auto-esvaziada. César e Jesus foram destinados à filiação divina, mas enquanto César a aceitava como dominação, Jesus a recebia como crucifixão. De que forma, então, Paulo prisioneiro em Éfeso pergunta ao entronizado César em Roma se o seu Deus era o mesmo meu Deus e se seu povo era o meu povo? Vê-se na continuidade entre Augusto e Cláudio, bem como entre Jesus e Paulo, a colisão fundamental do evangelho, a divergência básica sobre o significado de boas-novas para todo o mundo.

Começamos examinando o controle cuidadoso de Roma sobre a religião tanto na capital da província como na própria capital do império. Em Éfeso, por exemplo, o Templo de Artêmis-Diana foi eventualmente integrado ao estabelecimento religioso romano. Em Roma, contudo, a religião carismática, especialmente de ênfase oriental, era autoritariamente monitorada e controlada pelo menos pelo desprezo da aristocracia. Além disso, o controle imperial era exercido principalmente por homens, e a violência das conquistas marciais misturava-se obscenamente com a violência da conquista sexual. O masculino Nero apanha as mulheres da Britânia transformando a imagem da conquista em estupro.

Voltemos para Paulo. Na prisão em Éfeso, enfrentando possível execução, escreve aos filipenses uma carta extraordinária tanto no tom como na teologia. Explicamos, primeiramente, as mais prováveis causas e condições de seu aprisionamento, agrilhoado sob o olhar dos guardas, com permissão de receber visitas de amigos, mas sempre ameaçado de execução. Ressaltamos também a união mística entre Paulo e Jesus em seus sofrimentos comuns sob o poder romano.

223

EM BUSCA DE PAULO

Finalmente, e acima de tudo, examinamos a normatividade absoluta da divindade imperial, isto é, como era quase sempre entendida pela maioria do povo — nas acusações, no controle, sempre dominadora de cima para baixo. Mas, como Paulo aprendera sob as acusações capitais na prisão e cantou no hino em Filipenses 2,6-11, Cristo tinha sido exaltado na crucifixão. Como, então, esse fato mudou para sempre a natureza de sua exaltação? Mais importante, que queria isso dizer sobre o próprio caráter de Deus se Jesus era, como escreveu em 2 Coríntios 4,4, a própria "imagem de Deus"?

A deusa efésia e o deus romano

Em Éfeso, a deusa Artêmis tinha fama de riqueza e de ser ela mesma fonte de prosperidade. Duas vezes na história de Atos dos Apóstolos Lucas menciona o canto ritual desafiador, "Grande é Artêmis dos efésios" (19,28.34). O oráculo de Apolo tornou Delos rica e famosa e quando sua irmã gêmea, Artêmis, mudou-se para a Ásia Menor, transformou Éfeso numa cidade rica e renomada. É o que se pode ler nesta inscrição:

> A divindade protetora de Éfeso, Artêmis, é honrada não apenas em sua própria cidade que ela tornou mais famosa do que todas as outras por meio de sua divindade, mas também pelos gregos e pelos estrangeiros; em todos os lugares dedicam-se a ela altares e santuários, bem como templos, por causa de suas vívidas manifestações. [*I. Ephesos* 1a.24; Price 130-131]

Os primeiros exploradores e arqueólogos modernos vieram a Éfeso não para pesquisar sobre Paulo, mas sobre Artêmis. Vieram para procurar o grande templo da deusa contado entre as sete maravilhas do mundo antigo. Foi localizado pela primeira vez em 1869 por J. T. Wood, engenheiro britânico de estradas de ferro que se mudara para a região em 1863 a fim de construir a estrada entre Izmuir ao longo do vale Meander até Denizli. Começou a fazer escavações para o Museu Britânico continuadas depois por D. G. Hogarth em 1904 e 1905. Embora muitas das ruínas subterrâneas estivessem abaixo do nível do mar, Wood e Hogarth conseguiram traçar as linhas mestras de um complexo massivo maior do que um campo de futebol. As escavações levadas a efeito pelo Instituto Arqueológico Austríaco desde 1965 conseguiram recriar o desenvolvimento das diversas fases e expansões do templo com clareza (Figura 80), incluindo o enorme santuário cercado por dupla fileira de colunas construídas no sexto século a.C. pelo tirano Creso e, finalmente, as renovações e alterações posteriores helênicas e romanas. Os arqueólogos estudaram também a confusa incorporação de blocos dos edifícios artemísios em outras estruturas, primeiramente na vizinha basílica de São João e, depois, na mesquita Isa Bey. Apesar de sua glória passada, os visitantes pouco percebem da grandeza antiga, andando pelos seus arredores atuais tomados por luxuriante vegetação e pântanos. Maciças colunas cilíndricas espalham-se caídas pelo local enquanto permanece de pé apenas a coluna erguida em 1973 com o material de várias outras, mas assim mesmo com cerca de 13 pés a menos do que qualquer das colunas originais. Esse cenário apenas ressalta a desolação desse lugar tantas vezes inundado.

Acima: Vista de Filipos, onde a história tomou novo rumo; aí o exército imperial de Otaviano e Antônio derrotou as forças da República, e também nesse lugar Paulo, mais tarde, conheceu as forças imperiais.
Abaixo: Provável cela em Filipos onde Paulo teria sido aprisionado pelas autoridades romanas.

ACIMA, À ESQUERDA: Cláudio, divinamente despido, dentro de uma nuvem, governa sobre a terra e o mar, com a cornucópia numa das mãos e o leme à direita, no Sebasteion de Afrodisia.

ACIMA: Augusto, divinamente nu, mas com uma capa, ao lado da Vitória alada, à direita, exibe um troféu sobre um prisioneiro bárbaro, no Sebasteion de Afrodisia.

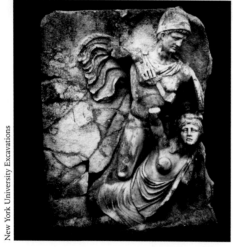

ACIMA: O imperador Cláudio sobre a personificação feminina de Britânia, pronto para feri-la, no Sebasteion de Afrodisia.

À DIREITA: O imperador Nero subjugando a personificação feminina de Armênia, no Sebasteion de Afrodisia.

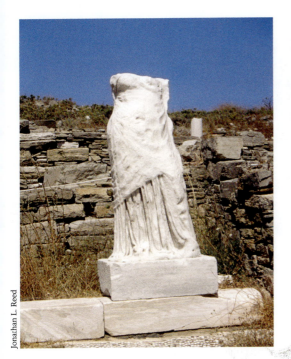

Acima, à esquerda: Estátua da deusa Roma, erguida na ilha de Delos por mercadores e navegadores.
Acima, à direita: Estátua de um falo no Templo de Dionísio em Delos.
Abaixo: Chegada ao porto de Delos, onde, segundo fontes antigas, cerca de 10 mil escravos eram embarcados diariamente.

Acima: O rei Dario em fuga na batalha de Issos, onde as tropas de Alexandre Magno derrotaram os persas.
Abaixo: Poucas escavações são possíveis na cidade moderna de Tessaloníki, onde Paulo estabeleceu uma comunidade cristã primitiva.

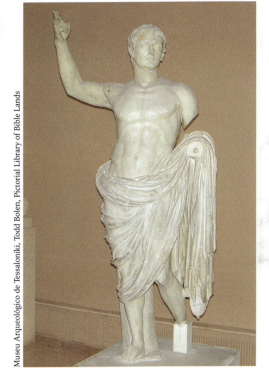 

ACIMA, À ESQUERDA: Estátua de Augusto encontrada em Tessaloníki, em pose divina.
ACIMA, À DIREITA: Estátua de Cláudio encontrada em Tessaloníki, em pose divina.
ABAIXO: Modelo do antigo Fórum Romano de Tessalônica.

ACIMA: Ruínas do Templo de Augusto e da colônia romana de Antioquia da Pisídia na província da Galácia.
ABAIXO: Fragmentos de *Res Gestae,* ou *Atos do divino Augusto,* encontrados em Antioquia da Pisídia.

Acima: Inscrição mencionando Sérgio Paulo, cuja família era de Antioquia da Pisídia e que encontrou Paulo em Chipre, segundo Atos.
Abaixo: *O gaulês moribundo*; os antigos celtas da Anatólia seriam mais tarde integrados à província romana da Galácia.

ACIMA: Afresco da Gruta de São Paulo em Éfeso; os olhos de Tecla, à direita, foram riscados, bem como sua mão, que também foi queimada por visitantes.
ABAIXO: Escavações do Artemísio pelo Instituto Arqueológico Austríaco, dedicado à deusa padroeira de Éfeso.

Acima: Inscrição em Éfeso proclamando César Augusto Filho de Deus (DIVI F) e sumo sacerdote (PONTIFICI MAXIMO).
Abaixo: O grande teatro de Éfeso onde, segundo Atos, as atividades de Paulo provocaram arruaças.

ACIMA: O Fórum de Pompéia à sombra do monte Vesúvio, cuja erupção em 79 d.C. congelou no tempo a vida urbana no primeiro século.
ABAIXO: Casa do Bicentenário em Herculano; as lojas junto à rua são semelhantes às que Paulo usava para trabalhar e para suas pregações.

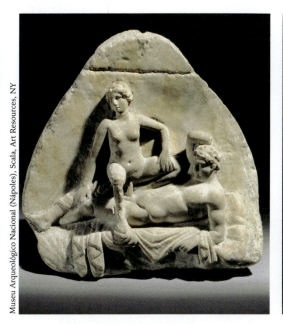 

ACIMA, À ESQUERDA: Baixo-relevo de uma cena erótica encontrada em Pompéia.
ACIMA, À DIREITA: "Aqui habita a felicidade" é o que anuncia a inscrição em latim de Pompéia, com o falo usado como amuleto da sorte.
ABAIXO: Taberna em Pompéia, com um altar ao fundo.

ACIMA: Vista panorâmica do istmo que separa a Grécia continental do Peloponeso; a cidade de Corinto tinha duas baías nesse lugar estratégico.
ABAIXO: Vista panorâmica das escavações feitas pela Escola Americana de Estudos Clássicos, em Corinto.

ACIMA: Inscrição em Corinto com o nome do tesoureiro Erasto, mencionado por Paulo em Romanos 16,23; embora as letras de bronze tenham sido removidas, pode-se ainda ler a inscrição nas marcas que permaneceram.

ABAIXO: O chamado *bēma* em Corinto, onde, segundo Atos, Paulo foi julgado por Galião.

ACIMA: Arco de Tito em Roma, em honra do imperador que, quando era general, destruiu o Templo judaico de Jerusalém em 70 d.C.
ABAIXO: Painel no Arco de Tito em Roma, mostrando o saque de Jerusalém e a tomada de espólios do Templo.

Acima: O que sobrou da Casa Dourada de Nero, a maior e mais ostensiva casa construída na Roma antiga.
Abaixo: Catacumbas de Priscila em Roma; os membros da comunidade cristã de Roma enterravam seus mortos em nichos.

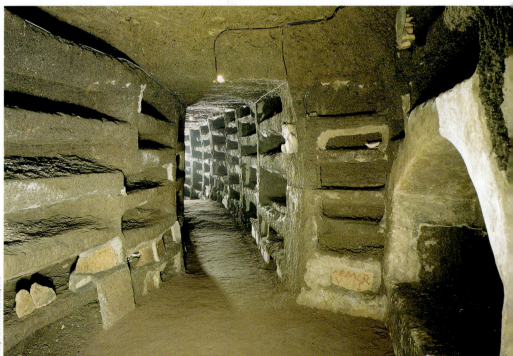

ACIMA: O Templo do monte em Jerusalém, expandido por Herodes, o Grande, e visitado por Paulo antes de seu aprisionamento final.
ABAIXO: Ruínas da baía artificial em Cesaréia Marítima, construída por Herodes, o Grande; Paulo viajou daqui, pelo mar, para Roma, onde foi julgado e executado.

DEUSAS, DEUSES E EVANGELHOS

Figura 80: Escavações feitas pelo Instituto Arqueológico Austríaco no Artemísio do oitavo século em Éfeso.

Artêmis inviolada?

Artêmis era mitologicamente conhecida como a virgem caçadora. Consideravam-na, reverentemente, protetora das mulheres na transição da virgindade para a maternidade e durante a criação dos filhos, mas também protegia meninos e animais. Na maior parte do mundo grego a iconografia da jovem deusa incluía arco e flecha, túnica solta, pele de corça e cães caçadores ou a gazela a seus pés. Mas em Éfeso adotavam-se alguns atributos orientais, e as estátuas do culto mostram-na em pose mais rígida e matronal, com ornamento na cabeça, colares, saia justa com decorações de figuras de animais e, mais caracteristicamente, com diversas protuberâncias que lembravam seios, do busto até a cintura (Figuras 81 e 82). Não era mãe, mas maternal, e provavelmente por causa disso seu templo tornou-se conhecido como lugar seguro de asilo e de depósito de dinheiro. Relembre, por falar nisso, as discussões do capítulo 2 sobre escravos que fugiam protegendo-se em santuários de divindades ou com amigos de seus proprietários. A inviolabilidade do santuário da virgem Artêmis era lendária; são inúmeras as histórias de grandes somas de depósitos financeiros e de escravos fugitivos. Infelizmente, jovens noivas, devedores insolventes ou apenas simples ladrões também se escondiam em seu templo. O recinto inviolável de Artêmis era marcado com inscrições como esta que anunciava: "Limite (*temenos*) do asilo de Artêmis... Quem cruzá-lo, acusa-se" (*I. Ephesos* 5.1520).

Nesse templo, escravos poderiam ser alforriados por seus senhores, e os que sofriam maus-tratos tinham chance de encontrar asilo e de passar a ser servos da

225

Figura 81 (*acima*): Escavação realizada por aqueólogos austríacos mostrando a estátua do culto de Artêmis em Éfeso.

Figura 82 (*à direita*): A deusa Artêmis, de Éfeso, em pose matronal com protuberâncias no peito.

deusa. Algumas inscrições mostram que os sacerdotes de Artêmis podiam até mesmo conceder-lhes cidadania efésia como parte do ato sagrado nos quais os novos cidadãos ofereciam sacrifícios à deusa e depois participavam no banquete comendo a carne sacrificada (*SEG 1989* 1165, 1167).

Mas que acontecia a Éfeso quando o poder romano passava dos limites? Que acontecia especialmente ao templo da virgem caçadora quando o novo deus masculino chamado Augusto começava a dominar em Éfeso? Seria suficiente, como em Priene, inscrever no portal do templo os nomes de Artêmis e Augusto? Quem assumiria o controle em Éfeso? Continuaria Artêmis inviolável?

Quando Roma tomou a Ásia Menor já no final do segundo século a.C., o confisco da riqueza da cidade causou tanto ressentimento que, no início da primeira guerra romana com Mitrídates VI de Ponto no ano 88 a.C., os efésios perseguiram a população italiana local matando até mesmo os que procuravam asilo junto ao altar de Artêmis. Roma puniu Éfeso aumentando-lhe os impostos, cobrados pelos temidos *publicani*, que compravam em leilões direitos válidos por cinco anos, confiscando inúmeras propriedades e minas, e estabelecendo impostos para os criadores, dízimos para as colheitas, taxas eleitorais e tributos alfandegários. Júlio César teve de impedir duas vezes Pompéia do intento de diminuir os limites do templo e de cercar o seu espaço.

Semelhantemente, devolveu à cidade e ao templo objetos e fundos que Antônio havia confiscado quando fizera de Éfeso o seu quartel-general. Mas, depois de Áccio, a brandura de Augusto concedeu aos efésios privilégios e diminuição de impostos, transformando-a *na* metrópole da Ásia. Mas foi também judicioso em seus favores.

DEUSAS, DEUSES E EVANGELHOS

Antônio havia aumentado os limites para asilo no templo, mas, segundo a *Geografia* de Estrabão, "essa ampliação do refúgio foi danosa, deixando a cidade nas mãos dos criminosos; foi, por isso, anulada por Augusto César" (14.1.23). Entre as *Epístolas* do santo pitagórico e do contemporâneo de Paulo, Apolônio de Tyana, temos esta "aos efésios no artemísio" condenando "o povo que de noite e de dia participa no lar da deusa; se fosse de outra maneira, eu não veria saindo daí ladrões, salteadores, raptores e todo o tipo de vilões ou de sacrílegos velhacos; pois o seu templo transformou-se num covil de ladrões" (65). O que se torna enfaticamente claro é que o poder romano agora expandia ou restringia os limites para asilo ao mesmo tempo que monitorava os fugitivos que se refugiavam no templo.

Mais uma vez as bênçãos romanas

Os governos de Augusto e, depois, de Cláudio trouxeram à Éfeso as bênçãos romanas descritas no capítulo 4, das quais os restos arqueológicos ainda encantam os visitantes que perambulam por lá. Como na Galácia, em Éfeso desenvolveram--se amplamente certas amenidades urbanas depois da supremacia de Augusto. Ele mesmo patrocinara a construção de um sistema de transporte de água que, segundo uma inscrição, destinava-se "ao povo de Éfeso". Tratava-se de um aqueduto que em determinado ponto se constituía de dois andares, feito de blocos de mármore caríssimo, que ainda puxa as águas do rio Dervendere. O projeto patrocinado pelo expatriado romano C. Sextilius Pollio, pela esposa e pelo filho, foi edificado em honra de Augusto (Figura 83) para suprir os inúmeros balneários da cidade. Escavações mais recentes mostram a existência de três belos e luxuosos balneários, com fontes de mármore e um sistema de esgoto em subterrâneos ao redor da cidade. E por falar nisso, as tempestades torrenciais do início de setembro de 2002 foram mais bem enfrentadas por esses canais de esgoto ao longo das ruínas de Éfeso do que pelos modernos sistemas ao redor de hotéis de luxo na atual Kusadasi.

Além dessas amenidades, o panorama urbano de Éfeso foi transformado sob o poder de Augusto com radicais renovações e expansões do centro cívico. A cidade original situava-se entre a baía e as ladeiras do monte Pion, hoje Panayir Dag. Ao sul, passando por estreito vale encontra-se o monte Coressos, mais alto, hoje Bülbül Dag. No primeiro século construiu-se um novo centro cívico ao sul da antiga ágora, ao longo do vale no sopé do monte Pion. Os principais componentes desse complexo e até mesmo suas relações tópicas assemelham-se às que já vimos em Priene: uma ágora ou fórum sobre o eixo leste-oeste, a longa *stoa* (pórtico coberto) ao norte, o *bouleuterion* (câmara do conselho) e o *prytaneion* (fornalha da cidade), lado a lado ao norte da *stoa*, além de um santuário ou templo.

Esses projetos de larga escala foram construídos ao redor do que se tem denominado, entre outros nomes, ágora estatal (para distingui-la da antiga ágora comercial) e praça superior. Talvez se pudesse chamar tudo isso de fórum sagrado. Ao oeste desse fórum erguia-se um templo cercado de colunas em estilo grego, embora sua

227

Figura 83: Aqueduto em Éfeso, financiado por C. Sextilius Pollio e família, em honra de Augusto.

localização no eixo leste-oeste sobre vasto espaço vazio tornasse-o mais romano e parecido com o que vimos no Templo de Marte no Fórum de Augusto, no capítulo 2. Como este templo efésio foi quase completamente desmantelado perto do fim da antiguidade, sua identidade tem sido insistentemente posta em dúvida. Alguns estudiosos sugerem que teria sido primeiramente construído por Antônio e Cleópatra, dedicado veladamente ao deus grego do vinho, Dionísio, e à deusa-mãe egípcia, Ísis. Há os que pensam que havia sido feito em honra de Augusto. De qualquer forma, tratava-se de monumento ao poder romano, imponente, num grande espaço aberto. Assim foi também, depois de muitas gerações, o grande santuário oferecido ao imperador Domiciano, erguido precisamente ao oeste daquele templo-fórum, cuja identificação não deixa dúvidas.

Ao longo de cerca de 500 pés do lado norte da ágora estatal, quatro degraus terminam num pórtico imperial (ou *stoa* real) de dois andares e três alas. O mesmo C. Sextilius Pollio que construíra o aqueduto patrocinou a construção dessa *stoa* real, que dedicou igualmente a Artêmis, Augusto, Tibério e ao povo de Éfeso (*I. Ephesos* 2.404). Como romano, esforçou-se para reunir as divindades locais com as imperiais, com a finalidade de criar espaço para que tanto os romanos expatriados como os efésios nativos pudessem mais facilmente se integrar, consolidando, pelo menos simbolicamente, o leste e o oeste na mesma estrutura. Muitos dos capitéis das colunas sustentavam esculturas na forma de cabeças de touro (Figura 84), relembrando os típicos sacrifícios de animais oferecidos às divindades principais. As estátuas que ornamentavam a *stoa* real foram há muito tempo saqueadas ou destruídas, mas duas grandes estátuas do casal imperial, Augusto e Lívia, ainda enfeitam o leste da construção. Ressaltavam a piedade e a fidelidade de seu matrimônio e emprestavam à vida cívica de Éfeso certa atmosfera religiosa.

Outros artefatos descobertos pelos escavadores austríacos subentendem o casamento de Augusto com Artêmis, de Roma com Éfeso. Estendendo-se ao norte do pórtico imperial temos uma série de edifícios complementares erguidos por Augusto e, depois, por Tibério. Na extremidade oriental, um teatro semicircular, ou *odeion*, era usado como *bouleuterion*, ou câmara do conselho, pela cidade. Imediatamente ao oeste e no eixo leste-oeste abrindo-se para o lado oriental via-se o templo em estilo rodiano dedicado a duas divindades, mas também desta vez não se tem certeza de sua autenticidade. É provável que tenha sido dedicado à deusa Roma e ao deificado Júlio César, uma vez que a *História romana* de Díon Cássio conta que Augusto "dera permissão para que recintos sagrados de Roma e de seu pai César, como chamava o herói Júlio, pudessem ser dedicados em Éfeso... a mais importante cidade na província da Ásia" (51.20.6). Tudo indica que tenha sido dedicado a Artêmis e Augusto, porque uma estátua dela foi encontrada aí, bem como a reprodução de sua cabeça numa inscrição nos seguintes termos: "Fundação de Augusto e dedicação do santuário" (*I Ephesos* 3.902).

Imediatamente a oeste desse templo erguia-se o *prytaneion*, a fornalha sagrada ou a chama eterna da cidade. Nesse recinto especial ofereciam-se banquetes a

Figura 84: Capitel com cabeça de touro sobre as colunas na ágora estatal de Éfeso; touros eram sacrificados às principais divindades, e a ágora estatal era dedicada a Artêmis, Augusto e Tibério.

EM BUSCA DE PAULO

dignatários estrangeiros e, segundo outra inscrição, um romano libertado com o nome de C. Julius Nikephoros ofereceu nesse lugar sacrifícios a Roma e a Artêmis no ano 27 a.C. Tratava-se de tão generosa oferenda, que lhe valeu um cargo oficial por toda a vida (*I. Ephesos* 859a). Esse templo, situado entre a câmara do conselho e a fornalha sagrada, era claramente imperial mas também nupcial, possivelmente de Roma e César, mas certamente de Roma e Éfeso.

Controle da religião em Roma

Com a expansão do controle romano pelo leste sobre áreas recentemente conquistadas, como a Ásia do segundo século a.C., e com a criação de novas províncias, como a Galácia no primeiro século de nossa era, as pessoas deixavam Roma para viver na periferia e vice-versa. Esse fluxo misturava religiões, rituais e crenças no interior do mesmo império. Como vimos em Delos, no primeiro capítulo, Apolo mudou-se de Cícladas para residir em Roma, devotos da deusa Ísis foram do Egito, passando por Delos, para Roma, e comunidades judaicas floresceram por todo o império, inclusive na sua capital. Paulo, por exemplo, proclamaria eventualmente sua visão do judaísmo messiânico aos próprios romanos. Embora muito tolerante na teoria, a religião imperial de Roma não aceitava facilmente tamanha diversidade.

Em Roma, mais do que na Grécia, a religião era parte essencial da política. Os vários sacerdócios cívicos desenvolviam-se entre a classe senatorial e eram eles que celebravam todos os ritos e cerimônias públicas. A indicação de sacerdotes dependia da propriedade de terras, isto é, de riquezas, sem nada ter a ver com carisma ou qualquer conhecimento, uma vez que os sacrifícios exigiam apenas o cumprimento do ritual e do decoro para a preservação da *pax deorum*, considerada vital à paz com os deuses. Mas os sacerdócios romanos dependiam de gênero, isto é, da masculinidade, com uma só exceção. As virgens vestais eram sacerdotisas encarregadas de manter aceso o fogo da fornalha no Fórum Romano e de guardar, entre outros objetos, o *fascinum*, o falo ereto que protegia a cidade de Roma. Eram selecionadas entre jovens de boa fama, nascidas de famílias senatoriais, alforriadas por seus pais. Quando entravam no sacerdócio vestiam-se com longas *stolae* e ornamentavam a cabeça de maneira matronal. Deviam servir por trinta anos abstendo-se de qualquer atividade sexual. As que infringissem essa lei eram punidas com sepultamento ainda vivas ou morte lenta por inanição. Apesar dessas restrições, eram mulheres visíveis publicamente, capazes de realizar várias cerimônias, tendo até mesmo o direito de fazer testamento, coisa que não era permitida a nenhuma outra mulher.

A religião romana pertencia ao Estado, existia para ele e, portanto, era por ele controlada. A obra *Das leis*, de Cícero, expressa a atitude romana consensual de que "ninguém deve ter deuses para si mesmo, sejam deuses novos ou estrangeiros, a não ser que o Estado os reconheça" (2.19). Essa idéia explica as tensões crônicas e as repressões periódicas depois da entrada de elementos religiosos estrangeiros

230

DEUSAS, DEUSES E EVANGELHOS

em Roma. Dois exemplos são suficientes. O império reprimiu certas devoções ao Dionísio grego, o Baco romano, e outras à mãe e deusa anatólia, Cibele, a Magna Mater. Esses dois exemplos envolviam mulheres que ousavam agir fora do controle masculino senatorial em vivo contraste com as virgens vestais totalmente submissas ao controle do Senado.

Êxtase e mulheres

A supressão das bacanais data do início do segundo século a.C., mas é descrita na *História de Roma*, de Tito Lívio, na era augustana, e a percepção desse período é mais importante para nós do que, realmente, as de eras anteriores. Estamos observando, em outras palavras, as atitudes romanas principalmente no tempo de Paulo e não nos dois séculos que o antecederam. Segundo Tito Lívio, o culto do deus grego Dionísio, o mesmo Baco romano, foi iniciado por um "grego sem nome" que era "um diletante em sacrifícios e adivinho; não era alguém que, ao anunciar seu credo publicamente proclamando sua profissão e sistema, enchesse as mentes de erros, mas um sacerdote de ritos secretos realizados de noite" (39.8). Os cônsules do Senado tiveram de investigar esses "encontros clandestinos" nos quais, segundo Tito Lívio, o culto se desenrolava no meio de orgias que desafiavam os limites sociais tradicionais ao misturar ricos com pobres, a cidade e o campo, escravos e livres e, mais problemático ainda, homens e mulheres. Ele descreve suas atividades noturnas da seguinte maneira:

> Acrescentavam ao elemento religioso os deleites do vinho e das festas, para atrair o maior número de pessoas. Depois que as mentes eram inflamadas pelo vinho, a noite e a mistura de homens e mulheres, jovens e velhos, acabavam os sentimentos de recato e começavam a ser praticadas todas as variedades de corrupção, uma vez que cada um tinha à disposição o prazer ao qual se inclinava sua natureza. Não havia apenas uma forma de vício, nem só o emaranhado de homens e mulheres livres, mas testemunhos falsos, também brasões, testamentos e evidências forjadas, tudo expedido desse mesmo antro; da mesma forma aconteciam envenenamentos e assassinatos secretos de tal maneira que às vezes os corpos não eram encontrados para o enterro. Quase tudo era posto em jogo pela feitiçaria, mas também pela violência. A violência era abafada porque entre os gritos e o rufar dos tambores e dos címbalos não se podia ouvir o clamor dos sofredores enquanto prosseguiam o deboche e os assassinatos. (39.8)

Embora as reuniões fossem inicialmente restritas às mulheres, segundo Tito Lívio, uma sacerdotisa começou mais tarde a iniciar homens nos rituais, e os encontros logo degeneraram em orgias sexuais pontilhadas de extáticas profecias e convulsões selvagens. As mulheres casadas corriam pela cidade carregando tochas com os cabelos soltos e vestidos báquicos. Os que não se animavam a "participar nos crimes" eram levados para fora numa máquina e sacrificados. Os devotos eram tantos que "quase constituíam um segundo Estado; entre eles havia homens e mulheres pertencentes às classes superiores" (39.13). O decreto final foi além do caso

EM BUSCA DE PAULO

das bacanais e ordenou "que nenhuma celebração de ritos poderia ser realizada em segredo" (39.14).

Não há dúvida de que o relato de Tito Lívio seja mais fantasia e difamação do que história e realidade, visto que as acusações de mistura de classes e sexos, de assassinatos rituais e de deboche noturno são semelhantes a acusações igualmente inacreditáveis levantadas mais tarde contra os cristãos. Mas a preocupação de Tito Lívio com as religiões fora de controle era real, coisa amplamente aceita pela elite governante de Roma, que nada tinha de invenção.

Há certas confirmações arqueológicas de que as bacanais foram suprimidas no início do segundo século a.C. Uma placa de bronze encontrada no sul da Itália mostra o decreto senatorial que se não proíbe as atividades do culto de Baco, pelo menos controla-o estritamente. Os que aderiam a essas práticas tinham de registrar qualquer culto perante as autoridades locais. Se não o fizessem, incorriam na pena de morte. Mais tarde o governo restringiu o número e a extensão da mistura dos sexos: "Nenhum homem... poderá estar entre as mulheres bacantes a não ser que se apresente ao pretor urbano e tenha permissão para isso mediante decreto senatorial". Além disso, "ninguém realizará rituais secretos", e, finalmente, "não podem se reunir mais do que cinco homens e mulheres nem mais de dois homens e três mulheres poderão comparecer ao culto, a não ser com permissão do pretor urbano e do Senado" (*ILS* 18.2, 10, 19; da tradução de Beard, North e Price, vol. 2, 290-291).

Há outra peça arqueológica que evidencia claramente a realidade da repressão. Na cidade etrusca de Volsinii, descobriu-se uma gruta do século terceiro a.C. que fora usada para o culto de Dionísio. Situava-se numa área publicamente visível, ao contrário do que escreveu Tito Lívio, muito embora esse santuário tenha sido lacrado e o trono com a figura de Dionísio tenha sido destruído por volta do começo do segundo século a.C., na mesma época do decreto senatorial referido por Tito Lívio. Roma restringia práticas religiosas que não lhe pareciam adequadas e, em particular, procurava controlar as mulheres, a junção de homens e mulheres, bem como de diferentes classes. Essas atitudes tinham a ver não com ortodoxia teológica mas sim com controle social.

Castração e homens

À medida que Aníbal avançava na direção de Roma na Segunda Guerra Púnica de 218-202 a.C., dizia-se que os *Oráculos sibilinos* recomendavam o que o oráculo de Delfos confirmava, a saber, que o santuário e os jogos em honra da deusa-mãe, a Magna Mater, deveriam ser estabelecidos em Roma. Roma nunca se opôs a incluir divindades estrangeiras em seu panteão, porque lhe interessava aumentar o poder e anexar outros ao império, processo esse que também redefinia o que significava ser romano. Uma embaixada viajou para Pérgamo, na Ásia Menor, a fim de buscar a pedra do meteorito negro da Magna Mater, que estava no santuário frígio em Péssino, trazendo-o juntamente com seu culto para Roma. A atração inicial, porém, logo foi rejeitada.

232

Ao lado do culto da deusa-mãe veio o do belo jovem Átis, que, segundo a interpretação romana do mito, se havia castrado num momento de fúria provocada pela ciumenta Magna Mater. Ele morreu, mas ela o ressuscitou e ele se transformou em modelo para os *galli*, sacerdotes que se castravam com fragmentos de louça ou com pedras, vestiam-se com roupas coloridas e usavam enfeites afeminados nos cabelos e boina (Figura 85). Eram a antítese dos diversos sacerdotes romanos, seus colegas, cuja *pietas* sofria sempre o peso de solenidades decorosas, ou *gravitas*. Os *galli* intencionalmente respingavam o sangue das vítimas sobre seus corpos durante os sacrifícios, enquanto os romanos evitavam meticulosamente manchar as vestes. Os sacerdotes *galli* dançavam ao léu ao som de tamborins e cantavam canções extáticas. Os sacerdotes romanos movimentavam-se lenta e deliberadamente demonstrando autocontrole e moderação. Fora da vida civil, os *galli* entravam em êxtase de tipo xamanístico — eram escolhidos não por causa do cumprimento de seus deveres cívicos nem pela dependência familiar, mas pela devoção que poderíamos chamar de carisma. Os sacerdotes romanos estavam imersos na vida política e civil, eram pais de importantes famílias, e homens.

O que mais os romanos desprezavam neles era o fato de não serem homens nem mulheres. Os autores romanos os desdenhavam especialmente por causa das automutilações. Por fim, acusavam-nos de praticar sexo oral com as mulheres apesar de eunucos. A vulgaridade selvagem dos *Epigramas* de Marcial dão ênfase na incapacidade romana de entender essas religiões não romanas:

> Que você, *Gallus*, pode fazer com o sexo de uma mulher? A sua língua deve lamber, naturalmente, o que está no meio do corpo dos homens. Por que decepou seu pênis com cacos de louça samiana, se o ânus (*cunnus*) é tão prazeroso para você? Sua cabeça deveria ser cortada, pois embora sendo *Gallus* no meio das pernas, você ainda desdenha os ritos de Cibele, enquanto na boca é homem. (3.81)

Figura 85: Retrato de um *gallus* num túmulo, com feições afeminadas e instrumentos musicais (címbalos: tímpano e flauta frígia dupla).

EM BUSCA DE PAULO

Observe, no entanto, na crua selvageria lingüística do texto o que é aceito como normal e o que é alvo de zombaria por ser considerado anormal. Os *galli* confundiam os homens romanos porque, depois de se automutilarem, não eram mais capazes de manter os critérios do comportamento sexual masculino, definidos pela penetração e pelo controle. Segundo as difamações de Marcial, contudo, eram capazes de se rebaixar ao ponto de penetrarem as mulheres com a língua, prática geralmente considerada pelos homens romanos degradante e antimasculina. Os *galli* desrespeitavam o que as elites masculinas romanas consideravam ser os papéis sexuais aceitáveis e, por isso, deixavam-nas confusas. Além disso, não se encaixavam nas categorias legais como se lê em *Feitos e ditos memoráveis*, do escritor do primeiro século Valério Máximo. Certo sacerdote da Magna Mater, chamado Genucius, recebeu uma herança, mas não teve permissão de tomar posse dela porque não era homem nem mulher. Da mesma forma como o comportamento sexual dos *galli*, o *status* legal de Genucius não se adequava ao sistema legal romano a respeito do recebimento de heranças (7.7.6).

Ao contrário das bacanais, contudo, o culto da Magna Mater havia sido oficialmente convidado para se instalar em Roma, beneficiado por se ter originado perto da mítica cidade-mãe de Roma, Tróia. Por isso, Roma jamais considerou Cibele fora da lei nem devolveu a Péssino a pedra trazida de lá, mas, ao contrário, procurou integrar esse culto na vida cívica. Seu santuário foi até mesmo construído no monte Palatino, do qual, mais tarde, Augusto seria vizinho (para proteger a deusa?). Em sua obra, *Antiguidades de Roma*, do final do primeiro século a.C., o historiador Dionísio de Halicarnasso acentua que a deusa-mãe era cuidadosamente controlada e restringida aí, posto que Roma "bania todos os artifícios enganadores e fabulosos", mas permitia que "pretores oferecessem sacrifícios e jogos comemorativos em honra da deusa todos os anos segundo a tradição romana". Mas apesar de Roma tolerar sacerdotes frígios que agiam de maneira estranha, esmolavam e vestiam-se extravagantemente, "pela lei e decreto do Senado, nenhum romano nativo podia andar em procissão pelas ruas da cidade vestido de túnica muito colorida, pedindo esmolas ou acompanhado de tocadores de flauta, nem poderia adorar a deusa com cerimônias Frígias". Dionísio afirma ainda que os romanos "abominam qualquer pompa vazia que não satisfaça os padrões de decência" (2.19.3-5).

Patrulhamento dos inaceitáveis

Como deveríamos caracterizar o problema que Roma tinha com as bacanais e o culto da Magna Mater? À mente latina esses cultos iam além dos limites da *religio* apropriada e eram considerados *superstitio*, superstição. Roma queria dizer com isso não que eram a mesma coisa que magia, mas que se situavam além da crença. Superstição era o excesso imoderado e incontrolável de devoção a apenas uma forma do sagrado. Em geral, a superstição buscava ganhos individuais e não imperiais. Subvertia o controle do pai sobre os membros da família, bem como a devoção que esta lhe prestava. Era também considerada "histérica"; isto é, envolvia mulheres em

234

DEUSAS, DEUSES E EVANGELHOS

demasia e suscitava muita emoção dificilmente controlada pelos senhores ricos na primeira República ou mais tarde no império dos Césares. Temia-se que nos dois casos pudesse haver acesso direto aos deuses por meio de revelações, e o exercício de capacidades irrestritas de união com os poderes sobrenaturais.

O tipo de comportamento que alarmava Roma é o mesmo que associamos a indivíduos santos e carismáticos, também chamados xamanistas. O controle romano sobre a religião era assim subvertido. Negava a integração absoluta da política com a religião. Ameaçava César tanto como governador, ou *imperator*, quanto como sumo sacerdote, ou *pontifex maximus* (sem falar que nos dois casos ele era divino). Lembremos que, além dos muitos deuses e deusas, os romanos também acreditavam com muito fervor em experiências paranormais, místicas e mágicas. Usavam harúspices etruscos para adivinhar o futuro, liam os fígados dos animais sacrificados e interpretavam o vôo das aves. Consultavam as profecias orais das sacerdotisas de Apolo e as profecias escritas dos *Oráculos sibilinos*. Seu mundo científico incluía horóscopos e astrologia. Mas a ambigüidade dessas formas deixava-as maleáveis em face do controle político, e notavam-se certos procedimentos quase teatrais para as incorporar cerimonialmente nos debates senatoriais ou nas decisões políticas imperiais. Mary Beard, no capítulo "The Roman and the Foreign" [O romano e o estrangeiro], no livro *Shamanism, History, and the State* [Xamanismo, história e Estado], observa que talvez o que mais perturbasse os romanos a respeito desses dois casos de que falamos era a ameaça que representavam "aos únicos guardiões de acesso aos deuses... ameaçando, de fato, a autoridade mais ampla da elite e das normas sociais e culturais que garantiam desde muito tempo" (178).

Outras histórias contadas pelo historiador judeu Josefo e por escritores pagãos descrevem o interesse de Roma em patrulhar comportamentos religiosos inaceitáveis, bem como reuniões que pudessem ser de alguma forma subversivas. Precisamos descontar nessas narrativas certas licenças literárias, muito embora denotem a absoluta realidade da desconfiança sentida pelo império a respeito de reuniões e de práticas fora da arena política aberta e, portanto, além do controle normal de César. Esses incidentes demonstram o temor latente de reuniões, bem como certa xenofobia.

Josefo, na obra *Antiguidades judaicas*, conta como o imperador Tibério crucificou alguns sacerdotes de Ísis e jogou a estátua da deusa no rio Tibre depois de ter tomado conhecimento de um plano para enganar uma mulher casada nobre a se engajar numa relação sexual com o pretendente fantasiado do deus egípcio Anúbis, que tinha cabeça de cão, no Templo de Ísis (18.65-80). Logo depois desse incidente, Tibério expulsou da cidade os judeus e obrigou alguns a servir no clima reconhecidamente inóspito da Sardenha depois de ter ouvido a respeito de outra mulher romana muito rica que fora roubada ao pretender doar importante quantia ao Templo de Jerusalém (18.81-84). *Vida dos Césares*, de Suetônio, relembra esses eventos do tempo de Tibério e acrescenta que em termos gerais o imperador "bania também os astrólogos" (36) e "proibia quaisquer consultas feitas secretamente e sem testemunhas a adivinhos. Na verdade, tentou até expulsar os oráculos existentes perto da cidade" (63.1).

235

EM BUSCA DE PAULO

Segundo *O deificado Cláudio*, esse imperador "aboliu completamente a religião cruel e desumana dos druidas entre os gauleses, que Augusto havia apenas proibido para os cidadãos romanos" (25.5). A *História romana* de Díon Cássio afirma que Cláudio ordenou aos judeus que, "embora continuando a ter seu modo tradicional de vida, não podiam realizar reuniões", e que "fechou os clubes... e aboliu as tabernas onde gostavam de se reunir e beber" (60.6.7). Em resumo, proibia-se qualquer reunião ou lugar onde comportamentos desordenados pudessem provocar inquietação.

Todas essas narrativas sofrem de inconsistências e mostram problemas cronológicos, mas tudo o que indicamos aqui se relaciona com o interesse de César em patrulhar e controlar o panorama religioso. Temos a declaração bastante clara de um imperador posterior, Trajano (98-117 d.C.), ao responder a Plínio, o Jovem, que havia sido enviado por ele como governador de emergência à Bitínia-Ponto junto à costa sul do mar Negro. Plínio pedira permissão para organizar um *collegium* para cerca de 150 bombeiros na cidade de Nicodêmia. Incêndios haviam danificado o Templo de Ísis e o santuário da deusa Men. Plínio esperava receber permissão para criar uma brigada de combate ao fogo, assegurando a Trajano que "não seria difícil manter sob observação tão pequeno número de homens" (*Cartas* 10.33). Mas, como as próprias *Cartas* atestam, Trajano nega o pedido e explica as razões:

> Quando as pessoas reúnem-se com propósitos comuns, não importando o nome que lhes demos nem as razões que possam ter, logo transformam essa reunião em clube político. A melhor política será providenciar equipamentos necessários para apagar o fogo e instruir os proprietários a usá-los, pedindo a ajuda de outros se acharem necessário. (10.34).

Incêndios podiam ameaçar propriedades e vidas, mas não podiam ameaçar as regras imperiais de integração da política com a religião enquanto sutil e única operação de poder. Havia outros incêndios que podiam ameaçar e até mesmo subverter essa colaboração, mas não se deviam correr riscos. Era melhor não ter bombeiros que pudessem começar a ter idéias, fazer perguntas e imaginar remédios. O controle do fogo pode ser negociado; o controle do império, jamais.

Pornografia violenta no sexo e na guerra

O imperador controlava a religião e a política do império, em primeiro lugar, no seu nível supremo que era o da teologia imperial, seguido do nível intermediário em que se situavam religiões estrangeiras, cultos locais e todos os grupos que se reuniam privativamente por diversas razões e, finalmente, no nível individual da moralidade matrimonial e da privacidade sexual. Lembremos o que já vimos no capítulo 2, como Augusto procurou restaurar a piedade e a moralidade nos domínios mais íntimos da vida familiar, e também estender seu controle a áreas como procriação e sexo com a Lei Juliana sobre casamento e adultério. Esses valores familiares foram herdados da sociedade romana tradicionalmente conservadora de fazendeiros e guerreiros, idealizada depois como a *mos maiorum*, "a maneira de ser de nossos ancestrais". A legislação de Augusto fazia parte da teologia religioso-política segundo a qual o sucesso e o controle no exterior dependiam da piedade e da moralidade em casa, e as vitórias marciais, da pureza sexual.

A presente discussão, entretanto, não é sobre o rearmamento moral de Augusto a respeito de sexo e casamento nem tem a finalidade de concordar com suas virtudes potenciais ou sua absoluta falha. Deixamos de lado, por ora, os pontos que poderiam ser considerados bons ou maus nas Leis Julianas para examinar dois outros níveis muito mais profundos e mortais. Essas leis baseavam-se em padrões pressupostos ao longo do Mediterrâneo e até mesmo no patriarcado universal, no qual as mulheres, posse dos homens, tinham de ser mantidas sob controle. No capítulo 2 falamos a respeito da igualdade paulina para mulheres e homens cristãos na família, nas assembléias e no apostolado. Examinamos também como a tradição pós-paulina e até mesmo antipaulina esqueceu-se desse radicalismo, voltando-se para a normalidade do patriarcado romano. Vamos examinar agora as implicações desse patriarcado no domínio menos público e mais privado da sexualidade e da família. Decididamente afirmamos que, tanto lá como aqui e agora, a sexualidade patriarcal tinha e tem muito *menos* a ver com visões do corpo ou de imperativos divinos e muito *mais* com manipulação masculina, controle paternal e poder imperial.

Existe ainda outro nível mais profundo além do patriarcal, embora causado por ele e com ele interagindo. Quando você lê aqueles epigramas malévolos de Marcial sobre os *galli*, você não acha que a linguagem usada seria inaceitável em público? Não lhe parece impolida, rude, crua e vulgar? Não poderia ser considerada pornográfica? Qual seria a diferença entre vulgaridade e pornografia? Quando considerarmos diversos outros textos nesta seção, essas perguntas serão consistentemente presumidas e implícitas. A questão mais profunda é a seguinte: como funciona o relacionamento do sexo com a guerra, a colaboração da posse com a penetração pelo falo e pela espada, e a coincidência entre pornografia violenta e o controle sexual e marcial? Por que temos tantas palavras de baixo calão para as funções do corpo, todas perfeitamente naturais e humanas, e nenhuma desse tipo para os massacres perpetrados nas guerras, certamente desumanos e nada naturais? Deveríamos distinguir acuradamente entre *vulgaridade*, que inclui palavras demasiadamente grosseiras para uso público e atos demasiadamente privados para exibição pública, e *pornografia*, que sempre envolve violência, seja ideológica, retórica ou física, aplicada tanto ao sexo como à guerra em mortal simbiose masculina? Deveríamos transferir o uso do termo "obsceno" do sexo para a guerra, daquilo que descreve brutalmente nossa humanidade para o que a destrói completamente?

Falo e controle

O comportamento sexual normativo em Roma desenrolava-se segundo relações de poder baseadas em gênero, idade e *status*; os homens adultos proprietários de terras eram os que mais possuíam poder. O nexo entre patriarcado e poder já se podia ver no freqüente uso de imagens do falo como símbolo mágico de poder. Era usado para afastar maus-olhados, proteger casas de assaltos e assegurar fecundidade. Em Delos, por exemplo, enquanto o santuário de Apolo era guardado por uma fileira de estátuas de leões, o Templo de Dionísio era protegido por dois enormes falos eretos (Figura 86), símbolo do prazer incontrolável e objeto sagrado dos mistérios. Outros santuários e ricas mansões ao longo do Mediterrâneo também se protegiam com estátuas, quadros de bronze ou pilares de mármore com o busto em cima e os genitais protuberantes na frente (Figura 87). Era comum ver em casas particulares mais modestas, em Pompéia, figuras do falo, gravadas ou desenhadas perto das portas para afastar maldições ou para trazer sorte. Não se distinguia muito o seu poder e o prazer sensual, como testemunha esta inscrição ao redor da figura do falo: *Hic habitat felicitas*, "Aqui mora a felicidade" (Figura 88).

Figura 86 (*à esquerda*): Estátua de um falo gigantesco (quebrado) diante do Templo de Dionísio na ilha de Delos. Figura 87 (*à direita*): Herma de uma oficina de Boetos, de bronze com aplicação de marfim.

DEUSAS, DEUSES E EVANGELHOS

A reação comum a essa exibição dos genitais masculinos seria admitir que os antigos gregos e romanos, ao contrário de nossa atual civilização ocidental, haviam se livrado do passado puritano e tinham uma visão mais saudável do corpo humano. Na Grécia clássica, o ginásio (de *gymnos*, "nu") era literalmente lugar de nudez onde o idealizado jovem masculino (*kouros*) não usava roupa alguma, e as estátuas dos deuses e das deusas, dos heróis e das heroínas, eram regularmente esculpidas nuas. A elite romana gostava de colecionar ou de copiar essas estátuas para ornamentar suas ricas mansões por todo o império. Tudo indica que os cidadãos gregos e romanos não tinham problemas com o corpo humano, naturalmente apreciado como ideal estético. Além do corpo também pareciam bem familiarizados com questões sobre sexo e amor, como se pode ver na popularidade da poesia elegíaca escrita por autores como Ovídio ou Tertulo. Até mesmo os grafites de Pompéia conservam certa qualidade romântica e quase eterna sobre esses temas, como, por exemplo, "Amantes, como abelhas, levam uma vida doce como o mel", e "Que aqueles que castigam os amantes procurem acorrentar os ventos e impedir o fluxo interminável das águas das fontes" (*CIL* 4.8408; 1649). Essas paredes preservam também descrições honestas de relacionamentos como, por exemplo, a dor da rejeição ou do amor ferido. Lemos nesses mesmos muros de Pompéia, "Thysas, não ame Fortunas", e "Sarra, você não está agindo bem, deixando-me só" (*CIL* 4.4498; 1951).

Um olhar mais atento à figura de Priapo com o pênis ereto (Figura 89) e o exame mais geral da sexualidade na era paulina revelam mais do que simples e benevolente atitude para com o corpo. Segundo alguns mitos, os pais de Priapo eram Dionísio e uma ninfa ou mesmo a própria Afrodite. Por volta do terceiro século a.C., Priapo era popular na região de Trôade correspondente ao noroeste da Turquia de hoje, mas sua popularidade espalhou-se rapidamente no período helênico e nos tempos romanos imperiais. Esse progresso foi ajudado em parte pelos primeiros poemas obscenos gregos e depois latinos, conhecidos como *Priapae*. Era um deus menor e enganador, associado naturalmente ao sexo e à virilidade, mas também com a fertilidade das ervas e dos jardins que, segundo os poetas, ele protegia. Embora os primeiros poemas gregos mostrem certo conteúdo religioso, os latinos, escritos depois, descrevem-no quase exclusivamente como um caráter dissoluto com fixação anal. Segundo os textos poéticos e a tradição popular, suas estátuas eram colocadas em jardins com a finalidade de ameaçar ladrões com a possibilidade de estupro e de se apoderar de intrusos para sodomizá-los. *The Garden of Priapus* [O jardim de Priapo], de Amy Richlin, tem o subtítulo *Sexuality and Aggression in Roman Humor* [Sexualidade e agressão no temperamento romano]. A obra ressalta que, embora Priapo seja divertido nos poemas, no mito e nas estátuas, seu humor modifica-se quando se percebe que ele é a encarnação da sexualidade essencial dos textos romanos: "Masculino, agressivo, e disposto a controlar limites" (xvi).

Priapo nos alerta a respeito da representação pública essencial do comportamento sexual normativo no Império Romano no tempo de Paulo. Mesmo na sua melhor faceta, baseava-se no controle e no poder. Do outro lado, que dominava, baseava-se em subjugação e humilhação. Vamos examinar a seguir pormenores mais privados,

239

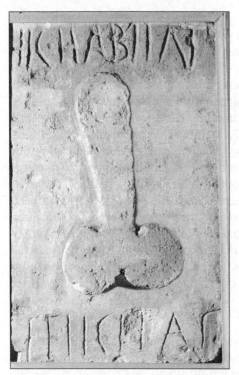 

Figura 88 (à esquerda): Relevo em pedra de um falo na entrada de uma casa de Pompéia, com a inscrição em latim, "Aqui mora a felicidade". Figura 89 (à direita): Vale seu peso em ouro? Afresco representando Priapo na residência dos Vettii em Pompéia.

provenientes de elementos de fora da vida civil pública e oficial, pesquisados na vida privada de bordéis e dos quartos de dormir, no mundo romano em geral e nos grafites e afrescos de Pompéia, em particular. Encontramos frases e *slogans* rabiscados nos cantos dos balneários e pequenas cenas eróticas pintadas nas paredes de quartos de dormir, imagens que a picante *Elegias* de Propércio chamava de "painéis lascivos" e "pinturas indecentes" que "corrompiam os olhos inocentes das meninas" — mas, aparentemente, não dos meninos? (2.6.29). Repetimos o que afirmamos antes sobre os profundos pressupostos desses itens: relacionavam-se menos à mutualidade sexual igualitária e muitos mais ao patriarcado sexual como microcosmo do imperialismo marcial. Indicavam o controle, o abuso e até mesmo a humilhação dos corpos femininos pelos homens. Especificavam o poder masculino, a posse e a penetração do corpo das mulheres pelos homens.

Poder e posse

A maioria das imagens eróticas em lamparinas, medalhões ou paredes tinha a intenção de evocar sentimentos de prazer e sensualidade. Mas, quando examinamos

DEUSAS, DEUSES E EVANGELHOS

o que está sob a superfície dessas imagens, encontramos atitudes de posse e subordinação. Lembremos, de começo, que as leis matrimoniais augustanas preocupavam-se principalmente em controlar a promiscuidade das mulheres e a procriação da elite. As mulheres imperiais retratadas na *Ara Pacis Augustae*, por exemplo, estão vestidas com *stolae* não tanto para demonstrar recato mas, principalmente, por causa do controle masculino de seus corpos. As *Odes* de Horácio descrevem Roma "fervilhante de pecado" porque "nosso tempo tem manchado em primeiro lugar o leito matrimonial, nossos filhos e nossos lares". E mais: "As donzelas... planejam amores pecaminosos, com paixão irrestrita". Finalmente, no meio das "orgias de seus maridos, buscam amantes mais jovens". Mas vamos do sexo para a guerra. Horácio comparou a presente promiscuidade das esposas, "pródigas compradoras de vergonha", "com o conhecimento dos maridos", com os pais antigos "dos quais nasceram os jovens que coloriram o mar com sangue púnico" quando Aníbal ameaçava o futuro de Roma (3.6.17-36). Quem faz amor virtuosamente, guerreia vigorosamente.

Essa atitude pode ser captada num grafite na Casa do Moralista em Pompéia: "Não lance olhares concupiscentes, nem fique olhando para as esposas de outros homens" (*CIL* 4.7698b). Embora os homens protegessem suas mulheres do assédio alheio, eles mesmos empenhavam-se em conquistar as filhas ou esposas desses homens, quase impunemente. O número dessas conquistas servia para estabelecer graus de ascendência entre os homens. Encontramos palavras de vanglória nos muros perto de um bordel: "Eu comi muitas garotas aqui"; "Quando eu venho aqui, eu transo. Depois, volto para a minha casa"; até mesmo um Restitutus se jactava de ter "seduzido muitas vezes inúmeras jovens" (*CIL* 4.2175, 2246, 5251). E mais esta frase: "Poucas mulheres sabem que eu, Floriano, grande garanhão, soldado da VII Legião, estive aqui: mas vou transar somente seis vezes" (*CIL* 4.8767).

Esses textos preservam o desejo machista rude em expressões como "comer" ou "possuir" uma mulher. Mas diversos afrescos de Pompéia são mais sutis ao revelar como os ricos se comportavam sexualmente em casos de posse e de subordinação. Algumas cenas — surpreendentes e até mesmo incômodas às sensibilidades atuais — retratam escravos trazendo e servindo vinho ou tomando conta da lamparina ao lado de um casal tendo relações sexuais (Figura 90). Mostram claramente relações de poder. Antônio Varone, em *Eroticism in Pompeii* [Erotismo em Pompéia], capta a essência desse tipo de humilhação: "Assim como podiam dispor como queriam de seus escravos para propósitos sexuais, seus proprietários podiam também formalmente considerá-los um pouco mais do que animais domésticos, sob cujo olhar lhes parecia lícito não sentir nenhum embaraço" (75). Um dos espirituosos epigramas de Marcial, no qual o marido exige da esposa mais esforço e ousadia na cama, sugere o desejo do mesmo exibicionismo comum entre os donos de escravos confessando até que mesmo "os escravos troianos costumavam masturbar-se atrás das portas quando Andrômaca montava em Horácio como se fosse seu cavalo" (11.104.13-14).

241

Figura 90: Afresco de Pompéia representando o escravo servindo enquanto uma mulher está na cama com um homem.

Poder e penetração

O papel crucial representado pelo poder nos códigos da antiga sexualidade aparece também na maneira como autores gregos e romanos distinguem entre papéis "passivos "e "ativos". Exaltam a superioridade da penetração masculina ativa. Já vimos isso nos comentários sarcásticos de Marcial a respeito dos sacerdotes da deusa Grande Mãe, os *galli*. Essa atitude era também evidente nas lamparinas de óleo, de forma redonda, populares nas casas de família ao longo do Mediterrâneo, até mesmo na Judéia considerada pudica pelos padrões de Roma. Quase sem exceção, as figuras desenhadas nessas lâmpadas mostram diversas posições nas quais o homem age, como pensavam os romanos, de forma "ativa" e a mulher, "passiva". Mas mesmo quando a mulher poderia parecer "ativa", em cima do homem durante a relação sexual, ou praticando sexo oral, essas "atividades" eram vistas como mero serviço prestado ao homem, representadas iconograficamente pelo homem controlando e segurando a cabeça da mulher ou estendendo o braço atrás de sua cabeça, como se vê num baixo-relevo de Pompéia (Figura 91). Esse último gesto pode revelar certo narcisismo desengajado ou apenas refletir o desejo de não-envolvimento. Seja como for, a mulher só podia estender a mão para tocar ou acariciar o homem. Além disso, a ação feminina no sexo oral era considerada não apenas servil mas também degradante, como se lê, por exemplo, neste grafite grosseiro encontrado em Pompéia: "Venéria chupou o cacete de Máximo durante o tempo da colheita de uvas, deixando seus orifícios vazios mas a boca cheia" (*CIL* 4.1391), ou, de novo, nestas linhas gravadas nos banhos estabianos de Pompéia: "Desce com a tua língua até a vara, lambendo-a, e depois ainda a lambendo, levanta-a. Ah, aí eu gozo!" (*CIL* 4.760).

Figura 91: Baixo-relevo de um coito em Pompéia; observe o gesto do braço do homem, indicando sua passividade e, portanto, o *status* servil da mulher.

As noções de atividade e penetração não eram demarcadas apenas segundo o gênero. Entravam nessa equação fatores de classe e *status* a tal ponto que a masculinidade e a feminilidade deixavam de ser o único critério normativo de comportamento. Os homens ricos sentiam-se livres para penetrar ativamente qualquer pessoa; o objeto sexual poderia ser mulher, rapaz ou homem de classe baixa. Explicam-se, assim, a difusão e aparente aceitação do homossexualismo na Grécia e em Roma. Era comum na Grécia desde tempos antigos que homens proprietários de terra penetrassem, não homens adultos de *status* similar, mas rapazes adolescentes. Em Roma, era quase axiomático que os senhores ricos incluíssem em sua criadagem rapazes adolescentes escravos. Por exemplo, os importados da Ásia Menor, com seus cabelos crespos, eram particularmente preferidos para uso sexual (Figura 92). Eram conquistados e penetrados como se fossem mulheres, e abandonados e substituídos por outros quando se tornavam homens e começava-lhes a nascer a barba, mas jamais poderiam penetrar seus senhores.

O poeta Tibulo dedicou diversos de seus poemas eróticos a sua amante, Délia (1,2,3,5,6), e outros a um rapaz, seu empregado, Marathus (4,8,9). Foi um escândalo principalmente porque admitia que sua afeição por ambos fazia dele um escravo. Ser penetrado era coisa para escravos, rapazes e mulheres. E sentiam-se envergonhados por isso, como se percebe neste libelo de Pompéia: "Cosmo, escravo de Equitia, é um grande veado e chupador de pênis com as pernas sempre abertas" (Diehl 648). Leia com atenção os poemas eróticos latinos e os epigramas gregos, e acabará concordando com a conclusão depressiva no livro de Amy Richlin que citamos há pouco:

Figura 92: Camafeu com um homem e o que parece ser um jovem.

O conteúdo é determinado pela figura central: homem, poeta, narrador, amante ou conquistador. Os objetos de seu amor são mulheres e rapazes, que ele percebe delicados (em comparação consigo mesmo) e suaves (prontos a recebê-lo). São mais jovens do que ele, e suas contas são determinadas por suas contribuições. Suas simulações fazem parte da função de seu valor e se expressam em termos de dinheiro ou do preço de um escravo; o alto grau de feições atraentes fisicamente reconhecidas produz a demanda e dificulta a aquisição do objeto do desejo... Os escritores de poemas eróticos raramente são mulheres, mas nunca os *pueri* (rapazes); eles não tinham voz aí. (55)

Não se podia imaginar nenhuma posição de igualdade fosse em brincadeiras ou nos relacionamentos. Não fazia parte do código igualdade alguma entre homem e mulher, homem e rapaz nem mesmo entre os homens. A moral judaica era, naturalmente, muito diferente tanto na teoria como na prática. Diríamos, simplificando um pouco, que segundo o ideal judaico, o sexo restringia-se ao casamento entre marido e mulher com o propósito da procriação. A nudez era considerada vergonhosa e muito problemática especialmente nos banhos públicos para os judeus circuncidados. Considerando o que vimos e lemos, não nos surpreende que depois da primeira erupção do Vesúvio, pouco antes de Pompéia se transformar em cinzas, certo judeu rabiscou nos muros: "Sodoma e Gomorra!".

Poder e imperialismo

Embora Augusto e sua esposa Lívia se considerassem modelos castos da legislação marital, certamente fracassaram nesse intento. Essa pretensão foi repelida mais tarde pelo Senado e, significativamente, ignorada pela própria família e pelos sucessores da dinastia. De fato, Augusto talvez não tivesse sido assim tão puro como sugere o poeta banido, Ovídio, mais ou menos arrependido, na obra *Tristia*. Dá a entender que o *divi filius* possuía algumas dessas cenas eróticas nas paredes de seu lar:

DEUSAS, DEUSES E EVANGELHOS

Certamente em nossas casas brilham até mesmo figuras de antigos heróis, pintadas pelas mãos de artistas, e em algum lugar um pequeno painel retrata as várias formas e uniões do amor. (2.521-524)

Trata-se de observação muito branda em nada comparável ao que o historiador boateiro, Suetônio, conta em *Vida dos Césares*, sobre os sucessores de Augusto. Em primeiro lugar, conta-nos, em *Tibério*, que esse imperador passava boa parte de seu reinado na ilha de Capri, onde "adquiriu a reputação de praticar depravações tão grosseiras, que não se podem aceitar ou mencionar, nem ouvir e muito menos nelas acreditar". Naturalmente, os mexericos de Suetônio passaram para a história como exageros próprios dos contos e do que se crê (44.1). Mais tarde, em seu *Calígula*, esse imperador achava que era filho do incesto praticado por Augusto com sua filha Júlia, e que também praticava incesto com as próprias irmãs. "Não respeitava sua própria castidade nem a dos outros", seduzindo e estuprando qualquer dama da nobreza que lhe apetecesse, em geral durante jantares na presença de seus maridos (36.1-2). Em sua obra, *O deificado Cláudio*, a impotência do imperador foi satirizada; teria se divorciado de uma esposa "por lascívia escandalosa" e de outra pela mesma razão. Sua última mulher chegou mesmo a casar-se com outro homem enquanto ainda estava com o imperador (26.2). Finalmente, em *Nero*, descreve suas lendárias perversões e crueldades. Ele abusou até de uma virgem vestal e castrou o jovem Sporus tentando transformá-lo numa mulher para se casar com ele. Mas, mais vergonhosamente, Nero casou-se, depois, com outro homem, mas assumiu o papel de mulher, "indo ao ponto de imitar os gritos e lamentos de uma mulher ao ser deflorada" (29).

Deliberadamente, movidos por razões específicas, estamos concluindo esta seção com as maledicências de Suetônio acerca do insaciável desejo dos Césares por controle e dominação sexual. Mesmo que todas essas histórias a respeito da perversidade sexual dos Césares não passem de exageros, rumores infundados ou de imaginação doentia, indicam, supõem e assumem certa dialética do poder patriarcal e da posse penetrativa no nível tanto sexual como imperial. A dialética de sexo e guerra torna-se óbvia no magnífico Sebasteion, como já vimos no capítulo 1. Passamos agora a examinar a guerra imperial, visível no monumento da cidade de Afrodite-Vênus, deusa do amor, esposa do deus da guerra, Marte, e lendário predecessor do clã de Juliano.

Pelo falo e pela espada

Pressupomos aqui as descrições gerais do Sebasteion no capítulo 1 e especialmente dos artigos de R. R. R. Smith citados em nossas referências. Fixamos agora a atenção em aspectos específicos dos relevos dessas galerias ao norte e ao sul. Como já vimos, nos muros ao norte, o nível superior contém figuras alegóricas do tempo e do espaço, da noite e do dia; no nível médio, aparecem diversas nações (*ethnē*, "povos") conquistadas por Roma. "O propósito geral das alegorias desse pórtico e das províncias parece sugerir e ilustrar a grandiosa identificação do mundo físico com o Império Romano", como R. R. R. Smith conclui a partir dessa clara evidência: "Tomados em conjunto, os relevos do pórtico norte parecem falar a linguagem de um império sem fim, das conquistas imperiais por terra e mar, de dia e de noite" (1987: 96).

Havia nessa galeria cinqüenta estátuas de nações conquistadas personificadas, esculpidas com vestes e características autóctones, identificadas pelo nome nos pedestais. Entre elas, os escavadores recuperaram, das estátuas, inscrições judaicas, egípcias, cretenses e cipriotas. "A seleção de povos estrangeiros tinha a função de fornecer narrativas visuais da extensão do império de Augusto", observa R. R. R. Smith, "e pela simples e impressionante exibição de números e nomes desconhecidos, sugeria que o império era concomitante com os confins da terra" (1988: 77). No contexto desse capítulo demos ênfase ao fato de que essas províncias eram personificadas como *mulheres*, conquistadas por Augusto e agora submissas ao *pater familiae* no interior da família romana. Era comum representar as províncias dessa forma na arte imperial; podem ser encontradas nos altares interiores da *Ara Pacis Augustae* e na couraça da estátua da Prima Porta de Augusto. As séries em Afrodisia foram, provavelmente, moldadas segundo as estátuas do Fórum Romano de Augusto, embora sua famosa escola de escultura, conhecida no mundo todo, não conseguisse copiar nem mesmo esse mais importante modelo.

Conservemos na memória essas personificações *femininas* dos povos conquistados enquanto passamos do pórtico norte para o do sul, mais bem conservado. O tema dominante aí é a integração da teologia imperial mais antiga da Grécia com a mais recente, de Roma. Como você pode recordar, o nível superior mostra cenas simbólicas e históricas da família imperial, enquanto o nível médio reproduz cenas dos mitos e das lendas da Grécia clássica. Para ilustrar o presente tema, vamos nos concentrar particularmente em dois painéis construídos um pouco depois do terremoto da segunda metade do primeiro século, antes da conclusão desse complexo no reinado de Nero.

O primeiro mostra o imperador Cláudio vitorioso sobre a derrotada Britânia (Figura 93). O outro, retrata Nero vitorioso sobre a vencida Armênia (Figura 94). Cada um dos relevos possui certa afinidade com a estatuária helênica com seus grupos de batalhas e as amazonas, grandes mulheres guerreiras. Naturalmente, essas figuras femininas não são de combatentes armadas, mas de mulheres desprotegidas. Os dois relevos são notáveis pelo imaginário sexual pouco sutil, menos sensualmente eróticos no contexto do que violentamente pornográficos. No primeiro, Cláudio, desnudo, carrega apenas a flutuante capa e o elmo, equilibrando-se para ferir a figura feminina de Britânia com sua lança. Ela é imobilizada por seu joelho, no chão, e se veste com uma túnica caindo de seu ombro expondo o seio direito. Uma de suas mãos segura o vestido na altura do ombro esquerdo para que não caia, enquanto a outra se levanta no inútil esforço de se proteger. A mão esquerda de Cláudio puxa seus cabelos compridos e desalinhados para indicar iconograficamente que se tratava de uma bárbara descontrolada.

Figura 93 (*à esquerda*): Cláudio vitorioso sobre a personificação feminina de Britânia, no Sebasteion em Afrodisia. Figura 94 (*à direita*): Nero vitorioso sobre a personificação de Armênia, no Sebasteion em Afrodisia.

No outro relevo, semelhante a este, o corpo do jovem Nero, musculoso e nu, está de pé junto à subjugada Armênia. Ele segura firmemente seu braço esquerdo para que não entre em completo colapso, embora conserve na outra mão a espada. Ela está nua, com exceção das botas de cano alto, símbolo iconográfico romano de todos os orientais, e da capa frígia. Seus cabelos, em estilo bárbaro, caem até a altura dos ombros. Cada um dos Césares mostra-se pronto para ferir e matar suas conquistas, mas, como nos mostra o contexto das duas galerias, as duas mulheres/povos não morrerão depois da derrota. Serão elevadas, por assim dizer, da galeria sul para fazer parte das outras personificações da galeria norte. Tornar-se-ão parte do império, concubinas do *pater familiae*, parte de seu harém imperial e membros de sua família global. Permanecerão aí como troféus, quietas e submissas sob o controle de César. Ao acrescentá-las às outras figuras da galeria, ele ascende a glórias ainda maiores. Os imperadores subiram ao poder dominando e conquistando outros povos. Expandiram e defenderam vigorosamente as novas fronteiras adquiridas pela guerra. As galerias em Afrodisia mostram a maneira como primeiramente humilharam as províncias femininas para depois integrá-las ao império. Eram, nas palavras já citadas de Amy Richlin, sobre Priapo, "masculinos, agressivos e dispostos a controlar limites". Os homens subiam de *status* ao exercer poder e ao subordinar outros, na cama ou no campo de batalha.

O evangelho de Jesus Cristo Senhor

O conteúdo do evangelho imperial que acabamos de examinar fazia sentido pelo menos para a elite masculina ao longo do Mediterrâneo. Reconhecia claramente que a

EM BUSCA DE PAULO

chegada de Augusto tinha salvado seu mundo das constantes destruições perpetradas pelas guerras civis romanas, bem como a final desintegração do controle imperial romano. Aceitava igualmente o sucesso alcançado pelo uso da força e da violência para o estabelecimento da paz e do controle do sexo por meio do patriarcalismo e das nações, pelo imperialismo. Essas coisas pareciam-lhes claras desde o *pater familias* até o *pater patriae*. Mas qual era exatamente o conteúdo do evangelho impertinentemente alternativo de Paulo? Epítetos e títulos, afirmações e proclamações são bastante semelhantes, naturalmente, ao uso imperial que precedeu a usurpação polemicamente deliberada de Paulo. Que diferença estrutural e sistemática havia, além do pessoal e individual, entre termos como Senhor ou Salvador, Divino ou Filho de Deus, evangelho ou boas-novas, quando aplicados a Augusto e, depois, a Jesus? Qual era exatamente o conteúdo do evangelho paulino?

Para iniciar a discussão, eis a seguir algumas frases paulinas sobre o evangelho da liberdade que estabelece não apenas o novo mundo mas também a nova criação. Paulo afirma que se trata de seu evangelho, nosso evangelho, o evangelho de Deus e de seu Filho, o evangelho de Cristo. No primeiro resumo-clímax, diz que é o evangelho da glória de Cristo, imagem de Deus. Além disso, continua Paulo, é chamado para a liberdade porque Cristo nos libertou, liberdade essa que temos nele, porque o Senhor é o Espírito e onde está o Espírito do Senhor, aí há liberdade. No segundo resumo-clímax, é a liberdade por meio da qual a própria criação supera a escravidão, a deterioração e obtém a liberdade da glória dos filhos de Deus. Paulo conclui que se trata de nova aliança com Deus e vida nova no Espírito. Finalmente, no terceiro resumo-clímax, é a nova criação. São as boas-novas da liberdade global para toda a criação. Mas, insistimos, qual é o *conteúdo* dessa liberdade e dessa nova criação, e não apenas a reivindicação do evangelho?

Sob as figuras de Augusto, Jesus, Paulo ou Nero, duas gigantescas construções se opõem entre si no primeiro século. Cada uma formou-se a partir de transmutações muito fortes e criativas de tradições anteriores, o paganismo e o judaísmo. A formação da tradição helênica modificada sob o desafio romano vai até, para muitos, a apoteose de César, quando passa da promessa para o começo da salvação, redenção e justificação do mundo. A outra, oriunda do judaísmo, transformou-se sob o desafio cristão até, também pelo menos para alguns, quando a ressurreição de Cristo não significava apenas promessa, mas o início da salvação, redenção e justificação do mundo. Mas, como sempre, o fim do mal e da injustiça, e até mesmo o começo do fim, estavam apenas no meio.

Pela defesa do evangelho

O livro de Lucas, Atos, conta a fascinante história de Paulo em Éfeso. O ourives Demétrio e seus companheiros causaram "um tumulto bastante grave a respeito do Caminho" (19,23). Tinham duas queixas: a primeira, comercial; a outra, religiosa. Por causa do antagonismo do "Caminho" ao paganismo, os que faziam imagens

DEUSAS, DEUSES E EVANGELHOS

sentiam-se ameaçados, porque Paulo ensinava "não serem deuses os que saem das mãos dos homens" (19,26). Argumentavam: "Isto não só pode lançar o descrédito sobre nossa profissão, mas ainda fazer reputar por nada o santuário da grande deusa Artêmis e, finalmente, despojar de sua majestade aquela que toda a Ásia e o mundo veneram" (19,27). O povo correu para o teatro, "arrastando os macedônios Gaio e Aristarco, companheiros de viagem de Paulo" (19,29), mas não o próprio Paulo, que "queria se apresentar diante da assembléia do povo, mas os discípulos o impediram; até alguns asiarcas, seus amigos, mandaram pedir-lhe, instantemente, que não se expusesse, indo ao teatro" (19,30-31). O escriba ordenou que a multidão procedesse legalmente, levando as queixas ao procônsul, evitando "o perigo de sermos acusados de sedição por causa do que se passou hoje" (19,38-40). O que nos chama a atenção nessa narrativa, não importando até que ponto se possa julgar sua historicidade particular ou geral, é que Paulo não se envolveu diretamente nela, não foi atacado nem aprisionado. Soubemos sobre a prisão de Paulo não por meio de Lucas, mas por ele mesmo.

Na cadeia proconsular

Mencionamos no capítulo 2, de passagem, que Paulo estava preso quando escreveu a Carta a Filemon. Na primeira metade dessa pequena carta, Paulo menciona quatro vezes o seu aprisionamento nos primeiros treze versículos, empregando duas palavras gregas diferentes, embora conectadas entre si: prisioneiro (*desmios*) e prisão (*desmos*). As primeiras palavras em grego são: "Paulo, prisioneiro (*desmios*) de Cristo Jesus", repetidas depois no versículo 9. As outras duas expressões são mais específicas. Lê-se no texto em português "na prisão (*desmois*)" nos versículos 10 e 13. Paulo dá ênfase ao fato de ser *prisioneiro* de Jesus Cristo *na prisão* por causa do evangelho. É importante esse genitivo (de). Deve ser levado a sério. Na mente de Paulo, como veremos, ele é prisioneiro *de* Cristo e se encontra na prisão *do* evangelho.

A carta de Paulo aos Filipenses também foi escrita da prisão. A tradução em português fala "nas minhas prisões" (*desmois* 1,7.13) duas vezes. Contesta-se tudo o que diz sobre tais aprisionamentos e a maioria das conclusões não chega a comprová-los nem a negá-los. O nosso trabalho baseia-se na seguinte hipótese: *As cartas a Filemon e aos Filipenses foram escritas na mesma prisão em Éfeso, e não de outras posteriores em Cesaréia ou Roma*. Deduz-se a primeira localização a partir de certas pistas dadas por Paulo. As outras duas, depois de dois anos, são confirmadas por narrativas em Atos (24,17; 28,30). Levando em consideração o panorama geral, qual seria precisamente a situação de Paulo?

Paulo não foi detido nas piores prisões romanas, subterrâneas, como o rei Perseu da Macedônia no ano 167 a.C., segundo *Biblioteca histórica*, de Diodoro de Sicília, escrita por volta do ano 30 a.C.:

Esta prisão é um calabouço subterrâneo, capaz de manter nove leitos, escura e barulhenta por causa dos presos, homens condenados por crimes capitais, uma vez que a maioria

249

EM BUSCA DE PAULO

deles pertencia na época a essa categoria. Todos os encerrados nesse compartimento apertado acabavam reduzidos à aparência física de brutos, e uma vez que sua alimentação e todas as coisas pertencentes às outras necessidades eram compartilhadas sem nenhuma higiene, o mau cheiro insuportável era sentido por todos os que porventura passassem por ali. (31.9.2.)

Paulo, porém, fora detido numa *custódia militar*, sob a guarda de um soldado. Nessa situação, tudo dependia da limitada ajuda de amigos, do que os guardas permitissem, e da maneira como a humanidade e o suborno prevalecessem sobre a desumanidade e a crueldade. Segundo a obra *Antiguidades judaicas*, de Josefo, por exemplo, o rei Herodes Agripa I fora aprisionado da mesma maneira em 37 d.C., por se ter alegrado em público e demasiadamente cedo pela morte do imperador Tibério. A prisão de Agripa é descrita da seguinte maneira:

[Antônia fez arranjos para que] os soldados que o vigiavam, bem como o centurião que os comandava, e que estariam algemados com ele tivessem caráter humanitário, permitissem seu banho diário, deixassem receber visitas de seus ajudantes e amigos, facilitando-lhe também outros confortos físicos. Seu amigo Silas e dois de seus ajudantes, Marysyas e Stoecheus, visitavam-no trazendo-lhe seus pratos favoritos e realizando qualquer outro serviço necessário. Trouxeram-lhe roupas, com a desculpa de que iriam vendê-las, mas, de noite, faziam a cama para ele com a conivência dos soldados. (18.203-204)

Embora essas amenidades fossem, certamente, bem recebidas, não mitigavam a possibilidade sempre presente de execução imediata. E a posição de Paulo era extremamente precária.

Escreve aos filipenses: "As minhas prisões se tornaram conhecidas em Cristo por todo o Pretório e por toda a parte" (1,13). "Pretório" não significava a guarda imperial pretoriana de Roma, mas a sede oficial de julgamento e lugar de punição de qualquer governador. No presente caso, portanto, Paulo era prisioneiro não de oficiais de baixo escalão numa pequena cidade sem importância, mas sim do representante provincial oficial do Senado e do Povo de Roma em Éfeso na Ásia.

"Pela vida ou pela morte"

Na Carta aos Filipenses, Paulo vacila entre a vida e a morte, bem como entre a libertação e a execução, embora a esperança sempre triunfe sobre o desespero. Observemos essa dialética nos seguintes versículos e a maneira como fala a seu respeito com absoluta confiança:

Porque sei que isso me redundará em salvação pelas vossas orações e pelo socorro do Espírito de Jesus Cristo. A minha expectativa e a esperança é de que em nada eu serei confundido, mas com toda a ousadia, agora como sempre, Cristo será engrandecido no meu corpo, pela vida ou pela morte. Pois para mim o viver é Cristo e o morrer é lucro. Mas, se o viver na carne me dá ocasião de trabalho frutífero, não sei bem o que escolher. Sinto-me num dilema: o meu desejo é partir e ir estar com Cristo, pois isso me é muito

DEUSAS, DEUSES E EVANGELHOS

melhor, mas o permanecer na carne é mais necessário por vossa causa. Convencido disso, sei que ficarei e continuarei com todos vós, para proveito vosso e para alegria de vossa fé, a fim de que, por mim — pela minha volta entre vós —, aumente a vossa glória em Cristo. (1,19-26)

Um pouco mais adiante volta-se à possibilidade de sua execução, mas, de novo, fala a respeito de sua iminente libertação:

> Mas, se o meu sangue for derramado em libação, em sacrifício e serviço de vossa fé, alegro-me e me regozijo com todos vós: e vós também alegrai-vos e regozijai-vos comigo. Espero, no Senhor Jesus, enviar-vos logo Timóteo, para que eu tenha também a alegria de receber notícias vossas... Espero, pois, enviá-lo, logo que puder ver como vão as coisas comigo. Tenho fé no Senhor de que eu mesmo possa ir até aí. (2,17-19.23-24)

Veremos mais adiante que o tom de confiança de Paulo tinha mais a intenção de consolar os filipenses que de tranqüilizar-se, e que o horror de seu aprisionamento era bem maior do que conseguimos entrever nas Cartas a Filemon ou aos Filipenses.

E mais. Paulo também admite a existência de divisões entre os cristãos de Éfeso, embora não as descreva, relacionadas, provavelmente, ao seu programa e à sua prisão:

> É verdade que alguns anunciam o Cristo por inveja ou porfia, e outros por boa vontade: estes por amor proclamam a Cristo, sabendo que fui posto para defesa do evangelho, e aqueles por rivalidade, não sinceramente, julgando com isso acrescentar sofrimento às minhas prisões. Mas que importa? De qualquer maneira — ou com segundas intenções ou sinceramente — Cristo é proclamado, e com isso eu me regozijo. (1,15-18)

É provável que alguns cristãos estivessem dispostos a fazer qualquer coisa para não chamar a atenção dos romanos ou gerar oposição em suas comunidades. Diziam, então, que o aprisionamento de Paulo corroborava suas posições. É surpreendente que, embora mencionando perseguições à comunidade de Filipos, Paulo nada diga a respeito dos mesmos acontecimentos em Éfeso. É possível que muitos cristãos dessa cidade não concordassem com o que Paulo teria feito para ser preso.

Epafras e Epafródito

Na Carta a Filemon, Paulo menciona Epafras, descrevendo-o como "meu companheiro de prisão em Cristo Jesus" (1,23). Na outra carta enviada da mesma prisão em Éfeso, Paulo menciona Epafródito, enviado para lhe dar assistência, pelos filipenses. Mas esses dois nomes referem-se à mesma pessoa, o primeiro de forma simplificada e o outro, completa. Igualmente, por exemplo, Lucas emprega o termo mais curto Silas várias vezes em Atos 15–18, quando Paulo em 1 Tessalonicenses 1,1 e em 2 Coríntios 1,19 usa a forma mais longa, Silvano. Por outro lado, Lucas fala de Priscila em Atos 18,2 e 18,26, para a mesma pessoa que Paulo chama de Prisca em 1 Coríntios 16,19 e em Romanos 16,3. Nesses casos o mesmo nome aparece em duas

251

EM BUSCA DE PAULO

versões. Perguntamos, então: admitindo que Epafras e Epafródito sejam a mesma pessoa, será que o Epafras da Carta a Filemon é o mesmo personagem Epafródito da Espístola aos Filipenses?

Mas, como veremos mais adiante, o Epafródito de Paulo é obviamente de Filipos, embora na pseudocarta de Paulo aos Colossenses o autor mencione um tal de Epafras, "nosso querido companheiro de serviço" e "conterrâneo". Ele é de Colossos (1,7; 4,12). Seria, certamente, demasiada coincidência a menção de duas pessoas com o mesmo nome representando papéis importantes no aprisionamento de Paulo em Éfeso. Além disso, essas mesmas pessoas também estão relacionadas com dois diferentes aprisionamentos paulinos. Tentemos, então, apesar de Colossenses, considerar Epafras e Epafródito variações do mesmo nome para uma só pessoa durante o tempo da prisão de Paulo em Éfeso. Que sabemos a respeito deles a partir das duas cartas enviadas da prisão que citam seus nomes?

Na Carta aos Filipenses, Paulo lhes agradece pela constante assistência recebida desde o começo de seu relacionamento. Menciona nesse contexto a ajuda financeira que recebera deles por intermédio de Epafródito:

> Já em Tessalônica mais uma vez vós me enviastes com que suprir às minhas necessidades. Não que eu busque presentes; o que busco é o fruto que se credite em vossa conta. Agora tenho tudo em abundância; tenho de sobra, depois de ter recebido de Epafródito o que veio de vós, perfume de suave odor, sacrifício aceito e agradável a Deus. O meu Deus proverá magnificamente todas as vossas necessidades, segundo a sua riqueza, em Cristo Jesus. (4,16-19)

Aparentemente, Epafródito não apenas trouxe auxílio financeiro de Filipos, mas também permaneceu com Paulo para lhe ajudar pessoalmente. Quando essa generosidade começou a ameaçar a sua vida, Paulo decidiu enviá-lo de volta:

> Entretanto, julguei necessário enviar-vos Epafródito, meu irmão e colaborador e companheiro de lutas e vosso mensageiro, para atender às minhas necessidades. Pois ele estava com saudades de todos vós e muito preocupado porque ficastes sabendo que ele esteve doente. De fato esteve doente, às portas da morte, mas Deus se apiedou dele, e não só dele, mas também de mim, para que eu não tivesse tristeza sobre tristeza. Por isso, apressei-me em enviá-lo: assim podeis revê-lo e com isso vos alegrareis, e eu mesmo fico menos triste. Recebei-o, pois, no Senhor com toda a alegria e tende em grande estima pessoas como ele, pois pela obra de Cristo ele quase morreu, arriscando a sua vida para atender por vós às minhas necessidades. (2,25-30)

Teria havido alguma relação entre a doença de Epafródito e o serviço que prestava a Paulo? Paulo chama Epafras, na Carta a Filemon, de "meu companheiro de prisão em Cristo Jesus" (1,23) e, na Carta aos Filipenses, de "meu irmão e colaborador e companheiro de lutas" (2,25). Quererá isso dizer que Epafras/Epafródito era como Paulo, um prisioneiro acorrentado? No contexto, isso não seria possível. Ele pode decidir se permanece lá ou se retorna para sua cidade. Parece, além disso, que Epafródito queria ficar, mas Paulo insistiu para que voltasse ("por isso, apressei-

252

me em enviá-lo" de volta). Há, contudo, outra possibilidade de interpretação que explicaria o título de "meu companheiro de prisão" e a saúde afetada. É possível que Epafras tivesse conseguido permissão para permanecer com Paulo, embora *em serviço e não em custódia*.

Luciano de Samósata, escritor satírico da metade do segundo século, descreve em seu ensaio *Da amizade* como Demétrio assistia a Antífilo na prisão:

> Pediu-lhe que não tivesse medo, e dividindo sua capa em duas, vestiu-se com uma parte e deu outra metade a Antífilo, depois de lhe desvestir das roupas rasgadas e fétidas que usava. Daí para a frente compartilhou sua vida em tudo, cuidando dele com carinho; trabalhando de manhã até o meio-dia como estivador no porto, ganhando bom dinheiro. Ao retornar de seu trabalho, dava parte de seu salário para o guarda, tornando-o tratável e pacífico. O que restava era suficiente para a manutenção de seu amigo. Passava as tardes com Antífilo, com afeição; de noite dormia junto à porta da prisão onde arranjara um colchão de folhas para si. (30-31)

Luciano também menciona serviços assistenciais como os oferecidos ao profeta cristão Peregrino, por seus companheiros cristãos, em *A morte de Peregrino*, mas neste caso com certo menosprezo:

> [Peregrino] recebia toda a forma de atenção, não esporádica mas assídua. Desde o amanhecer viúvas idosas e crianças órfãs podiam ser vistas esperando perto da prisão, enquanto seus oficiais ainda dormiam com ele depois de subornar os guardas. Traziam-lhe refeições elaboradas e livros sagrados de onde liam passagens em voz alta. O notável Peregrino — pois ainda conservava esse nome — era chamado por eles de "o novo Sócrates". (12)

Esse serviço naturalmente difícil e perigoso pode ter sido o que Paulo queria dizer ao chamar Epafras de "meu companheiro de prisão".

Vamos a esta pequena nota de rodapé. Ao escrever aos filipenses sobre Epafródito, Paulo nos dá preciosa informação biográfica quase de passagem. "Vós mesmos bem sabeis, filipenses, que no início da pregação do evangelho, quando parti da Macedônia, nenhuma igreja teve contato comigo em relação de dar e receber, senão vós somente" (4,15). Em outras palavras, havia outras igrejas paulinas antes de Macedônia, coisa que provavelmente indica a Galácia. Mas os gálatas não lhe mandavam assistência — seria por causa da distância ou da indiferença?

Sofrimentos de Paulo em Cristo

Em 1 Coríntios Paulo pergunta: "De que me teria adiantado lutar contra os animais em Éfeso?" (15,32). Com isso descreve metaforicamente os guardas aos quais havia sido acorrentado como prisioneiro. Se ele tivesse lutado literalmente com animais selvagens na arena, não teria vivido para contar. Inácio de Antioquia

EM BUSCA DE PAULO

entendia a pergunta de Paulo metaforicamente quando, no segundo século de nossa era, usou-a deliberadamente como eco e imitação calculada de Paulo. Ele fora condenado aos leões (literalmente) e enviado agrilhoado para o martírio em Roma. Na sua *Carta aos romanos* escreve: "Da Síria a Roma tenho lutado com bestas selvagens, na terra e no mar, de noite e de dia, preso a dez "leopardos" — isto é, a um pelotão de soldados — que cada vez mais me maltratam". A passagem de Paulo que menciona os "animais em Éfeso", de 1 Coríntios 15,32, é branda em comparação com as ênfases sobre o sofrimento em 2 Coríntios.

Sofrimento e misticismo

Já no começo da Segunda Carta aos Coríntios Paulo põe dois temas em contraponto, *aflição/sofrimento* e *consolo*, repetindo-os inúmeras vezes como a batida de um tambor: o primeiro tema, sete vezes, e o outro dez, em apenas cinco versículos (2Cor 1,3-7). São como refrãos mântricos que servem de prólogo à seção seguinte dessa mesma carta:

> Não queremos, irmãos, que o ignoreis: a tribulação que padecemos na Ásia acabrunhou-nos ao extremo, além das nossas forças, a ponto de perdermos a esperança de sobreviver. Sim; recebêramos em nós mesmos a nossa sentença de morte para que a nossa confiança já não se pudesse fundar em nós mesmos, mas em Deus, que ressuscita os mortos. Foi ele que nos libertou de tal morte e dela nos libertará; nele colocamos a esperança de que ainda nos libertará da morte. Vós colaborareis para tanto mediante a vossa prece; assim, a graça que obteremos pela intercessão de muitas pessoas suscitará a ação de graças de muitos em nosso favor. (1,8-11)

Como todos os dados biográficos nas cartas de Paulo, essa informação foi incluída somente por causa da situação imediata em Corinto. Quanto mais os coríntios se vangloriavam de suas realizações, tanto mais Paulo se humilhava em seus sofrimentos, porque eles exaltam o poder de Deus e lhe permitem participar aqui e agora na morte de Cristo. Mais adiante, na mesma carta, diz:

> Somos atribulados por todos os lados, mas não esmagados; postos em extrema dificuldade, mas não vencidos pelos impasses; perseguidos, mas não abandonados; prostrados por terra, mas não aniquilados. Incessantemente e por toda parte trazemos em nosso corpo a agonia de Jesus a fim de que a vida de Jesus seja também manifestada em nosso corpo. Com efeito, nós, embora vivamos, somos sempre entregues à morte por causa de Jesus, a fim de que também a vida de Jesus seja manifestada em nossa carne mortal. Assim [sarcasticamente], a morte trabalha em nós; a vida, porém, em vós. (4,8-12)

Tanto a morte como a vida de Cristo estão constante e dialeticamente manifestadas aqui e agora no próprio corpo mortal de Paulo.

Paulo emprega a frase *"em* Cristo" ou *"em* Cristo Jesus" ou ainda *"em* Cristo Jesus nosso Senhor" com tanta freqüência que dificilmente conseguimos contá-la. Mesmo se perdemos a conta, devemos levar essa frase a sério, porque ele usa a palavra *em*

DEUSAS, DEUSES E EVANGELHOS

mais organicamente do que podemos imaginar. Para Paulo, estar *"em* Cristo" não é mera metáfora, mas identidade mística. Determina toda a sua teologia, de tal maneira que, para ele, os que estão *"em* Cristo" não precisam de normas éticas, regras legais nem instruções comunitárias. Esses conhecem tudo isso interna, intrínseca e organicamente (da mesma forma como o atleta reage correta e adequadamente, mas também de maneira espontânea e imediata). Quando responde às questões éticas levantadas pelos coríntios, por exemplo, nunca se refere a instruções que lhes tivesse dado anteriormente. Esse *em* é a batida do coração da teologia de Paulo; as outras coisas decorrem dela na vida e na morte. O caráter de Cristo foi totalmente assumido por Paulo e seu caráter pessoal foi totalmente subsumido por Cristo.

Depois de duas expedições à geografia paulina, há quase um século, Gustav Adolf Deissmann ressaltou esse mesmo traço em *Paul: A Study in Social and Religious History* [Paulo: estudo de história social e religiosa]:

> Quem apagar o elemento místico em Paulo, esse homem da antiguidade, peca contra a palavra dele: "Não extingais o Espírito" (1Ts 5,19)... Essa primitiva e vigilante palavra paulina "em Cristo" tem significado vivo e místico como a expressão correspondente, "Cristo em mim". A fórmula "em Cristo" (ou "no Senhor") ocorre 164 vezes nos escritos de Paulo; é, na verdade, a expressão característica de seu cristianismo... O elemento constituinte do misticismo é o contato imediato com a divindade. (80, 140, 147)

Relembremos as duas frases a respeito de "minhas prisões" no começo da Carta aos Filipenses (1,7.13). O texto grego como a tradução em português usam a expressão "as minhas prisões... em Cristo". Paulo, em outras palavras, experimenta a imersão de seu próprio sofrimento em Roma e em Éfeso *nos* sofrimentos de Jesus sob o poder romano em Jerusalém.

Os *místicos* são os que experimentam a união com o próprio sagrado. O caráter do sagrado determina se a experiência é boa ou má. Pensemos nos místicos judeus que viviam plenamente no estado para o qual Deus chamava a todos em Levítico 19,2: "Sede santos, porque eu, Iahweh vosso Deus, sou santo". Viviam completamente nesse estado para o qual Deus convidava todos em Deuteronômio 6,5: "Amarás a Iahweh teu Deus com todo o teu coração, com toda a tua alma e com toda a tua força". Também com todo o intelecto, toda a vontade, toda a vida e toda a morte.

São *extáticos* os que experimentam estados alterados, da meditação à medicação. Não se trata apenas de teologia da fé, mas também da química do cérebro. Pensemos no transe como suspensão temporária dos processos normais de separação da mente, bem como das distinções usuais entre o eu e o outro, temporária mas repetida, passageira mas profunda. Naturalmente, não existe nada mais poderoso do que a teologia corroborada pela química. As pessoas que falam em línguas, por exemplo, sempre o fazem em estado de transe. Paulo confessa em 1 Coríntios: "Dou graças a Deus por falar em línguas mais do que todos vós" (14,18). E por falar nisso, lembremos que diversos estudiosos vêem no pensamento paulino paralelos com o estoicismo ou com outros sistemas filosóficos antigos, pelo menos no que concerne

EM BUSCA DE PAULO

à fala extática. Paulo poderia ser mais bem-visto como os devotos de Dionísio ou Cibele, que, na perspectiva romana, descontrolavam-se, pareciam histéricos ou até mesmo loucos.

Misticismo e êxtase não são sinônimos. Pode-se ser uma coisa ou outra, ou até ambas. Até onde sabemos, Paulo era ao mesmo tempo místico e extático. Não importando a explicação que dermos a esses termos, são absolutamente fundamentais para a compreensão de Paulo. Lucas concorda com as experiências extáticas de Paulo. Estes dois exemplos provavelmente se referem ao mesmo evento:

> É preciso gloriar-se? Por certo, não convém. Todavia mencionarei as visões e revelações do Senhor. Conheço um homem em Cristo que, há quatorze anos, foi arrebatado ao terceiro céu — se em corpo, não sei; se fora do corpo, não sei; Deus o sabe! E sei que esse homem — se no corpo ou fora do corpo não sei; Deus o sabe! — foi arrebatado até o paraíso e ouviu palavras inefáveis, que não é lícito ao homem repetir. No tocante a esse homem, eu me gloriarei; mas no tocante a mim, só me gloriarei das minhas fraquezas. (2Cor 12,1-5)

> De volta a Jerusalém, um dia em que eu rezava no Templo, caí em êxtase. Eu vi o Senhor a dizer-me: "Apressa-te, sai de Jerusalém, porque não acolheram o teu testemunho a meu respeito... Vai ao longe, aos gentios é que eu quero te enviar". (At 22,17-21)

Quando Paulo escreve aos gálatas "Eu vivo, mas já não sou eu que vivo, pois é Cristo que vive em mim" (2,20), devemos ouvir essa afirmação da maneira mais literal possível, porque Paulo, místico extático, *experimenta* seu relacionamento com Cristo como identificação quase indistinta. No seu mundo onde a identidade era moldada pelo relacionamento com Roma, estando, por assim dizer, "em Roma", a insistência nessa autodefinição "em Cristo", de maneira exclusiva, podia ser considerada subversiva e até mesmo sinal de traição.

Misticismo e ressurreição

Pensaria Paulo, então, que somente os místicos poderiam ser cristãos ou que todos os cristãos deveriam ser místicos? De certa maneira, sim. A razão é que haviam aceitado o dom da vida no contexto da ressurreição como nova era. Os cristãos já estavam vivendo em/por/com o Espírito de Cristo no Corpo de Cristo.

O ESPÍRITO DE CRISTO. Nas cartas, Paulo menciona diversas vezes "o Espírito" ou "o Espírito Santo". Identifica-o, num único capítulo em Romanos, com "Espírito da vida em Cristo Jesus" (8,2) e "Espírito de Deus" (8,14). Mas também diz a seus leitores: "Vós não estais na carne, mas no espírito, se é verdade que o Espírito de Deus habita em vós, pois quem não tem o Espírito de Cristo não pertence a ele" (8,9).

Essas frases realçam, em primeiro lugar, a equação entre "o Espírito de Deus" e "o Espírito de Cristo". Para Paulo, exatamente, só há um Espírito, o Espírito Santo de Deus em Cristo. Embora mencione, por exemplo, em Gálatas, o Espírito do Filho

256

DEUSAS, DEUSES E EVANGELHOS

de Deus (4,6) e em Filipenses, o "Espírito de Jesus Cristo" (1,19), em geral usa a expressão (santo) Espírito (de Deus). Em segundo lugar, Romanos 8,9 dá ênfase à reciprocidade: "O Espírito de Deus habita em vós" significa que "o Espírito vos possui". Trata-se absolutamente de um processo de duas mãos, embora, naturalmente, baseie-se na *charis*, graça, dom gratuito de Deus.

O Espírito (ou espírito), em si, é claramente a força invisível capaz de reunir qualquer grupo ao redor de memórias, propósitos atuais ou projetos futuros. É o poder para transformar coletividades em comunidades ou alianças permanente ou temporariamente. Manifesta-se no que a comunidade pensa, diz e faz: planos, decisões e aceitações; crenças, esperanças e amores. A partir daí tudo depende do *conteúdo* do Espírito. Quando falamos de Espírito Santo, somos determinados pela *natureza* dessa santidade. Finalmente, quando invocamos o Espírito de Deus, o que importa é o *caráter* desse Deus.

Podemos insistir, com Paulo, que o Espírito de Deus é *charis*, graça, dom livre como, por exemplo, o ar ou a gravidade. Segundo essas analogias, o Espírito de Deus não pode ser criado por nossa iniciativa nem merecido por nossas virtudes. Por outro lado, mostra-se sempre disponível para todos e exige apenas que o aceitemos livremente e com ele cooperemos plenamente. Mas, mesmo assim, precisamos perguntar: qual é o *caráter* desse Deus que nos toma e vem a nós livremente?

CORPO DE CRISTO. O conceito de corpo é metáfora óbvia e simples usada para designar qualquer assembléia cujos membros se reúnem em comunidade. Qualquer governante antigo, por exemplo, tinha tanto um corpo pessoal como outro político. Paulo compara, extensamente em 1 Coríntios 12,4-31 e mais resumidamente em Romanos 12,4-8, os inúmeros talentos e dons nas comunidades cristãs com os órgãos do corpo humano e suas diferentes funções. O corpo não pode ser apenas cabeça, mão ou pé, mas vários membros para funcionar bem. O mesmo acontece com a assembléia cristã: "Há diversidade de dons, mas o Espírito é o mesmo; diversidade de ministérios, mas o Senhor é o mesmo; diversos modos de ação, mas é o mesmo Deus que realiza tudo em todos" (1Cor 12,4-6). Até aqui, tudo bem. Mas embora essa metáfora seja terapeuticamente necessária para a liderança das comunidades, era padrão no pensamento antigo.

Entretanto, percebe-se que Paulo queria dar significados mais profundos para as assembléias cristãs ao chamá-las de "corpo de Cristo". Observemos a ambigüidade destas três sentenças: "O corpo é um e, não obstante, tem muitos membros, mas todos os membros do corpo, apesar de serem muitos, formam um só corpo. Assim também acontece com Cristo" (1Cor 12,12); "Vós sois o corpo de Cristo e sois os seus membros" (1Cor 12,27); e "de modo análogo, nós somos muitos e formamos um só corpo em Cristo, sendo membros dos outros" (Rm 12,5). O uso metafórico de Paulo, nessas passagens e em outras sobre a assembléia como corpo dos cristãos, cede lugar ao que se tem chamado de *corpo místico* de Cristo (por sinal, termo nunca empregado por Paulo). A linguagem comum fala de *espírito místico* ou *corpo físico*, enquanto o termo *corpo místico* quer expressar a união mística entre a assembléia

EM BUSCA DE PAULO

cristã e o Cristo — *mas no corpo*. Diferindo de Espírito de Cristo, o Corpo de Cristo dá ênfase ao corpo crucificado e glorificado presente na história, na eucaristia e na comunidade.

Temos, então, um só Espírito de Deus e um só Corpo de Cristo. Estamos neles e eles em nós. "Pois fomos todos batizados num só Espírito para ser um só corpo, judeus e gregos, escravos e livres, e todos bebemos de um só espírito!" (1Cor 12,13); e "pois todos vós, que fostes batizados em Cristo vos vestistes de Cristo" (Gl 3,27). Essas e muitas outras metáforas e afirmações paulinas dão ênfase à unidade orgânica na qual os cristãos são fortalecidos intrinsecamente e capacitados internamente pelo Espírito de Deus no Corpo de Cristo.

Essa união orgânica entre Cristo e os cristãos é confirmada por Paulo na Carta aos Coríntios. Paulo precisava responder à questão sobre imoralidade sexual (*porneia*). A pergunta bem poderia ter sido provocada pela prática da prostituição sagrada associada ao Templo de Afrodite no topo da Acrocorinto. De qualquer forma, eis a reação de Paulo:

> Não sabeis que os vossos corpos são membros de Cristo? Tomarei então os membros de Cristo para fazê-los membros de uma prostituta (*pornēs*)? Por certo, não! Não sabeis que aquele que se une a uma prostituta (*pornē*) constitui com ela um só corpo? Pois está dito: "Serão dois em uma só carne". Ao contrário, aquele que se une ao Senhor, constitui com ele um só Espírito. (1Cor 6,15-17; a maiúscula para "Espírito" foi acrescentada pelo autor deste livro)

Antes desses versículos, Paulo fez uma lista de pecadores que "não herdarão o Reino de Deus", encabeçando-a com os "impudicos" (*pornoi*) (1Cor 6,9-10). E depois, aconselha os seus leitores:

> Fugi da fornicação. Todo outro pecado que o homem cometa é exterior ao seu corpo; aquele, porém, que se entrega à fornicação peca contra o próprio corpo! Ou não sabeis que o vosso corpo é templo do Espírito Santo, que está em vós e que recebestes de Deus? E que, portanto, não pertenceis a vós mesmos? Alguém pagou alto preço pelo vosso resgate; glorificai, portanto, a Deus em vosso corpo. (1Cor 6,18-20)

Surpreende-nos, naturalmente, a fisicalidade chocante do argumento a respeito dos "membros de Cristo". Os cristãos não estão unidos no Espírito de Cristo; unem-se no Corpo de Cristo. Essa união corporal não tem implicações negativas apenas para a prostituição; tem implicações positivas para o resto da vida física dos cristãos. Teve também profundas implicações para Paulo nas prisões de Roma e de Éfeso, não apenas *por* Cristo, mas também *em* Cristo.

Paulo é místico. Pensa, escreve, ensina e vive misticamente. Espera que os demais cristãos façam o mesmo. Todos vivem juntos no âmbito da compreensão cristã da ressurreição geral dos corpos vivendo numa nova era e não apenas num só momento, como processo e não instante. Os místicos, contudo, vivem no alto da montanha e descem daí, e não o contrário. É o que lhes dá tremenda força, convicção

258

e certeza e lhes permite ser retoricamente magníficos uma vez que, naturalmente, se mantenham unidos, como Paulo, à santidade transcendentalmente magnífica. Algumas vezes, porém, os místicos tornam-se impacientes com o pequeno progresso dos não-místicos, no sopé das colinas, indiferentes ao ensino técnico sobre a maneira de subir, e vagarosos para se proteger dos perigos das quedas. Nem todos os problemas existentes nas comunidades paulinas vinham de seus opositores ou inimigos. Alguns deles surgiram porque seu mentor era místico.

Vejamos esta nota de rodapé. Ficamos imaginando se os convertidos por Paulo teriam sido diferentes se tivessem recebido antes do batismo uma cópia da *Didache*, manual de treinamento escrito pela comunidade cristã judaica para os novos pagãos convertidos, provavelmente na Síria na época em que Paulo escrevia as cartas. Teriam aprendido com clareza e de maneira explícita o que se esperava deles na nova fé, bem como as coisas que deveriam ser evitadas. Nesse caso, certamente, tais expectativas teriam sido internalizadas com mais profundidade do que era legislado externamente. Claro! O mesmo acontece com todos os programas de treinamento, do atletismo à guerra, do ministério à santidade. Mas o fato de que, para obter êxito, qualquer treinamento precisa, a seu tempo, tornar-se instintivo, segunda natureza, e fácil, não pode negar a necessidade inevitável de sua presença desde o começo.

Normalidade da divindade imperial

O mandato divino do Império Romano de supremacia cósmica e de destino profético à ascendência global aparece em textos escritos, imagens gravadas e estruturas urbanas. As taças Boscoreales são mais um exemplo de narrativa por meio de imagens. Elas retratam a normalidade do governo imperial romano como encarnação aqui na terra da normalidade do domínio divino do céu (Figuras 95-99).

Figura 95: Uma das taças de Boscoreale, com cena sacrificial.

Figura 96: Primeiro painel das taças de Boscoreale, com a figura de Augusto sentado recebendo a deusa Vênus e o Deus da guerra, Marte, conduzindo nações bárbaras personificadas.

Figura 97: Segundo painel das taças de Boscoreale, com Augusto sentado, cercado por sua corte, oferecendo clemência.

Já vimos as imagens seqüenciais da Piedade, da Guerra, da Vitória e da Paz na obra *Ara Pacis Augustae*, em Roma. Mas aí qualquer divindade imperial demasiadamente manifesta era cuidadosamente calada, quando não completamente evitada. Mas não necessariamente nos próximos exemplos. Temos aqui "a forma de Deus" como piedade, guerra, vitória e paz. Em outras palavras, era o que se esperava da normalidade da civilização daqueles que defendiam "a forma de Deus". Nada de despotismo, naturalmente, mas também nada de *kenōsis*.

A conjunção da divindade com a vitória, passando de Augusto para Tibério, é artisticamente ilustrada em duas taças de prata encontradas numa bela mansão entre os vinhedos de Boscoreale ao sudeste do monte Vesúvio. De certa forma, já gastas desde a antiguidade, foram enterradas numa cisterna durante a erupção do ano 79 d.C., escavada em 1895 entre preciosos objetos de ouro e prata, roubados,

Figura 98: Terceiro painel das taças de Boscoreale, com Tibério vestido com a armadura diante do Templo Capitolino de Júpiter, sacrificando um touro.

Figura 99: Quarto painel das taças de Boscoreale, com Tibério desfilando triunfalmente em seu carro.

contrabandeados para outros países, e, finalmente, comprados pelo Louvre pelo Barão Edouard Rothschild. Inicialmente, ele conservou as taças consigo e as reproduziu (pelos meios disponíveis na época) com a coleção completa em 1899. Graças a essa iniciativa, os estudiosos puderam ter acesso aos dados de 1899, pois quando foram doadas ao Louvre em 1991 estavam malconservadas.

São duas taças que formam curiosa unidade visual e criam extraordinária fusão de teologia e história numa seqüência de imagens que se movimentam. As cenas em alto-relevo estão circundadas por uma espécie de concha de prata forjada em estilo *repoussé*, facilmente expostas a acidentes ou mesmo a atos deliberados de vandalismo. Cada taça ostenta dois painéis divididos pelas alças. É também importante saber o que Ann Kuttner descreve em seu extraordinário livro *Dinasty and Empire in the Age of Augustus: The Case of the Boscoreale Cups* [Dinastia e império na época de Augusto: o caso das taças de Boscoreale]. Escreve Ann que

EM BUSCA DE PAULO

as taças foram fabricadas na época de Augusto antes da ascensão de Tibério em 14 d.C., até mesmo antes de seu exílio em 6 a.C., copiando uma série de relevos monumentais comissionados pelo imperador ou para ele e seus herdeiros na cidade de Roma. Esses relevos (que podem ter ligação com a *Ara Pacis*) foram moldados durante o triunfo de Tibério alcançado no ano 8 a.C. e celebrado no ano seguinte, associando com a *gloria* de Tibério projetos depois completados por seu irmão Druso pouco antes de sua morte em 9 a.C., quando os dois irmãos agiam sob os auspícios do imperador Augusto com a finalidade de aumentar a sua glória. (5)

Era como se a *Ara Pacis Augustae* tivesse sido totalmente perdida e completamente desconhecida a não ser nas imagens desse par de taças de prata, uma de Augusto e outra de Tibério.

Num dos painéis da primeira taça, Augusto aparece sentado no centro vestido de toga civil, sem o uniforme militar, separado espacialmente das figuras em ambos os lados (Figura 96). Da esquerda vem a deusa Roma e o Gênio ou Espírito do povo romano; abaixo, o jovem Amor, filho de Marte e Vênus e, finalmente, a deusa Vênus, inserindo no globo da autoridade cósmica de Augusto, que ele segura na sua mão direita estendida, pequena imagem alada da deusa Vitória. Augusto agarra um rolo com a mão esquerda. Da direita, o deus da guerra, Marte, lidera personificações de nações conquistadas procedentes (de boa vontade!) do leste para o oeste. Observemos que apenas Augusto está sentado; as outras divindades aproximam-se dele, caminhando.

O outro painel dessa taça mostra igualmente a figura de Augusto sentado ao centro, vestindo a toga, mas agora cercado de inúmeros oficiais militares (Figura 97). À esquerda, o irmão mais velho de Tibério, Druso, vestindo a armadura, lidera um grupo de bárbaros que oferecem seus filhos (de boa vontade!) a Augusto. Ao redor de Augusto alguns oficiais carregam símbolos de autoridade; do lado direito aparecem dois guardas imperiais de pé. Neste painel como no outro, Augusto estende a mão direita: no primeiro, para receber vitória; no segundo, para oferecer clemência. Se o primeiro painel é teologia narrativa, o segundo é história narrativa. A unidade é criada pela imagem dupla, gêmea, diferente do cenário contínuo e da imagem singular, na taça de Tibério.

Num dos painéis da taça de Tibério ele mostra-se vestido com couraça ao lado de um altar central de três pernas (Figura 98). À esquerda, aproximam-se do altar criados e oficiais. Do lado direito, quatro servos preparam o enorme touro para o sacrifício diante do Templo Capitolino de Júpiter. Piedade antes da vitória.

O outro painel da taça de Tibério divide-se em duas cenas. À direita, o touro está sendo levado em procissão ritual para o outro lado. À esquerda, vê-se a seqüência do grande final quando Tibério vai de pé, no carro triunfal puxado por quatro cavalos (Figura 99). Como são duas as taças, a mensagem é clara. A divindade de Augusto (ver Figura 96) flutua sobre seu sucesso militar (ver Figura 97) e, por meio da piedade de Tibério (ver Figura 98), à sua vitória (ver Figura 99). Para Tibério, tudo isso é alcançado, naturalmente, sob os auspícios de seu divino padrasto, e para ele. A piedade leva à vitória e a vitória, à paz, mas sempre sob o sereno controle do divino Augusto.

Duas notas de rodapé. Em primeiro lugar, posto que somente baixa porcentagem de habitantes do Império Romano sabiam ler e nunca teriam ouvido falar a respeito de Virgílio, Horácio ou Ovídio, as imagens eram os meios mais importantes de comunicação para a maioria do povo, desde pequenas moedas até os grandes painéis do fórum. Em segundo lugar, perguntamos de que maneira os ouvintes e espectadores entendiam tais imagens? Consideravam-nas ficção ou fato? Apreciavam-nas literalmente ou metaforicamente ou ainda como se fossem relatos históricos ou meros símbolos? Os antigos entendiam essas distinções abstratas da mesma maneira como nós. Mas, como hoje a publicidade e a propaganda, aquelas imagens chegavam ao povo sob o escopo do radar dessas distinções. Como vemos hoje um comercial de TV que põe no carro que quer vender algum atleta conhecido? Recebemos essa mensagem literalmente ou metaforicamente? Quando aplicamos essa distinção ao comercial, ele se dissolve no vazio. Ele não é nem literal nem metafórico: é comercial. Veja a imagem, entenda a mensagem e compre o produto. A teologia imperial romana funcionava muito bem como propaganda daquilo em que o povo queria acreditar. Haveria, de alguma forma, alternativas? Sim, havia na pregação extraordinária de Paulo que vamos examinar a seguir.

O desafio da divindade quenótica

A palavra grega *kenos* significa "vazio" e o verbo *kenoō*, "esvaziar". Poderíamos usar em português a forma adjetiva *quenótico*, estranha tanto no som como no conceito, pelo menos no contexto do governo imperial ou do controle divino. É difícil imaginar algo menos humano ou divinamente normal em qualquer lugar ou tempo, passado, presente e, presumivelmente, futuro. Como os textos e imagens precedentes deixaram claro, a "forma de Deus" presente em Augusto ou em qualquer imperador divino manifestava-se exatamente como se esperava. A divindade revelava-se na seqüência de Piedade, Guerra, Vitória e Paz. Tratava-se simplesmente da divindade imperial normal. Mas agora a comparação não é entre um governo despótico e outro quenótico, mas entre a normalidade divina e a *kenosis* divina. Que "forma de Deus" é essa, na terra ou no céu, que se esvazia ao ponto de se transformar no seu oposto, isto é, a "forma de servo"?

O conhecido hino a Cristo em Filipenses 2,6-11 é freqüentemente considerado não paulino, adotado e adaptado por Paulo para inculcar humildade nos filipenses. Mas parece, contudo, muito mais explosivo teologicamente do que simples e ordinária exortação, podendo muito bem ter sido autêntica criação de Paulo no contexto do profundo horror que sentia às vésperas de ser executado na prisão de Éfeso, integrando esse sentimento orgânica e misticamente à execução na cruz do próprio Cristo.

EM BUSCA DE PAULO

É Deus, diz aos filipenses, que concedeu "a graça não só de crerdes nele, mas também de por ele sofrerdes, empenhados no mesmo combate em que me vistes empenhado e em que, como sabeis, me empenho ainda agora" (1,29-30). Paulo conclui afirmando a profunda unidade interna entre o *status* de Cristo, de Paulo, e dos cristãos filipenses. Todos devem ter a "mesma mente":

> Cristo Jesus... tinha a condição divina, e não considerou o ser igual a Deus como algo a que se apegar ciosamente. Mas esvaziou-se a si mesmo, e assumiu a condição de servo, tomando a semelhança humana. E achado em figura de homem, humilhou-se e foi obediente até a morte, e morte de cruz.

> Por isso Deus o sobreexaltou grandemente e o agraciou com o Nome que é sobre todo o nome, de modo que, ao nome de Jesus, se dobre todo o joelho dos seres celestes, dos terrestres e dos que vivem sob a terra, e, para glória de Deus, Pai, toda língua confesse: Jesus é o Senhor.

É importante não perder de vista o extraordinário desafio duplo desse hino, observando que o segundo, ou interno, é até mesmo mais misterioso do que o primeiro, ou externo.

O primeiro e mais óbvio desafio é à teologia imperial romana, considerada norma da civilização nesse tempo e lugar. O hino subverte e até mesmo satiriza o fato de milhões de romanos aceitarem que alguém devesse atuar com "a forma de Deus". É provável que muitos cristãos também ajam dessa maneira ainda hoje. Esse primeiro desafio dificilmente seria ignorado pelos que se davam conta de como se celebrava a "forma de Deus" desde Augusto até Nero, principalmente sabendo que vinha de um prisioneiro acorrentado a um pretor proconsular. Ponderemos, uma vez mais, levando em consideração textos e imagens, o que Augusto estabelecera como o modo próprio e normal de aceitar a "forma de Deus "e de proclamá-la.

O segundo desafio, menos óbvio e mais interno, não se dirige apenas aos cristãos em relação ao caráter quenótico de suas vidas, ou esvaziado, das distinções comuns de raça, classe e gênero. Suas vidas devem se esvaziar dessas distinções, a não ser, como se lê no capítulo 6, as que mantêm o primado dos que se dedicam a melhor servir e a amar na comunidade. Mas há, todavia, um desafio ainda mais radical relacionado com Cristo Senhor e com Deus Pai. Vamos articular esse desafio na forma de três questões.

Em primeiro lugar, teria sido o movimento descendente de Cristo do céu para a terra e para a cruz mero teste feito ao acaso, julgamento acidental, e ritual de humilhação deliberadamente grave? Poderia ter sido qualquer outra coisa desde que fosse ato de obediência divina? Por exemplo, tudo continuaria sendo igual se Jesus tivesse se tornado leproso, sofrendo durante muito tempo humilhação e rejeição para morrer, afinal, em agonia? Pensamos que Paulo insistia que a cruz não fora mero sofrimento humilhante, lento e terrível, mas também execução romana pública,

264

oficial, legal e formal. Mostrava-se aí, sem dúvida alguma, o choque entre deuses e evangelhos, entre a justiça judaica da aliança e a normalidade imperial romana.

Em segundo lugar, considerando que essa fosse a resposta de Paulo, teria a *kenosis* implicações para o processo subseqüente de exaltação? Teria sido apenas o caso da aceitação da crucifixão para chegar à exaltação, ou aquela crucifixão quenótica estabelecia um modo completamente diferente de exaltação? Será que essa *kenosis* descendente não mudava para sempre a exaltação ascendente no seu tipo, modo e prática? Em outras palavras, será o senhorio de Cristo, agora no céu cristão, irrevogavelmente diferente do senhorio de César, agora no céu romano? Não sabemos com certeza qual seria a resposta de Paulo a esta segunda pergunta, mas tudo indica que a *kenosis* de Cristo, não sendo mero teste de obediência, marcava para sempre o modo de qualquer subseqüente exaltação. Jesus Cristo no céu cristão não é de maneira alguma Júlio César no céu romano com a única diferença de nome.

Em terceiro lugar, será que o paradoxo da exaltação quenótica reflete não apenas o Reino de Deus na terra mas também o caráter de Deus no céu? A *kenosis* não se referirá não apenas a Cristo mas também a Deus? Não sabemos tampouco de que maneira Paulo responderia a esta questão, mas sugerimos dois indicadores. O primeiro é que o movimento ascendente da humanidade para a divindade, como era o caso do imperador divino, fala-nos mais a respeito da humanidade do que da divindade. O movimento duplo, porém, descendente e depois ascendente, descreve mais a divindade do que a humanidade. A "forma de Deus" deixada de lado por Jesus dificilmente seria diferente da própria forma de Deus. Será, então, a *kenosis* não exercício passageiro de suprema obediência mas revelação permanente da natureza de Deus? Paulo, afinal, sempre insistiu que Cristo era "a imagem de Deus" (2Cor 4,4). Revelará, então, o Filho quenótico um Pai quenótico, a imagem quenótica de Cristo, um Deus quenótico?

Começamos este capítulo com duas visões do evangelho, examinando dois painéis tectônicos, um contra o outro, sob a superfície da história. O evangelho de Paulo acentuava a igualdade de todos "em Cristo", esvaziando os fundamentos de raça, religião, classe e gênero. Podemos vislumbrar agora a base mais profunda desse evangelho. Essa *kenosis* na comunidade cristã estabelecia-se por meio da união mística com o Cristo quenótico. Mas como, para os cristãos, Cristo é *a* revelação de Deus, conseqüentemente o Cristo quenótico vem a ser a suprema revelação do Deus quenótico. Mas que significa, na terra — ou no céu —, um Deus quenótico? Talvez isto: um Deus cuja presença graciosa na qualidade de dádiva gratuita (a *charis* de Paulo) é o coração pulsante do universo sem necessidade alguma de ameaça, intervenção, punição ou controle. Um Deus cuja presença seria justiça e vida, mas cuja ausência redundaria em injustiça e morte?

CAPÍTULO 6

QUE E QUEM CONTROLA O BANQUETE?

A casa romana não era nenhuma ilha isolada, protegida por fossos em volta contra a vida pública do mundo lá fora. Era porosa, constantemente penetrada pelo mundo exterior; alcançou poder, *status* e lucro precisamente por causa de sua capacidade de controlar e explorar essa situação.

Andrew Wallace-Hadrill. *Houses and Society in Pompeii and Herclaneum* [Casas e sociedades em Pompéia e Herculano] (1997).

A confissão cristã e o desenho das casas greco-romanas não tinham afinidade.

Carolyn Osiek e David L. Balch. *Families in the New Testament World: Households and House Churches* [Famílias no mundo do Novo Testamento: lares e casas-igreja] (1997).

A sociedade [no Império Romano] baseava-se em patrocínios, não em estratificação de classes... Assim, parecia-se com uma aglomeração de pequenas pirâmides de influência, cada qual dirigida por uma família — ou por uma grande pirâmide chefiada por algum aristocrata — longe da estrutura que conhecemos na sociedade industrial de três andares (como num sanduíche) formados pelas classes alta, média e baixa... O cliente de um poderoso controlador tornava-se também poderoso e, por sua vez, atraía clientes para si. Mesmo os parasitas marginais conseguiam atrair clientes em estado pior do que o seu... Tudo muito diferente da nossa estrutura de classes... O esquema dos patrocínios impedia relações políticas independentes com os patrocinados. Também dificultava a emergência de consciência de classe. Por causa disso quase não havia atividade política organizada principalmente entre as massas menos privilegiadas... Não se davam conta de seus interesses de classe, divididas entre fidelidade aos patrocinadores e diferenças étnicas, religiosas e de *status*. Havia

EM BUSCA DE PAULO

inúmeros candidatos a cargos de chefia. Mas não surgiam revolucionários com programas alternativos para reivindicar direitos sociais. Na verdade, quando, porventura, aparecia algum diagnóstico dos males sociais, era sempre malconduzido.

Thomas Francis Karney. *The Shape of the Past: Models and Antiquity* [A forma do passado; modelos e antiguidade] (1975).

Eucaristia em Corinto

Proposta

Você chega a Corinto procedente de Filipos e Tessaloníki, e se recorda que Paulo percorreu esse mesmo itinerário duas vezes, mas não pela mesma estrada nem a partir do mesmo lugar. Viajava entre o norte e o sul do istmo que com sua largura de quatro milhas quase não conseguia unir a Grécia ao Peloponeso. Hoje em dia essa faixa de terra é cortada do leste ao oeste por um canal. Naquela época, apenas uma estrada pavimentada (*diolkos*) servia para transportar barcos entre os mares Egeu e Jônico. Era melhor do que se arriscar pelo Cabo Maleas, perigosa passagem no Mediterrâneo, junto ao pico sudeste do Peloponeso! Você já está viajando há semanas nos rastros de Paulo pela Grécia e pela Turquia. Veio agora da Macedônia pelas montanhas da Grécia central, tendo cruzado os estreitos do golfo de Corinto pela balsa naquela tarde, seguindo para o Oriente pela estrada que liga Patras a Atenas, na costa. O rochedo do Acrocorinto, ao sul, acima das desgastadas ruínas da cidade romana, chama a atenção dos que, como você, passam pelo mercado ou fórum construído no primeiro século.

Estamos na quarta-feira, 10 de maio de 2000, e a praça quase vazia de Corinto recebe a visita de um grupo de cerca de quarenta peregrinos americanos atentos à narrativa do julgamento de Paulo perante Galião em Corinto, segundo Atos 18,12-17, repetida pela guia de turismo, de nacionalidade grega. Ela informa que o "tribunal", em frente, chamava-se *bēma*, no grego de Atos, com cinco níveis de pedra bem firmados, desafiando o tempo, e mostra ao grupo, acima da inscrição grega BHMA, outra, transliterada, BEMA. Você reaviva na memória questões como as levantadas no capítulo 1, a respeito da apologética polêmica de Lucas sobre a inocência de Paulo, a responsabilidade judaica e a indiferença romana. Logo se dá conta de que não é a melhor ocasião nem lugar para perguntar se Lucas estava contando uma história verdadeira ou criando parábolas em Atos 18,12-17. Além disso, a palavra *bēma* não era assim tão importante, nem memorável, nem paulina naquele agradável entardecer.

Ao sair do fórum, você passa pelo que os arqueólogos classificaram como Templo F-G e H-J, e vai ao norte até as lojas do oeste na frente do Templo Romano Imperial E, atrás. Depois dessas lojas, mais para o noroeste, no pequeno Templo C, o grupo de americanos senta-se em pedras quebradas entre colunas danificadas, à sombra

268

de árvores que ninguém consegue identificar. Entre as ruínas erguem-se pinheiros e ciprestes. Logo se vê que a árvore desconhecida assemelha-se a uma cerejeira. O grupo sentado diante da estrada de Sikyon, uma das mais antigas da Grécia, volta-se para o Templo de Apolo, do outro lado, também entre os mais antigos da Grécia (Figura 100). No canto sudoeste do templo parece que as colunas dóricas monolíticas do frontão dirigem-se diretamente para o lugar onde você descansa. Você sobe, depois, numa parede sólida para contemplar, lá longe, os raios do sol nas águas que correm para a pequena península dividindo em duas baías os estreitos orientais do golfo.

O grupo de peregrinos senta-se, entre ruínas, na cidade paulina de Corinto, num lugar que o apóstolo jamais imaginaria, à sombra de árvores rurais em vez do aconchego dos pórticos urbanos. Os visitantes vão celebrar a eucaristia. O pão e o vinho são consagrados com as palavras tradicionais de 1 Coríntios:

> Com efeito, eu mesmo recebi do Senhor o que vos transmiti: na noite em que foi entregue, o Senhor Jesus tomou o pão e, depois de dar graças, partiu-o e disse: "Isto é o meu corpo, que é dado para vós; fazei isto em memória de mim". Do mesmo modo, após a ceia, também tomou o cálice, dizendo: "Este cálice é a nova Aliança em meu sangue; todas as vezes que dele beberdes, fazei-o em memória de mim". (11,23-25)

Esses versículos, contudo, não foram o que tornaram esta celebração eucarística particular e apropriadamente paulina. A recitação deles estava de acordo não apenas com a carta mas também com a sua tradição. Relembre que Paulo negava a validade de quaisquer hierarquias entre os cristãos convertidos, em Gálatas 3,28, como vimos no capítulo 4. "Em Cristo" ou, como diríamos de maneira mais institucional e eclesiástica — menos mística e orgânica —, "no cristianismo", os cristão-judeus não

Figura 100: Templo de Apolo em Corinto, voltado para o norte através do golfo de Corinto sobre a Grécia.

EM BUSCA DE PAULO

eram superiores aos pagão-cristãos, nem aos cristãos livres. Eram iguais aos cristãos escravos e não havia diferença entre homens e mulheres. Parecia natural a Paulo que, no cristianismo, as mulheres pudessem receber os mesmos dons recebidos pelos homens, oferecer os mesmos serviços e realizar as mesmas atividades.

O que foi realmente paulino para os participantes, nesse dia em Corinto, não fora o *bēma*. A história sobre o julgamento de Paulo perante Galião e a declaração posterior de sua inocência são quase certamente mera ficção lucana e não fato paulino. Não teria acontecido aí com Paulo, mas na imaginação de Lucas. O que foi definitivamente paulino e não lucano, mais vitalmente importante de acordo com Paulo e não com Lucas nesse dia em Corinto, foi que a eucaristia estava sendo celebrada por uma mulher, cônega da Catedral, e clériga da Igreja Episcopal.

Resumo

Este capítulo desenvolve-se por meio de diversas interfaces — entre espaços públicos e residências particulares, rituais sacrificiais e refeições sociais, oficinas artesanais e vilas aristocráticas. A *moralidade* que mantinha coesa a sociedade romana permeando, como o ar, tudo e todos no mundo mediterrâneo fundamentava-se na aceitação normal da hierarquia de patronos, intermediários e clientes. Nossa hipótese é que especialmente em Corinto e, talvez, só aí, a igualdade radical cristã horizontal conflitava com a hierarquia vertical da sociedade romana, considerada normal.

Começamos com o estado normal da sociedade patronal romana evidenciado em espaços, ofícios e refeições públicas. Passamos depois para a vida privada com a substituição das casas em estilo grego pelas romanas. Aceitamos a sugestão de John Chow em *Patronage and Power: A Study of Social Networks in Corinth* [Patrocínio e poder; estudo de redes sociais em Corinto] ao afirmar que existia "certo relacionamento entre muitos dos problemas evidentes em 1 Coríntios e a atividade de alguns patrocinadores influentes na igreja coríntia" (189). Indagamos, então, de que maneira Paulo, que era mero artesão trabalhando sob a supervisão de Prisca e Áquila, também artesãos, teria se relacionado com "patrocinadores influentes" cujas expectativas normais pressuporiam que ele se comportasse como qualquer outro cliente preferencial como, digamos, um filósofo mantido financeiramente por determinada família.

Em seguida, estudaremos intercâmbios arquitetônicos entre lojas, apartamentos e vilas na avenida principal e a conseqüente relação entre nascidos livres, libertados e escravos. Patrocínio, naturalmente, de novo. Exemplificaremos a partir não de Corinto mas sim de Herculano e Pompéia, porque, pelo horror da erupção do Vesúvio, as cidades da região agora exemplificam melhor esses fatores interligados. Como sempre, iremos não somente aonde Paulo andou, mas também aonde melhor podemos apreciar seu mundo religioso, político, social e econômico.

QUE E QUEM CONTROLA O BANQUETE?

Por fim, voltaremos a estudar as relações voláteis de Paulo com seus convertidos de Corinto por meio de suas múltiplas visitas e cartas. A insistência inaugural em 1 Coríntios 1-4 de que o *poder* ou *sabedoria* de Deus são chamados pelo mundo normal de *fraqueza* ou *loucura*, e vice-versa, é o melhor comentário possível sobre a divindade quenótica em Filipenses 2,6-11, examinada no capítulo 5, e ataque frontal ao caráter normal dos patrocínios em Corinto, coisa que começava a afetar a assembléia cristã.

Exemplificaremos essa devastadora abertura polêmica com três estudos de caso. Num deles, Paulo discute o ponto de vista coríntio sobre poder, instigado pelos bons patrocinadores da assembléia cristã que não aceitavam a prática da igualdade na ceia comunitária do Senhor. Noutro, acusa os coríntios, versados nos ensinamentos platônicos, de não aceitarem a materialidade da ressurreição física de Cristo. Por último, não admite a idéia de superioridade espiritual, porque só é superior quem melhor ama e serve a assembléia.

A coesão moral da antiga vida pública

Pense em dois tipos de sociedade humana nos extremos de um espectro ideal. Numa das extremidades imagine a sociedade *patronal* cuja teologia moral pressupõe cargos públicos, benefícios, bens e serviços como recompensa dada por intermediários influentes e poderosos. Na extremidade oposta, a *universal*, cuja teoria ética espera a concessão dos mesmos benefícios solicitados a servidores civis competentes, agentes comerciais ou advogados legais. A moral do mundo romano baseava-se em relações patronais. Tais transações eram consideradas absolutamente normais, assim como aceitamos hoje os processos democráticos e a propaganda comercial. O sistema de patrocínio permeava todos os níveis da sociedade, de deuses a imperadores, destes a países, de aristocratas a cidades, e, na verdade, de todos os que tinham alguma coisa aos que nada possuíam. Pense como funciona nosso próprio sistema de *patrocínios políticos* e amplifique-o até abranger a sociedade toda nos mais variados níveis. Considere-o moralmente correto; era assim o sistema romano. Os governantes precisavam disso, os filósofos elogiavam-no e inúmeras inscrições proclamavam sua excelência. Em resumo, o sistema era usado por todos.

Por causa da ubiqüidade, universalidade e normalidade do sistema de patrocínio e de clientela, podemos bem imaginar que era impossível, no mundo romano, viver à sua margem e que nem mesmo Paulo poderia evitá-lo nem seus convertidos nem quem quer que fosse. Sempre surgiria aqui e ali o impulso para entender o cristianismo como novo e melhorado sistema patronal. As pessoas interpretavam-no como parte da corrente descendente que vinha de Deus para Cristo, de Cristo para Paulo e dele para a assembléia, considerando-o melhor do que o existente no Império Romano. Tal interpretação podia aparecer em qualquer lugar e no interior de qualquer comunidade cristã. Mas, certamente, surgiria quando a comunidade cristã tivesse

EM BUSCA DE PAULO

um ou mais membros considerados importantes no mundo pagão, que trabalhassem com patrocinadores fora do cristianismo, e considerassem normal a sua existência na comunidade da fé.

Encontros e refeições em público

Como vimos na ilha de Delos no capítulo 1, os sacrifícios de animais nos templos pagãos eram indispensáveis à antiga vida cívica. Os sacerdotes imolavam esses animais nos altares, esquartejavam-nos e queimavam suas carnes. Os estudiosos têm explicado a prática por meio de duas dimensões. A dimensão vertical promovia relações entre deuses e homens e preservava o que os romanos chamavam de *pax deorum*, paz com os deuses. A horizontal solidificava relações humanas e mantinha a comunidade unida. O animal sacrificado tornava-se sagrado pelo sacrifício (do latim, *sacrum facere*, "tornar sagrado") e retornava ao povo na forma de refeição comunitária. As duas dimensões eram inseparáveis, uma vez que o sistema de patrocínio permeava os sacrifícios, os ofícios sacerdotais e as refeições cívicas como qualquer outro aspecto da vida antiga. Os sacrifícios públicos não serviam apenas para distinguir os deuses imortais dos humanos mortais, mas anunciavam e reforçavam a hierarquia entre deuses, participantes e espectadores humanos, em escala descendente. Não imagine esses rituais preocupados com a vasta distância entre a divindade e os humanos, como acentuam as religiões monoteístas atuais. Imagine, em lugar disso, a escala de patrocinadores descendo dos deuses, por meio da realeza, do sacerdócio, da aristocracia e dos cidadãos até os livres, os libertados, os servos e os escravos. Pense no fortalecimento dos laços de lealdade, por meio dos rituais sacrificiais, entre inúmeras pequenas pirâmides, uma em cima da outra, constituídas por inúmeros níveis de patrocinadores e clientes. A arquitetura, as inscrições, os papiros e os salões de jantar do império, incluindo os de Corinto, conservam traços desse sistema.

Augusto na ágora

TEMPLOS. O imperador ocupava o topo da pirâmide patronal do império. É o que se via com clareza em Corinto e nas inúmeras cidades que já visitamos no Mediterrâneo. Ao redor do fórum da colônia romana — ocupando área equivalente a três campos de futebol — espalhavam-se diversas estruturas, estátuas e inscrições homenageando os imperadores romanos.

Em primeiro lugar, na extremidade leste, situava-se a basílica Juliana, edifício comercial onde os escavadores encontraram muitas estátuas júlio-claudianas erguidas por coríntios ricos. Em segundo lugar, encontrou-se entre os pedregulhos de Corinto uma das mais antigas inscrições ao divino Júlio César, DIVO IUL[IO] CAESARI. Em terceiro lugar, um epistílio de mármore indica um santuário e uma estátua de Apolo Augusto ligados a diversas lojas (*Corinto* 8,2, n. 120). Em quarto lugar, o lado ocidental do fórum constituía-se de templos que se referiam a diversos imperadores. Exemplo disso é o Templo de Vênus (Templo F), construído no reinado de Augusto para honrá-la como sua ancestral divina e mãe dos romanos. Outro exemplo é o templo do deus favorito de Augusto, Apolo (Templo G), construído sob Tibério. Em quinto lugar, depois de amplo espaço entre esses templos menores, no terraço alcançado por uma escadaria, erguia-se um templo excepcionalmente grande (Templo E). Embora muito desgastado, pertenceu ou à irmã de Augusto, Otávia, ou ao culto imperial em geral. Foi feito depois dos templos menores, de tal maneira que não lhes ofuscava nem prejudicava a visão total do fórum.

FLÂMINES. Examinando a planta do fórum percebe-se que os arquitetos abandonaram a axialidade rígida para não prejudicar a visão do grande templo na direção do altar principal (Figura 101). Ele e uma inscrição quase completa de 54/55 d.C. confirmam não apenas a centralidade do sacrifício na religião cívica, mas também a importância do sistema de patrocínio. A inscrição no pedestal de uma estátua há muito desaparecida honra um tal de Gaio Júlio Espartano, rico e influente magnata de Esparta e cidadão coríntio com longa folha de serviços prestados à família imperial. Seu patrocinador, o divino Cláudio, elevou-o à categoria de cavaleiro e, mais tarde, Nero prestou-lhe várias honrarias por serviços realizados. A mais importante honra recebida foi ter sido feito flâmine do divino Júlio e sumo sacerdote vitalício na casa augustana (*Corinto* 8.2, n. 6).

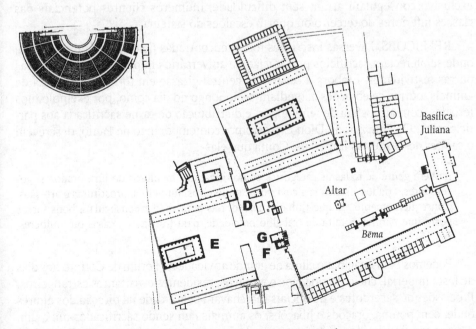

Figura 101: Planta do Fórum de Corinto com seus muitos templos.

EM BUSCA DE PAULO

Entre os sacerdócios reativados por Augusto salientavam-se os flâmines relacionados com o culto imperial nas colônias romanas. Como o nome sugere, abasteciam simbolicamente as chamas nos altares sacrificiais, embora na prática dedicassem-se mais a patrocinar festivais em honra dos Césares divinos. Seu estatuto trazia as marcas indeléveis do ponto piramidal mais alto do sistema de patrocínio: Nero é o patrono de Espartano, e ele, cliente de Nero. Por sua vez, Espartano patrocinava a tribo Calpurina, uma das subdivisões dos cidadãos de Corinto, e, conseqüentemente, angariava clientes dentre os membros. Na verdade, essa tribo financiara a fixação do estatuto no fórum, ligando-se assim publicamente a um dos patrocinadores mais influentes da cidade e, por meio dele, ao próprio imperador.

AUGUSTAIS. Outros grupos buscavam, igualmente, o patrocínio do imperador. Os augustais, formados por escravos alforriados, existiam em diversas cidades do império, especialmente nas colônias romanas em Corinto. Pertenciam, naturalmente, a uma classe baixa. Ergueram no fórum local uma enorme estátua de Augusto sobre impressionante pedestal de pedra azul, a julgar pelas marcas deixadas pelos pés e pela remanescente espada ou cetro, com a inscrição aos *lares Augusti*, isto é, aos espíritos ancestrais de Augusto. Naturalmente, nenhum desses escravos coríntios libertados poderia sozinho ter subido tanto na escala piramidal do sistema patronal. É provável, pois, que cada um deles fosse cliente deste ou daquele patrono influente e rico. Ao se reunirem em grupo, conseguiram pagar a construção do monumento para demonstrar à cidade e aos visitantes sua devoção a César, esperando receber favores, quando não diretamente do imperador, pelo menos de alguém como Espartano. A alta visibilidade do empreendimento e a dinâmica desse grupo quase exclusivo conseguiam atrair, sem dificuldade, inúmeros clientes potenciais das classes inferiores do terceiro ou quarto escalões do sistema.

REFEIÇÕES. Diversas inscrições foram encontradas no eixo central do fórum, onde se ofereciam sacrifícios por ocasião de aniversários imperiais entre inúmeras outras festividades. Embora a cerimônia central girasse em torno da oferenda de animais, outras celebrações estendiam-se ao longo do dia como, por exemplo, nos feriados, com atmosfera de feira, jogos, e distribuição de carne sacrificada aos participantes. Os *Discursos* de Díon Crisóstomo, contemporâneo de Paulo, descrevem o caráter dessas festas imperiais. Conta que elas

> reúnem gente de todas as categorias como litigantes, membros do júri, oradores, governantes, criados, escravos, alcoviteiros, muleteiros, funileiros, prostitutas e artesãos. Conseqüentemente, os que tinham mercadorias para vender conseguiam bons lucros posto que não havia falta de trabalho na cidade, para transporte, casas ou mulheres. (35.15)

Podemos bem imaginar o clima de grande atividade no Fórum de Corinto nos dias de festa imperial, cheio de cidadãos e escravos, residentes e visitantes estrangeiros. Procissões de sacerdotes e de oficiais marchavam pela cidade na direção dos altares onde, com pompa, orações e libações, os animais iam sendo sacrificados um a um. A carne era distribuída primeiramente pelos principais sacerdotes, como Espartano,

QUE E QUEM CONTROLA O BANQUETE?

aos hóspedes de honra e aos cidadãos importantes que, por sua vez, levavam-nas para suas comunidades ou residências e as ofereciam aos dependentes. Estes, então, presidiriam banquetes com suas famílias, clientes e escravos. Outros, ainda, assavam a carne ali mesmo no fórum e a comiam como parte da refeição pública. A cerimônia desenrolava-se, naturalmente, sob os olhares vigilantes da família imperial, representada pelas estátuas no fórum e nos templos ao redor.

Acomodação no Asclepeion

Além dos banquetes nos festivais urbanos e a compra rotineira de carne sacrificial no *macellum*, açougue suprido pela carne dos sacrifícios quase diários nos outros templos de Corinto, havia outros contextos que relacionavam intimamente religião e comida em Corinto, igualmente permeados pelo sistema de patrocínio. Inúmeros templos pagãos ofereciam acomodação para jantares em seus recintos sagrados, como se pode inferir desta questão retórica do mesmo Díon Crisóstomo em seus *Discursos*: "Que sacrifícios serão aceitáveis aos deuses sem a participação dos festeiros?" (3.97).

O melhor exemplo preservado desse costume é o *Asclepeion*, ou santuário de Asclépio, de Corinto. Localizado a cerca de um quarto de milha na ladeira do fórum e ao oeste da estrada Lecheion, foi quase completamente escavado pela Escola Americana de Estudos de Atenas na primeira metade dos anos 1900. Embora o deus curador Asclépio tenha chegado mais tarde ao panteão pagão, tornou-se tremendamente popular no primeiro século, porque o *Asclepeion* era ao mesmo tempo santuário, hospital, *spa* e clube social. Construído longe do burburinho do centro da cidade, perto de uma fonte com muito verde e sombra, tinha dois níveis distintos (Figuras 102 e 103). No terraço superior, ao leste, situava-se o templo e, do outro lado, o *abaton*, onde os pacientes "incubavam" ou dormiam por alguns dias, talvez drogados, sob os cuidados especiais de Asclépio. Parece que o procedimento funcionava, a julgar pelas centenas de ex-votos de terracota representando partes do corpo deixados como oferendas de testemunho pelos agradecidos curados.

No terraço inferior, ao oeste, a piscina era cercada por colunas e, do outro lado, a sala de jantar (triclínio) estendia-se debaixo do *abaton*. As salas de banquete abriam-se para a piscina, dotadas de bancos de pedra, no interior, com onze lugares para os hóspedes (a porta que dava para a piscina desalojava o possível décimo segundo lugar). Os sacrifícios a Asclépio forneciam, sem dúvida, parte da carne para a refeição. Deduzimos, a partir de um relevo com a figura de Asclépio reclinado, bebendo vinho, comendo bolos e porco, que também se sacrificava esse animal e que sua carne fazia parte do *menu* dos banquetes. Em cada sala de jantar o alimento era conservado quente sobre um tipo de mesa quadrada de pedra e um braseiro.

As pessoas não freqüentavam o lugar apenas em busca de curas. O *Asclepeion* era também preferido pelos mais abastados para jantares e banquetes. Era importante saber que lugares ocupar entre os onze assentos disponíveis. Como em geral nas

275

EM BUSCA DE PAULO

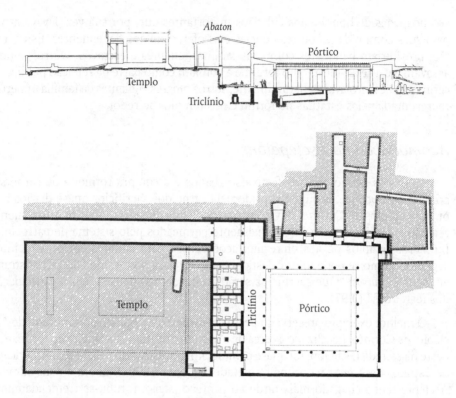

Figura 102 (*em cima*): Desenho do *Asclepeion* com as salas de banquete (triclínio) no nível inferior abertas para o pórtico e a piscina. Figura 103 (*embaixo*): Planta do *Asclepeion* com três salas de refeições e bancos ao redor das paredes.

refeições da época, havia certa hierarquia na ocupação dos bancos. Os mais importantes e os hóspedes sentavam-se no meio com vista para a piscina e, os demais, de cada lado, segundo a escala social. Essa hierarquia era visível na distância de cada um em relação ao hospedeiro. Mesmo nos jantares menores com apenas onze ou menos participantes, as diferenças sociais eram observadas e tornavam-se assunto público, deixando claro quais eram as pessoas mais importantes e, por assim dizer, quem pagava as despesas do banquete. Pondere, agora, sobre essas salas de jantar sagradas no *Asclepeion* de Corinto no contexto dos textos seguintes de outros lugares no Mediterrâneo.

Hierarquia de fora para dentro

Em primeiro lugar, um papiro egípcio da metade do primeiro século a.C. preserva os estatutos de certo grupo que se reunia provavelmente na cidade de Filadélfia, chamado "associação de *Zeus Hypsistos*" (Zeus altíssimo). Você deve se lembrar, nos capítulos 1 e 4, de que muitos judeus chamavam seu Deus *Theos Hypsistos* ("Deus

QUE E QUEM CONTROLA O BANQUETE?

altíssimo"). Agora, no Museu Britânico, o documento informa não apenas sobre o patrocínio de refeições mas também a respeito de alguns problemas de Paulo em Corinto. O grupo egípcio reunia-se no santuário de Zeus, provavelmente numa sala lateral semelhante às do *Asclepeion* de Corinto, com o propósito de participar numa refeição comunitária pelo menos uma vez por mês. O evento principal era a comida, e o papiro descreve como eram realizados os sacrifícios, as libações e as preces (*euchesthai*) a Zeus Hypsistos. Aparentemente, as refeições eram acompanhadas de muita bebida.

A evidente hierarquia no grupo assemelhava-se à do mundo lá fora. Acima de tudo e em primeiro lugar, o grupo no Egito pré-romano homenageava seu governante ptolemaico e dedicava-se a "celebrar os demais ritos costumeiros em louvor ao deus e senhor, o rei". Além de reconhecer o patrocínio supremo do rei, também honrava o patrocinador imediato, Teephbennis, seu presidente, "homem de talento, digno do lugar e da companhia", e o vice-presidente ou assistente, a quem também "todos deviam obedecer", encarregados do banquete mensal. O presidente era o hospedeiro e centro da lealdade do grupo, conforme estipula o papiro: "Não será permitido... trocar a irmandade do presidente por outra". Os membros sentavam-se segundo a condição social reconhecida, nem sempre pacificamente, de tal maneira que eram proibidos de "invadir os *pedigrees* dos que vinham ao banquete", reclamando dos lugares que lhes eram indicados. Buscavam ordem e coesão, mas, quando se embebedavam com vinho, a reunião tornava-se barulhenta; o papiro adverte os membros para "não falar abusivamente no banquete" e proibe-os de "acusarem-se mutuamente" durante a festa e de levarem esse tipo de problema a cortes públicas. Como Paulo recomendava em 1 Coríntios 6,1-8, as disputas internas deveriam ser resolvidas internamente. Observe, naturalmente, que era preciso certo grau de posição econômica ou política, para que patrocinadores e clientes, participando desses banquetes, chegassem ao ponto de considerar um litígio público.

Em segundo lugar, podem-se ler relatos mais pormenorizados de associações desse tipo que se reuniam para refeições, ritos e bebedeiras, numa inscrição de Atenas, preservada até hoje. Encontrada numa coluna por arqueólogos alemães no final do século dezenove, registra algo semelhante à minuta que vimos, com regras muitas vezes engraçadas, de um grupo, só de homens, devotado a Dionísio, ou Baco, chamado *Iobacchoi* (*IG* 2.2.1368; Figura 104). Embora essa inscrição date do segundo século d.C., a associação existia havia algum tempo e construíra seu lugar de encontro ao oeste da Acrópole, perto do Areópago, numa área sagrada dedicada fazia tempo a Dionísio. O saguão de 36 por 60 pés abrigava uma basílica entre duas fileiras de colunas, com uma espécie de abside ao fundo e um altar onde se destacava a inscrição (Figura 105). No alto da coluna, acima da inscrição, sobressaem buriladas as figuras de duas panteras e de um bucrânio, caveira de touro com grinalda. O grupo costumava oferecer sacrifícios a Dionísio, e o texto descreve de que maneira esses atos deveriam ser executados e como a carne seria distribuída pelos *archibakchos* (*archē* significa literalmente "cabeça" ou "chefe"; o termo *archibakchos* assemelha-se a *archisynagōgos*, usado para designar o líder da sinagoga). A seguir, o documento especifica diversos ofícios e posições para a seqüência dos eventos depois do sacrifício: "O *archibakchos* oferecerá o sacrifício ao deus e fará a libação... quando as porções forem distribuídas, serão tomadas pelo sacerdote, pelo vice-sacerdote, pelo *archibakchos*, pelo tesoureiro, pelo *boukolikos*...". Observava-se com rigor o sistema hierárquico em todos os lugares. Essa prática, sem dúvida, ajudava a manter a ordem e modelava firmemente dentro desse mundo o que todos conheciam lá fora.

Associações pequenas como a *Iobacchoi*, reunidas em salas que não acomodavam mais do que quinze pessoas de pé e bem menos se reclinadas, refletiam o sistema patronal piramidal da sociedade em geral. Seus estatutos rezavam, por exemplo, que "quando um membro do grupo obtivesse algum legado, honra ou promoção, teria de oferecer a todos uma libação digna dessa conquista". Qualquer ganho no *status* social no contexto cívico requeria igual reconhecimento dentro da comunidade. Os membros da *Iobacchoi* que fossem chamados para "serviços de guarda, trabalhos no conselho, presidência de jogos, participação no conselho da liga pan-helênica, cadeira no senado, posição de legislador, ou qualquer outra função de autoridade" tinham de pagar as bebidas que também seriam tomadas em sua homenagem.

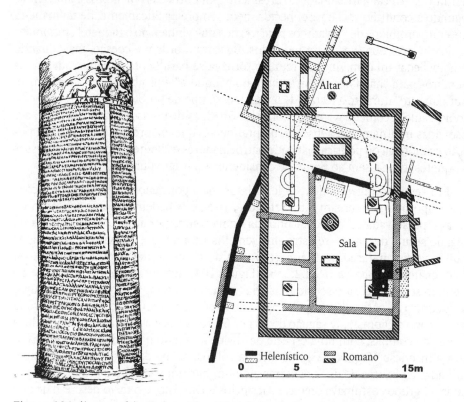

Figura 104 (*à esquerda*): Coluna dos *Iobacchoi* com inscrições de nomes dos que se encontravam e bebiam em honra de Dionísio. Figura 105 (*à direita*): Planta do saguão de encontro dos *Iobacchoi*; observe a colocação do altar na extremidade da estrutura.

QUE E QUEM CONTROLA O BANQUETE?

Como as relações entre patronos e clientes da sociedade romana refletiam-se no interior desses grupos, essa inscrição do segundo século d.C. exalta especialmente "o excelentíssimo Herodes Cláudio", referindo-se ao fabulosamente rico Tibério Cláudio Ático Herodes. Começara como professor e se tornou cliente e, depois, amigo do imperador Marco Aurélio, cujo patrocínio transformou-o no mais conhecido benfeitor de cidades e patrocinador de edifícios cívicos na Grécia do segundo século, incluindo seu famoso odeão ao sul da Acrópole não muito distante do lugar de reuniões dos *Iobacchoi*. Não nos admiramos, pois, de ler numa estela, depois de sua designação como novo sacerdote chefe e patrono: "Eles clamaram em alta voz: 'Viva o excelentíssimo sacerdote Herodes! Agora vocês têm sorte; agora somos, em primeiro lugar, Bakcheia!'". Embora apenas uma irmandade, a competição não se dava apenas em seu interior; expressava-se também do lado de fora, entre as diversas associações báquicas. Sob o patrocínio de Herodes Ático, essas associações atenienses alcançaram enorme prestígio.

Encontros e refeições privadas

Os arqueólogos tendem a devotar maior atenção a conjuntos públicos com arquitetura monumental, dedicados a "boas obras", ou a inscrições patronais e esculturas artísticas. Mas a esfera privada de lares e famílias tem despertado ultimamente interesse aqui e pelo Mediterrâneo. Os sítios de Pompéia e Herculano cobertos de cinza e lava parecem, como veremos adiante, museus trágicos ao ar livre, da vida doméstica na antiguidade. Como imaginamos reuniões e refeições nas casas particulares? Relembre que, como vimos no espaço público, não importa por onde começamos. *Lugares de comer, de encontro e de ritos religiosos* estão de tal maneira interligados que qualquer divisão acabaria sempre artificial. Nenhuma dessas esferas escapam do sistema de patrocínio.

A casa grega

Para início de conversa, precisamos nos desligar, como propõe Andrew Wallace-Hadrill em seu livro citado no início deste capítulo (141), "das concepções da cidade industrial moderna no mundo ocidental" em relação com a interação entre a arquitetura antiga doméstica e a social. Para isso, retornamos a Delos, no centro das ilhas Cicládicas do Egeu, com inúmeros exemplos para começar a repensar nossos modelos em face da casa grega pré-romana. A École Française d'Archéologie em Atenas escavou cerca de uma centena de casas na ilha. Com outras de Olimpo, Priene e Pérgamo, temos informações básicas do desenvolvimento das casas na tradição cultural grega comuns da Ásia Menor ao sul da Itália na era helênica até a era cristã. Embora haja diferenças de tamanho, plantas e decoração, têm em comum certos traços típicos, alguns deles importantes para compreender os antecedentes das casas existentes no Império Romano no tempo de Paulo.

EM BUSCA DE PAULO

Em primeiro lugar, quanto à forma geral, a maioria das casas eram retângulos alongados com um pátio central para o qual se abriam os quartos na frente e atrás. Na frente, junto à rua, havia pequenas salas e quartos de serviço, latrinas e banheiros; atrás, via-se tipicamente pelo menos uma sala grande (*oecus maior*), onde a família fazia as refeições, reunia-se e recebia os hóspedes. Cerca de metade das casas de Delos tinha essa forma, medindo entre 650 e 1.800 pés quadrados. Imaginemos que se Paulo tivesse feito uma reunião numa dessas casas, não caberiam no *oecus maior* mais do que doze pessoas, talvez mais se usassem o pátio, coisa muito comum no clima quente do Mediterrâneo.

Em segundo lugar, com relação a *status* e riqueza, as casas dos ricos distinguiam-se das outras pelo tamanho, medindo entre 2.700 a 7.500 pés quadrados, com a adição de colunas e de mais quartos ao redor do pátio. As colunas dessas habitações em forma de peristilo (do grego, *perystilos*, "cercadas por colunas") formavam um passeio coberto relembrando a *stoa* do centro cívico. Os quartos acrescentados abriam-se igualmente para o pátio, de todos os lados, e eram ricamente decorados com pisos de mosaico de alta qualidade e afrescos bem executados nas paredes. Serviam para acolher hóspedes ou clientes do proprietário.

Em terceiro lugar, quanto ao acesso, a maioria das casas gregas tinha apenas uma entrada com um corredor até o pátio que era severamente controlado em relação ao acesso e à visibilidade. Mas muitas das casas de famílias afluentes, como a Casa dos Comediantes, tinham duas portas (Figura 106). A menor conduzia a um vestíbulo aberto aos quartos de serviço ou aos dormitórios dos empregados, e só indiretamente, por meio de inúmeras portas internas, ao pátio. A outra porta maior, às vezes dupla, abria-se diretamente ao elegante peristilo do pátio (Figura 107). Quando as portas estavam abertas, podiam-se ver as exuberantes decorações e apreciar o *status* do proprietário; mas, certamente, nem todos podiam entrar; alguns, sem dúvida, eram admitidos pela porta menor mas não passavam das áreas de serviço. Se seguirmos as descrições do arquiteto romano Vitrúvio, em seu tratado *Da arquitetura*, é provável que houvesse uma divisão tríplice nas casas gregas em Delos. A parte da frente e a dos lados acomodavam serviços e lojas, como na Casa dos Comediantes; a área central ao redor do peristilo, chamada *andronikon*, servia aos homens e às representações públicas, onde se realizavam banquetes e transações comerciais; a área posterior dedicada aos afazeres domésticos, chamada *gynaikonitis*, era o domínio das mulheres (6.71-75).

Em quarto lugar, quanto à distribuição, as casas de Delos não se restringiam a subúrbios "bons" ou "maus" como, às vezes, nas cidades modernas. Esse fato será muito importante para entendermos os problemas patronais de Paulo em Corinto. As casas maiores e luxuosas eram construídas ao lado das pequenas e menos decoradas, mas bem poderiam igualmente se confrontar com lojas e oficinas. Esse modelo existia em Pérgamo na Ásia Menor e pode ser visto na escavação de uma *insula* (latim, "ilha"), termo que os romanos usavam para designar quadras da cidade pertencentes a diferentes proprietários. Os escavadores atuais usam o termo para

280

Figura 106: Projeção da entrada e do vestíbulo da Casa dos Comediantes em Delos.

Figura 107: Projeção do peristilo da Casa dos Comediantes em Delos.

nomear blocos separados uns dos outros por ruas em todos os lados. As unidades dentro dessa ínsula em forma de torta consistiam em uma enorme casa com peristilo, medindo 6.900 pés quadrados; de outra menor, também com peristilo, de 3.500 pés quadrados; e três casas com pátio de cerca de 1.400 pés quadrados cada uma. Havia ainda um complexo com pequenos apartamentos de três quartos no andar de baixo e número ignorado de andares superiores agora desaparecidos. Finalmente, havia catorze lojas, oficinas, salas de serviço em três dos lados abertas para a rua (Figura 108). Devemos imaginar esses subúrbios construídos ao longo de linhas patronais em Pérgamo, na tradição grega. Mas esse sistema será mais claro nas casas vesuvianas de tradição romana. Um patrono rico ocupava uma casa grande e elegante com a família e os escravos. Reunidas ao redor dessa casa, em tamanho decrescente, situavam-se as casas dos escravos da família alforriados (também seus clientes?), de outros escravos trabalhando em serviços temporários e de artesãos itinerantes que alugavam lojas e apartamentos.

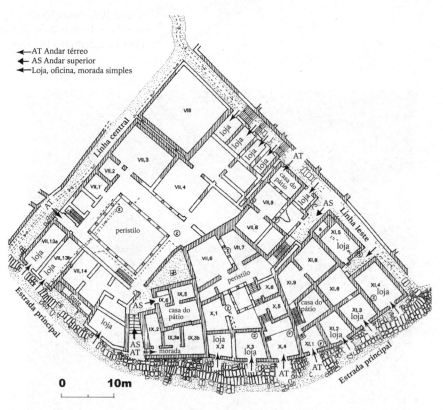

Figura 108: Planta de um bairro em Pérgamo; observe a variedade de habitações encravadas ao redor das casas grandes com peristilo.

A casa romana

Chamamos de *casa romana* a tradição doméstica transmitida no império à medida que os proprietários abastados buscavam mais riqueza e seus vizinhos menos privilegiados copiavam a vila ideal da monocultura urbana. Há, naturalmente, diferenças culturais entre as vilas italianas com átrio e peristilo e pátios duplos ou múltiplos, e as casas gregas com apenas um peristilo. Mas o que nos interessa nesta seção é o contraste entre a casa e a família modernas pós-industriais e a casa romana antiga e patronal. Citamos uma vez mais o extraordinário livro de Andrew Wallace-Hadrill, *Houses and Society in Pompeii and Herculaneum* [Casas e sociedade em Pompéia e Herculano]:

> Fazemos distinção entre comercial e residencial; entre lojas, oficinas, escritórios e fábricas, de um lado, e casas, de outro. As linhas da cidade romana não passam por aí. Embora os contrastes espaciais, arquitetônicos e decorativos fossem estabelecidos entre o comércio trivial e a sociabilidade nobre, podiam, não obstante, coexistir na mesma casa... Devemos reconstruir um mundo no qual os ricos freqüentemente viviam em íntima contigüidade com seus dependentes, escravos e alforriados, clientes e locatários, todos fontes de seu poder econômico e social. (14)

Salientamos que as cartas de Paulo e seus problemas devem ser vistos nesse contexto, cujos elementos essenciais tentaremos demonstrar a partir de fragmentos e resquícios de evidência.

A casa romana tinha, basicamente, duas áreas abertas, o átrio sem teto, aberto à luz e à chuva, e o peristilo no pátio, quase sempre ajardinado. As áreas de serviço e de lojas situavam-se, em geral, ao lado da entrada principal. Os quartos de dormir dessas casas eram extremamente pequenos, localizados à direita ou no andar de cima e abertos para o pátio ou para o peristilo. A maioria das atividades acontecia ao redor do átrio, na área de recepção, onde o pai saudava os clientes, ou no escritório, onde se conduziam os negócios.

RITUAL RELIGIOSO. Diferentemente das casas do Ocidente moderno, até mesmo as habitações mais modestas no mundo romano tinham algum espaço dedicado aos deuses da família, os chamados *lares* ou *penates*. Poderia ser um pequeno nicho embutido na parede com estatuetas minúsculas ou, nas casas menores, pinturas de natureza litúrgica na parede, como em geral se vê em Delos. As residências médias ou maiores possuíam o *lararium*, quase um santuário. A família reunia-se aí sob a supervisão do chefe, provavelmente todos os dias, para diversos rituais. Localizava-se usualmente no átrio ou na cozinha, porque facilitava oferendas sacrificiais. Na casa dos Vettii, em Pompéia, foi encontrado um dos santuários mais elaborados e, certamente, mais caros da região. Media mais de 10 pés de altura e era ornamentado com colunas e um frontão em relevo. Tinha um tímpano azul brilhante com a *patera*, ou prato usado nos sacrifícios, e um afresco central com duas *lares* dançantes segurando chifres para sugerir libações. Embaixo, uma serpente, sinal de fertilidade, desliza para o altar (Figura 109).

Figura 109: Santuário familiar, ou *lararium*, na Casa dos Vettii em Pompéia.

Os muito ricos podiam separar mais do que uma parede, mesmo se bem decorada, para os deveres religiosos. Dois exemplos. A Cumae Napolitana era famosa desde tempos antigos por abrigar os oráculos proféticos sibilinos, mas talvez ainda mais no primeiro século por ser elegante lugar de diversão. Arqueólogos encontraram nas escavações realizadas em 1992 o que primeiramente pensaram ser um Templo de Ísis, com três estátuas de granito sobre um pedestal e um pódio. As três estátuas sem cabeça eram de Ísis, de uma esfinge e de um sacerdote com inscrições em hieróglifo. Depois de três temporadas de trabalho de campo, contudo, concluíram que a estrutura pertencia, de fato, a um pequeno santuário particular, ou *sacellum*, dentro de uma mansão na costa marítima. Teria sido esse *lararium* apenas destinado aos rituais da família, ou aberto a todos sob seu patrocínio, especialmente para os que não residiam na casa?

Outra descoberta ainda mais espetacular foi feita em Pompéia em 1909. Arqueólogos italianos encontraram talvez os mais famosos afrescos do mundo numa casa fora da cidade que chamaram, mais tarde, de Vila dos Mistérios (Figuras 110 e 111). Os murais pintados em todas as paredes da sala 5 mostram diversas cenas relacionadas aos rituais do deus Dionísio, com a participação de grande número de mulheres. Nas ricas figuras do mural, Dionísio assusta uma mulher, alguém faz a leitura de um rolo (seria um texto sagrado?), dançarinas bacantes alegram o ambiente enquanto um demônio flagela a jovem donzela (iniciação?), e um lençol esconde algo a ser revelado (o falo?), ao mesmo tempo que a figura de um cupido serve para ornamentar a mulher observada por uma matrona (iniciação da noiva?). Esta sala separava-se do átrio pelo menos por outra sala e parecia relativamente inacessível e invisível, não se sabendo muito bem qual teria sido sua função. Estaria escondida de propósito como lugar de culto para iniciações aos mistérios? Se for assim, por que estaria no interior de uma vila privada? Seria lugar onde as noivas se preparavam? (Se você visitar a sala nas tardes de sábado — pelo menos no verão — verá diversos casais napolitanos, precisamente aí, posando para fotografias de casamento!) Seria o principal quarto de dormir? Quem sabe, o triclínio, ou sala de jantar da família e seus hóspedes?

Não se sabe ao certo, mas guarde essas perguntas na memória. Não há outras evidências do culto de Dionísio na vila, embora dois outros santuários tenham sido descobertos em seu interior. Um deles, ao norte do pátio, exibe, além de um altar de pedra calcária, estátuas de Hércules e de uma deusa não identificada. Outro, perto da lareira, chama a atenção por causa de imagens pintadas da deusa das artes manuais, Minerva e, ironicamente, do deus do fogo, Vulcano. Encontrou-se também uma peça de cerâmica dedicada à deusa da agricultura, Ceres. Mas nenhuma outra evidência de Dionísio. Depois disso não chegamos à conclusão alguma sobre a finalidade do recinto, mas, para nossos propósitos, demonstra suficientemente como a religião estava intimamente ligada à estrutura arquitetônica e decorativa da vida nas casas romanas.

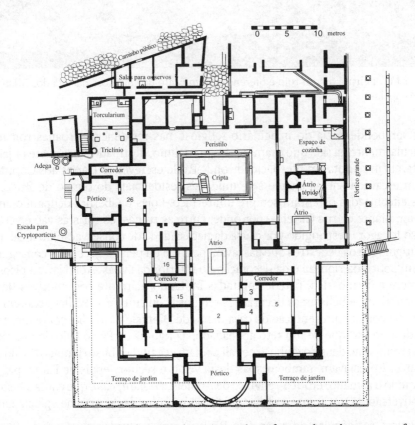

Figura 110: Planta da Vila dos Mistérios; na sala 5 foram descobertos os afrescos dionisíacos.

Figura 111: Leitura de um rolo e oferendas num prato dos afrescos da Vila dos Mistérios em Pompéia.

A preponderância do imaginário religioso nas residências urbanas romanas, particularmente na sala que examinamos, o triclínio, destinado a banquetes e jantares, também se nota em Éfeso, cidade onde Paulo escreveu as Cartas aos Coríntios. Foram escavadas nessa cidade sete unidades residenciais do tempo de Paulo. As casas encontradas ostentam sempre um terraço. Lojas e tabernas ocupam o andar inferior, diante da rua Curetes, por onde, entre as ruínas, os turistas vão e vêm. O acesso foi agora restringido por causa da necessidade de conservação do local, mas na antiguidade os pedestres que passavam pela rua ou pelas adjacências conseguiam ver um pouco da riqueza e da decoração no interior das vilas. Apreciavam pisos de mármore e de mosaico, paredes pintadas imitando mármore com motivos florais e geométricos, e belíssimas decorações religiosas ou culturais. Podiam contemplar um nicho com a representação do casamento de Dionísio e Ariadne sobre mosaicos de vidro; no estuque de um teto abobadado, as figuras de Pã ao lado de um sátiro associavam-se ao deus do vinho; e por ali podiam ver ainda o busto pintado do filósofo Sócrates. Apreciavam, também, mas desta vez um século depois de Paulo, painéis ilustrando o romance erótico-religioso de Apuleio, *O asno de ouro*, que conta a história da conversão de um crente e de sua iniciação no culto da deusa-mãe egípcia Ísis.

Poucas residências do tempo de Paulo foram escavadas em Corinto. Temos notícia da sobrevivência de um mosaico, bastante danificado, num triclínio datado do primeiro século, na vila Anaploga. A sala de banquetes deveria medir cerca de 375 pés quadrados com capacidade para receber nove hóspedes sentados, como era costume. Mas, se usassem o espaço do átrio ao redor da piscina (que dependia da água da chuva), poderiam acomodar até mesmo duas ou três dúzias de pessoas. Há, no entanto, outro exemplo na Grécia central, bem preservado.

REFEIÇÕES RELIGIOSAS. Em Dion, no sopé do monte Olimpo, na Grécia, descobriu-se uma vila grande e magnífica, em 1982, que nos ajuda a compreender a relação entre comida e religião nas casas romanas. O complexo é do tamanho de uma quadra de cidade. Um terço dela, ao sul, abrigava o balneário, aparentemente público, considerando-se o tamanho, conectado à vila por um de seus átrios e o corredor. Ao sul desse átrio a ampla abertura ladeada de duas colunas conduzia a diversas salas. A maior de todas era um pequeno templo ou santuário dedicado ao deus Dionísio. A extremidade leste da alongada sala retangular era dominada pela bela estátua de Dionísio, agora sem cabeça, de estatura maior do que normal. As pernas chamam a atenção pela pose clássica, o cabelo cai sobre os ombros e há cachos de uvas a seus pés. O mosaico do piso representa o deus do vinho entronizado, segurando o cetro, com a coroa de hera na cabeça. Dionísio era, sem dúvida, adorado por essa família.

Depois do átrio um triclínio do tamanho de quase 1.000 pés quadrados mostrava exuberante decoração de mosaicos com temas dionisíacos. O interior, de estilo típico, com paredes brancas sem pinturas nem mosaicos, retinha marcas de bancos ao redor que não sobreviveram ao tempo. Eram de madeira e conservam alguns sinais de decoração em bronze. Um deles parece a cabeça de um cavalo; outro, o busto de um sátiro; um terceiro, a cabeça de Héracles. Eram obras de ourives da Macedônia. O painel central do mosaico mostra Dionísio dirigindo o carro, saindo do mar, segurando a grinalda e o báculo em uma das mãos, cercado por dois centauros com um copo e um jarro de vinho. Evidenciará este lugar de banquetes que as pessoas se reuniam nessa casa para o culto de Dionísio? Nos jantares apreciava-se vinho, bem como luxo, especialmente do tipo que os romanos chamavam de *otium*, "ócio". O dono da casa era, sem dúvida, honrado a ponto de ser adorado por alguns clientes que tinham a sorte de provar tanto o vinho como o *otium*.

Interação entre casa, loja e vila

Se Paulo realmente encontrou "patronos poderosos" em Corinto, argumenta John Chow persuasivamente, como entrara em contato com eles? Além disso, que dizer de seus dois colaboradores, Prisc(il)a e Áquila, que, de um lado, pareciam patrocinadores de Paulo mas, de outro, artesãos, seus empregadores, amigos e companheiros de trabalho?

Observe, primeiramente, que Priscila é seguidamente mencionada em primeiro lugar, parecendo mais importante do que o marido. Moravam em Roma, mudando-se

EM BUSCA DE PAULO

depois para Corinto e Éfeso para retornar, mais tarde, a Roma. As cartas de Paulo e Atos de Lucas consideram-nos extremamente importantes.

Segundo Atos 18,2-3, viviam em Corinto:

Depois disso, Paulo partiu de Atenas e foi para Corinto. Lá encontrou um judeu chamado Áquila, originário do Ponto, que acabara de chegar da Itália com Priscila, sua mulher, por causa de um edito de Cláudio que ordenara a todos os judeus se afastarem de Roma. Aliou-se a eles e, como exerciam o mesmo ofício, ficou em casa deles onde trabalhavam. Exerciam a profissão de fabricantes de tendas.

Tratava-se, diga-se de passagem, de ofício muito difícil, tanto em linho como em couro, porque era quase todo monopolizado pelos militares e destinado ao uso do exército. Então, de acordo com Atos 18,18-19, mudaram-se para Éfeso: "Paulo ficou ainda algum tempo em Corinto; depois, despediu-se dos irmãos e embarcou para a Síria. Priscila e Áquila o acompanhavam... chegaram a Éfeso, onde ele se separou dos companheiros. Foi à sinagoga, e ali se entretia com os judeus". Ainda estavam aí em Atos 18,26: "Começou, pois [o missionário Apolo], a falar com firmeza na sinagoga. Priscila e Áquila, que o tinham ouvido, tomaram-no consigo e lhe expuseram mais exatamente o Caminho".

Mais tarde, quando Paulo escreve de Éfeso aos coríntios, acrescenta: "Saúdam-vos as Igrejas da Ásia. Enviam-vos efusivas saudações no Senhor, Áquila e Priscila, com a Igreja que se reúne na casa deles" (1Cor 16,19). Finalmente, retornam a Roma, supostamente depois da morte de Cláudio e de seu sucessor, Nero, em 54 d.C. Estavam lá quando Paulo escreveu: "Saudai Prisca e Áquila, meus colaboradores em Cristo Jesus, que para salvar minha vida expuseram sua cabeça. Não somente eu lhes devo gratidão, mas também todas as Igrejas da gentilidade. Saudai também a Igreja que se reúne em sua *casa*" (Rm 16,3-5, itálico do autor).

Que queria dizer Paulo com a expressão *casa* de Priscila e Áquila em Éfeso e Roma? Que entendemos nós a respeito? Que tipo de *casa* ou *casa*-assembléia mantinha o casal nessas duas cidades? Seria loja, apartamento ou vila? Se fosse loja, poderia ser oficina com um quarto atrás ou um sótão? Resta a questão fundamental: se oficina, teria sido alugada ao lado de uma vila? Teria sido essa relação entre loja e vila a maneira como artesãos como Priscila, Áquila e Paulo conheceram os citados "patronos poderosos" em Corinto? Procuramos entender o mundo de Paulo não apenas visitando os lugares por onde ele andou, mas seguindo os caprichos do tempo e do espaço, os quais foram preservados e que ainda podem ser vistos com clareza. Para entender Corinto ou Éfeso é preciso observar a interação entre loja e vila em Herculano e Pompéia.

Interlúdio: a última noite eterna do mundo

"Muitos são os que elevam as mãos aos deuses", escreveu Plínio, o Jovem, a seu amigo Tácito no fim do primeiro século, "mas é maior o número de pessoas que

QUE E QUEM CONTROLA O BANQUETE?

não acreditam neles e pensam que esta noite foi a última noite eterna do mundo" (*Cartas* 5,16; 5,20). Foi na noite de 24 de agosto de 79 d.C. A partir do meio-dia o Vesúvio começou a expelir gases, cinza, pedra-pomes a 12 milhas de altura sobre as cidades de Herculano e Pompéia. Plínio conta que a erupção inicial parecia um grande guarda-chuva de pinheiros (nós diríamos que se parecia com uma nuvem em forma de cogumelo). "Projetava-se no ar como o tronco de imensa árvore que se abria em galhos. Acredito que era jogada para cima por poderosa rajada, depois, amainava um pouco; amassada por seu próprio peso espalhava-se para todos os lados — às vezes, branca, outras vezes preta ou sarapintada, dependendo se era de cinzas ou brasas." Plínio, o Jovem, observou o fenômeno, com relativa segurança, da residência oficial de seu tio em Miseno, distante 20 milhas do Vesúvio ao longo do golfo de Nápoles. Plínio, o Velho, vivia lá como comandante da esquadra de guerra romana no Mediterrâneo. Recebeu na ocasião um mensageiro vindo de Stabia, provavelmente de barco, para lhe pedir ajuda depois do começo da erupção. Preparou um esquadrão de velozes barcos de guerra em missão de resgate ao longo da baía e perdeu a vida, tão bravo na ação como inconseqüente na execução (ele dormiu de noite na cidade).

No primeiro dia o pior de tudo era o perigo mortal e o melhor a possibilidade de fuga. Mas o segundo ato, mais terrível, começou à meia-noite. Descendo ao sul para Pompéia (Figura 112), a 6 milhas de distância, onde residiam vinte mil habitantes, e ao oeste, sobre Herculano, a 4 milhas de distância, com cinco mil habitantes, o Vesúvio despejou uma onda de terra com um fluxo de fragmentos vulcânicos, quentes, em meio a avalanches derretidas de gás, cinzas e pedras (mas não lava vermelha quente). Tudo isso se movimentando na velocidade de 50 milhas por hora na temperatura de 750 graus Fahrenheit para sepultar Pompéia numa profundidade de quase 20 pés e Herculano, de quase 70.

Na escuridão artificial do que seria o amanhecer do dia seguinte nossa única testemunha ocular descreveu o que via como "horrível nuvem negra cortada por repentinas rajadas de fogo, retorcendo-se como serpentes e revelando clarões maiores do que relâmpagos". As cidades do Vesúvio foram sepultadas com pedra calcária, suficientes para construir catacumbas de cinco andares de profundidade em Roma. Os mortos permaneceram onde as cinzas os sufocaram, o mar os tragou ou a correnteza de lavas os aniquilou. A comida, até mesmo os ovos, quase nada sofreu, e as refeições não concluídas ficaram sobre as mesas onde foram deixadas, quando os moradores das casas tentavam fugir. As mobílias e artefatos também resistiram carbonizados mas intactos. Imagens sexuais, grafites e símbolos sobreviveram em abundância, propagandas eleitorais continuaram nos muros e, embora raros, alguns documentos legais puderam ser encontrados nas casas. Finalmente, restou um verso de Virgílio que algum grafiteiro começou a escrever mas não terminou: "Tudo estava em silêncio...".

Estamos agora em Nápoles, Itália, no início de setembro de 2003. O calor inclemente do verão europeu acaba de nos assolar, com tempestades repentinas que alagam as áreas do centro perto do porto, alternadas por fortes ventos que aliviam o

Figura 112: Fórum de Pompéia com o Vesúvio atrás.

costumeiro mormaço do verão. O retiro da ilha de Tibério em Capri, a península de Sorrento e o vulcão dentro do vulcão do Vesúvio desenham-se nitidamente contra o claro céu azul. Você fez essa viagem para estudar dois sítios arqueológicos não mencionados no Novo Testamento e nunca visitados por Paulo. Você quer perceber a relação arquitetônica entre vilas e lojas em Herculano e Pompéia, em termos da sempre presente normalidade do sistema de patrocínio social no mundo mediterrâneo, e compreender esse sistema observando as lojas e oficinas ao longo da rua com a ajuda, uma vez mais, das plantas, diagramas e textos de Andrew Wallace-Hadrill. Você está na Campânia porque o horror vulcânico preservou tudo isso muito melhor do que em qualquer outro lugar e deixou exemplos completos da combinação das vilas com as lojas, coisa que não se vê em Corinto ou Éfeso.

Casa do Bicentenário

A Casa do Bicentenário que você visita na rua principal de Herculano, Decumanus Maximus (Figura 113), recebeu esse nome por ter sido descoberta em 1938, no duocentésimo aniversário das primeiras "escavações" da cidade. Na sua frente, a parede de pedra vulcânica protegida apóia uma construção na cidade moderna de Ercolano-Resina sobre o antigo fórum soterrado. A lama do primeiro século, derretida, acabou, eventualmente, petrificando-se, e você está onde as profundezas do efeito vulcânico obscurecem qualquer visão das causas do fenômeno. Mas ninguém consegue chegar perto da fachada escavada da Casa do Bicentenário nem dos edifícios adjacentes, porque barreiras de aço mantêm os visitantes a distância. Parece que os administradores da obra temem que o edifício de dois andares venha a desmoronar a qualquer momento. Dizem, insistentemente, que escavações sem conservação são a mesma coisa que destruição adiada. Pelo menos os visitantes conseguem ver os dois andares e até mesmo os buracos para os suportes do balcão superior na frente.

Por que buscar Paulo na Casa do Bicentenário? Numa sala pequena do segundo andar, aberta para o pátio, as pessoas ficam intrigadas com o que parece ser a marca da cruz na parede branca de trás acima de um gabinete de madeira, agora carbonizado. Alguns pensam que se trata do exemplar mais antigo da cruz cristã e descrevem a sala como se fosse um oratório cristão com o genuflexório diante do crucifixo. São meras suposições mais ou menos anacrônicas, porque a cruz só veio a se tornar símbolo cristão universal por volta do quarto século. É provável que a marca aludida seja mero sinal de algum gancho. Mas bem poderia ter sido um *lararium*, que, como você deve lembrar, abrigava os deuses da família. Seja como for, você não está aí por causa do "sinal da cruz" nem porque a Casa do Bicentenário tivesse no passado acolhido "cristãos" nesse pequeno apartamento do segundo andar. Você examina essa e outras casas ao redor para entender as relações arquitetônicas e sociais entre elas, importantes para o contexto das casas-assembléia de Paulo e especialmente para procurar entender as dificuldades enfrentadas pelo apóstolo com patrocínios e patrocinadores em Corinto.

Figura 113: O Decumanus Maximus em Herculano, com a Ínsula V e a Casa do Bicentenário à esquerda.

EM BUSCA DE PAULO

A ínsula é hoje um complexo de elegantes e grandes habitações com apartamentos para alugar no andar superior e lojas na frente no andar de baixo. Esses três usos são o foco de sua pesquisa. A Casa do Bicentenário nos interessa por ser excelente exemplo das relações arquitetônicas e sociais transparentes entre casa, apartamento e loja. As lojas, para funcionar, precisavam do longo corredor da casa, nos dois lados. Atrás delas, podia se ver a área residencial em todo o seu esplendor.

Seis portas abrem-se para você da direita para a esquerda nesse lugar que os arqueólogos denominaram de Ínsula V, ns. 13-18 (Figura 114). A entrada da vila principal, ou Casa do Bicentenário, é uma porta dupla, deliberadamente mais alta que as outras. A casa mede 6.500 pés quadrados e se situa entre as mais elegantes vilas até agora escavadas em Herculano. Duas portas simples abrem-se para degraus e permitem acesso privado a duas escadarias que conduzem a dois apartamentos elegantemente decorados com diversos quartos em cada um. As últimas três portas tríplices pertencem a lojas. A que tem um quarto atrás mede cerca de 430 pés quadrados de área. Outra com 279 pés quadrados tem acesso direto a um dos dois apartamentos. A terceira, com um quarto atrás, liga-se internamente ao átrio da Casa do Bicentenário. São ao todo seis portas: uma para a vila, duas para os apartamentos e três para as lojas. Pense nas inter-relações arquitetônicas e sociais entre as três categorias. A quem pertencem? Quantas pertencem a quem? As pessoas encarregadas das lojas seriam escravas ou livres? Seriam vendidas, alugadas ou subalugadas? Nesse complexo tríplice quais teriam sido as relações entre patronos e clientes, amigos e vizinhos, livres, alforriados e escravos?

Felizmente, conseguimos boas informações num arquivo de documentos legais encontrado no apartamento aberto para o peristilo do jardim, nos fundos da Casa do Bicentenário. Dezessete chapas de madeira contendo diversas lâminas, enceradas e seladas para prevenir falsificações, contam a história fascinante, embora incompleta, das relações intrincadas e íntimas na família entre marido, mulher e filhos, de um lado, e nascidos livres, alforriados e escravos, de outro.

Caio Petrônio Estefano, nascido livre, casou-se com Calatória Têmis, da mesma condição. Comprou para ela uma escrava, Vital, que teve uma filha, Justa, de pai não identificado (bem, é provavelmente o que você está pensando, também achamos!). Acabou sendo alforriada com o nome de Petrônia Vital, e Justa foi criada "como filha" pela família. Tudo decorreu em paz até o momento em que Petrônio e Calatória tiveram seus próprios filhos. Em face de dificuldades entre Calatória e Vital, esta decidiu deixar a família com a filha já crescida.

Vital moveu uma ação jurídica contra Petrônio, em favor da filha, e ganhou a causa, acordando-se que ele pagaria todas as despesas da jovem relativas ao tempo em que vivera em sua casa. Em seguida, Vital e Petrônio morreram. A viúva Calatória, então, processou Justa. Argumentava que Vital ainda era sua escrava quando Justa nascera e que portanto era também escrava e exigia que ela e todos os seus bens lhe fossem devolvidos. Justa defendeu-se alegando que Vital havia se tornado livre mediante declaração oral sem passar pelo processo oficial da alforria, mas não

292

QUE E QUEM CONTROLA O BANQUETE?

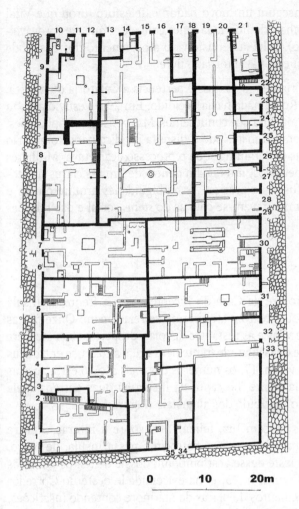

Figura 114: Planta da Ínsula V e da Casa do Bicentenário em Herculano; observe a proximidade das portas 13-18.

havia nenhuma evidência escrita do que acontecera, nem informação se Justa nascera antes ou depois da libertação da mãe. Se tivesse nascido antes, seria nascida escrava; se depois, livre. Como não existiam documentos, apelou-se a testemunhas. O caso foi considerado muito complexo para as autoridades de Herculano e acabou caindo nas mãos do pretor urbano no Fórum de Augusto em Roma (relembre as cortes estudadas no capítulo 2).

Duas testemunhas, homens libertados, depuseram em favor de Calatória. Cinco nascidos livres, dois libertados e outro cujo nome se perdeu, favoreceram Justa. Desses, a voz mais importante era de Caio Petrônio Telésforo, libertado, cujo nome grego era agora precedido pelos nomes do senhor que o havia alforriado. No primeiro ato desse drama, em dezembro de 75, Telésforo, assistente de Calatória, veio com ela à casa de Petrônio, com uma fiança exigindo que ela voltasse ao tribunal. Mas, no segundo ato, Calatória conseguiu um novo fiador, e Telésforo jurou que Vital era sua *colliberta*, isto é, que tinha sido libertada junto com ele, e que ele (provavelmente como servo de Petrônio) tinha supervisionado o pagamento dos custos de manutenção de Justa e sabia que se havia tornado livre.

Não se sabe o fim da história nem se o dossiê pertencia a Calatória ou a Justa. Aparentemente entre 75 e 78 Roma nada havia decidido. Em 79 o Vesúvio acabou prescrevendo o caso da terrível maneira que conhecemos. Mas pense nas implicações. Justa deve ter agido corretamente transferindo a disputa jurídica para Roma, não obstante as despesas dela e das testemunhas que o processo acarretava. Mulheres e homens, nascidos livres e libertados, interagiam dentro de limites claros na teoria, mas fantasticamente confusos na prática. As ambigüidades arquitetônicas e estruturais da Ínsula V.13-18 misturavam-se com as do *status* social e das relações familiares.

Santuário dos augustais

Agora você avança ao noroeste da Casa do Bicentenário na frente da Ínsula VI e pensa em outro caso no qual texto e arquitetura se relacionam. Onze portas numeradas de 12 a 22, duas de vilas e as restantes de lojas, despertam sua atenção. Duas lojas, uma de cada lado de duas vilas, de frente para a rua, situam-se entre seus longos corredores. No caso da vila n. 17, os números das lojas são 16 e 18, abertas diretamente para o fundo. Finalmente, no canto da Ínsula há duas entradas pela frente (e duas pelo lado) para o vestíbulo dos augustais (Figura 115).

Dois textos sobreviventes lançam luz, felizmente, sobre a interação entre arquitetura e sociedade, de um lado, e casa e patrocínio nessa Ínsula, de outro. Encontrou-se, na extremidade leste desse vestíbulo, um dossiê de textos gravados em tábuas na Casa do Salão Escuro, n. 13, e, na extremidade oeste do Corredor dos Augustais, ns. 21 e 22, fragmentos de placas de mármore contendo inscrições. Referem-se a certo Lúcio Venídio Ennychus, cujo sobrenome caracteristicamente grego completa o padrão de nominação romano, sempre tríplice. O nome indica que havia sido escravo libertado e que era proprietário da Casa do Salão Escuro, do mesmo tamanho da Casa do Bicentenário.

O texto mostra sua difícil ascensão na pirâmide do sistema de patrocínio da cidade. As tábuas do ano 60 d.C. informam que Venídio e sua esposa, Lívia Acte, tinham uma filha de um ano de idade. O registro é importante, uma vez que no primeiro aniversário da menina o pai havia cumprido o dispositivo legal que tornava cidadão romano o escravo libertado, a saber, atestar que a filha, no caso, completara um ano de idade. Depois de completar um ano de vida, o pai declarava o fato diante de um magistrado e se tornava cidadão pleno, coisa que lhe dava não apenas *status*, mas impedia que sua propriedade retornasse a seu antigo senhor depois de sua morte. Podia agora ser patrono de alforriados ou escravos menos favorecidos do que ele.

Figura 115: Saguão dos augustais em Herculano, onde Venídio conseguiu subir na escala social.

Outro conjunto de documentos registra como Venídio pleiteou perante o oficial local o "direito à honra" e trouxe à corte uma lista de dez homens, aparentemente *decuriões* (conselheiros) ou augustais, para apoiar a pretensão. Sendo escravo libertado, e mesmo tendo se tornado cidadão, não podia assumir cargos públicos; por isso candidatava-se à honra de se tornar provavelmente sacerdote de Augusto, membro dos augustais. Essa era uma das poucas maneiras como os escravos libertados, com alguma posse, podiam subir um pouco na escala social. O documento seguinte registra como o mesmo Venídio veio a ser, por sua vez, árbitro de outra pessoa. Os augustais conseguiam de certa forma romper o rígido sistema patronal dando chance aos alforriados de formar seu grupo e de se ligar mais diretamente ao patrocínio do imperador, dando-lhes a possibilidade de apoiar outros candidatos aos augustais. Esses grupos funcionavam conseqüentemente como válvula de escape em face das pressões sociais e antídoto contra agitações populares ao permitirem certa medida de patrocínio entre os mais bem-sucedidos que honravam o imperador e lhe ofereciam lealdade.

O nome de Venídio é lembrado entre outros numa lista gravada em mármore no vestíbulo dos augustais no canto oposto na Ínsula VI. Figura na inscrição por ter ajudado a eleger dois irmãos como novos membros e por celebrar a eleição com uma

EM BUSCA DE PAULO

festa. Esses, naturalmente, passaram a ser seus clientes. O sistema patronal tinha efeito circular e espiralado. O libertado Venídio havia acumulado riqueza e cidadania mas, melhor do que isso, conexões que lhe possibilitavam conseguir o apoio de dez augustais, dentre conselheiros chefes (*duumvir*), para apoiar sua candidatura. Tendo sido eleito, ofereceu ao grupo um banquete extraordinariamente caro. Seguiu mais tarde o mesmo método para conseguir que seu nome fosse inscrito em mármore, comemorando o feito com subseqüentes banquetes.

A Casa do Salão Escuro, um pouco adiante da sede dos augustais, de frente para o fórum, foi uma bela recompensa por seu constante trabalho e por suas valiosas conexões, mas seu *status* perante os outros, especialmente os clientes, era para ele a maior de todas as honras. A *taverna*, ou bar, ao lado de sua casa, anunciava com letras pintadas os preços das bebidas, mas a mais importante publicidade era a do sucesso de Venídio e de seu novo *status* social. O nome do bar era "AD SANC(TUM)", "Ao homem santo", com a figura de um sacerdote laureado segurando o cetro e a *patera*, acima da porta. Venídio podia agora celebrar sua ascensão como patrono e personalidade social.

A casa do Fauno

Agora você visita a Casa do Fauno, construída por volta do início do segundo século a.C., em Pompéia (Figura 116). Localiza-se na área noroeste das escavações que se chama, arqueologicamente, Ínsula 12 da Região VI. Às vezes, o nome vem abreviado como VI.12.2 porque o principal portão muito formal e alto ostenta o número 2. Parece mais uma mansão palaciana do que uma casa, com seus 6 acres ou 31.000 pés quadrados de área, abrangendo quase toda a quadra. Como outros blocos da área, o eixo vai do noroeste ao sudeste, com a rua principal ao sul, a secundária, ao norte, e estreitas alamedas de cada lado, ao oeste e ao leste. Até hoje pode-se entrar na casa por qualquer das ruas maiores. Você está na principal via de acesso, apropriadamente chamada de Via della Fortuna, diante da imponente porta de entrada. Desse lugar você pode ver, à direita, outra porta. Chama-lhe a atenção que dos lados dessas portas há duas lojas. No conjunto, são seis portas, dominadas pela entrada principal. As duas portas da mansão receberam os números 2 e 5. As lojas, 1, 3, 4 e 6. As portas da loja abrem-se para a rua e para o interior dos átrios da vila. Depois de ter visitado essa "mansão palaciana" e outras ao redor, Paul Zanker, em *Pompeii: Public and Private Life* [Pompéia: vida pública e privada], conclui:

> As casas maiores situavam-se nas mais importantes ruas comerciais. As famílias ricas aproveitavam as vantagens desses lugares para inserir espaço para lojas na rua ao lado de suas residências, pelo menos no segundo século a.C. Essas edificações tinham em geral um quarto de dormir ou mezanino no andar de cima, chamado *pergula* em latim. A frase *natus* [nascido] *in pergula* era usada para designar alguém de origem humilde. As lojas eram administradas por dependentes dos proprietários ricos, e até mesmo, em menor proporção, por escravos ou alforriados. (41-42)

QUE E QUEM CONTROLA O BANQUETE?

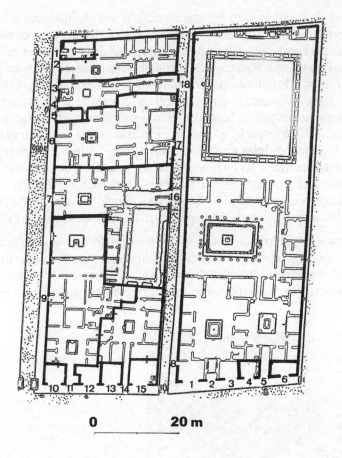

Figura 116: Casa do Fauno em Pompéia (no lado direito), mostrando a íntima ligação entre lojas e casa.

As duas entradas principais, nas duas ruas, estabeleciam curioso padrão, pois a exuberantemente luxuosa vila tinha quase tudo duplicado. As duas portas abriam-se para dois átrios separados: o oriental continuava no *tablinum* da vila, ou sala de recepção; o outro, abria-se para um balneário. Havia também dois jardins ao ar livre cercados de pórticos e colunas nos quatro lados. Esses dois peristilos, o primeiro de tamanho normal, ao sul, e o outro, bem maior, ao norte, ocupavam dois terços do espaço total da vila. O luxo desses espaços abertos combinava com o esplendor dos mosaicos. Alguns, com desenhos geométricos, podem ser vistos na entrada e nas salas de recepção, mas os três exemplos mais famosos foram removidos e estão no Museu Nacional Arqueológico de Nápoles. O mosaico sugestivamente erótico de um sátiro com uma ninfa veio do quarto de dormir do andar superior, à direita da entrada principal. O mosaico anatomicamente detalhado de um peixe e alimento aquático estava no triclínio entre o átrio principal e o primeiro peristilo. Essa vila abrigava os mais famosos mosaicos do mundo.

Entre os dois jardins com peristilos podia-se ver, de qualquer dos lados, um espaço intermediário destinado a fins desconhecidos. No piso, talvez mais para ser visto do que para andar em cima, havia um mosaico de cerca de um milhão e meio de pedrinhas ou tessela. Fora copiado de um quadro helênico por volta do ano 300 a.C., descrevendo a batalha entre Alexandre Magno e Dario da Pérsia (Figura 117). O artista congelou eloqüentemente em pedra a ferocidade de Alexandre Magno e o medo de Dario na batalha de Isso. Você deve lembrar-se dessa imagem no começo do capítulo 3. O luxo espacial e estético da mansão serve para acentuar a normalidade da existência de lojas junto à rua pertencentes direta ou indiretamente aos aristocratas das mansões. As lojas 1 e 3 ligavam-se ao átrio oeste da habitação, mas as 4 e 6, não. Estas mediam cerca de 270 pés quadrados, e a 4 tinha um segundo andar no final de uma escadaria. "Excelente exemplo", escreveu Wallace-Hadrill, "da irrelevância das lojas na fachada para avaliar o padrão da casa" (210).

Compra-se na livraria de Pompéia um guia muito conveniente em italiano e inglês sobre as escavações com nove códigos coloridos para classificar as estruturas até agora examinadas: edifícios públicos, templos, sistemas de suprimento urbano, clubes e associações, lojas, pousadas e tavernas, casas particulares com oficinas,

Figura 117: Detalhe do mosaico de Alexandre na Casa do Fauno.

QUE E QUEM CONTROLA O BANQUETE?

casas particulares e jardins em mercados. Uma rápida olhada nesse mapa colorido mostra a grande quantidade de lojas (amarelo) de frente para as ruas imiscuídas entre "habitações privadas" (cor de couro), sem falar nas "casas particulares com oficinas" (púrpura).

Mansão e loja

Esses complexos representam apenas três exemplos da íntima relação arquitetônica e social entre vilas e lojas nas principais ruas de Herculano e Pompéia, isto é, nos dois lugares onde esse fato mais se evidencia. Wallace-Hadrill chega a algumas conclusões gerais a partir da análise que fez dessas cidades soterradas da região da Campânia:

> A elite urbana, mais bem definida pelo exercício de ofícios públicos, lucrava com comércio e agricultura participando ativamente nessas atividades sem se afastar de seu estilo de vida, acima de qualquer discriminação (ou seja, sem se engajar pessoalmente em "ocupações sórdidas"), mas tomando parte nelas fisicamente... Enormes contrastes eram visíveis entre as mansões mais magníficas e as mais humildes tavernas (lojas, oficinas, bares) e cenáculos [apartamentos]. Entretanto, as distâncias eram superadas constantemente por contigüidade e dependência mútua. Não havia, como vimos, grande distância entre "famílias ricas" e "pobres", e dominava certa promiscuidade nas grandes famílias, entre ricos e pobres, homens e mulheres, jovens e velhos, habitando todos o mesmo espaço, apenas separados por rituais sociais mais do que pelo contexto físico. Pode-se apreciar o que os romanos consideravam mundo "sórdido" profissional e comercial intimamente entrelaçado com o mundo do luxo e da ostentação. (127, 185-186)

Com isso em mente, você vai de Herculano e Pompéia a Corinto, dessas cidades que Paulo nunca visitou a outra onde ele esteve mais do que desejaria. Você leva algumas questões ainda sem respostas. Quando você ouve a respeito de *casa*-assembléia no mundo urbano de Paulo, que tipo de construção você imagina? Seria a *vila*, uma das residências mais raras nas cidades romanas? Ou o *apartamento*, digamos, no segundo andar de um edifício de cinco andares, talvez se abrindo para um pátio interno com jardim? Quem sabe, a *loja* ou a *oficina*, separadas da rua por um balcão com o quarto atrás ou no andar de cima? Entrar numa loja e sair dela não chamaria a atenção de ninguém especialmente antes do início do horário comercial ou depois dele. Não eram, as lojas, direta ou indiretamente, parte das vilas, administradas por escravos, alforriados, mulheres libertadas ou dependentes? E que dizer, nesse caso, sobre a osmose arquitetônica e social entre lojas e mansões, artesãos e aristocratas? Chegamos, assim, a outra hipótese para nossa consideração neste capítulo, dependente ou subalterna ao problema dos "patrocinadores poderosos" de Corinto. Nela combinamos o sistema de patrocínio social com o que se passava nas ruas.

Relembre, como vimos antes, que Priscila e Áquila haviam empregado Paulo na sua oficina em Corinto, segundo Atos 18,2, e que possuíam uma casa-assembléia segundo 1 Coríntios 16,19. Levando em conta que se mudavam com tanta freqüência, bem podemos concluir que a oficina deveria ser alugada. A segunda hipótese é que esse espaço fazia parte da vila numa rua principal de Corinto e que o proprietário os havia apresentado, com certa vacilação, a pessoas de círculos mais elevados do que os freqüentados anteriormente por Paulo.

Existe até provocante evidência arqueológica desse nível de alto patrocínio em Corinto, na época de Paulo. Em 1929 escavadores americanos trabalhando debaixo do teatro descobriram uma pedra do primeiro século na qual teria existido uma inscrição em bronze (Figura 118). O bronze não estava mais lá, mas nos sulcos ainda se podia ler: ERASTVS. PRO. AED. S. P. STRAVIT, "Erasto, em agradecimento por ter sido prefeito, mandou construir este pavimento às suas custas". Esse Erasto fora eleito para o ofício cívico, no cargo de prefeito de edifícios e outras utilidades públicas, e em troca pagara pela mencionada pavimentação (patrocínio na época, suborno hoje?). Na Carta aos Romanos Paulo menciona um tal Erasto, "administrador da cidade" (*oikonomos*), que manda saudações de Corinto para Roma (16,23), mas o termo *oikonomos* em grego ou *ararius* em latim significava um cargo abaixo do ofício de *aedilis*. É possível que não seja a mesma pessoa, ou que, talvez, Paulo não conhecesse essas distinções. Somos inclinados a pensar, no entanto, que Erasto era *ararius* quando Paulo estava em Corinto, e que tinha patrocinado (relembre a importância das "boas obras" públicas) algumas dessas "obras" para subir na carreira tornando-se *aedilis* na época em que mandara fazer o pavimento.

Figura 118: Inscrição em Corinto com o nome de Erasto (mencionado em Rm 16,23), ainda visível, mesmo sem as letras de bronze.

Visitas, relatórios, cartas e problemas

Éfeso era um grande porto na costa oriental do Egeu, quando Paulo esteve lá. A cidade tinha um quarto de milhão de habitantes e era sede do governador da Ásia romana. Hoje, com sua baía cheia de lodo e a antiga glória totalmente desaparecida, não passa de ruínas perto de Selçuk na estrada de Kusadasi, embora, às vezes, se encha de estudantes, peregrinos e turistas como se enchia de habitantes no passado. A cidade de Corinto tinha também duas baías no oeste do Egeu e também sediava o governo da Acaia romana, com população semelhante à de Éfeso na ocasião. Localizada estrategicamente na ponta oeste do istmo que separava a Grécia central do Peloponeso no eixo norte-sul e os mares Jônico e Egeu no eixo leste-oeste, tinha uma baía em Lechaion no golfo Coríntio e outra em Cencréia no golfo Sarônico. Também, como Éfeso, nada sobrou de sua glória e estudantes, turistas e peregrinos substituem a antiga população debaixo do mesmo íngreme Acrocorinto. A moderna Corinto ao nordeste tem só dez por cento da antiga Corinto, mas o canal entre os istmos corta 250 milhas de Brindisi a Pireu e garante sua presença no destino da União Européia por meio da Grécia.

Nos dias de Paulo um barco navegando de Cencréia, de Corinto, levava um mensageiro a Éfeso na melhor das hipóteses em duas semanas, e na pior, em muitas mais, dependendo de passagens nas ilhas, paradas de cargueiros, sem mencionar falta de sorte, ventos e tempestades. A comunidade de Corinto que Paulo fundara havia lhe enviado uma lista de perguntas, quando ele ainda vivia em Éfeso, na metade dos anos 50. Não eram meras questões movidas por curiosidade, mas de profunda controvérsia no grupo seriamente dividido. Não traziam apenas problemas para ele solucionar. No centro das dificuldades sobressaíam pontos de vista divergentes a respeito de sua competência, importância e autoridade e até mesmo de sua integridade.

As cartas de Paulo aos coríntios foram escritas depois de ele ter sido solto da prisão em Éfeso de onde enviara cartas para Filemon e para os filipenses. Mas se chegou a comparar a experiência passada com "lutar contra os animais em Éfeso", em 1 Coríntios 15,32, bem poderia descrever sua presente experiência como igualmente de luta contra feras em Corinto. Haveria nessa cidade algum problema fundamental capaz de gerar tamanha discórdia sobre Paulo e de levantar tantos antagonismos contra ele? Pense no contraste, por exemplo, entre Filipos e Corinto, visível nas cartas que escreveu a essas comunidades. As duas eram colônias romanas oficialmente fundadas por veteranos dispensados do serviço militar, para lhes pagar pelo que tinham feito, mantê-los fora da Itália, estimular a economia local e promover a *romanitas* no mundo grego. Paulo escreveu a Filipos calorosamente, e a Corinto, de maneira tão desagradável como jamais o fizera (nem mesmo aos gálatas). Que havia de tão espetacularmente errado em Corinto?

VISITA 1. As dificuldades de Paulo em Corinto começaram cedo e pioraram por algum tempo para, finalmente, melhorar. "Esta é a minha resposta àqueles que me acusam", diz Paulo em 1 Coríntios, recordando sua visita inaugural (9,3). Depois de longa defesa do direito que tinha de ser sustentado, conclui: "Não me vali de nenhum desses direitos. Nem escrevo estas coisas no intuito de reclamá-los em meu favor. Antes morrer que... Não! Ninguém me arrebatará esse título de glória!" (9,12.15). Por que Paulo recusava a generosidade e hospitalidade deles?

As sentenças finais sugerem que agia dessa maneira guiado por princípios gerais, mas, por exemplo, como explicar que nunca deixara de aceitar a ajuda dos filipenses? Relembre que Paulo também havia recebido auxílio dos tessalonicenses e mais tarde em Éfeso, segundo Filipenses 4,15-19. Admite em 2 Coríntios o recebimento desses benefícios enquanto visitava Corinto:

EM BUSCA DE PAULO

Despojei outras Igrejas, delas recebendo salário, a fim de vos servir. E, quando entre vós sofri necessidades, a ninguém fui pesado, pois os irmãos vindos da Macedônia supriram a minha penúria; em tudo evitei ser-vos pesado, e continuarei a evitá-lo. (11,8-9)

A pergunta é específica: por que Paulo recusava ajuda precisamente em Corinto e não nos outros lugares? Que havia de errado na ajuda dos coríntios?

CARTA 1. A primeira carta de Paulo aos coríntios foi perdida, e só sabemos alguma coisa a respeito por causa de um comentário em 1 Coríntios 5,9: "Eu vos escrevi em minha carta". Coisa que indicava problemas anteriores. Já havia feito esta advertência: "Escrevi-vos que não vos associeis com alguém que traga o nome de irmão e, não obstante, seja impudico ou avarento ou idólatra ou injurioso ou beberrão ou ladrão. Com tal homem não deveis nem tomar refeição", segundo 1 Coríntios 5,11. De que maneira indivíduos como esses participavam no cristianismo coríntio? Por que a comunidade não reconhecia o problema e precisava ser advertida por Paulo para agir?

CARTA 2. Trata-se de 1 Coríntios. Depois da longa, incisiva e apaixonada abertura (capítulos 1-4), Paulo reage a diferentes problemas que lhe foram relatados, provavelmente, pela "casa de Cloé" (5-6) respondendo a diversas questões levantadas pelos coríntios (7-16). Teria sido posto em dia sobre o que se passava lá, "pela presença de Estéfanas, Fortunato e Acaico" (16,17). Pressupomos que essas pessoas estavam de seu lado nas disputas do grupo porque ele mesmo havia batizado "também a família de Estéfanas", que era "as primícias de Acaia" (1,16; 16,15).

VISITA 2. Paulo enviou Timóteo a Corinto, mas com certa hesitação, como se nota em 1 Coríntios 4,17 e 16,10. O relatório de Timóteo foi tão sério que Paulo resolveu ir diretamente de Éfeso a Corinto para logo regressar. Mais tarde confessa que essa visita foi feita "na tristeza" (2Cor 2,1 e 13,2). As coisas continuavam a piorar.

CARTA 3. Esta carta também se perdeu e sabemos a seu respeito porque Paulo mencionou mais tarde que escrevera essa carta para evitar novas visitas desagradáveis. Refere-se a ela repetidamente em 2 Coríntios:

Por isto, foi em grande tribulação e com o coração angustiado que vos escrevi em meio a muitas lágrimas, não para vos entristecer, mas para que conheçais o amor transbordante que tenho para convosco... se vos entristeci pela minha carta, não me arrependo... vejo que essa carta vos entristeceu, ainda que por pouco tempo... Não quero dar a impressão de incutir-vos medo por minhas cartas. (2,4; 7,8; 10,9)

A segunda e dolorosa visita em nada ajudou a melhorar a situação nem a terceira, e menos ainda a carta lacrimosa. As coisas tornavam-se, claramente, piores, intensificando nossa pergunta: que acontecia entre Paulo e Corinto?

CARTA 4. O texto atual de 2 Coríntios é formado por duas cartas. A primeira na ordem cronológica é 2 Coríntios 10-13, e é tão amarga a ponto de incluir ataques feitos contra ele. Envolve outros missionários cristãos, judeus, opositores, que Paulo chamava sarcasticamente de "eminentes apóstolos"; sem entrar no mérito da

QUE E QUEM CONTROLA O BANQUETE?

questão, perguntamos: por que alguns, a maioria ou todos os coríntios preferiam seguir a eles e não a Paulo?

CARTA 5. Depois de mandar a quarta carta, Paulo envia Tito à sua frente para ver como as coisas andavam em Corinto. Paulo viajou de Éfeso para o norte esperando encontrar Tito em Troas no lado asiático de Filipos, ou no lado europeu na parte mais alta do Egeu, segundo 2 Coríntios 2,12-13. Encontraram-se na Macedônia, e as notícias foram muitíssimo boas, como Paulo demonstra exultante em 2 Coríntios 7,5-15. Paulo, então, escreveu a carta que conhecemos como 2 Coríntios 1–9. Essa carta marcou a alegre reconciliação.

VISITA 3. Depois de conversar com Tito e de mandar a carta 5, presumimos que a situação se normalizara em Corinto. Voltaremos a esse tema quando considerarmos 2 Coríntios 8–9 e a Grande Coleta, no próximo capítulo.

PROBLEMAS. Essa onda complicada de visitas, relatórios e cartas demonstra o choque fundamental entre duas visões de moral comunitária e, mais do que isso, de duas teologias fundamentais nas quais se baseavam. Em Corinto, Paulo e seu ponto de vista confrontavam-se, mais intensamente do que antes, com a normalidade plena do poderoso sistema romano de patrocínio apoiado, naturalmente, pela teologia imperial romana. Que era, pois, o imperador divino se não o supremo patrono?

Em primeiro lugar, relembre que "em Cristo Jesus" negavam-se os privilégios entre judeus e gregos, escravos e livres, e homens e mulheres, naturalmente, na assembléia cristã (Gl 3,28). Paulo repete a mesma coisa em 1 Coríntios 12,13 ao dizer: "Pois fomos todos batizados num só Espírito para ser um só corpo, judeus e gregos, escravos e livres, e todos bebemos de um só espírito!". Nada disso surgira, para Paulo, de idéias sobre democracia política geral ou de direitos universais inalienáveis, mas do *status* comum dos cristãos considerados iguais diante de Deus e sob ele. Como diz em Romanos 8,29, "os que de antemão [Deus] conheceu, esses também predestinou a serem conformes à imagem do seu Filho, a fim de ser ele o primogênito entre muitos irmãos". Já examinamos, no capítulo 2, os resultados práticos dessa igualdade intracristã a respeito da escravidão e do patriarcado.

Em segundo lugar, o fundamento dessa igualdade é imitação (ou melhor, participação *na*) da *kenosis*, do auto-esvaziamento de Cristo como se lê em Filipenses. Antes de proclamar esse hino ao Cristo quenótico em 2,6-11, pediu aos filipenses: "Tende em vós o mesmo sentimento de Cristo Jesus" (2,5), e depois os advertiu por meio de um paradoxo magnificamente preciso: "Operai a vossa salvação com temor e tremor, pois é Deus quem opera em vós o querer e o operar, segundo a sua vontade" (2,12-13). Como poderia alguém, de fato, viver a *kenosis* pessoal ou comunitariamente sem a ajuda do Cristo e do Deus quenóticos?

Em terceiro lugar, em oposição a essa surpreendente visão da comunidade quenótica firma-se a suprema normalidade da civilização humana em geral e do sistema de patrocínio romano, em particular. Para essa normalidade, a visão de Paulo é desumana, impossível, idiota e absurda. O que está em jogo é muito claro.

EM BUSCA DE PAULO

Qualquer comunidade quenótica gera igualdade, enquanto as patronais fomentam a desigualdade; kenosis *cria cooperação. O patrocínio gera competição.* Na sua primeira visita, Paulo tocou nesse problema e, talvez, tenha criado outros, inadvertidamente. De um lado, mencionou em 1 Coríntios 1,14-16 que havia batizado apenas Crispo, Gaio e a família de Estéfanas em Corinto. Mas Crispo era "o chefe da sinagoga" em Atos 18,8; Gaio, "que hospeda a mim e toda a Igreja" em Romanos 16,23; e a família de Estéfanas devotada "à família dos santos". Como vimos antes, o próprio Estéfanas visitou Paulo em Éfeso (1Cor 16,15-17). É provável que o considerassem seu patrono ou teriam sido os outros que o consideravam assim? De qualquer forma, e imediatamente, Paulo recusava qualquer ajuda *patronal* dos coríntios, enquanto aceitava apoio *comunal* dos filipenses. A razão mais clara dessa recusa aparece na brilhante abertura de 1 Coríntios 1-4.

Poder e sabedoria ou loucura e fraqueza?

Não basta admirar a arrojada retórica e a repetição mântrica e até mesmo hipnótica dos paradoxos de Paulo a respeito de humanidade e divindade, sabedoria e loucura, e poder e fraqueza em 1 Coríntios 1-4. Você quer saber o que isso significa. Trata-se, naturalmente, do melhor comentário existente sobre as implicações *comunitárias* da divindade quenótica em Filipenses 2,6-11. Mas que quer dizer negativa e positivamente? A melhor pista encontra-se neste comentário de 1 Coríntios 1,26-29:

> Vede, pois, quem sois, irmãos, vós que recebestes o chamado de Deus; não há entre vós muitos sábios segundo a carne, nem muitos poderosos, nem muitos de família prestigiosa. Mas o que é loucura no mundo, Deus o escolheu para confundir os sábios; e, o que é fraqueza no mundo, Deus escolheu para confundir o que é forte; e, o que no mundo é vil e desprezado, o que não é, a fim de que nenhuma criatura se possa vangloriar diante de Deus.

A expressão *não muitos* significa *alguns* ou *poucos* ou, ainda, talvez apenas *um* na comunidade cristã de Corinto capaz de ser reconhecido na sociedade não cristã como sábio, poderoso e bem nascido. Essas sentenças não apenas expõem oposições paradoxais entre o humano e o divino, mas também introduzem certos termos-chave que permeiam 1 Coríntios 1-4.

Em primeiro lugar, nesse trecho, a frase *segundo a carne* (mencionada quatro vezes) significa *deste século* (também quatro vezes), *mundo* (três vezes) e *maneira meramente humana* (doze vezes). Esses termos não se referiam de modo restrito e específico a certos males contemporâneos da época, mas ao que estamos chamando de *normalidade da civilização*. Em seguida, os termos *sábio* e *sabedoria* e os opostos *louco* e *loucura* ressoam pelo texto inteiro. Assim, também, os termos *poderoso* e *poder, fraco* e *fraqueza* (e seus equivalentes). Em outras palavras, à luz de 1 Coríntios 1,26-27, os quatro primeiros capítulos da mesma carta não se referem a meras categorias abstratas da

304

QUE E QUEM CONTROLA O BANQUETE?

vida humana, mas a pessoas reais em Corinto, precisamente no que tange a suas normalidades humanas gerais e não a suas mazelas específicas anormais.

É possível ser poderoso sem ser sábio ou vice-versa. Assim, levamos a sério a crítica dupla de Paulo a certos cristãos de Corinto cuja importância baseava-se nas duas situações. Implacavelmente e com ênfase, Paulo repetia de forma insistente que o poder e a sabedoria humanos eram loucura e fraqueza divinas, e vice-versa. (Por causa das conotações do termo grego, talvez a melhor tradução para "fraco/ fraqueza" fosse "retardado mental/deficiência mental"). Como já vimos, alguns dos primeiros cristãos convertidos por Paulo em Corinto eram suficientemente importantes para se envolver em relacionamentos comuns patronais vigentes na cultura da normalidade. É por isso que não queria depender financeiramente deles. Em 1 Coríntios 2,2-8, diz o seguinte:

> Pois não quis saber outra coisa entre vós a não ser Jesus Cristo, e Jesus Cristo crucificado. Estive entre vós cheio de fraqueza, receio e tremor; minha palavra e minha pregação nada tinham da persuasiva palavra da sabedoria, mas eram uma demonstração de Espírito e poder, a fim de que a vossa fé não se baseie sobre a sabedoria dos homens, mas sobre o poder de Deus. No entanto, é de sabedoria que falamos entre os perfeitos, sabedoria que não é deste mundo nem dos príncipes deste mundo, votados à destruição. Ensina-mos a sabedoria de Deus, misteriosa e oculta, que Deus, antes dos séculos, de antemão destinou para a nossa glória. Nenhum dos príncipes deste mundo a conheceu, pois, se a tivessem conhecido, não teriam crucificado o Senhor da Glória.

Os príncipes deste mundo são, agora, as autoridades romanas que haviam executado Jesus, mas, em termos gerais, os poderes cósmicos que permitiam a violência imperial e a injustiça humana como normas da história e marca permanente da civilização.

Os paradoxos do discurso paulino aparecem também em evidência não apenas no começo de 1 Coríntios, mas também no final de 2 Coríntios. 1 Coríntios 1–4 dá ênfase na crucificação de Cristo como exemplo supremo do poder e da sabedoria divinos em forma de fraqueza e loucura. Em 2 Coríntios 10–13, o exemplo é o próprio Paulo, nos mesmos termos. Mas, naturalmente, acentuando que Paulo estava *em* Cristo e este *em* Paulo. O problema fundamental é o mesmo nos dois textos. Os sábios e poderosos da igreja de Corinto sentiam-se ressentidos com a recusa de Paulo de participar em suas redes de patrocínio. Antes, ou talvez, depois disso, Paulo os cita em 2 Coríntios 10,10: "Pois as cartas, dizem, são severas e enérgicas, mas uma vez presente, é um homem fraco e a sua linguagem é desprezível". Já em 1 Coríntios 1,12 e 3,4 os sábios e poderosos preferiam Apolo a Paulo, embora as evidências demonstrem que Apolo teria resistido a essa competição, da mesma forma que Paulo. Mas, em 2 Coríntios 10–13, os opositores de Paulo aceitavam outros apóstolos cristãos cujas credenciais judaicas eram tão boas como as dele mas cuja eloqüência retórica ele admitia defensivamente em 2 Coríntios 11,5-6 : "Todavia, julgo não ser inferior, em coisa alguma, a esses 'eminentes apóstolos'", pois, "ainda

EM BUSCA DE PAULO

que seja imperito no falar, não o sou no saber". A resposta básica a essa ostentação de poder satirizava-os vangloriando-se na fraqueza, em 2 Coríntios 11,23-33:

São ministros de Cristo? Como insensato, digo: muito mais eu. Muito mais, pelas fadigas; muito mais, pelas prisões; infinitamente mais, pelos açoites. Muitas vezes, vi-me em perigo de morte. Dos judeus recebi os quarenta golpes menos um. Três vezes fui flagelado. Uma vez, apedrejado. Três vezes naufraguei. Passei um dia e uma noite em alto mar. Fiz numerosas viagens. Sofri perigos nos rios, perigos por toda parte dos ladrões, perigos por parte dos meus irmãos de estirpe, perigos por parte dos gentios, perigos na cidade, perigos no deserto, perigos no mar, perigos por parte dos falsos irmãos! Mais ainda: fadigas e duros trabalhos, numerosas vigílias, fome e sede, múltiplos jejuns, frio e desnudamento... Se é preciso gloriar-me, de minha fraqueza é que me gloriarei. O Deus e Pai do Senhor Jesus, que é bendito pelos séculos, sabe que não minto. Em Damasco, o etnarca do rei Aretas guardava a cidade dos damascenos no intuito de me prender. Mas por uma janela fizeram-me descer em um cesto ao longo da muralha, e escapei às suas mãos.

Esse final é maravilhoso e cheio de humor. O soldado legionário romano que jurou ter sido o primeiro a conquistar o inimigo nos muros da cidade recebeu a *corona muralis*, coroa militar de ouro por bravura excepcional. Paulo poderia dizer que ganhou, satiricamente, a *corona ex-muralis*, por ter escapado ileso pela muralha na direção oposta. Concluía em 2 Coríntios 12,10: "Por isto, eu me comprazo nas fraquezas, nos opróbrios, nas necessidades, na perseguições, nas angústias por causa de Cristo. Pois, quando sou fraco, então é que sou forte".

Poder e eucaristia

A maioria dos problemas em Corinto emanava, como mostrou John Chow, dos poderosos patronos membros da assembléia cristã, gente muito boa para ajudar, apoiar e proteger, mas, ao mesmo tempo, muito nociva à causa da unidade, da igualdade e da comunidade. Paulo refere-se a eles como *poderosos*, capazes de procurar resolver disputas financeiras fora da assembléia cristã nas cortes civis (1Cor 6,1-8), de aprovar casamentos entre enteados e madrastas viúvas para proteger patrimônios (5,1-13) e de justificar sua participação em refeições cúlticas nos templos pagãos, comprando a carne sacrificada nos açougues para comê-la em jantares privados (10,14-33). Esses problemas afetavam não apenas sua posição na assembléia cristã, mas também seus contatos com amigos, alforriados e clientes fora dela. Eram problemas dos ricos apenas. 1 Coríntios 11,17-34 dá-nos fascinante exemplo do que acontecia na refeição eucarística ou Ceia do Senhor.

Os moralistas greco-romanos costumavam discutir se era corretamente ético servir comida e vinho de qualidade superior para amigos e iguais, e inferior para alforriados e clientes nos banquetes patronais. Perguntavam, em outras palavras,

QUE E QUEM CONTROLA O BANQUETE?

se seria justo fazer dos banquetes demonstração de estratificação social exaltando os ricos e humilhando os pobres.

Nas últimas décadas do primeiro século, o poeta espanhol Marcial, sobrevivendo em Roma como cliente literário, dependente de ricos patrocinadores, reclamava amargamente em seus *Epigramas* das humilhações que presenciava nesses banquetes: "Enquanto a maioria dos hóspedes convidados apenas olha, tu, Ceciliano, devoras sozinho os cogumelos" (1.20), e: "Por que estou comendo sem ti, Pôntico, ao mesmo tempo que estou comendo contigo?... vamos comer a mesma coisa" (3.60). Seu amigo (e patrocinador!), Plínio, o Jovem, que lhe ajudou a voltar para a Espanha, não gostava dessa discriminação. Conta esta história em suas *Cartas*:

> Alguns pratos muito elegantes foram servidos ao hospedeiro e a poucos a seu redor; os pratos oferecidos aos outros eram baratos e desprezíveis. Havia três tipos de vinho em diferentes frascos... um deles era para ele e para mim; o segundo, para seus amigos de classe inferior; ... e o terceiro para os alforriados dele e meus. Um deles, sentado ao meu lado, me perguntou se eu aprovava esse procedimento. "De jeito nenhum", disse-lhe. "Diga-me, então", disse ele, "que você faz nessas ocasiões?". Respondi-lhe: "Ofereço a todos a mesma coisa; pois quando convido alguém, é para o jantar, e não para censurá-lo. Trato todos os que convido à minha mesa como iguais a mim em todos os sentidos". Perguntou-me ele: "Mesmo os alforriados?" Respondi que sim. "Nessas ocasiões eu os considero companheiros de farra e não alforriados". Disse-me: "Mas isso deve sair muito caro". Disse-lhe que não. Queria saber como era isso. "Você deve saber que meus alforriados não bebem o mesmo que eu costumo beber — mas *eu* posso beber o vinho que eles costumam beber". (2.6)

Você percebe que a última sentença foi pronunciada, sem dúvida, sem nenhuma ironia narrativa mas cheia de complacência aristocrática. As duas opções representam discriminação ou condescendência patronal. Nem mesmo Plínio considerou a possibilidade de uma terceira opção — dar a todos o melhor vinho.

Quando mais tarde Paulo escreveu de Corinto aos romanos, acrescentou: "Saúda-os Gaio, que hospeda a mim e a toda a Igreja" (16,23). O problema narrado em 1Coríntios 11,17-34 é o que teria ocorrido quando Gaio ou algum outro patrocinador cristão de Corinto hospedava as assembléias para a refeição eucarística segundo o que se esperava normalmente dos banquetes patronais greco-romanos.

Nas igrejas atuais a eucaristia é apenas um pedaço de pão e um gole de vinho, ritual memorial e participação sacramental na (Última) Ceia do Senhor. As eucaristias do primeiro século, contudo, envolviam as funções listadas anteriormente no contexto de uma refeição completa, jantar ou banquete (*deipnon*). Paulo chama essa comida real e especial de *kyriakon deipnon* distinguindo-a de *idion deipnon* em 1 Coríntios 11,20-21. O "estilo da Ceia do Senhor" não é o mesmo da "ceia de cada um". Qual era a diferença?

Seria possível realizar essa "ceia" em casa, recitando algumas orações antes e depois de comer, ou repetindo as palavras "Este é meu corpo", sobre o pão, e "Este é

EM BUSCA DE PAULO

o meu Sangue", sobre o vinho? De maneira alguma. Por quê? Porque a característica dessa refeição era *kyriakon*, ou seja, no estilo do Senhor. Não se constituía apenas de palavras, mas da sua natureza comunitária, quando os cristãos primitivos traziam o que tinham e o repartiam entre todos. Era o que tornava a "ceia" sagrada e a ligava às refeições comunitárias do Jesus histórico. Não se tratava de esmola, caridade ou assistência social, mas da tentativa de participação na nova criação que reconhecia Deus como o senhor de todas as coisas, e os humanos, despenseiros num mundo que não lhes pertencia. No final do capítulo 3, mostramos algumas evidências dessas refeições eucarísticas comunitárias. A carta paulina 1 Tessalonicenses e a pós-paulina 2 Tessalonicenses insistem contra os que comem e bebem sem pagar, afirmando que o trabalho individual devia preceder a refeição comum. A seqüência é esta: trabalho, participação e comida.

Reciprocidade e povo comum davam certo, mesmo com alguns problemas de abuso, desde que as assembléias cristãs fossem compostas principalmente dos que, em termos romanos, viviam de *negotium* em vez de *otium*, trabalhando em oficinas de manufatura ou como vendedores em lojas, em lugar da vida fácil dos patronos e dos proprietários de terras. Vejamos o que aconteceu com Gaio ou, talvez, com algum outro patrocinador rival, segundo 1 Coríntios. Certo patrocinador rico convidou as assembléias para a celebração conjunta da Ceia do Senhor e, como de costume, cada pessoa trouxe comida e bebida para repartir com todos. Mas "cada um se apressa por comer a sua própria ceia, e, enquanto um passa fome, o outro fica embriagado" (11,21). Em vez de refeição comunitária, cada um comia sua própria porção, de tal maneira que os mais abastados comiam e bebiam melhor do que os mais pobres. Alguns comiam no triclínio e outros no átrio, ou ainda alguns no triclínio principal e outros, no secundário. Havia até mesmo os que faziam a refeição nas áreas de serviço. Paulo reclamava: "Ou desprezais a Igreja de Deus e quereis envergonhar aqueles que nada têm?" (11,22). Alguns começavam a comer antes mesmo da chegada dos outros. Por isso a advertência: "Quando vos reunirdes para a Ceia, esperai uns aos outros" (11,33).

A solução de Paulo é, na verdade, um arranjo, talvez, muito próximo da complacência aristocrática de Plínio. Poderia ter pedido que cada um trouxesse o melhor que possuía mas, em vez disso, ofereceu duas possibilidades. De um lado, os ricos deveriam comer sua melhor refeição em casa antes de participar na Eucaristia: "Não tendes casas para comer e beber?" (11,22) e, mais: "Se alguém tem fome, coma em sua casa, a fim de que não vos reunais para a vossa condenação" (11,34). De outro, a ordem da Ceia do Senhor obedecia à seguinte seqüência:

(1) Invocação e *partir* do pão (11,23-24)

(2) A ceia (11,25a)

(3) Invocação e *participação* do cálice (11,25b-26)

Paulo insiste na natureza tradicional dessa seqüência. O partir do pão e a participação no cálice dão ênfase no aspecto comunitário do ato. Além disso, a ceia acontece

308

entre esses dois momentos, nunca antes. A refeição tinha de ser em comum, como eram o partir do pão e a participação no cálice. Talvez tenha sido o melhor que Paulo conseguira alcançar. Os ricos podiam ainda trazer alimento barato para os pobres mas, pelo menos, todos podiam comer e beber juntos a mesma coisa, no mesmo lugar e ao mesmo tempo. Apesar disso, a Eucaristia ou Ceia do Senhor, simbolismo central da responsabilidade divina do cristianismo por uma terra compartilhada, já dava sinais de ruptura em Corinto, e Paulo sabia disso. Suas advertências finais sobre doença e morte, julgamento e condenação (11,27-34) indicavam claramente que muito mais estava em jogo do que cortesia comunitária ou polidez pública.

Sabedoria e ressurreição

Paulo duas vezes salienta com ênfase que havia *transmitido* aos coríntios tradições que *recebera*, presume-se, de Jerusalém (1Cor 11,23; 15,3). Primeiramente, como acabamos de ver, relacionavam-se com o caráter comunitário da ceia do Senhor. Na segunda vez, com a reação dos sábios à ressurreição física do Senhor.

Imagine o que pensavam os coríntios, acostumados com os quase lugares-comuns da filosofia platônica a respeito do destino humano. Como consideravam as relações entre corpo e alma e o que viria a acontecer depois da morte? Sócrates, desejando recusar a morte legal fugindo ilegalmente, passou seu último dia conversando com amigos a respeito da imortalidade da alma. Examinemos, a seguir, um apanhado de seus comentários registrados no *Fédon* de Platão:

[A alma deve] ter sua habitação, à medida de sua possibilidade, agora e no futuro, livre dos grilhões do corpo... A alma parece-se mais com o divino, imortal... enquanto o corpo, com o humano, mortal... [Na morte] a alma, parte invisível, que vai para um lugar semelhante a si mesma... à presença do Deus bom e sábio, onde, se ele quiser, a alma [de Sócrates] irá em breve... Os que buscam a sabedoria têm certeza de que quando a filosofia toma a alma, ela é, inevitavelmente, prisioneira, amarrada ao corpo, compelida a ver a realidade não diretamente, mas pelas grades da prisão, chafurdada na mais completa ignorância. (67d, 80bd, 82e)

Como reagiria a sabedoria platônica em Corinto em face da proclamação paulina da ressurreição do *corpo* de Jesus, em contraposição à libertação da alma do corpo na morte, como a do martirizado Sócrates no passado, acentuando a reintegração de seu corpo e alma na vida eterna? Os filósofos platônicos teriam considerado esse ensino loucura ou, mais polidamente, traduziriam *ressurreição do corpo* por *imortalidade da alma*. Não teriam, provavelmente, problema com a apoteose da alma de Jesus relacionada depois da morte de maneira especial com o divino, mas *ressurreição do corpo* soaria a seus ouvidos como trasladar para a eternidade as amarras da prisão dos sentidos.

O primeiro argumento de Paulo repetia a tradição básica sobre a morte e a ressurreição de Jesus, ressaltando especialmente que depois de sua morte e sepultamento

EM BUSCA DE PAULO

ele fora "visto" por muitas pessoas incluindo ele mesmo (15,3-11). Essa história, certamente, não facilitou suas relações com os sábios coríntios. Estes teriam lhe replicado dizendo que na sua tradição greco-romana muitos indivíduos voltavam da morte para visitar os vivos. Poderiam ter dito a Paulo: "Imagine Heitor, morto, aparecendo a Enéias no começo da *Eneida* de Virgílio, aconselhando-o a fugir para as altas torres do Ílion" (2.268-297).

O segundo argumento não dá lugar para esse tipo de interpretação. Paulo insiste num único significado para o termo *ressurreição*, a saber, *ressurreição geral do corpo* no final desta era perversa, quando Deus ressuscitará todos os mortos para o julgamento, como prelúdio da transformação da terra na perfeição escatológica e na paz utópica. Uma vez que esse grande momento futuro não destruirá mas transformará o mundo, não anulando a criação, mas a aperfeiçoando, não levará a terra para o céu, mas trará o céu à terra, terá de haver, em primeiro lugar e acima de tudo, uma grande cena pública de justiça. Esse imaginário nada tem a ver com a expectativa da escatologia judaica em geral ou da teologia farisaica, em particular. Paulo, então, acrescenta à adaptação brilhantemente original sua variante também original da revisão criativa que o cristianismo judaico já tinha elaborado da teologia farisaica. Ensinava, então, que a ressurreição geral do corpo *já havia começado* com a ressurreição do corpo de Jesus e que esse início e término, começo e fim, andavam juntos:

> Ora, se se prega que Cristo ressuscitou dos mortos, como podem alguns dentre vós dizer que não há ressurreição dos mortos? Se não há ressurreição dos mortos, também Cristo não ressuscitou... atestamos... que [Deus] ressuscitou a Cristo, quando de fato não o ressuscitou, se é que os mortos não ressuscitam. Pois se os mortos não ressuscitam, também Cristo não ressuscitou. (15,12-13.15b-16)

O argumento é claro: se Jesus não ressuscitou, não há ressurreição geral e vice-versa. Em outras palavras, usando a metáfora da colheita, "Cristo ressuscitou dos mortos, primícias dos que adormeceram" (15,20). A ressurreição de Jesus comparada com a ressurreição geral era como as primícias em relação ao resto da colheita. A ressurreição de Cristo não era mero privilégio concedido apenas a ele. Se fosse essa a intenção, falaríamos em assunção, exaltação ou apoteose. O termo *ressurreição* significava, no contexto cristão primitivo, somente uma coisa — a ressurreição geral do corpo que começava em Cristo para acabar com as confusões do mundo. Como dissemos no capítulo 3, o termo significava que a ressurreição geral do corpo começava com ele. A afirmação particular, especial e ímpar do cristianismo judaico é que a expectativa do farisaísmo judaico de um evento único e instantâneo transformava-se num tempo estendido (talvez, breve) e em processo (talvez, curto).

O terceiro argumento atinge o centro do debate com os sábios de Corinto. "Mas, dirá alguém, como ressuscitam os mortos? Com que corpo voltam?" (15,35). Pode-se ouvir, no fundo, a voz da tradição platônica. A alma está no corpo (*sōma*) como num túmulo (*sēma*) para o *Crátilo* (400c) ou como a ostra na *concha* para o *Fédon* (250c). Como seria o corpo ressuscitado? Quem desejaria ter esse corpo?

310

QUE E QUEM CONTROLA O BANQUETE?

A alma é sumamente superior ao corpo, e aquilo que dá a cada um de nós o ser não é outra coisa se não a alma, posto que o corpo não passa de mera sombra a nos acompanhar. Assim, está certo dizer que o corpo dos mortos é apenas um fantasma; o homem real — a coisa imortal chamada alma — parte para se encontrar com os deuses de outro mundo, como nos ensina a tradição antiga — coisa que os bons esperam sem temor, mas os maus com terrível pavor. (*Leis* 12.959b)

A resposta de Paulo mantém ao mesmo tempo continuidade *e* descontinuidade. Continuidade porque "o que semeias, não readquire vida a não ser que morra" (15,36), de tal maneira que o corpo sepultado pode ser comparado à semente plantada que crescerá de novo. Descontinuidade porque "semeado corpo psíquico, ressuscita corpo espiritual. Se há um corpo psíquico, há também um corpo espiritual" (15,44). Segundo Paulo "corpo espiritual" não é um círculo quadrado, mas o corpo humano normal transformado pelo Espírito de Deus. Em outras palavras, "corpo espiritual" significa corpo transfigurado pelo poder de Deus. Paulo bem poderia ter dito que esse corpo cumpria as antigas promessas de um mundo transformado escatologicamente aqui na terra. Que outra coisa poderia existir nesse novo mundo a não ser corpos espirituais? Eis, a seguir, seu *grand finale* em 15,21-26:

Visto que a morte veio por um homem, também por um homem vem a ressurreição dos mortos. Pois, assim como todos morrem em Adão, em Cristo todos receberão a vida. Cada um, porém, em sua ordem: como primícias, Cristo; depois, aqueles que pertencem a Cristo, por ocasião da sua vinda. A seguir, haverá o fim, quando ele entregar o reino a Deus Pai, depois de ter destruído todo Principado, toda Autoridade, todo Poder. Pois é preciso que ele reine, até que tenha posto todos os seus inimigos debaixo dos seus pés. O último inimigo será a Morte.

A última afirmação aparece também no capítulo 7. Mas temos ainda uma pergunta. A partir de Gênesis 2-3, Paulo considera a morte punição a Adão por causa de sua desobediência, não sendo, portanto, parte da boa criação de Deus. Mas será mesmo? Não fará parte da criação divina? Além disso, será ela o último inimigo de Deus *ou* a violência *ou*, mais precisamente, a morte violenta (entendida, naturalmente, como monopólio humano)? Será que para entendermos o significado de morte em Paulo não seria suficiente tomar conhecimento do noticiário local, nacional ou internacional numa noite qualquer? Afinal, a violência tem sido a droga preferida ao longo de milênios de dependência.

Temos ainda uma questão final e básica cuja resposta servirá de resumo não apenas de 1 Coríntios 15, mas da transmutação que Paulo fez da escatologia geral apocalíptica judaica e da teologia farisaica específica da ressurreição. Precisamos indagar por que Paulo não concordava com seus convertidos "sábios" em Corinto, que aceitavam a teologia platônica e insistiam que a alma de Cristo, mais pura do que a de Sócrates, residia agora com Deus num estado de santidade eterna para julgar positiva ou negativamente todas as outras almas antes e depois dele. Platão, afinal, persistia em afirmar (contra o Hades de Homero) que a imortalidade da alma era necessária para que se cumprisse a justiça divina, a fim de que as almas boas fossem recompensadas e as más, punidas

311

EM BUSCA DE PAULO

depois desta vida. Por que, pelo menos, não deixar abertas as duas opções para a fé cristã: ressurreição do corpo e imortalidade da alma? Porque, simplesmente, *a ressurreição geral do corpo relacionava-se, em primeiro lugar, com a justiça de Deus no meio da bondade da criação aqui na terra, para transformá-la, e, em segundo lugar, com os mártires que haviam morrido pela justiça sofrendo em seus corpos tortura, brutalidade e assassinato.* A ressurreição não se referia apenas a nós e à nossa sobrevivência, mas a Deus e sua terra. Não estava interessada no êxodo celestial, mas na transfiguração deste mundo físico. A imortalidade da alma, mesmo depois de todas as sanções *post-mortem*, não seria capaz de restaurar o mundo desfigurado pelas maldades, injustiças e violências humanas. Para o Paulo judeu e fariseu, a justiça divina realizava-se nos corpos e na terra transfigurada.

Hierarquia na comunidade

A multiplicidade de problemas nas assembléias e entre elas e Paulo torna-se evidente mesmo numa leitura menos aprofundada das duas cartas aos coríntios. O conteúdo de 1 Coríntios 12–14 chama a atenção de maneira especial quando calculamos a prioridade e o espaço que Paulo deu a cada uma dessas questões. Sem contar a demorada abertura programática de 1 Coríntios 1–4, o trecho mencionado acima é a seção mais longa dessas cartas. Que estava em jogo em tão persistente discussão? Envolvia temas como unidade, diversidade e hierarquia. Tratava dos problemas fundamentais surgidos entre a comunidade quenótica de iguais e a sociedade patronal de desiguais. Mas como seria possível unidade na diversidade sem hierarquia?

Unidade e diversidade

O problema, novamente, surge das tensões entre superioridade e inferioridade, e da preocupação em definir quem é melhor, quais as funções mais importantes, as melhores posições e os mais excelentes dons no grupo. O princípio básico foi estabelecido por Paulo, imediatamente, em 1 Coríntios 12,4-7:

Há diversidade de dons,	mas o Espírito é o mesmo;
diversidade de ministérios;	mas o Senhor é o mesmo;
diversos modos de ação;	mas é o mesmo Deus que realiza tudo em todos;
cada um recebe o dom de manifestar	o Espírito para a utilidade de todos.

Paulo não distingue com precisão entre dons, ministérios e atividades, posto que são igualmente manifestações do Espírito, Senhor e Deus. Tampouco são concedidos como meios de ascensão pessoal, mas "para a utilidade de todos". Elabora,

312

QUE E QUEM CONTROLA O BANQUETE?

então, uma lista das manifestações do Espírito; observe como se inter-relacionam mesmo que pareçam distintas à primeira vista como atos de dons e atos de serviço:

A um, o Espírito dá a mensagem da sabedoria; a outro, a palavra da ciência segundo o mesmo Espírito; a outro, o mesmo Espírito dá a fé; a outro ainda, o único e mesmo Espírito concede o dom das curas; a outro, o poder de fazer milagres; a outro, a profecia; a outro, o discernimento dos espíritos; a outro, o dom de falar em línguas; a outro, ainda, o dom de as interpretar. (12,8-10)

E aqueles que Deus estabeleceu na Igreja são, em primeiro lugar, apóstolos; em segundo lugar, profetas; em terceiro lugar, doutores... Vêm, a seguir, os dons dos milagres, das curas, da assistência, do governo e o de falar diversas línguas. Porventura, são todos apóstolos? Todos profetas? Todos doutores? Todos realizam milagres? Todos têm o dom das curas? Todos falam línguas? Todos as interpretam? (12,28-30)

Entre essas duas listas Paulo faz a clássica analogia com os diversos membros do corpo ou do corpo social nos quais as diferenças acabam.

Na *História de Roma*, Menênio Agripa emprega apropriadamente a mesma analogia para mostrar "como as discórdias internas entre as partes do corpo assemelham-se à animosidade dos plebeus contra os patrícios", para prevenir guerras entre as classes inferiores e as superiores:

Quando as partes do corpo humano não funcionavam em comum acordo, mas cada membro fazia o que queria e falava sua própria língua, os demais membros, indignados ao perceber que as coisas adquiridas por seu labor e empenho acabavam no ventre, enquanto os outros, alheios ao que passava, nada faziam além de gozar os prazeres resultantes, iniciaram uma conspiração; as mãos recusaram-se a levar o alimento à boca e quando algumas, por acaso, o faziam, a boca não se abria e os dentes não mastigavam; por causa de seu ressentimento, procuravam punir o estômago tornando-o faminto. Em conseqüência disso, os membros enfraqueceram-se e o corpo acabou reduzido ao mais extremo estado de exaustão. Tornou-se, então, evidente que a função do estômago era essencial e que a nutrição que recebia não era maior do que a distribuída por ele por meio do sangue ao corpo todo, com o qual vivemos e nos tornamos fortes, igualmente distribuído pelas veias depois de ser maturado pelo processo da digestão dos alimentos. (2.32)

Paulo não empregou a metáfora exatamente assim. Queria dizer que "há muitos membros mas um só corpo" (12,20) e que todos dependiam igualmente uns dos outros. As comparações que faz em 12,12-13 e 12,27 eram muito importantes para o apóstolo:

Pois fomos todos batizados num só Espírito para ser um só corpo, judeus e gregos, escravos e livres, e todos bebemos de um só Espírito. Ora, vós sois o corpo de Cristo e sois os seus membros, cada um por sua parte.

Significava, no mínimo, que a assembléia cristã era como o corpo humano, pertencente a Cristo. Mas, principalmente, que havia fusão orgânica entre Cristo e a comunidade cristã, posto que igualmente bebem do mesmo Espírito Santo.

Diversidade e hierarquia

Alguns coríntios estabeleciam certa hierarquia de dons e serviços situando "línguas" ou "falar em línguas", isto é, sons de êxtase, acima de todos os outros e consideravam os assim dotados mais espirituais do que os outros na assembléia. O termo usado para designar esse dom é *glossolalia*, do grego (*glossa* = língua, e *lalein* = falar). Paulo refere-se ao fenômeno mais ou menos doze vezes entre 12,10 e 14,39. Não concorda com a classificação dos que a consideram dom mais elevado do que os outros; substitui essa hierarquia por outra completamente diferente.

Em primeiro lugar, temos a seção bem conhecida sobre "os dons mais altos" (12,31): "Ainda que eu falasse línguas, as dos homens e as dos anjos, se eu não tivesse a caridade (*agapē*), seria como um bronze que soa ou como um címbalo que tine" (13,1). Prossegue salientando as qualidades da caridade (13,4-12), e conclui: "Agora, porém, permanecem fé, esperança e caridade, estas três coisas. A maior delas, porém, é a caridade" (13,13). O trecho em 1 Coríntios 13 e seus reflexos maiores em 1 Coríntios 12–14 deixam claro que "amar" significa "compartilhar" e que todos os outros dons ou funções do Espírito nada valem se não forem recebidos, usados e compartilhados com todos para o bem comum.

Em segundo lugar, e sobre o princípio básico, a profecia precede a *glossolalia*, porque "aquele que fala em línguas edifica a si mesmo, ao passo que aquele que profetiza edifica a assembléia" (14,3-4). Mais uma vez, o princípio do bem comum vem em primeiro lugar com clareza: "Já que aspirais aos dons do Espírito, procurai tê-los em abundância, para a edificação da Igreja" (14,12).

Em terceiro lugar, a *glossolalia* fala "a Deus" e não à mente humana nem a respeito de crentes ou não-crentes:

> Orarei com o meu espírito, mas hei de orar também com a minha inteligência. Cantarei com o meu espírito, mas cantarei também com a minha inteligência... Dou graças a Deus por falar em línguas mais do que todos vós. Mas, numa assembléia, prefiro dizer cinco palavras com a minha inteligência, para instruir também os outros, a dizer dez mil palavras em línguas. (14,15-19)

Paulo sempre volta ao mesmo ponto: "Que tudo se faça para a edificação!" (14,26).

Finalmente, portanto, se houver *glossolalia*, terá de haver também interpretação, isto é, alguém que explique o que significa. Apesar de todos os problemas com esse dom, Paulo nunca recomendou que fosse proibido. Tenhamos interpretação, ordem e paz, mas "não impeçais que alguém fale em línguas" (14,39). Assim, a única hierarquia aceita por Paulo é o primado dos que edificam a comunidade, e estes só podem agir por *caridade*, isto é, *repartindo* completamente o que têm e o que recebem, nada considerando como seu para usar ou possuir, sem se vangloriar.

Essa é a visão igualitária de Paulo em ação na comunidade cristã quenótica que se esvazia na caridade e no serviço para os outros. Mas, como alguns em Corinto lhe asseguravam, não é assim que agem os sábios e poderosos deste mundo, nem fora nem dentro do cristianismo. Não é essa a norma da civilização nem da religião, sempre ocupadas com sabedoria e poder, em oposição à loucura e à fraqueza. A única resposta de Paulo era sempre: "O que é loucura de Deus é mais sábio do que os homens, e o que é fraqueza de Deus é mais forte do que os homens" (1,25).

CAPÍTULO 7

O MUNDO SOB A JUSTIÇA DIVINA

O sistema imperial baseava-se, de um lado, na mais óbvia e flagrante forma de idolatria, concretizada na adoração de um homem como se fosse a encarnação de Deus na terra; era o inimigo direto de Cristo; seu sistema parecia paródia do evangelho cristão. Que outra coisa Paulo poderia fazer além de detestá-lo e de condená-lo? Mas, de outro lado, salvou o mundo de males piores: os que viviam naquele tempo sabiam que o Imperador e o Governo Imperial eram os únicos baluartes capazes de defender a civilização contra a destruição, e de acabar com a força da desordem, da guerra e da selvageria, que quase sufocaram a sociedade e exterminaram a civilização... O Império servia, apoiava a Igreja e era seu instrumento, mas, apesar disso, era seu inimigo irreconciliável e inevitável... Para compreender a natureza da Igreja, Paulo voltou-se mais para o Império do que para os imperadores. Não se pode conceber, no entanto, que Paulo pudesse ser insensível à natureza do sistema imperial nem que aceitasse o culto imperial. Sonhava com um império purificado; mas, para isso, era necessário eliminar o Imperador-Deus.

Wlilliam Mitchell Ramsay. *The Cities of St. Paul* [As cidades de são Paulo] (1907).

Qualquer teoria cristianizadora da religião que a pressuponha destinada a orientar as pessoas nas crises da existência e a oferecer-lhes salvação e vida eterna exigiria que o culto imperial distinguisse entre religião e política. Perspectivas mais amplas sugerem, entretanto, que as religiões não precisam dar respostas a questões particulares e que a imposição da distinção convencional entre religião e política obscurece suas semelhanças básicas: são dois modos de construir poder sistematicamente... O culto imperial estabilizava a ordem do mundo. O sistema ritual era cuidadosamente ordenado; os símbolos evocavam a imagem do relacionamento do imperador com os deuses. O ritual era também estrutural; definia o mundo. O culto imperial, a política e a diplomacia construíam a realidade do Império Romano.

S. R. F. Price. *Rituals and Power: The Roman Imperial Cult in Asia Minor* [Rituais e poder: o culto imperial romano na Ásia Menor] (1984).

Sob o arco de Tito

Proposta

Estamos na metade do mês de julho de 2002, em Roma, numa bela manhã ensolarada. O calor humano no superlotado vagão B do metrô é pior do que o sol tórrido lá fora. Quando você sai do trem e sobe as escadas até a *piazza*, passa pelo Anfiteatro Flaviano, ignora o Arco de Constantino, e caminha diretamente para o Arco de Tito (Figura 119), construído por seu irmão, o imperador Domiciano, em 81-82 d.C. Como sempre, na teologia imperial romana, a seqüência se impõe: vitória, em primeiro lugar, seguida de paz e, finalmente, divindade. Não importa, como no caso, se a vitória da grande dinastia sobre a pequena pátria dos judeus tenha levado algum tempo.

Figura 119: Arco de Tito com o Coliseu ao fundo.

O MUNDO SOB A JUSTIÇA DIVINA

Debaixo do arco, vê-se ao oeste o Fórum Romano e, na direção oposta, o Coliseu Flaviano. O friso, em cima, ao norte do arco, retrata uma procissão triunfal liderada pela deusa Roma, seguida pelo imperador no carro puxado por quatro cavalos, e pela deusa Vitória. No outro lado, relevos paralelos mostram soldados, encarregados da destruição do Templo, transportando tesouros de ouro de Jerusalém (Figura 120). As duas cenas relacionam-se intimamente com as da procissão original em 71 d.C., no Templo Capitolino de Júpiter, que era mantido por impostos extorquidos do templo judaico. Na metade do arco, acima, o busto de Tito, agora divino, é levado para o céu por uma águia romana (Figura 121). Como Júlio César e Augusto, no começo da primeira dinastia romana, Tito ascende ao lugar dos deuses no começo da segunda dinastia.

Você chega, finalmente, ao ponto mais importante da visita: o maior anfiteatro do Império Romano, em forma oval, conhecido pelo nome de Coliseu Flaviano. Esqueça, por ora, as matanças obscenas que celebraram sua dedicação por Tito em 80 d.C. e concentre-se no portal de mármore no interior da entrada do lado oeste. Anuncia-se aí a restauração empreendida pelos imperadores do início do quinto século. O bloco reutilizado continha no passado informações sobre o propósito original da gigantesca estrutura. As mensagens podem ser reconstruídas a partir dos buracos deixados pelos pinos que seguravam letras de bronze. Afirmam que a construção do "novo anfiteatro" fora comandada pelo imperador Vespasiano, aproveitando os espólios que conquistara como general na guerra de 66-74 d.C. Explicam, ainda, que começado por ele, fora concluído por seu filho, Tito.

Figura 120: Figuras no Arco de Tito com espólios do Templo de Jerusalém trazidos a Roma pelas legiões.

Figura 121: Ascensão de Tito no Arco de Tito.

A partir desse contexto, voltamos ao capítulo 1 e perguntamos novamente: *Teria sido possível a existência de um Império Romano Judaico? Seria aprovado pelos pagãos? Ou rejeitado?* Relembre a primeira resposta encontrada no capítulo 1, mas considere também as outras duas reações.

ANTES DE 70 D.C. Que absurdo, alguém poderia replicar, relembrando, por exemplo, o grande orador Cícero. No ano 59 a.C, poucos anos antes de Pompeu ter conquistado Jerusalém, o mesmo Cícero defendia Flaccus que, como governador da Ásia, tinha confiscado a receita anual judaica destinada ao Templo de Jerusalém. Escrevia em *Pro Flacco*:

> Embora Jerusalém se mantivesse firme e os judeus vivessem em paz, a prática de seus ritos sagrados não combinava com a glória de nosso império, nem com a dignidade de nosso nome, nem mesmo com os costumes de nossos ancestrais. Principalmente agora, quando essa nação mostra o que pensa de nosso governo, e resiste pela força militar. (28.67-69)

Na verdade, a comparação entre religião judaica e rebelião nunca passou de ataque retórico: o Império Romano nunca formalizou acusações dessa natureza.

Por outro lado, a oficialidade romana chamava os judeus de ateus, misantropos e supersticiosos. Ateus porque mantinham um culto exclusivo; misantropos porque insistiam na afirmação de identidade própria; e supersticiosos porque afirmavam essas duas atitudes como se fossem mandamento divino. Assim, como poderia o Império Romano tornar-se judaico? Por outro lado, as três acusações eram as mesmas levantadas contra os cristãos primitivos e, como sabemos, Roma acabou,

O MUNDO SOB A JUSTIÇA DIVINA

apesar disso, adotando o cristianismo. Se, em outras palavras, tivéssemos sugerido ao filósofo Sêneca, por volta do ano 50 de nossa era, que o Império Romano haveria de se tornar judaico *ou* cristão dentro de trezentos anos, e lhe perguntássemos, se isso viesse a acontecer, qual dos dois lados lhe pareceria mais provável, e no qual apostaria sua imensa fortuna, teria respondido da seguinte maneira (naturalmente, depois de rolar no chão às gargalhadas e de recompor a toga): "Os dois grupos são estranhos", diria, "mas pelo menos os judeus estão conosco há tempo, possuem seu país e são nossos aliados. Acho que apostaria nos judeus (mas, graças a Júpiter, não estarei mais aqui quando isso acontecer)".

DEPOIS DE 70 D.C. Muito bem, respondemos, *talvez* esse evento pudesse ser imaginado no ano 50 d.C., mas antes da grande revolta de 66-74 d.C. Depois dessa terrível guerra Roma só podia ver o judaísmo como religião rebelde, e nossa pergunta torna-se novamente absurda. Mas consideremos o seguinte: Roma jamais ligou separações religiosas com rebeliões militares para acusá-las como se fossem a mesma coisa; nunca imaginou que uma fosse causa da outra e, conseqüentemente, nunca achou que o judaísmo fosse uma religião ilícita, coisa que bem poderia ter feito.

Mesmo depois da primeira grande revolta, por exemplo, nem o historiador Tácito nem o satírico Juvenal relacionaram a dissidência religiosa judaica com a revolta militar. Em sua *Histórias* escrita na primeira década do ano 100 d.C., o ponto de vista de Tácito sobre as origens judaicas é tão desagradavelmente negativo como o de Cícero. "Moisés" — dizia — "introduziu novas práticas religiosas. Os judeus consideram profano o que para nós é sagrado, e permitem o que detestamos" (5.4,1). Quando Tácito volta-se da etnografia para a história, não culpa a religião judaica pela rebelião. Na verdade, culpa os governantes imperiais romanos. Em 44 d.C. afirma que "Cláudio transformou a Judéia em província, e a entregou a cavaleiros romanos e a alforriados. Um destes, Antônio Félix (52-60), praticava todos os tipos de crueldade e depravação... A paciência dos judeus durou até que Géssio Floro tornou-se procurador (62-66)" (5.9.3-10.1). Tácito quase chegou a afirmar que a guerra judaica fora provocada por Roma.

A *Sátira* 14 de Juvenal nos interessa porque registra a transição ocorrida em algumas famílias: do pai que "teme (*metuentem*) o Sábado" ao filho "levado à circuncisão", em outras palavras, do temente a Deus ao prosélito. E mais: "Tendo o hábito de menosprezar as leis de Roma, aprendem a praticar e a temer (*metuunt*) a lei judaica e todas as coisas transmitidas por Moisés no seu livro secreto" (96-102). As sátiras só funcionam quando os ouvintes reconhecem o indivíduo ou, pelo menos, o tipo. Perguntamos, então, quantos desses indivíduos viviam em Roma no primeiro século?

Na verdade, não estamos imaginando se o Império Romano poderia ou não se tornar judaico antes ou depois da grande revolta. Nada se poderia provar nem desaprovar a respeito. Levantamos a pergunta apenas para considerar as razões contrárias que revelam pressupostos, conjeturas e preconceitos. E o fazemos para esclarecer o contexto da carta de Paulo aos romanos com a finalidade de desfazer a idéia de anti-semitismo ou antijudaísmo tantas vezes atribuída ao texto.

EM BUSCA DE PAULO

Resumo

Quando Jesus nasceu, Roma era a cidade de Augusto, mas quando Paulo morreu, era de Nero. Nessa época, o destino já estava marcado, posto que a dinastia júlio-claudiana caminhava para seu fim ignominioso. Começamos este capítulo contrastando Augusto e Nero (sem levar em conta, naturalmente, o caráter). Augusto espalhara indiretamente sua presença divina em todos os cantos da cidade criando empregos e dando *status* não apenas aos nascidos livres mas também aos libertados e até mesmo aos escravos. Nero, por sua vez, acabou odiado por ter sido acusado de promover o grande incêndio de 64 d.C. É provável que a história não passe de ficção, muito embora pareça se confirmar por causa da renovação urbana que empreendeu construindo para si um palácio extremamente luxuoso, a Casa de Ouro. Esta não era ficção.

Concluiremos a seção com outro contraste, desta vez, entre a enorme Casa de Ouro, construída sobre três dos sete montes de Roma, e as habitações superlotadas onde viviam judeus e cristãos e as igualmente apertadas catacumbas onde eram sepultados.

Quando Paulo escreveu de Corinto a Carta aos Romanos na metade dos anos 50 essas coisas estavam no futuro. Mas, com a morte de Cláudio em 54 d.C., a expulsão que promovera de (alguns?) judeus e judeu-cristãos, em desavença por causa de Jesus, era coisa do passado; eles começaram a voltar sob Nero, o novo imperador. Vamos ler essa carta tendo em mente a natureza das polêmicas religiosas (relembre nossa advertência sobre o assunto quando estudamos a Carta aos Gálatas no capítulo 4). Paulo mostra-se ofensivo (nos dois sentidos da palavra) de modo agressivo, impreciso e injusto contra qualquer judeu, judeu-cristão ou adorador de Deus que ameaçasse sua missão de converter a Cristo pagãos ou adoradores de Deus.

Analisaremos a carta considerando-a uma teologia radical da história humana que mostra o desejo de Deus de criar um só mundo determinado pela *justificação* global, sob a eqüidade divina da justiça distributiva e não sob a ameaça divina da justiça baseada em recompensas. A carta estrutura-se em três círculos estreitos: unidade sob justiça, em primeiro lugar, para pagãos e judeus (capítulos 1–8), depois para judeus e cristãos (capítulos 9–11) e, finalmente, para judeu-cristãos e pagão-cristãos (12–16).

Quando Paulo desenvolvia essa visão da unidade global sob a justiça divina distributiva, concretizava-a em duas iniciativas magníficas, pessoal e simbolicamente (15,23-33). Desde a Conferência de Jerusalém, relatada em Gálatas 2,10, Paulo organizara um levantamento de fundos entre os pagãos convertidos, destinados à comunidade "dos pobres", dirigida por Tiago, irmão de Jesus, em Jerusalém. Queria com isso dar ênfase na unidade religiosa e social entre pagãos e judeus, judeu-cristãos e pagão-cristãos, bem como promovê-la. Em segundo lugar, e daí para a frente, desejava retornar da parte oriental do Império Romano para a ocidental, para visitar

322

O MUNDO SOB A JUSTIÇA DIVINA

assembléias romanas e obter seu apoio no trajeto para a Espanha. Pretendia, assim, promover a unidade religiosa e geográfica entre o Oriente e o Ocidente sob a justiça do Deus revelado em Cristo. A teologia de Paulo consistia nessa unidade global, vivida geograficamente em forma de serviço e ministério. E, em face de perseguição, morreu por ela.

Advertência final. Até agora temos citado passagens das cartas de Paulo em nossas discussões. Não presumimos que você tenha sempre à mão o Novo Testamento. Por causa da extensão e da densidade dos argumentos de Paulo em Romanos, teremos de estabelecer alguns limites. Assim, não citaremos como de costume. Você poderá, no entanto, seguir o debate sem um exemplar da carta, mas será melhor se puder consultá-la.

Augusto e Nero em Roma

No alto do Arco de Tito, no lado leste, lê-se a seguinte dedicatória: "Ao divino Tito Vespasiano Augusto, filho do divino Vespasiano". A segunda dinastia imperial de Roma, dos flavianos, durou cerca de trinta anos e teve três imperadores. Embora o Senado tivesse divinizado oficialmente Vespasiano e seu filho mais velho, Tito, a mesma casa execrou o mais jovem, Domiciano, que fora assassinado. A primeira dinastia imperial dos júlio-claudianos permaneceu no poder por quase cem anos e teve cinco imperadores. Somente dois, Augusto e Cláudio, foram divinizados pelo Senado. Nero, o último, ao contrário, foi "declarado inimigo público pelo Senado" e condenado, segundo *Vida dos Césares*, de Suetônio, a ser "desnudado, amarrado pelo pescoço na forca e surrado até a morte com varas". Conseguiu evitar a pena cometendo suicídio, "atravessando a garganta com um punhal, auxiliado por seu secretário particular, Epafródito" (49.2-3). No dia 9 de junho de 68 d.C., a dinastia terminou melancolicamente e Roma mergulhou novamente em guerra civil.

Compare, contudo, ao longo de quase cem anos, a estratégia teológica imperial de Augusto e Nero, e pense, então, nesta suprema ironia: correu a fama de que Nero, de um lado, (e não Augusto) não tinha morrido, mas fugira para viver em algum lugar no Oriente onde era considerado salvador pelos partos e, de outro, o grande anti-Messias, pelos judeus.

Divindade imperial em todas as esquinas

As quadras, ou ínsulas, nos bairros romanos, por exemplo, em Trastevere, do outro lado do Tibre, nada tinham do esplendor dos mármores de Roma e de sua arquitetura pública ornamentada de colunas. Mas as mensagens das imagens faziam parte do centro cívico urbano e das grandes praças. Augusto esforçava-se para que a teologia imperial romana penetrasse profundamente nos bairros onde

323

vivia a plebe. Na época da República, alforriados e escravos representavam ameaça à ordem estabelecida e podiam ser facilmente manobrados por descontentes com a situação política. O Senado tinha consciência de agitações promovidas por grupos que escapavam de seu controle e da vigilância da aristocracia, debaixo da aparente calma do cenário urbano. As suspeitas recaíam principalmente sobre associações de alforriados e escravos, chamadas em Roma de *collegia*, cujos membros freqüentavam santuários suburbanos, denominados de *lares compitales*, dedicados "aos espíritos guardiões das encruzilhadas".

Se, de um lado, o *lararium* concentrava a piedade religiosa da família e, especialmente, do *paterfamilias*, de outro, os *lares compitales* expressavam a devoção dos habitantes plebeus das ínsulas. Estes promoviam, sob a aprovação divina, jogos locais, festivais e sacrifícios. Imagine essas festas em quarteirões de classe baixa, com muita comida e bebida, religiosas, por certo, mas igualmente abertas a atividades políticas subversivas. O Senado proibiu os *collegia* em 64 a.C., mas foram reinstalados, mais tarde, em número reduzido, por Júlio César. No ano 22 a.C. Augusto novamente os fechou por algum tempo para reformular suas estruturas, transformando-os inteligentemente da seguinte maneira: dividiu a cidade em 14 distritos e 265 bairros, e nomeou quatro oficiais para cuidar dos alforriados e outros tantos para os escravos, em cada um dos bairros, e assumiu pessoalmente o processo de mudança transformando os *lares compitales* em *lares Augusti* nas *compita*, isto é, nas esquinas.

Os *lares* eram visualmente representados por uma ou duas figuras dançantes (Figura 125), mas Augusto introduziu nesses altares de esquina sua personificação divina (Figura 122). Esse arranjo estratégico trouxe certa medida de honra e prestígio aos alforriados e patronos locais de nível baixo, pela possibilidade que tinham agora de se identificar com o imperador, supervisionar sacrifícios, e até mesmo se ver representados nos altares dos bairros. É o que se pode ver num altar de Vicus Aesculeti no *Campus Martius*, do segundo século a.C., com a figura do sacrifício de um touro e de um porco a Augusto (Figura 123). A nova organização também dava oportunidades à participação de escravos que, antes disso, não tinham papel algum nos cultos cívicos. No bairro do monte Célio o pequeno altar com a figura de uma grinalda de carvalho ostenta num dos lados nomes de oficiais de escravos, Félix, Floro, Eudóxio e Políclito, mas não seus retratos (Figura 124). As mulheres também participavam nesses rituais. Temos o exemplo de um altar, não oficial, que mostra duas imagens de *lares* de um lado e, do outro, uma alforriada, provavelmente em boa situação financeira, oferecendo o sacrifício (Figura 125).

A principal celebração desse culto caía no dia primeiro de agosto, começo do mês dedicado ao imperador. O culto e a celebração perduraram por muito tempo depois de sua morte, chegando à época de Paulo, talvez porque a palavra *lares* significava tradicionalmente "espíritos ancestrais guardiões". Há evidências de seu uso e da reparação de santuários ao longo do século terceiro.

O MUNDO SOB A JUSTIÇA DIVINA

Figura 122 (à esquerda): Altar de *lares* do Vicus Sandaliarius em Roma, com Augusto ao centro. Figura 123 (à direita): Touro e porco sacrificados num altar de *lares compitales* num bairro romano.

Figura 124: Altar de *lares Augusti* dedicado por escravos, com os nomes cercados por uma grinalda.

Como observam Mary Beard, John North e Simon Price em sua obra, *Religions of Rome* [Religiões de Roma]:

> Os cultos não eram mero fenômeno augustano transitório, pois desempenhavam sua parte na reorientação permanente da religião romana sob o Império. A criação dos novos bairros levou essa ênfase a todas as esquinas da cidade; o imperador insere-se no contexto

325

Figura 125: Altar de *lares Augusti* dedicado por mulheres, com *lares* no painel da frente e mulheres oferecendo sacrifícios em cada lado de painéis agora fragmentados.

religioso da cidade toda, e cria oportunidades para que os habitantes locais participem na criação da nova mitologia imperial de Roma. (186)

Relembre tudo isso quando estiver estudando a respeito dos cristãos romanos aos quais Paulo se dirigia. Viviam precisamente nesses bairros entre as classes baixas, alvo fácil da teologia imperial romana que se impunha por meio dos *lares Augusti*. E agora, quando a dinastia júlio-claudiana tinha chegado ao fim, compare essas inúmeras pequenas estruturas de Augusto com a enorme e única construção de Nero.

O grande incêndio e a Casa Dourada

Debaixo do Arco de Tito onde a Via Sacra subia para o monte Vélio, situava-se a entrada, hoje destruída, da *Domus Aurea* de Nero, seu megalomaníaco complexo que reunia palácio, jardim e lago, no coração de Roma, na metade do primeiro século d.C. Tratava-se, sem dúvida alguma, da mais opulenta e grandiosa habitação privada até então construída em Roma ou fora dela. Não a apreciamos por causa da audácia arquitetônica, mas para contrastar a autocondescendência de Nero com o programa de Augusto empenhado em restaurar a *pietas* à cidade e ao império. Relembre o uso de imagens e de estruturas por meio das quais o primeiro *divi filius* manifestava a teologia imperial romana que levava da *piedade* à *vitória* e à *paz* imperiais. Relembre, também, do capítulo 2, o programa augustano de restauração de templos dilapidados, o fórum com o templo do deus da guerra, Marte *Ultor*, e o Altar da Paz Augustana. Imagine, depois disso, de que maneira os romanos agora se sentiam diante da opulência da Casa Dourada de Nero.

O MUNDO SOB A JUSTIÇA DIVINA

Fazia parte do programa de Augusto a distribuição aos habitantes da cidade das riquezas que a vitória e a expansão possibilitavam, como, por exemplo, trigo aos pobres, entretenimento e jogos para as massas, e águas e banhos para todos os bairros. O narcisismo de Nero, expresso na construção da Casa Dourada, também se mostrava na sua paixão pelas artes, das quais se considerava patrono. Deu atenção a algumas necessidades básicas como, por exemplo, a construção de um grande *macellum* (açougue) e de banhos públicos tão esplêndidos que Marcial, em seus *Epigramas*, declarou: "Não há nada pior do que Nero, mas nada melhor que seus balneários" (7.34). Damos ênfase, contudo, não à anormalidade do reino particularmente cruel e egoísta desse imperador, mas à degeneração normal paulatina das dinastias sob o peso do poder absoluto. Não obstante isso, as energias e despesas gastas para construir seu palácio superaram todos os demais projetos em escala e detalhe. Contrastamos Paulo não apenas contra o perverso Nero, do longínquo passado, mas com a normalidade de todos os poderes imperiais que sempre se degeneram com a passagem do tempo.

Roma foi construída sobre sete montes, e a Casa Dourada de Nero ocupava três deles. Cobria as faldas do monte Esquilino, ao sul, avançando ao norte pelo Célio, e sobre quase todo o Palatino, ao norte. Embora o conjunto se chamasse *casa*, era na verdade um complexo de jardins, vinhas, pavilhões e palácios, distribuídos em mais de 300 acres (Figura 126). Enquanto outros aristocratas construíam vilas fora de Roma em cenários rústicos, Nero trazia esse ambiente para dentro dela, reunindo diversas estruturas ao redor de um lago artificial. Mandou alinhar a tortuosa e venerada Via Sacra para servir de acesso à Casa Dourada criando uma vista ampla de quem vinha do Fórum Romano até o enorme vestíbulo da entrada. Erguia-se aí, segundo *Vida dos Césares*, de Suetônio, uma gigantesca estátua de Nero de 120 pés de altura, representando-o nu como se fosse o deus Sol, ou Hélio (21). Inspirava-se no Colosso de Rodes, uma das sete maravilhas do mundo antigo.

Os arqueólogos conseguiram escavar até agora apenas uma fração da casa original por causa de sua localização no centro urbano de Roma sempre em reconstrução. A ala do Esquilino é a que conserva ruínas mais reconhecíveis, como, por exemplo, 140 salas ao longo de um terraço no monte, usadas posteriormente como fundamento para os Banhos de Trajano. Essa ala era uma das menos importantes do conjunto, mas permite aos visitantes atuais ter uma idéia da criatividade arquitetônica e da opulência decorativa exibida por Nero. Abria-se para o lago artificial e para um *nymphaeum*, ou fonte com chafarizes que, a propósito, avançava sobre o Templo inacabado do Divino Cláudio, projeto dedicado ao padrasto de Nero, seu predecessor, que ele interrompeu impiedosamente para se concentrar nas obras de sua casa. Além disso, para encher o lago artificial e regar o seu jardim paradisíaco, o imperador desviou a água do aqueduto Aqua Claudia. As portas e janelas e as clarabóias dos quartos da ala do monte Esquilino filtravam o sol segundo as estações, deixando-os quentes e iluminados no inverno, e refrescados no verão. A ala ao oeste dividia-se em duas partes ao longo de um pátio poligonal aberto para o lago. Ao leste, um quarto octogonal e, ao que tudo indica, as duas partes terminavam paralelamente do outro lado. Qualquer rápida visita a um desses quartos é suficiente para avaliar os gostos requintados de Nero.

327

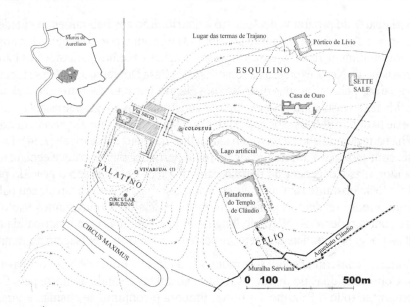

Figura 126: Área da Casa Dourada de Nero.

Na ala ao oeste, destacava-se um estranho quarto em forma de gruta, completamente escuro, com o teto abobadado e estalactites artificiais feitas de pedra-pomes. Era decorado com mosaicos representando Odisseu e o Ciclope Polifemus, habitante das cavernas. O gosto evoca o *Disney World*, revela fantasia barata mas, em parte, alta cultura.

Do centro do que restou das duas alas, o aposento mais original é a suíte octogonal aberta como uma rede para os quartos, cujo andar superior foi recentemente escavado pela arqueóloga italiana Laura Fabbrini (Figura 127). Embora sobrevivam hoje apenas estruturas de tijolo, argamassa e concreto, sabemos que a fachada deslumbrava e deliciava os visitantes. De resquícios e marcas no gesso sabemos que o piso fora construído de *opus sectile*, isto é, de mármore colorido embutido com desenhos geométricos, e que as paredes estreitas haviam sido ornamentadas com colunas de mármore branco, e o teto coberto de pequenas peças de vidro translúcido, azuis e verdes, desaparecidas com o passar do tempo. Pelo ápice do teto abobadado entrava a luz de fora, semelhante ao Panteão reconstruído. A suíte octogonal recebia suave iluminação dos quartos em redor, que, por sua vez, abriam as janelas entre os arcos que apoiavam o teto, invisíveis de dentro da suíte e abaixo dela. Colunas de concreto sustentavam o teto côncavo, disfarçadas, em volta das paredes adjacentes aos quartos. O ambiente interno era arejado e iluminado. A obra foi inteligentemente planejada com o emprego de engenhosos truques arquitetônicos. É provável que essa fosse a sala de banquetes da Casa Dourada, descrita na seção sobre Nero, em *Vida dos Césares*, de Suêtonio, sempre "se revolvendo de dia e de noite, como os céus" (31). A Casa Dourada era lugar de prazer, representando a inclinação artística e grega do imperador, sem deixar de ser romana.

Figura 127: Suíte octogonal da ala Esquilina da Casa Dourada de Nero.

Recaía constantemente sobre a casa, no entanto, a suspeita de que só pôde ser construída depois do grande incêndio de Roma em 64 d.C. Cerca de quatro quintos da cidade foram atingidos pelo fogo e boa parte do centro desapareceu. Nero possuía propriedades imperiais no monte Palatino, herdara ou adquirira casas nas encostas dos montes Célio e Esquilino, mas não podia unificar suas terras porque, entre elas, inúmeras habitações populares impediam-no de construir seu vasto palácio. Quando tudo isso foi destruído pelo fogo, fez o que desejava. Mas alguns dos catorze distritos de Roma não foram afetados. Um deles era de propriedade de Nero no monte Palatino, coisa que ajudou, obviamente, a despertar a suspeita de que se aproveitara do sinistro para seus próprios benefícios, alimentando o boato de que teria sido responsável pelo incêndio. O distrito criado por Augusto, Transtibério, "no outro lado do rio Tibre", agora Trastevere, onde se concentravam muitos cristãos, não foi atingido pelo fogo. Voltaremos no final deste capítulo para examinar de que maneira Nero usou os habitantes desse bairro romano como bodes expiatórios.

Nota de rodapé sobre o grande incêndio, Nero e sua Casa Dourada. Seu projeto de construção foi sistematicamente rejeitado nos programas arquitetônicos dos imperadores que o sucederam. Os materiais gastos para seu próprio prazer pessoal e satisfação estética foram aproveitados para fins políticos. Seu sucessor, Vespasiano, por exemplo, saqueou boa parte do complexo, retirando o mármore para usá-lo no Templo da Paz, e piedosamente completou o Templo do Divino Cláudio. Talvez por não ter parentesco com os júlio-claudianos precisava ligar-se de alguma maneira

EM BUSCA DE PAULO

com Augusto. Os flavianos que vieram em seguida, incluindo Tito que celebrava com seu Arco a destruição do Templo de Jerusalém, da mesma forma arrasaram o palácio de Nero para construir, em seu lugar, banhos públicos. O lago artificial foi drenado e em cima dele surgiu um anfiteatro. O nome Coliseu veio, ironicamente, do Colosso de Nero, a gigantesca estátua edificada na entrada da Casa Dourada. Domiciano, o último dos flavianos, construiu um enorme palácio no monte Palatino de caráter nitidamente social. Os entretenimentos públicos substituíam agora o prazer pessoal.

Judaísmo e cristianismo em Roma

Examinaremos, em primeiro lugar, as comunidades judaicas e, depois, as cristãs, existentes na cidade de Roma. Convém observar que quando Paulo escreveu aos romanos na metade dos anos 50, termos como "judeus" e "cristãos" não eram tão claros e, de certa forma, neutros, diferentemente do sentido que vieram a ter mais tarde. Que termo se usaria para um pagão temente a Deus que se tornara cristão mas queria continuar a observar certas práticas judaicas?

Expulsões e retorno de judeus

Conhecemos alguns detalhes principais a respeito das comunidades judaicas em Roma durante os dois séculos anteriores à ascensão de Nero, mas são todos ambíguos como nossas questões iniciais. Afinal, três expulsões em duzentos anos indicam que os judeus eram rejeitados porque representavam certo poder e ocupavam lugares proeminentes na vida pública, e não porque fossem fracos e insignificantes.

A primeira expulsão foi mencionada na obra de Valério Máximo, *Das superstições*, do primeiro século d.C. Relata como em 139 a.C. o oficial encarregado dos estrangeiros "expeliu de Roma os astrólogos e ordenou que deixassem a Itália em dez dias", bem como "baniu os judeus porque procuravam transmitir seus ritos sagrados aos romanos e ele mesmo destruiu seus altares em lugares públicos". Nesse episódio e nos seguintes, observe como Roma reagia contra as atrações sedutoras do Oriente, em geral, e do judaísmo, em particular.

A segunda expulsão ocorreu pouco mais de 150 anos depois, sob as ordens de Tibério, no ano 19 d.C., por causa de infiltrações "supersticiosas" orientais nas tradições romanas. Tácito, em seus *Anais*, escritos mais ou menos dez anos depois de *Histórias*, menciona a proscrição determinada por Tibério "dos ritos egípcios e judaicos", o aproveitamento de "quatrocentos mil descendentes de alforriados" para lutar contra bandidos da Sardenha, e a ordem para que "os outros deixassem a Itália a não ser que renunciassem a seus ímpios cerimoniais em data a ser acertada" (2.85:4). A versão dessa história publicada na seção sobre Tibério na obra de 120 d.C.

330

O MUNDO SOB A JUSTIÇA DIVINA

de Suetônio, citada antes, conta que esse imperador "aboliu os cultos estrangeiros, especialmente os judaicos e egípcios, exigindo que os seguidores de tais superstições queimassem as vestimentas religiosas e sua parafernália", que fossem aproveitados no exército "os judeus em idade militar", e que todos os outros fossem banidos "da cidade, sob pena de se tornarem escravos por toda a vida se não obedecessem a essa ordem". Quase um século depois, Cássius Dio, em sua *História romana*, afirmava com mais dureza: "[Tibério] baniu a maioria dos judeus que vinham em grande número para Roma e convertiam os habitantes para sua religião" (58.18,5a).

Inúmeras inscrições fornecem o contexto arqueológico dos judeus romanos, a começar com sinagogas nomeadas por um dos maiores patrocinadores (Agripa), numa área determinada (Sibura), em sua língua (hebraico) e de origem estrangeira (Trípoli). Diferindo de seus patrícios em Alexandria, os judeus romanos não se subordinavam a um único etnarca. Mas as inscrições demonstram a existência de estruturas administrativas e executivas semelhantes: conselho de anciãos (*gerousia*) com seu líder (*gerousiarca*), executivos (*archontes*), secretário (*grammateus*), oficial litúrgico (*archisynagōgos*) e patronos, tanto mulheres (mães) como homens (pais).

A última expulsão aconteceu apenas trinta anos depois da precedente, atestando que nem "todos" haviam ido embora sob Tibério. A causa agora era mais específica do que a simples recusa de seitas orientais ou do sucesso dos judeus. No primeiro século, Atos de Lucas relata que quando Paulo chegou a Corinto, "lá encontrou um judeu chamado Áquila, originário do Ponto, que acabava de chegar da Itália com Priscila, sua mulher, por causa de um edito de Cláudio que ordenava a todos os judeus se afastarem de Roma" (18,2). No segundo século, a seção dedicada ao *Divus Claudius*, da obra já citada de Suetônio, explica que "ele [Cláudio] expeliu os judeus de Roma porque estavam sempre fazendo arruaças instigados por Cresto [isto é, Cristo]" (25.4). No terceiro século, Díon Cássio, na obra citada acima, conta uma história diferente datada do começo do reinado de Cláudio em 41:

> Como os judeus tivessem de novo [depois do edito de Tibério?] crescido muito e por causa disso era difícil bani-los da cidade sem provocar tumultos, ele [Cláudio] não os expulsou, mas ordenou que, mesmo continuando a levar a sua vida tradicional, estavam proibidos de se reunir. (60.6,6)

No quinto século, Orósio em *Contra os pagãos* cita com exatidão esse texto de Suetônio e precisa a data, "no nono ano de Cláudio" ou 46 d.C. (7.6.15-16), como também Josefo, mas não encontramos esse texto em nossa cópia dos escritos do historiador judeu. Seja como for, podemos ter certeza de que, nos anos 40, Cláudio agiu contra sinagogas e indivíduos responsáveis por distúrbios entre, de um lado, judeus e judeus adoradores de Deus e, de outro, cristãos judeus e cristãos adoradores de Deus. Contra *todas* as sinagogas? Provavelmente, não. Contra *todos* os indivíduos? Definitivamente, não. Observe, no entanto, que os adoradores de Deus podiam estar em qualquer dos lados nesses conflitos. Em outras palavras, haveria provavelmente adoradores de Deus pró-judeus em conflito com adoradores de Deus pró-cristãos nas sinagogas romanas e a seu redor.

EM BUSCA DE PAULO

Nos anos 40, sob Cláudio, essa disputa envolvendo as sinagogas romanas era considerada matéria unicamente "judaica" a ser resolvida por medidas antijudaicas. As autoridades romanas não faziam distinção entre as várias facções envolvidas. Nos anos 60, sob Nero, os cristãos já se distinguiam claramente dos judeus a ponto de serem perseguidos independentemente deles sob a acusação de provocar o grande incêndio de Roma em 64. Um pouco antes, na metade dos anos 50 conjugaram-se dois eventos. Em 54, Nero tornou-se imperador, como já vimos, e, mais ou menos, dois anos depois, Paulo escreveu aos romanos. Priscila e Áquila, por exemplo, que segundo Atos 18,2 estiveram em Corinto e depois em Éfeso (At 18,18-19 e 1Cor 16,19), retornaram mais uma vez a Roma na época de Romanos 16,3. É possível generalizar o fato e imaginar que a morte de Cláudio e a ascensão de Nero permitiram o retorno de muitos judeus e judeu-cristãos. Como, depois, o número de sua população aumentara para quarenta ou cinqüenta mil pessoas, encontramos novamente a mesma ambigüidade por causa de sua força.

A favor: Josefo chamava Popéia Sabina, primeiramente amante de Nero, depois sua esposa e, finalmente, vítima, de "adoradora de Deus" (*theosebēs*) e relata a defesa que fazia de interesses judeus contra acusações no final da década de 50 e começo da de 60 pelos governadores judeus Félix, em *Antiguidades judaicas* (20.195), e Festo, em *Vida* (16). Contra: Sêneca, sucessivamente tutor de Nero, conselheiro e vítima, escreveu a respeito dos judeus em *Da superstição*: "Os costumes dessa raça acusada ganharam tal influência que são agora recebidos pelo mundo inteiro. Os vencidos estão dando as leis para os vencedores". Entretanto, no novo contexto do governo de Nero, a situação dos *cristão-judeus* mostrava-se duplamente precária. De um lado, os *judeus* dificilmente podiam sentir-se à vontade com eles porque produziam distúrbios e eram responsáveis pelas penalidades que sofriam. De outro, os *cristão-pagãos* haviam se propagado durante sua ausência, e se recusavam a recebê-los de volta como plenos irmãos cristãos. Paulo defende especialmente esses cristãos *fracos* que retornavam a Roma contra os *fortes* lá residentes, em Romanos 12-13, em geral, e 13-16, em particular.

Localizações cristãs e catacumbas

Os arqueólogos não conseguiram identificar nenhuma casa cristã do tempo de Nero porque o imaginário iconográfico desse grupo só começou a se desenvolver no final do segundo século. Os ricos materiais arqueológicos cristãos encontrados em Roma datam principalmente do terceiro século, embora os sinais simbólicos do cristianismo só se tenham espalhado de maneira evidente e intensa depois da conversão de Constantino, o Grande, e do império, no quarto século. A cruz, símbolo subversivo de vergonha, começou a ser usada só depois disso como auto-expressão icônica. Na verdade, antes dessa data não se achavam crucifixos nem cruzes vazias. O único exemplo que temos foi deixado por inimigos da fé cristã.

INSCRIÇÕES. O exemplo mais antigo do crucifixo ou da cena da crucificação foi descoberto em 1856, desenhado numa parede do quarto III das acomodações dos empregados imperiais no monte Palatino. Trata-se, porém, de uma sátira anticristã. Foi encontrado bem onde Augusto residia, e onde mais tarde Nero construiu a Casa de Ouro. O desenho primário (Figura 128) retrata um homem na frente de uma cruz, sobre a qual está pregado um homem crucificado com cabeça de burro. A inscrição em grego ridiculariza um dos seguidores de Cristo: *Alexamenos sebete theon*, "Alexandre adora Deus" (relembre, a propósito, a mesma palavra empregada para os adoradores de Deus, *sebomai*). É provável que um dos empregados quisesse ridicularizar o colega cristão usando a vergonha da cruz e a cabeça de asno.

Duas inscrições dão evidência da existência de outro cristão primitivo, desta vez, de nível mais alto, no âmbito da corte imperial. Podem ser lidas num sarcófago pertencente ao alforriado imperial Marco Aurélio Prosenes, do ano 217 d.C. A primeira, entre dois cupidos, identifica o morto como

> ex-escravo dos imperadores, camareiro do imperador [Caracala], mordomo do tesouro e da propriedade imperial, administrador das apresentações de gladiadores, encarregado dos vinhos, indicado pelo divino Cômodo para a corte, tendo seus ex-escravos arcado com as despesas para a confecção deste sarcófago com seu próprio dinheiro em honra de seu piedosíssimo mestre que bem o merece. (*CIL* 6:8498A)

Tratava-se de uma dedicação pública e oficial, comissionada pelos clientes desse bem-sucedido alforriado, que tinham sido também ex-escravos libertados por ele.

A segunda inscrição, contudo, foi escrita pelo antigo escravo particular de Prosenes chamado Ampélio. Na borda superior do lado direito do sarcófago, mais curto, acima da figura de um animal mitológico e quase invisível, a inscrição continha a frase latina caracteristicamente cristã *Receptus ad deum*, "recebido por Deus". Lê-se o seguinte:

Figura 128: "Alexandre adora Deus", caricatura ofensiva de um cristão adorando um homem com cabeça de burro, numa cruz, desenhada numa parede de Roma.

Prosenes foi recebido por Deus cinco dias antes das Noas de [março] em S[....]nia quando ele e Extricato foram cônsules, o último pela segunda vez [217 d.C.]. Ampélio, seu ex-escravo, escreveu estas linhas quando ele voltou da campanha à cidade. (*CIL* 6:8498B).

O leal Ampélio havia acompanhado Prosenes na campanha do imperador Caracala contra os partos na Mesopotâmia, mas seu patrono morrera por lá. Evitou cremar o amigo e trouxe seu corpo a Roma. Os cristãos, como os judeus, não aceitavam a cremação, talvez por causa da crença na ressurreição. Tudo indica que Prosenes e Ampélio eram cristãos e que este preparara um funeral teologicamente adequado para o companheiro. Evitou não apenas a cremação mas também decorações pagãs no sarcófago, aceitando apenas figuras neutras como golfinhos, cupidos, cornucópia e grifos, bem como a frase pagã comum ou sua abreviação: *dis manibus (sanctum)*, "sagrado aos espíritos mortos", embora essa inscrição se referisse ao *"divus* Cômodo". É provável que Ampélio tenha acrescentado a segunda inscrição claramente cristã.

Levando em consideração o grafite que vimos na parede e a inscrição no sarcófago do terceiro século, diríamos que a entrada do cristianismo em Roma se dera no Palatino, entre servos imperiais e alforriados que começavam a subir na escala social? E que muitos deles reuniam-se em casas de família naquele centro geográfico e político? Esses poucos traços remanescentes e alguns textos literários sugerem que, de fato, era assim para alguns, mas a vasta maioria dos cristãos vivia na periferia tanto geográfica como social.

SEPULTAMENTOS. Nenhuma casa do tempo de Paulo foi até hoje identificada e nunca o será. Mas relembre os estudos brilhantes de Peter Lampe sobre os primeiros cristãos em Roma, que examinamos no capítulo 1. Sua obra mostra com persuasiva certeza que os cristãos se concentravam principalmente em áreas marginais como Trastevere ou nas margens ocidentais do Tibre perto da Via Ápia, no caminho de Roma (Figura 129).

Em geral se pensa nessas duas áreas a partir de lendas e de antigos nomes de paróquias, datadas dos dois primeiros séculos. Mas Lampe estudou cuidadosamente as poucas evidências arqueológicas, raramente do primeiro século, que tinham implicações para a localização dos cristãos romanos do primeiro século. Traçou o mapa do desenvolvimento dos sepultamentos dos primeiros cristãos nos arredores de Roma, dentro das catacumbas tão bem conhecidas e visitadas.

Os mortos eram enterrados, na antiguidade, quase sempre fora dos limites das cidades. Os enterros na ilha sagrada de Delos, por exemplo, se faziam na ilha adjacente e em Hierápolis, como você deve recordar do capítulo 3. As tumbas dos mortos situavam-se ao lado das estradas fora dos portões da cidade. Também junto às estradas que iam para Roma. Os ricos construíam imponentes mausoléus, mas havia também certas vantagens para as classes mais baixas oferecidas por sociedades funerárias. Seus túmulos localizavam-se atrás dos mausoléus dos ricos e famosos ou mais distantes dos portões da cidade. Por causa da expansão da cidade e da escassez de terrenos nas periferias, os romanos mais pobres — pagãos, judeus e cristãos — co-

O MUNDO SOB A JUSTIÇA DIVINA

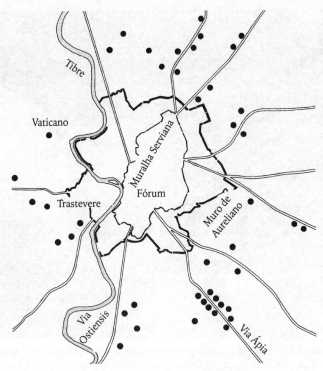

Figura 129: Mapa das catacumbas dos cristãos primitivos em Roma.

meçaram a cavar cemitérios debaixo dos existentes, construindo túneis e câmeras no solo macio mas resistente de pedra vulcânica. Alguns defuntos ocupavam prateleiras do tamanho dos caixões, fechadas dos lados com lajotas. Outros ocupavam espaços maiores e abobadados, suficientes para abrigar refeições fúnebres comemorativas nos locais onde os mortos estavam enterrados (Figura 130). Decorações e inscrições deixaram preciosa informação sobre os usuários.

Entre cerca de cinqüenta complexos conhecidos espalhados por aproximadamente de 300 milhas no subsolo da moderna Roma, muitos deles conservam decorações e inscrições reconhecidamente cristãs. A localização dessas primeiras catacumbas cristãs perto de estradas menores *fora* da cidade indica onde viviam esses cristãos *na* cidade, uma vez que as pessoas costumavam enterrar seus mortos ao longo de estradas radiais próximas de seus bairros. Descobrimos assim, como Lampe já sugerira, que os enterros cristãos mais importantes situavam-se ao longo da Via Ápia, em São Calisto, onde também se encontra a famosa cripta dos primeiros papas, ou, um pouco mais longe, ao sul de São Sebastião, onde algum cristão primitivo escreveu no gesso de um pilar a palavra grega para peixe, ICHTHUS, acróstico de "Jesus-Cristo-de Deus-Filho-Salvador", e também nas catacumbas de Pretestato e de Domitila. Mas também nas estradas que se dirigiam a Trastevere pela Via Aurélia e debaixo do monte do Vaticano (Figua 129).

Figura 130: Catacumbas de Priscila, dos cristãos primitivos em Roma; os compartimentos podem ter sido cobertos com lajes, como as preservadas à esquerda, embaixo.

MEMORIAIS. Entre esses muitos túmulos dos primeiros cristãos encontram-se dois outros espaços fúnebres lendários, o de Paulo, agora sob a igreja de São Paulo Extramuros, na Via Ostiensis, estrada que liga a cidade ao sul de Óstia, entre Trastevere e a Via Ápia, e o túmulo de Pedro, hoje na cripta da basílica de São Pedro no Vaticano (Figura 131). O historiador cristão Eusébio, do quarto século, cita o escritor Gaio, que escreveu por volta do ano 200 d.C., para fundamentar a informação de que os cristãos celebravam a memória de Paulo e Pedro nesses locais (2.25.7). Embora os arqueólogos tenham de fato encontrado sepulcros nos lugares indicados, estamos preocupados em argumentar a favor ou contra não sua historicidade mas sim a localização das primeiras comunidades cristãs em Roma e as informações que nos dão sobre sua situação teológica e socioeconômica.

Examinemos em primeiro lugar, atentamente, a cripta de Pedro. Muito trabalho arqueológico tem sido realizado ao longo dos anos sob o Vaticano, e as escavações contam histórias fascinantes — mesmo que Pedro não tenha sido sepultado aí. As escavações revelam que pela metade do segundo século os cristãos veneravam um túmulo singelo no cemitério acima do monte Vaticano, identificado pelos estudiosos com a letra "P". Coberto por uma laje, entre o oeste, ao sul, e o leste, ao norte, ocupava uma área também usada pelos pagãos. Dois mausoléus não cristãos reestruturaram o espaço e foram construídas escadas para baixo e um muro para permitir

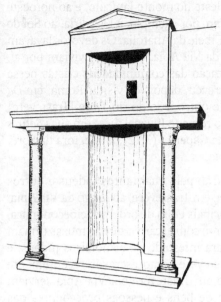

Figura 131: Reconstrução do túmulo de são Pedro, com uma edícula construída nos fundos da parede de outro mausoléu.

certa privacidade, pintado de vermelho. Essa obra passava obliquamente pelo que se presumia ser o túmulo de Pedro. Os cristãos, provavelmente, não tinham recursos para impedir essas renovações pagãs comprando o espaço ao redor do túmulo que reverenciavam. Pouco depois da construção do muro vermelho, acrescentaram uma espécie de edícula sobre o túmulo com dois nichos e colunas brancas muito simples apoiadas por uma viga, sobre lajes meio disformes (Figura 131).

Pelos padrões vigentes, tratava-se de monumento relativamente tosco, embora mais prestigioso do que muitos dos sepulcros ao redor da tumba de Pedro, quase sempre covas rasas no chão cobertas por tijolos. Como afirma Lampe na obra *From Paul to Valentinus* [De Paulo a Valentino], "se comparamos a sociologia do túmulo da área 'P' com a região da cidade perto do Vaticano e de Trastevere, tudo se encaixa" (115). Fazem parte dos *humiliores*, isto é, do povo comum de Roma.

Vamos agora, rapidamente, ao túmulo de Paulo. Em 1823, a igreja de São Paulo Extramuros foi destruída por um incêndio, e subseqüentemente reconstruída, tornando as escavações praticamente impossíveis. As pequenas descobertas feitas anteriormente são irônicas mas apropriadas. A área ao redor dessa igreja e debaixo dela era um cemitério pagão do primeiro ao terceiro século da era cristã. Imaginamos se não era isso que Paulo queria. Ele, apóstolo dos gentios, sepultado entre os pagãos aos quais dedicara sua vida.

LOCALIZAÇÕES. Os bairros de Trastevere e da Via Ápia eram semelhantes. Lampe os chamou de "áreas perimetrais" (43) extramuros da antiga cidade e do *pomerium*, ou limites sagrados. Dentro desses limites os cultos estrangeiros eram

EM BUSCA DE PAULO

proibidos. Descobriram-se em Trastevere, a leste do monte Janículo, e ao noroeste do monte Vaticano, inúmeros santuários como, por exemplo, à Dea síria, ao Sol de Palmira, aos egípcios Hadad e Ísis, e à deusa Cibele da Anatólia. Os devotos lavavam as estátuas e as facas no rio Almone, perto da Via Ápia. Os judeus viviam por aí, coisa que confirma, indiretamente, a localização das comunidadeds cristãs nessa área. O filósofo alexandrino judeu Fílon escreveu, depois de visitar Roma, em *Da embaixada a Gaio*: "A grande área de Roma do outro lado do rio Tibre [Trastevere] era ocupada e habitada por judeus" (155). E o romano Juvenal disse em suas *Sátiras* que os judeus vivam "perto da antiga e úmida Capena" (3.12), isto é, fora da Porta Capena, nos charcos da depressão da Via Ápia.

CLASSES. A religião não era a única razão pela qual tantos judeus e outros imigrantes orientais viviam fora do *pomerium*, em Trastevere, ao longo da Via Ápia, e em outras áreas da periferia. As razões principais eram de ordem socioeconômica, como Juvenal e Fílon sugerem. Juvenal comenta com escárnio que as musas tinham fugido da Porta Capena porque o lugar ficara infestado de esmoleiros judeus, e Fílon descrevia os mesmos judeus em Trastevere como escravos recentemente alforriados. Uma vez que a região do Tibre em Trastevere e a Via Ápia serviam como artérias principais para o transporte de bens e pessoas procedentes das províncias, era normal que aí se instalassem inúmeros imigrantes. Nas palavras de Lampe, Trastevere era

> um subúrbio de operários que trabalhavam na baía como estivadores, carregando mercadorias nos armazéns, ao lado de marinheiros e pedreiros da região do Vaticano... A baía com seus produtos importados atraía donos de lojas e pequenos artesãos: escultores em marfim, marceneiros e ceramistas. Moleiros de Trastevere plantavam os grãos descarregados na baía... Compradores de cavalos e curtidores eram responsáveis pelo penetrante odor: o "pêlo dos cachorros pendurados em Trastevere" (Marcial 6.49) exalava mau cheiro por toda parte. (50)

Descobriram-se no subsolo da igreja de Santa Cecília em Trastevere sete bacias de tijolo da *Coraria Septiminiana*, cortume onde se armazenava urina coletada nas latrinas públicas para escurecer o couro. A área ao redor da Via Ápia era semelhante a essa, cheia de comerciantes, artesãos, e gente que segundo a lei só podia transportar seus produtos de noite. O distrito caracterizava-se pelo barulho e pela confusão. Julgando-se pelo nome dos bairros, muitas pessoas dedicavam-se ao comércio têxtil trabalhando com lã e linho, costurando, tingindo, e até mesmo fazendo tendas de couro ou toldos de linho. Era o tipo de lugar onde se poderia encontrar Priscila e Áquila, o casal judeu fabricante de tendas, tão importante na vida de Paulo. Poderiam ter confeccionado velas de barcos e tendas para o exército romano em Corinto, mas em Roma provavelmente se dedicavam a fazer toldos para teatros, anfiteatros, circos e residências. A localização social estava de acordo com os nomes mencionados por Paulo em Romanos 16, porque dois terços deles eram gregos e não latinos. Esse fato sugere que eles ou seus antepassados tinham vindo do Oriente, provavelmente como escravos, depois libertados, mas preferindo continuar com seus nomes gregos.

O MUNDO SOB A JUSTIÇA DIVINA

CASAS. Trastevere era a área com a menor proporção de vilas em relação às ínsulas de Roma. Havia, em outras palavras, número bem menor de vilas do que encontramos em Pompéia e Herculano (capítulo 6), e muito mais apartamentos e habitações populares. Mas não se pode deduzir daí que a classe baixa fosse homogênea. Como nas cidades vesuvianas, os bairros de Roma, mesmo os de mais baixa reputação, eram formados de pequenas pirâmides patronais. Embora as ínsulas romanas fossem menores e não tivessem átrios nem pátios, misturavam-se, também, com certas atividades comerciais. A arquitetura era vertical sem fileiras de quartos, como podemos ver na Ínsula Araceli (Figura 132), cujos croquis do primeiro século mostram o resultado de milênios de renovação e reforma. O andar inferior continha lojas abertas para a rua. Alguns dos quartos do mezanino, em cima, eram interligados. Serviam como depósito, áreas de trabalho e para outras atividades relacionadas com as lojas. Havia, no terceiro andar, quartos espaçosos, provavelmente para a moradia do proprietário do imóvel, talvez um alforriado em ascensão ou um nascido livre de baixo nível; o que parece um nicho era usado, aparentemente, como *lararium* (2b). Os três corredores do último andar conduziam também a três quartos, cada um. Eram escuros e não se sabe se serviam para moradia de escravos, inquilinos ou dependentes.

Os arqueólogos, infelizmente, só podem chegar aos andares mais baixos construídos de pedra, tijolo ou concreto. Os andares mais altos, por terem sido feitos de madeira para aumentar a capacidade de ocupação e para renda, desapareceram. Os textos literários referiam-se a esses edifícios como extremamente quentes no verão e frios no inverno, escuros e fétidos, sempre sujeitos a incêndios ou desmoronamentos. Juvenal ridiculariza essas perigosas construções altas:

Quem na agradável Preneste ou em Volsini, entre as frondosas colinas, temeria que suas casas desmoronassem?... Mas nós habitamos nesta cidade apoiada quase toda sobre estacas frágeis: pois é assim que os proprietários remendam as rachaduras nas paredes desgastadas obrigando os inquilinos a dormir sob um telhado prestes a cair sobre suas cabeças (*Sátiras* 3.190-196)

Em vez do anonimato dos apartamentos urbanos modernos, as ínsulas romanas eram freqüentemente dominadas por patronos que sempre interferiam nas suas estruturas arquitetônicas, sociais e econômicas.

As comunidades cristãs primitivas devem ser entendidas nesse contexto. Perguntamos, mesmo sem saber a resposta, onde se encontravam? Talvez em pequenas lojas, em grupos de doze a quinze pessoas, depois do expediente do dia? Ou no mezanino onde os atendentes das lojas viviam? Quem sabe, grupos maiores de vinte a trinta pessoas, numa das salas maiores da residência do proprietário? Poderíamos imaginar, por outro lado, grupos menores, conversando nos corredores ou num dos pequenos cubículos do quarto andar, ou pior, em algum barracão por acaso acrescentado em cima do teto? Gostaríamos de entender o significado do termo igreja-*casa*, em Roma, e mais, se Paulo sabia do que se tratava quando escreveu de Corinto aos romanos.

339

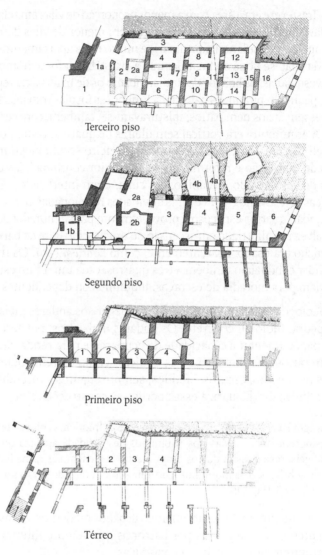

Figura 132: Planta da Ínsula Araceli em Roma.

A retórica da polêmica religiosa (de novo)

Lutero, no século dezesseis, fez duas afirmações a respeito da Carta aos Romanos de Paulo: a primeira, fundamentalmente correta, a segunda, errada, mas igualmente importantes. Escreveu, no prefácio do comentário a essa carta, o seguinte:

> Fé é confiança viva e inabalável na graça de Deus; é tão certa que se pode morrer mil vezes por ela. Esse tipo de confiança e de reconhecimento da graça divina dá alegria,

O MUNDO SOB A JUSTIÇA DIVINA

confiança e felicidade em relação a Deus e a suas criaturas. É o que o Espírito Santo produz por meio da fé. Movido por ela faremos o bem a todos sem coerção, de boa vontade e felizes; serviremos a todos, sofreremos por amor de Deus e em seu louvor, por nos tê-la concedido. *As obras não podem separar-se da fé, como não se separam as chamas da luz que vem do fogo.* (grifo do autor)

A última sentença é fundamental e correta. Em Romanos 3,18 Paulo escreve "justificado pela fé", que Lutero traduz em alemão por "somente pela fé". Está certo. A expressão usada por Lutero já inclui as obras. Sem elas não seria fé. *Quando se diz que a sala estava iluminada somente pelo fogo,* pressupõe-se, naturalmente, *o fogo flamejante.*

Lutero argumenta que "os judeus" realizaram a impossível separação entre fé e obras de três modos diferentes. Em primeiro lugar, por meio da hipocrisia: diziam fazer as coisas corretas, mas não o faziam na prática. "Pareciam piedosos no exterior e pecavam secretamente." Em segundo lugar, exteriormente: falavam de retidão e justiça, mas não as praticavam. "Viviam de modo virtuoso mas sem entusiasmo nem amor; eram inimigos da lei de Deus em seus corações e gostavam de julgar os outros." Em terceiro lugar, pelo orgulho: quando conseguem fazer o que é certo, interna e externamente, substituem a graça divina pelo poder humano. São os que "desejam viver virtuosamente pela natureza e pelo livre-arbítrio".

Tudo isso seria verdadeiro no caso hipotético abstrato das coisas que *algumas pessoas fazem.* Somos compostos de corpo e alma, carne e espírito, interior e exterior, e intenção e ato. Nem sempre esses elementos funcionam em harmonia. Mas como só podemos ver o exterior, as acusações anteriores são belos expedientes para ataques polêmicos contra indivíduos, grupos, nações e religiões que detestamos. Representam instrumentos para disputas tais *como nós ou eles* ou para estratégias normais de *desmoralizar* o oponente. Quando não gostamos do ponto de vista ou do programa dos outros, dizemos que estão sempre dizendo a mesma coisa e nada fazem. E quando o fazem, dizemos que é tudo por interesse monetário, orgulho, exibição ou auto-elogio.

Eis um exemplo contemporâneo. Temos um comerciante que hasteia todos os dias a bandeira americana em sua loja. O vizinho não gosta disso porque lhe parece mero gesto destinado a atrair clientela, ganhar mais, falso patriotismo ou apenas imitação do que outros fazem. Pensa que esse ato não vem de dentro, digamos, do coração nem de verdadeiro patriotismo. Se, porventura, a lei obrigasse todos a hastear a bandeira em suas casas, o comerciante que sempre o fizera poderia dizer que se tratava de obra da fé e acusaria os novos hasteadores da bandeira de mera *obra da lei.* Mas, por falta de evidência, como decidir a respeito? Sem evidências, a acusação não passaria de mera retórica típica das difamações polêmicas. Esse tipo de retórica era muito útil no tempo de Lutero para fazer oposição entre cristãos e judeus, e por tabela, entre reformadores protestantes e católico-romanos.

Todos esses elementos e uma conclusão. Paulo se esforçava em Romanos para apresentar seu ponto de vista que não era aceito pela maioria dos pagãos, por *di-*

341

EM BUSCA DE PAULO

versos judeus e por *alguns* cristãos. Defendia o sentido de sua própria vida e de sua vocação como "servo de Cristo Jesus, chamado para ser apóstolo, escolhido para o evangelho de Deus" (1,1; cf. 1,1-6), evangelho esse que é "salvação de todo aquele que crê..." na "justiça de Deus" (1,15-16). Mas os conceitos de *salvação, justiça* e *fé*, foram torcidos ou até mesmo quebrados pelo peso das controvérsias teológicas depois da Reforma. Precisam ser tratados com muito cuidado e delicadeza.

Finalmente, não esqueçamos que Paulo se fechara na controvérsia sobre "o meu evangelho" (2,16; 16,25). Isso quer dizer que não podemos ignorar ou esquecer a polêmica religiosa retórica mantida, direta ou indiretamente, *por Paulo* contra seus opositores cristãos, judeus e pagãos. Trazemos esta questão à baila não movidos por correção política, cortesia ecumênica, ou sensibilidade pós-holocausto, mas por causa de sua realidade histórica. Nada é mais fácil nas polêmicas religiosas ou políticas do que acusações das "obras" contra a "fé", da exteriorização contra a interioridade, e da ação contra a intenção. Quando um lado não gosta dos atos externos do outro, ataca a motivação interna, considerando-a ruim ("Você só quer dinheiro") ou ausente ("Você quer aparecer").

As acusações de Paulo só funcionam se forem lidas apenas pelos cristãos sem exigir respostas dos judeus. Se o fizessem, suas respostas seriam óbvias. "Certamente nós, judeus, somos justificados apenas pela graça de Deus, dom gratuito da aliança, que recebemos desde o começo e mantemos até hoje; aceitamos a graça e a aliança internamente e as vivemos externamente pela fé. As obras são a face externa da fé. Pela graça da fé recebemos a lei e a vivemos. Paulo, você separa fé e obras, coisa que nunca fizemos." Qualquer judeu concordaria com a injunção de Paulo aos filipenses: "Operai a vossa salvação com temor e tremor, pois é Deus quem opera em vós o querer e o operar, segundo a sua vontade" (2,12-13). Querer e operar, fé e obras, são dois dons ou, melhor, o único dom da graça divina. Paulo, entretanto, procura a partir de seu judaísmo original converter a Cristo os simpatizantes pagãos, adoradores de Deus. Nesse afã, não dá trégua, não se intimida e considera o ataque externo a melhor defesa interna.

Unidade de pagãos e judeus: Romanos 1–8

O livro de Atos de Lucas dá a Paulo alguns privilégios cívicos como, por exemplo, a cidadania tarsiana e romana, e outros, religiosos, como descendente dos fariseus e educado aos pés de Gamaliel, que Paulo provavelmente nunca teve e jamais mencionou. O que de fato recebeu e que lhe foi muito útil em sua vida foi a educação de primeira classe na sinagoga de Tarso com forte ênfase na apologética judaica e na polêmica contra o paganismo. Em outras palavras, foi educado para debater dentro do judaísmo, com os pagãos ou, melhor, dentro do judaísmo contra o paganismo.

342

O MUNDO SOB A JUSTIÇA DIVINA

Deus, mundo e julgamento

O ideal de Deus, diz Paulo em 1,16–3,18, é criar a unidade "em primeiro lugar do judeu, mas também do grego", frase repetida três vezes em 1,16 e 2,9-10. Mas o argumento, digamos, é curioso, porque começa com esta acusação: "Todos, tanto os judeus como os gregos, estão debaixo do pecado" (3,9), de modo que, entre eles, "não há diferença, sendo que todos pecaram e todos estão privados da glória de Deus" (3,22-23). A unidade de judeus e gregos, isto é, do mundo todo, já existe, mas sob o pecado. Observe, de passagem, que ao desenvolver esse argumento, põe os gregos em primeiro lugar em 1,16–2,16 antes de seus companheiros judeus em 2,17–3,18.

GREGOS (1,16–2,16). Em primeiro lugar, Paulo apela ao que poderíamos chamar de *lei comum da humanidade* postulando que, a respeito de imoralidade e idolatria, a lei judaica da aliança escrita em textos bíblicos reaparece na lei natural do paganismo (não) escrita nos corações humanos. Nos dois casos, "não são os que ouvem a Lei que são justos perante Deus, mas os que cumprem a Lei é que serão justificados" (2,13; cf. 2,12-16).

Em segundo lugar, na acusação de pecado contra os pagãos em 1,16–2,16, Paulo cita a apologética polêmica padrão de seu judaísmo original contra o paganismo. Diz o seguinte a respeito de *idolatria*: os pagãos "trocaram a glória do Deus incorruptível por imagens do homem corruptível, de aves, quadrúpedes e répteis" (1,23). Naturalmente, é uma afirmação tão incorreta como dizer que os judeus adoravam uma sala vazia no Templo de Jerusalém. Imagine o que Epíteto, um pagão quase santo, teria respondido! *Sobre imoralidade*: Paulo assevera três vezes que, por causa da idolatria, "Deus os entregou" à imoralidade (1,24.26.28). A lista de vícios é a mesma do judaísmo contemporâneo, encabeçada pelo homossexualismo: "Por isso Deus os entregou a paixões aviltantes: suas mulheres mudaram as relações naturais por relações contra a natureza; igualmente os homens, deixando a relação natural com a mulher, arderam em desejo uns para com os outros, praticando torpezas homens com homens e recebendo em si mesmos a paga da sua aberração" (1,26-27; cf. 1,26-31).

Paulo, falando a partir da Torá judaica, ressalta apenas o homossexualismo como "não natural" em Romanos 1,26-27. Mas, nessa tradição como em outras, a natureza sexual era determinada pela biologia, pelo corpo e pelos genitais. Para muita gente agora, contudo, a natureza sexual é determinada pela química, pelo cérebro e pelos hormônios. Assim, Paulo nunca enfrentou a questão que levantamos hoje. Naturalmente, a atividade sexual segue a natureza sexual, mas quem ou o que a determina? E que fazer, afinal, quando o homossexualismo é tão natural para alguns como o heterossexualismo é para outros?

JUDEUS (2,17–3,18). Continuando a acusar o pecado universal em 1,16–3,18, Paulo deixa agora os pagãos de lado em 1,16–2,16 e se volta aos companheiros judeus em 2,17–3,18. E, convenhamos, trata-se novamente de uma acusação muito frágil:

343

EM BUSCA DE PAULO

Ora, tu, que ensinas aos outros, não ensinas a ti mesmo! pregas que não se deve furtar, e furtas! proíbes o adultério e cometes adultério! abominas os ídolos e despojas seus templos! Tu que te glorias na Lei estás desonrando a Deus pela transgressão da Lei. (2,21-23)

Não há dúvida de que judeus em algum lugar, tempo e condição tenham incorrido nesses erros. Mas as acusações pagãs contra os judeus não eram sobre a hipocrisia da infidelidade, mas sobre a estupidez da fidelidade.

Paulo, então, dirige sua crítica à circuncisão, repetindo a mesma equação que fizera entre a lei judaica externa e a lei pagã do coração em 2,12-16 a respeito da circuncisão: "O verdadeiro judeu não é aquele que como tal aparece externamente... a verdadeira circuncisão é a do coração, segundo o espírito e não segundo a letra" (2,29; cf. 2,25-29). Mas, naturalmente, a resposta óbvia é que, para os judeus, a circuncisão é tanto espiritual como literal. Para os pagãos é apenas espiritual. O pagão se santifica *com* sua ausência, mas não *por* ela, e os judeus do sexo masculino santificam-se *com* sua presença, e não *por* ela.

Quando se lê pela primeira vez a chocante acusação do pecado global, é fácil esquecê-la como se fosse mera hipérbole de pregadores entusiasmados a respeito do inferno e da condenação, ou de apocalipcismo rabínico. E quanto mais você lê com atenção a lista típica de pecados dos pagãos em 1,18-31 e dos judeus em 2,21-24, mais se afasta dela. Mas, debaixo da superficialidade ou artificialidade da ênfase especificamente sexual, reside um mal mais profundo que confirma a acusação global de Paulo. *Parece haver algo profundamente errado e seriamente torto na natureza humana ou, pelo menos, na civilização.* Estamos assistindo à horrível evolução do imperialismo do século dezenove para o totalitarismo do século vinte, chegando agora ao terrorismo do século vinte e um. Somos forçados a ponderar sobre a civilização. Relemos as acusações de pecado global hoje em nível mais profundo do que na época de Paulo. É provável que Paulo tivesse percebido essa falha global, expressando-a na única linguagem recebida da sua tradição. Mas, hoje, podemos usar uma linguagem mais radical oriunda de nossa própria tradição.

Justiça, justificação e Cristo

De que maneira poderá a unidade global sob o pecado ser substituída por outra sob o poder de alguma alternativa divina? A resposta básica de Paulo aparece em 3,25-26: a *justiça* de Deus é concedida para a *justificação* da humanidade por meio do *sacrifício* de Cristo. Cada uma dessas frases sujeita-se a mal-entendidos, gerando inúmeros debates e controvérsias.

JUSTIÇA: *DISTRIBUIÇÃO, NÃO RETRIBUIÇÃO*. Segundo a tradição bíblica do paralelismo poético, *justiça* e *retidão* de Deus querem dizer a mesma coisa. Deus faz *justiça* com atos de *retidão* e vice-versa. Deus *é* justiça = retidão. Estes dois termos indicam sempre o caráter de Deus.

344

O MUNDO SOB A JUSTIÇA DIVINA

Mas quando estudamos a justiça e a retidão de Deus deparamo-nos com alguns problemas de interpretação a respeito da visão bíblica de Deus, especialmente a respeito de *distribuição* e *retribuição*. Em geral, empregamos o termo "justiça" quase exclusivamente em relação a castigos e penas, como justiça retribuidora. Nossos tribunais são chamados de casas de justiça, e os que se sentem injustiçados reclamam nos noticiários por justiça, isto é, para que os malfeitores sejam punidos e se vindique a retidão. Mas o sentido original da palavra não contém a idéia de vingança: ela é sempre distribuidora. Medite um pouco. Se um malfeitor rico, poderoso e importante se baseasse em seu *status* para evitar a justiça retribuidora, apelaríamos a esse tipo de justiça pedindo a aplicação de sanções legais e que as penalidades fossem justas e iguais para todos. Era assim nas escrituras hebraicas — o significado básico e principal da justiça divina não era retribuição. Diríamos até que retribuição nem era punição divina mas resultado inevitável da má distribuição humana. Com tal mal-entendido da retidão divina como punição dos transgressores, os humanos (como, por exemplo, Lutero!) tendem a tremer com medo da justiça divina como retribuição, em vez de celebrar o desafio da justiça distribuidora de Deus. Onde se situariam, então, as "boas-novas" para todos?

Paulo refere-se à insistência divina na justiça distribuidora de Deus quando seu governo terreno combina com o celeste, afirmando "a justiça de Deus testemunhada pela Lei e pelos Profetas" (3,21). E daí?

JUSTIFICAÇÃO: *TRANSFORMAÇÃO, NÃO IMPUTAÇÃO.* O termo especial empregado por Paulo para o dom da retidão divina é *justificação* ou *tornar justo*, isto é, o processo por meio do qual a humanidade torna-se justa. Assim, enquanto os termos *justiça* e *retidão* são usados essencialmente para a divindade e apenas derivadamente para nós, nunca se emprega o termo *justificação* para Deus. Trata-se do processo mediante o qual a justiça e a retidão de Deus transformam-se na justiça e na retidão da humanidade. Deus é, portanto, ao mesmo tempo "justo" e aquele que "justifica" o mundo (3,26). Como acontece isso? Por "Cristo Jesus... Deus o *expôs* como instrumento de propiciação, por seu próprio sangue" (3,25). Aqui, também Paulo enfrenta novo problema, expresso *na confusão moderna entre imputação e transformação.*

Imagine o juiz que no tribunal declara inocente o ofensor sem julgamento adequado. Consideraríamos o ato ilegal. Esperaríamos que em vez dessa declaração fictícia de inocência o ato fosse corroborado pelo júri. Quando a justiça divina transforma-se em justificação humana, será mero ato fictício de declaração de inocência ou transformação real? Poderíamos perguntar a Paulo se Deus agora resolvera tratar o mundo como *se* fosse justo? Paulo responderia no estilo que conhecemos: "De modo algum! Se assim fosse, como poderia Deus julgar o mundo?" (3,6). A justiça divina transforma-se em justificação humana não por imputação fictícia, mas mediante transformação real. Relembre o que Paulo escreveu, antes, em 2 Coríntios: "E nós todos que, com a face descoberta, refletimos como num espelho a glória do Senhor, somos transfigurados nessa mesma imagem, cada vez mais resplandecente" (3,18),

345

e "se alguém está em Cristo, é nova criatura. Passaram-se as coisas antigas; eis que se faz uma realidade nova" (2Cor 4,16; 5,17). Trata-se, pois, de transformação e não apenas de mera imputação.

Na Carta aos Romanos 6,11-23, Paulo pondera repetidamente sobre a realidade do pecado global e, em seguida, da santidade global como transformação. Escreveu, no começo: "Considerai-vos mortos para o pecado e vivos para Deus em Cristo Jesus" (6,11) e, no final: "Libertos do pecado e postos a serviço de Deus" (6,22). Mas de que maneira acontece essa transformação?

CRISTO: *PARTICIPAÇÃO, NÃO SUBSTITUIÇÃO.* Pressupunha-se normalmente no mundo de Paulo que a união pacífica com deuses, deusas e Deus era alcançada mediante sacrifícios. Os devotos ofereciam às divindades algo que lhes pertencia. As oferendas oscilavam entre pequenas libações como, por exemplo, um gole de vinho antes do banquete até a hecatombe do abatimento de cem touros num templo público. Completava-se o ciclo do relacionamento humano-divino bebendo-se o vinho ou comendo da carne sagrada — daí o termo "sacrifício" do latim, *sacrum facere*, "tornar sagrado". Judeus e pagãos, naquela época, entendiam que a "reconciliação" (5,11) poderia envolver "propiciação por... sangue" (3,25). Usamos ainda hoje a palavra "sacrifício" como, por exemplo, quando bombeiros salvam uma família num incêndio mas perdem a vida nas chamas. Costumamos dizer que eles se sacrificaram cumprindo o dever. De certa maneira, tanto a vida como a morte são sagradas, mas concordamos que as vidas e as mortes desses bombeiros são sagradas de maneira muito especial, peculiar e particular. Por quê? Porque morreram para que outros pudessem viver.

Ao explicar a morte sacrificial de Jesus, precisamos acentuar dois pontos. Em primeiro lugar, na antiguidade ninguém pensava que os animais sacrificados estavam sendo vicariamente punidos por Deus. Não se imaginava que a hecatombe fosse mais adequada do que o sacrifício humano de quem, de fato, merecia morrer. Nos tempos atuais, não se pensa que Deus gostaria de punir alguém sacrificando-o para ser queimado no fogo do altar, matando uma família inteira, nem mesmo se imagina que aqueles bombeiros que perderam a vida estavam sendo substitutos vicários.

O mais curioso é que Paulo, depois de mencionar o sacrifício expiatório de Cristo, não desenvolve a idéia mas concentra-se no tema da *participação em Cristo*, que, como vimos no capítulo 5, é o centro de sua teologia. Enquanto dedica apenas um versículo ao tema da *expiação sacrificial* (3,5), escreve um capítulo inteiro sobre *participação* (6,1-23). Paulo provavelmente percebia que o sacrifício expiatório podia explicar a morte de Jesus, mas que dizer a respeito da ressurreição? Era preciso falar de morte e ressurreição de "Jesus, nosso Senhor", que "foi entregue pelas nossas faltas e ressuscitado para a nossa justificação" (4,25; cf. 6,3-5).

Finalmente, Paulo fala da "morte" de Cristo em, digamos, 4,25; 5,10; e 6,3-10, mais como execução ou crucifixão — observe como dá ênfase nessa palavra em 1Cor 1,23–2,8, por exemplo: "Cristo crucificado... Jesus Cristo crucificado... príncipes deste mundo... crucificado o Senhor da Glória".

O MUNDO SOB A JUSTIÇA DIVINA

De um lado, a teologia de Paulo não teria sido a mesma se Cristo tivesse morrido na cama e ressuscitado depois. Jesus não apenas morreu; ele foi executado pelas autoridades do Império Romano, publicamente, de maneira legal e oficial; isto é, pela norma da permanente violência da civilização de seu tempo e lugar. Não se tratava apenas de morte e ressurreição. Fora executado por *Roma* e ressuscitara contra *Roma*. É aí, talvez mais do que Paulo ou o cristianismo queiram admitir, que se realizou plenamente a participação. De outro lado, a vantagem de usar "morte" em lugar de execução ou crucifixão é que se pode contrastá-la com "vida", e ressaltar a atual vida cristã ressurgida. É o que Paulo faz repetidamente em Romanos 4–6 (cf. 4,17; 5,10.17.20.21; 6,4.8.11.13).

Graça, fé e obras

O DOM DA GRAÇA. A palavra grega *charis*, graça, significa dom gratuito. A justaposição de graça e dom gratuito aparece claramente quando Paulo afirma enfaticamente e até mesmo com certa redundância que todos "são justificados gratuitamente" pela "graça" (3,24), sobre "a graça de Deus e o dom gratuito de um só homem, Jesus Cristo" (5,15) e, acima de tudo, porque "a graça resultou em justificação... a abundância da graça e do dom da justiça" (5,15-17).

Pense agora no exemplo físico do ar. Está em volta de nós todo o tempo, igualmente disponível para todos em qualquer lugar. Nada precisamos fazer para obtê-lo. Nada existe que se possa fazer para consegui-lo. Não se trata de merecimento. Dependemos dele totalmente: nesse sentido, é transcendente. Mas é também imanente: está aí. Não temos consciência disso a não ser que aconteça alguma coisa errada em nós ou no ar. Mas, na verdade, pode ser notado e, tomando consciência dele, o aceitamos e respondemos cooperando com ele. Em outras palavras, o ar não exige que respiremos mas precisamos respirar para evitar asfixia ou hiperventilação. Mas se alguém escolher uma dessas coisas não pode dizer que a culpa foi do ar, que o ar está lhe punindo. Será sempre questão de colaboração. O dom da graça é como ganhar um *upgrade* mas, nesse caso, pelo menos, você tem de se dispor a recebê-lo.

A boa-nova de Paulo é que a justiça de Deus é como o ar, de graça, dádiva oferecida a nós absoluta e incondicionalmente para nossa justificação, em favor de um mundo justo. Mas, como qualquer presente, a graça só age se a aceitamos, e Paulo imagina duas maneiras de recebê-la. Mas apenas uma é adequada. A maneira correta chama-se *fé*, a inadequada, *obras* (preferimos falar de *obras da fé* e *obras da lei* como veremos adiante).

O COMPROMISSO DA FÉ. Eis outro grande mal-entendido. A fé não significa assentimento intelectual a certas proposições, mas, compromisso com determinado programa. Podemos, obviamente, resumir qualquer programa numa sentença, mas a fé jamais se reduz a assentimentos além de plena dedicação. A fé (*pistis*) não é algo parcial, mas compromisso total de vida. Como tal, é sempre processo interativo, contrato bilateral, via de duas mãos. É aliança e pressupõe fidelidade dos dois lados não obstante diferenças e distinções entre eles. Era assim para Paulo na Carta aos Romanos. Deus e Cristo são fiéis ao mundo e, em resposta, o mundo a eles. A justiça de Deus em Cristo é fielmente consistente, e também os cristãos em resposta ao dom da graça.

De novo, como em Gálatas 3,6-29 no capítulo 4, Abraão serviu de modelo para Paulo e de argumento em favor da fé como resposta primeira e essencial à oferta gratuita da justiça divina para a justificação humana, Abraão acreditou na promessa de Deus em Gênesis 17 (aliança) antes do mandamento da circuncisão em Gênesis 17 (sinal da aliança). Bastante justo, mas, como dissemos antes, qualquer opositor judeu teria respondido que, naturalmente, a fé vinha em primeiro lugar, mas também a circuncisão como seu sinal. O judeu continuaria dizendo que assim como a fé cristã é mais importante, o batismo é seu sinal, selo e sacramento.

Em Gálatas 3,6 Paulo citou o texto básico de Gênesis 15,6: "Abrão creu em Iahweh, e lhe foi tido em conta de justiça". Esse versículo é repetido três vezes em Romanos 4,3.9.22. Mas há outra diferença mais importante. Em Romanos, diferindo de Gálatas, Paulo insiste que Abraão era o ancestral comum dos gentios que vivem pela fé *sem* a circuncisão, bem como dos judeus que vivem pela fé *com* a circuncisão. "Ou acaso ele é Deus só dos judeus? Não é também dos *gentios*? Lógico que também dos gentios" (3,29; cf. 4,11-12).

A POLÊMICA SOBRE AS *OBRAS*. Vimos no capítulo 4 que Paulo insistia na antítese entre fé *e* obras em Gálatas 2,16–3,12. O tema é retomado em Romanos 3,27-46; 9,11 e 11,6. Comparemos, por exemplo, Gálatas 2,16, "o homem não se justifica pelas obras da Lei, mas pela fé em Jesus Cristo", com Romanos 3,28, "nós sustentamos que o homem é justificado pela fé, sem as obras da Lei". Estaria o judeu Paulo rejeitando sua formação original atacando-a frontalmente nessas duas cartas? Seus conterrâneos judeus, naturalmente, teriam dito a Paulo que eram justificados pela graça da aliança e que a fé incluía naturalmente obras. Você, Paulo, teriam acrescentado, está nos caricaturando polemicamente com essa dicotomia.

O argumento, na verdade, não se desenvolvia em duas vias, mas em três. Entre Paulo e os judeus inseriam-se os adoradores de Deus, pagãos simpatizantes. O discurso de Paulo não era apenas polêmico, mas apologético. Os adoradores de Deus aceitavam as obras *antes* da fé, e não *a partir* dela. Paulo teria dito a estes que estavam perdidos, longe da fé pagã, da judaica e da cristã. Agiam a partir de superstições religiosas e de organizações sociais. Talvez até se pudesse deduzir que Paulo estivesse querendo dizer a mesma coisa para os judeus. Mas, mesmo sem essa hipótese, os judeus rebelavam-se contra a intromissão de Paulo que abalava as certezas e a segurança de um grupo de homens e mulheres simpatizantes que bem poderia servir-lhes de pára-choque em caso de perseguições populares ou oficiais. *A antítese paulina de fé versus obras situa-se no confronto entre argumentos apologéticos válidos entre cristãos e adoradores de Deus, mas sem valor polêmico entre judeus.*

Lei, pecado e morte

DA LEI AO PECADO. Tanto em Gálatas como em Romanos, Paulo emprega três expressões mais ou menos sinônimas, sempre negativamente, em oposição à fé. Já examinamos uma delas, *obras*, cuidadosamente. A segunda é *lei* como, por exemplo, em Gálatas 3,12: "A Lei não é pela fé", ou Romanos 10,5-6 : "Justiça que provém da Lei... justiça que provém da fé". A terceira expressão é *obras da lei* em, digamos, Gálatas 2,16 (três vezes) e Romanos 3,28. Por que essa oposição entre lei e fé, se o mesmo Paulo nessas duas cartas fala positivamente da "Lei de Cristo" em Gálatas 6,2, de "lei da fé" em Romanos 3,27, e da "Lei do Espírito da vida em Cristo Jesus", em Romanos 8,2. Além disso, "toda a Lei está contida numa só palavra: Amarás a teu próximo como a ti mesmo", em Gálatas 5,14 e duas vezes em Romanos 13,8-10: "A caridade é a plenitude da Lei". Seria, então, má a "lei" judaica, e "boa", a cristã? Que havia de errado com a lei para Paulo? Ou, de nosso ponto de vista contemporâneo, se viver sob a lei é tão bom para a vida sociopolítica, como poderia ser nociva para a vida religioso-política?

Em primeiro lugar, o termo abrange para Paulo qualquer lei, *não apenas a judaica ou romana ou mesmo divina*. Então, que tem de ruim a lei? A crítica específica encontra-se em Romanos, não em Gálatas. Este é o versículo básico: "A Lei produz... a ira... onde não há lei não há transgressão" (4,15; cf. 5,13; 7,5.7.8).

Paulo certamente não quer dizer, de maneira alguma, que o desejo (a "cobiça") só se manifesta por causa, em reação e em oposição à lei contra ele, como se o desejo para matar alguém só surgisse para contrariar a lei que o proíbe, e que se não houvesse tal lei, tampouco esse desejo existiria. Paulo apenas quer dizer que a lei produz conhecimento: por meio dela agora sabemos que isto e aquilo são males e que devem ser evitados. Se, por exemplo, alguém proclama que todos temos direitos inalienáveis e iguais, já está sabendo demais, e o admite, de tal maneira que se não viver de acordo com isso, sua própria lei o condenará.

Em segundo lugar, embora a lei nos leve ao conhecimento (*não devo fazer isto*), não nos dá inerentemente o poder da obediência (*não farei isto*). "Realmente não consigo entender o que faço", diz Paulo em nome da lei, "pois não pratico o que quero, mas faço o que detesto" (7,15). Não se trata de confissão pessoal perante a Torá judaica, mas de confissão estrutural e sistêmica da humanidade em face de suas melhores leis e mais sinceros ideais. A lei estabelece informações mas não transformação, diz Paulo. Na verdade, ele está certo e errado ao mesmo tempo. Acerta ao afirmar que a lei vinda de fora não cria a fé dentro de nós. Claro que não. Imagine, porém, o caso da discriminação contra minorias. Quando a lei proíbe tal comportamento, alguns dirão que ela não muda a mentalidade das pessoas. Mas não será válido esperar que nossos filhos e os filhos deles cresçam com mentes diferentes?

Em terceiro lugar, a descrição da consciência humana dividida que o levou a dizer: "Não faço o bem que eu quero" (7,20), não deve ser entendida como sentimento subjetivo da culpa, mas como *status* objetivo do pecado. Já vimos a relação que fez entre a lei escrita da aliança, dos judeus, e a natural (não escrita) dos pagãos. É assim que ele entende a lei nesta seção: lei e obras *versus* graça e fé. O termo fundamental em Romanos 5–8 não é *pecados* no plural e em minúscula, mas *Pecado* no singular e em maiúscula. Paulo nunca emprega o termo no plural em Romanos a não ser quando cita as Escrituras em 11,27. Concentra-se no conceito de *Pecado*, isto é, na desobediência à lei divina reconhecida e admitida como justa.

Finalmente, não considera que a lei e a fé possam se relacionar reciprocamente como se pudessem igualmente vir de fora para dentro e vice-versa. Escreveu em Gálatas 3,24: "A Lei se tornou nosso pedagogo até Cristo, para que fôssemos justificados pela fé". Pode ser que essa lei pedagógica e a justificação pela fé não sejam fases sucessivas na vida das pessoas e nas religiões, mas interações dialéticas. Seriam dois lados da mesma moeda?

DO PECADO PARA A MORTE. Paulo escreveu em 1 Coríntios 15,26: "O último inimigo a ser destruído será a Morte", e em 15,56: "O aguilhão da morte é o pecado e a força do pecado é a Lei". A seqüência, como em Romanos, é da lei ao pecado, e do pecado à morte. Estaria Paulo referindo-se à morte comum, fim normal de todas as coisas vivas, inclusive da vida humana? Será a morte, realmente, o último inimigo de Deus?

Primeiramente, um pensamento preliminar. Na sociedade pré-industrial cerca de um terço dos nascidos morriam com seis anos de idade, dois terços, com dezesseis, e três quartos com vinte e seis. No mundo antigo e nos lugares onde se vive como se estivéssemos lá, a morte não é fato distante ou futuro mas companhia presente e constante. Mesmo sem guerras, fome e pragas, a morte era provocada por doenças injustas, má nutrição e infecções contagiosas.

Paulo já afirmara em 1 Coríntios 15,22: "Todos morrem em Adão". Em Romanos 5,12-19 reitera: "Por meio de um só homem o pecado entrou no mundo e, pelo pecado, a morte, e assim a morte passou a todos os homens, porque todos pecaram", pois "pela falta de um só a morte imperou através deste único homem", além disso, a "transgressão" ou "pecado" ou "desobediência" de Adão trouxe a morte como "condenação" não apenas para ele mas para todos, "mesmo sobre aqueles que não pecaram de modo semelhante à transgressão de Adão". O discurso de Paulo é, com certeza, claro, mas será igualmente correto?

Por outro lado, como já vimos, a "morte" de Cristo sempre representou para Paulo uma execução terrível e injusta na vergonhosa cruz. Não era a morte como fim normal da vida. Sua teologia não se construiu na morte e ressurreição de Cristo como se tivesse acontecido em sua casa em Nazaré e ressuscitasse no terceiro dia. A morte de Cristo significava injustiça e violência. Agora, aqui, depois de dois mil anos e especialmente quando o terrorismo do século vinte e um substitui o totalitarismo do século vinte, levantamos a questão: será a morte ou a violência o último inimigo de Deus? Ou, melhor, será a morte injusta e violenta esse inimigo final?

O MUNDO SOB A JUSTIÇA DIVINA

A unidade de judeus e cristãos: Romanos 9–11

Paulo imaginou inicialmente a unidade entre judeus e cristãos numa só comunidade: cristianismo judaico. Deus chamou essa comunidade "não só dentre os judeus, mas também dentre os gentios" (9,24), "de sorte que não há distinção entre judeu e grego, pois ele é Senhor de todos, rico para todos os que o invocam" (10,12). Mas quando escreveu aos romanos já sabia que nem tudo dera certo. "Tenho uma grande tristeza e um amor incessante em meu coração. Quisera eu mesmo ser anátema, separado de Cristo, em favor de meus irmãos" (9,2-3; cf. 9,1-5).

Pela metade dos anos 50, como essa angustiante confissão proclama, Paulo se deu conta de que essa comunidade unificada de (alguns? muitos? todos?) judeu-cristãos e de (alguns? muitos? todos?) pagão-cristãos não acontecera e que não se efetivaria dentro dos parâmetros normais da atividade missionária. Assim, em Romanos 9–11, pondera sobre esse "mistério" do ponto de vista da causalidade humana e divina. Considera a causalidade divina em 9,1-29 e 11,1-36, e a humana em 9,30-10,21. Mistério, a propósito, é algo escondido no coração de Deus e não mero quebra-cabeça, dificuldade ou problema a ser resolvido pelo engenho humano.

Causalidade divina

Como sempre na tradição bíblica, qualquer coisa que fazemos, boa ou má, é entendida debaixo do controle, do plano e da intenção de Deus. Paulo aplica esse princípio à situação presente, argumentando a partir de citações da tradução grega das escrituras hebraicas.

ROMANOS 9,1-29. Primeiramente, Abraão teve filhos da carne, mas os filhos da promessa foram escolhidos (9,6-9). Rebeca teve Esaú, primeiro, e Jacó, depois, e este foi escolhido (9,10-13). Mesmo a desobediência de um faraó dá-se no âmbito da permissão divina (9,17-18). Tudo faz parte, diz Paulo, da inescrutável misericórdia de Deus que, como divino oleiro, "pode formar da sua massa seja um utensílio para uso nobre, seja outro para uso vil" (9,19-21). Tudo bem, mas pouco consolador. Além disso, os profetas bíblicos são citados anunciando que Deus escolheria um "povo" dentre os pagãos (9,24-26), mas apenas um "remanescente dentre os judeus" (9,27-29).

ROMANOS 11,1-36. Em segundo lugar, o tema do remanescente pula de 9,1-29 para 11,1-36. Mas agora a ênfase recai em seu contrário, isto é, na vasta maioria que recusa o evangelho. Convém observar que, mesmo em sua visão exclusivamente cristã, Paulo jamais afirma que "os outros de Israel" estão perdidos, condenados e abandonados por Deus. Em vez disso, faz esta declaração pessoal e emocional: "Pergunto, então: Não teria Deus, porventura, repudiado seu povo? De modo algum! Pois eu também sou israelita, da descendência de Abraão, da tribo de Benjamim. Não repudiou Deus o seu povo que de antemão conhecera" (11,1-2). "Assim tam-

351

EM BUSCA DE PAULO

bém no tempo atual constituiu-se um resto segundo a eleição da graça. E se é por graça, não é pelas obras; do contrário, a graça não é mais graça" (11,5-6). O tema da graça *versus* obras refere-se à seção sobre a causalidade humana em 9,30–10,21, que veremos adiante.

A visão escatológica do cristianismo primitivo via judeus e pagãos numa comunidade final ou, como Paulo escreveu em Romanos 12–16, primeiro os judeus, depois os gregos. Mas agora Paulo anuncia que Deus mudou esse programa final: não apenas os gregos nem mesmo estes e alguns judeus, mas completa reviravolta, primeiro os gregos, depois os judeus (11,11-12).

Em seguida, Paulo adverte os pagão-cristãos a respeito dos judeu-cristãos em Roma, antecipando Romanos 12–16. Fala explicitamente aos gentios (11,13) e introduz a imagem da oliveira. Não afirma que Deus plantara uma nova oliveira gentia, mas que alguns ramos da oliveira judaica haviam se quebrado para enxertar uma nova "oliveira silvestre" pagã (11,17). Em outras palavras, o judaísmo é a raiz do cristianismo e os cristão-pagãos de Roma são severamente advertidos a não se vangloriar "contra os ramos" que haviam substituído "e, assim, todo Israel será salvo" (11,18-25).

Não afirma explicitamente, *salvo em Cristo*, mas, certamente, o subentende. Pelo menos admite que se trata de mistério divino em vez de falha humana, e hoje, depois de dois mil anos, ainda é mais misterioso do que Paulo poderia ter imaginado. Disse, na ocasião: "Quanto ao Evangelho, eles são inimigos por vossa causa; mas quanto à Eleição, eles são amados por causa de seus pais. Porque os dons e a vocação de Deus são sem arrependimento" (11,28-29). Estamos afirmando o que Paulo jamais imaginou. *Há duas alianças, uma judaica e outra cristã, ambas dons da graça divina e igualmente aceitas inicialmente e vivas de forma plena pela fé*. Por enquanto, esta é a única maneira de reler o que Paulo chamava de plano de Deus em face da continuidade da história.

Causalidade humana

Já examinamos a oposição entre *graça* e *obras* em Romanos 11,6 resumindo por que muitos judeus recusaram o evangelho. O contraste mostra-se mais claramente em 9,1-29 e 11,1-36.

ROMANOS 9,30–10,21. Paulo expressa-se emocionalmente: "Irmãos, o desejo do meu coração e a prece que faço a Deus em favor deles é que sejam salvos. Porque eu lhes rendo testemunho de que têm zelo de Deus, mas não é um zelo esclarecido" (10,1-2). Quer dizer que não buscam a justiça nem o cumprimento da lei pela *fé*, mas pelas obras (9,30-32).

Para falar com dureza, *a ação pela fé* flui externa, natural e espontaneamente, a partir, sem dúvida, do poder interno da crença — como, por exemplo, quem dirige a 55 milhas por hora para economizar recursos e vidas humanas porque está convencido de que é o que se deve fazer, e assim, naturalmente, o faz. Por outro lado, a *ação pelas*

352

O MUNDO SOB A JUSTIÇA DIVINA

obras é exatamente o contrário — como o motorista que diminui a velocidade de 75 para 55 porque percebeu a polícia lá na frente e sente medo de ser multado. Será a acusação de Paulo correta e válida ou mera difamação e mentira? A resposta exige que façamos clara distinção entre os adoradores de Deus, pagãos, e os judeus.

Imaginemos este caso hipotético. Temos aí diversos "pagãos" que gostam de alguns elementos do cristianismo. Recitam suas orações de manhã e de noite, rezam antes das refeições e fazem o sinal-da-cruz nos ofícios religiosos dominicais, mas recusam o batismo e não participam plenamente na vida da comunidade. Que pensaria a maioria dos cristãos a respeito de sua devoção? Classificaria seus atos como *de fé* ou *de obras*? Consideraria seu comportamento supersticioso ou aceitável?

Relembre os adoradores de Deus e os tementes a Deus, ao mesmo tempo semipagãos e semijudeus, freqüentadores da sinagoga e, em alguns casos, até mesmo observadores das regras *kosher*, mas incapazes de aceitar a circuncisão, ainda que participassem sem problemas nas normas pagãs religioso-políticas e socioeconômicas. Paulo considerava-os perdidos entre os mundos.

Em primeiro lugar, selecionavam dos judeus, as *obras*. Ao deixar de lado a fé, corriam grande perigo diante de Deus, segundo o apóstolo, mesmo mais do que os puros pagãos ou os completamente judeus. Em segundo lugar, quando se convertiam ao cristianismo, eram duplamente assediados, por Paulo e pelos antigos amigos judeus. Se conservavam ou adquiriam práticas judaicas, estariam ligados à fé ou às obras? Mas de que maneira teriam aprendido essas práticas da fé judaica se não eram judeus? Examinaremos adiante esta forte advertência de Paulo: "Tudo o que não procede da boa fé é pecado" (14,23). Nos embates entre cristianismo judaico e judaísmo não cristão Paulo utilizou apologética em favor do primeiro, e intensa polêmica contra o segundo. Não apenas advertiu os pagãos, especialmente os convertidos adoradores de Deus, contra as *obras* em favor da *fé*, mas atacou os opositores judeus acusando-os de procurar viver apenas pelas *obras*. Mas era justa tal acusação? Certamente, não. Tratava-se, como já vimos, de retórica comum e polêmica religiosa.

Unidade de judeu-cristãos e pagão-cristãos: Romanos 12–16

Em terceiro lugar, as preocupações de Paulo concentravam-se na união entre cristãos romanos entre si e, naturalmente, com os outros, quando possível. A seção de Romanos 12–16 começa com admoestações gerais nos capítulos 12 e 13, e conclui com detalhes específicos e saudações em 13 a 16. Dois conjuntos de ênfases temáticas aparecem no início e no final da seção: "Tende a mesma estima uns pelos outros", pede Paulo em 12,16 e 15,5. Quando chegamos à segunda petição, percebemos que a primeira não era mera generalização. Além disso, Paulo adverte: "Peço a cada um de vós que não tenha de si mesmo um conceito mais elevado do

EM BUSCA DE PAULO

que convém, mas uma justa estima, ditada pela sabedoria, de acordo com a medida da fé que Deus dispensou a cada um" (12,3). Mais tarde aconselha: "A fé esclarecida que tens, guarda-a para ti diante de Deus" (14,22). Requer-se a harmonia, porque, ao que parece, *Deus lhes dera* divergências *no interior* da fé cristã, ou diferenças *de* fé cristã. Qual seria, então, a exata situação dentro e fora do cristianismo em Roma que exigia tão longo empenho em favor da unidade pacífica?

"Não vos conformeis com este mundo"

Para economizar tempo, mencionamos apenas o conteúdo de Romanos 12 e 13, que estabelece os fundamentos da moral para Romanos 14–16. Concentramo-nos nesta última parte numa espécie de apelo em favor da unidade entre os cristãos *fracos*, que ainda observam práticas judaicas *kosher* e festas de seu calendário, e os *fortes*, que não sentem falta dessas coisas. Há quatro unidades em Romanos 12–13 que devem ser lidas no contexto específico do cristianismo romano da metade dos anos 50, quando o imperador Cláudio não mais existia e Nero pontificava. As duas unidades em 12,1-13 e 13,8-14 dão ênfase na unidade e no amor internos, enquanto as outras duas, centrais, em 12,14-21 e 13,1-7, na unidade e na paz externas.

Em primeiro lugar, Paulo repete em resumo seu ponto de vista expresso em 1 Coríntios 12–13 sobre "muitos membros" de "um só corpo em Cristo" e roga que tenham "carinho uns para com os outros" (12,10; cf. 12,1-13). Em segundo lugar, prega: "Abençoai os que vos perseguem... procurando, se possível, viver em paz com todos, por quanto de vós depende" (12,14.18; cf. 12,14-21). Em terceiro lugar, recomenda obediência às autoridades humanas especialmente no que diz respeito aos impostos (ler 13,1-7). Não se tratava de teologia abstrata sobre a autoridade civil a ser generalizada para todas as situações cristãs, mas de conselho prudente e concreto aos cristãos romanos, provavelmente para os *fracos*, a fim de que não se rebelassem contra a autoridade civil provocados pelo que lhes acontecera sob o domínio de Cláudio e pelo que lhes poderia acontecer dez anos depois sob Nero. Mesmo assim, o conselho não parece muito paulino, porque não se refere a Cristo. Assemelha-se mais, portanto, a aqueles catálogos de pecados pagãos que vimos anteriormente, como exemplos de advertências das sinagogas judaicas sobre sobrevivência em ambiente potencialmente hostil. Se for assim, o conselho teria mais sentido se dirigido aos cristão-judeus de Roma. Mas não deixa de ser irônico que, precisamente em Cesaréia Marítima na Judéia, onde Atos de Lucas 23–26 narra o aprisionamento de Paulo antes de ser enviado a Roma para julgamento, o edifício do governo posterior bizantino ostente no piso um mosaico com esta inscrição de Romanos 13,36: "Os que governam incutem medo quando se pratica o mal, não quando se faz o bem. Queres, então, não ter medo da autoridade?" (Figura 133).

Há, todavia, dois contextos profundos para se entender Romanos 13,1-7. O primeiro é o que chamamos de *hierarquia do negativo* — há tempo e modo para a obediência e também para a desobediência. Existe hierarquia na resistência, na oposição

Figura 133: "Os que governam incutem medo quando se pratica o mal, não quando se faz o bem. Queres então não ter medo da autoridade?" (Rm 13,6), num mosaico bizantino em Cesaréia Marítima.

e na negação. No dia 17 de junho de 1940, segundo o livro de Eberhard Bethge, *Dietrich Bonhoeffer: A Biography* [Dietrich Bonhoeffer: uma biografia], quando a queda da França obrigou as pessoas a adotarem a saudação nazista, Dietrich Bonhoeffer obedeceu, dizendo: "Teremos de correr riscos agora por coisas bem diferentes, mas não por causa dessa saudação!" (681). Há tempo para se pagar impostos ou para fazer continências, e tempo também para o martírio. O outro contexto profundo é o do *primado do positivo*, mas deixaremos esse tema para o epílogo.

Em quarto lugar, a última unidade em 13,8-14 sublinha duas vezes o tema do "amor" já tratado na primeira unidade em 12,1-13: "A caridade não pratica o mal contra o próximo. Portanto, a caridade é a plenitude da Lei" (13,10). Finalmente, então, depois dessas quatro seções fundamentais Paulo volta-se para os cristãos de Roma, *fracos* e *fortes*. De que maneira essa harmonia teórica funcionaria na prática no círculo mais íntimo da comunidade cristã?

"Acolhei-vos uns aos outros"

Havia entre os cristãos romanos dois grupos com idéias divergentes; Paulo, em Romanos 14–15, queria aproximá-los para formar uma só comunidade de adoração.

EM BUSCA DE PAULO

O grupo denominado por Paulo de *fraco* achava ainda importante observar certas práticas judaicas como o *kosher* e o calendário, por exemplo. O grupo *forte* não se alinhava com esse. Nas palavras de Paulo: "Um acha que pode comer de tudo, ao passo que o fraco só come verdura... há quem faça diferença entre dia e dia e há quem ache todos os dias iguais: cada qual siga sua convicção" (14,2.5).

Às vezes chamamos os *fracos* de judeu-cristãos ou cristão-judeus e os *fortes* de gentio-cristãos ou cristão-pagãos. Embora esses termos não estejam errados, não são plenamente acurados e não nos ajudam. Não se tratava apenas de etnia mas de práticas religiosas. Um adorador de Deus pagão, convertido, poderia querer manter dentro do cristianismo algumas das práticas anteriores, como o *kosher* e o calendário, enquanto alguns judeus convertidos rejeitavam essas práticas. Mas na situação do cristianismo romano da metade da década de 50 era mais provável que os *fracos* fossem cristãos "judeus" que haviam retornado para Roma depois da expulsão de Cláudio, e os *fortes*, cristãos "pagãos" que não teriam nunca deixado a cidade. Naquele contexto histórico, naturalmente, os termos *forte* e *fraco* aplicavam-se não apenas à consciência ou às práticas, mas ao poder exercido pelas pessoas na comunidade, bem como a seu *status* econômico. Da mesma forma, em 1 Coríntios 8–10, os *fracos* que se chocavam porque os *livres* comiam carne nos refeitórios dos templos pagãos não eram *fracos* apenas na consciência, mas também no poder, uma vez que esses banquetes eram freqüentados pelos que tinham dinheiro. Nesse sentido, o termo não era pejorativo somente a respeito da fé mas também se relacionava com classe ou *status* social e econômico.

Quanto à teoria, a posição de Paulo era bem clara: "Eu sei e estou convencido no Senhor Jesus que nada é impuro em si. Alguma coisa só é impura para quem a considera impura" (14,14). Situava-se, então, entre os *fortes* que não consideram necessárias as prescrições judaicas para a vida cristã autêntica. "Nós, os fortes, devemos carregar as debilidades dos fracos e não buscar a nossa própria satisfação" (15,1).

Também é claro sobre a prática. Escreveu: "Quem come não despreze aquele que não come; e aquele que não come não condene aquele que come; porque Deus o acolheu" (14,3). A base comum da unidade em face dessas discordâncias é esta: "Há quem faça diferença entre dia e dia e há quem ache todos os dias iguais: cada qual siga sua convicção. Aquele que distingue os dias, é para o Senhor que o faz, e aquele que come, é para o Senhor que o faz, porque ele dá graças a Deus. E aquele que não come, é para o Senhor que não come, e ele também dá graças a Deus" (14,5-6). Portanto, insiste, os *fracos* não devem "julgar" os *fortes* e vice-versa (14,4.10.13).

Quando se dirige aos *fracos*, nunca os adverte nem os reprova nem exige que abandonem suas práticas religiosas de *kosher* e do calendário. Na verdade, a única coisa que lhes ordena é que "não julguem" os *fortes* (14,3.4.10.13).

Paulo, contudo, dedica mais tempo aos *fortes*. Diz-lhes repetidamente: "Se por causa de um alimento teu irmão fica contristado, já não procedes com amor. Não faças perecer por causa de teu alimento alguém pelo qual Cristo morreu" (14,15;

O MUNDO SOB A JUSTIÇA DIVINA

cf. 14,20-21; 15,1). Se, em outras palavras, *kosher* e calendário não são importantes para você, tampouco deverá ser sua negação. Se todos os alimentos são bons, *kosher* também o é. Se todos os dias são bons, o Sábado também deve ser bom. Meus queridos *fortes*, ajustem-se, superem essas coisas, cresçam, "porquanto o Reino de Deus não consiste em comida e bebida, mas é justiça, paz e alegria no Espírito Santo" (14,17). Paulo pede que cada grupo aceite as diferenças religiosas dos outros para adorarem juntos e participarem na Ceia do Senhor (15,6-7). Insiste que tanto uns como os outros devem proceder de acordo com a fé e não, digamos, movidos por discriminações, desavenças ou julgamentos (cf. 14,22-23).

As tensões e separações entre cristãos *fracos* e *fortes* sobre práticas judaicas no cristianismo podem parecer distantes de nós e irrelevantes depois de dois mil anos. Mas na época e lugar eram importantes e até mesmo prioritárias. A maneira como Paulo procurou resolver essas questões pode ser paradigmática para outras discordâncias entre os cristãos. Nesses debates, os fortes sempre são os que desprezam os fracos e estes, os que sempre julgam os fortes. Paulo diz a ambos: "Acolhei-vos, portanto, uns aos outros, como também Cristo vos acolheu, para a glória de Deus" (15,17), "sem querer discutir suas opiniões" (14,1).

Finalmente, relembre aquela lista dos cristãos romanos que vimos no capítulo 2. Tanto os *fracos* como os *fortes* podem estar incluídos naquela lista, uma vez que Paulo lhes advertiu: "Rogo-vos, entretanto, irmãos, que estejais alertas contra os provocadores de dissensões e escândalos" (16,17-18).

Dom para a preservação da unidade

No capítulo 4 apreciamos o acordo alcançado em Jerusalém entre a missão de Pedro ao cristianismo judaico e a de Paulo ao cristianismo entre os pagãos. Sugerimos que Tiago dirigiu uma assembléia em Jerusalém que praticava a vida comunitária compartilhando o que cada um possuía, como se lê em Atos. Segundo Atos 2,44-45 eles tinham "todas as coisas em comum" e em 4,32–5,11 "ninguém considerava seu o que possuía, mas tudo era comum entre eles". Eram conhecidos como "os pobres", como Jesus dissera, "bem-aventurados os pobres". Seu programa assemelhava-se ao estilo de vida dos essênios de Qumran, porque participavam na divindade em oposição à normalidade humana gananciosa. O acordo de Jerusalém relatado em Gálatas 2,10 estipulava o dever dos cristãos de origem pagã de contribuir financeiramente para a manutenção desse modelo comunitário ideal, utópico e escatológico.

Quando nos parece absolutamente necessário *combinar* as cartas de Paulo com os Atos de Lucas, o caso dessa comunidade é o segundo em nossa ordem de prioridade. A razão é a mesma. No primeiro capítulo sobre os adoradores de Deus observamos que Paulo jamais os menciona, ao contrário de Lucas que sempre fala neles. Neste capítulo, ao nos reportarmos às coletas, acontece o contrário. Lucas nada diz a respeito, enquanto Paulo refere-se a elas inúmeras vezes. Na verdade,

357

EM BUSCA DE PAULO

as duas narrativas se complementam. Eis a seguir a correlação sobre essas coletas nas duas fontes:

(1) Acordo:	Gálatas 2,10	
(2) Programa:	1 Coríntios 16,1-4	
	2 Coríntios 8–9	Atos 11,27-30
(3) Entrega:	Romanos 15,25-31	Atos 20,4
(4) Condição:		Atos 21,17-26
(5) Desastre:		Atos 21,27-36

Em outras palavras, sabemos por intermédio de Paulo sobre as ofertas em dinheiro, mas só Atos menciona sua distribuição. Paulo as recolhia nestas quatro províncias, Galácia, Macedônia, Acaia e Ásia, mas, por questões de propriedade, enviava representantes para levar as contribuições a seu destino.

Descreve na Carta aos Romanos como esse dinheiro representava simbolicamente a unidade entre os cristão-judeus e os que se haviam convertido do paganismo:

Mas agora eu vou a Jerusalém, a serviço dos santos. A Macedônia e a Acaia houveram por bem fazer uma coleta em prol dos santos de Jerusalém que estão na pobreza. Houveram por bem, é verdade, mas eles lhes eram devedores: porque se os gentios participaram dos seus bens espirituais, eles devem, por sua vez, servi-los nas coisas temporais. Quando pois eu tiver resolvido este encargo e tiver entregue oficialmente o fruto da coleta, passarei por vós a caminho da Espanha. Tenho certeza de que indo a vós, irei com a plenitude da bênção de Cristo. Contudo, eu vos peço, irmãos, por nosso Senhor Jesus Cristo, e pelo amor do Espírito, que luteis comigo, nas orações que fazeis a Deus por mim, a fim de que eu possa escapar das mãos dos infiéis da Judéia, e para que o meu serviço em favor de Jerusalém seja bem-aceito pelos santos. (15,25-31)

Paulo redireciona agora a missão do Oriente para o Ocidente, tendo Roma como centro. A carta, portanto, não é mera discussão abstrata a respeito de unidade, mas apelo concreto às comunidades romanas para aceitar a visão paulina de um mundo unido sob a justiça e a retidão de Deus e para que o apóiem na realização desse ideal. Mas há ainda algo a fazer pelo Oriente, e Paulo se prepara para voltar pela primeira vez desde o conflito e da separação ocorridos em Antioquia, como vimos no capítulo 2. Como já dissemos no capítulo 4, não estamos seguindo a sugestão de Lucas a respeito dessa repentina visita em Atos 18,22-23.

Paulo tem consciência de dois perigos em Jerusalém. O primeiro, é que a comunidade cristã judaica recuse as ofertas em dinheiro. O outro, é ser atacado pelos judeus não cristãos. Naturalmente, tinha suas razões, mas nada disse a respeito em suas cartas. A única informação existente vem de Atos.

O MUNDO SOB A JUSTIÇA DIVINA

Em primeiro lugar, a comunidade de Tiago recusa o dinheiro da coleta, *a não ser que* Paulo se mostre "observante da Lei" e use essa oferta (ou parte dela?) para pagar as despesas do ritual de purificação no Templo (At 21,24; cf. 21,17-24). Aparentemente, Paulo concorda com tão ambíguo teste.

Em segundo lugar, Paulo foi a Jerusalém acompanhado de cristão-pagãos para levar o dinheiro. Nada proibia a entrada de seus companheiros na grande Corte dos Gentios, mas eles tinham de esperar aí, enquanto Paulo e os cristão-judeus passavam pela balaustrada e entravam no recinto menor reservado apenas aos judeus, sob pena de morte para os infratores.

Em terceiro lugar, depois de ter entrado no Templo, foi atacado pelos "judeus da Ásia", acusado de ter violado a Lei trazendo pagãos à Corte dos Judeus (At 21,27-28). Paulo é, então, aprisionado e começa a sua longa jornada para Roma.

Lucas não contou em Atos o que teria acontecido a Paulo quando chegou a Roma. O livro de Atos foi escrito muito tempo depois de sua morte. Lucas deveria saber o que se passara. Não descartamos a existência de um terceiro livro de Lucas que se teria perdido. Mas, como vimos no capítulo 1, Atos não trata apenas de Paulo, mas do Espírito Santo responsável pela entrada do evangelho de Jerusalém a Roma, e por fazer de Roma para o cristianismo o que Jerusalém representava para o judaísmo. A história de Lucas encerra-se quando Paulo está pregando abertamente o evangelho em Roma. Termina dizendo apenas que Paulo "ficou dois anos inteiros na moradia que havia alugado. Recebia todos aqueles que vinham procurá-lo, anunciando o Reino de Deus e ensinando o que se refere ao Senhor Jesus Cristo com firmeza e sem impedimento" (28,30-31). Mas que teria acontecido a Paulo depois desse final?

O martírio de Paulo

Há dois cenários principais alternativos e, naturalmente, diversos outros, menores, em seu contexto. Nos dois, Paulo morre como mártir sob Nero. A questão é quando e como. Embora prefiramos o segundo, sabemos que as conjeturas eruditas representam a melhor opção.

No primeiro caso, conta-se que Paulo foi libertado em Roma, viajou, como havia planejado, para a Espanha, escreveu as cartas consideradas neste livro pós-paulinas e retornou a Roma, onde foi martirizado por Nero. Ao final do primeiro século, a carta cristã de 1 *Clemente* foi enviada de Roma a Corinto. Menciona em primeiro lugar e brevemente que Pedro e, depois com mais detalhes, Paulo "deram testemunho", isto é, que morreram como mártires (*martyrēsas*). "Pedro... foi para o lugar glorioso que lhe competia" (5.4). Paulo, "arauto tanto no Oriente como no Ocidente... ensinou a justiça ao mundo todo e quando alcançou os limites do Ocidente... deixou este mundo e foi recebido no Santo Lugar" (5.5-7).

359

EM BUSCA DE PAULO

Nossa reconstrução alternativa também começa no final de Atos de Lucas. De um lado, se Paulo tivesse sido solto e ido para a Espanha, Lucas certamente teria acrescentado uma ou mais sentenças a respeito. Seria difícil imaginar clímax mais sublime às declarações romanas sobre a inocência cristã (grande tema de Atos como vimos no capítulo 1) do que afirmar igualmente a inocência de Paulo e sua libertação pelo tribunal imperial. De outro, se ele tivesse sido condenado ao martírio individual, depois do julgamento imperial, seria também difícil não existir nenhuma tradição a respeito. Nossa melhor hipótese, portanto, e nada mais do que isso, leva-nos de volta uma vez mais ao imperador Nero, no começo de seu reinado. Explica-se assim por que Paulo e Pedro teriam morrido como mártires em Roma quase sem deixar informações a respeito do que realmente teria acontecido. Voltemos, em outras palavras, ao grande incêndio de Roma mencionado no começo deste capítulo.

Logo depois da metade de julho de 64 d.C., o incêndio irrompeu na extremidade oeste do Circus Maximus e se espalhou para o leste pelo vale entre os montes Palatino e Aventino. Três das catorze regiões de Roma foram totalmente destruídas, sete, bastante danificadas, e apenas quatro se salvaram até que o fogo fosse controlado depois de uma semana de terror urbano. Tácito, nos *Anais*, escritos na segunda década do segundo século, discorre sobre a desconfiança geral de que Nero ateara fogo à cidade:

> Portanto, para abafar o boato, Nero substituiu os culpados e puniu com a mais refinada crueldade certa classe de homens detestados por seus vícios, chamados de cristãos pelo povo... Os membros confessos dessa seita foram os primeiros a ser aprisionados, seguidos de vasto número de pessoas declaradas culpadas, não apenas por causa do incêndio mas por ódio próprio da raça humana. Foram objeto de escárnio até o fim: cobriam-nos com peles de animais selvagens e eram estraçalhados pelos cães até morrer; amarravam outros em cruzes e, ao anoitecer, queimavam-nos como tochas para iluminar a noite. (15.44.2, 4)

Na seção sobre Nero, de *Vida dos Césares*, Suetônio escreveu, logo depois dos *Anais* de Tácito, que, entre muitos outros males, "Nero incendiou a cidade" e "destruiu alguns celeiros perto da Casa de Ouro com máquinas de guerra antes de queimá-los, porque suas paredes eram de pedra. Ele tinha interesse nesses espaços" (38.1). Mas, entre as virtudes do imperador, cita o fato de ter "infligido castigos sobre os cristãos, classe de gente dada a novas e nocivas superstições" (16.2).

Supomos, então, que Paulo e provavelmente Pedro tenham sido mortos entre esses muitos cristãos martirizados por Nero em 64 d.C. A morte de Paulo nada teve de singular. Não se pareceu em nada com a execução de cidadãos romanos privilegiados com decapitação por espada. Paulo morreu entre os cristãos transformados em bodes expiatórios por Nero. Se realmente foi isso que aconteceu, sua morte teria sido horrível. Mas não morreu sozinho nem de modo especial e único, como as pessoas importantes. No meio do terror das acusações de Nero e do horror de sua vingança, poucos cristãos teriam conseguido se concentrar no que estava acontecendo com Paulo, Pedro e outros. Sua morte jaz oculta entre todas essas mortes descritas nos *Anais* de Tácito. É possível que o autor de *1 Clemente* soubesse disso,

360

O MUNDO SOB A JUSTIÇA DIVINA

como vimos antes, presumindo, no entanto, que Paulo fora à Espanha antes do martírio — mas seria apenas mera extrapolação de Romanos 15,24-28? De qualquer forma, imediatamente depois de mencionar a execução de Pedro e Paulo, *1 Clemente* continua: "Ao redor desses homens com suas vidas santas, reuniu-se uma grande multidão de escolhidos, todos vítimas da inveja, que ofereceram entre nós o mais belo exemplo de persistência em face de tantas indignidades e torturas" (6.1). Observe, de passagem, que Tácito falou de "vasto número", e *1 Clemente*, de "grande multidão... entre nós", referindo-se, sugerimos, à mesma perseguição de bodes expiatórios forjados por Nero no ano 64.

Estamos diante de uma ironia. Relembre o desagradável desacordo entre Paulo e Pedro em Antioquia descrito em Gálatas 2,11-14, que comentamos no capítulo 4. Acabaram reconciliados, segundo a tradição posterior, como mártires sob o poder de Nero. Relembre também as desavenças entre os *fracos* e os *fortes* examinadas neste capítulo a partir de Romanos 14. Não sabemos se Paulo teve êxito nos esforços despendidos em favor da união entre eles. A discórdia acabou em nada por causa da brutalidade de Nero. Assim, Pedro e Paulo, cristãos *fracos* e *fortes*, unidos no martírio, conseguiram, como Paulo desejava em Romanos 15,6, "de um só coração e de uma só voz" glorificar "o Deus e Pai de nosso Senhor Jesus Cristo".

Mas percebemos ainda uma segunda ironia. Paulo não sabia que sua Carta aos Romanos seria seu último testamento. Não sabia que viajar para Jerusalém, acompanhando os que iam entregar a coleta, era pessoalmente perigoso. A carta e a coleta tinham a ver com unidade e, eventualmente, essa busca pela unidade lhe custaria a vida. Aceitava, naturalmente, essa possibilidade. Podemos discordar dele a respeito de pagãos e judeus, judeus e cristãos, e judeu-cristãos e cristão-pagãos. Podemos até mesmo discordar dele se Cristo era ou não a resposta. Mas, naturalmente e de qualquer modo, Cristo só pode ser considerado a resposta porque encarna a justiça divina não violenta em sua vida e morte. Assim, pensemos não apenas em Cristo, mas na vida vivida segundo o imperativo transcendental da justiça global distributiva. Leiamos, então, a explicação de Paulo acerca daquela grande coleta para a comunidade utópica de Tiago em Jerusalém, em 2 Coríntios 8,13-14:

> Não desejamos que o alívio dos outros seja para vós causa de aflição, mas que haja igualdade. No presente momento, o que para vós sobeja suprirá a carência deles, a fim de que o supérfluo deles venha um dia a suprir a vossa carência. Assim haverá igualdade.

Citamos esta passagem não apenas aplicada ao contexto original da grande coleta, mas à situação presente do mundo moderno. Trata-se da questão da "igualdade".

O ideal da unidade humana sob a justiça divina é a base da teologia paulina da história em Romanos. E, depois de dois mil anos, compreendemos que não funcionou como se esperava, mas sabemos que deve realizar-se, de certo modo, se a terra quiser ter algum futuro. A citação de 2 Coríntios mostra como seria o mundo sob a justiça. Não será suficientemente claro, depois de tudo isso, que a segurança do mundo e da terra exigem não a unidade da vitória global, mas da justiça global? Se não for assim, Deus continuará a ser Deus, mas apenas dos insetos e da grama.

EPÍLOGO

A SEDUÇÃO DE UM IMPÉRIO GLOBAL

Albert Beveridge (R-Indiana): "As Filipinas são nossas para sempre, e um pouco além se encontram os ilimitados mercados da China. Não vamos sair dessa região... Não renunciaremos a nossa parte na missão de nossa raça, nós, administradores sob o poder de Deus, da civilização do mundo... Deus nos assinalou como seu povo escolhido, para liderar daqui para a frente a obra de regeneração do mundo... Ele nos capacitou no governo para administrar povos selvagens e senis".

George Hoar (R-Massachusetts): "Estou ouvindo com prazer, como, suponho, todos os membros do Senado, a eloqüência do meu nobre amigo de Indiana... Sim, Senhor Presidente, ao ouvir sua eloqüente descrição da riqueza, do comércio e dos negócios, não ouvi as palavras que o povo americano tanto tem desejado proferir em face de todas as crises... Espero que o meu amigo me permita lhe dizer que as palavras Direito, Justiça, Dever e Liberdade estiveram ausentes de seu eloqüente discurso".

Debate no Senado dos Estados Unidos (fevereiro de 1899).

Para os romanos, a glória de seu império era maior do que a atribuída a Atenas por Péricles, porque imaginaram que abrangia o mundo inteiro. Além disso, seu domínio fora ordenado pelos deuses, cujo favor Roma mereceu por causa de sua piedade e justiça, e era exercido no interesse de seus súditos... Os atenienses também gostavam de se sentir protetores dos povos injustamente tratados e oprimidos e como benfeitores de seus súditos; parece duvidoso que muitos deles reconhecessem publicamente ou em seus corações que seu império era tirano e injustamente adquirido. A grande novidade da atitude romana sobre seu império foi a crença de que era universal e desejado pelos deuses.

Peter A. Brunt em P. Garnsey e C. Whitaker, editores. *Imperialism in the Ancient World* [Imperialismo no mundo antigo] (1978).

363

Vitória em primeiro lugar, depois paz

Em Pamplona, na Espanha, é dia de corrida de touros. Em Ancara, na Turquia, a corrida é de *taksis*. Especialmente na hora da volta do trabalho. Nada de pedestres distraídos, bem ao contrário, com o coração na mão, atravessando depressa a avenida da Independência entre carros, ônibus e desenfreados táxis amarelos da Fiat nas imediações da estátua do grande estadista Atatürk na praça Ulus. Para os jovens isso tudo parece obra de arte: não olham para a direita nem para a esquerda, e sem hesitar vão para a frente ou para trás, transformando a calçada numa antecâmara da morte. Em vez de touros, *taksi*, e valises em lugar da capa do toureiro.

São mais ou menos quatro da tarde da terça-feira, 17 de setembro de 2002, quando o táxi NASCAR atravessa as estreitas ruas entupidas de gente da parte antiga da cidade e lhe deixa numa ilha de serenidade diante da Mesquita Haci Bayram, construída no século quinze e restaurada no dezoito. A esplanada eleva-se acima das ruas adjacentes e na tranqüila praça sobrevoam algumas pombas entre despreocupados pedestres e carros estacionados. Crianças brincam sob os olhares cuidadosos das mães enquanto os mais velhos sentam-se despreocupados num café. Na tarde morna, sob o céu azul, a brisa suave sacode a bandeira da Turquia acima da cidadela distante. A mesquita abriga o túmulo do mestre sufi do século catorze Haci Bayram Veli, e se transformou em lugar popular de visitas de caráter devocional. Do outro lado da rua e na praça atrás, diversas lojas atraem a atenção dos turistas. Na entrada principal da mesquita um caixão simples de madeira coberto por um pano branco bordado de letras verdes (como a bandeira saudita) está sendo velado por uma guarda de honra da polícia e de representantes do exército. Às 16h20, debaixo do minarete, você ouve o chamado à oração recitado do balcão, em cima, ecoando com vigor pelos arredores.

Mas não estamos aqui por causa da mesquita nem do muezim, mas porque se pode divisar, ao sudoeste, ruínas destelhadas, cercadas de arame farpado e andaimes de metal, protegidas depois da destruição imposta pelo tempo, da poluição moderna e de chuvas ácidas encarregadas de acabar sem piedade com o antigo monumento. Não se trata apenas dos restos de um templo construído no início dos anos 20 a.C., dedicado a Roma e Augusto, dupla divina encravada no coração da nova ordem mundial, mas da inscrição mais detalhada, completa e importante do antigo mundo romano. Encontra-se nesse lugar a *Res Gestae Divi Augusti*, ou *Atos do divino Augusto*, em latim e grego no lugar original, apesar dos estragos perpetrados pelo tempo.

O antigo templo romano, cercado por colunas e pórticos, manifestava sua beleza na forma retangular coberta de mármore, com um vestíbulo e a câmara principal. A entrada, que não existe mais, voltava-se para Roma, não se sabe se acidentalmente ou de propósito. As paredes laterais e dos fundos conservam-se intactas mesmo depois do local ter sido usado como templo, igreja, casa, ruínas e pedreira. A parede da parte sul ainda conserva três janelas altas que relembram o tempo em que fora

EPÍLOGO

Figura 134: Templo de Augusto em Ancara, Turquia, agora cercado pela Mesquita Haci Bayram, com a melhor inscrição preservada até hoje das *Res Gestae*.

igreja. A do leste desapareceu para dar lugar à abside redonda da igreja. A do norte encosta-se diretamente no edifício dos escritórios da mesquita quase oculta, bastante desgastada com buracos de alto a baixo, sustentada por pedras acimentadas (Figura 134).

Essa parede ao norte é a única que se pode alcançar diretamente pelo pátio da mesquita. Uma parede baixa cerca os outros três lados, no interior, servindo de suporte para barras de ferro e placas finas de metal com 12 pés de altura. Você retorna na manhã seguinte às 11h20 quando, novamente, o muezim chama os fiéis à oração, do alto do balcão. Na entrada da mesquita realiza-se novo funeral no meio de muita gente. Você aproveita o momento em que todos se curvam sobre os tapetes rituais, voltados para Meca através dos buracos que funcionam como ponteiros (*mihrab*), e arrisca olhar ao redor, satisfeito com a cortesia turca que ignora completamente sua presença intrusa.

Augusto, antes de sua morte no ano 14 d.C., depositou sua autobiografia política, *Atos do divino Augusto*, no Fórum Romano, com as Virgens Vestais. O original seria inscrito em bronze nas portas de seu mausoléu no *Campus Martius* de Roma e cópias em latim e grego em todos os templos dedicados a Roma e a Augusto por todo o império. É o que aconteceu, por exemplo, em Ancira, então capital da província romana da Galácia, agora Ancara, capital da República Democrática da Turquia.

EM BUSCA DE PAULO

A tradução para o grego encontra-se na parte de baixo na parede sul, mas o original latino começa em três colunas à esquerda da entrada do vestíbulo e termina do outro lado, também em três colunas. São mais ou menos duas mil e quinhentas palavras. As primeiras sentenças começam na parte de cima da parede de tal maneira que se precisa de uma escada para lê-las. Os caracteres são tão grandes que, sabendo localizá-los, é possível até ler as mensagens mesmo do lado de fora da cerca de proteção. As palavras do prefácio dizem o seguinte: "[Cópia] dos *Atos do divino Augusto*, por meio dos quais subordinou o mundo inteiro (*orbem terrarum*) à soberania do povo romano". O poder divino de Augusto não se limitava a Roma, à Itália e ao Mediterrâneo, mas se impunha sobre toda a terra. Tal façanha fora alcançada, naturalmente, pela força militar, nas próprias palavras de Augusto, "quando as vitórias garantiam a paz na terra e no mar em todo o império do povo romano", ou nas palavras mais lapidares do latim, *parta victoriis pax*, "paz por meio das vitórias" (13).

A expressão "o mundo inteiro" não significava apenas entusiasmo introdutório. O prefácio geral e global no começo do texto completa-se, no final, com o relatório do que foi feito. Em nove dos trinta e cinco segmentos, Augusto cita lugares e povos submetidos agora ao controle imperial. A terra e o mar, o leste e o oeste, a Europa, a Ásia e a África "experimentavam agora a boa-fé (*fidem*) do povo romano" (32). Se os *Atos do divino Augusto* fossem mero exemplo isolado, poderiam ter sido descartados como mera propaganda imperial. Mas ao longo do império inúmeras outras inscrições iam aparecendo com rapidez e extensão, demonstrando a veracidade das afirmações. Ressaltavam ao mesmo tempo a divinização de Augusto e a globalização de Roma como dois lados da mesma moeda (afirmação muitas vezes literal).

Dizer que se conquistou o mundo é uma coisa; mas é muitíssimo mais afirmar a existência de destino manifesto. Virgílio, que viveu entre 70 e 19 a.C, citava o decreto divino e a promessa profética para fundamentar a vocação providencial de Roma de governar o mundo. O tema da *Eneida* foi sugerido pelo imperador e ele mesmo se encarregou da publicação do manuscrito do poema. Trata-se de uma saga épica que começa com a palavra *arma* ("armas"), hino glorioso em louvor da redenção trazida por Augusto, em que se misturam a esplêndida dialética da poesia e a propaganda. Proclama que o destino de Enéias, divinamente traçado, consistia em "trazer o mundo debaixo de suas leis" (4.231) a fim de que "a gloriosa Roma estendesse o império aos confins da terra, e elevasse as ambições aos céus" (6.781-782). Enéias com seu pai, Anquises, e o filho, Júlio, tinham evitado a destruição de Tróia pelos gregos mais de mil anos antes que seus descendentes Júlio César e Augusto se tornassem, respectivamente, deus e filho de deus.

Acima da terra, nos céus, Vênus, divina ancestral da família juliana, relembrava seu pai, Júpiter, da promessa feita aos romanos de que seriam "governantes capazes de submeter o mar e todas as terras a seu comando" (1.236). O deus reitera a promessa feita, porque "não determino limites de espaço e tempo para os romanos e lhes dou um império sem fim... tratando-os com prazer, senhores do mundo e nação da toga. Assim, então, foi decretado" (1.278-283). Aqui embaixo, na Itália, o

EPÍLOGO

rei Latinus ouviu esta proclamação de um oráculo: "Virão estrangeiros e se tornarão teus filhos, para exaltar o nosso nome até as estrelas, e os filhos dessa raça contemplarão os reflexos do sol nos oceanos (isto é, do leste ao oeste), e o mundo inteiro (*omnia*) rodando obedientemente debaixo de seus pés" (7.98-101). Mais tarde, o poeta reconhece que Enéias "será o descendente glorioso em valor, cujo poder dominará sobre o mundo todo (*totum orbem*)" (7.257-258). Debaixo da terra, no Hades, o esposo humano de Vênus, Anquises, já morto, relembra ao filho, Enéias, a sua vocação: "Tu, romano, assume a tarefa de governar o mundo (essa será a tua arte), a fim de coroar a paz com a justiça, tratar com clemência os vencidos e destruir os orgulhosos" (6.851-853).

O destino global de Roma e o domínio do mundo procediam dos ancestrais divinos, dos decretos celestiais, das promessas proféticas e, naturalmente, da mais antiga tradição. Assim como o poema grego de Homero, *Ilíada*, terminava com três mulheres inter-relacionadas, Hécuba, Andrômaca e Helena, chorando por Tróia depois do destino inglório de Heitor, assim também, o poema latino de Virgílio, *Eneida*, começa com três homens relacionados entre si, Anquises, Enéias e Júlio, fugindo de Tróia depois da aparição de Heitor, já morto. Em outras palavras, Virgílio tomou o Antigo Testamento do paganismo grego (a *Ilíada* e a *Odisséia* de Homero), e combinou os dois poemas para produzir o Novo Testamento do paganismo latino, isto é, o arrojado manifesto da *Pax Romana* e da revolução augustana, na *Eneida*.

Toda essa glória acabou em ruínas. É fácil, agora, ridicularizar o que passou. Mas, de qualquer forma, o desejo de globalização imperial, de reivindicação consciente, de esperança intencional, de promessas proféticas e da realização do destino de um domínio mundial é ideologia inebriante, não importando seus limites no tempo e no espaço, no decurso da história.

Justiça em primeiro lugar, depois paz

Quando comentamos Romanos 13,1-7 no capítulo 7, relembramos o mandamento de Paulo da obediência aos governadores do mundo e reconhecemos que não se tratava de decreto universal e geral, mas aplicável apenas à situação específica em Roma. Na verdade, como seria possível imaginar que Paulo pudesse fazer tal declaração não qualificada a respeito do poder humano, depois da acusação cósmica feita aos romanos em Romanos 8,19-23?

> Pois a *criação* em expectativa anseia pela revelação dos filhos de Deus. De fato, a *criação* foi submetida à vaidade — não por seu querer, mas por vontade daquele que a submeteu — na esperança de ela também ser liberta da escravidão da corrupção para entrar na liberdade da glória dos filhos de Deus. Pois sabemos que a *criação* inteira geme e sofre as dores de parto até o presente. E não somente ela. Mas também nós, que temos as primícias do Espírito, gememos interiormente, suspirando pela redenção do nosso corpo. (Itálicos do autor)

367

EM BUSCA DE PAULO

Mencionamos em conexão com Romanos 13,1-7 a *hierarquia do negativo* ao avaliar a não-resistência e voltamos agora, como prometemos, ao mais fundamental *primado do positivo*. Defendemos a tese de que *tanto Paulo como Jesus não estavam presos à negação do imperialismo global mas queriam estabelecer sua alternativa positiva aqui embaixo na terra*. Quando apenas nos opomos ao que quer que seja, condenamo-nos à negatividade. É por isso que os ditadores imperialistas sempre são substituídos por líderes pós-coloniais, também imperialistas, e os assassinos estrangeiros, por matadores locais. Pense, em lugar disso, a respeito do Reino de Deus pregado por Jesus ou do senhorio de Cristo, anunciado por Paulo, em termos de dois exemplos tirados de nosso mundo contemporâneo. O primeiro é de Mohandas Gandhi, contra o imperialismo autoritário do Império Britânico na Índia. O outro é de Václav Havel contra o imperialismo totalitário do Império Soviético na Europa Oriental. Esses líderes não lutavam apenas *contra*, mas positivamente *a favor* de alguma coisa.

Na obra *The Unconquerable World* [O mundo não conquistável], Jonathan Schell, ao tratar de violência e não-violência, cita a seguinte declaração de Gandhi sobre verdade e força, ou *satyagraha* (*sat*, "verdade"; *graha*, "firmeza"): "Satyagraha não é em primeiro lugar desobediência civil, mas a busca irresistível e quieta da verdade. Somente em ocasiões raras pode se tornar desobediência civil". Achava que era preciso opor-se ao Raj britânico, embora não se tratasse de ação prioritária. "Por que se preocupar", dizia Gandhi, a respeito, digamos, da morte, "que é inevitável?... É por isso que tenho maior interesse em discutir sobre vitaminas, vegetais de folhas e arroz integral" (139-140). A oposição ao Raj era negativa e secundária, mesmo se necessária: quando os britânicos deixaram a Índia os problemas fundamentais continuaram a existir. Quais eram seus alvos principais e positivos? "Para Gandhi", conclui Shell, "era por fim aos intocáveis, limpar as latrinas, melhorar a alimentação dos camponeses, dar oportunidades às mulheres e alcançar a paz entre hindus e muçulmanos — por meio desses avanços seria possível encontrar Deus" (142). É por isso que Gandhi não foi assassinado por um imperialista britânico mas por um hindu fundamentalista.

Shell considera depois da *firmeza na verdade* de Gandhi a intenção de Havel de *viver na verdade*. Depois "da sucessão de vitórias sobre rebeliões contra o domínio soviético na Alemanha Oriental (1953), Polônia (1956), Hungria (1956) e Tchecoslováquia (1968)", três autores ativistas diferentes, Adam Michnik na Polônia, Gyorgy Konrad na Hungria e Václav Havel na Tchecoslováquia, concordaram sobre o "mesmo conselho prático de que... era erro tentar derrubar o sistema. Organizações ativistas deveriam procurar mudanças imediatas na vida diária... comprometendo-se firmemente com objetivos modestos e concretos nas localidades" (191, 193). Para mais detalhes, vamos examinar dois ensaios de Havel. Os dois encontram-se numa coleção chamada *Living in Truth* [Viver na verdade] com os seguintes títulos, "The Power of the Powerless" [O poder dos que não têm poder], de outubro de 1978, e "Politics and Conscience" [Política e consciência], de fevereiro de 1984.

368

EPÍLOGO

Em primeiro lugar, Havel insiste nas necessidades ordinárias da vida aqui e agora. A luta dos ativistas "precisa questionar, digamos, *ad hoc*, partindo das autênticas necessidades da vida". Trata-se da "busca real do dia-a-dia de melhoria de vida aqui e agora" (1978: 89). Por causa da ênfase no negativo, escreve entre aspas a palavra *dissidente*, mas, sugere, "faz parte essencial da atitude 'dissidente' entender que ela emerge da realidade da vida 'aqui e agora'. Dá mais importância na sempre repetida e consistente ação concreta — mesmo se inadequada para diminuir em grande escala o sofrimento dos cidadãos mais simples — acima de 'soluções fundamentais' abstratas para o futuro incerto" (1978: 99).

Em segundo lugar, trata da questão da ação violenta destinada a alcançar objetivos que ajudem o povo a viver aqui e agora a verdade em suas vidas comuns. Argumenta: "Em geral, a atitude 'dissidente' só aceita a violência como mal necessário em situações extremas, quando a violência direta não tem outra saída a não ser essa" (1978: 92). Mais precisamente:

> Esta atitude ["dissidente"] é e deve ser fundamentalmente hostil à noção de mudanças violentas — pela única razão de acreditar na violência... Qualquer atitude que abandone visões políticas abstratas sobre o futuro relacionada com seres humanos concretos e com meios para defendê-los efetivamente aqui e agora sempre vem acompanhada, naturalmente, de intensa antipatia para com todas as formas de violência justificadas em nome de "um futuro melhor" e baseada na crença de que qualquer futuro construído com violência será pior do que o atual presente; em outras palavras, esse futuro será fatalmente estigmatizado pelos meios utilizados para a sua implantação... Os "movimentos dissidentes" não renegam a idéia de ação política violenta por parecer demasiadamente radical, mas porque não lhes parece suficientemente radical. (1978: 92-93)

Assim, não se advoga o puro pacifismo nem se aceita a violência como atitude perfeitamente normal em todos os casos. Simplesmente, reconhece-se que a violência nunca deveria ser a primeira opção, mas a última, porque ela é, afinal, o último inimigo.

Em terceiro lugar, Havel conclui que "a responsabilidade é nossa e que devemos aceitá-la e entendê-la *aqui e agora*, no lugar e no espaço onde o Senhor nos colocou... o cristianismo... é para mim o ponto de partida aqui e agora — apenas porque alguém, em algum lugar e tempo, pode se beneficiar dele" (1978: 104). Pareceria que o autor estava dizendo que qualquer pessoa poderia assumir essa responsabilidade, mas apenas dentro do cristianismo. Ele esclarece seu ponto de vista no segundo ensaio, publicado seis anos depois, para evitar ambigüidades:

> Existem na base deste mundo valores que simplesmente estão aí, perenemente, antes de mencioná-los, de refletir sobre eles, e de se indagar a seu respeito. A coerência interna do mundo depende de algo situado além de seu horizonte, além e acima dele, que talvez escape de nossa compreensão e entendimento, que, por isso mesmo, o fundamenta, dá-lhe ordem e medida e origina todas as regras, costumes, mandamentos, proibições e normas. Esta afirmação é, naturalmente, de natureza "pré-especulativa". O mundo

369

EM BUSCA DE PAULO

natural, em virtude de seu próprio ser, carrega em si o pressuposto do absoluto que o fundamenta, delimita, anima e dirige, sem o qual seria impensável, absurdo e supérfluo, coisa que apenas podemos respeitar em silêncio. Quando tentamos rejeitar essa base, dominá-la ou substituí-la por alguma outra coisa, no contexto do mundo natural, incorremos em mera *hubris* e o preço a pagar por isso é demasiadamente alto... Precisamos da humildade dos sábios para honrar os limites do mundo natural e o mistério além, admitindo a existência de algo na ordem do ser que excede a nossa competência capaz de ser redescoberto e experimentado constantemente, se quisermos nos relacionar com o horizonte absoluto de nossa existência. (1984: 137-138, 153).

O cristianismo é, portanto, *apenas no seu melhor aspecto teórico e prático*, somente uma das manifestações desse fundamento básico do mundo em face do que ignoramos às nossas próprias custas. Paulo acreditava que o mundo se baseava na justiça e na retidão de Deus oferecida a nós como dom. Ele, como Jesus, tinha recebido o mandato para desenvolver um programa que secundária e negativamente resistia à Roma imperial, mas que primária e positivamente encarnava a justiça global no nível local, ordinário e diário. Aqui e agora. Havel nos ajuda agora a entender tanto Jesus como Paulo em seu tempo.

Epitáfio para um apóstolo

Roma não era o império mau dos tempos antigos. Não era, tampouco, o eixo do mal no Mediterrâneo. Nem fora a pior coisa que aconteceu no mundo pré-industrial. Era, apenas, a norma da civilização entre as opções do primeiro século, e a inevitabilidade da globalização nesse contexto. Talvez fosse o divisor de águas, como se diz, da civilização, embora se pudesse perceber o riso silencioso dos chineses do outro lado do que se poderia chamar "caminho da seda". Mas este é o tema crucial deste livro. Quem eles eram em seu tempo e quem somos nós aqui e agora. Somos, no início do século vinte e um, o que o Império Romano era no início do primeiro século. Dito em poucas palavras: Roma e o Oriente, lá; América e o Ocidente, aqui. Mais resumidamente: eles lá, nós aqui. Mais resumidamente ainda: SPQR (*Senatus Populusque Romanus*) é SPQA (*Senatus Populusque Americanus*).

O choque entre a aliança judaica de Paulo e o poder imperial de Roma mostrou-se radicalmente transcendental. Foi um conflito tanto do primeiro século como do século vinte e um. Imagine, a partir do modelo da placa tectônica embaixo de nossa terra geológica, a metáfora dessa mesma placa sob nosso mundo histórico. Bem abaixo da superfície da história estende-se gigantesca placa tectônica chamada por alguns de macroparasitismo, cleptocracia ou "gaiola", a qual costumamos chamar de civilização. A normalidade ou mesmo o ponto culminante da civilização humana com toda a sua inevitabilidade imperial entoa este canto: *vitória em primeiro lugar, depois paz* ou *paz por meio da vitória*. De um lado, outra placa tenta esmagar a placa central. Alguns a chamam de utopia, escatologia ou apocalipse, mas nós a chamamos

EPÍLOGO

de pós-civilização e seu canto é *justiça em primeiro lugar, depois paz* ou *paz por meio da justiça*. Do outro lado da grande placa central da civilização, uma terceira avança contra ela. Alguns a chamam de niilismo, totalitarismo ou terrorismo, mas nós a chamamos de anticivilização, e sua canção é *primeiro a morte, depois a paz* ou *paz por meio da morte*. Essas placas tectônicas da história humana seguem a curvatura do globo terrestre, de tal maneira que as duas placas menores da anticivilização e da pós-civilização movem-se não apenas contra a civilização, mas uma contra a outra. No primeiro século, entretanto, e realmente na maior parte dos dois mil anos que vieram depois, a alternativa não violenta da pós-civilização parecia para muitos mero sonho docemente romântico, politicamente irrelevante e idealisticamente irreal. Agora, no começo do século vinte e um, parece-nos mais uma terrível advertência dois milênios antes de seu tempo. A expressão "se você vive pela espada, morrerá por ela" não mais se aplica minimamente a Israel nem maximamente a Roma, mas minimamente ao mundo e maximamente à terra. Agora, então, permanecem estas três: anticivilização, civilização e pós-civilização, mas a maior delas é a pós-civilização.

Demos a este livro o título *Em busca de Paulo*. Não usamos a forma "são Paulo" para que o título não viesse a prejudicar o resultado. Mas agora sabemos plenamente e com clareza que encontramos um santo não apenas para a sua época, mas para hoje e sempre. Damos, portanto, a palavra a são Paulo conforme se encontra, apropriadamente, na Carta aos Romanos (8,35.37-39):

Quem nos separará do amor de Cristo? A tribulação, angústia, perseguição, fome, nudez, perigo, espada? Mas em tudo isso somos mais que vencedores, graças àquele que nos amou. Pois estou convencido de que nem a morte nem a vida, nem os anjos nem os principados, nem o presente nem o futuro, nem os poderes, nem a altura, nem a profundeza, nem nenhuma outra criatura poderá nos separar do amor de Deus manifestado em Cristo Jesus, nosso Senhor.

REFERÊNCIAS

Para obter mais imagens e fotos de lugares recomendamos acessar, por exemplo, *Ancyra* ou *Gemma Augustae* ou outros temas de seu interesse no buscador da Internet. Recomendamos especialmente o *Web site* de coleções de imagens (*Pictorial Library of Bible Places*) e os boletins de BiblePlaces.com. de Todd Bolen.

Fontes primárias

As fontes primárias encontram-se na Loeb Classical Library, Harvard University Press, Cambridge, MA. As citações bíblicas são da edição brasileira da *Bíblia de Jerusalém*. São Paulo, Paulus, 2002.

As seguintes abreviações são usadas neste livro para designar coleções epigráficas:

CIL	*Corpus Inscriptionum Latinarum*
CIRB	*Corpus Inscriptionum Regni Bosporani*
I. Ephesus	*Die Inschriften von Ephesos*
IG	*Inscriptiones Graecae*
IGR	*Inscriptiones Graecae ad Res Romanas Pertinentes*
ILLRP	*Inscriptiones Latinae Liberae Rei Publicae*
ILS	*Inscriptiones Latinae Selectae*
SEG	*Supplementum Epigraphicum Graecum*
SGDI	*Sammlungen der griechischen Dialekt Inschriften*
SIG	*Sylloge Inscriptionum Graecarum*

Fontes secundárias

As principais fontes secundárias usadas neste livro são citadas não apenas como sugestões de leitura mas também em reconhecimento de nosso débito e expressão de gratidão.

ANDO, Clifford. *Imperial Ideology and Provincial Loyalty in the Roman Empire.* Classics and Contemporary Thought 6. Berkeley: University of California Press, 2000. A epígrafe no capítulo 4 é da página 411.

BAKALAKAS, G. "Vorlage und Interpretation von römischen Kunstdenkmälern in Thessalokiki." *Archaeologischer Anzeiger* 88 (1973): 671-684.

BARATTE, François. "Arts précieux et propaganda impériale au début de l'empire romain: L'exemple des deux coupes de Boscoreale." *Revue de Louvre* 41 (1991): 24-39.

BEARD, Mary. "The Roman and the Foreign: The Cult of the 'Great Mother' in Imperial Rome." In: THOMAS, Nicholas & HUMPHREY, Caroline, eds. *Shamanism, History and the State.* Ann Arbor: University of Michigan Press, 1996. pp. 164-90.

BEARD, Mary; NORTH, John; PRICE, Simon. *Religions of Rome.* Vol. 1, *A History.* Cambridge University Press, 1998.

———. *Religions of Rome.* Vol. 2. *A Sourcebook.* Cambridge: Cambridge University Press, 1998.

BETHGE, Eberhard. *Dietrich Bonhoeffer: a Biography.* Rev. ed. por Victoria J. Barnett. Minneapolis, MN: Fortress Press, 2000. Ver página 681. Somos gratos a Marcus Borg por chamar nossa atenção a essa passagem paralela a Romanos 13,1-7.

BINDER, Donald D. *Into the Temple Courts: The Place of the Synagogues in the Second Temple Period.* BLDS 169. Atlanta, GA: Society of Biblical Literature, 1999.

BRAUND, David C. *Augustus to Nero: A Sourcebook on Roman History 331 BC-AD 68.* Totowa, NJ: Barnes and Noble, 1985.

BROCKE, Christoph vom. *Thessaloniki-Stadt des Kassander und Gemeinde des Paulus: Eine frühe christliche Gemeinde in ihrer heidnischen Umwelt.* WUNT 2d Series 125. Tübingen, Germany: Mohr Siebeck, 2001.

BRUNT, Peter A. "Laus Imperii." In: GARNSEY, Peter D. A. & WHITTAKER, C. R., eds. *Imperialism in the Ancient World.* The Cambridge University Research Seminar in Ancient History. Cambridge Classical Studies. Cambridge: Cambridge University Press, 1978. pp. 159-191. A epígrafe no epílogo é das páginas 161-162.

BUCHNER, E. *Die Sonnenuhr des Augustus.* Mainz, Germany: Zabner, 1982.

CARNEY, Thomas Francis. *The Shape of the Past: Models and Antiquity.* Lawrence, KS: Coronado Press, 1975. A epígrafe no capítulo 6 é das páginas 63, 90, 171, 94 e 121 (nessa ordem).

CARO, Robert A. *The Years of Lyndon Johnson.* Vol. 3, *Master of the Senate.* New York: Knopf, 2002.

CASSIDY, Richard J. *Paul in Chains: Roman Imprisonment and the Letters of St. Paul.* New York: Crossroad (Herder & Herder), 2001.

REFERÊNCIAS

CASTRIOTA, David. *The Ara Pacis Augustae and the Imagery of Abundance in Later Greek and Early Roman Imperial Art.* Princeton, NJ: Princeton University Press, 1995.

CHOW, John K. *Patronage and Power: A Study of Social Networks in Corinth.* Journal for the Study of the New Testament Supplement Series 75. Sheffield, United Kingdom: Sheffield University Press (JSOT), 1992.

CLARIDGE, Amanda. *Rome: An Oxford Archaeological Guide.* Oxford: Oxford University Press, 1998.

COLLINS, John J. *Sibylline Oracles.* In: CHARLESWORTH, James H., ed. *The Old Testament Pseud-epigrapha.* 2 vols. Garden City, NY: Doubleday, 1983-1985. Vol. 1, pp. 317-472.

CONLIN, Diane Atnally. *The Artists of the Ara Pacis: The Process of Hellenization in Roman Relief Sculpture.* Chapel Hill: University of North Carolina Press, 1997.

DEISS, Joseph Jay. *Herculaneum: Italy's Buried Treasure.* Edição revisada e atualizada. Malibu, CA: J. Paul Getty Museum, 1989. pp. 12, 14.

DEISSMANN, Gustav Adolf. *Paul: A Study in Social and Religion History.* Traduzido por William E. Wilson. New York: Harper & Row, Harper Torchbooks, 1957.

————. *Light from the Ancient East. The New Testament Illustrated by Recently Discovered Texts of the Graeco-Roman World.* Traduzido por Lionel R. M. Strachan. Limited Editions Library. Grand Rapids, MI: Baker Book House, 1965.

DIAMOND, Jared. *Guns, Gerems, and Steel: The Fate of Human Societies.* New York: Norton, 1997. Em nosso epílogo ele se refere à civilização como "cleptocracia", palavra que usa no título do capítulo 14, "From Egalitarianism to Kleptocracy" (páginas 265-292), e fala também de "religião cleptocrática" na página 288.

DONFRIED, Karl Paul. "The Cults of Thessalonica and the Thessalonian Correspondence." *New Testament Studies* 31 (1984): 336-56.

————. *Paul, Thessalonica, and Early Christianity.* Grand Rapids, MI: Eerdmans, 2002.

————, ed. *The Romans Debate.* Edição revisada e aumentada. Peabody, MA: Hendrickson, 1991.

EDSON, Charles. "Cults of Thessalonica (Macedônica III)." *Harvard Theological Review* 41 (1948): 153-204.

ELLIOTT, Neil. *Liberating Paul: The Justice of God and the Politics of the Apostle.* Maryknoll, NY: Orbis Books, 1994. A epígrafe no capítulo 2 é das páginas ix-x.

ERIM, Kenan T. *Aphrodisias: City of Venus Aphrodite.* New York: Facts on File, 1986.

FELDMAN, Louis H. *Jew and Gentile in the Ancient World: Attitudes and Interactions from Alexander to Justinian.* Princeton, NJ: Princeton University Press, 1993. A epígrafe no capítulo 1 é da página 445; as estatísticas da Menahem Stern's Collection são das páginas 124 e da nota da página 498.

—. "The Omnipresence of the God-Fearers." *Biblical Archaeology Review* 5 (September-October 1986): 58-69.

FREDRIKSEN, Paula. "Judaism, The Circumcision of Gentiles, and Apocalyptic Hope: Another Look at Galatians 1 and 2." *Journal of Theological Studies* 42 (1991): 532-64.

—. *Jesus of Nazareth, King of the Jews: A Jewish Life and the Emergence of Christianity.* New York: Knopf, Random House, 1990.

FRIGGERI, Rosanna. *The Epigraphic Collection of the Museo Nazionale Romano at the Baths of Diocletian.* Roma: Soprintendenza Archeologica di Roma, 2001.

GALINSKY, Karl. *Augustan Culture: An Interpretative Inroduction.* Princeton, NJ: Princeton University Press, 1966. A epígrafe do capítulo 3 é das páginas 90, 91, 93, 100, 106, 107 e 118.

GARNSEY, Peter D. A. & WHITTAKER, C. R., eds. *Imperialism in the Ancient World.* The Cambridge University Research Seminar in Ancient History. Cambridge Classical Studies. Cambridge: Cambridge University Press, 1978.

GIBSON, E. Leigh. *The Jewish Manumission Inscriptions of the Bosporus Kingdom.* Texts and Studies in Ancient Judaism 75. Tübingen, Germany: Mohr Siebeck, 1999.

GRANT, Michael. *Cities of Vesuvius: Pompeii and Herculaneum.* New York: Penguin, 1971.

GRUEN, Erich S. *Diaspora: Jews Amidst Greeks and Romans.* Cambridge, MA: Harvard University Press, 2002.

HANSON, Victor Davis. *The Western Way of War: Infantry Battle in Classical Greece.* 2d ed. Berkeley: University of California Press, 2000.

—. *The Ways of the Ancient Greeks and Their Invention of Western Military Culture.* Cassell's History of Warfare. General editor, John Keegan. London: Cassell, 1999.

HARRISON, James R. "Paul and the Imperial Gospel at Thessaloniki." *Journal for the Study of the New Testament* 25 (2002): 71-96.

HAVEL, Václav. *Living in Truth.* Vinte e um ensaios publicados por ocasião da concessão do Prêmio Erasmus a Václav Havel. Editado por Jan Vladislav. London: Faber & Faber, 1987. Consultar especialmente as páginas 36-122 e 136-157.

HENDRIX, Holland L. *Thessalonicans Honor Romans.* Ann Arbor, MI: University Microfilms International, 1984.

—. "Archaeology and Eschatology at Thessalonica." In: PEARSON, Birger et al, eds. *The Future of Early Christianity: Essays in Honor of Helmut Koester.* Minneapolis, MN: Fortress Press, 1991. pp. 107-118.

HOPKINS, Keith. *Conquerors and Slaves. Sociological Studies in Roman History.* Vol. 1. Cambridge: Cambridge University Press, 1978. A epígrafe no capítulo 5 é das páginas 198, 199, 202 e 242.

REFERÊNCIAS

HORSLEY, Richard A. ed. *Paul and Empire: Religion and Power in Roman Imperial Society.* Harrisburg, PA: Trinity Press International, 1997.

———. *Paul and Politics: Ekklesia, Israel, Imperium, Interpretatio.* Essays in Honor of Krister Stendahl. Harrisburg, PA: Trinity Press International, 2000.

———. *Paul and the Roman Imperial Order.* Harrisburg, PA: Trinity Press International, 2004.

KUTTNER, Ann L. *Dynasty and Empire in the Age of Augustus: The Case of the Boscoreale Cups.* Berkeley: University of California Press, 1995.

LAMPE, Peter. "Kein 'Sklavenflucht' des Onesimus." *Zeitschrift für die Neutestamentliche Wissenschaft* 76 (1985): 135-137.

———. "The Roman Christians of Romans 16." In: DONFRIED, Karl Paul, ed. *The Romans Debate.* Edição revisada e ampliada. Peabody, MA: Hendrickson, 1991. pp. 216-230.

———. *From Paul to Valentinus: Christians at Rome in the First Two Centuries.* Traduzido por Michael Steinhauser. Ed. Marshall D. Johnson. Minneapolis, MN: Fortress Press, 2003.

LEVINSKAYA, Irina. *The Book of Acts in its Diaspora Setting.* Vol. 5 in *The Book of Acts in Its First Century Setting.* Grand Rapids, MI: Eerdmans, 1966.

LIEBESCHUETZ, Wolf. "The Influence of Judaism among Non-Jews in the Imperial Period." *Journal of Jewish Studies* 52 (2001): 235-252. A epígrafe no capítulo 1 é da página 52.

MACLENNAN, Robert S. & KRAABEL, A. Thomas. "The God-Fearers: A Literary and Theological Invention." *Biblical Archaeology Review* 5 (September-October 1986): 46-53.

MACMULLEN, Ramsay. *Romanization in the Time of Augustus.* New Haven, CT: Yale University Press, 2003. A epígrafe no prólogo é das páginas ix-x e 134.

MCNEILL, William H. *Plagues and Peoples.* Garden City, NY: Doubleday, Anchor, 1998 (reimpressão de 1977). Em nosso epílogo ele contrasta o "microparasitismo" da doença com o "macroparasitismo" da guerra (páginas 109, 111 e 119), e cita "a base macroparasitista da civilização" (página 25), traçando "o paralelo entre o microparasitismo da doença infecciosa com o macroparasitismo das operações militares" (página 111).

MANN, Michael. *The Sources of Social Power.* 4 vols. Cambridge: Cambridge University Press, 1986-). A epígrafe no prólogo é do primeiro volume, *A History of Power from the Beginning to A.D. 1760,* páginas 250, 293 e 297. Em nosso epílogo caracteriza a civilização, repetidamente, como "gaiola" ou "engaiolada" (vol. 1, página 100; vol. 2, página 252).

MARTIN, Troy W. "The Covenant of Circumcision (Genesis 17:9-14) and the Situational Antitheses in Galatians 3:28." *Journal of Biblical Literature* 122 (2003): 111-125.

MILLER, James C. "The Romans Debate: 1991-2001." *Current Research: Biblical Studies* 9 (2001): 306-49.

MITCHELL, Stephen. *Anatolia: Land, Men, and Gods in Asia Minor.* Vol. 1, *The Celts in Anatolia and the Impact of Roman Rule.* Oxford: Clarendon Press, 1993. A epígrafe no capítulo 4 é das páginas 100, 103 e 104.

MORTON, Henry Vollem. *In the Steps of St. Paul.* Com nova introdução por Bruce Feiler. New York: Da Capo Press, 2002. Originalmente publicado em 1936. A epígrafe no capítulo 4 é da página 5.

NIEMEYER, H. G. *Studien zur statuarischen Darstellung der römischen Kaiser.* Monumenta Artis Romanae 7. Berlin: Mann, 1968.

OAKES, Peter. *Philippians: From People to Letter.* Society for New Testament Studies Monograph Series 110. Cambridge: Cambridge University Press, 2001. A epígrafe no capítulo 5 é das páginas 74 a 76.

OSIEK, Carolyn & BALCH, David L. *Families in the New Testament World: Households and House Churches.* Louisville, KY: Westminster John Knox, 1997. A epígrafe no capítulo 6 é da página 199.

PEARSON, Birger A. "1 Thessalonians 2:13-16: A Deutero-Pauline Interpolation." *Harvard Theological Review* 64 (1971): 9-94.

PFANNER, Michael. "Über das Herstellen von Porträts." *Jahrbuch des Deutschen Archäologischen Instituts* 104 (1989): 157-257.

PRICE, S. R. F. *Rituals and Power: The Roman Imperial Cult in Asia Minor.* Cambridge: Cambridge University Press, 1984. A epígrafe no capítulo 7 é das páginas 247 e 248.

RAMSAY, William Mitchell. *Paul the Traveller and the Roman Citizen.* Primeira edição. The Morgan Lectures for 1894 in the Auburn Theological Seminary & Mansfield College Lectures, 1895. London: Hodder & Stoughton, 1895.

————. *The Cities of St. Paul. Their Influence on His Life and Thought. The Cities of Eastern Asia Minor.* The Dale Memorial Lectures in Mansfield College, Oxford, 1907. New York: Hodder & Stoughton (Doran), 1907. A epígrafe no capítulo 7 é das páginas 425, 426, 428 e 429.

RAPSKE, B. M. "The Prisoner Paul in the Eyes of Onesimus." *New Testament Studies* 31 (1991): 187-203.

RATTÉ, Christopher & SMITH, R. R. R. "Archaeological Research at Aphrodisias in Caria, 1999-2001." *American Journal of Archaeology* 108 (2004): 145-186.

REFERÊNCIAS

RICHLIN, Amy. *The Garden of Priapus: Sexuality and Aggression in Roman Humor.* Rev. ed. New York: Oxford University Press, 1992.

SALLER, Richard P. *Personal Patronage Under the Early Empire.* Cambridge: Cambridge University Press, 1982.

SCHELL, Jonathan. *The Unconquerable World: Power, Nonviolence, and he Will of the People.* New York: Henry Holt, Metropolitan Books, 2003. Consultar especialmente as páginas 139, 140, 142, 191, 192 e 193.

SMITH, R. R. R. "The Imperial Reliefs from the Sebasteion at Aphrodisias." *Journal of Roman Studies* 77 (1987): 88-138.

———. "*Simulacra Gentium:* The *Ethnē* from the Sebasteion at Aphrodisias." *Journal of Roman Studies* 78 (1988): 50-77.

STAUFFER, Ethelbert. *Christ and the Caesars: Historical Sketches.* Philadelphia: Westminster Press, 1955.

STERN, Menahem. *Greek and Latin Authors on Jews and Judaism.* 3 vols. Publicações da Israel Academy of Sciences and Humanities. Section of Humanities. Fontes Ad Res Judaicas Spectantes. Jerusalem: Israel Academy of Sciences and Humanities, 1974-1984.

TANNENBAUM, Robert F. "Jews and God-Fearers in the Holy City of Aphrodite." *Biblical Archaeology Review* 5 (September-October 1986): 54-57. A epígrafe no capítulo 1 é da página 57.

THEISSEN, Gerd. "Social Integration and Sacramental Activity: An Analysis of 1Cor. 11:17-34." Em seu livro *The Social Setting of Pauline Christianity. Essays on Corinth.* Traduzido por John H. Schütz. Philadelphia: Fortress Press, 1982 (do artigo original em alemão de 1974). pp.145-174.

TREBILCO, Paul R. *Jewish Communities in Asia Minor.* Society for New Testament Studies Monograph Series, 69. New York: Cambridge University Press, 1991.

VARONE, Antonio. *Eroticism in Pompeii.* Los Angeles: J. Paul Getty Museum, 2001.

WALLACE-HADRILL, Andrew. "The Golden Age and Sin in Augustan Ideology." *Past and Present* 95 (1982): 19- 36. A epígrafe no capítulo 3 é das páginas 30 e 33.

———. *Houses and Society in Pompeii and Herculaneum.* Princeton, NJ: Princeton University Press, 1994. A epígrafe no capítulo 6 é da página 118.

WATSON, Francis B. "The Two Roman Congregations: Romans 14:1-15:13." In: DONFRIED, Karl Paul, ed. *The Roman Debate.* Edição revisada e aumentada. Peabody, MA: Hendrickson, 1991. pp. 203-215.

WOLFGANG, Wiefel. "The Jeewish Community in Ancient Rome and the Origins of Roman Christianity." In: DONFRIED, Karl Paul, ed. *The Roman Debate.* Edição revisada e aumentada. Peabody, MA: Hendrickson, 1991. pp. 85-101.

Zanker, Paul. *The Power of Images in the Age of Augustus*. Traduzido por Alan Shapiro. Jerome Lectures: Sixteen series. Ann Arbor: University of Michigan Press, 1990. A epígrafe no capítulo 2 é das páginas 4 e 101.

———. *Pompeii: Public and Private Life*. Cambridge, MA: Harvard University Press, 1998.

CRÉDITOS DAS ILUSTRAÇÕES

Figura 1. © Österreichisches Archäologisches Institut, Viena, foto de N. Gail. Figura 2. © Österreichisches Archäologisches Institut, Viena, foto de N. Gail. Figura 3. © Österreichisches Archäologisches Institut, Viena, foto de N. Gail. Figura 4. Foto de Todd Bolen, Pictorial Library of Bible Lands. Figura 5. Foto de Scala, Art Resources, NY. Figura 6. Foto de Scala, Art Resources, NY. Figura 7. Foto de Jonathan L. Reed. Figura 9. Reconstrução do Sebasteion por R. R. R. Smith in "The Imperial Reliefs from the Sebasteion at Aphrodisias", *Journal of Roman Studies* 77 (1987): 97. Figura 10. Foto cedida por New York University Excavations. Figura 11. Foto cedida por New York University Excavations. Figura 12. Foto cedida por New York University Excavations. Figura 13. Foto cedida por New York University Excavations. Figura 14. Foto de Todd Bolen, Pictorial Library of Bible Lands. Figura 16. Foto de Jonathan L. Reed. Figura 17. Foto de Jonathan L. Reed. Figura 18. Planta do Serapeion A, da obra de Philippe Bruneau, *Recherches sur les cultes de Délos à l'époque hellénistique et à l'époque impériale*. Bibliothèque des écoles françaises d'Athènes et de Rome 217 (Paris: Éditions E. de Boccard, 1970), 460. Figura 19. Foto de Jonathan L. Reed. Figura 20. Planta da sinagoga em Delos, da obra de B. Hudson McLean, "The Place of Cult in Voluntary Associations and Christian Churches in Delos," in John S. Kloppenborg and Stephen G. Wilson, eds., *Voluntary Associations in the Graeco-Roman World* (London and New York: Routledge, 1996), 194. Figura 21. Foto de Jonathan L. Reed. Figura 22. Olanta do Sarapeion C em Delos, da obra de Philippe Bruneau, *Recherches sur les cultes de Délos à l'époque hellénistique et à l'époque impériale*. Bibliothèque des écoles françaises d'Athènes et de Rome 217 (Paris: Éditions E. de Boccard, 1970), 460. Figura 23. Museo Archeologico Nazionale, Nápoles, foto de Erich Lessing, Art Resources, NY. Figura 24. Deutsches Archäologisches Institut, Rom, 76.2385. Figura 25. Foto de Todd Bolen, Pictorial Library of Bible Lands. Figura 26. Templo de Marte *Ultor*, segundo A. Boethius and J. B. Ward Perkins, *Etruscan and Roman Architecture* (London: Harmondsworth, 1970), 190. Figura 27. Fórum de Augusto, segundo Paul Zanker, *Forum Augustum: Das Bildprogramm* (Tübingen, Germany: Ernst Wasmuth, 1968), 8. Figura 28. American Numismatic Society, 1995.11.1651. Figura 29. Museo Archeologico Luni, Deutsches Archäologisches Institut, Rom, 30.232. Figura 30. American Numismatic Society, 1944.100.38324. Figura 31. Foto de Erich Lessing, Art Resources, NY. Figura 32. Fototeca Unione 3562. Figura 33. American Numismatic Society 1001.1.24910, American Numismatic Society 1944.100.39138 e 1001.1.22824. Figura 34. American Numismatic Society 1937. 158.439. Figura 35. Planta e perspectiva segundo J. B. Ward-Perkins, *Roman Imperial Architecture* (New Haven, CT: Yale University Press, 1992), fig. 5. Figura 36. Deutsches Archäologisches Institut, Rom, 72.2400. Figura 37. Deutsches

Archäologisches Institut, Rom, 72.2403. Figura 38. Museo Nazionale delle Terme, inv. 56230, Deutsches Archäologisches Institut, Rom, 65.1111. Figura 39. American Numismatic Society,1944,100.39794. Figura 40. Deutsches Archäologisches Institut, Rom, 86.1448. Figura 41. Reconstrução do *horologium*, segundo E. Buchner, *Die Sonnenuhr des Augustus* (Mainz, Germany: Zabern, 1982), fig. 14. Figura 42. Fragmento do pavimento do *horologium*, segundo Amanda Claridge, *Rome: An Oxford Archaeological Guide* (Oxford: Oxford University Press, 1998), fig. 86. Figura 43. Deutsches Archäologisches Institut, Rom, 65.1111. Figura 44. Museo Archeologico Nazionale, inv. 6041, Deutsches Archäologisches Institut, Rom, 76.1157. Figura 45. Museo Archeologico Nazionale, foto de Alinari, Art Resources, NY. Figura 46. American Numismatic Society, 1944.100.38345. Figura 47. American Numismatic Society, 0000.999.16782 e American Numismatic Society, 1944.100.39182. Figura 48. Kunsthistorisches Museum, foto de Erich Lessing, Art Resources, NY. Figura 49. Bibliothèque Nationale, foto de Erich Lessing, Art Resources, NY. Figura 50. American Numismatic Society, 1001.1.12266. Figura 51. American Numismatic Society, 1967.153.111. Figura 52. American Numismatic Society, 1001.1.11952. Figura 53. Foto de Jonathan L. Reed. Figura 54. Foto de Todd Bolen, Pictorial Library of Bible Lands. Figura 55. Museu Arqueológico de Tessaloníki, foto de Todd Bolen, Pictorial Library of Bible Lands. Figura 56. Museu Arqueológico de Tessaloníki, foto de Todd Bolen, Pictorial Library of Bible Lands. Figura 57. Foto de Erich Lessing, Art Resources, NY. Figura 58. Deutsches Archäologisches Institut, Rom, 59.168 e 59.172. Figura 59. Foto de Robert E. Merritt. Figura 60. Foto de George R. Swain (12/07/1924), Kelsey Museum Archive 7.1358. Figura 61. Foto de Jonathan L. Reed. Figura 62. Foto de Todd Bolen, Pictorial Library of Bible Lands. Figura 64. Deutsches Archäologisches Institut, Rom, 66.638. Figura 65. Museo Archeologico Nazionale, inv. 6041, Deutsches Archäologisches Institut, Rom, 76.1157. Figura 66. Planta do fórum, segundo Paul Zanker, *Pompeii: Public and Private Life* (Cambridge, MA and London: Harvard University Press, 1998), fig. 19. Figura 67. Planta do fórum, segundo Paul Zanker, *Pompeii: Public and Private Life* (Cambridge, MA and London: Harvard University Press, 1998), fig. 37. Figura 68. Foto de Vanni, Art Resources, NY. Figura 69. Col. Israel Antiquities Authority, © Museu de Israel em Jerusalém. Figura 70. Museo Capitolini, foto de Scala, Art Resources, NY. Figura 71. Mapa da Galácia. Figura 72. Reconstrução do templo imperial, segundo Martin Shede and Daniel Krencker, *Der Tempel in Ankara*, Archäologischen Institut des deutschen Reiches, Denkmäler antiker Architektur 3 (Berlin: de Gruyter, 1936). Figura 73. Foto de Schede, Deutsches Archäologisches Institut, Istambul, 23490. Figura 74. Foto de George R. Swain (12/07/1924), Kelsey Museum Archive 7.1358. Figura 75. Reconstrução de balneários, segundo Fikret Yegül, *Baths and Bathing in Classical Antiquity* (Cambridge, MA and London: MIT Press, 1992), 419. Figura 76. Foto de George Swain (12/07/1924), Kelsey Museum in Michigan, Archive 7.1113. Figura 77. Foto de Robert E. Merritt. Figura 78. Berlim, Antikensammlung, Staatliche Museen zu Berlin, Inv. nr. 105, © Bildarchiv Preussischer Kulturbesitz, Art Resources, NY. Figura 79. Berlim, Antikensammlung, Staatliche Museen zu Berlin,

CRÉDITOS DAS ILUSTRAÇÕES

Inv. nr. 105, © Bildarchiv Preussischer Kulturbesitz, Art Resources, NY. Figura 80. © Österreichisches Archölogisches Institut, Viena, Inv. nr. EAR 777. Figura 81. © Österreichisches Archäologisches Institut, Viena, Inv. nr. Pl 758. Figura 82. Museu de Selçuk, foto de A. Schiffleitner, © Österreiches Archäologisches Institut, Viena, Inv. nr. EPH 12644. Figura 83. © Österreiches Archölogisches Institut, Viena. Figura 84. Museu de Selçuk, © Österreichisches Archäologisches Institut, Viena. Figura 85. Musei Capitolini, inv. no. 1207, Deutsches Archäologisches Institut, Rom, 5877. Figura 86. Foto de Jonathan L. Reed. Figura 87. J. Paul Getty Museum, Wokshop of Boethos, Herm. 100-50 a.C., bronze com aplicação de marfim; 79.AB.138. Figura 88. Museo Archeologico Nazionale, foto de Scala, Art Resources, NY. Figura 89. Museo Archeologico Nazionale, foto de Scala, Art Resources, NY. Figura 90. Museo Archeologico Nazionale, RP Inv. no. 110569, foto de Erich Lessing, Art Resources, NY. Figura 91. Museo Archeologico Nazionale, RP Inv. no. 27714, foto de Scala, Art Resources, NY. Figura 92. Museo Archeologico Nazionale, foto de Scala, Art Resources, NY. Figura 93. Foto das escavações da New York University. Figura 94. Foto das escavações da New York University. Figura 95. Foto de Réunion des Musées Nationaux, Art Resources, NY. Figura 96. © Valerie Woelfel. Figura 97. © Valerie Woelfel. Figura 98. © Valerie Woelfel. Figura 99. © Valerie Woelfel. Figura 100. Foto de Todd Bolen, Pictorial Library of Bible Lands. Figura 101. Planta do Fórum de Corinto, segundo C. K. Williams and O. H. Zervos, "Excavations at Corinth, 1989: The Temenos of Temple E," *Hesperia* 59 (1990): 327. Figura 102. Desenho do Asclepeion, segundo C. A. Roebuck, *Corinth: Results of Excavations Conducted by the American School of Classical Studies at Athens*, Vol. 14, *The Asklepieion and Lerna* (Princeton, NJ: The American School of Classical Studies at Athens, 1951), Planta D. Figura 103. Planta do Asclepeion, Segundo C. A. Roebuck, *Corinth: Results of Excavations Conducted by the American School of Classical Studies at Athens*, Vol. 14, *The Asklepieion and Lerna* (Princeton: NJ: The American School of Classical Studies at Athens, 1951), Planta C. Figura 104. Desenho da coluna dos *Iobacchoi*, segundo Jane Ellen Harrison, *Primitive Athens as Described by Thucydides* (Cambridge: Cambridge University Press, 1906), fig. 25. Figura 105. Planta da sala de reuniões dos *Iobacchoi*, segundo Walther Judeich, *Topographie von Athens*, Handbuch der Altertumswissenschaft (Munich: Beck, 1933), 291. Figura 106. Desenho da Casa dos Comediantes, segundo Philippe Bruneau and Claude Vatin et al., *L'îlot de la Maison des comédiens*, Exploration archéologique de Délos 27 (Paris: Éditions E. de Boccard, 1970), 18. Figura 107. Desenho da Casa dos Comediantes, segundo Philippe Bruneau and Claude Vatin et al., *L'îlot de la Maison des comédiens*, Exploration archéologique de Délos 27 (Paris: Éditions E. de Boccard, 1970), 34. Figura 108. Planta da ínsula de Pérgamo, segundo Mônica Trümpler, "Material and Social Environment of Graeco-Roman Households in the East: The Case of Hellenistic Delos," in David L. Balch and Carolyn Osiek, eds. *Early Christian Families in Context: An Interdisciplinary Dialogue* (Grand Rapids, MI, and Cambridge: Eerdmans, 2003), 36. Figura 109. Foto de Scala, Art Resources, NY. Figura 110. Planta da Vila dos Mistérios, segundo Brenda Longfellow, "A Gendered Space? Location and Function of Room 5 in the Villa of

383

EM BUSCA DE PAULO

the Mysteries," in Elaine K. Gazda, ed., *The Villa of the Mysteries in Pompeii: Ancient Ritual — Modern Muse* (Ann Arbor: Kelsey Museum of Archaeology and the University of Michigan Museum of Art, 2000), 25. Figura 111. Foto de Scala, Art Resources, NY. Figura 112. Foto de Todd Bolen, Pictorial Library of Bible Lands. Figura 113. Foto de Alinari, Art Resources, NY. Figura 114. Planta da Casa do Bicentenário, segundo Andrew Wallace-Hadrill, *Houses and Society in Pompeii and Herculaneum* (Princeton, NJ: Princetoin University Press, 1994), 203. Figura 115. Foto de Scala, Art Resources, NY. Figura 116. Planta da Casa do Fauno, segundo Andrew Wallace-Hadrill, *Houses and Society in Pompeii and Herculaneum* (Princeton, NJ: Princeton University Press, 1994), 208. Figura 117. Museo Archeologico Nazionale, foto de Alinari, Art Resources, NY. Figura 118. Foto de Jonathan L. Reed. Figura 119. Foto de Todd Bolen, Pictorial Library of Bible Lands. Figura 120. Deutsches Archäologisches Institut, Rom, 79.2026. Figura 121. Foto de Todd Bolen, Pictorial Library of Bible Lands. Figura 122. Deutsches Archäologisches Institut, Rom, 65.2155. Figura 123. Museu Capitolino, Palazzo dei Conservatori, inv. 855 Deutsches Archäologisches Institut, Rom, 60.1472. Figura 124. Museu Capitolino, Palazzo dei Conservatori, inv. 2144 Deutsches Archäologisches Institut, Rom, 35.210. Figura 125. Museo Nazionale delle Terme, inv. 49481, Deutsches Archäologisches Institut, Rom, 76.1783-5. Figura 126. Planta da Casa de Ouro de Nero, segundo J. B. Ward-Perkins, *Roman Imperial Architecture* (New Haven, CT and London:Yale University Press, 1981), 60. Figura 127. Foto de Scala, Art Resources, NY. Figura 128. Desenho segundo Graydon F. Snyder, *Ante Pacem: Archaeological Evidence of Church Life Before Constantine*, rev. ed. (Macon, GA: Mercer University Press, 2003), 60. Figura 129. Localização das catacumbas cristãs, segundo Amanda Claridge, *Rome: An Oxford Archaeoloical Guide* (Oxford: Oxford University Press, 1998), 409. Figura 130. Foto de Scala, Art Resources, NY. Figura 131. Reconstrução do túmulo de são Pedro, segundo Peter Lampe, *From Paul to Valentinus: Christians at Rome in the First Two Centuries* (Minneapolis, MN: Fortress Press, 2003), fig. 6. Figura 132. Planta da ínsula Araceli, segundo Andrew Wallace-Hadrill, "Domus and Insulae in Rome: Families and Housefuls," in David L. Balch and Carolyn Osiek, eds., *Early Chistian Families in Context: An Interdisciplinary Dialogue* (Grand Rapids, MI, and Cambridge: Eerdmans, 2003), 16-17. Figura 133. Foto de Todd Bolen, Pictorial Library of Bible Lands. Figura 134. Foto de Eckstein, Deutsches Archäologisches Institut, Istambul, KB 12.086.

ÍNDICE DAS ILUSTRAÇÕES

Figura 1. Éfeso, vista geral, Gruta de São Paulo 10

Figura 2. Éfeso, afresco na Gruta de São Paulo 11

Figura 3. Éfeso, afresco de Tecla na Gruta de São Paulo 12

Figura 4. Filipos, ao sudoeste, onde Antônio e Otaviano derrotaram
as forças republicanas 15

Figura 5. *Conversão de São Paulo*, de Michelangelo Merisi de Caravaggio
(1573-1610), na Igreja de Santa Maria del Popolo, em Roma 20

Figura 6. *Conversão de São Paulo*, de Michelangelo Merisi de Caravaggio
(1573-1610), pertencente à Coleção Odescalchi Balbi di Piovera 20

Figura 7. Teatro em Afrodisia 25

Figura 8. Mapa de sítios arqueológicos mais importantes na busca de Paulo 26

Figura 9. Reconstrução do Sebasteion em Afrodisia 27

Figura 10. Relevo escultural do imperador Júlio-Cláudio, no Sebasteion,
em Afrodisia 29

Figura 11. Relevo escultural do imperador Cláudio, no Sebasteion,
em Afrodisia 29

Figura 12. Inscrição em sinagoga, em Afrodisia 32

Figura 13. Face *b* da inscrição em sinagoga, em Afrodisia 33

Figura 14. Plataforma jurídica, ou *bēma*, em Corinto 41

Figura 15. Mapa do mar Egeu, mostrando a localização de Delos 48

Figura 16. Foto da entrada da baía de Delos 49

Figura 17. Vista geral da baía e das escavações de Delos 52

Figura 18. Planta do Serapeion A, em Delos 54

Figura 19. Foto do Sarapeion A, em Delos 55

Figura 20. Planta da sinagoga, em Delos 56

Figura 21. Cátedra de Moisés na sinagoga, em Delos 56

Figura 22. Planta do Sarapeion C, em Delos 67

Figura 23. Estátua de Ísis, Museo Archeologico Nazionale, Nápoles 69

Figura 24. Altar da Paz, em Roma, após restauração 75

Figura 25. Fórum de Augusto, em Roma 80

Figura 26. Reconstrução do Fórum de Augusto, voltado para o Templo
de Marte *Ultor* 81

Figura 27. Planta do Fórum de Augusto, em Roma 82

Figura 28. Moeda de prata de Júlio César 84

Figura 29. Pedra tumular, Luni, Itália 85

Figura 30. Denário de prata de Augusto 87

Figura 31. Detalhe da estátua de Augusto na Prima Porta, Museu do Vaticano,
Estado do Vaticano 87

EM BUSCA DE PAULO

Figura 32. Caríatides, Fórum de Augusto...89
Figura 33. Denários de prata de Otaviano, detalhes...................................92
Figura 34. Denário de prata de Otaviano, detalhes 93
Figura 35. Planta e vista em perspectiva da *Ara Pacis Augustae*, em Roma...........94
Figura 36. *Ara Pacis Augustae*, friso ao sul, em Roma...............................95
Figura 37. *Ara Pacis Augustae*, friso ao sul, em Roma...............................95
Figura 38. Estátua de Augusto, em Roma 97
Figura 39. Moeda de prata de Nero, detalhes...99
Figura 40. Quadro da deusa Pax *Ara Pacis Augustae*, em Roma........................101
Figura 41. Reconstrução do relógio de sol, ou *horologium*, em Roma.................102
Figura 42. Fragmento do pavimento do *horologium*, em Roma.........................103
Figura 43. Estátua de Augusto, em Roma 112
Figura 44. Estátua de sacerdotisa de Pompéia, Nápoles...............................112
Figura 45. Mosaico mostrando o rei persa Dario fugindo de Alexandre Magno,
           em Pompéia, Nápoles..124
Figura 46. Denário de Augusto, cunhado em Roma.....................................133
Figura 47. Denário de Augusto, Éfeso..133
Figura 48. *Gemma Augustea*, com Augusto sentado como Júpiter, Viena...............139
Figura 49. *Grande Camée de France*, com Augusto olhando sua esposa Lívia,
           França...140
Figura 50. Moeda de Calígula..142
Figura 51. Moeda de ouro de Calígula..143
Figura 52. Moeda de Cláudio..144
Figura 53. Nova Via Egnatia, Grécia central...146
Figura 54. Via Egnatia, em Filipos, Grécia 147
Figura 55. Estátua de Augusto, em Tessaloníki, Grécia................................151
Figura 56. Estátua de Cláudio, em Tessaloníki, Grécia................................151
Figura 57. Estátua de Augusto na Porta Prima, em Roma...............................152
Figura 58. Altar, em Preneste 157
Figura 59. Mausoléus e sarcófagos, em Hierápolis, Turquia 160
Figura 60. Platéia Tiberia, em Antioquia da Pisídia, Turquia 169
Figura 61. Inscrição fragmentária, em Antioquia da Pisídia, Turquia 170
Figura 62. Aqueduto romano, em Cesaréia Marítima, Israel............................177
Figura 63. Mapa da romanização..178
Figura 64. Edifício de Eumáquia, em Pompéia..179
Figura 65. Estátua de Eumáquia, em Nápoles, Pompéia...............................179
Figura 66. Planta do fórum de Pompéia antes de Augusto.............................180
Figura 67. Planta do fórum de Pompéia depois de Augusto............................181
Figura 68. Odeão, em Nicópolis, Grécia..182
Figura 69. Inscrição em Cesaréia Marítima, Israel 184
Figura 70. Estátua *O gaulês moribundo* 185
Figura 71. Mapa da Galácia..186
Figura 72. Reconstrução do templo imperial, Ancara, Turquia 189
Figura 73. Inscrição no Templo de Roma e Augusto, Ancara, Turquia...............189

ÍNDICE DAS ILUSTRAÇÕES

Figura 74. Inscrição circular na Platéia Tibéria, em Antioquia da Pisídia, Turquia 191

Figura 75. Reconstrução de balneários, Ancara, Turquia 193

Figura 76. Foto do aqueduto em Antioquia da Pisídia, Turquia 194

Figura 77. Templo de Atenas em Priene, Turquia 220

Figura 78. Inscrição em Priene, parte superior 221

Figura 79. Inscrição em Priene, parte inferior 222

Figura 80. Escavações feitas pelo Instituto Arqueológico Austríaco, em Éfeso, Turquia 225

Figura 81. Escavação em Éfeso, Turquia, mostrando estátua de Ártemis 226

Figura 82. Deusa Ártemis, de Éfeso 226

Figura 83. Aqueduto Pollio, em Éfeso, Turquia 228

Figura 84. Capitel com cabeça de touro, Turquia 229

Figura 85. Pedra tumular de um *gallus*, Roma 233

Figura 86. Estátua de um falo gigante, em Delos 238

Figura 87. Herma de uma oficina em Boetos 239

Figura 88. Relevo em pedra de um falo, na entrade de uma casa em Pompéia, Nápoles 240

Figura 89. Afresco de Pompéia com a figura de Priapo, Nápoles 240

Figura 90. Afresco de Pompéia, Nápoles 242

Figura 91. Baixo-relevo de Pompéia, Nápoles 243

Figura 92. Camafeu, Nápoles 244

Figura 93. Cláudio vitorioso, Sebasteion em Afrodisia, Turquia 247

Figura 94. Nero vitorioso, Sebasteion em Afrodisia, Turquia 247

Figura 95. Taça Boscoreale, Museu do Louvre, Paris 259

Figura 96. Primeiro painel das taças de Boscoreale 260

Figura 97. Segundo painel das taças de Boscoreale 260

Figura 98. Terceiro painel das taças de Boscoreale 261

Figura 99. Quarto painel das taças de Boscoreale 261

Figura 100. Templo de Apolo, em Corinto 269

Figura 101. Planta do Fórum de Corinto 273

Figura 102. Desenho do *Asclepeion* 276

Figura 103. Planta do *Asclepeion* 276

Figura 104. Desenho da coluna dos *Iobacchoi* 278

Figura 105. Planta da sala de reuniões dos *Iobacchoi* 278

Figura 106. Desenho da Casa dos Comediantes, entrada e vestíbulo 281

Figura 107. Desenho da Casa dos Comediantes, peristilo 281

Figura 108. Planta de um bairro em Pérgamo 282

Figura 109. Santuário familiar, ou *lararium*, na Casa dos Vettii, em Pompéia.....284

Figura 110. Planta da Vila dos Mistérios 285

Figura 111. Afrescos da Vila dos Mistérios, em Pompéia 286

Figura 112. Fórum de Pompéia 290

Figura 113. Decumanus Maximus em Herculano, com a Ínsula V e a Casa do Bicentenário 291

Figura 114. Planta da Ínsula V e a Casa do Bicentenário....................................293

Figura 115. Vestíbulo dos augustais, em Herculano...295

Figura 116. Planta da Casa do Fauno em Pompéia..297

Figura 117. Mosaico de Alexandre na Casa do Fauno, em Pompéia, Nápoles....298

Figura 118. Inscrição com o nome de Erasto, em Corinto 300

Figura 119. Arco de Tito, Roma...318

Figura 120. Arco de Tito, Roma...319

Figura 121. Arco de Tito, Roma...320

Figura 122. Altar de Roma..325

Figura 123. Altar de Roma..325

Figura 124. Altar de Roma..325

Figura 125. Altar de Roma..326

Figura 126. Área da Casa Dourada de Nero, em Roma 328

Figura 127. Casa Dourada, Roma 329

Figura 128. Caricatura ofensiva, Roma..333

Figura 129. Localização das catacumbas cristãs 335

Figura 130. Roma, catacumba de Priscila 336

Figura 131. Reconstrução do túmulo de são Pedro 337

Figura 132. Planta da ínsula Araceli, em Roma..340

Figura 133. Mosaico bizantino em Cesaréia Marítima, Israel..............................355

Figura 134. Templo de Augusto, em Ancara, Turquia...365

ÍNDICE DE NOMES E DE TEMAS

A

A ARTE DE AMAR (Ovídio), 90, 98
ABRAÃO, 351; aliança de, 206-209
ACAIA, 153, 154, 156, 159, 200
ÁCCIO, 14, 15, 86, 92, 130, 146, 179
ACMÔNIA, 44
ADÃO, 311, 350
ADRIANO, 183-184
AFRODISIA (Cidade de Vênus Afrodite), 24
AFRODISIA, Turquia, 24-36, 219; adoradores de Deus em, 26, 32-25, 43, 172; como escravos, 59; escavação de, 25, 31; famílias ricas de, 30; inscrições distinguindo judeus, convertidos e "adoradores de Deus", 26; mulher judaica, Jael, 33, 113; relação com Roma, 30; Sebasteion, 25, 27, 28, 29, 64, 78; Sebasteion, desenho de conquista, 245-246, 247; Sebasteion, esculturas do, 27-31; sinagoga judaica em, 31-35, 172; teatro em, 25; teologia imperial romana em 30, 64
AGOSTINHO, SANTO, 34
AGRIPA I, Herodes, 250
AGRIPA II, rei judeu, 40
AGRIPA, 15, 28, 94, 146, 182
AGRIPINA, 140
ALEXANDRE MAGNO, 50, 53, 58, 88-89, 122-124, 183; batalha de Isso, 123, 124, 158; divindade, mãe humana pai divino, 124; divindades como conquistador do mundo, 124; falange, invenção de, 123; irmã, nomeação de Tessalônica em honra da, 122; Jerusalém, *parousia* e, 158-159; lugar de nascimento, Pela, 148; mosaico, Casa do Fauno, 297
ALMA, pensamento paulino, 309-313; platonismo e, 309-310, 311, 312
ALTAR DE ZEUS, Pérgamo, 10
AMÉRICA, 8; império global e, 363
AMOR, *agapē*, 314; comunidade quenótica e, 315; significado de, comunidade cristã, 163-166
ANAIS (Tácito), 330, 360, 361
ANANIAS, 18
ANATÓLIA (Mitchell), 137, 167, 188, 192
ANATÓLIA, 184, 200, 218. *Ver também* Galácia
ANCIRA (Ancara), 167, 171, 172, 185, 186, 191; *Atos do divino Augusto*, cópia encontrada em, 171, 188-189, 364-367; banhos romanos em, 192-193; templos imperiais, 188-190, 192

389

Ando, Clifford, 63, 167
Andrônico, 113, 114
Anquises, 83, 84, 85, 99, 136, 151
Antiguidades de Roma (Dionísio de Halicarnasso), 234
Antiguidades judaicas (Josefo), 27, 60-61, 157-159, 236, 249, 332
Antiguidades romanas (Dionísio de Halicarnasso), 672
Antioquia da Pisídia, 41, 44, 185, 186; aqueduto, 193-195; contemporânea (Yalvaç), 168-172; cópia de Atos do divino Augusto, 167; escavações em, 168-169, 191, 194; inscrição de Sérgio Paulo, 170-172; Paulo e, 186, 190, 202-204, 212; romanização, 167, 173, 190-192; sinagoga em, 168
Antioquia sobre o Oronte sírio (Antakya-Hatay), 43, 182-183; banhos, 182; Paulo e, 186; ruas com colunas, 182; visita de Augusto (parousia), 182
Antônio, Marco, 14, 15-16, 86, 126, 127, 133, 146, 148-150, 179, 266
Anúbis, 67, 69, 149
Apantésis (saudação a visitante), 158, 159
Apocalipse, 14, 20, 201
Apolo, 230; Augusto filho de, 134, 151; Delos e, 49, 51-53, 134, 230; popularidade de, 51; santuários oraculares, 134; Templo, Corinto, 269, 269; templo, Roma, Apolo Medicus Sosianus, 65; templo, Roma, monte palatino, 65, 134
Apolônia (Ulugorlu), 151-153; fragmentos de Atos do divino Augusto, 170
Apuleio, 70
Áquila. Ver Prisca (Priscila) e Áquila
Ara Pacis Augustae (Altar da Paz), 69, 74-76, 79, 92-96, 99, 100-103, 101, 104; Atos do divino Augusto (Res Gestae Divi Augusti) no, 76, 77, 79; Augusto com véu, 94, 97; conquista de nações personificadas em mulheres, 246; criação de, 91-92; elementos dionisíacos, 134; estilo e artesania, 104; família na, 94, 95, 98; horologium (relógio solar), 102-103, 104, 132; inscrição no horologium, 102; localização no Campus Martius, 101, 103; mármore de, 104; Mulheres no, 241; procissão religiosa no, 94, 95; seqüência augustana de Piedade, Guerra, Vitória e Paz, 75, 77, 260, 263, 326
Aretas IV, 39
Ariadne, 50
Aristarco, companheiro de Paulo, 249
Aristóbulo, 113
Armagedon, 201
Ártemis, 49; em Éfeso, 224-227, 228, 229
Artists of the Ara Pacis, The (Conlin), 104
Asclépio, 275-277
Asno de Ouro, O (Apuleio), 287
Associações de voluntários (collegia ou thiasoi, koina), 53; Delos, 53-55
Assos, Turquia, inscrição, 142-143
Astrologia, 132-133, 235, 236
Atenas, Grécia, 14; Atenas Nikē, 55; Delos e, 50, 64; inscrição, Iobacchoi (gru-

po exclusivamente masculino), refeições e, 277, 278; Partenon, cariátides do, 90; Paulo em, 41; Roma, admiração por, 64

Atos de Paulo e Tecla, 118-120, 192

Atos do divino Augusto (*Res Gestae Divi Augustii*), 75, 77, 79, 84, 85, 86, 91, 100, 102; como uma "carta" aos gálatas, 171; cópia de, Templo de Ancara, 171, 188, 189, 364-367, 367; criação de, 365; fragmentos em Antioquia da Pisídia, 167, 171; fragmentos em Apolônia, 170

Atos dos Apóstolos: autor de, 16, 25. *Ver também* Lucas, autor; adoradores de Deus (*phobeō* ou *sebomai*), 42, 43, 155; apostolado gentílico de Paulo, 18, 19; ciúme judaico e anticristianismo, 38-40, 154-156; cobiça pagã e anticristianismo, 37-38; conferência de Jerusalém, entrega das ofertas de Paulo, 357; data da autoria, 36; descrição de três missões paulinas, 210-212; experiência em Damasco, 19; geografia paulina, 36, 40; leis sobre pureza, 17; líderes femininas, 44-45, 155; missão paulina, resposta de Jerusalém e de Antioquia, 200-204; Neápolis, Paulo em, 16; Paulo, aprisionamento de, 248-254; Paulo, judeu, 16-18; Paulo, lucano, 36-48, 105. *Ver também* Lucas, autor; Paulo, pregado aos judeus ou aos adoradores de Deus, 39, 40-45, 155; reação romana a Paulo, 40, 41; subordinação paulina, 36

Augustan Culture: *An Interpretive Introduction* (Galinsky), 121

Augusto César (Otávio): Afrodisia, Sebasteion (Augusteum) em, 27-31, 27, 29, 64, 78, 245-246, 247; agosto, mês de, 89; Alexandre Magno e, 124-125; aniversário (nascimento), 65, 132; Antioquia da Pisídia e, 169; Antioquia da Síria e, 182; Apolo, devoção a e como filho de, 65, 86, 134, 152; *Ara Pacis Augustae* (Altar da Paz), 70, 74-76, 78, 79, 92-95, 99, 100-103; *Atos do divino Augusto* (*Res Gestae Divi Augusti*), 75, 77, 84, 85, 86, 91, 100, 103, 167, 171-172, 188-190, 189, 363, 364-368, 365; batalha de Áccio, 14-15, 86, 92, 130, 146, 179, 222; batalha de Filipos, 14-15, 20, 84, 86, 128, 149-150; cabeça coberta, como sacerdote, 95, 97, 112; *clementia* (clemência) e, 90; *collegia e lares Augusti*, 324; como Enéias, 136; como imperador (conquistador do mundo), 102; como *Pater patriae*, 90, 97, 246; como salvador cósmico, 130-132; conquista de Cleópatra, captura de Alexandria, 89, 179; consolidação do império, 79, 84, 90-92, 103-104; couraça, 87; criação do marco áureo, 175; culto do imperador e templos, 61, 136-138, 150-152, 188-190, 189, 219-224, 221, 222; deificação e representação como Deus ou Filho de Deus (*divi filius, di fi, divi f, divi fi*), 8, 14, 16, 21-22, 90, 91, 92, 125, 131-137, 141, 142, 150, 151, 152, 153, 188-190, 192, 224, 323; Delos e, 51; divindade, quatro modos, 151; divindades e, 69; escravo de Vedius Pollio, incidente com, 107; esposa Lívia, 28, 87, 137, 141, 178, 245; estandartes legionários recuperados, 86-87; expansão do império, 79, 84, 86-90, 99, 100-103; figuras em camafeus de sardônio, 138-141; filha, Júlia, 94, 98, 137; Fórum de, e Templo de Marte *Ultor*, 77, 79, 80-84, 86-92, 123-125, 190, 326; Galácia, criação de, 184-188; *horologium* (relógio solar), 102-103, 104, 132; horóscopo de, 132-134; Idade Áu-

EM BUSCA DE PAULO

rea, *eschaton* interativo, 135-136; imperadores Júlio-claudianos, linha de, 137; irmã, Otávia, casamento com Marco Antônio, 126, 137; Jogos do Século, 99-100, 121; jogos populares de Áccio, 181; Júlio César, vingança de, 14-16, 20, 84, 86, 89, 90, 127; juramento a, 195-196; Lavínio e, 104; legislação moral, 96-100, 122, 135, 237, 245; leis matrimonias de, 96-99, 121, 241, 245; mãe, Átia e pai divino, 124, 131-132, 134, 151; mausoléu, 69, 74; moedas, 133, 134, 137; monoteísmo judaico anicônico sob, 35; Nicópolis, "Cidade da Vitória" de, 179-181, 182; o império sob, 1, 25. *Ver também* tópicos e lugares específicos; execução de Cesárion, 90; palácio Palatino, 134; paz de, 18-77; plano para o mos *maiorum* (modo de nossos ancestrais), 96; Prima Porta, estátua, 87, 88, 133, 150-152, 246; programa cultural e social, 73, 79-104, 321, 327; restauração da piedade e religião romana, 79, 83-86, 87, 95, 96; romanização do mundo, 173; signo do zodíaco, 133, 139, 191; sobre Afrodisia, 24; Taças Boscoreale, 262-263; templos construídos ou restaurados por, 86, 134; *Theoi Sebastoi* (deuses augustanos, grego), 28

B

BABA DAG, 24
BACANAIS, 231-232
BALCH, DAVID, 267
BANHOS, 327
BARNABÉ, 44, 186-187, 200-201, 202, 204, 212
BATISMO, argumento sobre a circuncisão e, 209-210; de gentios, 205-204; por Paulo, 302
BERAD, MARY, 234, 324
BERÉIA (hoje Veroia), 42, 44, 154, 197
BERENICE, 40
BETHGE, BERHARD, 354
BEVERIDGE, ALBERT, 363
BÍBLIA, CARTAS PAULINAS, AUTÊNTICAS E PSEUDO, 105-106; *New Revised Standard Version*, 117; Novo Testamento, ordem do, 105; pseudoepigrafia em, 106
BIBLIOTECA HISTÓRICA (DIODORO DE SICÍLIA), 249
BRUNT, PETER, 363
BRUTUS, 14, 15, 127, 149
BUCHNER, EDMUND, 132
BÜYÜK MENDERES (ANTIGO MEANDER), 25, 218

C

CALÍGULA, 28, 137, 140, 141-143; *damnatio memoriae* (esquecimento póstumo), 145; depravação sexual e, 244-245
CALYMNUS, ILHA DE, 141
CAPITOLINA, CLÁUDIA, 44
CARAVAGGIO, 19

392

ÍNDICE DE NOMES E DE TEMAS

Carney, Thomas Francis, 267

Carta aos Romanos (Inácio), 253

Cartas (Plínio, o Jovem), 37-39

Casas romanas, 267, 270, 282-288; apartamentos urbanos, Ínsula Araceli, 338-339, 340; átrio, 297; Casa do Bicentenário, 290-294; deuses familiares (lares ou penates), 283; imaginário religioso em, 285-287; pérgula, 296; planeta térrea, Vila dos Mistérios, 285; refeições religiosas, 286-288; ritual religioso e, 283-287; santuário doméstico (*lararium*), 283-283, 284, 324; *status* social e relações familiares, 294; *tablinum*, 296; triclínio, 285-287, 297; vilas, lojas, e áreas de serviço, 21, 287-289, 290-297

Cássio, 14-15, 127, 148

Castor e Pólux, 131

Castriota, David, 104

Catão, 130

Celibato, 110-111

Ceres, 100, 101, 285

Cesaréia Marítima, 40, 47, 183-184, 184; aqueduto, 176, 184; estátuas, 183-184; inscrição, edifício de Pôncio Pilatos, 184; mosaico bizantino, 355, 356; Paulo prisioneiro em, 354; porto, 183; templos, 183

Cesárion, 90

Cestius, Gaius, 65

Chipre, 170, 171, 200, 211

Chown, Jonh, 270, 287

Christ and the Caesars (Stauffer), 138

Cibele (*Magna Mater*), 185, 337; *galli*, 233, 233, 234; levada para Roma, 231, 232-234; santuário, monte palatino, 234

Cícero, 62, 231, 320

Cidade de Deus, A (Agostinho), 34

Circuncisão: argumentos de Paulo contra a, 199, 200-203, 205-215; circuncisão de Paulo, 16; fim escatológico, conversão, e dispensa de, 201-202; judaísmo e, 59-60; pagãos adoradores de Deus e, 44; pagãos cristãos e, 17

Ciro, rei da Pérsia, 129

Cities of St. Paulo, The (Ramsay), 214, 317

Cláudio deificado (Suetônio), 81, 236, 245, 331

Cláudio, imperador de Roma, 28, 30, 80, 89-90, 137, 143-145, 144, 173, 354; Britânia vencida, personificação, 246; cidades nomeadas com o nome de, 192; deificação, 143, 145, 323; esposa, Júlia Agripina, 145; expulsão dos judeus de Roma, 235, 322, 323, 356; impotência e, 245; patrocínio de, 273; supressão dos judeus e província da Judéia, 235, 321; Templo do divino, 327, 330; Tessalônica e, 148, 150, 151

Cléia, 140

Clemente, 359, 360-361

Clemente de Roma, 200

393

EM BUSCA DE PAULO

CLEÓPATRA, 14, 16, 88, 90, 146, 179, 228
COLOSSENSES, como pseudopaulina, 105-106, 252; "graça e paz" abertura, 76; instruções morais em, 114; sobre escravidão, 109, 115
CONLIN, DIANE, 104
CONQUERORS AND SLAVES (Hopkins), 218
CONSTANTINO, o Grande, 332
CONTRA OS PAGÃOS (Orósio), 331
CONVERSÃO DE SÃO PAULO (Caravaggio), 19
CORÍNTIOS, PRIMEIRA CARTA DE PAULO AOS, 36, 302; amor (agapē), 314; autêntica, 105-106; celibato, 21-22; começo e fim de frase, 75; comunidade quenótica (organização horizontal; muitos membros, um corpo), 312-315; corpo de Cristo, 257-259; divórcio, 110; falar em línguas (glossalalia), 255, 313-315; mulheres, submissão das, inserção, 10, 111-113, 117; patronos e hierarquia, 207-219, 308, 312-315; preocupações e ansiedades, 110; quando foi escrita, 301; ressurreição do corpo, 309-313; sobre a morte, 350; tema da imortalidade sexual (porneia), 257-259; virgindade, 110; vitória por meio de Jesus, 76
CORÍNTIOS, SEGUNDA CARTA DE PAULO AOS, a escrita da, como duas cartas separadas, 302; como autêntica, 105-106; frase do começo e do fim, 76; "super apóstolos", 302
CORINTO, Grécia, 268-271, 300; Asclepeion, religião e comida, 275-276; Augustais (escravos libertados), 274; bēma, 40-41, 268; carta de Paulo 1 (perdida), 302; carta de Paulo 3 (perdida), 302-303; carta de Paulo 4, 302; carta de Paulo 5, 17, 302; carta de Paulo; 14, 302; casa–igreja em, 299-301; casas de, 286; comunidade cristã de Paulo em, 153, 270-272, 298-315; culto de Ísis, 68; culto, véu sobre a cabeça, 112; Erasto, 299-301; fórum, 272-275; moderna, 301; Paulo acusado diante de Gálio, 40-42, 107, 211, 268-269, 270; Paulo e, 36, 41, 211; porto, Cencréia, 68, 301; problemas de Paulo, patrocínio e hierarquia, 276-278, 288, 299-304, 305, 306-309; reação romana a Paulo, 40-42; refeições públicas (sacrifícios de animais nos altares dos templos), 271-275; saque romano de, 50; sistema patronal em, 273-274; sociedade romana em, 270; Templo de Apolo, 269, 273; templos de, 269, 272-274; Timóteo enviado a, 302; Tito enviado a, 303; visita de Paulo, 14, 302
CORNÉLIO, CENTURIÃO PIEDOSO, 47
CRASSO, GENERAL ROMANO, 59, 86
CRESO, 224
CRISÓSTOMO, DÍON, 274, 275
CRISTIANISMO: AMOR, SIGNIFICADO DE, 163-165; BATISMO, 204-205, 209-210, 303; CASA–IGREJA, CASA–ASSEMBLÉIA, 299-301, 339; CELIBATO E, 110-111; circuncisão e, 17, 199, 200-202, 205-209, 344; ciúme judaico e anticristianismo, 38-40, 153-156, cobiça pagã e anticristianismo, 37-39; comunidade, 164; comunidade, quenótica, 303, 304, 312-315; convertidos pagãos, 17, 45; desigualdade na assembléia, 116-117; desigualdade na família, 114-117; desigualdade no apostolado, 117-118; em Roma, 332-339; em Roma, casas, 338-339, 340; em Roma, inscrições e gra-

394

ÍNDICE DE NOMES E DE TEMAS

fites, 332-334; em Roma, memoriais, 335-338; em Roma, Transtibério (Trastevere), distrito, 329, 334, 337-339; Espírito Santo, 205, 256; eucaristia, 269, 271, 307-309; falar em línguas (*glossolalia*), 255, 313-314; feminismo na Igreja primitiva, 118-120; Igreja de Jerusalém, 18; igualdade na assembléia, 111-113; igualdade na família, 21-22; igualdade no apostolado, 112-115; Império Romano, choque com o, 21-22, 150, 151-166, 320-321, 370-371; Jesus, Filho de Deus, como traição, 22; Jesus, retorno ou segunda vinda (*parousia*), 157-166; judaísmo e, 17; judeus como, 333; justiça, depois paz, 367-371; liderança masculina, qualificações, 117-118; mártires, 158; mensagem radical de Paulo sobre a igualdade absoluta em Cristo e hierarquia horizontal, 10, 78, 110-118, 210, 214-215, 269, 270, 302-304, 306-309, 312-315; misticismo e ressurreição, 255-260; modelo de comunidade, *ekklēsia*, 52, 156-157, cruz ou crucifixo, símbolo, 291, 332-334, 333; morte, 311, 312; mulheres na Igreja primitiva, 9-11, 12, 77-78, 109-120. *Ver também* comunidades específicas; mundo transformado do, 160, 164-165; Paulo e a comunidade primitiva em Éfeso, 9-10, 12, 110; Paulo perseguidor da igreja primitiva, 17-18; perseguição romana do, 329, 332, 360-361; regras judaicas de pureza (dieta) e, 17, 201-205, 354; ressurreição do corpo, 158-161, 309-312; sepultamentos, 334-336, 335, 336; tementes a Deus ou adoradores de Deus convertidos ao, 8-10, 45. *Ver também* tementes a Deus ou adoradores de Deus; transformação do, como processo, 162-164, 203, 345; visões utópicas, 125-127
Cumont, Franz, 191

D

Da amizade (Demétrio), 252
Da arquitetura (Vitrúvio), 91, 280
Da clemência (Sêneca, o Jovem), 121
Da embaixada a Gaio (Fílon), 149, 337
Da ira (Sêneca, o Jovem), 107
Da misericórdia (Sêneca, o Jovem), 107
Da superstição (Sêneca), 331
Damasco: experiência da conversão de Paulo, 17-21, 199, 201-203, 310; fuga de Paulo de, 38, 154, 155, 306
Dario, rei da Pérsia, 123, 124, 133; *Augusto deificado* (Suetônio), 88, 98, 103, 132, 134
Das leis (Cícero), 230
Das respostas dos adivinhadores (Cícero), 62
Das superstições (Máximo), 330
Deissmann, Gustav Adolf, 7-8, 20-22, 138, 157, 219, 255
Delos, ilha de, 25-27, 27, 48-62, 48; arte grega, arquitetura, 91; associações voluntárias e deuses estrangeiros, 52-54, 55; Atenas e, 50, 64; Atenas, 64, 65-67; baía, 50, 52; Casa dos Comediantes, 280, 281; casa grega (peristilo), 279-283; celebração de *Romaia*, 64; comércio de, 50-51; deusa Roma em, 64; divindades de, 49, 51, 53, 64; edifício da si-

EM BUSCA DE PAULO

nagoga e inscrições, 54-58; enterros, 334-335; escavações, 51-52, 53, 54; governo ou apoio romano, 49-51; Ísis e, 53-54, 55, 65-68; judeus de, 55-62; monte Kynthos, 51, 52, 54; negotiatores (negociantes), 51, 62, 149; nomes encontrados em, 58; oráculo de, 50; piratas e, 51, 68; porto, 65; Posêidon em, 53, 64-65; samaritanos em, 57; santuário de Apolo, 51-53, 65, 224, 238; saque de 51; Sarapeion A, 54-54, 55, 64, 66; Sarapeion C, 67-68, 67; Templo de Dionísio, 238, 238; Terraço dos Deuses Estrangeiros, 54

DEMIRER, ÜNAL, 168-171

DENIZLI, Turquia, 24, 224

DERBE, 185, 186

DEUS, cristão, justiça e retidão de, 344, 367-371; *deus vs. divus*, 218; divindade quenótica de Jesus Cristo, 263-265, 303, 304; dos judeus (*Theos Hypsistos*, grego, Deus Altíssimo), 56, 149, 196, 277; normalidade imperial, 223, 259-263, 264. *Ver também* teologia imperial; *theou huios* (filho de deus), 218. *Ver também* Augusto César

DEUTERONÔMIO, 255;

DIASPORA: JEWS *AMIDST* GREEKS *AND* ROMANS (Gruen), 61

DIDACHÉ, 259-260

DIETRICH BONHOEFFER: *A Biography* (Bethge), 355

DÍON CÁSSIO, 98, 107, 229, 236, 331

DIONÍSIO (Baco), 50, 134, 228, 277;

DIONÍSIO DE HALICARNASSO, 62, 234; supressão de, 230-232; vila dos Mistérios, Pompéia, e, 283-285; vila, Dion, 287

DISCURSOS (Crisóstomo), 274-275

DO *AUMENTO DA FAMÍLIA* (Metellus), 98

DOMINICANO, Imperador de Roma, 69, 70, 151, 228, 318, 323, 330

DRUIDAS, 236

DRUSO CÉSAR, 141, 262, 260; esposa, Aemia Lépida, 140

DYNASTY AND EMPIRE IN THE AGE OF AUGUSTUS: *The Case of the Boscoreale Cups* (Kuttner), 261

E

ÉCLOGA 4 (Virgílio), 126, 127, 128

ÉCOLE FRANÇAISE D'ARCHÉOLOGIE, Atenas, 51, 53, 54

EFÉSIOS, Carta de Paulo aos, 36; como pseudopaulina, 105-106; "graça e paz", abertura, 76; instruções morais em, 114-116; sobre escravidão, 109

ÉFESO, 300; aqueduto e banhos, 226-228; Ártemis, culto religioso de, 224-227, 228, 229; asilo oferecido por Ártemis, 225-226; casas romanas em, 286-287; César Augusto, governo Júlio-claudiano e bênçãos romanas, 226-230; chama eterna ou fornalha sagrada de, 230; cobiça pagã em, 38, 248; culto de Ísis, 68; elite grega, 217; escavações e ruínas em, 9-11, 12, 218, 219, 220, 224-227, 228-229, 229, 286-287; Gruta de São Paulo, 9-11, 12; lealdade romana de, 65, 217; Paulo em, 36, 42, 111, 165; prisão de Paulo e ameaça de execução, 249-254; projetos de

396

ÍNDICE DE NOMES E DE TEMAS

construção, 227-230; punição romana de, 226-227; reação romana a Paulo, 40; sinagoga em Trales em Cária, 44; Templo de Ártemis-Diana, 223, 224-227

EGITO, arte e arquitetura, influência do, 103; Augusto, culto do imperador no, 138; divindades, 67, 138, *Ver também* divindades, culto estrangeiro de 67-71, 148, 229, 337; Ísis; judaísmo no, 128; oráculo, Siwa Oásis, 89; vitória de Augusto sobre Cleópatra, captura de Alexandria, 88

ELEGIAS (Propertius), 240

ELLIOT, NEIL, 73

ENÉIAS, 28, 83, 141, 310; Augusto como o novo, 136; como Piedade, 75, 84, 85; seu filho Júlio, 96, 99; templo em Lavínio, 96; túmulo, Lavínio, 104

ENEIDA (Virgílio), 84, 99, 310, 367

EPAFRAS E EPAFRÓDITO, 251-254

EPIGRAMAS (Marcial), 233-234, 242, 306-308, 327

EPÍSTOLAS (Horácio), 187, 131

EPODO 16 (Horácio), 127

EPODO 7 (Horácio), 127

ERIM, KENAN, 24-25, 28

EROS (Cupido), 140, 141, 152

EROTICISM IN POMPEII (Varone), 241-242

ESCATOLOGIA, apocalíptica, 125, 129; conversão a Deus, não-judaísmo, 206; dois tipos, exterminação e conversão, 201-202; *eschaton* augustano, 130-137; imperial, 125-128; mundo ideal (utopia ou *eschaton*), 125-129, 206; paulina, como processo, 162-164, 201-203, 214-215, 309-313; paz por meio da justiça, 126-129, 135-137, 309, 310, 312, 367-371; segunda vinda, contagem do tempo da, 159, 162, 165-166, 201;

ESCRAVOS E ESCRAVIDÃO, alforria e sinagoga, 194-199; Augustais (escravos libertados), 274, 294-296; Augusto César e escravo de Vedius Pollio, 108; caso de Petronia Vitalis e Justa, 294; colledgia e, 324; culto de Ísis por, Roma, 70; Éfeso, asilo em, 226; em Roma, cristãos, 332-333; judeus, 59; *lares compitales* (santuários em bairros) e, 324-326, 327; Paulo sobre, 77-78; romana, obediência, de, 115; sobre Delos, 50; *status* de Onésimo, fugitivo ou suplicante, 107-108

ESSÊNIOS DE QUMRAN, 358

ESTÉFANAS DE CORINTO, 308

ESTÊVÃO, santo, 56

ESTRABÃO DE AMASIA, 34-35, 50-51

EUCARISTIA, 269; banquete, *kyriakon deipnon*, primeiro século, 307; comunitária, 307-309; igualdade de, 270, 306-309

EXTÁTICOS, 255-256

F

FABBRINI, LAURA, 328

FAMILIES IN THE NEW TESTAMENT WORLD (*Osiek and Balch*), 267

FASTI (Ovídio) 82, 86, 88

FEBE, diaconisa da igreja, 113

EM BUSCA DE PAULO

FÉDON (Platão), 309
FEITOS E DITOS MEMORÁVEIS (Máximo), 234
FELDMAN, LOUIS H., 23, 35
FESTO, 39
FILADÉLFIA, Grécia, grupo egípcio em, 276-277
FILÊMON, Carta de Paulo a, 76; como autêntica, 105-106; Epafras e Epafródito, 251-254; frases de começo e fim, 76; Paulo sobre escravidão, 107-110; prisão de Paulo e "em cadeias por Cristo", 248-254; *status* de Onésimo, 107-108
FILIPENSES, CARTA DE PAULO AOS, 36; como autêntica, 105-106; Epafras e Epafródito, 251-254; frases de começo e fim, 75; natureza extraordinária da, 223; "paz de Deus" em, 76; prisão de Paulo em Éfeso e, 249-251, 263-264, 301
FILIPOS, Macedônia grega, 14-16, 19, 21, 301; acusações romanas contra Paulo, 156; batalha de, 14, 19, 84, 86, 127, 148-150; cobiça pagã em, 38; culto de Ísis, 68; habitantes gregos *versus* habitantes romanos, 217; Lídia em, 44; oposição aos cristãos em, 153; Paulo em 36, 153, 156, 164, 212, 301; subsídio para cristãos de Tessalônica, 163; Via Egnatia em, 148
FÍLON, 17, 42, 150, 337, 338
FINÉIAS, 17
FORTUNA, 83
FREDRIKSEN, PAULA, 201
FROM PAUL TO VALENTINUS (Lampe), 337, 339

G

GAIO, companheiro de Paulo, 249, 307, 308
GAIO, JÚLIO, 60
GALÁCIA, 36, 184-195; adoração da deusa-mãe, 185; amenidades imperiais, 192-193; aqueduto, 192-195; banhos, 193; cidades com nome de imperadores, 192; colônias e cidades da, 185-186; criação de, por Augusto, 184-185, 186, 188; culto imperial, 190; estradas imperiais, 187-188; *gaulês moribundo, O*, 185; igrejas paulinas na, 253; juramento a Augusto, 191-192; mapa, 186; Paulo em, com Barnabé, 186-187, 203, 211, 212-214; Paulo, três missões na, 210, 212; povos da, 184, 185, 190; templos imperiais, 188-192; *Ver também* Ancira; Antioquia da Pisídia; Antioquia Síria, Péssino; Tavium Via Sebaste, 187
GÁLATAS, CARTA DE PAULO AOS, 36; argumento da, 172, 199-200; como autêntica, 105-106; como *Res Gestae Divi Christi*, 171; contra-argumento batismal na, 200, 209-210; contra-argumento da experiência na, 199, 204-205; contra-argumento emocional na, 199, 210-211, 212-215; contra-argumento exegético na, 199, 205-209; contra-argumento histórico na, 199, 200-205; fé, 348-350; frases de início e de encerramento, 75; história da vocação, 200; identidade dos recebedores, 185; igualdade em Cristo, 111, 214-215, 269; nova criação em Cristo, 164-166; opo-

398

ÍNDICE DE NOMES E DE TEMAS

nentes de Paulo, 199; resultados da carta, 200; segunda missão de Paulo e, 185-187, 273; tema da circuncisão e das leis judaicas, 200-215; tom, 199

GALINSKY, KARL, 121

GÁLIO, procônsul em Corinto (Novatus), 40, 41, 107, 211, 268, 269

GAMALIEL, 16

GANDHI, MOHANDAS, 367-369

GARDEN OF PRIAPUS, THE (Richlin), 239, 243-245, 247

GAULÊS MORIBUNDO, O (escultura romana), 185

GEMMA AUGUSTEA, 138-140

GÊNESIS, primeira tradição javista em, 207

GEOGRAFIA (Estradão), 34-35, 50-51

GERMÂNICO CÉSAR, 139, 140, 141, 143

GIBSON, E. LEIGH, 197

GLOSSOLALIA (falar em línguas), 255, 314-315

GOLDEN AGE AND SIN IN AUGUSTAN IDEOLOGY, THE (Wallace-Hadrill), 121-122

GRAÇA, 341; *charis* de Paulo (dom), 75-76, 257, 347; como *clementia* (perdão), 122; obras *versus*, 352-354; ponto de vista romano da, 76-78

GRANDE CAMÉE DE FRANCE, 139-141

GRÉCIA, Alexandre Magno e, 122-124; Afrodisia e, 28, 30, 32; aquisição romana ou cópia do santuário, arquitetura, 64-66, 103, 104, 188, 189, 239; casa, 279-283, 281, 282; Cícladas 48-49; como parceiros entusiastas de Roma, 30, 32, 64; Delos e, 49; *Ekklēsiasterion*, 53; ginásio e nudez, 239; grego como língua franca, 124; homossexualidade na, 242; judaísmo, apelo do, 42-44; mitologia, 49; nudez e divindade, 28, 239; *oikoumenē*, 71, 79; pólis (cidade-estado), 173; *proseuchē* (casa de oração, sinagoga), 57, 195; teologia imperial romana e a, 62. *Ver também* Corinto, Grécia: deuses e deusas específicos

GREEK AND LATIN AUTHORS ON JEWS AND JUDAISM (Stern), 33, 35

GRUEN, ERICH, 61

GUERRA JUDAICA (Josefo), 43, 62, 133

GYTHEUM, Grécia, inscrição, 140-142

H

HABACUC, 208

HABITUS, POPPAEUS, 70

HANSON, VICTOR DAVIS, 123

HARVEY L. G., 24

HAVEL, VÁCLAV, 367-370

HENOTEÍSMO, 70

HERCULANO, 270-289, 298-300; Casa do Bicentenário, 290-294; Casa do Salão Escuro, 294; vestíbulo dos augustais, 294, 295-296;

HÉRCULES, 131

HERODES, O GRANDE, 88, 173, 179, 181, 183, 184

HERODES, Tibério Cláudio Ático, 279

EM BUSCA DE PAULO

HERODIÃO, 113
HEROLD, KARL, 9
HIERÁPOLIS, Turquia, 159-161, 334
HISTÓRIA DE ROMA (Lívio), 98, 230-232, 313
HISTÓRIA NATURAL (Plínio, o Velho), 90, 92
HISTÓRIA ROMANA (Díon Cássio), 98, 229, 235, 330
HISTÓRIAS (Tácito), 321-322, 330
HOAR, GEORGE, 363
HOMERO, 311, 367
HOPKINS, KEITH, 218
HORÁCIO, 85, 96, 100, 126-128, 130, 131, 134-135, 241
HORAGTH, D. G., 224
HÓRUS, 138
HOUSES AND SOCIETY IN POMPEII AND HERCULANEUM (Wallace-Hadrill), 267, 279, 283-284, 290, 298-300

I

ICÔNIO NA LICAÔNIA, 41, 185, 186
IDADE ÁUREA, eschaton de Augusto como, 130-137; advento de Cristo (parousia) versus advento do imperador, 121-122, 124-126, 156-166; de Virgílio, 126, 127, 130; em Isaías (harmonia entre os animais, fertilidade gratuita e governante ideal), 127, 128-129, 130; escatologia da aliança judaica, paz por meio de justiça, 125-129, 135-137, 214-215, 310, 311, 312, 367-371; imperador como salvador, 121; mundo ideal (utopia ou eschaton), 125-128; ordem social augustana, interativa, 121, 135-137; paulina, 121-122, 135-137; ressurreição do corpo e judeus fariseus, 129-131, 162-164, 310; romana, 121-152; utopia de Horácio sobre ilhas místicas, 127-128
IMPERIAL IDEOLOGY AND PROVIDENCIAL LOYALTY IN THE ROMAN EMPIRE (Ando), 63, 167
IMPERIAL RELIEFS FROM THE SEBASTEION AT APHORDISIAS, THE (Smith), 30
IMPERIALISM IN THE ANCIENT WORLD (Brunt), 363
IMPÉRIO ROMANO, adivinhação e harúspices, 131, 235; aprisionamento em, 249-251; arquitetura, objetivo da, 91, 323-326; Ásia, província da, 220-223; assimilação de divindades estrangeiras, 61-71, 229-231, 232. Ver também Apolo; astrologia no, 132-134, 234, 235; benefícios para os súditos imperiais, 30-31, 136-137, 172-174, 192-193, 226-230, 228. Ver também romanização; Britânia, conquista da, 143; civilização disseminada pelo, 13; como cristão, 320-321, 333; comportamento religioso, inaceitável, 234-237; consolidação (da oikoumenē) sob Augusto, 79, 83, 89-92, 103-104; controle religioso pelo, 229-237; culto, cabeça coberta, 95, 96, 112. Ver também Afrodisia, Augusto César; dados arqueológicos do, 8, 27; das províncias para Roma, 64-71, 229-231; declínio, 321-323; Delos, 49-51; destino global, mandato divino para o, 363, 364-368; diáspora judaica e, 59; dinastia flaviana, 137, 151, 323, 330; direito divino para governar e deusa Roma, 63-65; divindades, 76. Ver também deuses

400

ÍNDICE DE NOMES E DE TEMAS

específicos; estatuária grega, arquitetura, adquirida ou copiada, 64-66, 91, 103, 104, 185, 188, 189, 239; expansão sob Augusto, 79, 84, 86-90, 99, 100-103; falange, uso de, 122; governo, co-cônsule, 14; grego como língua franca, 124; guerra civil, 127, 130, 143; guerra judaica contra, primeira, 40; Idade Áurea, 99-100, 121-153; imperador, visitações do (cidades e províncias), 158; imperadores júlio-claudianos, 29, 30, 85, 99, 104, 136-146, 151, 175, 321, 323; Ísis; moralidade augustana, legislação da, 96-100, 121, 244; judaísmo em, sucesso do, 34-36, 319-322; judeus como cidadãos, 60; lei, 233; leis de casamento, 96-99, 121, 244; luxúria, culto da, 61, 175-177, 183; mitologia, origens romana e augustana, 28, 62, 83; monumentos de mármore como metáforas imperiais, 78-106; Paulo reação a, 39-42; Paulo, como oponente, 19-21, 25, 153-162, 250; paz augustana, 74-76; paz e segurança augustana, 156, 158; paz por meio da vitória (Pax Romana), 71, 77, 93, 99, 100, 102, 124; plano augustano para o *mos maiorum* (modo de nossos ancestrais), 96; programa social e cultural augustano, 73, 79-104, 321, 327; reino de Bósforo, 194-199; religião carismática no, 223, 230-232; religião, de Roma para as províncias, 61-65; religião, política e, 230, 234, 317-318. *Ver também* teologia imperial; religião; restauração da piedade e religião romana, 79, 84-86, 87, 93, 95, 96; romanização, 167, 171, 172-194, 317-318. *Ver também* romanização; sexualidade no, 223, 233, 234, 236-247. *Ver também* sexo e sexualidade; SPQR (*Senatus Populusque Romanus*), 77; sucesso do, como primeiro império territorial, 13; temas do governo de Augusto, 79; teologia imperial, 7, 16, 20-22, 25, 28-30, 61, 62, 71, 76, 93, 94, 124, 130-152, 157, 158, 176, 183-184, 187-192, 317-318. *Ver também* teologia imperial (verbete principal); tolerância para com as religiões e tradições estrangeiras, 61; vida comercial greco-romana, 26virtudes da, 86; vitória por meio da piedade, 62-64, 86, 156;

In the Steps of St. Paul (Morton), 167

Inácio de Antioquia, 200, 253

Influence of Judaism Among Non-Jews in the Imperial Period, The (Liebeschuetz), 13

Ísis, 228, 287; adoção no culto do imperador, 70; Augusto, filho de, 138; datas festivas, 70; em Delos, 53-54, 55, 65-68; em Pompéia, 68, 69; em Roma, 68-71, 229, 338; em Tessalônica, 149; *Lochia* (parto), 149; motivos cúlticos, 68; *oikoumenē* de, 71; sacerdote de, 69; Tibério, repressão de, 235

J

Jerusalém, administradores romanos e Paulo, 39; conferência e coleta de dinheiro por Paulo, 322, 356-360, 361; destruição do Templo e revolta judaica, 70d.C., 62, 154, 158-160, 318-321; diáspora e, 59; foco missionário de Paulo, *versus* Pedro e Tiago, 42, 199, 200-203; Igreja cristã em, 17; Jaddus e vinda de Alexandre Magno, 158-159; Paulo, perigos em, 358-359; última visita de Paulo, 203; utopia e, 128-129

Jesus Cristo, alternativa ao imperialismo global, 367-371; apóstolos, doze,

EM BUSCA DE PAULO

37-38; como Filho de Deus, 21, 217, 223; como imagem de Deus, 223; como Messias, 121-122, 128, 157; corpo de, 257-260; Cristo ressuscitado na arte, ferido e glorificado, 19; Cristo ressuscitado, visto por outros, 310; crucificação, exaltação por meio de, 223, 262, 265, 346; divindade quenótica de, 223, 263-266, 303, 304; espírito de (Espírito Santo), 256; evangelho ou boas-novas de, 223, 248-254; execução por Roma, ressurreição contra Roma, 346; experiência de Paulo em Damasco e, 18, 19, 20, 199, 201, 310; graça ou *clementia* (perdão) de pecado, 122; identidade mística de Paulo com, 254-255, 256; oposição romana, 157; paralelismo com os cultos do imperador, 217-218, 264; paz por meio da justiça, 76-77, 100, 125-127, 311, 323; ressurreição de, 163, 270, 309-312; sacrifício de, 346-347; seguidores mudam-se para Jerusalém, 201; segunda vinda (*parousia*), 121-122, 124-126, 157-166; segunda vinda, tempo da, 159, 162, 165-166, 202; servir a dois senhores, impossibilidade de, 171; utopia e, 128

JEW AND GOD- FEARERS IN THE HOLY CITY OF APHRODITE (Tannenbaum), 24
JEW NA GENTILE IN THE ANCIENT WORLD (Felman), 23, 35
JEWISH COMMUNITIES IN ASIA MINOR (Trebilco), 33
JEWISH MANUMISSION INSCRIPTIONS OF THE BOSPORUS KINGDOM, THE (Gibson), 197
JOÃO, EVANGELHO DE, 4, 46-53
JOÃO DE PATMOS, 200
JOGOS ÁTICOS, 181
JOGOS DO SÉCULO, 99-100, 121; achado arqueológico, incrição, 135; Cláudio e, 144; hino de Horacio para os, 100, 134-136
JOSEFO, 42, 60-61, 62, 129, 157, 183, 184, 234-236, 250, 332
JUDAÍSMO E POVO JUDEU, Abraão, aliança de, 206-209; anti-semitismo, 60-62, 341; Armagedon (exterminação como fim), 201; assimilação, 58; autores pagãos sobre, características especiais, 59; "Cátedra de Moisés", 56; cidadania romana de, 61; circuncisão, 59-60, 199, 200-203, 206-215; colônias judaísmo nas, 167; cristianismo e, 17, 162, 248-249; da diáspora, 59-62; Delos, encontrados nomes judaicos, 56; Delos, judeus de, 55-59; Deus justo, 129; disputas anticristãs e, 38-40, 153-156; edifício da sinagoga e inscrições em Delos, 54-58, 56; egípcios, 128; em Roma, 230, 330-333, 338; em Roma, casa, 338, 339, 340; em Roma, classe de, 338-339; em Roma, expulsão de, 236, 322, 330, 356; em Tessalônica, 149; escatologia da aliança, 125-129, 201-201, 206, 310, 311, 313; farisaico, 129-131, 163, 311, 312; ideal sexual, 245; influência de não-judeus, 23-24; Jerusalém e, 59; judaísmo essênio, 163; lei, 59-60, 201-202, 343-344, 348-350; mercadores, 59; Messias para, 129; misticismo, 255; Moisés aliança de, 206-209; monoteísmo anicônico, pagãos atraídos pelo, 34-35, 43; Paulo e, 8, 16, 17, 25; Paulo, oposição dos judeus a, 45-47; questão, que aconteceria se o judaísmo se tornasse a religião de Roma, 35-36, 319-322; rabínico, 163; ressurreição do corpo, 129-131; Roma, primeira guerra judaica contra, 40; saduceus, 129-131; sinagoga de diáspora, 167, 172, 194-199; sinagoga e alforrias, 194-199; sinagoga em Afrodisia, 30-36, 172; sinagoga em Trales em

402

ÍNDICE DE NOMES E DE TEMAS

Cária, 45; sinagoga, 42-43; *Theos Hypsistos* (grego, Deus Altíssimo), 56, 149, 196, 275; vida entre gregos e romanos, 60-62. *Ver também* Delos;
Judéia, Herodes, o grande, rei-cliente romano, 88
Júlio César, 14, 21, 79; aparecimento do cometa e deificação, 131-133, 134; aquedutos por, 181; assassinato, 86-87; Augusto, filho adotivo, 151; *collegia* e, 324; colônias fundadas por, 173; deificação, templos e culto imperial de, 14, 77, 92, 94, 95, 131-132, 149, 230; estátuas cúlticas, 83, 86; filho com Cleópatra, Cesárion, 90; Fórum de, 83; moeda, piedade filial, 84; moeda, Tessalônica, 149; vingança de, por Augusto, 14-16, 19, 84, 86, 89, 90, 127
Júnia, 113, 114-115
Júpiter, 65, 76, 94, 95, 134; Amon, 89, 89; Templo Capitolino de, 261, 262, 319; Tonans, 86
Juvenal, 183, 321, 337, 338, 339

K

Kavala, Grécia, 16
Kelsey, Francis W., 168
Konrad, Gyorgy, 368
Kunttner, Ann, 272

L

Lampe, Peter, 46, 334, 335, 337, 338
Laodicéia, 66
Lavínio, 96, 103-104
Leis (Platão), 310
Leis especiais (Fílon), 17, 42
Lekanis, monte, 21
Levinskaya, Irina, 194, 197
Líber, 131
Liberating Paul (Elliot), 73
Lícia, 66
Lídia, de Filipos, 44
Liebeschuetz, Wolf, 23
Light from the Ancient East (Deissmann), 7-8, 20-22, 138, 219
Lísia, Cláudio, 39
Listra, 185, 187, 211
Lívia (esposa de Augusto César), 28, 141, 142, 178, 245; imperadores júlio--claudianos, linha de, 137; vila da Prima Porta, 86, 88, 150
Living in Truth (Havel el al), 368
Lucas, autor do evangelho e de Atos, 16, 26; audiência romana de, 40; ciúme judaico e anticristianismo, 13-40, 153-156; cobiça pagã e anticristianismo, 38-40, 249; Cristo e César, aproximação, 40; identidade de adorador de Deus (Hipótese menos), 46-48; sobre a reação romana a Paulo, 40-42; sobre Paulo experiências extáticas 256; sobre Paulo, Damasco,

EM BUSCA DE PAULO

19; sobre Paulo, elevação de seu *status*, 16; sobre Paulo, fontes e interpretação, 36, 40; sobre Paulo, julgamento coríntio de, 268-270; sobre Paulo, missões à Arábia, Chipre, Galácia, 210-212; sobre Paulo, perseguição de, por quem, 154-156; sobre Paulo, perseguidor (e acusador) de cristãos, 17-18; sobre Paulo, pregação aos judeus ou aos adoradores de Deus, 39, 42-54; sobre Paulo, subordinação de, 36-38; sobre Sérgio Paulo, 171; tempo e lugar *versus* de Paulo, 25; terreno geográfico de Paulo em, 36

LUCAS, Evangelho de, autor do, 25, 47

LUCIANO DE SAMÓSATA, 252

LUTERO, MARTINHO, 340-341

M

MACMULLEN, RAMSAY, 13

MALALAS, JONH, 182

MANN, MICHAEL, 13, 173

MARCELO, 140, 141

MARCIAL, 233, 242, 306-308, 327, 337

MARCO AURÉLIO, imperador de Roma, 279

MÁRMORE, Altar da Paz Augustana (*Ara Pacis Augustae*), 104; Carrara, 85, 90, 104; monumentos como metáforas imperiais, 78-104; origens de, cores, 91; Paros, 65; revestimento de templos em, 85; Templo de Marte, Fórum de Augusto, 90

MARTE, 76, 83, 141, 180; como Guerra, 74; culto e estátua cúltica, 86, 93, 95; Fórum de Augusto, Templo de Marte *Ultor*, 77, 79, 80-84, 89; templo em Filipos, 86

MATIAS, 37

MÁXIMO, VALÉRIO, 234, 321

MEIER, RICHARD, 74-75

MELKART, 53

MERCÚRIO (Hermes), 53

METAMORFOSES (Apuleio), 70

METELLUS, QUINTUS, 98

MICHNIK, ADAM, 368

MIKONOS, 49

MILETO, 63-64, 219

MINERVA, 285

MISTICISMO, Cristo e Corpo de, 256-259; extático de Paulo, 168-172; extáticos, 255-256; falar em línguas (*glossalalia*), 255, 314-315; identidade de Paulo com Cristo, 254-255; judaicos, 255; místicos, 255

MITCHELL, STEPHEN, 137, 167, 188, 192

MITRÍDATES VI, 51, 68; judaísmo anicônico, pagãos atraídos pelo, 34-35, 42; monoteísmo: *Theos Hypsistos* (grego, Deus Altíssimo), 56

MOEDAS ROMANAS, 86, 92, 93, 132, 133, 133, 142-143, 149, 150, 182

MORPURGO, VITTORIO, 76

ÍNDICE DE NOMES E DE TEMAS

Morte de Peregrino, A (Luciano de Samósata), 253, 254
Morton, Henry Vollem, 167
Mulheres, apóstolas segundo Paulo, 32; Carta aos Romanos, nomes de, 112-115; como adoradoras de Deus, 44-45; como líderes na Ásia Menor, 32, 44-45; 1Coríntios, pregação da submissão das, 11, 111-113, 117; culto da Magna Mater, 185, 230, 232-234, 233; desigualdade na assembléia, 116-117; desigualdade na família, 114-117; desigualdade no apostolado, 117-118; esposa de Pilatos, 11; feminismo na Igreja primitiva, 117-120; igualdade na assembléia, 111-113; igualdade na família, 110-111; igualdade no apostolado, 113-115; Júnia, disputa sobre gênero, 114-115; leis de casamento, romanas, e, 97, 241; nações conquistadas personificadas como, 246-247, 247; obliterações da autoridade feminina nos escritos pseudopaulinos, pós-paulinos, 10, 73, 77-78, 111-113; para Paulo, absoluta igualdade das, 10, 77-78, 109-118, 210; romanas, com *stolae*, 97, 241; sexualidade e dominação masculina, 240-243, 246-247; supressão romana das bacanais e das religiões de êxtase, 230-232, 235; Tecla em Efeso, igualdade de, 9-11; Timóteo, Primeira Carta a, pregação de submissão, 10; virgens vestais, 230
Mussolini, Benito, 74, 76

N

Narciso (indivíduo), 113
Naxos, 48-49
Neos Filométor, faraó egípcio, 129
Nero, Imperador de Roma, 28, 70, 99, 107, 108, 121, 137, 143-146, 151, 173, 182, 354; Armênia, conquista da, personificação como mulher, 246-247; banhos de Roma, 327; Britânia, conquista de, como estupro, 223; Casa Dourada, 322, 326-330; cristãos, perseguição dos, 329, 332, 360-361; declínio de Roma e, 321-323; denúncia e execução, 323; depravação sexual e, 245; estátua nua de, 327; incêndio de 64 d.C. e, 322, 327-330, 359-360; *macellum*, 327; patrocínio de, 273, 274; Popéia Sabina, esposa, adoradora de Deus, 331; Roma, mudanças e melhorias por, 327
Netuno, 86, 180
Nicodemia, 235-237
Nicópolis, "Cidade da Vitória", 179-182; banhos, 181-183; Jogos Áticos, 181; Odeão, 181, 182
North, Jonh, 325

O

Oakes, Peter, 217
Odes (Horácio), 85, 96, 131, 132, 241
Oikoumene, 71, 79, 139
Oráculos sibilinos (greco-romanos), 134, 135, 136, 232, 234
Oráculos sibilinos (judaicos), 128-129, 214

EM BUSCA DE PAULO

Orósio, 331
Osiek, Carolyn, 267
Osíris, 138, 149
Otaviano. *Ver* Augusto César
Ovídio, 83, 86, 88, 90, 97, 239, 244

P

Pagãos, associações de voluntários e deuses estrangeiros, 52-55; atitudes para com os judeus, 61; Bósforo, 30; conversões de, 17, 258-259, 332; Galácia, 185; influência do judaísmo, 23-24; Paulo, pregação aos, 39, 40-45; politeísmo e cultos cívicos, 52; tementes a Deus ou adoradores de Deus, 9, 25; tradição helenista, 248
Pangaio, monte, 14, 15
Parousia (chegada advento de), 121-122, 124-126, 157-166
Patriarcado, desigualdade na assembléia, 116-117; desigualdade na família, 115-117, 246; desigualdade no apostolado, 117-118; feminismo na igreja primitiva, 117-120; igualdade na assembléia, 111-113; igualdade na família, 110-111; igualdade no apostolado, 113-115; leis julianas e, 236; liderança na assembléia, masculina, qualificações, 117-118; *pater patriae*, 89, 98, 246, 247; Paulo sobre o, 73, 77-78, 109-118; religião romana e, 230; sexualidade e dominação masculina, 236-247; simbolismo fálico e controle, 237-240;
Patronage and Power: A Study of Social Networks in Corinth (Chow), 270
Paul: A Study in Social and Religious History (Deissmann), 252
Paulo de Tarso, a alma, 341-345; a fuga de Paulo da Macedônia e, 155; a voz do *status quo* (falsa), 73; Acaia, refúgio em, 153, 154, 155; acusações e julgamentos contra Paulo, 39-42, 41, 107, 156-158; Antioquia da Pisídia e, 169, 202-205; *apantēsis* (saudação aos visitantes, uso da palavra), 157, 158, 159; Atenas e, 153; Barnabé e, 185-187, 200-203, 211; cartas de Paulo dirigidas a, 45; cartas, autênticas, 36, 37, 76, 78, 105-106, 185, 302-303; cartas, dirigidas a comunidades, 116; cartas, frases sobre o evangelho da liberdade, 248; cartas, pós e pseudopaulinas, 76, 77, 105-106, 154. *Ver também* cartas específicas; causalidade divina, 351-353; causalidade humana, 352-354; *charis* (graça), uso de, 75-77, 256, 351; Chipre, parada em, 171, 210, 212; cidadania romana de Paulo, 16; classe social de, e *lares Augustii*, 326; como alvos de conversão (missão gentílica) 9-10, 17, 39, 40-48, 155, 199-215; como apostolo e apostolicidade, 36-38, 40-43; como líderes, 44-45, 115; como oponentes, 198; como perseguidor de cristãos, 16-17; como visionário judeu, 7; comunidade judaica e, 8; comunidade quenótica, 303, 304, 312-315; Conferência de Jerusalém e coleta de dinheiro por Paulo, 322, 356-260, 361; conversão ou experiência de vocação em Damasco, 18-21, 199, 201-203, 309; Corinto, acusação perante Gálio, 40-41, 107, 212, 268-269, 270; Corinto, comunidade cristã em, 154, 270-272, 298-315. *Ver também* 1Coríntios; cura por, 211; da lei ao pecado, 348-350; desigualdade

406

ÍNDICE DE NOMES E DE TEMAS

na assembléia, 116-117; desigualdade na família, 115-117; desigualdade no apostolado, 117-118; Deus, mundo e julgamento, 342-344; divindade quenótica de Cristo, 223, 263-265, 303, 304; educação de, 208; Èfeso e, 110, 165, 223. Ver também Efésios, carta de Paulo aos; Èfeso, aprisionado em, e cartas a Filêmon e aos Filipenses, 247-254; Éfeso, imagens de Paulo e Tecla 9-10, 11, 12; em Beréia, 41, 44, 155; em Éfeso, prisão de Paulo e ameaça de execução, 248-254; em Roma, 36, 39-40, 79, 229-230, 358-361; em Roma, morte e martírio de Paulo, durante a perseguição de Nero, 359-361; em Roma, prisão, 36, 39-40, 79, 230, 358-360; enfermidade física de, 210-215; eqüidade divina (unidade global) da justiça distributiva, 322, 344, 361, 367-371; estoicismo e, 255-256; eucaristia, 269, 270, 306-309; Europa, Neápolis, Paulo em 16; evangelho de, 247-254; evangelho *euaggelion* de Jesus *versus euaggelia* de Roma, 156-158, 247-254; falar em línguas (*glossolalia*), 255, 313-314; fé (*pistis*), 166, 347-348; Filipos, Paulo em, 37, 44, 153, 154, 212; fuga em Damasco, 153, 154, 305; Gálatas, Carta de Paulo aos; graça *versus* obras, 352-354; graça, *charis* (dom), 75-77, 257, 347, 351; grego como língua franca, 124; hierarquia do negativo, 354, 467-370; Idade áurea e, 135-137, 151-166; igualdade em Cristo, absoluta (hierarquia horizontal), pregada por, 10, 78, 109-118, 210, 214-215, 270, 306-309, 312-315; igualdade na assembléia, 111-113; igualdade na família, 110-111; igualdade no apostolado, 113-115; Império Romano e, 8, 25; interiorização da moralidade necessária, 108-110; interpretação lucana *versus* paulina, 16-19, 36-48, 105, 153-156, 210-212, 268-269. *Ver também* Lucas, autor; Jerusalém, visitas a, 200-205; Jesus, conhecimento de, 19; Jesus, não o imperador como "Senhor", 157; judaísmo de, 16; Júnia, disputa sobre gênero, 112, 113-115; *Kopiaō* (trabalho difícil), uso em cartas, 114; lei e, 348-350; Lei Judaica e circuncisão, 199, 200-203, 205-209, 344; livros do Novo Testamento escritos por ou sobre, 7; mandato divino para a missão, 199, 210; mau uso ou má interpretação de, 73; mensagem de missão, fé e teologia, 75-77; missão espanhola, planejamento, 322-323; missão, I, 210-212; missão, II, 185-187, 211; missão, III, 211-212; missão, resposta de Jerusalém e Antioquia, 200-205; missões arábicas, 211, 212; misticismo extático de, 212-214, 166-172; modelo comunitário, *ekklēsia*, 52, 156-157, 173; morrer antes da *parousia* (retorno) de Cristo, 165; morte e martírio de, 359-361; mudança de nome, 171; Mulheres: igualdade, imagens de tecla, século sexto, 9-11, 10, 11, 12; mundo de, Afrodisia, 25, 26-36, 47-49, 48; mundo de, Delos, 25, 48-62 na Galácia, 186-187. *Ver também* Galácia; nascimento, 79; nova criação, tipo de comunidade ideal imaginada por, 8, 164-166; obras como polêmica, 204, 340-343, 348-349; "obras da lei" *versus* "obras da fé", 204, 340-343, 347-349; oponentes de Paulo e, 45-47; oposição de, 152-162, 370-371; patrocínio e hierarquia *versus* visão igualitária de Paulo, 302-305; paz (*shalon*) por meio da justiça, 75-78, 100, 125-127, 171, 311; perseguição judaica de, 154-

EM BUSCA DE PAULO

156, 198; perseguição pelo, por que razão, 156-158; perseguição, por que razão, 156-158; perseguição, por quem, 153-156, 198, 199; práticas *kosher* e observações do calendário, 354-357; pregação missionária, cidades visitadas, 41; primado do positivo, 354; problemas de patrocínio e hierarquia, 275-278, 287, 299-304; profecia, 313-315; regras de pureza (dietas) e, 17, 201-205; ressurreição como processo contínuo de transformação dos cristãos, 162, 310-312, 345; ressurreição, do corpo, e, 158-161, 309-312; retidão, justificação, e Cristo, 344-347; sacrifício de Cristo, 345-347; segunda vinda de cristo (*parousia*), 124-126, 157-166; segunda vinda de Cristo, tempo da, 159, 162, 165-166, 202; Sérgio Paulo e, 169-172; sítios arqueológicos, 27; sobre a morte, 310, 311, 350; sobre celibato, 110-111; sobre escravidão, 73, 77-78, 106-100, 115; sobre homossexualidade, 343; sobre patriarcado, 73, 77-78, 109-118; sobre pecado, 343-344, 350; sobre pecado, global, 344; sofrimento de, 253-256, 264; Tarso e, 16, 208, 213; tementes a Deus ou adoradores de Deus: como cristãos fracos *versus* cristãos fortes, 331, 353-360; teologia de, Antioquia, questões sobre a lei judaica, 202-205; Tessalônica e perseguição pelo, 155-156; Tessalônica, Paulo em, 36-42, 44, 148, 152-166. *Ver também* Tessalonicenses, Carta de Paulo aos; túmulo, São Paulo Extramuros, 335-337; viagens, Ásia a Europa, 152-153; viagens, rapidez de conversões e, 8-10; violência e conquista do, 305; visão escatológica (apocalipse) como processo, 162-164, 201-202, 214-215

PAX (deusa), 92, 93, 100, 101

PAZ, *Ara Pacis Augustae* (Altar da Paz Augustana), 69, 74-76, 79, 91-94, 95, 99, 100-103; augustano, 74-76, 77; guerra e, 100-101; *Irene*, 76; Justiça e, 75-77, 100, 125-127; Paulina, 75-77, 100; Pax (deusa), 92; *pax deorum romana* (paz com os deuses), 79, 86, 230, 272, 345; "paz e segurança" augustana, 156-157; paz romana por meio de vitória (*Pax Romana*), 71, 77, 93, 99, 100, 102, 124, 125, 171, 326; *shalom* (hebraico), 76, 100, 125, 171

PEARSON, BIRGER, 154

PEDRO, apóstolo, 17; descida do Espírito Santo sobre, com gentios, 221-205; foco missionário, 42, 200, 271; leis dietéticas e circuncisão, 195-204; morte de, 359, 360; Paulo e, 36; túmulo de são Pedro, Roma, 336-337, 337

PERGA, 213

PÉRGAMO, 103, 279, 282-283

PERSEU, rei da Macedônia, 249

PÉSSINO, 167, 172, 186, 187, 190, 192

PFANNER, MICHAEL, 137-138

PHILIPPIANS: FROM PEOPLE TO LETTER (Oakes), 217

PILATOS, PÔNCIO, 11, 184

PISO, MARCOS, 60

PLASSART, ANDRÉ, 54

ÍNDICE DE NOMES E DE TEMAS

PLATÃO E PLATONISMO, 309-310, 311, 312
PLÍNIO, O JOVEM, 37-39, 236, 288
PLÍNIO, O VELHO, 89-90, 91
POLICARPO DE ESMIRNA, 200
POLÍCLITO, 65
POLITEÍSMO E CULTOS CÍVICOS, 51-54, 71; concórdia e *pax deorum* como alvos do,
    52, 79, 86, 272, 346; sacrifícios de animais, 52-53, 135, 228
POLLIO, C. SEXTILIUS, 226, 227, 228
POLLIO, VERDIUS, 107-108
POMPÉIA: adqueduto de, 179; afresco, 242; baixo-relevo, relação sexual, 242;
    Casa dos Vetti, Priapo, 239; Casa dos Vettii, santuário familiar, 283,
    284; edifício de Eumáquia, 178-179; erupção do Vesúvio, 270, 289-
    290; estátua do edifício de Eumáquina, 179, 180; fórum, 289; fórum,
    transformação sob Augusto, 178, 179; grafites, 239-240, 241, 242,
    244; Ísis em, 68, 69; mosaico da batalha de Isso, Casa do Fauno, 123,
    124; romanização e, 177-179; simbolismo do falo em, 238-239, 240;
    Templo à Fortuna Augusta, 177-178; Vila dos Mistérios, 284-285, 286
POMPEII: PUBLIC AND PRIVATE LIFE (Zanker), 296-297
POMPEU, 59, 90, 127, 227, 320
POSÊIDON, 53
POWER OF IMAGES IN THE AGE OF AUGUSTUS, THE (Zanker), 73, 86
PRENESTE ITALIANA, altar da, 156, 158
PRIAPO, 239, 240, 247
PRICE S. R. F., 318, 325
PRIENE, 218; casas em, 279; inscrição encontrada em, 219-223; Templo de
    Atenas, 219, 220, 222-224
PRISCA (PRISCILA) E ÁQUILA, 113-114, 251, 271, 287-289, 331, 332; casa-as-
    sembléia de, 288-289, 299; em Roma, bairros, 338
PRO FLACCO (Cícero), 352
PROFECIA, 313-315
PROFETA DE CUMAS, 132, 283-285
PROPÉRCIO, 239
PRUDÊNCIO, 63
PSEUDOEPIGRAFIA, 106

Q

QUIRINO, 94, 95

R

RAMSAY, SIR WILLIAM, 168, 169, 213, 317
RÉIA SÍLVIA, 83
REINO DE BÓSFORO, 194-199
RELIGIONS OF ROMA (Beart et al), 324
RÉPLICA AO DISCURSO DE SÍMACO (Prudêncio), 63
RES DIVINAE (Varro), 34

EM BUSCA DE PAULO

Ressurreição, apocalipse, contagem do tempo de Paulo, 165-166; como processo, 162-164, 202, 309-311; corporal, 129-131, 162-164, 270, 309-312; de Cristo; 163, 270, 309-312; misticismo e de Cristo, 256-260; mortos *versus* vivos, na *parousia* do Senhor, 158-161; pensamentos platônicos *versus*, 309-311; retorno ao mundo transformado, 160-161, 312

Richlin, Amy, 239, 243-245, 247

Ritual and Power: The Roman Imperial Cult I Asia Minor (Price), 318

Robinson, David M., 168, 169

Rodes, 50

Roma (deusa), 63-65, 83, 91, 99, 139, 150, 184, 188, 189, 229; sobre a *Ara Pacis Augustae*, 74, 100

Roma, cidade de, apartamentos de, 322; Apolo, templos de, em Roma, 64, 66; Arco de Tito, 318-321, 318, 319, 320, 323; augustano, 79; banhos de Nero, 327; banhos de Trajano, 327, monte Aventino, 70; capital de *oikoumenē*, 79, 175; Casa Dourada de Nero, 322, 326-330; catacumbas, 322, 334, 335; chama eterna, 230; Coliseu, 319, 318, 330; comunidade judaica em, 229, 330-333, 337; contemporânea, 318-319, 335; cristãos em, 332-339, 333; cristãos perseguidos em, 332, 359-361; culto de Ísis, 68-71; estatuária grega, arquitetura, em, 65, 90; *fascinum* (falo ereto), 230; Fórum de Augusto e Templo de Marte *Ultor*, 77, 79, 80-81, 82, 88, 90-91, 190, 326; Fórum de Júlio César, 82; Fórum Imperial, 89; incêndio de 64 d.C., 322, 328-330, 332, 359-360; Ínsula Araceli, 338-339, 340; judeus expulsos de, 235, 322, 330, 331, 356; ares, 323-326, 327; marco áureo (*milliarium aureum*), 175; monte Capitolino, escavações 65; Monte Palatino, 65, 134, 234, 327, 332; montes de, 327; morte e martírio de Paulo, 360-361; Museo Centrale Termoelecttrica Montemartini, 65; Novo museu para a *Ara Pacis Augustae*, 74-75; Paulo em, 36, 39-40, 79, 229, 359-360; religiões estrangeiras em, 65; sinagogas judaicas, 331, 332; Templos de vitória, Largo Argentino, 85. *Ver também* Romanos, Carta de Paulo aos; Transtibério (Tratevere), distrito, 329, 334, 347-339; Túmulo de Paulo, São Paulo Extramuros, 335-336, 338; túmulo de São Pedro, 336-338; Vaticano, Basílica de São Pedro, 336, 337; Vaticano, Museu Chiaramonti, 150-152; Via de Fori Imperiali, 79

Romaia (festivais), 63

Romanitas (o que significa ser romano), 65, 96, 104; antioquia no Oronte sírio, 182-183; aquedutos e balneários, 175-184, 192-195, 226-227, 228, 327; Augusto como representante, 84; benefícios para os habitantes, 172-173, 191-193, 193, 226-230; boas obras (projetos de construção), 173, 177-179, 180, 181, 182, 183, 227-230, 229, 237; Cesaréia Marítima, 183-184, 184; *coloniae*, 173-174; consolidação do império e, 183; construção da cidade (*civitas*), 172, 173; estátuas e templos, 175, 183-184, 187-192; estradas e portos, 174-176, 183, 186-188; imagens de Roma, 167, 263; impostos, 173. *Ver também* teologia imperial; invenção do concreto hidráulico, 174-176, 183; lealdade dos súditos, 173; libertados em, 174; na Galácia, 172, 183-195; Nicópolis, "Cidade da Vitó-

410

ria", 179-183; Pompéia, 177-179, 180, 181; romanização das colônias, 167, 172-184, 317-318

ROMANIZATION IN THE TIME OF AUGUSTUS (MacMullen), 13

ROMANOS, CARTA DE PAULO AOS, 36; áreas públicas, 270, 272-274; casa. *Ver* casa romanas; casa–igreja, 339; casas romanas. *Ver* casas romanas; causalidade divina, 351-353; causalidade humana, 352-354; *collegia*, 324; como autêntica, 105-106; cultos e organizações cívicas, 51, 52-54, 55, 324; Deus, mundo e julgamento, 342-344; deuses e mortais, hierarquia vertical de, 272; enterros, 334-336; Erasto, 300-301; escravos e escravidão, 106-110; Espírito de Cristo em vós, 256; flâmines, 94, 273-274; fórum em Corinto, 273-275, 273; fracos *versus* fortes, 331, 353-359; quando Paulo escreveu a, 322, 339; frases do começo e do fim, 76; graça (*charis*) em, 75-77; graça, fé e obras, 347-349; gregos e pagãos, 343; homossexualidade, 343; justiça divina, 322; *lares compitales* ou *Augusti* (santuários nos bairro), 324-326; lei, pecado e morte, 328-350; leis judaicas de pureza e, 353, 355-357; libertados, escravos, e plebes urbanas, 324, 332-333; Lutero sobre, 340; mobilidade ascendentes dos habitantes, 173, 294-296; morte *versus* vida, 347; mulheres na, 114-116, 230-232; negociatores (comerciantes e mercadores), 50, 61, 149; nomeação de indivíduos na, 112-115; o imperador no topo da hierarquia, 272; ofícios públicos, 270; patriarcado (controle masculino) e *paterfamilias* na, 223, 236-247, 323; "paz de Deus" em, 76; polêmicas religiosas em, 340-343; refeições e estratificação social, 306-308; refeições públicas (sacrifícios de animais nos altares dos templos), banquetes de associações e festivais, 53-54, 55, 270, 271-274, 276-296; religião e alimento, 274-276; retidão, justificação e Cristo, 344-347; sistema patronal e hierarquia vertical, 267-268, 270, 271, 273, 275-279, 295-296; sociedade romana, Augustais (escravos libertados), 274, 294-296; unidade de judeus e cristãos, 351-360; vilas, lojas e áreas de serviço, 283, 287-289, 290-301; visão paulina em, 341

ROMANS CHRISTIANS OF ROMANS, THE (Lampe), 46, 334, 335

ROMANS DEBATE, THE (Watson), 199

RÔMULO, 28, 62, 83, 86-88, 131

ROTHSSCHILD, EDOURARD, 262

S

SALMOS, 59

SARÁPIS, 53-54, 55, 66, 67, 68, 69, 148

SATANÁS, 161-162; teologia imperial e culto do imperador como, 162

SÁTIRAS (Juvenal), 181, 321, 337, 338, 339

SCHELL, JONATHAN, 367-370

SCHUEZE, WILHEM, 21

SÊNECA, O JOVEM, 107-108, 121, 143, 321, 331

SÉRGIO PAULO, 169-172

SEVERA, JULIA, 44-45

EM BUSCA DE PAULO

Sexo e sexualidade, classe, *status* e, 243-245; comportamento masculino, penetração e controle, 234, 241-245; conquista de nações e o Sebasteion, 245-246, 247; conquista romana como, 223; depravações dos imperadores, 244-246; dominação masculina e patriarcado, 236-247; em 1Corintios, questão da moralidade, 257-259; *galli* (homens castrados) e o culto da Magna Mater, 233, 234, 237; guerra e, 241; homossexualidade e pedofilia greco-romanas, 242-245; homossexualidade, 343; ideal judaico, 245; igualdade em, 244; leis julianas, 236; poder masculino e posse de mulheres, 240-243; promiscuidade feminina, 241; sexo oral, 233, 243; simbolismo do falo e controle, 237-239; supressão romana das bacanais e religião extática de mulheres, 230-232, 235; voyeurismo, 242

Sgarbi, Vittorio, 74

Shamanism, History, and the State (Beard), 234

Shape of the Past, The: Models of Antiquity (Carney), 267

Sicília, Diodoro de, 249

Silas (Silvano), 44, 56, 251

Síria, divindades, 53; missão paulina em, 210, 212

Smith, R.R.R., 31, 245-246

Sócratesa, 309, 311

Sosius, Gaio, 65

Sóstenes, 41

Sources of Social Power, The (Mann), 13

St. Paul the Traveler na Roman Citizen (Ramsay), 214

Stauffer, Ethelbert, 138

Stern, Menahem, 34, 35

Suetônio, 81, 88, 98, 103, 132, 323, 327, 328, 331, 360

Sula, general de Roma, 51

T

Taças Boscoreale, 159-163, 259, 261, 286

Tácito, 321, 330-331, 360, 361

Talmude da Babilônia, ´*Aboda Zara*, 63

Tannenbaum, Robert F., 24

Tarso, 16; malária em, 214; portões da Cilícia, 186

Tavium, 185, 186, 187

Tecla, 9-11, 12, 117-120

Tellus (Mãe terra), 100, 102

Tementes a Deus, ou adoradores de Deus (grego, *theosebeis*), 8; amante/esposa de Nero como, 331; cartas de Paulo e, 45; classes social dos, e lares *Augusti*, 326; como alvos de Paulo à conversão, 8-10, 39, 41-48, 155; convertidos de Paulo em, 46; em Afrodisia, 25, 30, 31, 33-35, 42, 43; em Atos dos Apóstolos, 357; escravos e escravos libertados como, 197-199; gregos como (*phobeō* ou *sebomai*), 43-44, 45; Lucas como, 46-48; mulheres como, 44-45; ocupações, Afrodisia, 33; opositores de Paulo

412

ÍNDICE DE NOMES E DE TEMAS

e, 45-46

TEMPLO DE AUGUSTO, 167, 169, 170, 190-191; Museu de Yalvaç, 168, 169, 170-171, 191. *Ver também* Galácia; praça de Tibério, 169

TEÓGENES, 132

TEOLOGIA IMPERIAL, romana, 7, 16, 20-22, 25, 28-30, 61, 62; admiração grega da, 62; altar da Preneste italiana, 156, 157; Anfípolis e, 151-153; *Ara Pacis Augustae* (Altar da Paz Augustana), 69, 74-77, 79, 91-94, 95, 99, 100-103, 104; Arco de Tito, 319-321, 318, 319, 320, 323; Augusto como salvador cósmico, 130-132; benefícios concedidos aos súditos conquistados, 136-138, 172-173, 191-193. *Ver também* romanização; cabeça coberta, 111, 114; construção de templo colonial, 167, 168, 169; cultos cívicos, 51, 52-54, 55, 324; de Roma para as províncias, 61-65; dinastia divina, 136-145; divindade de Alexandre e Augusto, mãe humana e pai divino, 124, 131-133, 134; divindade do conquistador do mundo, 123-126; divindade e vitória, 259-263, 259, 260, 261; em Priene, 219-224; em Tessalônica, 148, 149-152; estabilidade da sociedade e, 317-319; *euaggelia* (boas-novas), 62, 220; fé no povo romano e, 76; festivais cíclicos e rituais comunitários, 136; flâmines, 94, 273-274; Fórum de Augusto e Templo de Marte *Ultor*, 77, 78, 79-84, 87-88, 89-92, 123-125; graça como vitória, 76; imagens, poder das, 263, 317-318, 323-326, 325; imperador como "senhor", 157; imperador como divindade viva, 131, 136-146, 317; imperador ou cultos imperiais, 30-32, 61, 136-146, 150-152, 175, 180, 187-188, 189, 191, 217-218, 219-224; Império dependente da, 152; *lares compitales* ou *lares Augusti* (santuários nos bairros), 324-326; mensagem paulina, em contraste com, 153-162, 317-318; monumentos como metáforas imperiais, 78-104; moralidade augustana e, 98-99; nas províncias, 136-138; normalidade da, 223, 259-263; principais cultos do Estado, 93; restauração da piedade e da religião romana, 79, 83-86, 94, 95, 96; *rex sacrorum*, 94; romanização e, construção de templos, 175, 183-0184, 187-192; sacrifício de animais, 134, 228, 262-263, 345; Sebasteion (Augustaeum), mensagem do, 25-32, 64, 78; termos usados, paralelo com Jesus Cristo, 217-218

TERTULO, 239

TESEU, 49

TESSALÔNICA (Tessaloníki), 122-123; como província romana, 148; comunidade compartilhada de, 164-165; cristãos em, 150, 151-166; culto de Ísis, 68; culto imperial em, 149, 150; deuses egípcios em, 68, 149; divindades romanas, 149; gregos em, 149; Idade Áurea romana e, 125; importância comercial, 148; judeus em, 150, moedas, 149, 150; monumento a Alexandre, 123; mulheres em, 44, 155; nova Via Egnatia, 145-147, 146; Paulo em, 36, 41, 148, 153-166, 212; perseguição romana de Paulo e dos cristãos, 155-156; população, 148; romanos em, 148-159; Timóteo enviado a, 153

TESSALONICENSES, PRIMEIRA CARTA DE PAULO AOS, 36; com autêntica, 106-107; evangelho de Jesus, não de Roma, 157-158; frases do começo e do fim, 75, 156; inserção pós-paulina, 154; oposição aos cristãos, 143, 154;

413

EM BUSCA DE PAULO

parousia (retorno) do Senhor Jesus, 124, 158, 161, 162-163; Satã em, 161-162; termos religiosos políticos em 156-158

Tessalonicenses, Segunda Carta de Paulo, aos, como pseudopaulina, 105-106, 308; "graça e paz" na abertura, 76; Satã em, 161-162

Tiago, irmão de Jesus, 17; Conferência de Jerusalém e coleta de dinheiro por Paulo, 322, 357-360, 361; leis sobre alimentação e, 202-204; missão de Paulo e, 36, 200, 201, 357

Tibério César, 33, 137, 138-142, 173, 181, 228, 236; culto imperial, 141-142; depravação sexual em, 244; desenhos em camafeus, 138-141, 139, 140; expulsão judaica, 330-331; Taças Boscoreale, 262-263

Tibulo, 243

Timóteo, companheiro de Paulo, 116, 153, 251, 302

Timóteo, Primeira Carta de Paulo a:; como peseudopaulina, 105-106, 116-117; "graça e paz" na abertura, 76; liderança, masculina, qualificações, 117-118; pregação da submissão das mulheres, 116-117

Tito Lívio, 98, 230-232, 313

Tito Quinto Flamínio, imperador de Roma, 141, 151, 319, 330; arco de, 319-321, 323; Coliseu, 318, 330; deificação, 319, 321;

Tito, Carta de Paulo a, como pseudopaulina, 105-106, 116; "graça e paz" na abertura, 76; liderança, masculina, qualificações, 117-118

Tito, companheiro de Paulo, enviado a Corinto, 302

Trajano, imperador de Roma, 37, 183, 235-237

Trebilco, Paul, 32

Tristia (Ovídio), 244

Turquia, escavações em Bülbül Dag, 9-11, 12. *Ver também* Galácia; União Européia e, 146

U

Unconquerable World, The (Schell), 367-369

V

Varo, general romano, 59

Varone, Antônio, 241-242

Varro, Marcus Terentius, 33

Vênus, 76, 83, 84, 92, 93, 100, 101, 135, 141, 152; estátua cúltica, 86

Vespasiano, imperador de Roma, 129, 151, 319, 331, 329; Templo da Paz, 329-330

Via Egnatia, 14, 20, 124, 132, 187; em Filipos, 148; nova, 145-147; paradas, Anfípolis a Apolônia, 152-153; viagem na e na vista, 153

Via Sebaste, 187

Vida dos Césares (Suetônio), 98, 132, 134, 235-246, 323, 327, 328, 331, 360

Virgens vestais, 230, 245, 366

Virgílio, 84, 99, 128, 289, 309, 366; paraíso alcançado, 126, 127

Virtus (virtude), 100, 101

ÍNDICE DE NOMES E DE TEMAS

Vitória alada, 92
Vitrúvio, 91, 280
Vulcanius, haruspex, 132
Vulcano, 285

W

Wallace-Hadrill, Andrew, 122, 267, 279, 283-284, 290, 298-300
Wars of the Ancient Greeks and Their Invention of Western Military Culture, The
  (Hanson), 124
Watson, Francis, 199
Wood, J. T., 224

Z

Zanker, Paul, 73, 88, 178-179, 296-297

ÍNDICE DAS REFERÊNCIAS BÍBLICAS

Antigo Testamento

Gênesis

2,3	311
11–25	207
12,3	208
13,15	208
15,6	348
15,16	207, 348
17	206, 207, 348
17,1-8	206
17,9-14	206, 209
17,20-21	206
18,18	208

Levítico

18,5	208
19,2	255

Números

25,6-8	17

Deuteronômio

21–23	208
27,26	208

Juízes

4,17-22	33
5,24-27	33

1Macabeus

15,17-23	59

2Macabeus

7,9-11	130
14,37.46	130

Isaías

2,2-4	201
11,1-5	128
11,6-9	128
25,6-8	201
49–52	128
54,1	208

Miquéias

4,1-4	201

Novo Testamento

Mateus

8,5-13	47
23,2	55
27,19	11

Lucas

7,1-10	47
7,3-5	47

Atos dos Apóstolos

1,21-22	37
1,26	37
2,44-45	357
4,32–5,11	357
7,9	39
7,48	57
8,27	43
9,1-2	17
9,3	17
9,3-16	18
9,8	19
9,11	16
9,15	18

9,23-25	39	17,5-7	156
9,26-29	211	17,12	44
10,1-2	48	17,13	154
10,1–11,18	17	17,14-15	154
10,2.22.35	43	17,17	42-43
10,22	48	18,1-17	36
10,44-48	205	18,2	299,331
11,15-18	205	18,2-3	288
11,27-30	358	18,4	42
11,29-30	211	18,8	304
13–14	200, 211, 213	18,12-17	40, 107, 268
13,1–14,28	211	18,17	43
13,7	170	18,18-19	288, 332
13,9-10	212	18,18-22	211
13,12	170	18,19	42, 211
13,13-14	171	18,22-23	211, 358
13,14–24, 24	36, 186	18,23–21,16	211
13,16	43	18,26	288
13,16-41	212	19,1-20	36
13,43.50	43	19,8	42
13,45	39	19,23	248
13,46	42	10,23-29	38
13,50	43, 44	19,27	249
14,1	42	19,28.34	224
14,8-11	212	19,29	249
14,11-12	212	19,30-31	249
14,21-28	213	19,37.41	40
14,25	214	19,38-40	249
15	36, 37, 200, 211	20,4	358
15–18	251	21,17	211
15,36–18,17	211	21,17-26	358
16,1-6	36	21,24	359
16,12-40	36	21, 27-28	359
16,14	43, 44	21, 27-36	358
16,16-22	38	21,39	16
16,17	57	22,3	16
16,21	156	22,3-4	17
16,37	16	22,6	17
17,1	42	22,6-15	18
17,1-5	154	22,11	19
17,1-9	36	22,14-15	18
17,4.17	43	22,17-21	211, 256
17,5	39	22,27-28	16

ÍNDICE DAS REFERÊNCIAS BÍBLICAS

23–26	354	3,29	348
23,6	16	4,3.9.22	348
23,27	16	4,11-12	348
23,29	40	4,15	349
24,17	249	4,17	347
25,18.25	40	4,25	346
26,5	16	5–8	350
26,12	17	5,10	346, 347
26,12-18	18	5,11	346
26,16-18	18	5,13	349
26,31	40	5,15	347
28,15-31	36	5,15-17	347
29,30-31	40, 249, 359	5,17	347
		5,20.21	347
Romanos		6,1-23	346
1–8	322,342-350	6,3-5	346
1,1	37-342	6,3-10	346
1,7	76	6,4.8.13	347
1,15-16	342	6,11-23	326
1,16	323	7,5.7.8	349
1,16–2,16	343	7,15	349
1,18-31	344	7,20	349
1,23	343	8,2	349
1,24.26.28	343	8,9	256
1,26-31	343	8,14	256
2,9-10	343	8,19-23	357
2,12-16	344	8,29	303
2,16	342	8,35.37-39	371
2,17–3,18	343	8.38-39	166
2,21-23	344	9,11	322, 351-354
2,21-24	344	9,1-5	351
2,25-29	344	9,1-29	351, 352
3,5	346	9,2-3	351
3,9	343	9,6-9	351
3,18	341	9,10-13	351
3,21	345	9,17-18	351
3,22-23	343	9,19-21	351
3,24	347	9,24	351
3,25-26	344, 345, 346	9,24-26	351
3,16	345	9,27-29	351
3,27	346	9,30-10	211, 351, 352
3,27-46	348	9,30-32	352
3,28	349	10,1-2	352

10,5-6	349	14,22	354, 357
10,17	19	14,23	45, 353, 357
11,1-2	351	15	207
11,1-36	351, 352	15,1	357
11,5-6	352	15,5	353
11,11-12	352	15,6-7	357
11,13	352	15,19	211
11,17	352	15,23-33	322
11,18-25	352	15,25-31	358
11,27	350	16	338
11,28-29	352	16,1-15	113
12–13	332, 353, 354	16,3	332
12–16	322, 352, 353-360	16,3-5	288
12,1-13	354	16,7	113
12,3	354	16,17-18	357
12,4-8	257	16,20	76
12,5	257	16,23	300, 304, 307
12,10	354	16,25	342
12,14-21	354		
12,3	354	*1 Coríntios*	
12,4-8	257	1,1	37
12,5	257	1,3	76
12,10	354	1,4	271, 302, 304, 305
12,14-21	354	1,14-16	304
12,14.18	354	1,16	302
12,16	353	1,23–2,8	346
13–16	332	1,25	315
13,1-7	354, 367	1,26-29	304
13,8-10	349	2,2-8	305
13,8-14	354	3,4	305
13,11-12	165	4,17	302
13,36	354,355	5–6	302
14–15	203	5,1-13	306
14–16	354	5,9	302
14,1	354	5,11	302
14,2.5	356	6,1-8	277, 306
14,3	356	6,9-10	258
14,4.10.13	356	6.15-17	258
14,5-6	356	6,18-20	258
14,14	356	7	110-111
14,15	356	7-16	302
14,17	357	7,3-5	111
14,20-21	357	7,10-16	111

ÍNDICE DAS REFERÊNCIAS BÍBLICAS

7,17	110	14,39	314
7,25-28	111	15	162, 311
7,26-31	165	15,5	37
7,29.31		15,7	37
7,33-34	111	15, 8	19
8	203	15,8-10	37
8,10	356	15,9	17
9,1	19	15,10	114
9,3	301	15,12-13.15-16	310
9,12.15	301	15,20	310
10,14-33	306	15,21-26	311
11,3-6	111-113	15,22	350
11,17-34	306, 307	15,26	350
11,20-21	307	15,32	253, 301
11,21	340	15,35	310
11,22	308	15,36	311
11,23-24	308	15,44	311
11,23-25	269	15,56	350
11,25a	308	15,57	76
11,25b-26	308	16,1	213
11,27-34	309	16,1-4	358
11,33	308	16,9	213
11,34	308	16,10	302
12,4-6	257	16,11	76
12,4-7	312	16,15	302
12,4-31	257	16,15-17	304
12,8-10	312	16,17	158, 302
12,12	257	16,19	288, 332
12,12-13	313		
12,13	210, 258, 303	*2Coríntios*	
12,20	313	1,9	303
12,27	257, 313	1,1	37
12,28-30	313	1,2	76
12,31	314	1,3-7	254
13,1	347	1,8-11	254
13,4-12	314	1,19	251
13,13	314	2,1	302
14,3-4	314	2,4	302
14,12	314	2,12-13	303
14,15-19	314	3,17-18	162, 345
14,18	255	4,4	224, 265
14,26	314	4,8-12	254
14,33-36	10, 117	4,16	346

5,17	165, 346	2,14	203, 213
7,5-15	303	2,16	77, 203, 204, 349
7,8	302	2,16–3,12	348
8-9	303	2,20	256
8,1	213	3,2-5	205
8,1-4	164	3,6	207, 348
8,13-14	361	3,6-29	348
10–13	302, 305	3,8	208
10,9	302	3,10	208
10,10	305	3,12	208, 349
11,5-6	305	3,13	208
11,8-9	302	3,16	208
11,24	16	3,24	350
11,23-33	306	3,27	258
11,24-26	47	3,27-29	210
11,32-33	39	3,28	214, 269, 303
12,1-5	256	4,6	205, 257
12,2-4	211	4,10	207
12,1-7a	213	4,11	114
12,7b-10	213	4,13	211, 213
12,10	306	4,13-15	212
13,2	302	4,19	210
13,11	76	4,25	209
		4,27	208
Gálatas		4,30	209
1–2	36	5,2	205
1,1	200	5,12	206
1,2	213	5,14	349
1,3	76	6,2	349
1, 11-12	18	6,15	165
1.11-17	215, 200	6,16	76
1, 13-14	17		
1,14	16	*Efésios*	
1,15-16	18, 42	1,2	76
1,17	17, 211	5,22–6,9	114-11
1,18-20	211	6,9	109
1,21	211		
2,1-10	200	*Filipenses*	
2,4	200	1,1	116
2,8-9	42	1,2	76
2,9	200	1,7.13	250, 255
2,10	201, 322, 358	1,15-18	251
2,11-14	200, 361	1,19	257

ÍNDICE DAS REFERÊNCIAS BÍBLICAS

1,19-26	251
1,23	165
1,29-30	264
2,5	303
2,6-11	224, 263, 271, 303, 304
2,17–19,23-24	251
2,25-30	252
3,5-6	16
3,6	17
3,9	77
4,7	76
4,9	76
4,15	209
4,15-19	301
4,16	164
4,16-19	252

Colossenses

1,2	76
1,7	252
3,18–4,1	114
4,1	109
4,12	252
4,14	26

1 Tessalonicenses

1,1	76, 251
1,3	164
1,5	157
1,6-8	158
1,7-8	159
1,9	155
2,2.8.9	157
2,4	157
2,8	164
2,10	159
2,12	157
2,13	204
2,14	213
2,14-16	155
2,19	158
3,1-4.6-7	153
3,2	157

3,13	158
4,11	164
4,14	163
4,15	158
4,16	161
4,17	165
5,2.4	161, 162, 163
5,3	125, 157
5,4-8	125, 162
5,5.8	163
5,14	164
5,23	76, 158

2 Tessalonicenses

1,2	76
2,3-10	161
3,6-12	165

1 Timóteo

1,2	76
2,8-15	10, 116-117
3,2.4	118
3,12	118
4,3-5	118
5,23	118

Tito

1,2	76

Filêmon

1–3	76
1,1.9	249
1,7.13	249
1,10.13	249
1,23	251, 252
2,25	252
8–9	108
9	108
10	108
12	108, 109
16	109
19b	108
23–24	108

SUMÁRIO

PREFÁCIO
PAULO PARA O NOVO MILÊNIO 7

PRÓLOGO
ESPERANÇA DE PAZ NA TERRA 13
   Na acrópole de Filipos 14
   No caminho de Damasco 16
   Dois filhos de dois deuses 20

CAPÍTULO 1
FÉ JUDAICA E SOCIEDADE PAGÃ 23
   Na cidade de Afrodite 24
      Proposta 24
      Resumo 25
   As esculturas do Sebasteion imperial 27
   O *theosebeis* da sinagoga judaica 31
   Um conto de dois Paulos 36
      Subordinação paulina 36
      Ganância pagã 38
      Ciúme judaico 38
      Reação romana 40
   A importância dos simpatizantes pagãos 41
      Situações na sinagoga 42
      Gregos devotos 43
      Mulheres líderes 44
   Paulo, Lucas e os adoradores de Deus 45
      Hipótese principal 45
      Hipótese menor 47
   O centro do mundo egeu 48
   Apolo e o centro cívico 51
   Associações de voluntários e deuses estrangeiros 53
   Edifício da sinagoga e inscrições na sinagoga 54
   Judeus entre gregos e sob romanos 58
   Religiões em trânsito e religiões globais 61
      De Roma às províncias 62
      Das províncias a Roma 65

CAPÍTULO 2
PAULO, ATRAENTE OU DESPREZÍVEL?...... 73
Duas visões da paz mundial...... 74
Proposta...... 74
Resumo...... 77
Monumentos de mármore como metáforas imperiais...... 78
Um templo à guerra no Fórum de Augusto...... 79
O Altar da Paz no campo de guerra...... 91
Restauração...... 93
Expansão...... 100
Consolidação...... 103
A concepção do apóstolo Paulo...... 105
Paulo e a escravidão...... 106
"Meu filho Onésimo, meu próprio coração"...... 107
Paulo e o patriarcado...... 110
Iguais na família...... 110
Iguais na assembléia...... 111
Iguais (e mais) no apostolado...... 113
Desiguais na família...... 114
Desiguais na assembléia...... 116
Desiguais no apostolado...... 117
Feminismo na arena...... 118

CAPÍTULO 3
IDADE ÁUREA, OU TÃO DOURADA QUANTO POSSÍVEL...... 121
A divindade do conquistador do mundo...... 122
Proposta...... 122
Resumo...... 124
Esperança de um mundo ideal...... 125
Paraíso alcançado ou paraíso perdido...... 126
Questão de justiça divina...... 128
Eschaton augustano como Idade Áurea...... 130
Divina dinastia para a Idade Áurea...... 136
Augusto...... 138
Tibério...... 138
Calígula...... 141
Cláudio...... 143
Nero...... 144
A Via Egnatia entre os Bálcãs...... 145
Para Tessaloníki de hoje...... 145
Para Tessalônica de então...... 148
"Apesar de grande oposição"...... 152
Perseguição por quem?...... 154
Perseguidos por quê?...... 156

"Estaremos para sempre com o Senhor"......................158
"Os mortos em Cristo ressuscitarão primeiro" 159
A *parousia* do Senhor......................160
"Como ladrão noturno"......................161
"Somos do dia" 162
O significado de amor 164
Dois mil anos e mais......................165

CAPÍTULO 4
BÊNÇÃOS PARA TODA A TERRA......................167
Duas cartas aos Gálatas......................168
Proposta......................168
Resumo......................172
Bênçãos do mundo romano......................173
Dois esquemas de romanização 173
Três etapas na romanização 174
Quatro exemplos de romanização 177
Pacificação dos celtas na Galácia romana......................184
Estradas imperiais......................187
Templos imperiais......................188
Amenidades imperiais......................192
Interlúdio: a sinagoga da diáspora 194
Sinagogas e alforrias 194
A retórica das polêmicas religiosas......................199
História: acordo e desacordo......................200
Paulo em Jerusalém......................200
Paulo em Antioquia......................202
Experiência: "Enviou Deus o Espírito" 204
Exegese: "sinal da aliança"......................205
Argumento contra Paulo 206
O contra-argumento de Paulo 207
Batismo: "Todos vós sois um só" 209
Emoção: "Por causa de uma doença" 210
Três missões segundo Paulo e Lucas 210
"Por causa de uma doença"......................212
Escatologia aqui e igualdade agora......................214

CAPÍTULO 5
DEUSAS, DEUSES E EVANGELHOS 217
O evangelho de César Augusto Senhor......................218
Proposta......................218
Resumo......................223
A deusa efésia e o deus romano 224
Artêmis inviolada? 225
Mais uma vez as bênçãos romanas 227

Controle da religião em Roma 230
Êxtase e mulheres.. 231
Castração e homens.. 232
Patrulhamento dos inaceitáveis... 234
Pornografia violenta no sexo e na guerra... 236
Falo e controle... 237
Poder e posse... 240
Poder e penetração.. 242
Poder e imperialismo 244
Pelo falo e pela espada.. 245
O evangelho de Jesus Cristo Senhor.. 247
Pela defesa do evangelho.. 248
Na cadeia proconsular.. 249
"Pela vida ou pela morte" 250
Epafras e Epafródito... 251
Sofrimentos de Paulo em Cristo 253
Sofrimento e misticismo.. 254
Misticismo e ressurreição... 256
Normalidade da divindade imperial.. 259
O desafio da divindade quenótica 263

CAPÍTULO 6
QUE E QUEM CONTROLA O BANQUETE?.. 267
Eucaristia em Corinto 268
Proposta... 268
Resumo... 270
A coesão moral da antiga vida pública 271
Encontros e refeições em público 272
Augusto na ágora 272
Acomodação no Asclepeion... 275
Hierarquia de fora para dentro 276
Encontros e refeições privadas 279
A casa grega 279
A casa romana 283
Interação entre casa, loja e vila.. 287
Interlúdio: a última noite eterna do mundo... 288
Casa do Bicentenário 290
Santuário dos augustais.. 294
A casa do Fauno 296
Mansão e loja 299
Visitas, relatórios, cartas e problemas... 300
Poder e sabedoria ou loucura e fraqueza?.. 304
Poder e eucaristia 306
Sabedoria e ressurreição 309

Hierarquia na comunidade 312
   Unidade e diversidade 312
   Diversidade e hierarquia 314

CAPÍTULO 7
O MUNDO SOB A JUSTIÇA DIVINA 317
Sob o arco de Tito 318
   Proposta 318
   Resumo 322
Augusto e Nero em Roma 323
   Divindade imperial em todas as esquinas 323
   O grande incêndio e a Casa Dourada 326
Judaísmo e cristianismo em Roma 330
   Expulsões e retorno de judeus 330
   Localizações cristãs e catacumbas 332
A retórica da polêmica religiosa (de novo) 340
Unidade de pagãos e judeus: Romanos 1–8 342
   Deus, mundo e julgamento 343
   Justiça, justificação e Cristo 344
   Graça, fé e obras 347
   Lei, pecado e morte 349
A unidade de judeus e cristãos: Romanos 9–11 351
   Causalidade divina 351
   Causalidade humana 352
Unidade de judeu-cristãos e pagão-cristãos: Romanos 12–16 353
   "Não vos conformeis com este mundo" 354
   "Acolhei-vos uns aos outros" 355
   Dom para a preservação da unidade 357
O martírio de Paulo 359

EPÍLOGO
A SEDUÇÃO DE UM IMPÉRIO GLOBAL 363
Vitória em primeiro lugar, depois paz 364
Justiça em primeiro lugar, depois paz 367
Epitáfio para um apóstolo 370

REFERÊNCIAS 373

CRÉDITOS DAS ILUSTRAÇÕES 381

ÍNDICE DAS ILUSTRAÇÕES 385

ÍNDICE DE NOMES E DE TEMAS 389

ÍNDICE DAS REFERÊNCIAS BÍBLICAS 417

Paulinas

Rua Dona Inácia Uchoa, 62
04110-020 – São Paulo – SP (Brasil)
Tel.: (11) 2125-3500
paulinas.com.br – editora@paulinas.com.br
Telemarketing e SAC: 0800-7010081